蕪湖報業百年

WUHU BAOYE BAINIAN

《芜湖报业百年》编委会 编

石 琼 主编

全国百佳图书出版单位
时代出版传媒股份有限公司
黄 山 书 社

图书在版编目(CIP)数据

芜湖报业百年/《芜湖报业百年》编委会编；石琼主编. ——合肥：黄山书社，2021.9
ISBN 978-7-5461-9803-3

Ⅰ.①芜… Ⅱ.①芜… ②石… Ⅲ.①报纸-新闻事业史-芜湖-1898-2019 Ⅳ.①G219.245.43

中国版本图书馆 CIP 数据核字(2021)第 217378 号

芜湖报业百年
WUHU BAOYE BAINIAN

《芜湖报业百年》编委会 编 石 琼 主编

出 品 人 贾兴权
责任编辑 周振华 胡晓静
装帧设计 熙宇文化
出版发行 黄山书社(http://www.hspress.cn)
地址邮编 安徽省合肥市蜀山区翡翠路 1118 号出版传媒广场 7 层 230071
经 销 新华书店
印 制 芜湖日报报业集团印务有限公司
开 本 787mm×1092mm 1/16
印 张 38
字 数 750 千
版 次 2021 年 12 月第 1 版
印 次 2021 年 12 月第 1 次印刷
书 号 ISBN 978-7-5461-9803-3
定 价 150.00 元

服务热线 0551-63533706
销售热线 0551-63533761
官方直营书店(https://hsss.tmall.com)

历史相册 LISHIXIANGCE

领导题词

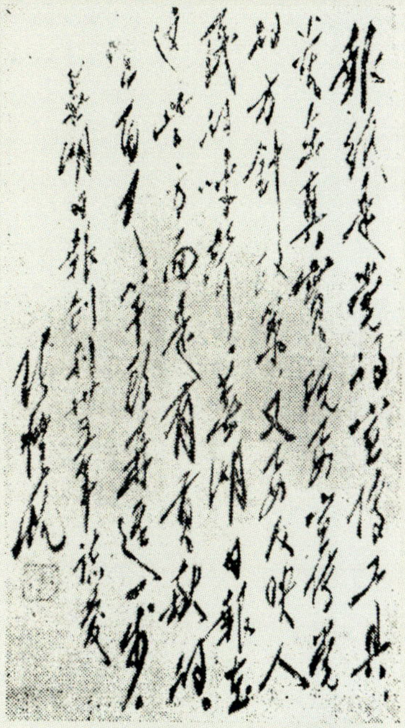

▶ 1984 年，原任安徽省委书记、时任安徽省政协主席张恺帆同志为《芜湖日报》创刊 35 周年题词。

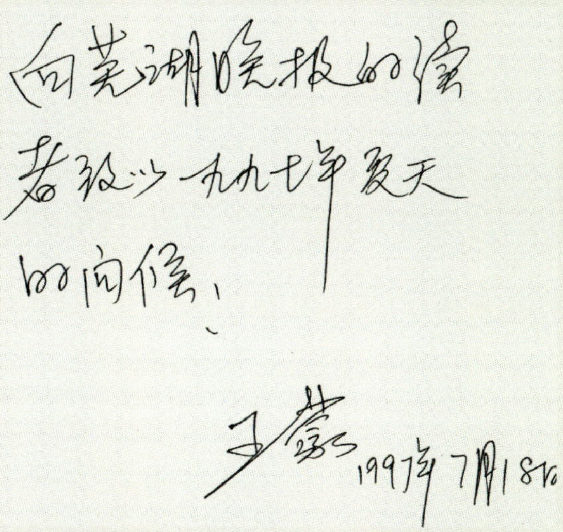

▲ 1997 年 7 月 18 日，国家文化部原部长、中国著名作家王蒙为《芜湖晚报》题词。

（董金义　提供）

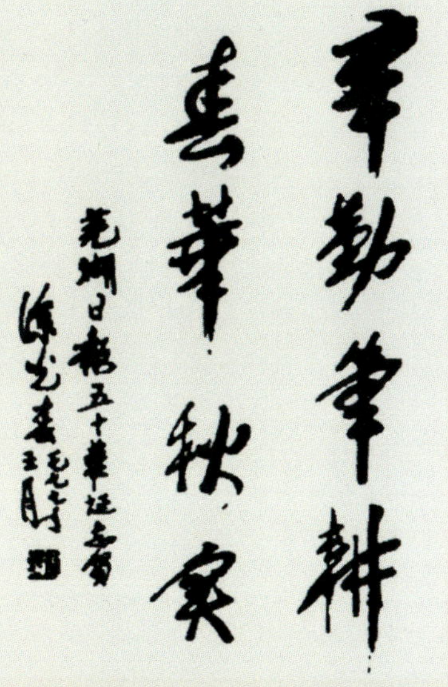

▲ 1999 年，时任中共中央宣传部副部长徐光春为《芜湖日报》创刊 50 周年题词。

（集团图片资料）

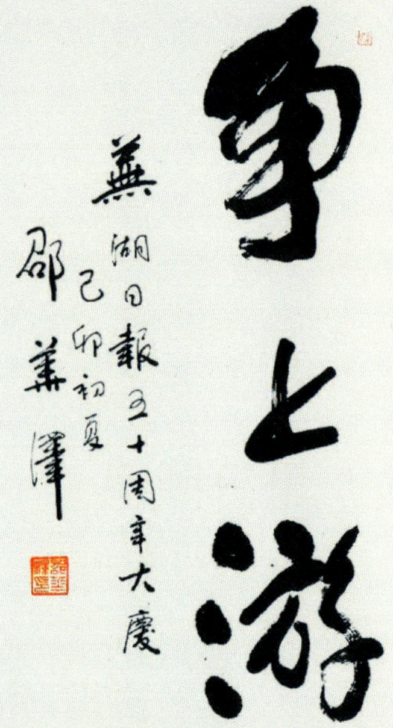

▲ 1999 年，时任中华全国新闻工作者协会主席、人民日报社社长邵华泽为《芜湖日报》创刊 50 周年题词。

（集团图片资料）

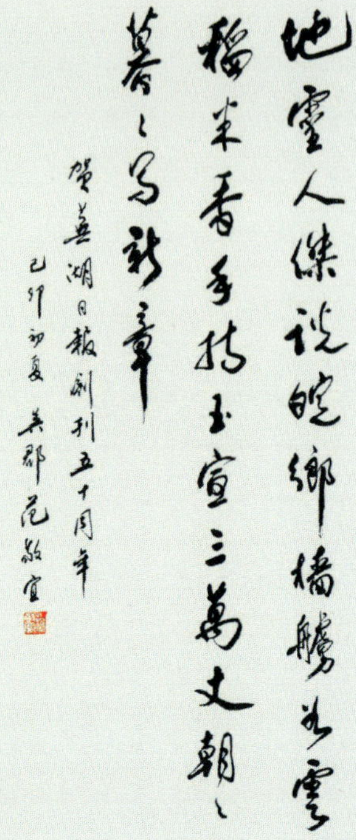

▲ 1999 年，时任全国人大常委会委员、全国人大常委会教科文卫委员会副主任范敬宜为《芜湖日报》创刊 50 周年题词。

（集团图片资料）

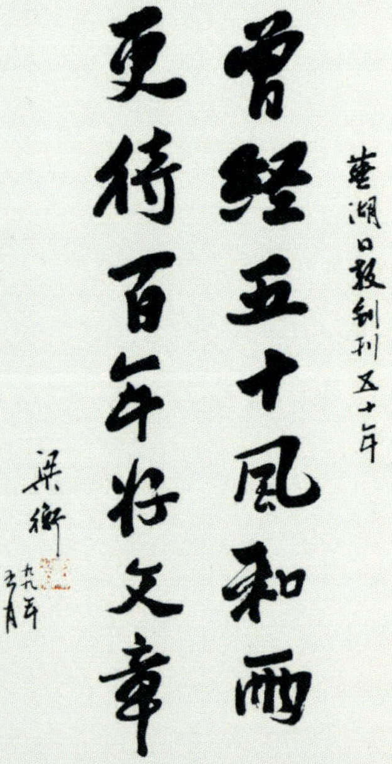

▲ 1999 年，时任新闻出版总署副署长梁衡为《芜湖日报》创刊 50 周年题词。

（集团图片资料）

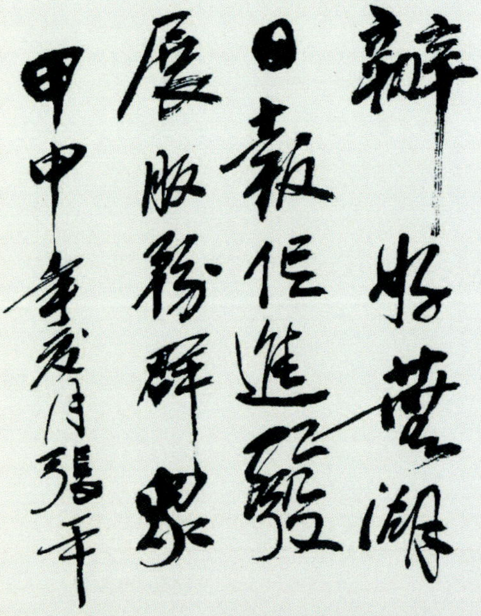

▲ 2004 年，时任安徽省委副书记张平为《芜湖日报》创刊 55 周年题词。

（集团图片资料）

报　刊

安徽俗話報

第二期出現

每册大錢五十文

光緒三十年月十五日發

每月兩冊 朔望發行

▲ 1904 年 3 月 31 日创刊的《安徽俗话报》。

（郭青　提供）

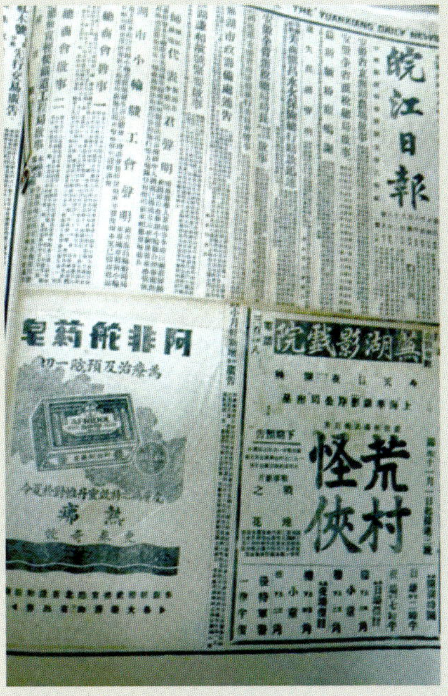
皖江日報

阿非能藥皂

蕪湖影戲院

荒村怪俠

▲ 1910 年 12 月 21 日创刊的《皖江日报》。

（张孝祥　提供）

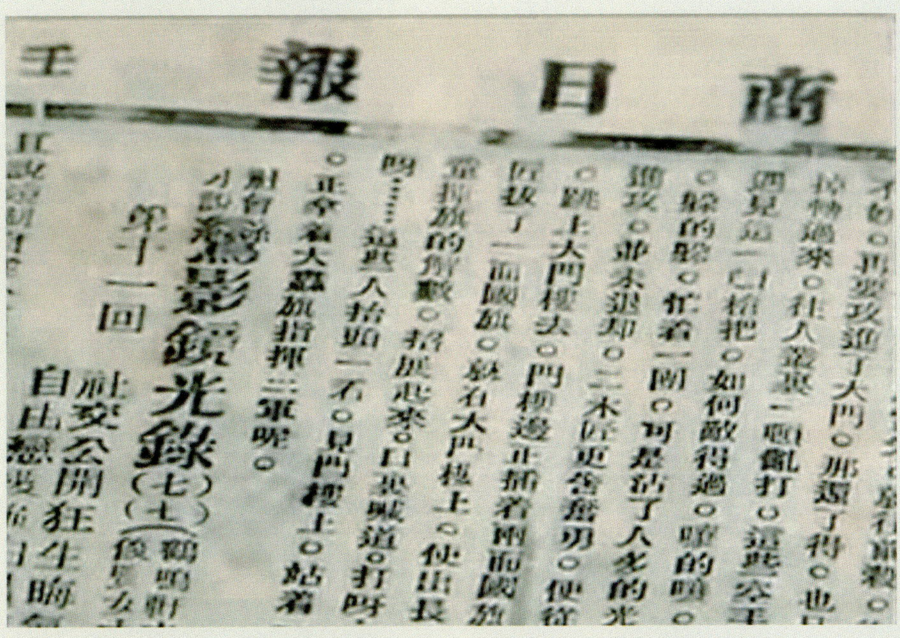
商日報

第十一回

鶯影鏡光錄

▲ 1915 年 10 月 20 日创刊的《工商日报》。

（张孝祥　提供）

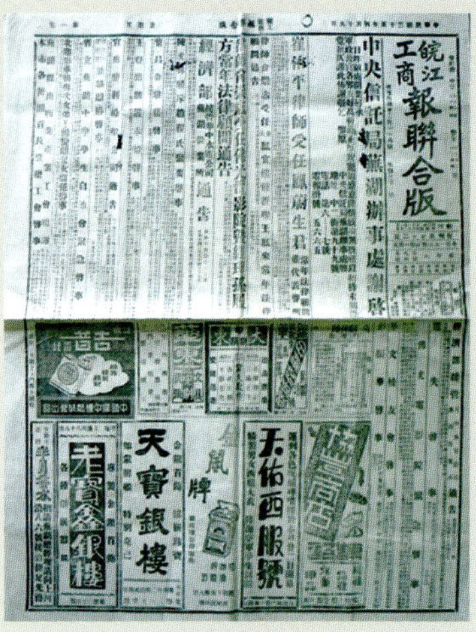
皖江工商報聯合版

▲ 1946 年 2 月 6 日创刊的《皖江工商联合报》。（张孝祥　提供）

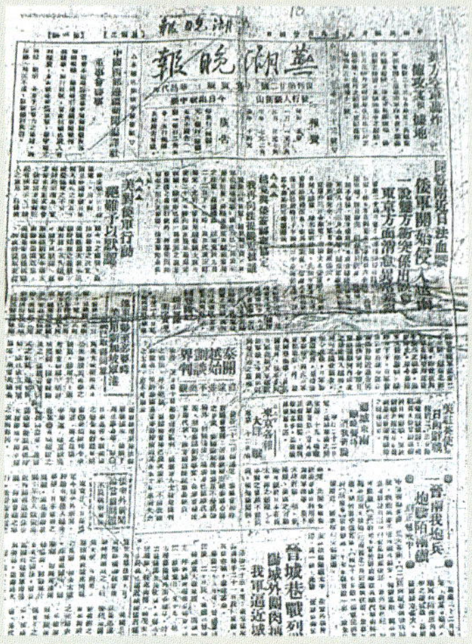
蕪湖晚報

▲ 1940 年 8 月 13 日创刊的《芜湖晚报》。（张孝杰　提供）

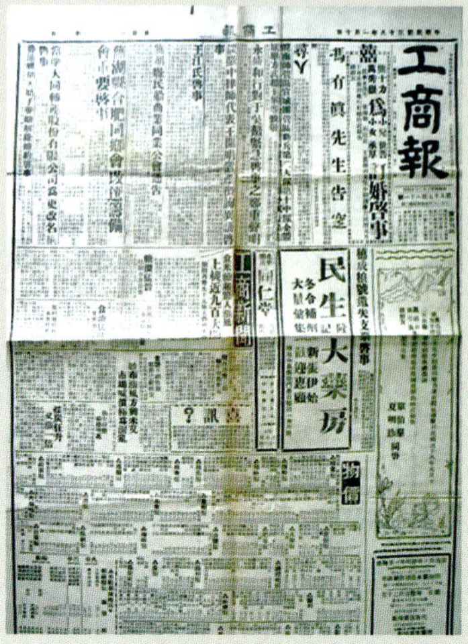
工商報

▲ 1947 年起，单独发行的《工商报》。（张孝祥　提供）

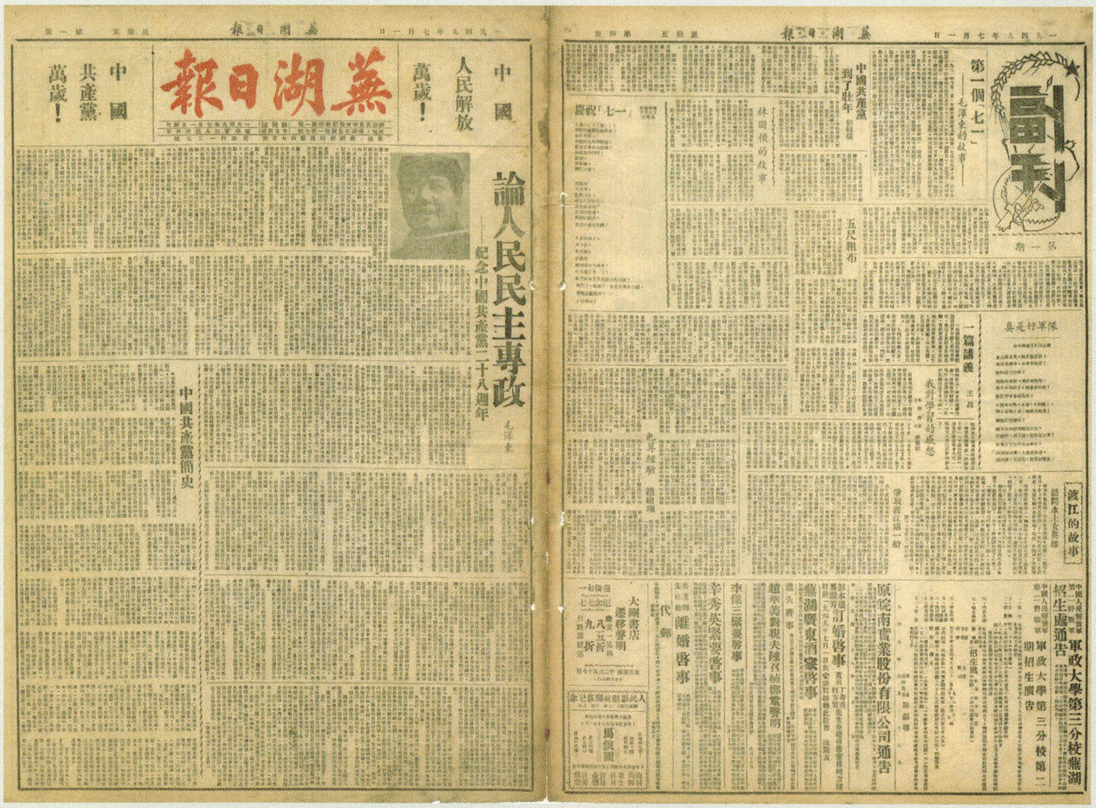
蕪湖日報

中國人民解放萬歲！

中國共產黨萬歲！

論人民民主專政
——紀念中國共產黨二十八週年

中國共產黨簡史

副刊

▲ 1949 年 7 月 1 日创刊的《芜湖日报》。图为该报创刊号。（郭青　提供）

皖南日报

中國人民政協首屆全體會議各單位代表名單

毛主席致開幕詞

毛主席等八十九人當選主席團

▲ 1949 年 9 月 22 日，《芜湖日报》改名为《皖南日报》。图为《皖南日报》创刊号。

（郭青　提供）

蕪湖大眾

關於中華人民共和國政府代表團與蘇聯政府的談判的中蘇公報

國際科學家證實了美國的細菌戰罪行

擁護國際科學委員會的報告書

▲ 1952 年 7 月 7 日创刊的《芜湖大众》。图为 1952 年 9 月 9 日头版。

（集团图片资料）

蕪湖日報

本报評論 增產節約迎新年

五年計划工業總產值提前完成

本市各界集会告别1956年

去年本市工業生產成績輝煌

▲ 1957 年 1 月 1 日，《芜湖大众》改名为《芜湖日报》。

（集团图片资料）

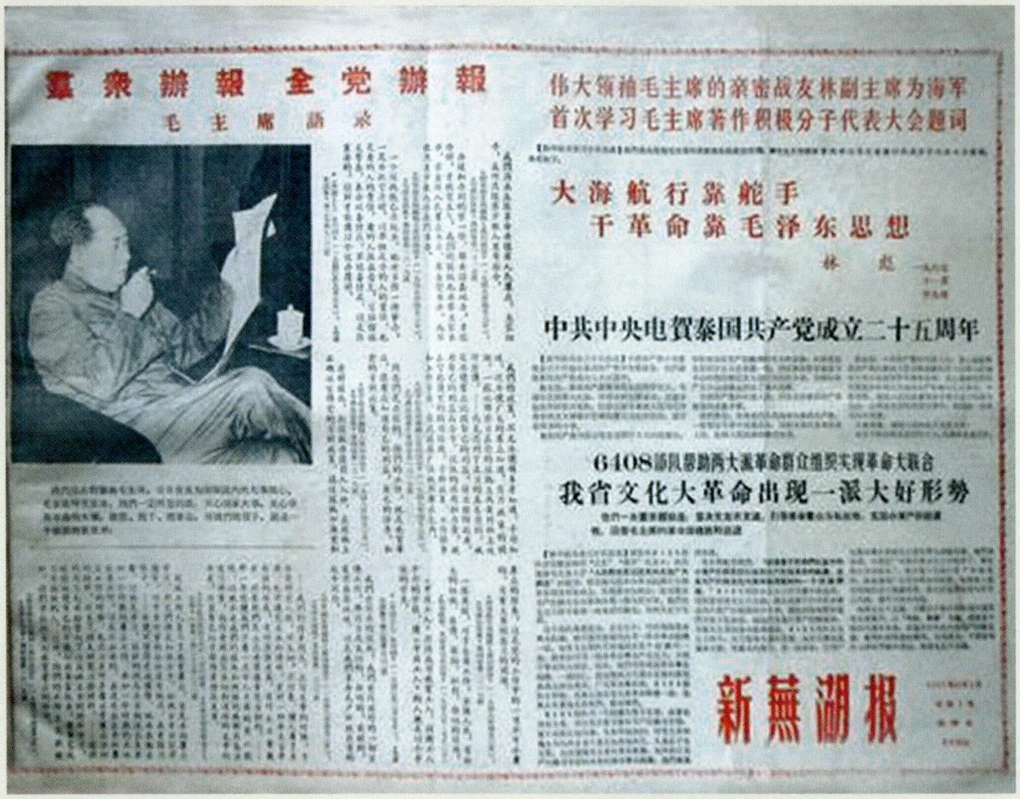
群众办报 全党办报
毛主席语录
伟大领袖毛主席的亲密战友林副主席为海军首次学习毛主席著作积极分子代表大会题词
大海航行靠舵手
干革命靠毛泽东思想
林彪
中共中央电贺泰国共产党成立二十五周年
6408部队帮助两大派革命群众组织实现革命大联合
我省文化大革命出现一派大好形势
新芜湖报

▲ 1967 年 1 月 19 日创刊的《新芜湖报》。图为 1967 年 12 月 1 日 1、4 版。

（《芜湖日报》记者　陈立希　摄影）

芜湖报
WUHU BAO
摸准市场脉搏 调整生产方向
我市印染厂涤棉漂染车间建成投产
跑步前进 喜迎新年
供销系统积极做好元旦供应

▲ 1979 年 7 月 1 日复刊的《芜湖报》。图为 1980 年 1 月 1 日 1 版。

（集团图片资料）

芜湖日报
WUHU RIBAO
市委组织部召开知识分子座谈会
中共芜湖市委关于《芜湖报》改为《芜湖日报》的决定
致读者
隆重纪念中国共产党成立六十三周年
本报举行创刊卅五周年纪念会

▲ 1984 年 1 月 1 日，《芜湖报》恢复为《芜湖日报》。

（集团图片资料）

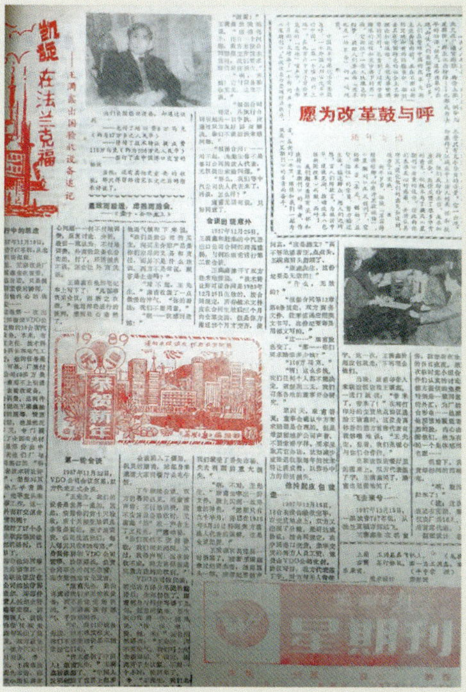
凯旋在法兰克福
愿为改革鼓与呼
星期刊

▲ 1989 年 1 月 1 日，《芜湖日报・星期刊》创刊。

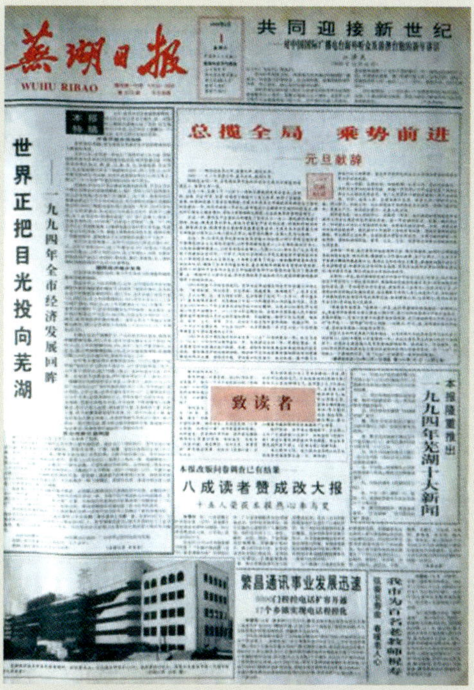
芜湖日报
WUHU RIBAO
共同迎接新世纪
总揽全局　乘势前进
元旦献辞
世界正把目光投向芜湖
一九九四年全市经济发展回眸
致读者
八成读者赞成改大报
本报隆重推出 一九九四年芜湖十大新闻
繁昌通讯事业发展迅速

▲ 1995 年 1 月 1 日，《芜湖日报》由四开小报改版为对开大报。

（集团图片资料）

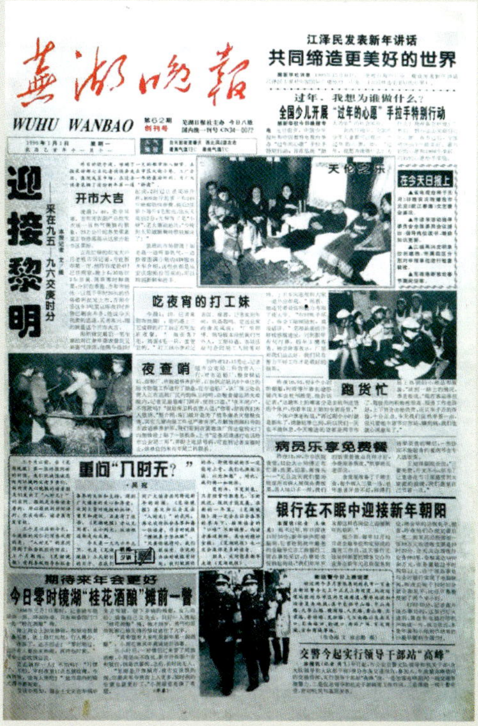
芜湖晚报
WUHU WANBAO
江泽民发表新年讲话
共同缔造更美好的世界
迎接黎明
开市大吉
吃夜宵的打工妹
夜查哨
跑货忙
病员乐享免费餐
银行在不眠中迎接新年朝阳
期待来年会更好
今日零时镜湖"桂花酒酿"摊前一瞥
交警今起实行领导干部站"高峰"

▲ 1996 年 1 月 1 日，《芜湖晚报》创刊。

大江晚报
11
三位航天英雄天宫过端午
神舟十号今日17时38分发射
航天员：聂海胜 张晓光 王亚平
神舟十号航天员乘组
中国航天员聂海胜
中国航天员张晓光
中国航天员王亚平
浓浓端午情 同织中国梦
听几代人畅聊端午味道
中考考生免费乘公交
高考表情让我们动容

▲ 1999 年 1 月 1 日，《芜湖晚报》更名为《大江晚报》。图为 2013 年 6 月 11 日封面版。

报业大事

▶ 2003 年，芜湖日报社在城南兴建芜湖日报社新闻大楼。2011 年 11 月，新闻大楼建成使用。
（《芜湖日报》记者　陈立希　摄影）

◀ 2006 年 6 月 6 日，芜湖日报报业集团成立。
（集团图片资料）

▲ 2006 年 8 月 1 日，芜湖新闻网开通、芜湖日报报业集团印务中心落成。
（集团图片资料）

▲ 2018 年 9 月 29 日，芜湖传媒中心（集团）成立。
（集团图片资料）

芜湖近现代知名报人

▶张九皋（1887 年 1 月 19 日—1963 年 6 月 9 日），芜湖新闻界开拓者，芜湖早期报界知名人士。在芜湖报业史上担任总编辑时间最长，参与创办《皖江日报》，并独自创办《工商日报》《皖江 工商报联合版》《工商报》。

（张孝祥　提供）

▲张大荒（1899 年—1969 年），芜湖报界知名人士，参与创办《星报》并担任主编，先后担任《工商日报》《安徽民报》总编辑，《力报》主编。

（集团图片资料）

▲张衡山（1912 年 9 月 16 日—1989 年 1 月 26 日），芜湖报界知名人士。创办《芜湖晚报》，成立芜湖晚报社昭通分社，开创异地办社先河。

（集团图片资料）

芜湖当代报人

▶ 1953 年，芜湖大众报社全体人员合影。

（集团图片资料）

◀ 1963 年，芜湖日报社全体人员合影。

（集团图片资料）

▲ 1983 年，芜湖报社全体人员合影。

（集团图片资料）

◀ 1986 年，芜湖日报社部分人员与来芜湖考察的《中国青年报》副总编辑高炜一行合影。

（刘晓春　提供）

▶ 1990 年，芜湖日报社部分职工与中共芜湖市委宣传部部长彭少雄合影。

（刘晓春　提供）

◀ 2002 年，芜湖日报社举行春节联欢会。前排左起就坐的有顾伟明、许宏胜、苏彦彬、周祥鸿和黄寿彭。

（集团图片资料）

▶ 2004 年 5 月 18 日，芜湖日报社全体人员庆祝《芜湖日报》创刊 55 周年合影。

（集团图片资料）

▲ 2004 年 6 月芜湖日报社全体人员走出报庆会场。

（集团图片资料）

◀ 2005 年，芜湖日报社历届部分领导参观记者林。从左到右分别为丁以胜、周祥鸿、许宏胜、黄寿彭、苏彦彬、何瑞、丁红云、司旋霞、顾伟明。

（集团图片资料）

▶ 2005 年 11 月 5 日，芜湖日报社全体人员在巢湖庆祝第六个记者节合影。

（集团图片资料）

◀ 2007 年 11 月 3 日，芜湖日报报业集团（芜湖日报社）全体人员在方特欢乐世界庆祝第八个记者节合影。

（集团图片资料）

▶ 2009 年，芜湖日报报业集团（芜湖日报社）历届部分领导合影，从左到右分别为张维水、许宏胜、苏彦彬、丁红云、司旌霞。

（集团图片资料）

▲ 2010 年 11 月 13 日，芜湖日报报业集团（芜湖日报社）庆祝第十一个记者节，组织全体人员到沙家浜开展庆祝活动。

（集团图片资料）

▲ 2011 年，芜湖日报报业集团（芜湖日报社）部分人员在记者林前合影。（集团图片资料）

◀ 2011 年，芜湖日报报业集团（芜湖日报社）部分人员在弋矶山社区开展活动时与社区部分同志合影。（集团图片资料）

▶ 2019 年 3 月 30 日，芜湖传媒中心（集团）召开 2019 年度工作会议。图为集团领导出席大会。（集团图片资料）

我在现场

▲ 2003 年 6 月 29 日，《大江晚报》“昨夜今晨”采访组记者冒雨采访。

（《大江晚报》记者　涂志勤　摄影）

▲ 2010 年，芜湖日报报业集团组织世博大型采访活动。

（石琼　摄影）

▲ 1997 年 7 月 10 日，卖报人周扣柱在芜湖县石硊乡下销售《芜湖晚报》。

（老春　摄影）

▲ 2012 年 11 月 27 日，芜湖日报报业集团举行职工运动会。

（陈立希　摄影）

▲2013 年 9 月 23 日，《大江晚报》组织的芜湖籍青岛孤儿再次回家寻亲。

（《大江晚报》记者 涂志勤　摄影）

▲2016 年 7 月 4 日，芜湖日报报业集团采访组记者张申尚（右二，站立）在芜湖市南陵县西七圩采访并参与救人。

（集团图片资料）

荣　誉

▲部分荣誉证书。

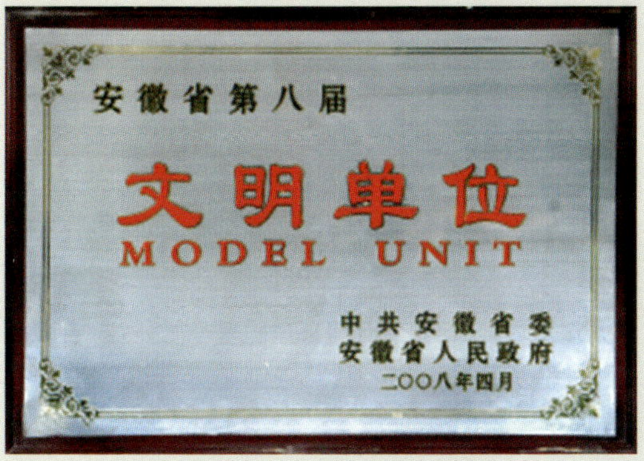

▲芜湖日报报业集团荣获安徽省文明单位称号。

▲芜湖日报报业集团荣获2008—2009年度中国地市报经营管理十强称号。

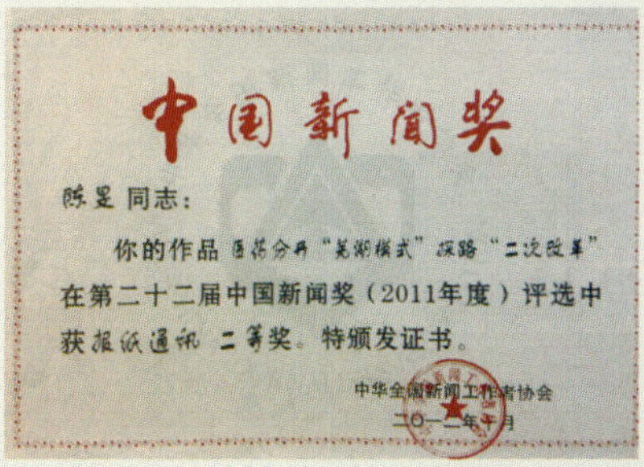

▲《芜湖日报》记者陈昱荣获中国新闻奖二等奖。

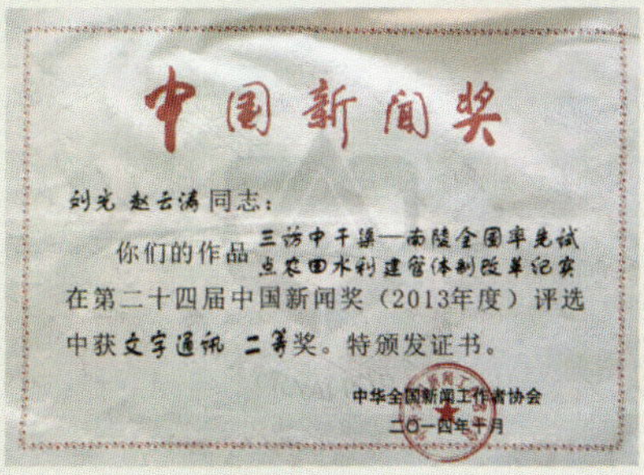

▲《芜湖日报》记者刘光、赵云涛荣获中国新闻奖二等奖。

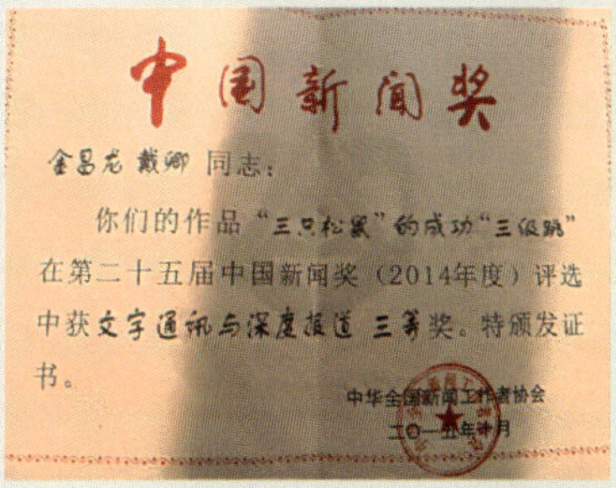

▲《芜湖日报》记者金昌龙、戴卿荣获中国新闻奖三等奖。

▲《芜湖日报》荣获 2010 年中国十大地市报称号。

▲《大江晚报》荣获 2011 年中国十大地市晚报称号。

▲《金周刊·芜湖广播电视》荣获 2010 年最受女性喜爱的十大品牌周刊称号。

▲芜湖新闻网荣获全国地方网站最具影响力品牌奖。

《芜湖报业百年》编辑委员会

主　　任：张克庚

副 主 任：柯　南　韩万春

委　　员：金昌龙　李祥春　徐　巍

　　　　　高　成　吴　梅　汪维明

主　　编：石　琼

序　言

当石琼同志把《芜湖报业百年(征求意见稿)》递到我手上时,我除了惊讶还是惊讶。

因为我在芜湖日报社工作时,为了纪念《芜湖日报》创刊45周年,报社编委会讨论研究纪念活动,其中一项重头戏就是编辑出版一本《我与〈芜湖日报〉——纪念〈芜湖日报〉创刊45周年》的纪念册,并为此特组建了编委会,确定报社老同志汪兴泉负责组织编辑工作,经过老同志们夜以继日的辛勤工作,经过在职的和所有能联系上的老报人"众人拾柴火焰高"的努力才得以完成。而现在我面前这部沉甸甸的《芜湖报业百年》书稿,时间跨度之大,内容牵涉之广,方方面面之繁复,编写起来实在是一项浩大的工程。凭一人的力量来完成,那就是挑战不可能。但是,石琼同志挑战了,并且成功了。在这过程中,石琼同志查阅了大量的资料,前后花费三年多的时间,凭着一名新闻工作者的赤子之心,编写成约45万字、300余幅图片的《芜湖报业百年》,石琼同志创造了奇迹。

正如本书开宗明义所指出的,这部书是芜湖新闻史上第一部依照报业志体例编撰出版的专著。全书坚持实事求是、远略近详的原则,力求做到全面、真实、客观、准确、公正地反映芜湖报业的发展历程,以此献给有着121年历史的芜湖报业、创刊70周年的《芜湖日报》和为芜湖报业发展作出贡献的芜湖报人。石琼同志做到了。

翻阅着书稿,仿佛重回当年,热火朝天的工作情景浮现眼前。那些日日夜夜,为了这份神圣的事业,我们激动过、困惑过、欢笑过,、流泪过,用摸爬滚打一路前行来形容毫不为过。因此,芜湖报业人员其实是有一个潜在的愿望,那就是了解芜湖报业的"前世今生",探究它走过的每一步印记,看看自己曾经走在这过程中的那一个节点,为自己曾经作出的努力而微笑而满足而自豪。谢谢石琼同志经历万千辛苦,为我们实现了这个愿望,也告慰了那些已经离去的芜湖报业的前辈们。

现在,《芜湖报业百报》出版了。纵览全书,石琼同志把芜湖百年报业,如此浩繁、难以表达的起始和发展历程,以历史相册、总述、组织机构、报纸杂志、新闻传播、报业大事、报业管理、报业经营、文化产业、荣誉奖励、报业解答、报业人物和附录等编排方式分列,再分章节逐项叙述,既可避免遗漏,又安排得井然有序、顺畅明了。这是迄今为止,芜湖报业百年最为翔实的编年史,也为今后芜湖报业发展打下了最为坚实的基础,为日新月异发展的芜湖填补了一项新闻发展史上的空白。

也许是历史的原因,我们不少人并没有自始至终工作在芜湖报业战线。比如我本人就只在当年的芜湖日报社工作过九年，无论其他，光凭这一点，我就不具备为这部著作写序言的资格。但从第一次看到书稿起，我就被深深感动了。我的新闻生涯告诉我，只要真心实意地投入，新闻工作就有这样的魅力，让你每天精神饱满、头脑清醒、目光敏锐、步履匆匆而坚定；让你明明是那样平凡，却可以在这个岗位上蜕变得与众不同，石琼同志就是其中的一员。为此，我郑重写下以上的文字，以此为序。

丁红云

2019 年 10 月 30 日于芜湖

（丁红云，当代新闻界知名报人。曾任武汉法制报社社长、总编辑。1988 年至 1997 年，在芜湖日报社担任党组书记、总编辑。）

编者说明

本书是芜湖新闻史上第一部依照报业志体例编撰出版的专著,但与专业志书又有所不同。本书坚持实事求是、远略近详的原则,力求做到全面、真实、客观、准确、公正地反映芜湖报业的发展历程,以此献给有着百年历史的芜湖报业、创刊70周年的《芜湖日报》和为芜湖报业发展作出贡献的芜湖报人。

本书记述范围包括芜湖境内的主要报社、杂志社、报纸、刊物和网络媒体。

全书以1898年为上限,2019年7月为下限,囊括芜湖报业121年的历史。其中,有部分章节和内容在时间上有延后。

《芜湖报业百年》由三个部分组成:第一部分为《芜湖报业百年》编辑委员会名单、历史相册、序言、编者说明和总述;第二部分为组织机构、报纸杂志、新闻传播、报业大事、报业管理、报业经营、文化产业、荣誉奖励、报业解读和报业人物等;第三部分为附录,分别有大事记、文存选辑、芜湖报业从业人员名单、中国新闻获奖作品、参考资料和后记。全书文字条文除归类外,基本上以时间顺序排列,表格纳入相关文章里。

全书资料采用档案、报刊、文献、专著和史志,以及芜湖日报社的文件资料等,其中包括《芜湖年鉴》《芜湖通史》《芜湖市志》等有关资料。

芜湖日报社历届部分领导丁红云、许宏胜、司旌霞、张维水、宋建华、刘光和柯南等审读了《芜湖报业百年(征求意见稿)》,并对其中相关内容提出宝贵意见,丁红云还撰写了序言;芜湖传媒中心(集团)专副刊部编辑郭青提供大量有价值的资料和图片,芜湖日报校对部主任徐涧严把内容关、文字关和图片关。正是领导的关怀和同仁们的辛勤劳动,才成就了《芜湖报业百年》。

编　者

2019年12月30日

目 录

总　述

翻开安徽新闻史，安徽省有记载的第一张报纸是诞生于芜湖的《皖报》，距今121年历史；安徽有记载有实物留存的第一张报纸《安徽俗话报》在芜湖面世，距今116年；1949年7月1日创刊的中共芜湖市委机关报《芜湖日报》距今70年。从1898年到1949年的51年间，在芜湖公开发行的报刊有99种；从1898年到2019年的121年间，在芜湖公开发行的报刊有200余种，其报刊历史之长、数量之众均居安徽省各地市前列。由此可见，芜湖是安徽报业的拓荒者，更是安徽新闻事业的实践者。

芜湖地处长江中下游沿岸，水陆交通便利，近现代商业相当发达，尤其印染业、手工炼钢业均闻名全国，确立芜湖市为全国米市后，芜湖成为安徽的商业中心和文化中心。芜湖的商贸兴盛为芜湖报业发展创造了物质条件，使得芜湖报业发展有了物质基础，武汉、上海等地报纸纷纷进入芜湖报业市场，在芜湖出版发行的报纸层出不穷，先后出现《皖报》《白话报》《安徽俗话报》《鸠江日报》《商务日报》《芜湖日报》《风月谭》《芜湖新报》《中江日报》《演说白话报》《共和日报》《安徽日报》《现世报》《金钟白话报》《安徽民报》《讽报》《醒报》《闲谭》《皖江新春潮》等。《中国报学史》把《皖报》《鸠江日报》《商务日报》和《皖江日报》并列为清末芜湖报纸“较知名者”。《官场现形记》的作者晚清小说家李伯元在他另一部作品《文明小史》中讲述了一段关于《芜湖日报》的故事，亦见芜湖报业在晚清民初的影响力（见《文明小史》第四十四回）。作为典型的消费型商业城市，芜湖的特性造就了芜湖报业休闲消遣和商业服务的特性，最有影响的民办商业报纸有《皖江日报》和《工商日报》。

1949年4月，芜湖解放。民国时期的报纸陆续停刊，由此进入中共皖南区委、芜湖地委、芜湖市委和芜湖县委领导下的“党报”时代，其标志性的事件是芜湖日报社的成立和中共芜湖市委机关报《芜湖日报》的创刊。之后虽然经历了报纸时合时分甚至停刊，但《芜湖日报》创办至今，成为芜湖报业史上办报时间最长的报纸，芜湖日报社也成为芜湖报业史上经营时间最长的报社。尤其在2007年之后，芜湖公开发行的本土报纸只有芜湖日报报业集团（芜湖日报社）创办的《芜湖日报》《大江晚报》和《金周刊·芜湖广播电视》。

从1949年到2015年，芜湖报业公开发行的本土报纸有《新华电讯》《芜湖日报》《皖南日报》《芜湖大众》《芜湖报》《芜湖日报（芜湖报联合版）》《新芜湖报》《简报》《芜湖简报》《芜湖县报》《皖江商报》《芜湖广播电视报》《大江晚报》《金周刊·芜湖广播电视》等，芜湖公开发行的本土刊物并不多，有影响的《大江》《芜湖文艺》《芜湖风情》《芜湖社会科学》等刊物也基本上由公开发行转为内部发行，其中有的停刊。芜湖日报社以及改制后的芜湖日报报业集团不仅拥有芜湖新闻网、芜湖手机报等网络媒体，还有“无线芜湖”客户端和集40多个新媒体平台为一体的新媒体超市客户端等新媒体。

从2015年开始，互联网和新媒体的加速发展，改变了人们的阅读方式，传统媒体受到不同程度的冲击，芜湖报业也未能幸免，芜湖日报报业集团所属媒体《芜湖日报》《大江晚报》《金周刊·芜湖广播电视》发行量急剧下降，报纸广告量呈断崖式下滑，报纸被迫减版，《金周刊·芜湖广播电视》并入《大江晚报》，芜湖报业经营陷入低谷。芜湖传媒中心（集团）成立后，《芜湖日报》《大江晚报》的广告虽然有触底回暖迹象，但报业发展之路仍任重道远。

一、清末民初时期的芜湖报业

1876年9月13日，清政府与英国签订中英《烟台条约》，其中第三端第一款明确规定：芜湖成为通商口岸。虽然是不平等条约，但从客观上也使芜湖与其他城市的商旅往来和文化交流逐步频繁起来，报业发达的武汉、上海等地的报刊随之进入芜湖，对芜湖的报业文化产生了深远的影响。1894年，中日甲午战争中国失败后，资产阶级改良主义运动兴起，维新志士纷纷在北京、上海、长沙等地创办报刊，倡导维新变法。1898年（清光绪二十四年）3月，芜湖近代史上第一张报纸《皖报》创刊，提出“开风气、拓见闻、联官民、达中外”的办报宗旨，其章程明确强调：“本报虽名为《皖报》，实为务实维新之报。”同年9月，因“戊戌变法”失败，全国查禁报馆，《皖报》停刊，办报约在半年之内，虽然没有留下报样，它却是有记载的安徽最早的报纸。1899年，安徽桐城人汪熔在芜湖创办《白话报》，摒弃《皖报》文言文的表达形式，采用白话文，是鼓吹民族、民主革命的报刊[1]，也是我国早期的白话文报刊之一，因《皖报》办报人的资料缺失，汪熔就成为有文字记载的安徽办报第一人。

进入20世纪，外地人到芜湖办报纸的明显增多，甚至还有人到芜湖专门从事报纸的发行和销售，芜湖的报业市场出现第一个繁荣时期。1903年（清光绪二十九年）春，绩溪人汪孟邹在芜湖中长街20号的徽州码头创办了芜湖科学图书社，出售上海等地出版的《黄帝魂》《革命军》《苏报》《复报》等新书报，它是芜湖当时唯一经销全国各地新书和杂志的机构。因芜湖工商业发达，同年3月31日，陈独秀创办的《安徽俗话报》先在安庆组稿，再拿到芜湖科学图书社转自上海印刷并在芜湖发行，从第3期开始，《安徽俗话报》直接搬到芜湖科学图书社经营。1904年7月，芜湖出现了免费的“阅报栏”[2]，喜欢读报的人可以从上午10点到下午5点免费阅读。

1905年到1911年，芜湖人齐月溪和流寓芜湖的无为人王鹤天、太平人谭明卿、合肥人焦二风和浙江人吴少斋等，在芜湖先后创办《鸠江日报》《商务日报》《芜湖日报》《风月谭》《芜湖新报》《中江日报》《皖江日报》等7种民办报纸。1910年12月21日，上海驻芜访员谭明卿与上海《南方日报》《中外日报》驻芜访员、江宁人张九皋合作创办《皖江日报》，到1937年12月停刊，出报长达27年，是新中国成立前芜湖报业史上办报时间最长、影响最大的报纸，也是安徽省报业史上最悠久的报纸之一。

1911年辛亥革命爆发，结束了清王朝封建专制统治。1912年（民国元年）3月11日，民国政府公布“临时约法”，规定“人民有言论、著作、刊行及集会、结社之自由”。国民党、共和党和社会党先后在芜湖设立支部，党派报纸相继问世，其中包括共和党芜湖支部创办的《共和日报》、社会党芜湖支部创办的《讽报》和芜湖农业促进会创办的《农业日报》。此时在芜湖先后创办的报纸还有《安徽民报》《安徽日报》等，芜湖还出现以国民党省党部为背景的《民国日报》（后改名为《大江日报》）。新创办的报纸还有《皖江潮》《演说白话报》《鸠江日报》《金钟白话报》《现世报》《醒世报》《醒报》《闲谭》《皖江新春秋》《繁华新语》《芜湖花报》《直言报》《灿花日报》等14种之多，其中多为民办报纸。虽不及武汉和上海，但在安徽却是报纸出版最多的城市，芜湖报业出现第一次繁荣时期。

1913年（民国二年）后，因芜湖政局混乱，尤其是袁世凯颁布“报纸条例”和“出版法”，钳制言论，芜湖报刊纷纷停刊，仅存《皖江日报》《直言报》《闲谭》等。1915年，张九皋创办《工商日报》，到1937年12月停刊，历时22年，如果加上合办的《皖江·工商报联合版》和独立创办的《工商报》，则历时31年，是新中国成立前芜湖第二张办报时间最长的民办报纸。1919年和1920年，谭明卿、张九皋代表芜湖报界赴上海、北京参加全国报界第一届和第二届联合会。

1921年，沈民泽、高语罕创办《芜湖半月报》。1924年，安徽省立五中学生联合创办半月刊《赭山》。1926年“五卅”惨案后，芜湖成立外交后援会组织，《皖江日报》《工商日报》参加外交后援会活动。1927年3月，北伐军到芜湖，当时国民党芜湖县党部接管《芜湖日报》，第二年又出现《民国日报》，其先后改名为《三民导报》《导报》《大江报》。1929年5月，钱杏邨、张慕陶、高语罕创办半月刊《苍茫》。1931年，柏毓文等筹组《中江报》，但仅出一年就停刊。至1929年，先后有《芜湖日报》《六点钟晚报》《皖江民报》《新芜湖》和《赭山》半月刊等报刊问世，但大多数没办多久就停刊。值得一提的是，在这个时期，繁昌出现一批报刊，其中有1930年上半年创办的《炸弹》刊物，刊发《红旗》杂志上的有关文章和“左翼”作家的文艺作品，发表当地革命斗争信息。1933年，繁昌县文艺研究社社员程德涵、姚微元等青年学生创办《新光》，设有散文、诗词、笔记、说丛、谐数、字画、戏剧、杂俎等栏目，1934年停刊。1933年，国民党繁昌县党部书记洪添铭创办《繁昌导报》，次年5月，张志民、张学千等创办《繁昌日报》。[3]

1930年，国民党政府颁布“出版法”44条，对报刊实行注册登记制度。《皖江日报》因版面出现“共产党万岁”而被停刊一年。到1937年12月10日，日本侵略军占领芜湖前夕，芜湖仅有《皖江日报》《工商日报》和《大江日报》等报纸。

从《皖报》创刊开始，到日本侵略军占领芜湖（1937 年 12 月）前夕，芜湖报业呈现七个特点：首先，芜湖成为安徽报业的拓荒者和实践者，也是新文化的传播者，其重要标志就是在芜湖创刊的《皖报》《白话报》和在芜湖问世的《安徽俗话报》，其报刊数量也是各地市最多的。其次，芜湖早期报纸已经初步确立报纸的功能和作用，也就是报纸的政治功能和宣传鼓动作用，并强调报纸在教育读者、开通民智、提供新知、培育人才等方面的作用。报纸的共同特点就是采用册装期刊的形式，早期报纸大都兼备新闻报纸和杂志的特点。第三，芜湖报业出现第一次繁荣时期，据不完全统计，在芜湖创办的报纸约 14 种，不仅出现《皖报》《白话报》《鸠江日报》《商务日报》《芜湖日报》《风月谭》《芜湖新报》《中江日报》《皖江日报》等众多报刊，而且出现芜湖人自己办的报纸，如无为人王鹤天创办的《鸠江日报》。第四，芜湖创办的报纸成为全国知名报纸，据戈公振编著的《中国报学史》第四章《民报勃兴时期》记载，在芜湖创刊的《皖报》与《鸠江日报》《商务日报》《皖江日报》被列为清末芜湖出版报纸中的“比较知名者”。[4] 徐松荣编撰的《维新派与近代报刊》在介绍安徽报业时，仅列《安徽俗话报》和芜湖《白话报》，可见这两份报纸不仅在安徽，甚至在全国也有影响。第五，在芜湖出版发行的报刊除国民党、共和党和社会党创办的党派报刊外，绝大多数为民办报刊，其中有一部分报刊属于进步报刊，最典型的是《安徽俗话报》，但绝大多数报纸属于休闲消遣和商业服务类的报纸。第六，这个时期的办报手段还相当落后，《皖江日报》第 1 期采用的是木刻活字印刷。第七，首次出现《芜湖日报》（1905—1906 年）报名，但它与 1949 年 7 月 1 日创办的《芜湖日报》有本质上的区别。

二、抗日战争时期的芜湖报业

1937 年 12 月，日本侵略军占领芜湖。原在芜湖的报人纷纷远走他乡，其报刊也随之撤离芜湖。1938 年 1 月，工商日报社职工转移到江北的三河镇，借用三河镇的印刷机器出版《工商日报（三河版）》。原《工商日报》编辑张衡山则于 1944 年在四川宜宾出版《芜湖晚报（宜宾版）》，这是芜湖报业史上第一次出现《芜湖晚报》报名，其在昭通设立分社也是芜湖报业首创，张衡山还代表《工商日报》和《芜湖晚报》参加在重庆召开的全国报界联合会。[5]

日伪芜湖县衙署为了控制舆论，于 1938 年 7 月 17 日在原《皖江日报》社址上创办《芜湖新报》。该报是当时芜湖报业市场上唯一的报纸，为日伪政府的宣传机器。它不仅日出报纸，还刊行晚报，这个时期除报纸外，还设立汪记中央电讯社芜湖分社，它们共同为日伪政府服务。

这个时期芜湖报业最大的特点有三点：首先，芜湖本土只有日伪芜湖县衙署创办的《芜湖新报》，其他报刊全部停办。其次，《芜湖晚报》的报名第一次出现，创办人张衡山开创了芜湖报纸在异地办分社之先河。第三，虽然这个时期的芜湖基本上没有报纸，但芜湖报人却没闲着，他们纷纷在他乡办报，分别出现《工商日报（三河版）》和《芜湖晚报（宜宾版)》等。

三、解放战争时期的芜湖报业

抗日战争胜利后,国民党政府被迫废除新闻检查,撤离芜湖的报人先后回芜继续办报办刊,芜湖报业出现第二次繁荣时期。1945 年 11 月 1 日,芜湖民众教育馆筹办《安徽民报》。原六区专员公署的《宣报》随公署迁入芜湖,并将小报改大报,于 1945 年 12 月 1 日更名为《民声日报》。1945 年 12 月 15 日,国民党芜湖县党部书记长彭一韶发起,秘书马文师和新闻界人士欧阳奚之筹办《芜湖报》,这也是芜湖报业史上第一次出现《芜湖报》报名,但它与中共芜湖市委机关报《芜湖报》有本质的区别。

1946 年 2 月 6 日,回到芜湖的张九皋与谭邦杰商定,利用《皖江日报》留在芜湖的印刷机械,出版《皖江 工商报联合版》,后因报社受到冲击,谭邦杰无力办报,《皖江 工商报联合版》于 1946 年底停刊。《工商报》于 1947 年单独发行,到 1948 年,《工商报》发行达 4000 份,报纸收入增多,还开办了工商印刷所,直到芜湖解放后才停刊。

从 1945 年 9 月至 1949 年 4 月,在芜湖出版的对开大报还有《大江日报》《复兴日报》《火炬日报》《中央日报(安徽增刊)》《国事快闻》等;四开小报有《幸福报》《中江晚报》《芜湖晚报》《安徽民报》《荡寇报》《华新周报》《经济新闻》《精食报》《京芜晚报》《行报》《后浪报》等,芜湖当时报刊多达 27 种。[6]

1946 年 4 月中旬,为要求增加工资,《工商日报》的印刷工人率先举行罢工,接着,《大江日报》《复兴日报》《火炬日报》《皖江日报》等芜湖九家报馆的印刷工人纷纷停工,参加罢工的共有 300 余人,工人们提出“不获胜利,决不复工”的口号,并组织纠察队,到各报馆检查罢工情况,为把罢工推向高潮,工人们又组织了“印刷工会筹备会”,全体印刷工人都是会员,但罢工最后以失败告终。

这个时期芜湖报业最显著的特点有五个:第一,芜湖报业出现了第二个繁荣时期,从 1945 年到 1949 年 4 月,芜湖报业呈现井喷之势。第二,报纸的种类也丰富起来,既有对开大报,也有四开小报;既有日报,也有晚报,还有周报等。第三,办报成分也相当丰富,有本土创办的报纸,如回到芜湖的张九皋、谭明卿和谭邦杰先生合办《皖江 工商报联合版》;有从外地迁入的报纸,如六区专员公署从泾县迁入芜湖的《民声日报》,创办于安徽屯溪的《火炬周刊》停办后到芜湖复刊。第四,首创两地同时发行报纸,其两地发行的报纸完全相同,如在南京和芜湖同时发行的《京芜周报》。第五,外地报纸在芜湖设立增刊和增版,如上海《中央日报(安徽增刊)》、上海《粮食日报(芜湖版)》。

四、新中国成立初期的芜湖报业

1949 年 4 月,芜湖原有的地方报纸除《工商报》外全部停刊。4 月 24 日,中国人民解放军进入芜湖,当时只有 20 岁出头的刘俭、柳三星受芜湖军管会文教部派遣,于 4 月 28 日接管大江日报社。原决定立即创办《芜湖日报》,但考虑大家都没有办报经验,便从 4 月 29

日起先推出《新华电讯》，把收到的新华社电讯印发出去，也发号外，解放军入城纪律和党的城市政策就是通过《新华电讯》传递给芜湖民众的。1949 年 6 月 18 日，中共芜湖市委决定创办市委机关报，并以芜湖新华电讯社为班底，组建芜湖日报社。6 月 25 日，《新华电讯》停刊。6 月 28 日举行芜湖日报社成立大会，芜湖市委书记李步新、市委宣传部部长吴立奇到会并讲话。7 月 1 日，《芜湖日报》正式创刊。

《芜湖日报》仅出版两个多月，中共皖南区党委从绩溪搬迁到芜湖，其皖南日报社也搬到芜湖，考虑到一个城市不能有两份党报，《芜湖日报》于 1949 年 9 月 22 日改名为《皖南日报》。《皖南日报》除继续从事皖南区域的新闻宣传外，兼顾对芜湖的报道。《皖南日报》在芜湖仅办一年多时间，又随中共皖南区党委迁往合肥，与《皖北日报》合并，于 1951 年 12 月 15 日推出《安徽日报》。

《皖南日报》离开芜湖后，中共芜湖市委于 1952 年 7 月 1 日创办《芜湖大众》。芜湖大众报社的领导体制与以前的报纸有所不同，它是芜湖大众报社与芜湖人民广播电台合署办公，成立芜湖报社、电台委员会，电台台长柳三星兼任报社负责人。1957 年元旦，《芜湖大众》更名为《芜湖日报》。

在这个时期，中共徽州地委与中共芜湖地委合并为中共芜湖地委，并迁到芜湖。中共芜湖地委在已经停刊的《徽州报》的基础上，于 1956 年 4 月 1 日创办芜湖地委机关报《芜湖报》。芜湖报业史上第一次出现中共芜湖地委机关报《芜湖报》和中共芜湖市委机关报《芜湖日报》并存的现象。1958 年 12 月 16 日，中共芜湖市委与中共芜湖地委合并，“两委”合办《芜湖报 芜湖日报联合版》，但仅出报 16 期就停刊。1959 年元旦，中共芜湖地委仍以《芜湖日报》为机关报。一年后，中共芜湖地委和中共芜湖市委再次分开，但报纸并没有分开，《芜湖日报》既是中共芜湖地委机关报，也是芜湖市委机关报，一张报纸，两者兼顾。直到 1967 年停刊。

从 1949 年到 1966 年，芜湖报业进入新的历史时期，也是“党报”艰难创业时期。具有三个特点：首先，这个时期的芜湖报业只有“党报”一枝独秀。1949 年 4 月 23 日前，芜湖的报纸绝大多数是民办报纸，也有原国民党芜湖党部和原国民党政府及其他党派创办的党派报纸，还有进步人士创办的报纸，还有中共创办的刊物。新中国成立后，芜湖报业市场上仅有中共芜湖地委、芜湖市委、芜湖县委和中共皖南区党委办的“党报”。其中，中共芜湖市委机关报《芜湖日报》经历了合办、易名和停刊的过程。但无论是中共芜湖市委、芜湖地委还是皖南区委机关报，它们都属于“党报”范畴。其次，芜湖报业进入由旧式报纸向新式报纸的过渡时期。1956 年，国务院推广《汉字简化方案》，《芜湖报 芜湖日报联合版》积极响应，在报纸的语言表达方式上，不再使用文言文和半文言文，而是采用白话文表达方式，并最终采用普通话；在报纸的字体结构上，由繁体字向简体字过渡，但还不是彻底的简化字；在报纸的版面排版上，报纸的标题、正文由原来的从右到左竖排改为从左到右横排。

1958年后，全国人民代表大会第五次会议推广《汉语拼音方案》，《芜湖日报》的报头名下均加注汉语拼音字母（“文革”时期除外）。芜湖报业的新闻宣传内容从解放初期报道解放战争进展，迅速转向宣传国民经济恢复和计划经济时期开展的各项政治运动和经济建设的方针、政策，反映人民群众意见和呼声的“读者来信”一直占有相当显著的版面。第三，1957年至1966年，全国开展反对资产阶级右派、“大跃进”、公社化、反对右倾机会主义等运动，报纸受“左”的思潮影响，一些工作人员受到不公正的对待，有的被错划成右派分子，有的被调离报社，宣传上也出现了浮夸现象。

五、“文革”时期的芜湖报业

1967年1月9日，芜湖日报社被芜湖市红卫兵“革命造反司令部”和安徽省“八二七革命造反兵团”芜湖分团接管，采编人员纷纷调离或下放劳动，报社内部基础建设受到严重破坏，《芜湖日报》于同年1月11日停刊。三个群众“造反派”组织在芜湖日报社主持出版《新华电讯》，仅出7期便更名为《新芜湖报》，后由中共芜湖地委和革委会接管主办。1972年，《新芜湖报》改名为《芜湖日报》，仍由中共芜湖地委主办，同年4月1日停刊。此外，芜湖各地出现多张“造反派”主办的小报，有芜湖造船厂“革命造反司令部”主办的《新芜船》，硬骨头“革命造反委员会”主办的《硬骨头》，皖南大学“红卫兵总部”主办的《革命造反战报》《新皖大》，安徽省芜湖市工代会、农代会和红代会联合主办《芜湖战报》，还以驻肥联络站为名在合肥主办《芜湖风雷》，甚至出现两报合版的《〈芜湖工人〉〈新皖大〉合刊》。此外，芜湖在“文革”时期还有《霹雳》等报。[7]“文革”期间，为了宣传的需要，在民间还流传着油印小报。

1971年1月，中共芜湖市委以芜湖市第三次党代会会刊《简报》替代市委机关报，后改名《芜湖简报》，直到1979年复刊机关报《芜湖报》。1984年7月1日，中共芜湖市委恢复《芜湖日报》为机关报，这也是中共芜湖市委第三次使用《芜湖日报》报名，且一直沿用至今。

“文革”时期，芜湖报纸基本上都是“大批判”的宣传品，“造反派”主办期间的《新华电讯》主要转载新华社电讯稿，本地内容的稿件主要来自芜湖各部门、各企业、各单位革委会通讯员的稿件，其报头名下均取消汉语拼音字母。“文革”后期，虽然有些生产和生活信息，但以“假大空”的政治性文章占主导。直到中共芜湖市委恢复《芜湖报》才使报纸重新走上复兴之路。

六、恢复时期的芜湖报业

中共十一届三中全会开启改革开放的序幕。中共芜湖市委陆续选调原新闻工作人员、干部、大学毕业生和骨干通讯员重新组建报社。1979年7月1日，中共芜湖市委在原《芜湖简报》的基础上，恢复市委机关报《芜湖报》。

《芜湖报》刚恢复时只有四开4版，每周只有周一和周五有报纸，从1980年开始扩版为周三刊。《芜湖报》对版面、标题和新闻稿件的采写都进行了改革，尤其是确立党报性质和办报理念。明确提出《芜湖报》是党教育群众、宣传群众、组织群众的舆论工具，是人民群众的喉舌，必须增强党的观念，把报纸的工作置于党的绝对领导之下，在政治上同党保持一致，在宣传指导思想上，要坚持党性和人民性统一的原则，加强宣传报道的纪律性，提高办报质量，把党报办好。

1984 年 7 月 1 日，《芜湖报》更名为《芜湖日报》，报社成立编辑委员会，实行总编辑负责制。在办好报纸的同时，积极参与外地的新闻交流。1986 年 12 月 11 日至 16 日，受安徽省新闻学会委托，芜湖日报社负责接待日本朝日新闻社记者本多胜一，并派人陪同在芜湖、宣城、广德、湾沚、马鞍山等地采访，这也是芜湖日报社最早开展的外事活动。

1981 年至 1985 年，除《芜湖日报》外，各种内部发行的报刊纷纷出现，这些报刊中有铅印、油印，有周刊、旬刊、半月刊、月刊、双月刊、半年刊、不定期刊等。其中部门报刊有《芜湖科技报》《芜湖青年》《芜湖环保》《芜湖卫生》和《活动月报》（芜湖市工人文化宫主办）等；校报有《安徽师大》《安徽机电学院》《芜湖教育学院》《芜湖联大》《芜湖师专》《芜湖一中》《芜湖十二中》《芜湖十八中》、《雪松报》（芜湖农校主办）、《安师大附中》等；企业报有《活动报》（芜湖铁路工人俱乐部主办）、《芜钢工人》、《改革动态》（芜湖纺织厂主办）、《芜冶报》《印染报》《华侨青年》《长机简讯》《东方之声》《木材工人》《芜柴简报》《丝绸工人》《江南运输》《重机简报》、《简报》（芜湖市水泥厂主办）、《火柴工人》《火花厂报》等，共计约 30 种。其中铅印、定期出版的有半月刊《安徽师大》，月刊有《芜湖科技》《芜湖青年》《芜湖师专》《安徽机电学院》《芜湖环保》《芜湖卫生》等约 10 种。[8]

1987 年 9 月 2 日，芜湖日报社经安徽省出版总社审核，符合国家有关出版规定，发给新的报刊登记证，《芜湖日报》国内刊号为 CN34－0004，它标志着芜湖报业进入正轨，芜湖日报社和《芜湖日报》成为芜湖报业的核心新闻单位和主流媒体，《芜湖日报》新闻宣传由以阶级斗争为纲调整为以经济建设为中心，全面宣传芜湖社会经济发展及所取得的成就。

改革开放时期的芜湖报业实际上是芜湖日报社和《芜湖日报》的恢复期。这个时期，中共芜湖市委确立了《芜湖日报》的党报地位和办报宗旨，实行总编辑负责制的领导体制，使《芜湖日报》得以健康发展。与此同时，这个时期也是内部发行报刊的井喷期。

七、整顿时期的芜湖报业

1987 年 4 月，中共芜湖市委宣传部贯彻中央《关于坚决妥善地做好报纸刊物整顿工作的通知》，提出对芜湖市报刊实行思想纪律组织整顿的具体意见。到 1990 年，全市完成报刊整顿工作。

1988 年，芜湖市保留的内部报刊有 4 种，分别为《滴翠诗丛》《芜湖社联》《明天》和《芜湖科技报》。1989 年，公开发行的报刊有《芜湖日报》《中等城市经济》，新增内部报刊有《汽车仪表》《基层中药》杂志。1991 年，新增的内部报纸有《芜纺报》《芜湖电机报》《芜湖环境报》《芜湖机电学院报》《皖南医学院学报》《安徽师范大学报》。

1991 年，中共芜湖市委宣传部出台《关于建立我市内部报纸审读制度的意见》，制定芜湖市内部报纸审读人员制度，每季度编发内部报纸审读简报，相当于我们现在的《新闻阅评》。1992 年，新增的内部报纸有《芜湖影剧报》《芜湖风情报》《芜湖师专报》《白马山水泥厂报》和《芜湖烟草报》等。

2000 年，中共芜湖市委宣传部再次对全市内部报刊进行清理整顿，下发《关于内部资料清理整顿工作的通知》和《关于内部资料出版物管理规定的通知》。2001 年，中共芜湖市委宣传部召开全市整顿报刊发行秩序、减轻村级负担的工作会议，下发《关于对全市内部资料性出版物清理登记工作的通知》，转发《关于进一步规范报刊发行秩序的通知》《关于对内部资料性出版物管理有关规定的通知》，对不规范的内部报刊进行清理。截至 2002 年，芜湖内部报刊共有 20 种。

整顿时期的芜湖报业，对不规范的内部报刊进行停刊整顿，芜湖报刊数量较过去有明显减少。

八、繁荣时期的芜湖报业

20 世纪 80 年代后期到 90 年代中期，全国报业空前活跃，都市报和晚报如雨后春笋，这股春风也吹进了芜湖的报业市场，形成百花齐放之势。进入芜湖报业市场的外地报纸不再只有《人民日报》《安徽日报》和《红旗》杂志等指令性订阅的党报党刊，新华社的《参考消息》、上海的《新民晚报》、江苏的《扬子晚报》、浙江的《钱江晚报》、广州的《羊城晚报》《广州日报》等外地报纸先后进入芜湖报业市场，尤其《新民晚报》《扬子晚报》在芜湖报业零售市场最为活跃。

芜湖报业出现的新形势和新变化，也促成芜湖本土报刊的发展，由此进入新的发展时期。1989 年 1 月 2 日，芜湖日报社创办《芜湖日报 · 星期刊》，周日独立发行，它不仅是芜湖第一张有都市报情结的周刊，也使《芜湖日报》由周六刊跨入周七刊，成为名副其实的日报。1991 年 12 月，芜湖市广播电视局创办《芜湖声屏报》，后更名为《芜湖广播电视报》。《芜湖广播电视报》的出现，打破了报社办报、广电办台的界限。1992 年 3 月，芜湖市侨办、侨联联手创办安徽首家也是唯一一家外宣报刊《芜湖风情》报纸，其海外读者遍及世界 30 多个国家和地区，成为对外宣传芜湖的窗口。1994 年 2 月 24 日，由芜湖市政府主管的《皖江商报》创刊，后更名为《都市文摘报》，它应当是新中国成立后芜湖报业史上第一张真正意义上的都市报纸。1996 年 1 月 1 日，芜湖日报社创办《芜湖晚报》，后更名为《大江晚报》，它是新中国成立后芜湖报业史上第一张城市晚报。2005 年 1 月，芜湖日报社创办《大江晚报 · 金周刊》，并随《大江晚报》发行，该报后与《芜湖广播电视报》整合出版《金周刊 · 芜湖广播电视》，独立发行，它填补了芜湖日报社没有生活服务类周刊的空白，也是新中国成立后芜湖报业史上第三张都市类周报，同时更是“媒体融合”结出的第一个硕果。

2003 年，芜湖日报社开通芜湖日报社网站，并先后更名为中国芜湖新闻网、江东网、芜湖新闻网，这也是芜湖报业史上第一家由报社主办的新闻网站。

从 1987 年到 2015 年，芜湖报业市场公开出版发行的外地报纸有《人民日报》《安徽日报》《参考消息》《新民晚报》《钱江晚报》《扬子晚报》《现代快报》《金陵晚报》《南京晨报》《新安晚报》《皖江晚报》《安徽商报》《江淮晨报》等，本地报纸先后有《芜湖日报》《皖江商报》《芜湖广播电视报》《大江晚报》《都市文摘报》《金周刊·芜湖广播电视》等，此外，《芜湖日报》与县区和有关部门合作创办《芜湖日报·城南月刊》《芜湖日报·无为周刊》《芜湖日报·繁昌周刊》《芜湖日报·南陵周刊》《芜湖日报·芜湖县周刊》以及《大江晚报·芜湖公安》《金周刊·芜湖警方》等，使报纸有了新的样式。在芜湖公开发行的刊物有《大江》《中等城市经济》《芜湖文艺》等。后来芜湖日报社又有了 DM 杂志《芜湖生活》，这是芜湖报业第一张纯经营性的杂志。除了公开发行的报刊，芜湖报业还出现了芜湖日报社出版的内报内刊及机关、企业、高校创办的企业报和校报，芜湖日报社出版的报纸有免费报纸《芜湖爱 8 公交报》；机关刊物有《芜湖房地产》；内刊有《皖江传媒》《芜湖社会科学》《芜湖小记者》等；知名企业内部报刊有《芜湖运泰报》《伟星》等；校报有《安徽师范大学校报》《皖南医学院报》《安徽职业技术学院报》等。芜湖四县中还有自己办的报纸和刊物。

九、困难时期的芜湖报业

从 2015 年开始，受到新媒体的挤压，芜湖报刊经营进入低谷，报纸发行量下滑，广告收入逐年下降。2016 年到 2017 年，芜湖日报报业集团的报纸广告出现断崖式的滑坡，芜湖报业公开发行的报纸仅存 3 张，且先后减版，《芜湖日报》由最高时的对开 12 版减少到对开 8 版，最少时对开 4 版；《大江晚报》由最高时的四开 40 版减少到四开 16 版；《金周刊·芜湖广播电视》由最高时的四开 44 版减少到四开 8 版，且不再独立订阅和发行，并入《大江晚报》发行，其《大江晚报》订费不变。芜湖日报报业集团创办的《芜湖爱 8 公交报》《皖江传媒》《芜湖小记者》等报刊先后停办，《芜湖社会科学》转由中共芜湖市委党校承办。与经营受挫不同的是，芜湖报业的新闻宣传却相当活跃，《芜湖日报》三次荣获中国新闻奖，报网互动、媒体融合也取得了积极的进展。

十、全媒体时代的芜湖报业

早在 2015 年，中共芜湖市委、市政府就首次提出报社广电要进行跨媒体融合发展，鼓励芜湖两大主流媒体——芜湖日报报业集团和芜湖广播电视台在打造新媒体上进行探索和实践，两家新闻单位也在各自酝酿融合之道，但由于融合的条件不成熟，两家没有走到一起。

2017 年 7 月，根据中共芜湖市委、市政府的要求，中共芜湖市委宣传部决定对芜湖新闻媒体改革采用逐步实施的办法，先将芜湖日报报业集团和芜湖市广播电视台的网站与新媒体资源整合在一起，成立芜湖新媒体中心，推出“今日芜湖”手机客户端，并在此基础上整合采编队伍，组成全媒体时政采访部和全媒体文旅专副部，报纸阅读向网络阅读转化的步伐在加快。2018 年 9 月 29 日，芜湖日报报业集团和芜湖市广播电视台正式合并为芜湖传媒中心（集团），使报纸、广播、电视和新媒体融为一体，实现真正意义上的全媒体时代。

2019 年，《芜湖日报》和《大江晚报》由周七刊改为周六刊，周日休报，芜湖新闻网和“今日芜湖”替代了报纸。芜湖报业在全媒体时代探索着自己的生存之道。

结语：

综观芜湖报业，纵跨清代、民国到新中国三个时期，并呈现出三个特点：

首先，芜湖报业经历多次兴衰。第一次芜湖报业繁荣时期出现在清末民初，出现众多报刊，其中在芜湖创刊的《皖报》与《鸠江日报》《商务日报》《皖江日报》并列为清末芜湖出版的知名报纸，更为可喜的是芜湖人开始在本土办报。袁世凯颁布“报纸条例”和“出版法”，原国民党政府对报刊实行注册登记制度，导致芜湖报纸纷纷停刊，到抗日战争前夕，芜湖仅有《皖江日报》《工商日报》和《大江日报》等报纸，这是芜湖报业历史上出现的第一次衰落期，抗日战争时期甚至处在最低潮时期，在芜湖本土创办的报纸基本停办，报人被迫异地办报，芜湖几乎没有报纸。抗日战争胜利后，国民党政府被迫废除了新闻检查，撤离芜湖的报人先后回芜继续办报办刊，芜湖报业出现第二个繁荣时期。从 1945 年到 1949 年 4 月，在芜湖创办的报纸多达 27 种，芜湖报业呈现井喷发展之势。“文革”十年，芜湖报业进入第二个衰落时期。芜湖日报社被接管，采编人员被解散，《芜湖日报》被停刊。从 20 世纪 80 年代末起，芜湖报业进入空前繁荣时期，全国许多知名报纸进入芜湖报业零售市场，芜湖本土的都市报、晚报、周报、周刊如雨后春笋。从 2016 年开始，受互联网和新媒体冲击，芜湖报业进入低谷时期，至今仍在探索报业发展之路。

其次，新旧时期的芜湖报纸有着本质上的区别。从报纸的寿命看，新中国成立前的报纸寿命很短，最长的《皖江日报》只有 27 年，《工商日报》有 34 年；在新中国成立后创刊的《芜湖日报》至今 70 周年，是芜湖报业史上报纸寿命最长的报纸。从报纸的性质和经营看，新中国成立前的报纸绝大多数属于民办，通过集资、投资和入股等方式解决经营资金问题，实行独资、合伙制和股份制；国民党的官办党报和各党派的报纸不需要考虑经费问题，由政府和政党负责资助，实行的是任命制，新中国成立后的报纸基本上没有民办报纸，只有党和政府办的报纸，实行任命制；报纸在改革开放前为政府统筹的纯事业单位体制，改革开放后实行的是政府部分补贴的企业化管理。从报纸的发行看，新中国成立前的报纸发行相当少，期发行量一般都在几百份，少数报纸最多也就两三千份；新中国成立后，芜湖的报纸发行基本上都上万份，《芜湖日报》期发行量最高达 3.2 万份，《大江晚报》期发行量最高时有 8 万多份，《芜湖日报·星期刊》最高期发行量达 15 万份，创芜湖报业史上报纸期发行量的最高纪录。从报纸的内容传播看，1949 年 4 月前的芜湖报业基本上属于休闲消遣类报纸，也有为商业服务的报纸，进步报纸占比并不大。报纸的主要内容为灌输知识、开通民智、宣传救亡图存，继而刊登广告、传播工商行情、宣传政治主张、服务政治斗争。新中国成立后，芜湖地方报纸承担着新闻和宣传双重任务，成为党和政府的“喉舌”、与人民联系的“纽带”，尤其是改革开放后，新闻宣传的重点转为以经济建设为中心，配合中共芜湖市委和芜湖市政府的中心工作，营造务实创新、实干兴邦的舆论氛围。

第三，芜湖报业始终在改革创新中逐步发展壮大。从芜湖报业媒体创新看，《皖报》不仅是芜湖第一报，也是安徽第一报，芜湖由此成为安徽新闻的开拓者；《安徽俗话报》以芜湖科学图书社为总发卖所，在全国设58个代派所，这种全国发行模式至今值得称道；《芜湖晚报》异地办报、建昭通分社，其开先河之举可圈可点；《皖江日报》开创副刊小说连载，《皖江 工商报联合版》的合作模式，外地报纸在芜湖办增刊、芜湖版，甚至将报纸搬到芜湖的创新做法更是丰富了芜湖报业市场。芜湖当代报业创新案例更加丰富，《芜湖日报》改名《皖南日报》成了区域大报，中共芜湖地委和芜湖市委合办机关报《芜湖报 芜湖日报联合版》，《芜湖日报》“母报”变“长子”、《大江晚报》进省城，等等，芜湖报纸不断变化和丰富。从新闻单位的改革发展看，由芜湖近现代“一社一报”模式向芜湖当代报业的“一社多报”和“社台合一”的模式发展，芜湖大众报社和芜湖广播电台合署办公，芜湖日报社改制芜湖日报报业集团，芜湖报业和广电深度融合组建芜湖传媒中心（集团），由单纯的报刊时代发展到集报刊、广播、电视和新媒体为一体的全媒体时代，芜湖报业真正实现了由多媒向全媒的跨越。

注释：

[1]《芜湖文史资料》第4期第116页。

[2] 蒋含平《安徽近代第一次报刊热潮探源》，见《新闻大学》杂志1997年第1期第52页。

[3]《芜湖通史》第397页。

[4] 戈公振编《中国报学史》第四章。

[5]《芜湖市志》称张衡山参加的是全国性报业协会成立大会。

[6]《芜湖通史》第557页。

[7]“文革”“造反派”主办的报纸由殷春生先生收藏并提供信息。

[8]《芜湖市志》第866页。

第一编　组织机构

第一章 报业沿革

从新闻传播发展的历史来看，报刊是最先出现的媒介形式，而报业是以报纸杂志生产为主业的产业。按照时间顺序，我们可以把芜湖报业沿革分为芜湖近现代报业、芜湖当代报业和芜湖日报社等三个部分解读。

由于在总述部分已经基本阐述了芜湖报业发展的历史，本章着重从历史的节点来介绍芜湖报业沿革。

第一节 芜湖近现代报业沿革

芜湖近现代报业发展是与当时全国政治形势密切相关的。维新运动、辛亥革命、抗日战争和解放战争影响着报纸杂志的兴衰和走势。

一、芜湖报业是安徽报业的拓荒者

芜湖报业始于清末。1898 年（清光绪二十四年）3 月，《皖报》创刊，虽然没有报纸实物留存，但相关资料证明，《皖报》是芜湖报业史上第一张报纸，也是安徽报业史上第一张报纸，并被列为清末芜湖出版报纸中的“比较知名者”。

1899 年（清光绪二十五年），由桐城人汪熔在芜湖创办的《白话报》开启安徽省报刊白话文之先河，是我国早期的白话文报刊之一。因《皖报》办报人的资料缺失，汪熔成为有文字记载的安徽办报第一人。

《安徽俗话报》筹建和初期组稿虽在安庆，但它是在芜湖印刷和发行的，尤其是第 3 期以后，陈独秀亲自在芜湖科学图书社进行采编、印刷和发行，《安徽俗话报》实际是在芜湖问世的第一张有实物留存的安徽报纸。

上述三张报纸和芜湖科学图书社奠定了芜湖报业是安徽报业开拓者和最早实践者的地位。

二、芜湖近现代报业的演变

芜湖近现代报业经历了三次兴衰过程。

1898 年至 1911 年，受戊戌政变和辛亥革命影响，芜湖报业出现第一次高潮。《皖报》和《白话报》分别于戊戌政变前后在芜湖出版发行。辛亥革命前后，在芜湖出版发行的报刊多达 27 种，芜湖也成为安徽报业史上报刊出版最多的城市。1913 年（民国二年）后，因芜湖政局混乱，尤其是袁世凯颁布“报纸条例”和“出版法”，钳制言论，芜湖报纸纷纷停刊，仅存《皖江日报》《直言报》《闲谭》，芜湖报业出现第一个低谷。

第二次高潮出现在第一次国共合作时期，在芜湖出版的报纸杂志明显多起来，其中包括《芜湖学生会旬刊》《星报》《芜湖日报》《皖江民报》《民国日报》《新芜湖》《大江日报》《中江报》等，以国民党政府办报居多。1930 年，国民党政府颁布“出版法”44 条，对报刊实行注册登记制度。《皖江日报》因版面出现“共产党万岁”而被停刊一年。到 1937 年 12 月 10 日，日本侵略军占领芜湖前夕，芜湖仅有《皖江日报》《工商日报》和《大江日报》等报纸，而日本侵略军占领芜湖期间，芜湖报业仅有日本侵略军支持的《芜湖新报》，原在芜湖的办报人基本上都逃离芜湖，有的将报纸带到外地继续办报，芜湖报业由此进入第二个低潮。

抗日战争胜利后，民国政府被迫废除新闻检查，芜湖报业出现第三次高潮。1945 年 9 月至 1949 年 4 月，在芜湖出版的报刊有《芜湖报》《青年快报》《皖江 工商报联合版》《革新周报》《京芜周报》《边疆周报》《皖民日报》《芜湖日报》《行报》《长江日报》《大江日报》《复兴日报》《火炬日报》《中央日报(安徽增刊)》《国事快闻》《幸福报》《中江晚报》《芜湖晚报》《安徽民报》《荡寇报》《华新周报》《经济新闻》《精食报》《京芜晚报》《行报》《后浪报》等。芜湖解放前夕，芜湖报业市场上的民办报纸逐渐消失。

第二节　芜湖当代报业沿革

1949 年 4 月以后，芜湖报业有五个鲜明特点：一是党报党刊替代民办报纸和各党派报纸，只有《新工商报》短暂存在，而党报《芜湖日报》则贯穿芜湖当代报业的始终；二是从 20 世纪 80 年代开始，芜湖报业市场外来报刊出现井喷式发展；三是党报“生”子报，芜湖日报社创办《芜湖日报·星期刊》《大江晚报》《金周刊·芜湖广播电视》；四是出现《皖江商报》《芜湖广播电视报》等非党报报纸，但办报时间都不太长，《皖江商报》从 1995 年创刊到 1999 年停刊只持续了 4 年，《芜湖广播电视报》从 1992 年创刊到与《大江晚报·金周刊》合并，前后只有 15 年时间；五是媒体融合，芜湖报业与芜湖广电合并成立芜湖传媒中心(集团)，芜湖基本实现全媒体体制。

一、芜湖日报社七十年

在芜湖报业史上，芜湖日报社是持续时间最长的新闻单位，至今已经走过七十年。尽管芜湖日报社先后改制为芜湖日报报业集团和芜湖传媒中心(集团)，但“芜湖日报社”这块牌子一直被法定保留至今。七十年间，芜湖日报社经历了起步、分合、停刊、恢复、黄金、巅峰、困难和探索等八个历史时期。

1. 从无到有的起步时期

从 1949 年 7 月 1 日至 1956 年底，芜湖日报社经历从无到有的艰难起步时期，也是芜湖日报社第一次创业时期。

芜湖日报社在新华电讯社的基础上搭建起来，报社没有自己的印刷厂，没有自己的发行渠道，办报条件十分艰苦，《芜湖日报》的内容和版面基本延续《新华电讯》的传统，只是增加芜湖地方新闻和副刊版面。

随着《芜湖日报》改名《皖南日报》，以及创办《芜湖大众》，并改名为《芜湖日报》，芜湖日报社的办报水平有了一定的提高，报纸版面逐渐活跃，社会新闻明显增多，副刊文章有了模样，发行量也迅速增加。

2. 多次易名的分合时期

1957 年至 1966 年，芜湖日报社经历多次易名的分合时期。

这个时期最显著的特点就是芜湖行政区划处在调整期，中共芜湖地委和中共芜湖市委合署办公时，地市两家报社合并成一家报社，两张机关报也随之合并成一张报纸；地、市党委分开时，两家报社共用一张《芜湖日报》。芜湖日报社和《芜湖日报》始终处在不稳定的状态下，报纸的质量受到很大影响。

3. 报纸停刊的真空时期

1966 年至 1978 年 6 月，芜湖日报社旗下的《芜湖日报》处于停刊的真空时期。

“文革”十年，芜湖日报社被接管，人员被解散，报纸被停刊。由于中共芜湖市委一直没有自己的机关报，后期只得以中共芜湖市第三次代表大会会刊《简报》作为指导工作、传达声音的平台。后来将《简报》改名为《芜湖简报》。

4. 改革开放的恢复时期

1979 年 7 月至 1988 年 10 月，芜湖日报社进入改革开放的恢复时期，同时也是芜湖日报社第二次创业时期。

1979 年 7 月 1 日，中共芜湖市委将《芜湖简报》改为《芜湖报》，成立芜湖报社。1983 年，芜湖报社搬迁到华兴街 4 号新建的五层大楼，有了自己的“地盘”。1984 年 7 月 1 日，中共芜湖市委机关报由《芜湖报》正式恢复为《芜湖日报》，芜湖日报社有了自己的印刷厂和发行渠道，形成了一整套的办报体系，在内部机制、新闻宣传和采编手段上不断创新，《芜湖日报》成为具有鲜明地方特色的市委机关报，芜湖日报社进入芜湖报业的新纪元。

5. 媒体多元的黄金时期

1988 年 10 月至 2003 年 2 月，芜湖日报社进入媒体多元的黄金时期，也是芜湖日报社第三次创业时期。

芜湖日报社在三个方面实现革命性的突破：首先是打破《芜湖日报》一枝独秀的局面，芜湖日报社先后创办《芜湖日报・星期刊》和《芜湖晚报》（后改为《大江晚报》）；其次是报纸印刷告别“铅与火”，实现“光与电”的技术革命，报纸版面不断增多，并由黑白变成彩色；第三是建成综合办公大楼，启用新闻采编网络管理系统，实现无纸化办公。由于国家实行社会主义市场经济，芜湖日报社的办报模式也由政府财政办报转变为报社自收自支办报，芜湖日报社在做好新闻宣传的同时，还要创造性地做好报纸的印刷、发行、广告经营，广告收入呈现爆发式增长，创造了芜湖报业的辉煌。

6. 文化改制和多媒并进的巅峰时期

2003 年 3 月至 2012 年 12 月，芜湖日报社进入文化改制、多媒并进的巅峰时期，也是芜湖日报社第四次创业时期。

这个时期，芜湖日报社做了六件大事：第一，芜湖日报社顺利改制，成立芜湖日报报业集团，保留芜湖日报社牌子，是中共芜湖市委直属事业单位，正县级建制，实行企业化管理的经营模式；第二，创办《大江晚报·金周刊》，并跨行业、跨媒体整合推出《金周刊·芜湖广播电视》，形成以《芜湖日报》为核心，以《大江晚报》《金周刊·芜湖广播电视》为两翼的新闻宣传平台和报社盈利平台；第三，开通中国芜湖新闻网和芜湖手机报，芜湖报业开始拥抱互联网；第四，兴建芜湖日报新闻大楼，成立印务公司，全面启动文化产业建设；第五，选聘《芜湖日报》总编辑、副总编辑，《芜湖日报》由“母报”变“长子”，芜湖日报报业集团由“报办集团”变为“集团办报”；第六，实施“走出去”战略，《大江晚报》进入合肥报业零售市场，《金周刊·芜湖广播电视》进入宣城报业市场。

7. 多业受挫的困难时期

2010 年 8 月至 2018 年 9 月，芜湖日报社逐渐进入多业受挫的困难时期。

这个时期最鲜明的特点是：一方面报纸经营遇到前所未有的困难，文化产业虽然全面铺开，但收效并不理想；另一方面新媒体建设取得新进展，新闻宣传有历史性的突破。

在报业经营上，客观上的大众阅读模式改变和全国纸媒进入低潮的趋势，以及报社投入上“重网络轻纸媒”的工作思路，使报纸的发行量急剧下降，随之出现报纸广告断崖式下滑，芜湖日报社通过对报纸的减版和合并来降低成本，维持报纸最基本的生存。

在新闻宣传上，抓言论、抓经济、抓深度报道取得成效，《芜湖日报》三次荣获中国新闻奖，填补了芜湖新闻史上中国新闻奖的空白。

在新媒体建设上，从 2015 年起，芜湖日报报业集团先后推出新媒体超市和“无线芜湖”客户端，芜湖报业和芜湖广电有关新媒体部门整合成立芜湖新媒体中心，并推出“今日芜湖”客户端，探索跨媒体、跨行业的融合之路。

8. 全媒体时代的探索时期

2018 年 9 月 29 日，芜湖传媒中心（集团）成立，仍然保留芜湖日报社牌子。报纸广告经营虽然触底反弹，但无论是采编人员对报纸的信心，还是外界对报纸的关注度都大不如前，报纸的复兴之路任重而道远。

二、芜湖报业与芜湖广电的四次“媒体融合”

1952 年，芜湖大众社与芜湖人民广播电台合署办公，成立芜湖报纸、广播委员会，实行两块牌子、一套班子，这是芜湖报业与芜湖广电的第一次“媒体融合”。

2007 年,芜湖日报社创办的《大江晚报 · 金周刊》与芜湖市广播电视局创办的《芜湖广播电视报》整合为《金周刊 · 芜湖广播电视》,由芜湖日报报业集团主办,这是报纸的一次跨行业、跨媒体融合,也是芜湖报业与芜湖广电的第二次“媒体融合”。

2017 年,芜湖日报报业集团芜湖新闻网、芜湖手机报及新媒体“无线芜湖”客户端与芜湖市广播电视台的皖江明珠网和新媒体“身边芜湖”客户端整合成立芜湖市新媒体中心,并推出“今日芜湖”客户端。这是芜湖报业与芜湖广电体制上的深度融合,也是芜湖报业与芜湖广电的第三次“媒体融合”。

2018 年 9 月 29 日,芜湖日报报业集团与芜湖市广播电视台合并成立芜湖传媒中心(集团)。这是芜湖新闻界最为彻底的一次全媒体融合,也是芜湖报业和芜湖广电第四次“媒体融合”。

第二章　领导体制

从1898年《皖报》创刊到新中国成立前，芜湖的报刊社大抵有六种领导管理体制：一是董事会体制，其中有发行人+董事长和发行人+董事长+社长体制；二是社长+经理+总编辑体制，其中有的报社排序为社长+总编辑+经理；三是社长+总编辑体制；四是社长+经理体制；五是社长+主编体制；六是主编（主笔）体制。

新中国成立后的报业领导体制发生了根本性的变化，报社都是在中国共产党领导下的党报体制，党的组织、社委会和编委会成为报社的基本配置。

第一节　近现代时期芜湖报刊社领导体制

一、董事会体制

芜湖近现代报业史上，实行董事会制的既有民营报社，也有官办报社，民营报社一般都是在创办时就建立了这样的制度，而官办报社大多数是在后期采用董事会制度。

1.《皖报》

《皖报》虽然没有实物可考，但在安庆市图书馆保存的《芜湖皖报章程》中有《皖报馆招股章程》，其中第八条就署名为“本馆董事会”。由此可见，《皖报》实行的是董事会制度。

2.《复兴日报》

《复兴日报》原是国民党皖南行署的机关报，属于官办报纸。刚创刊时均由行署供给，办报经费专款专用。复刊后的《复兴日报》由于政治成分复杂，经费来源又多样化，于是成立董事会，由蒋义民、操竹友、俞步骐、俞锡恩等任董事，吴博全任社长。

3.《芜湖新报》

《芜湖新报》是日伪政府创办的报纸，其后期也实行董事会制，胡延禧任董事长，董事孙梦花兼任社长，汪宗浩任总编辑。

4.《幸福报（晚刊）》

《幸福报（晚刊）》是一份民营小报，由发起人陈俊恂、梅健生、黄潮声邀芜湖耆绅吴怡生之孙吴育英（吴十）出面集资240万法币组成幸福报社，这家报社也实行董事会制度。

5.《皖民日报》

《皖民日报》实行董事会制度，管理构架为社长+经理+主笔，发行人为刘春雷，董事长为陈瑞河，社长为阚位三。

二、社长+经理+总编辑体制

芜湖近现代报刊中，有的报社实行社长+经理+总编辑体制，但这类报社并不多见。

《芜湖报》

《芜湖报》是国民党芜湖县党部机关报，报社实行社长领导下的经理负责制，国民党芜湖县党部书记长彭一昭任社长，欧阳奚之任经理，《大江日报》编辑部主任刘权兼任总编辑。

三、社长领导下的总编辑负责制

在芜湖近现代报业史上，报社绝大多数实行社长领导下的总编辑负责制，基本上都是社长和总编辑分开设置，职责相当分明。而实行社长领导下总编辑负责制的报社以民办报纸为主，这些报纸在资本运作上大抵采用合伙制。

1.《皖江日报》

《皖江日报》是集资合作创办的大报，皖江日报社实行社长领导下的总编辑负责制，由谭明卿任社长，张九皋任总编辑，聘请桐城人潘怒庵任主笔。

2.《工商报》

《工商报》单独发行后，实行社长领导下的总编辑负责制，张九皋任社长，柏毓文任副社长，张大荒任总编辑。

3.《民国日报》

《民国日报》是国民党芜湖县党部创办的报纸，报社实行社长领导下的总编辑负责制，谢仁钊担任社长，舒仁文任总编辑。

4.《芜湖晚报》

《芜湖晚报(宜宾版)》是民办报纸，报社实行社长领导下的总编辑负责制，张衡山任社长，关伯庸任总编辑，徐祥达任经理，罗懋光任主笔。

四、社长领导下的经理负责制

社长领导下的经理负责制在芜湖近现代报业史上虽然不多，但这种注重市场经营的领导机制对报社的发展大有好处。

1.《大江日报》

《大江日报》是由国民党芜湖市党部创办的报纸，报社实行社长领导下的经理负责制，社长为方宏孝，副社长为水泽柯，经理为朱翰陶，主笔为庐贤济。

2.《安徽民报》

《安徽民报》由芜湖民众教育馆筹办，报社实行社长领导下的经理负责制，孙尧阶任社长，郭健行任副社长兼经理，张大荒任主笔。

3.《民声日报》

《民声日报》是安徽省民政厅厅长韦永成创办的一张大报，报社实行社长领导下的经理负责制，李天敏任社长，吴调梅任副社长，白宝真任经理。

五、社长领导下的主编（主笔）负责制

社长领导下的主编（主笔）负责制的报社在芜湖近现代报业极少。

《行报》

《行报》实行社长领导下的主编负责制，倪受之任社长，张大荒任主编。

六、主编（主笔）负责制

主编负责制是民办小报喜欢采取的一种领导形式，报社没有社长和副社长，也没有总编辑和副总编辑，这种形式最大的好处就是人员少、成本低，最大的问题是可能会出现独断专行。

1.《风月谭》

《风月谭》是由合肥人焦二风、芜湖贡生齐月溪和太平人谭明卿集资合办，报社实行主编制，齐月溪任主编。

2.《讽报》

《讽报》是社会党芜湖支部创办的社会党芜湖机关报，报社实行主编制，主编为赵誉船。

3.《星报》

《星报》由芜湖人伍馨独资创办，报社实行主编制，张大荒任主编。

3.《中江报》

《中江报》是由柏毓文与李劳三合资创办的民营报纸，报社实行主编负责制，柏毓文任主编。

4.《基督教青年团契报》

《基督教青年团契报》实行主编制，程克文任主编。

第二节　芜湖当代报刊社领导体制

一、新华电讯社：实行军事管理体制

1949 年 4 月，中国人民解放军芜湖市军事管理委员会文教部创办《新华电讯》，市军管会文教部部长吴立奇兼任社长，实行军事管理体制。

二、芜湖日报社：成立芜湖市党报委员会

1949 年 7 月，中共芜湖市委创办中共芜湖市委机关报《芜湖日报》。

中共芜湖市委成立芜湖市党报委员会，由李步新、吴立奇、朱辉、石坚、江靖宇、江干臣、郑家琪、方向明、徐伊复组成，由中共芜湖市委书记、芜湖市政府市长李步新兼任书记，吴立奇任副书记，徐伊复任芜湖日报社社长兼总编辑，党报委员会为报社最高领导机关，

这是芜湖报刊实行的最高规格的领导体制。所有报纸通讯编辑出版方面,均须经过党报委员会讨论决定,报社社长、总编辑执行工作应对党报委员会负责。此外,成立中共芜湖日报社总支委员会,下设机关和工厂两个党支部。

三、皖南日报社:实行“三位一体”领导体制

1949 年 9 月,由《芜湖日报》改名的《皖南日报》是中共皖南区党委机关报,报社成立党组、社务委员会和编辑委员会。

报社党组由钱丹辉、范源、沈育和郑建勋组成,钱丹辉担任党组书记。

社务委员会由钱丹辉、范源、沈育、郑建勋和刘影组成,钱丹辉担任社委会主任。

编委会由钱丹辉、范源、沈育、郑建勋组成,钱丹辉担任社长兼总编辑,范源、沈育担任副总编辑,郑建勋担任秘书长,具体工作由编辑部和经理部分头处理。

四、新工商报社:设立董事会

1950 年 10 月,由民主党派创办的《新工商报》是新中国成立后芜湖报业唯一的民营报纸,接受中共芜湖市委宣传部领导。

新工商报股份有限公司董事会由 7 人组成,董事长为黄梦飞,副董事长为朱子帆,董事有操竹友、奚国光、李则刚、焦鸣銮和柏毓文。董事会下设新工商报社,社长由操竹友担任,副社长由奚国光担任,翟慕颐任总编辑,张先智任副总编辑。

五、芜湖大众社:成立芜湖市报纸、广播委员会

《芜湖大众》是中共芜湖市委创办的市委机关报。芜湖大众社与芜湖人民广播电台合署办公,实行两块牌子、一套班子。

中共芜湖市委成立报社、广播委员会,市委指定委员会由姚克、郑英年、舒政海、郑家琪、沈立中、王文、刘碧波、柳三星和凌云组成[1],中共芜湖市委书记姚克兼任书记,市委副书记郑英年兼任副书记,柳三星任电台台长兼报社负责人。

1953 年 3 月 1 日,因电台撤销,柳三星调离报社,芜湖大众报社由刘乔负责。1954 年,中共芜湖市委决定任命刘乔为芜湖大众社总编辑,实行总编辑负责制。同年 6 月,任命吴波为副总编辑。1955 年 4 月,刘乔调任芜湖一中任校长,同年 6 月,任命梅昌统为副总编辑。1956 年 5 月,任命何瑞为副总编辑,主持报社工作。

六、芜湖日报社:总编辑负责制

由《芜湖大众》改名《芜湖日报》后,芜湖日报社实行总编辑负责制,成立编辑委员会,由王文、何瑞、吴波、梅昌统和陈荣祖组成,中共芜湖市委宣传部部长王文兼任总编辑,何瑞任副总编辑,梅昌统任总编办主任,陈荣祖任经济组组长。

七、芜湖报社:先后实行社长和总编辑负责制

1956 年创办的《芜湖报》是中共芜湖地委机关报。

芜湖报社先后实行社长负责制和总编辑负责制。中共芜湖地委宣传部部长赵奇峰兼任社长，杨继堂任总编辑，鲁志任副社长兼副总编辑；鲁志任副社长兼总编辑，后改为副总编辑。1958 年 8 月，鲁志调离报社，由王自强继任副总编辑。

八、《芜湖报 芜湖日报联合版》：实行总编辑负责制

1958 年 12 月，芜湖地委机关报《芜湖报》与芜湖市委机关报《芜湖日报》合并为《芜湖报 芜湖日报联合版》。

报社实行总编辑负责制。中共芜湖地委宣传部副部长王自强兼任总编辑，何瑞、冯生辉任副总编辑。

九、芜湖日报社：实行总编辑负责制

1959 年 1 月 1 日创刊的《芜湖日报》是中共芜湖地委机关报。

芜湖日报社实行总编辑负责制，总编辑先后由王自强、何瑞、杜庭芸担任，副总编辑先后由何瑞、冯生辉、叶舟、章琦担任。

1961 年 6 月起，芜湖日报社经中共芜湖地委批准成立编辑委员会，由何瑞、冯生辉、梅昌统、舒联芳、赵蓉生、吴辉义、姜鹄翔、谭公侠、郭克勤、程蔗林等 10 人组成。

十、新芜湖报社：成立报社革委会

1967 年 1 月 19 日，《新华电讯》更名为《新芜湖报》，先由芜湖革命“造反派”组织主办，后期由芜湖地区革委会主办，成为中共芜湖地区革委会机关报。

报社原领导机构是“红色新闻战士革命造反委员会”，负责人汪明忠。1967 年 2 月中旬解散，报纸由报社内的三个“造反派”代表胡清纯、刘世贤和汪明忠共同主持工作。

1967 年 11 月，中国人民解放军某部队军代表李远扬等 5 人进驻报社，1968 年 2 月 16 日，由芜湖市工厂抽调 11 人组成的毛泽东工人宣传队进驻报社。

1968 年 8 月 18 日，成立报社革委会，主任是李远扬（军代表），副主任是范登升（军代表）、谭公侠（干部代表），委员有王祖恬、张松烈、张克敏和凌烈明。

1969 年 7 月，新芜湖报社领导机构共有 10 人，其中军宣队 5 人，工宣队 5 人，李远扬任报社军代表、革委会主任、支部书记，董增林任报社革委会副主任、支部宣传委员，支部副书记由工宣队一位姓施的同志担任。1970 年 5 月，董增林被任命为报社革委会主任。

十一、简报编辑部：实行主编制

1970 年 9 月 24 日创刊的《简报》原为中共芜湖市第三次代表大会会刊，鉴于芜湖市没有地方党报，会后继续不定期出版，以担负在全市指导政治运动，指挥生产和其他工作宣传的任务。1971 年 1 月改为芜湖市委和芜湖市革委会的机关报，由芜湖市革委会政工组主办，只设主编，赵厚才担任主编。

十二、芜湖简报编辑部：中共芜湖市委宣传部直管

1978 年元旦，中共芜湖市委将原《简报》改名为《芜湖简报》，直属中共芜湖市委宣传部，由市委宣传部副部长苏彦彬兼管，市委宣传部文化科副科长赵厚才主持日常编审工作。

十三、芜湖报社：实行总编辑负责制

1979 年 7 月 1 日，中共芜湖市委恢复《芜湖报》为市委机关报。

芜湖报社实行总编辑负责制，由中共芜湖市委宣传部副部长何瑞兼任总编辑，副部长苏彦彬兼任第一副总编辑并主持报社日常工作，赵厚才、黄寿彭任副总编辑。

1981 年 4 月，中共芜湖市委决定，由中共芜湖市委宣传部副部长苏彦彬兼任总编辑，赵厚才、黄寿彭担任副总编辑。

十四、芜湖广播电视报社：实行总编辑负责制

1992 年 11 月，《芜湖广播电视报》创刊，成立芜湖广播电视报社，实行总编辑负责制。高成、郑建政、张靖和阚东华先后担任总编辑。

十五、皖江商报社：实行总编辑负责制

1994 年 2 月，由芜湖市政府主办的《皖江商报》创刊，成立皖江商报社，实行总编辑负责制，彭少雄任总编辑。

第三节　芜湖日报社领导体制

1984 年 7 月 1 日，中共芜湖市委机关报《芜湖报》更名为《芜湖日报》，其报名一直沿用至今。1987 年，成立中共芜湖日报社总支委员会，下设机关和工厂两个党支部。1990 年，经中共芜湖市委组织部批准，芜湖日报社成立党组。1984 年 7 月至 2006 年 6 月，芜湖日报社实行总编辑负责制。芜湖日报社历届领导班子更替如下：

一、第一届领导班子（1984 年 7 月至 1988 年 3 月）

芜湖日报社实行总编辑负责制。

1. 党政领导班子

中共芜湖日报社总支委员会由苏彦彬、周祥鸿、赵厚才和陈莉组成，苏彦彬担任党总支书记、总编辑，周祥鸿、赵厚才和陈莉担任党总支委员、副总编辑，黄寿彭为调研员。

2. 编辑委员会

1986 年，芜湖日报社第一届编辑委员会成立，由苏彦彬、周祥鸿、赵厚才和陈莉组成，编委会由苏彦彬负责。

3. 任免和离退休情况

1987 年 12 月，黄寿彭因退休卸任调研员。1988 年 3 月，苏彦彬离休。

二、第二届领导班子（1988 年 3 月至 1997 年 3 月）

芜湖日报社实行党组领导下的总编辑负责制。

1. 党政领导班子

1988 年 3 月，中共芜湖日报社总支委员会由丁红云、周祥鸿、赵厚才、陈莉组成，丁红云任党总支书记、总编辑。1990年，经中共芜湖市委组织部批准，成立中共芜湖日报社党组，先后由丁红云、周祥鸿、赵厚才、陈莉、丁以胜和顾伟明组成。丁红云任芜湖日报社党组书记、总编辑，周祥鸿、陈莉、丁以胜和顾伟明先后担任党组成员、副总编辑。顾伟明兼任《大江晚报》总编辑。

2. 编辑委员会

芜湖日报社编委会先后由丁红云、周祥鸿、赵厚才、陈莉、丁以胜和顾伟明组成。丁红云任编委会主任。

3. 任免和退休情况

1988年3月，丁红云调入芜湖日报社并先后担任芜湖日报社党总支书记和党组书记、总编辑，苏彦彬因退休不再担任党总支书记、总编辑。1990年3月，赵厚才因病逝世。1991年2月，丁以胜担任芜湖日报社党组成员、副总编辑。1992年6月，陈莉调出芜湖日报社，不再担任党组成员、副总编辑。1993年3月，李祥春兼任芜湖日报社总编辑助理。1994年3月，顾伟明担任芜湖日报社副总编辑。1994年4月，顾伟明增补为芜湖日报社党组成员。1995年7月，顾伟明兼任《大江晚报》总编辑。

三、第三届领导班子（1997年3月至2003年3月）

芜湖日报社实行党组领导下的总编辑负责制。

1. 党政领导班子

中共芜湖日报社党组由许宏胜、周祥鸿、丁以胜和顾伟明组成。许宏胜担任党组书记、总编辑，周祥鸿、丁以胜和顾伟明担任党组成员、副总编辑。顾伟明兼任《大江晚报》总编辑。

2. 编辑委员会

芜湖日报社编委会由许宏胜、周祥鸿、丁以胜、顾伟明、柯南、张靖、方佳金、金昌龙、汪明松、陈新平组成。许宏胜担任编委会主任，周祥鸿、丁以胜和顾伟明担任副主任。

2000年7月，芜湖日报社办公室会议决定设立《芜湖日报》版面编委会，由《芜湖日报》总编辑许宏胜、副总编辑周祥鸿、要闻部主任方佳金、要闻部副主任金昌龙、社会新闻部副主任陈新平、总编办副主任张靖和办公室主任兼总编助理李祥春组成。

3. 任免和离退休情况

1997年3月，许宏胜调入芜湖日报社并担任党组书记、总编辑，丁红云因调出不再担任党组书记、总编辑。2001年5月，张靖任芜湖日报社总编辑助理。

四、第四届领导班子（2003年3月至2006年6月）

芜湖日报社实行党组领导下的总编辑负责制。

1. 党政领导班子

中共芜湖日报社党组先后由司旌霞、周祥鸿、丁以胜、顾伟明、柯南和李祥春组成。司旌霞担任芜湖日报社党组书记、总编辑，周祥鸿、丁以胜、顾伟明、柯南和李祥春任党组成员、副总编辑。顾伟明兼任《大江晚报》总编辑。

2. 编辑委员会

芜湖日报社编委会先后由司旌霞、周祥鸿、丁以胜、顾伟明、柯南、李祥春、方佳金、金昌龙和汪明松组成。司旌霞担任编委会主任，周祥鸿、丁以胜、顾伟明、柯南和李祥春担任副主任。

3. 任免和离退休情况

2003 年 3 月，司旌霞调入芜湖日报社并担任党组书记、总编辑；许宏胜因调出芜湖日报社，不再担任党组书记、总编辑。2004 年 8 月，柯南和李祥春担任芜湖日报社党组成员、副总编辑。2004 年 12 月，周祥鸿因退休不再担任党组成员、副总编辑。2006 年 4 月，丁以胜因退休不再担任党组成员、副总编辑。

第四节　芜湖日报报业集团（芜湖日报社）领导体制

2006 年 6 月，芜湖日报社实行文化体制改革，成立芜湖日报报业集团，保留芜湖日报社牌子，形成两块牌子、一套班子机制。2006 年 7 月 18 日，成立中共芜湖日报报业集团（芜湖日报社）委员会。同年 12 月 18 日，经市直机关工委批准，成立中共芜湖日报报业集团（芜湖日报社）机关总支委员会，对集团各党支部进行调整并重新更名：原中共芜湖日报社机关支部更名为中共芜湖日报社第一支部委员会，中共芜湖日报社大江晚报支部委员会更名为中共芜湖日报社第二支部委员会，新设中共芜湖日报社第三支部委员会（报社机关离退休职工党员），原中共芜湖日报社印刷厂支部委员会更名为中共芜湖日报社第四支部委员会。

芜湖日报报业集团（芜湖日报社）实行党委领导下的社长负责制，社长为法人代表。集团党委会为集团最高决策层，负责集团发展规划、重大事项决策、机构和干部人事任免、涉及全社的政策措施出台等，党委会由党委书记、纪委书记和委员组成。集团社委会为集团日常行政决策机构，负责协调集团各部门工作的正常进行，社委会由社长、副社长组成。编委会作为采编出版业务机构，负责报刊正常出版和芜湖新闻网的高效运作与目标实现，编委会由总编辑、副总编辑（均由社长、副社长兼任）、编委等组成。

芜湖日报报业集团（芜湖日报社）历届领导班子更替如下：

一、第五届领导班子（2006 年 6 月至 2008 年 4 月）

芜湖日报报业集团（芜湖日报社）第五届领导班子实行集团党委领导下的社长负责制。

1. 党政领导班子

中共芜湖日报报业集团（芜湖日报社）委员会先后由司旌霞、顾伟明、柯南、李祥春、金昌龙和冯慧莲组成，司旌霞担任芜湖日报报业集团（芜湖日报社）党委书记、社长、总编辑，顾伟明、柯南、李祥春和金昌龙担任党委委员、副社长、副总编辑，顾伟明兼任《大江晚报》总编辑，冯慧莲担任报业集团党委委员、纪委书记。

2. 编辑委员会

芜湖日报报业集团（芜湖日报社）编委会先后由司旌霞、顾伟明、柯南、李祥春、金昌龙、冯慧莲、方佳金、闵泽未和袁树槟组成。司旌霞担任编委会主任，顾伟明、柯南、李祥春和金昌龙担任副主任。

3. 任免和退休情况

2007 年 1 月，司旌霞担任芜湖日报报业集团（芜湖日报社）党委书记、社长、总编辑，顾伟明、柯南、李祥春和金昌龙担任党委委员、副社长、副总编辑。2007 年 4 月，冯慧莲担任报业集团党委委员、纪委书记。2007 年 5 月至 2008 年 4 月，顾伟明担任正县级调研员，不再担任集团党委委员、副社长、副总编辑，不再兼任《大江晚报》总编辑职务。2007 年 5 月，汪明松担任报业集团纪委副书记。2007 年 8 月 23 日，闵泽未担任编委。

二、第六届领导班子（2008 年 4 月至 2010 年 8 月）

芜湖日报报业集团（芜湖日报社）第六届领导班子实行集团党委领导下的社长负责制。

1. 党政领导班子

中共芜湖日报报业集团（芜湖日报社）委员会由张维水、刘光、柯南、李祥春、金昌龙和冯慧莲组成。张维水担任芜湖日报报业集团（芜湖日报社）党委书记、社长，刘光担任党委副书记，张维水、刘光先后担任芜湖日报报业集团（芜湖日报社）总编辑，柯南、李祥春担任集团党委委员、副社长，金昌龙担任集团党委委员、副总编辑，冯慧莲担任集团党委委员、纪委书记，顾伟明担任正县级调研员。

2. 编辑委员会

芜湖日报报业集团（芜湖日报社）编委会由张维水、刘光、柯南、李祥春、金昌龙、冯慧莲、方佳金、闵泽未和袁树槟组成。张维水、刘光先后担任编委会主任，柯南、金昌龙担任副主任。

3. 任免和退休情况

2008 年 4 月，张维水调入芜湖日报报业集团（芜湖日报社）并担任集团党委书记、社长、总编辑，司旌霞因调出免去其党委书记、社长、总编辑职务。2008 年 12 月，刘光调入芜湖日报报业集团担任党委副书记、总编辑，免去张维水总编辑职务。2008 年 4 月到 2009 年 11 月，顾伟明担任正县级调研员。2009 年 11 月，顾伟明退休。

三、第七届领导班子（2010 年 8 月至 2015 年 7 月）

芜湖日报报业集团（芜湖日报社）第七届领导班子实行集团党委领导下的社长负责制。

1. 党政领导班子

中共芜湖日报报业集团(芜湖日报社)委员会先后由宋建华、刘光、柯南、李祥春、金昌龙、冯慧莲和朱永勤组成。宋建华担任芜湖日报报业集团(芜湖日报社)党委书记、社长,刘光担任党委副书记、总编辑,柯南、李祥春、金昌龙担任集团党委委员、副总编辑,冯慧莲、朱永勤先后担任集团党委委员、纪委书记。金昌龙兼任《芜湖日报》总编辑。

2. 编辑委员会

芜湖日报报业集团(芜湖日报社)编辑委员会先后由刘光、柯南、李祥春、金昌龙、冯慧莲、方佳金、闵泽未、袁树槟、汪维明、王晓朋、陶良春、阚东华和石琼组成。刘光担任编委会主任,柯南和金昌龙担任副主任,方佳金任业务总监。

3. 任免和离退休情况

2010 年 8 月,宋建华调入芜湖日报报业集团(芜湖日报社)并担任党委书记、社长,张维水因调出免去其党委书记、社长职务。2014 年 1 月,冯慧莲担任副咨询员,免去党委委员、纪委书记职务。2014 年 1 月,朱永勤调入芜湖日报报业集团(芜湖日报社)担任党委委员、纪委书记。2011 年 3 月,金昌龙兼任《芜湖日报》总编辑。2011 年 3 月,方佳金担任业务总监。

四、第八届领导班子(2015 年 3 月至 2018 年 2 月)

芜湖日报报业集团(芜湖日报社)第八届领导班子实行集团党委领导下的社长负责制。

1. 党政领导班子

中共芜湖日报报业集团(芜湖日报社)委员会先后由刘光、章祥龙、柯南、金昌龙和朱永勤组成。刘光担任芜湖日报报业集团(芜湖日报社)党委书记、社长,章祥龙担任副书记,刘光和章祥龙先后担任总编辑,柯南担任党委委员、副总编辑,李祥春担任党委委员、副社长,金昌龙担任党委委员、副总编辑,朱永勤担任党委委员、纪委书记,冯慧莲担任副咨询员。

2. 编辑委员会

芜湖日报报业集团(芜湖日报社)编委会先后由刘光、章祥龙、柯南、金昌龙、汪维明、王晓朋、陶良春、阚东华、石琼和夏松钊组成。刘光和章祥龙先后担任编委会主任,柯南和金昌龙担任副主任。

3. 任免和离退休情况

2015 年 3 月,宋建华因调出免去其芜湖日报报业集团(芜湖日报社)党委书记、社长职务;刘光担任芜湖日报报业集团(芜湖日报社)党委书记、社长。2015 年 7 月,章祥龙调入芜湖日报报业集团并担任党委副书记、总编辑,免去刘光总编辑职务;柯南调出芜湖日报报业集团(芜湖日报社),免去其党委委员、副总编辑职务。2016 年 1 月,冯慧莲退休。

2017 年 9 月，朱永勤调出芜湖日报报业集团（芜湖日报社），免去其党委委员、纪委书记职务。2017 年 11 月，章祥龙因病辞去总编辑职务。

五、第九届领导班子（2018 年 2 月至 2018 年 9 月）

芜湖日报报业集团（芜湖日报社）第九届领导班子实行党委领导下的社长负责制。

1. 党政领导班子

中共芜湖日报报业集团（芜湖日报社）委员会由张克庚、李祥春和金昌龙组成。芜湖广播电视台党委书记、台长张克庚兼任芜湖日报报业集团（芜湖日报社）党委书记、社长；李祥春担任党委委员、副社长，金昌龙担任党委委员、副总编辑。

2. 全媒体编辑委员会

芜湖日报报业集团（芜湖日报社）成立全媒体编辑委员会，由韩万春、吴梅、汪维明、王晓朋、陈小奇、阚东华、陶良春、冯磊和夏松钊组成，韩万春兼任主任。

3. 任免和离退休情况

2018 年 2 月，芜湖广播电视台党委书记、台长张克庚兼任芜湖日报报业集团（芜湖日报社）党委书记和社长；刘光因调出免去其党委书记、社长职务。2018 年 2 月，韩万春兼任全媒体编委会主任。

第五节　芜湖传媒中心（集团）领导体制

2018 年 9 月 18 日，芜湖市机构编制委员会批复，整合芜湖日报报业集团（芜湖日报社）和芜湖广播电视台，组建芜湖传媒中心（集团），对外保留芜湖日报社、芜湖广播电视台牌子。

芜湖传媒中心（集团）（后调整为芜湖传媒中心）为中共芜湖市委市政府直属事业单位，列入芜湖市委序列，正县级建制，根据承担的主要职责，芜湖传媒中心（集团）设 8 个内设机构，均为正科级。芜湖传媒中心（集团）设党委书记 1 名，管委会（后为芜湖传媒中心）主任 1 名，总编辑 1 名，其他领导职数按有关规定设置。整合报纸、电视、电台、新媒体等新闻采编资源，组建全媒体新闻中心，中心主任由集团总编辑兼任，下设 6 个协调机构和 10 个编播业务部门，均为正科级。

2018 年 9 月 26 日，中共芜湖市委决定，设立中共芜湖传媒中心（集团）委员会，同时撤销中共芜湖日报报业集团（芜湖日报社）委员会和中共芜湖市广播电视台委员会。2018 年 9 月 29 日，正式成立芜湖传媒中心（集团）。此后，芜湖传媒中心（集团）又冠以“芜湖传媒中心”的名称。

芜湖传媒中心（集团）第一届领导班子实行党委领导下的主任负责制。

1. 党政领导班子

中共芜湖传媒中心（集团）委员会先后由张克庚、柯南、韩万春、金昌龙、李祥春、徐巍、高成、吴梅和汪维明组成。张克庚担任中共芜湖市委宣传部常务副部长、芜湖传媒中心(集团)党委书记,柯南担任党委副书记,张克庚和柯南先后担任芜湖传媒中心(集团)主任,韩万春担任党委委员、总编辑,金昌龙担任党委副书记,李祥春、高成担任党委委员、副主任,徐巍担任党委委员、副总编辑,吴梅、汪维明担任党委委员。

2. 全媒体编辑委员会

芜湖传媒中心(集团)全媒体编委会由韩万春、徐巍、吴梅、汪维明、王晓朋、李嘉、张申尚、张晓吉、陈小奇、周自刚、赵双华、夏松钊、徐晨星、唐玉霞、陶良春、程代广和阚东华组成。韩万春担任编委会主任,徐巍、吴梅和汪维明担任副主任。

3. 任免和离退休情况

2018 年 10 月 7 日,张克庚任中共芜湖传媒中心(集团)党委书记、主任,柯南担任党委副书记,李祥春、金昌龙、韩万春、高成、徐巍担任党委委员。

2019 年 3 月,张克庚担任中共芜湖市委宣传部副部长,同时担任芜湖传媒中心(集团)党委书记。

2019 年 7 月,柯南任芜湖传媒中心(集团)主任,免去张克庚主任职务;韩万春任芜湖传媒中心(集团)总编辑;李祥春、高成担任芜湖传媒中心(集团)副主任;徐巍担任芜湖传媒中心(集团)副总编辑;吴梅、汪维明担任芜湖传媒中心(集团)党委委员。

2019 年 8 月,金昌龙担任芜湖传媒中心(集团)党委副书记。

2019 年 8 月,芜湖传媒中心(集团)调整全媒体编委会组成人员,韩万春担任全媒体编委会主任,徐巍、吴梅、汪维明担任副主任,编委成员包括王晓朋、李嘉、张申尚、张晓吉、陈小奇、周自刚、赵双华、夏松钊、徐晨星、唐玉霞、陶良春、程代广和阚东华,阚东华担任编委会办公室主任。

附:《芜湖报业部分报社和编辑部领导人简表》

芜湖报业部分报社和编辑部领导人简表

序号	单位名称	起讫时间	性质	领导人情况			
				姓名	性别	职务名称	任离职时间
1	皖报社	1898.3—1898.9	民办	不详			
2	白话报社	1899—1900	民办	汪 熔	男	创办人	1899—1900
3	安徽俗话报	1904.2—	民办	陈独秀	男	主编	
4	皖报	1904—	民办				

续表

序号	单位名称	起讫时间	性质	领导人情况			
				姓名	性别	职务名称	任离职时间
5	鸠江日报社	1905—	民办	王鹤天	男	创办人	1905—
				齐月溪	男	主笔	1905—
				毕仙俦	男	主笔	1905—
6	商务日报社	1905—	民办	吴少斋	男	创办人	1905—
				樊遁园	男	主笔	1905—
7	芜湖日报社	1905—1906	民办	王鹤天	男	创办人	1905—1906
				毕仙俦	男		1905—1906
8	风月谭社	1906—1908	民办	焦二风	男	创办人	1906—1908
				齐月溪	男	创办人、主编	1906—1908
				谭明卿	男	创办人	1906—1908
9	芜湖新报	1909—1910	民办	谭明卿	男	创办人	1909—1910
				齐月溪	男		1909—1910
				沈　二	男		1909—1910
10	皖江日报社	1910. 12—1937. 12	民办	谭明卿	男	创办人、社长	1910. 1—1937. 12
				张九皋	男	创办人、总编辑	1910. 1—1937. 12
				潘怒庵	男	主笔	1910. 1—1937. 12
11	讽报社	1912—1913	民办	江亢虎	男	创办人	1912—1913
				冯叔鸾	男		1912—1913
				赵誉船	男	主编	1912—1913
12	农业日报社	1912—	农业促进会	王艺轩	男	创办人	1912—
13	安徽日报	1912—	国民党芜湖支部机关报	不详			1912—
14	芜湖杂志社	1921. 5—	芜湖学社刊物	沈泽民	男	编辑	1921. 5—
				高语罕	男		1921. 5—

续表

序号	单位名称	起讫时间	性质	领导人情况			
				姓名	性别	职务名称	任离职时间
15	工商日报社	1925.10—1946.12	民办	张九皋	男	创办人、主笔	1925.1—1946.12
16	赭山杂志社	1926.2—	省立第五中学学生联合会	岳六、章柳泉、潘惟俊、汪郎之	男	撰稿人	1926.2—
17	苍茫	1925.5—	芜湖外交后援会	钱杏邨	男	主办人	1925.5—
18	工商报社	1947—1949	民办	张九皋	男	创办人、社长	1947—1949
				柏毓文	男	副社长	1947—1949
				张大荒	男	总编辑	1947—1949
19	芜湖学生会旬刊	1921—	民办	高语罕	男	创办人	1921—
20	星报社	1926.4	民办	伍馨独	男	创办人	1926.4
				张大荒	男	主编	1926.4
21	芜湖日报社	1926.11—1927.3	民办	胡白沙	男	创办人	1926.11—1927.3
22	民国日报社	1928—	国民党芜湖县党部主办	谢仁钊	男	社长	1928—
				舒仁文	男	总编辑	1928—
23	大江日报社	1935.2—1949.4	国民党芜湖县党部机关报	方宏孝	男	社长	1935.2—1949.4
				水泽柯	男	副社长	1935.2—1949.4
				庐贤济	男	主笔	1935.2—1949.4
				朱翰陶	男	经理	1935.2—1949.4
24	中江报社	1931—1932	民办	柏毓文	男	创办人、主编	1931—1932
				李劳三	男	创办人	1931—1932
25	邮话月刊社	1935—1936	民办	谢慎修	男	主编	1935—1936
26	芜湖新报社	1937.12—1945.9	附逆报纸	胡延禧	男	董事长	1937.12—1945.9
				孙梦花	男	董事、总编辑	1937.12—1945.9

续表

序号	单位名称	起讫时间	性质	领导人情况			
				姓名	性别	职务名称	任离职时间
27	芜湖晚报社（宜宾版）	1940.9—1941.9	民办	张衡山	男	创办人、社长	1940.9—1941.9
				关伯庸	男	总编辑	1940.9—1941.9
				徐祥达	男	经理	1940.9—1941.9
				罗懋光	男	主笔	1940.9—1941.9
28	安徽民报社	1945—1947.6	芜湖民众教育馆筹办	孙尧阶	男	社长	1945—1947.6
				郭健行	男	副社长、经理	1945—1947.6
				张大荒	男	主笔	1945—1947.6
29	民声日报社	1945.12—1946.5	民办	韦永成	男	创办人	1945.12—1946.5
				李天敏	男	社长	1945.12—1946.5
				吴调梅	男	副社长	1945.12—1946.5
				白宝真	男	经理	1945.12—1946.5
30	芜湖报社	1945.12—1946.1	国民党芜湖县党部机关报	彭一韶	男	创办人、社长	1945.12—1946.1
				马文师	男	创办人	1945.12—1946.1
				欧阳奚之	男	经理、副刊主编	1945.12—1946.1
				刘　权	男	总编辑	1945.12—1946.1
31	中江晚报社	1946.1—	民办	笪秉衡	男	社长、发行人	1946.1—
32	皖江工商报联合版	1946.2—1946.12	民办	张九皋	男	社长	1946.2—1946.12
				柏毓文	男	副社长	1946.2—1946.12
				谭邦杰	男	副社长	1946.2—1946.12
33	火炬日报社	1946.3—1948.12	民办	王远江	男	社长	1946.3—1948.12
34	京芜周报社	1946.7—	民办	张威遐	男	董事长	1946.7—
				欧阳奚之	男	社长	1946.7—
				陈竣恂	男	总编辑	1946.7—

续表

序号	单位名称	起讫时间	性质	领导人情况			
				姓名	性别	职务名称	任离职时间
35	复兴日报社	1946.2—1949.4	民办	吴博全	男	社长	1946.2—1949.4
36	国事快闻社	1946年8月—1947年夏	民办	王　枞	男	发行人	1946.8—1947年夏
				汪士藻	男	发行人、经理	1946.8—1947年夏
				江丕象	男	主笔	1946.8—1947年夏
				汪士任	男	总编辑	1946.8—1947年夏
37	边疆周报社	1946—	民办	刘　权	男	社长	1946—
				鲁　夫	男	总编辑	1946—
				梁芳墨	男	经　理	1946—
38	中央日报（安徽增刊）	1946.9—1949.4	国民党官方报纸	胡定安	男	主编	1946.9—1949.4
				程振东	男	经理	1946.9—1949.4
				杨曼君	不详	副主编	1946.9—1949.4
39	皖民日报社	1946.10—	民办	刘春雷	男	发行人	1946.10—
				陈瑞河	男	董事长	1946.10—
				阚位三	男	社长	1946.10—
40	芜湖日报社	1946年冬—	国民党芜湖县党部官方报纸	江丕象	男	社长	1946年冬—
				吴伯皋	男	副社长、总编辑	1946年冬—
				江士任	男	编辑部主任	1946年冬—
				刘芳钧	不详	采访部主任	1946年冬—
41	幸福报（晚刊）报社	1947.1—1949.4	先民办后转官办	张威遐	男	董事长	1947.1—1949.4
				黄潮声	男	副社长、社长	1947.1—1949.4
				吴育英	男	副社长	1947.1—1949.4
				张蔚文	男	社长	1947.1—1949.4
				张铁汉	男	副社长	1947.1—1949.4
42	行报社	1947.4—	民办	倪受之	男	社长	1947.4—
				张大荒	男	主编	1947.4—

续表

序号	单位名称	起讫时间	性质	领导人情况			
				姓名	性别	职务名称	任离职时间
43	安徽人杂志社	1947.7—1949.4	民办	郭健行	男	创办人	1947.7—1949.4
44	荡寇报	1947.9—1949.4	民办	丁剑声	男	创办人、社长	1947.9—1949.4
				吴育英	男	创办人	1947.9—1949.4
				张竟候	男	董事长	1947.9—1949.4
45	粮食日报（芜湖版）	1947.10—1948.4	全国粮食联合会机关报	鲍　沧	男	社长兼发行人	1947.10—1948.4
				欧阳奚之	男	总编辑（兼）	1947.10—1948.4
46	安徽新闻社	1948.7—	民办	王鼎新 曹光华 王建华	男	创办人	1948.7—
47	基督教青年团契报	1948.10—1949.2	民办	程克文	男	主编	1948.10—1949.2
48	新华电讯社	1949.4.29—1949.6.25	芜湖市军管会新华电讯社主办	吴立奇	男	市军管会文教部长兼社长	1949.5—1949.6
				刘　俭	男	副社长	1949.4—1949.6
				黄少伯	男	主　编	1949.4—1949.6
49	芜湖日报社	1949.7—1949.9	中共芜湖市委机关报	李步新	男	市委书记、市长兼芜湖市党报委员会书记	1949.7—1949.9
				吴立奇	男	副书记	1949.7—1949.9
				徐伊复	男	社长、总编辑	1949.7—1949.9
50	皖南日报社	1949.9—1951.12	中共皖南区党委机关报	钱丹辉	男	党组书记、社长总编辑	1949.9—1951.12
				范　源	男	党组成员、副总编辑	1949.9—1951.12
				沈　育	男	党组成员、副总编辑	1949.9—1951.12
				郑建勋	男	党组成员、秘书长	1949.9—1951.12

续表

序号	单位名称	起讫时间	性质	领导人情况			
				姓名	性别	职务名称	任离职时间
51	新工商报社	1950.10—	芜湖工商联报	黄梦飞	男	董事长	1950.10—
				朱子帆	男	副董事长	1950.10—
				操竹友	男	社长	1950.10—
				奚国光	男	副社长	1950.10—
				翟慕颐	男	编辑部主任	1950.10—
				柏毓文	男	经理	1950.10—
				潘维浩	男	副经理	1950.10—
52	芜湖大众报社	1952.7.1—1956.12	中共芜湖市委机关报	姚　克	男	市委书记兼报纸广播委员会书记	1953.6—1955
				郑英年	男	市委副书记兼副书记、社长	1952.7—1954.3
				柳三星	男	负责人	1952.7—1954
				刘　乔	男	总编辑	1954—1955.3
				梅昌统	男	副总编辑	1955.4—1956.12
				吴　波	男	副总编辑	1953—1956.12
				何　瑞	男	第一副总编辑	1956.5—1956.12
53	芜湖报社	1956.4.1—1958.12.16	中共芜湖地委机关报	赵奇峰	男	芜湖地委宣传部领导兼任社长	1956.4—1958.12
				杨继堂	男	总编辑	
				鲁　志	男	副社长、总编辑、副主编	1956.4—1958.8
				王自强	男	副总编辑	1958.8—1958.12
54	芜湖日报社	1957.1.1—1958.12.15	中共芜湖市委机关报	王　文	男	市委宣传部部长兼总编辑	1957.1—1958.12
				何　瑞	男	副总编辑	1957.1—1958.12
				吴　波	男	副总编辑	1957.1—1957.9.
55	芜湖县报社	1958.7—1961.3	中共芜湖县委机关报	赵洪臣	男	总编辑	
				李春德	男	副总编辑	
				王呈谊	男	副总编辑	

续表

序号	单位名称	起讫时间	性质	领导人情况			
				姓名	性别	职务名称	任离职时间
56	芜湖报芜湖日报联合版	1958.12.16—1958.12.31	中共芜湖地委、市委机关	王自强	男	地委宣传部副部长兼总编辑	1958.12—1958.12
				何　瑞	男	副总编辑	1958.12—1958.12
57	芜湖日报	1959.1.1—1967.1.10	中共芜湖地委机关报	王自强	男	地委宣传部副部长兼总编辑	1959.1—1960.5
				何　瑞	男	地委宣传部副部长兼总编辑	1960.5—1960.12
				杜庭芸	男	总编辑	1966.3—1967.1
				冯生辉	男	副总编辑	1960.6—1961.11
				叶　舟	男	副总编辑	1962—1963
				章　琦	男	副总编辑	1964.3—1967.1
58	新华电讯	1967.1.11—1967.1.18	“造反派”组织主办	杜庭芸	男	临时负责人	1967.1.11—1967.1.18
59	新芜湖报	1967.1.19—1971.12.31	原由芜湖地区革命“造反派”联合主办，后为芜湖专区革命委员会机关报	李远扬	男	社革委会主任（军代表）	1968.8—1970.4
				范登升	男	社革委会副主任（军代表）	1968.8—1970.1
				谭公侠	男	社革委会副主任（干部代表）	1968.8—1971.12
				董增林	男	社革委会副主任	1968.8—1970.4
				董增林	男	社革委会主任	1970.5—1971.12
				谭公侠	男	社革委会副主任	1970.5—1971.12
60	芜湖日报	1972.1.1—1972.3.31	中共芜湖地委机关报	董增林	男	社革委会主任	1972.1—1972.3
				谭公侠	男	社革委会副主任	1972.1—1972.3
61	简报	1970.4—1977.12	市革委会机关报	赵厚才	男	主编	1970.9—1977.12

续表

序号	单位名称	起讫时间	性质	领导人情况			
				姓名	性别	职务名称	任离职时间
62	芜湖简报	1978.1.1—1979.6.30	芜湖市委机关报	苏彦彬	女	芜湖市委宣传部副部长兼分管领导	1978.1—1979.6
				赵厚才	男	市委宣传部文化科副科长兼编审负责人	1978.12—1979.6.30
63	芜湖报	1979.7.1—1984.6.30	中共芜湖市委机关报	何　瑞	男	市委宣传部副部长兼总编辑	1979.7—1981.4
				苏彦彬	女	副部长兼第一副总编辑	1979.7—1981.4
				赵厚才	男	副总编辑	1979.7—1983.12
				黄寿彭	男	副总编辑	1979.10—1983.12
				苏彦彬	女	市委宣传部副部长兼总编辑	1981.4—1983.10
						总编辑	1983.11—1984.6
				周祥鸿	男	副总编辑	1983.12—1984.6
				赵厚才	男	副总编辑	1983.12—1984.6
				陈　莉	女	副总编辑	1983.12—1984.6
				黄寿彭	男	副总编辑	1983.12—1984.6

续表

序号	单位名称	起讫时间	性质	领导人情况			
				姓名	性别	职务名称	任离职时间
64	芜湖日报社	1984.7.1—1988.3.	中共芜湖市委直属单位	苏彦彬	女	总编辑	1984.7—1988.3
				周祥鸿	男	副总编辑	1984.7—1988.3
				赵厚才	男	副总编辑	1984.7—1988.3
				陈　莉	女	副总编辑	1984.7—1992.6
				黄寿彭	男	调研员	1984.7—1987.12
	芜湖日报社	1988.3—1997.3	中共芜湖市委直属单位	丁红云	女	党组书记、总编辑	1988.3—1997.3
				赵厚才	男	党组成员、副总编辑	1988.3—1990.3
				陈　莉	女	党组成员、副总编辑	1988.3—1992.6
				周祥鸿	男	党组成员、副总编辑	1988.3—1997.3
				丁以胜	男	党组成员、副总编辑	1991.2—1997.3
				顾伟明	男	党组成员、副总编辑兼《大江晚报》总编辑	1994.3—1997.3
		1997.3—2003.7	中共芜湖市委直属单位	许宏胜	男	党组书记、总编辑	1997.3—2003.3
				周祥鸿	男	党组成员、副总编辑	1997.3—2003.3
				丁以胜	男	党组成员、副总编辑	1997.3—2003.3
				顾伟明	男	党组成员、副总编辑兼《大江晚报》总编辑	1997.3—2003.3

续表

序号	单位名称	起讫时间	性质	领导人情况			
				姓名	性别	职务名称	任离职时间
65	芜湖日报社	2003.3—2006.6	中共芜湖市委直属单位	司旌霞	女	党组书记、总编辑	2003.3—2006.6
65	芜湖日报社	2003.3—2006.6	中共芜湖市委直属单位	周祥鸿	男	党组成员、副总编辑	2003.3—2004.12
65	芜湖日报社	2003.3—2006.6	中共芜湖市委直属单位	丁以胜	男	党组成员、副总编辑	2003.3—2006.4
65	芜湖日报社	2003.3—2006.6	中共芜湖市委直属单位	顾伟明	男	党组成员、副总编辑兼《大江晚报》总编辑	2003.3—2006.6
65	芜湖日报社	2003.3—2006.6	中共芜湖市委直属单位	柯　南	男	党组成员、副总编辑	2004.8—2006.6
65	芜湖日报社	2003.3—2006.6	中共芜湖市委直属单位	李祥春	男	党组成员、副总编辑	2004.8—2006.6
65	芜湖日报报业集团(芜湖日报社)	2006.6—2008.4	中共芜湖市委直属单位	司旌霞	女	党委书记、社长、总编辑	2006.6—2008.4
65	芜湖日报报业集团(芜湖日报社)	2006.6—2008.4	中共芜湖市委直属单位	顾伟明	男	党委委员、副社长、副总编辑兼《大江晚报》总编辑	2006.6—2007.5
65	芜湖日报报业集团(芜湖日报社)	2006.6—2008.4	中共芜湖市委直属单位	顾伟明	男	调研员	2007.5—2008.4
65	芜湖日报报业集团(芜湖日报社)	2006.6—2008.4	中共芜湖市委直属单位	柯　南	男	党委委员、副社长、副总编辑	2006.6—2008.4
65	芜湖日报报业集团(芜湖日报社)	2006.6—2008.4	中共芜湖市委直属单位	李祥春	男	党委委员、副社长、副总编辑	2004.8—2008.4
65	芜湖日报报业集团(芜湖日报社)	2006.6—2008.4	中共芜湖市委直属单位	金昌龙	男	党委委员、副社长、副总编辑	2006.11—2008.4
65	芜湖日报报业集团(芜湖日报社)	2006.6—2008.4	中共芜湖市委直属单位	冯慧莲	女	党委委员纪委书记	2007.4—2008.4

续表

序号	单位名称	起讫时间	性质	领导人情况			
				姓名	性别	职务名称	任离职时间
65	芜湖日报报业集团（芜湖日报社）	2008.4—2010.8	中共芜湖市委直属单位	张维水	男	党委书记、社长总编辑	2008.4—2008.12
						党委书记、社长	2008.12—2010.8
				刘　光	男	党委副书记、总编辑	2008.12—2010.8
				柯　南	男	党委委员、副总编辑	2008.4—2010.8
				李祥春	男	党委委员、副社长	2008.4—2010.8
				金昌龙	男	党委委员、副总编辑	2008.4—2010.8
				冯慧莲	女	党委委员、副总编辑	2008.4—2010.8
				顾伟明	男	正县级调研员	2008.4—2009.11
66	芜湖日报报业集团(芜湖日报社)	2010.8—2015.3	中共芜湖市委直属单位	宋建华	男	党委书记、社长	2010.8—2015.3
				刘　光	男	党委副书记 、总编辑	2010.8—2015.3
				柯　南	男	党委委员、副总编辑	2010.8—2015.3
				李祥春	男	党委委员、副社长	2010.8—2015.3
				金昌龙	男	党委委员、副总编辑兼《芜湖日报》总编辑	2010.8—2015.3
				冯慧莲	女	党委委员、纪委书记	2010.8—2014.1

续表

序号	单位名称	起讫时间	性质	领导人情况			
				姓名	性别	职务名称	任离职时间
66	芜湖日报报业集团（芜湖日报社）	2015.3—2018.2	中共芜湖市委直属单位	刘　光	男	党委书记、社长、总编辑	2015.3—2015.7
						党委书记、社长	2015.7—2018.2
				章祥龙	男	党委副书记、总编辑	2015.7—2017.11
				李祥春	男	党委委员、副社长	2015.3—2018.2
				金昌龙	男	党委委员、副总编辑兼《芜湖日报》总编辑	2015.3—2017.1
						党员委员、副总编辑	2017.1—2018.2
				朱永勤	男	党委委员 、纪委书记	2014.5—2017.9
				冯慧莲	女	副咨询员	2014.1—2016.1
		2018.2—2018.9	中共芜湖市委直属单位	张克庚	男	党委书记、社长	2018.2—2018.9
				李祥春	男	党委委员、副社长	2018.2—2018.9
				金昌龙	男	党委委员、副总编辑	2018.2—2018.9
				韩万春	男	芜湖新媒体中心负责人	2018.2—2018.9

续表

序号	单位名称	起讫时间	性质	领导人情况			
				姓名	性别	职务名称	任离职时间
67	芜湖传媒中心（集团）	2018.9—	中共芜湖市委直属单位	张克庚	男	党委书记、主任	2018.9—2019.3
						市委宣传部常务副部长、中心党委书记、主任	2019.3—2019.7
						市委宣传部常务副部长、传媒中心党委书记	2019.7—
				柯　南	男	党委副书记	2018.9—2019.7
						党委副书记、中心主任	2019.7—
				韩万春	男	党委委员、副总编辑	2018.9—2019.7
						党委委员、总编辑	2019.7—
				李祥春	男	党委委员	2018.9—2019.7
						党委委员、中心副主任	2019.7—
				金昌龙	男	党委委员、副总编辑	2018.9—2019.8
						党委副书记	2019.8—
				高　成	男	党委委员	2018.9—2019.7
						党委委员、中心副主任	2019.7—
				徐　巍	男	党委委员	2018.9—2019.7
						党委委员、副总编辑	2019.7—
				吴　梅	女	党委委员	2019.7—
				汪维明	男	党委委员	2019.7—

续表

序号	单位名称	起讫时间	性质	领导人情况			
				姓名	性别	职务名称	任离职时间
68	《芜湖日报·星期刊》编辑部	1989.1—2003.12	芜湖日报社主办	吴长风	男	编辑部副主任、主任	1988.7—1991.3
				顾伟明	男	编辑部副主任、主任	1991.3—1994.4
				王纯才	男	编辑部主任	1994.4—1995.7
				汤修宪	男	编辑部主任	1995.7—2003.12
69	芜湖广播电视报	1991.12—2007.6	芜湖广播电视台主办	高　成	男	总编辑	1991—
				郑建政	男		
				张　靖	男		
				阚东华	男		—2007.6
70	皖江商报社	1994.2—1998.12	芜湖市政府主办	彭少雄	男	总编辑	1994.2—1998.12
	都市文摘报社	1999.1—2000.1					1999.1—2000.1
71	芜湖晚报社	1996.1—1998.12	芜湖日报社主办	顾伟明	男	芜湖日报社副总编辑兼《芜湖晚报》总编辑	1996.1—1998.12
				闵泽未	男	副总编辑	1996.1—1998.12
				冯慧莲	女		1996.1—1998.12
				王纯才	男	编　委	1996.1—1998.12
	大江晚报社	1999.1—2007.6		顾伟明	男	芜湖日报社副总编辑兼《大江晚报》总编辑	1999.1—2007.6
				闵泽未	男	副总编辑	
				冯慧莲	女		
				王纯才	男	编　委	
	大江晚报	2007.6—2009.8		袁树槟	男	总编辑	2007.6—2009.8
				汪维明	男	副总编辑	
				吴小兵	男		
				朱金海	男		

续表

序号	单位名称	起讫时间	性质	领导人情况			
				姓名	性别	职务名称	任离职时间
72	大江晚报编辑部	2007.6—2019.7	芜湖日报社主办	汪维明	男	总编辑	2009.8—2011.3
				吴小兵	男	副总编辑	
				朱金海	男		
				曹德华	男		
				冯慧莲	女	集团纪委书记兼《大江晚报》总编辑	2011.3—2013.
				王晓朋	男	副总编辑	
				朱金海	男		
				王晓朋	男	总编辑	2013—
				朱金海	男	副总编辑	2013—2019
				曹德华	男		2013—2017.11
				张　嵘	男		2013—18.5
				黄瑶琴	女		2017.4—
				汪观林	男		2016.1—
				江　帆（挂职）	男		2018.—
73	芜湖日报	2009.12—2019.7	中共芜湖市委机关报	袁树槟	男	总编辑	2009.12—2011.3
				程代广	男	副总编辑	2009.12—2011.3
				唐玉霞	女		2009.12—2011.3
				叶　勇	男		2010.12—2011.3
				金昌龙	男	集团副总编辑兼《芜湖日报》总编辑	2011.3—2017.1
				汪维明	男	副总编辑	2014.3—2017.1
				吴小兵	男		2011.3—2017.1
				唐玉霞	女		2011.3—2017.1
				汪维明	男	总编辑	2017.1—2019.7

续表

序号	单位名称	起讫时间	性质	领导人情况			
				姓名	性别	职务名称	任离职时间
74	芜湖日报	2009.1—2019.9	中共芜湖市委机关报	吴小兵	男	副总编辑	2017.1—2017.5
				程代广	男		2017.1—2018.5
				唐玉霞	女		2017.1—2017.4
				赵双华	男		2017.1—2018.2
				张申尚	男		2017.3—2018.8
				康　涛	男		2017.1—2019.9
				胡　锐	男		2017.1—2019.9
				程代广	男	总编辑	2019.9—
				胡　锐	男	副总编辑（挂职）	2019.9—
				王跃虎	男	副总编辑	2019.9—
				夏松钊	男	副总编辑	2019.9—
75	大江晚报·金周刊	2005.1—2007.7	芜湖日报社主办	王晓朋	男	负责人	2005.1—2007.7
	金周刊·芜湖广播电视	2007.7—2016.1		王晓朋	男	总编辑	2007.7—2011.3
				阚东华	男	总编辑	2011.3—2015.4
				杨秀凤	女	副总编辑	2014.11—2015.4
				汪观林	男	负责人	2015.4—2015.12
	金周刊·芜湖广播电视	2016.1—	并入大江晚报	汪观林	男	《大江晚报》副总编辑兼金周刊·芜湖广播电视负责人	2016.1—

第三章　内设机构

芜湖近现代报业机构设置有两个共同的特点：一是一社一报刊，一张报纸从创刊到停刊基本上只有一个轮回，部分办报人有跨报经营现象，由一张报纸改版后变成另一张报纸的现象极少，比如《皖江日报》和《工商日报》合并为《皖江 工商联合版》，最后独立创刊《工商报》就属此类；二是报刊社的规模一般都比较小，几个人就能办一张报纸，其内设机构相对单一，甚至查不到报社内设机构的资料。

新中国成立后，芜湖报业一社一报刊、多头管理的现象比较普遍，如皖江商报社和《皖江商报》，芜湖广播电视报社和《芜湖广播电视报》，新工商报社和《新工商报》等。皖江商报社和芜湖广播电视报社都有自己的内设机构，但它们又分属芜湖市政府和芜湖市广播电视局。

芜湖日报社比这些报社更复杂，芜湖日报社不仅是中共芜湖市委的直属单位，其芜湖日报社体制也在不断变化，形成多种模式：1949 年 7 月到 1988 年 12 月，芜湖日报社为一报一社，只有一张《芜湖日报》。1989 年 1 月 1 日至 2006 年 6 月，芜湖日报社创办了《芜湖日报·星期刊》《大江晚报》《大江晚报·金周刊》和芜湖日报社网站，除《芜湖日报》和芜湖日报社内设机构为一套班子外，"三报一网"也成了芜湖日报社的内设机构，《芜湖日报·星期刊》《大江晚报》还有自己的内设机构。2006 年 6 月，芜湖日报社体制发生变化，芜湖日报报业集团成立后，保留芜湖日报社牌子，形成一社一集团多媒体制，《金周刊·芜湖广播电视》成为独立媒体，芜湖日报社网站升格为中国芜湖新闻网。2009 年 12 月，芜湖日报报业集团体制发生重大变化，虽然芜湖市机构编制委员会仍把芜湖日报报业集团机构和《芜湖日报》机构当作一套机构，但芜湖日报报业集团内部改革中取消了《芜湖日报》内部机构的行政级别，《芜湖日报》《大江晚报》《金周刊·芜湖广播电视》和中国芜湖新闻网等媒体与集团内其他行政经营管理部门一样，均属芜湖日报报业集团的内设机构，《芜湖日报》在管理上不再与芜湖日报报业集团同级。2018 年 9 月，芜湖传媒中心（集团）成立后，《芜湖日报》内设机构更是萎缩成一个编校部。

本章着重介绍芜湖近现代和当代报刊社内设机构，重点介绍芜湖日报社，包括芜湖日报报业集团和芜湖传媒中心（集团）时期的内设机构。

第一节　芜湖近现代报刊社内设机构

芜湖近现代报刊社有内设的机构相当少，主要有三种形式：没有内设机构的作坊式报社、重采编轻经营型报社和采编与经营并举型报社。但有许多报社也有变化，有的报社创刊时属于无内设机构的报社，但报社发展后逐步建立了内设机构，其内设机构也由最初的编辑部、经理部逐渐增多。

一、没有内设机构的作坊式报社

这类报社基本上都是创刊于芜湖报业的早期，是规模较小的民营报社，整个报社也就几个人，采用的是作坊式的工作方法。随着报社发展，逐步设立内设机构，比如《工商日报》创刊初期没有内设机构，只有四人，两个排印工和一个发行工，从主笔、编辑、记者到校对全由张九皋负责。

二、重采编轻经营型报社

有相当一部分报社只设编辑部，其报社经营也都在编辑部内，甚至是采编人员兼职做营销。如《粮食日报（芜湖版）》《幸福报（晚刊）》只设编辑部。

三、采编与经营并举型报社

芜湖近现代报业发展后期，报社逐步认识到报纸经营的重要性，在内部机构设置上，特意增设经理部，专门从事报纸的经营。《火炬日报》下设编辑部和经理部。上海《中央日报（安徽增刊）》下设编辑和经理两部，且分开办公，编辑部办公地址在中二街60号，编辑部主编为胡定安；经理部办公地址在中二街105号，经理部经理为程振东。《复兴日报》下设编辑部和经理部，并附设报务室、校对室、排字室、机器房。

第二节　芜湖当代报刊社内设机构

一、芜湖日报社

1949年7月组建的芜湖日报社内设编辑部和采通部。

二、皖南日报社

皖南日报社内设机构分采编和经营两个部分。采编内设机构有总编辑办公室、编辑部，设地方版主编、副主编，辖农村组、城市组、读者来信（后改为群众园地组）、副刊组、通联组、记者组、时政组和校对科，此外还有电台和秘书室；经营内设机构有总务科、营业科、材料供应科、财务科、印刷厂。

三、新工商报社

新工商报社内设编辑部和经理部。

四、芜湖大众报社

芜湖大众报社内设机构有三次调整:1952 年 7 月,报社内设机构只有编辑部;1953 年 3 月,报社内设政经组、文教组、时事组、来信组、资料组、营业组;1956 年 3 月,报社内设经济组、政教组、副刊组、时事组、美术组、秘书室。

五、芜湖报社

1956 年 4 月组建的芜湖报社内设文教组、时政组、农村组、群工组、党的生活组和总编辑办公室。此后,调整为总编辑办公室、生产组、文数组、党的生活组、时事组、记者来往组、通联组和校对组。

六、芜湖日报社

1957 年 1 月组建的芜湖日报社内设经济组、政教组、副刊组、时事组、美术组、秘书室。

七、《芜湖报》芜湖日报社

1958 年 12 月组建的《芜湖报》芜湖日报社下设总编办公室、农村组、经济组(后改为工商组)、政教组、副刊组、夜班组(时事组并入,设有电台)、美术组、通联组(后改为采通组)、校对组、行政组。有 21 名记者分驻芜湖、繁昌、当涂、泾县、广德、含山、无为、巢湖、和县、宁国、太平、石埭、休宁、绩溪、旌德、黟县和屯溪。芜湖报社印刷厂并入芜湖新华印刷厂,组建印报车间。

八、新芜湖报社

新芜湖报社下设办公室、编辑部、办事组、夜班办公室。

九、《简报》《芜湖简报》

《简报》《芜湖简报》无内设机构。

十、芜湖日报社

1972 年 1 月组建的芜湖日报社内设经济组、政文组、通联组、夜班组和行政组。

十一、芜湖报社

1979 年 7 月组建的芜湖报社下设总编办公室、经济组、政文组、副刊组和通联组。

十二、芜湖广播电视报社

芜湖广播电视报社下设总编室、办公室、编辑部、发行部和广告部。

十三、皖江商报社

皖江商报社下设总编室、发行部、广告部和办公室。

十四、芜湖社会科学杂志社

芜湖社会科学杂志社下设办公室、编辑室。该杂志后由芜湖日报报业集团编印,虽有专人编审,但没有设立专门的机构。

第三节　芜湖日报社内设机构

（1984 年 7 月 1 日—2006 年 6 月）

1984 年 7 月，中共芜湖市委恢复《芜湖日报》为市委机关报，芜湖日报社内设机构随着报纸发展陆续调整。现提供部分时段的芜湖日报社内设机构框架。

芜湖日报社机构设置

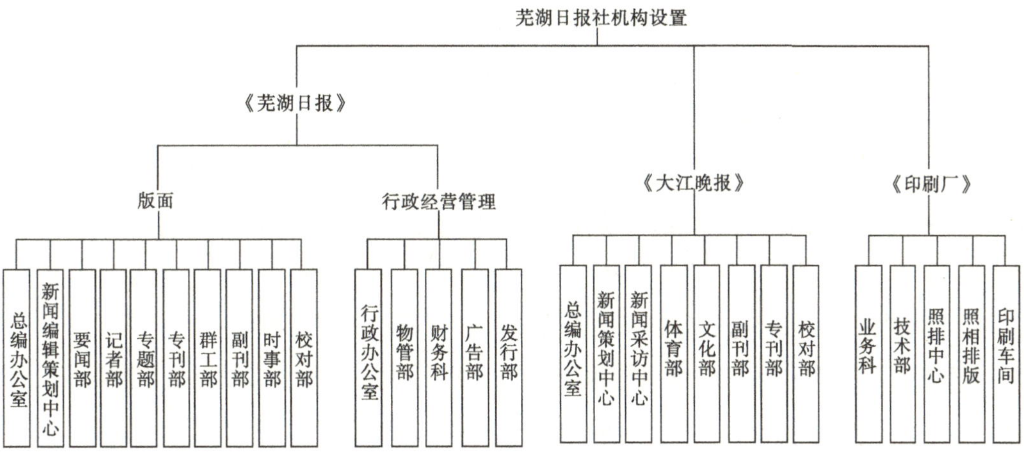

一、芜湖日报社 1984 年至 1995 年内设机构

1984 年 6 月 9 日，经芜湖市编制委员会批准，芜湖日报社内设机构有记者科、新闻科、副刊科、群工科、生产科（与印刷厂两块牌子一套机构）、总编办公室和行政办公室；另设电讯室，配备页式电传收报机 2 套，能够全天收录新华社电讯稿。

此后芜湖日报社内设机构陆续进行调整。1985 年，行政办公室设置广告室，2 人专门从事广告经营。1986 年，芜湖日报社增设经济科、政教科、夜班校对科。

1987 年 4 月 3 日，根据芜湖市编制委员会《关于同意芜湖日报社内部科室调整的批复》，芜湖日报社原经济科、政教科、副刊科、夜班校对科分别改为经济部、政教部、文艺部、群工部、夜班校对部。撤销生产科，保留报社印刷厂；原办公室一分为二，划为办公室、经理部，经理部负责财务和广告；总编办公室名称不变。1988 年，正式组建广告科。1989 年 11 月，经芜湖市编制委员会批复，芜湖日报社增设《芜湖日报·星期刊》编辑室。1990 年 8 月，经芜湖市机构编制委员会批准，芜湖日报社设立发行部，并于次年正式增设发行部。1991 年 4 月，根据芜湖市机构编制委员会《关于同意设立广告部等机构的批复》，芜湖日报社增设广告部和美术摄影部，其内设机构有总编办公室、经济部、政教部、文艺部、群工部、副刊部、经理部、广告部、发行部、夜班部、美术摄影部和《星期刊》编辑室。1992 年，芜湖日报社为了外报经营，成立联合发行公司，与发行部一套班子。1993 年 2 月，根据芜湖市机构编制委员会《关于同意芜湖日报社调整部分内设部室的批复》精神，芜湖日报社内设机构有了调整，撤销美术摄影部和副刊部，增设组版部、专刊部；撤销夜班校对部，分设校对部和夜班部。1994 年，芜湖日报社增设文摘编辑室。

1994 年，芜湖日报社内设机构为采编、生产和经营三个部分。采编部门有总编办、新闻部、市场部、社会生活部、时事部、文摘编辑部、副刊部、专刊部、群工部、《星期刊》编辑室和校对部等 11 个部室，行政部门有办公室、财务科等 2 个部室；经营部门有广告部、发行部（联合发行公司）和印刷厂等 3 个部室和单位。

《芜湖日报》内设机构就是芜湖日报社的内设机构。

二、芜湖日报社 1995 年至 2006 年内设机构

1995 年 7 月 7 日，芜湖日报社创办《芜湖晚报》，成立芜湖晚报社（内设机构另设），它和芜湖日报社印刷厂均为芜湖日报社直属二级事业单位。

1996 年，芜湖日报社内设机构由采编、行政、经营和直属二级事业单位等四个部分组成。采编部门有新闻部、评论部、社会生活部、副刊部、群工部、星期刊编辑部、时事部、校对部、总编办；行政部门有行政办公室、财务科；经营部门有发行部（联合发行公司）和广告部。芜湖晚报社、芜湖日报社印刷厂为芜湖日报社直属二级事业单位。

1997 年 2 月 24 日，芜湖市机构编制委员会批复关于同意《芜湖晚报》定编的文件。《芜湖晚报》为芜湖日报社下属全民事业单位，属副县级，并核定自收自资事业编制 50 名，其中领导职数 3 人。同年，芜湖日报社内设机构增加物管公司。2000 年，芜湖日报社内设机构增加专刊部。2000 年 7 月，芜湖日报社增设物业办公室。2003 年 10 月，芜湖日报社增设专题部。

截至 2006 年 6 月 5 日（芜湖日报报业集团成立前），芜湖日报社由采编、行政、经营和直属二级事业单位等四个部分组成。采编部门有总编办、新闻中心、要闻部、社会生活部、专刊部、副刊部、时事部、校对部；行政管理部门有办公室、技术部、物管办、基建办；经营部门有财务科、广告部、发行部（联合发行公司）；直属的二级事业单位有芜湖晚报社、芜湖日报社印刷厂。

第四节　芜湖日报报业集团（芜湖日报社）内设机构

2006 年 6 月 6 日，经芜湖市文化体制改革领导小组批准，芜湖日报报业集团正式挂牌成立，保留芜湖日报社牌子，报业集团内部机构重新设置。

一、报业集团 2006 年版内设机构

经芜湖市机构编制委员会批准，芜湖日报报业集团（芜湖日报社）形成新的内设机构，但在具体的实施过程中，编制文件的内设机构和报业集团实际内设机构有局部调整。

（一）芜湖市机构编制委员会确定的内设机构

2006年9月5日，芜湖市机构编制委员会《关于印发芜湖日报报业集团（芜湖日报社）职能配置、内设机构和人员编制方案的通知》（芜编[2006]12号文件）确认，芜湖日报报业集团（芜湖日报社）内设机构：

1.行政管理部门

集团办公室、组织人事科、计划财务科、技术部（技术保障部）、广告科（广告中心）、纪委。

芜湖日报报业集团组织构架图

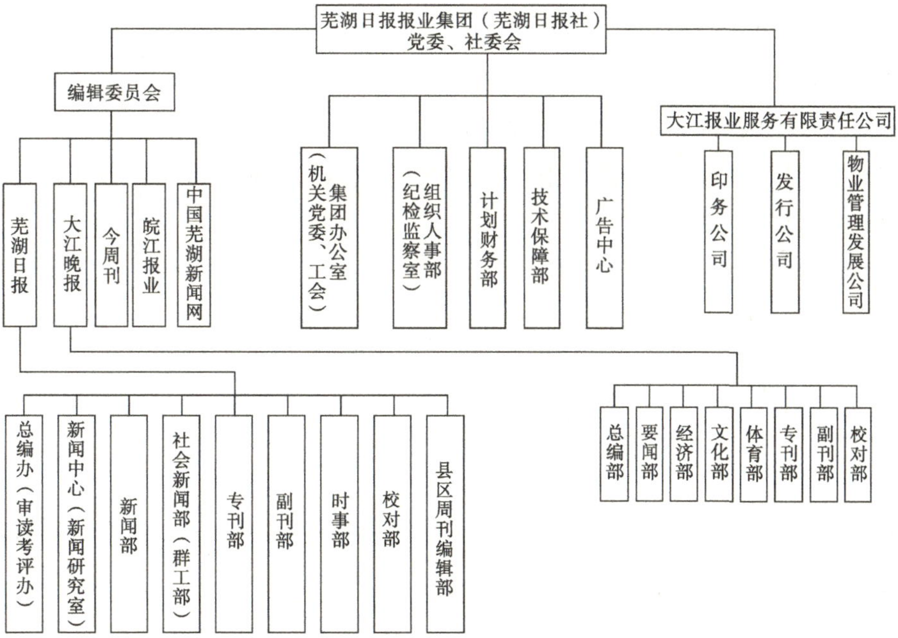

2.芜湖日报采编部门（均为正科级机构）

总编办公室、新闻中心、新闻部、社会新闻部（群工部）、专刊部、副刊部、时事部、校对部、县区周刊编辑部。

3.媒体（不定级别，不定人员编制和领导职数，实行市场化运用的媒体）。

《大江晚报》《金周刊》《皖江报业》和芜湖日报社网站。

（二）芜湖日报报业集团（芜湖日报社）增减机构情况

由于编制限制，有些部室和公司无法设置，但报业集团在工作中又非常需要增加新的部室和公司，有的部室也需要重新调整，于是就以报业集团的名义设置一些新部室和公司，聘用一批干部，其属于报业集团内部设置和聘用。

1.行政管理部门

将组织人事科并入集团办公室，增设物业管理办公室、基建办。

2. 经营管理部门

增设大江报业服务有限公司、大江传媒有限责任公司、发行中心、印务中心。

3. 编务管理部门

增设集团编委办公室。

4. 媒体

《芜湖日报》《大江晚报》、中国芜湖新闻网。

2006年8月，芜湖日报社网站升格为中国芜湖新闻网。2007年2月，中国芜湖新闻网从技术部剥离出来，单独成立中国芜湖新闻网编辑部，成为芜湖日报报业集团独立媒体。2007年3月，芜湖日报报业集团增设大江传媒有限责任公司。

二、报业集团2009年版内设机构

2009年12月，在执行芜湖市机构编制委员会确定的编制的情况下，芜湖日报报业集团（芜湖日报社）实施内部体制改革，《芜湖日报》由"母报"变"长子"，集团管理体制由"报办集团"改为"集团办报"，《芜湖日报》内设机构不再成为报业集团的内设机构。具体的内设机构如下：

1. 行政管理部门

集团办公室、计划财务科、技术保障部、基建办、物业管理公司。

2. 编务管理部门

集团编委办、外宣办、新闻研究室。

3. 经营管理部门

集团广告中心、发行中心和芜湖日报报业集团印务有限责任公司、大江传媒有限责任公司、经管办、文产办。

4. 媒体

《芜湖日报》《大江晚报》《金周刊·芜湖广播电视》、中国芜湖新闻网（芜湖手机报）、《皖江报业》。

三、报业集团2011年版内设机构

2011年5月13日，经芜湖市机构编制委员会同意，芜湖日报报业集团内设机构19个。

1. 综合管理部门

集团办公室、组织人事科（含退管办和工会）、纪委、计划财务科、技术保障部、物业管理部（安保科）、经营管理办公室、文化产业（招商引资）办公室。

2. 经营管理部门

广告中心、大江传媒有限公司、发行投递公司。

3. 编务管理部门

集团编委办公室、新闻研究室、高端策划组、深度评论组和集团业务总监。

4. 媒体和印务

《芜湖日报》《大江晚报》《金周刊 · 芜湖广播电视》、中国芜湖新闻网（芜湖手机报）、《皖江传媒》和芜湖日报报业集团印务有限责任公司。

2011 年 3 月 25 日，成立芜湖日报报业集团高端策划组和深度评论组。2014 年，成立芜湖日报报业集团采编中心。2017 年 7 月，增设集团新闻中心、集团多媒体评论部和集团图片中心。

四、报业集团 2018 年版内设机构

2018 年 2 月 26 日，芜湖日报报业集团与芜湖广播电视台联合组建全媒体编委会，下设总编办公室（含对外宣传办公室、互联网宣传管理办公室）、综合管理办公室和多媒体评论部。撤销报社编委办、报社新媒体中心、报社图片中心，组建重点报道采访组和多媒体评论部，恢复新闻研究室。之后又成立全媒体新闻中心、全媒体文旅专副刊部和全媒体时政新闻部，成立全媒体“中央厨房”建设办公室。截至 2018 年 8 月，芜湖日报报业集团（芜湖日报社）内设机构如下：

1. 行政管理部门

集团办公室、人力资源部、计划财务部、技术保障部、物业安全部、新闻策划研究室、群团工作部和全媒体“中央厨房”办公室。

2. 全媒体新闻中心

集团总编室（指挥调度中心）、综合办公室（新媒体推广部）、多媒体评论部、全媒体时政采访部、全媒体文娱专副部。

3. 经营管理部门

新视界广告公司、芜湖传媒艺术（小记者）培训中心、印务公司、报业传媒（文化传媒）公司、报刊发行公司（包括大江旅游公司）。

4. 媒体

《芜湖日报》《大江晚报》、芜湖新闻网（芜湖手机报）、“今日芜湖”客户端。另有与芜湖广电融合组建的芜湖新媒体中心成为独立于报业和广电之外的新媒体管理部门。

第五节　芜湖传媒中心（集团）内设机构

2018 年 9 月 29 日，芜湖传媒中心（集团）正式成立。集团内设机构分三个部分，共 35 个部门。

芜湖传媒中心(集团)组织架构图

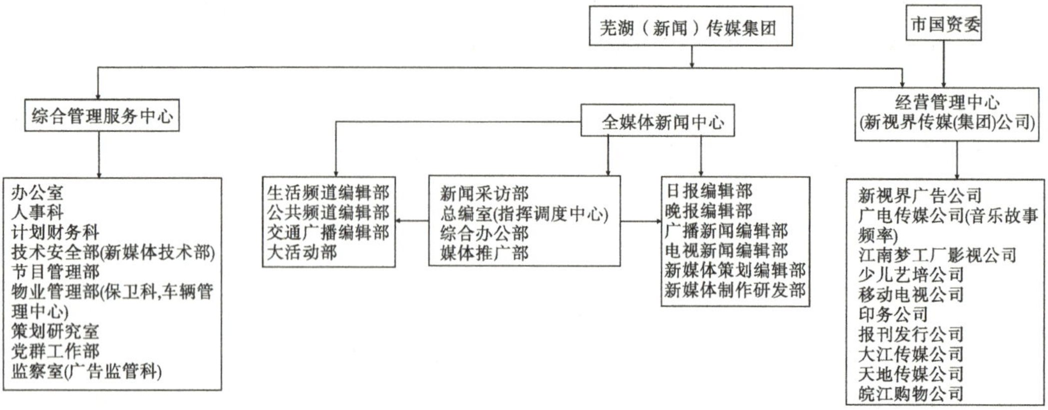

1. 综合管理服务部门

集团办公室、人力资源部、计划财务部、技术保障部、节目管理部、物业安全部、党群工作部。

2. 全媒体新闻中心

集团总编室、综合办公室（新媒体推广部）、全媒体时政新闻部、全媒体文旅专副部（后改为全媒体专副刊编辑部）、广播电视采访组、多媒体评论部和新闻研究室。《芜湖日报》编辑部、《大江晚报》编辑部、芜湖新闻网（芜湖手机报）编辑部、“今日芜湖”编辑部、新闻频道编播部、生活频道编播部、公共频道编播部、新闻频率编播部、交通频率编播部。

3. 全媒体经营管理部门

芜湖传媒中心（集团）成立全媒体经营管理中心，下设13个部门。

芜湖新视界广告公司、梦江南工场影视公司、芜湖传媒艺术（小记者）培训中心、芜湖移动电视公司、芜湖传媒中心（集团）印务公司、芜湖报业传媒（文化传媒）公司、芜湖报刊发行公司（包括大江旅游公司）、1890公司（婚庆策划工作室）、大型活动部、芜湖广电传媒公司（音乐故事频率）、妇女儿童活动中心职业培训学校、实验台和中广有线芜湖分公司等。

第六节　芜湖日报报业集团（芜湖日报社）媒体内设机构

1984年7月至2009年12月，芜湖日报社与《芜湖日报》是一套班子，其内设机构不再介绍。2009年12月，《芜湖日报》另设内部机构。《大江晚报》《金周刊·芜湖广播电视》《皖江传媒》在创办时就设立内部机构。

一、《芜湖日报》编辑部内设机构

2009年12月，《芜湖日报》机构作出重大调整：不设行政级别，总编辑和副总编辑不再由集团领导兼任，而在集团内公开竞聘上岗。改革后的《芜湖日报》编辑部领导机构如下：

(一)《芜湖日报》编辑部第一届领导机构

2009年12月至2011年3月,《芜湖日报》编辑部第一届领导班子及内设机构如下:

1. 领导班子

总编辑:袁树槟 。

副总编辑:先后有程代广、唐玉霞、叶勇(2010年12月挂职)。

业务总监:马小平。

2. 内设机构

《芜湖日报》编辑部内设机构有总编室、出版部、采访部、专副刊部。

2011年3月,《芜湖日报》设业务总监。

(二)《芜湖日报》编辑部第二届领导机构

2011年3月至2017年1月,《芜湖日报》编辑部第二届领导班子及内设机构如下:

1. 领导班子

总编辑:由芜湖日报报业集团副总编辑金昌龙兼任。

副总编辑:汪维明、吴小兵、程代广、唐玉霞。

2. 内设机构

2011年5月,《芜湖日报》编辑部内设机构增设时事部、校对部。

截至2015年,《芜湖日报》编辑部内设机构有总编室、编版部(经济部)、采访部、评论部、专副刊部、时事部和校对部。

(三)《芜湖日报》编辑部第三届领导机构

2017年1月至2019年9月,《芜湖日报》编辑部第三届领导班子及内设机构如下:

1. 领导班子

总编辑:汪维明。

副总编辑:先后有吴小兵、程代广、唐玉霞、赵双华、张申尚、康涛、胡锐(挂职)。

2. 内设机构

2017年,内设新闻采编中心、专副刊部和校对部。

2018年8月,只设编校部。

(四)《芜湖日报》编辑部第四届领导机构

2019年9月,《芜湖日报》编辑部第四届领导班子及内设机构如下:

1. 领导班子

总编辑:程代广。

副总编辑:胡锐(挂职)、王跃虎、夏松钊。

2. 内设机构

设编校部。

二、《芜湖日报·星期刊》编辑室内设机构

（一）领导机构

1. 第一届领导机构

1988 年 7 月至 1991 年 3 月，《芜湖日报·星期刊》编辑室副主任、主任：吴长风。

2. 第二届领导机构

1991 年 3 月至 1993 年 3 月，《芜湖日报·星期刊》编辑室副主任（主持工作）：顾伟明。

1993 年 3 月至 1994 年 4 月，《芜湖日报·星期刊》编辑室主任：顾伟明。

3. 第三届领导机构

1994 年 4 月至 1995 年 7 月，《芜湖日报·星期刊》编辑室主任：王纯才。

4. 第四届领导机构

1995 年 7 月至 2003 年 12 月，《芜湖日报·星期刊》编辑室副主任、主任：汤修宪。

（二）内设机构

《芜湖日报·星期刊》编辑室未设内设机构。

三、《大江晚报》内设机构

1995 年 7 月至 2019 年 7 月，《大江晚报》（前身为《芜湖晚报》）共经历五届领导班子。其中，1995 年 7 月至 2006 年 6 月，无论是刚组建的芜湖晚报社，还是 1999 年 1 月更名后的大江晚报社，对内对外均为晚报社。2006 年 6 月至今，报业集团取消大江晚报社二级机构设置。

（一）芜湖晚报社（大江晚报社）第一届领导机构

1995 年 7 月至 2007 年 5 月，芜湖晚报社第一届领导班子及内设机构如下：

1. 领导班子

总编辑：芜湖日报社副总编辑顾伟明兼任。

副总编辑：闵泽未、冯慧莲。

编委：王纯才。

2. 内设机构

1995 年，芜湖晚报社内设总编办公室、采访部、编版部、副刊部、文化部、体育部、广告部、发行部和校对部。其中广告部、发行部分别为芜湖日报社广告部、发行部的一个部门。

1996 年 1 月，《芜湖晚报》创刊，内设机构有总编办、编版部、采访部、文化部、体育部、副刊部、校对部、电讯组。

1996 年 4 月，芜湖晚报社第一次调整内设机构，撤销编版部，设置要闻部和新闻部。其他部门未变。1997 年，芜湖晚报社将电讯组改为时事部。2001 年，大江晚报社撤销采访部，记者分属要闻部和新闻部，另设专刊部。2002 年，大江晚报社撤销要闻部和新闻部，改设新闻策划中心和新闻采访中心。2003 年，大江晚报社设立新闻周刊编辑部。

2005 年，大江晚报社设立总编办、新闻部、要闻部、经济新闻部、文体中心、专副中心、

校对部。

(二)《大江晚报》编辑部第二届领导机构

2007 年 5 月至 2009 年 8 月,《大江晚报》编辑部第二届领导班子及内设机构如下:

1. 领导班子

总编辑:袁树槟。

副总编辑:汪维明、吴小兵、朱金海。

业务总监:谈正衡。

2. 内设机构

2007 年 12 月,《大江晚报》编辑部内设总编办、要闻部、新闻部、文化部、体育部、副刊部、专刊部、校对部。

(三)《大江晚报》编辑部第三届领导机构

2009 年 8 月至 2011 年 3 月,《大江晚报》编辑部组成第三届领导班子及内设机构,如下:

1.《大江晚报》领导班子

总编辑:汪维明。

副总编辑:吴小兵、朱金海和曹德华。

总编辑助理:王纯才。

2. 内设机构

2010 年,《大江晚报》编辑部内设总编办、要闻部、新闻部、副刊部、专刊部、文化部、体育部、校对部和合肥记者站。

(四)《大江晚报》编辑部第四届领导机构

2011 年 3 月至 2013 年,《大江晚报》编辑部组成第四届领导机构,其领导班子和内设机构如下:

1. 领导班子

总编辑:芜湖日报报业集团纪委书记冯慧莲兼任。

副总编辑:王晓朋、朱金海。

2. 内设机构

《大江晚报》编辑部内设机构有总编办、要闻部、新闻部、编版一部、编版二部、文体部、专副刊部、校对部和合肥记者站。另有 10 个社区记者站。

(五)《大江晚报》编辑部第五届领导机构

2013 年至 2019 年 7 月,《大江晚报》编辑部组成第五届领导班子及内设机构,如下:

1. 领导班子

总编辑:王晓朋。

副总编辑:先后有朱金海、曹德华、张嵘、黄瑶琴、汪观林、江帆(挂职)。

营销总监:张嵘。

2. 内设机构

2013 年,《大江晚报》编辑部内设机构有总编室、编版一部、编版二部、文体专副中心、摄影工作室、校对部。

2015 年,《大江晚报》编辑部内设机构调整为总编室、新闻采编中心、文体专副中心、摄影工作室、校对部、合肥记者站。

2016 年 1 月 1 日起 ,《金周刊 · 芜湖广播电视》并入《大江晚报》,撤销摄影工作室和合肥记者站。

2018 年,《大江晚报》编辑部内设机构调整为编校部、采访组。

四、《金周刊 · 芜湖广播电视》编辑部内设机构

2005 年 1 月,《大江晚报 · 金周刊》创刊,随《大江晚报》发行;2007 年 7 月,《金周刊 · 芜湖广播电视》创刊,独立发行,注册标准名称为《安徽城市电视报 · 芜湖广播电视 · 金周刊》,简称《金周刊 · 芜湖广播电视》。2005 年 1 月至 2019 年 7 月,《金周刊 · 芜湖广播电视》经历了四届领导机构。

(一)《大江晚报 · 金周刊》(《金周刊 · 芜湖广播电视》)编辑部第一届领导机构

2005 年 1 月至 2007 年 7 月,《大江晚报 · 金周刊》(《金周刊 · 芜湖广播电视》)第一届领导班子及机构如下:

1. 领导班子

负责人:王晓朋。

2. 内设机构

未设机构。

(二)《金周刊 · 芜湖广播电视》编辑部第二届领导机构

2007 年 7 月至 2011 年 3 月,《金周刊 · 芜湖广播电视》编辑部第二届领导班子及机构如下:

1. 领导班子

总编辑:王晓朋。

办公室副主任:汪冰。

2. 内设机构

设办公室。

(三)《金周刊 · 芜湖广播电视》编辑部第三届领导机构

2011 年 3 月至 2015 年 4 月,《金周刊 · 芜湖广播电视》编辑部第三届领导班子及内设机构如下:

1. 领导班子

总编辑:阚东华。

副总编辑:先后有杨秀凤、汪观林。

2. 内设机构

《金周刊·芜湖广播电视》编辑部内设机构有总编室、新闻策划部、生活服务部、品牌推广部和广告部。

(四)《金周刊·芜湖广播电视》编辑部第四届领导机构

2015年4月至2015年12月,《金周刊·芜湖广播电视》编辑部第四届领导班子及内设机构如下:

1. 领导班子

负责人:汪观林。

2. 内设机构

未设内设机构。

2016年1月1日,《金周刊·芜湖广播电视》并入《大江晚报》,汪观林担任《大江晚报》副总编辑,分管《金周刊·芜湖广播电视》。

五、芜湖新闻网编辑部内设机构

2003年7月1日,芜湖日报社网站开通,由芜湖日报社技术部负责管理。2006年8月,升格为中国芜湖新闻网。2007年2月,中国芜湖新闻网从技术保障部剥离出来,成为报业集团独立的媒体。2007年3月,创办芜湖手机报,归属中国芜湖新闻网管理。2011年起,先后更名为江东网、芜湖新闻网。

(一)中国芜湖新闻网(芜湖手机报)编辑部第一届领导机构

2006年8月1日至2007年6月,中国芜湖新闻网(芜湖手机报)编辑部第一届领导机构如下:

1. 领导班子

负责人:朱金海,未设领导职务。

2. 内设机构

未设内设机构。

(二)中国芜湖新闻网(芜湖手机报)编辑部第二届领导机构

2007年6月至2010年8月,中国芜湖新闻网(芜湖手机报)编辑部第二届领导机构如下:

1. 领导班子

副主任、主任:陶良春。

2. 内设机构

芜湖新闻网(芜湖手机报)编辑部内设新闻部、技术部和营销部。后调整为新媒体发展部、采编部、营销部、技术部和客户端。

(三)中国芜湖新闻网(芜湖手机报)编辑部第三届领导机构

2010年8月至2012年1月,中国芜湖新闻网(芜湖手机报)编辑部第三届领导机构如下:

(1)领导班子

副总编辑:陶良春。

(2)内设机构

芜湖新闻网(芜湖手机报)内设机构有新媒体发展部、采编部、营销部、技术部和客户端。

(四)芜湖新闻网(芜湖手机报)编辑部第四届领导机构

2012年1月至2017年4月,芜湖新闻网(芜湖手机报)编辑部第四届领导机构如下:

1. 领导班子

总编辑:陶良春。

副总编辑:先后有周飞、沈秋明、杨秀凤。

2. 内设机构

芜湖新闻网(芜湖手机报)内设机构有新媒体发展部、采编部、营销部、技术部和客户端。

(五)芜湖新闻网(芜湖手机报)编辑部第五届领导机构

2017年4月至2019年7月,芜湖新闻网(芜湖手机报)编辑部第五届领导机构如下:

1. 领导班子

总编辑:陶良春。

副总编辑:陈晨、程华正 刘瑜。

2. 内设机构

2018年,芜湖新闻网(芜湖手机报)取消内设机构。

六、《皖江传媒》编辑部内设机构

《皖江传媒》由《芜湖报·通讯》《评报》《求精》《皖江报业》演变而来,之前分别由芜湖日报社群工部、新闻研究室和集团编委办主办。2013年,设立《皖江传媒》编辑部,成为独立媒体。

《芜湖报·通讯》编辑部主编:徐明熙。

《求精》编辑部主编:周祥鸿;副主编:张靖、江明松。

《皖江报业》编辑部主编:先后有顾伟明、柯南、金昌龙;副主编:林棣。

《皖江传媒》编辑部执行主编:林棣。

第四章　从业人员

芜湖近现代时期有一批热衷报业的办报人，他们在外地从事报刊工作获得经验后来到芜湖，或创办报刊，或协助他人创办报刊，或担任报刊的采编和管理工作，在芜湖报业史上有着较高的地位，成为芜湖早期报界的知名人士，谭明卿、张九皋就是这批知名报人中的佼佼者。谭明卿是安徽太平人，他在芜湖创办多份报纸，与焦二风、齐月溪等人合办《风月谭》《芜湖新报》，与张九皋合办《皖江日报》并担任皖江日报社社长长达27年，他也是芜湖报业史上担任社长时间最长的办报人。张九皋在芜湖办报之前，曾担任上海三家报纸的访员[2]，他除与谭明卿合办《皖江日报》外，还创办《工商日报》《皖江 工商报联合版》，并独立发行《工商报》，是芜湖报业史上担任总编辑时间最长的办报人。

在芜湖近现代报业史上，绝大多数的报人是“半路出家”，他们在摸索中逐步成为优秀的报人，有的甚至成为知名报人，张九皋就是杰出的代表。张九皋在办报前是恒参药店的店员，后来成为上海三家报纸的住芜访员，他不仅担任《皖江日报》总编辑、工商日报社社长，还独自承担《工商日报》的采、编、校工作。张大荒弃医从文，27岁时进入新闻界，创办《星报》并担任主编，后担任《安徽民报》总编辑。张衡山不仅在宜宾创办《芜湖晚报》，并担任芜湖晚报社社长，还设立了昭通分社，同时还兼任本埠新闻和副刊的编辑，开创芜湖报纸异地办报办社先河。此外，《白话报》的办报人是革命党人汪熔，《安徽俗话报》的办报人是中国共产党创始人之一陈独秀，他还创办了《新青年》。

在芜湖近现代报业史上，芜湖人办报虽然不多，但最能代表芜湖报业的实力。齐宗濂是芜湖市人，光绪初年考取秀才，宣统二年（1910）补为贡生，光绪三十一年（1905）与王鹤天、毕仙俦创办《鸠江日报》，与谭明卿、沈二和合办《芜湖日报》。张九皋是先在芜湖学徒后走出去的报人，先后担任上海《南方日报》《新闻报》《中外日报》的访员，从此走上办报之路，值得一提的是张九皋全家都是资深报人，大女婿柏毓文从编辑部的练习生、校对、记者、编辑，一步步地发展成为《工商报》副社长、《新工商报》董事、《中江报》主编、《安徽民报》的主笔和《工商日报》《工商报》的总编辑；儿子张衡武担任《工商日报》经理，其妻子、女儿、外甥也都在报社任过职；侄子张衡山创办了《芜湖晚报》。

芜湖当代报刊社的人员更齐全，行当渐成体系。新中国成立初期，芜湖报业的采访、编辑、校对、通联等专职新闻工作者基本上都是由从党政机关抽调的干部担任，后又从大专院校文科毕业生中分配一部分充实到新闻队伍中。《皖南日报》从业人员发展到172人，另有3000多名通讯员。“文革”十年，报社瘫痪，报纸停刊，许多新闻工作者被迫离开新闻岗位。“文革”后，报刊从业人员中有不少人是从各地返回新闻岗位的新闻工作者，也有从高校毕业分配到报社的，还有在社会上公开招聘的从业人员。1984 年至 1985 年，芜湖日报社两次公开招聘 18 人，其间参加全国新闻系统统一测试的 13 人中有 8 人合格，取得合格证书。1987 年，《芜湖日报》从业人员达到 116 人，其中大学本科学历 22 人，大专学历 19 人，中专及以下学历 75 人。1995 年，芜湖日报社为筹办《芜湖晚报》，向社会公开招聘 40 多名员工，这是芜湖日报报业史上招聘人数最多的一次。2006 年，芜湖日报报业集团成立，拥有从业人员 140 人。到 2018 年 9 月芜湖传媒中心（集团）成立，拥有从业人员达到 574 人，这还不包括印务公司和发行部的部分从业人员。

芜湖当代报业从某种程度上讲，就是“党报”时代。新中国成立初期，报社领导一般由中共芜湖市委领导兼任，首任芜湖市党报委员会主任就是由时任中共芜湖市委书记、市长李步新兼任的。中共芜湖市委宣传部部长、副部长兼任芜湖日报社总编辑的就更多，1959 年的《芜湖日报》总编辑和副总编辑分别由中共芜湖地委宣传部部长王自强和副部长何瑞兼任；1979 年的《芜湖报》总编辑和副总编辑分别由中共芜湖市委宣传部副部长何瑞和苏彦琳兼任，直到 1984 年，苏彦琳才正式调入芜湖报社，担任《芜湖报》总编辑。从 1984 年起，芜湖日报社多届领导都是从中共芜湖市委宣传部副部长职务或其他政府部门直接调任。此外，报社负责人在报社任职时间也都不长，从报社总编辑职位上离休的只有苏彦彬，从报社社长岗位上退休的目前还没有。

第一节　芜湖近现代报刊社从业人员状况

芜湖早期报社一家一般只有几个人，分别负责采编、印刷、广告和发行。《安徽俗话报》开始在安庆筹办时只有陈独秀、房秩五和吴汝澄等 3 人，后来陈独秀来芜湖独自办报时也只有芜湖科学图书社店主任汪孟邹和该店店员章谷士、曹复生等几个人。《鸠江日报》《风月谭》等几家报纸也只有几个人，主笔既要编稿又要采访。随着报纸版面的不断增大、版数增多以及销售量的增加，各家报社才逐步设立健全的内部机构，人员的专业化水平也逐步提高。

一、芜湖近现代报业从业人员的构成

《芜湖市志·芜湖志》将芜湖近现代报业新闻从业人员分为四类：革命志士、专业新闻工作者、国民党派系人物和一般新闻从业人员。

芜湖近现代报业中，有相当一部分办报人利用报纸平台讲述革命道理，以唤醒民众。其中，《安徽俗话报》的陈独秀先生后来成为中国共产党创始人之一，《白话报》创办人汪熔先生领导湖南自立军起义，《苍茫》的钱杏邨（阿英）也参加了革命，《芜湖》的高语罕等人则改行从事教育工作。他们离开报社后有的走上了革命道路，有的改行从事其他工作。

一批资深的新闻工作者从做外报访员起家，有了业务水平和资本之后，再在芜湖办报办刊，其中最为杰出的有谭明卿、张九皋等。

还有一批在芜湖报界很有势力的党派办报人，他们办报目的是扩大自己和组织的影响力。《大江日报》社长方宏孝就是典型代表。他是国民党安徽省党部委员，利用权势几次阻挠《工商报》复刊。

办报不仅要有精英，更需要普通新闻工作者。他们在芜湖报业占了绝大多数，收入不高，生活很艰苦，但一直默默无闻地工作着。

二、部分报刊从业人员

《工商日报》刚创刊时其实是"夫妻报"，全部从业人员只有5人，从主笔、编辑、记者到校对由创办人张九皋一人承担，其妻子担任炊事、庶务，只雇了2个排印工人和1个发行工，五个人就办成一张报纸。其后，张九皋担任社长，其大女婿柏毓文担任副社长，儿子张衡武担任经理，其女儿、外甥也都在报社任职。此后又增加编辑、记者6人，其中有4人为店员出身，分别为布业店员汪履丞、钱业店员张香谷、煤油业店员张卓哉和广货业店员许善沅等。

《赭山》杂志有撰稿人岳六、章柳皋、潘维俊、汪朗之、郭一新、倪爱民、刘乃俊、芮毓英、戴维藩、士英等10人。

《苍茫》杂志主办人有钱杏邨、张慕陶、李立聪、任瑞芝和高语罕等5人。

《大江日报》从业人员算是比较多的，共有78人，其中，除主笔庐贤济、经理朱翰陶、总编辑邓英哲外，编辑记者有张凤朝、朱虹、刘权、孙畴、孙繁文等5人，校对员3人，报务员3人，译电员3人，印刷工61人。这是芜湖近现代报业人员最多的媒体之一。

在宜宾创办的《芜湖晚报》人员结构最大的特点是兼职多。社长张衡山兼任本埠新闻和副刊编辑，总编辑关伯庸不仅要负责电讯收编和审阅各版稿件，还要担任校对工作。此外，经理为徐祥达、主笔为罗懋光、经济版编辑为郭昌吉，本埠采访为袁侍旦，印刷交由华昌印刷厂负责。

《民声日报》班子较齐全，几乎每个行当都有专人负责。社长为李天敏，经理为白宝真，编辑有叶蕴青、胡梦秋等人，记者有马拨群、宣关成等人，总务章澄庵，发行广告有洪德法，资料员有王茂椿。

《火炬日报》除社长王远江、总编辑刘芳棣外，采编人员有刘芳钧、姜略青、倪奋、王慕诚、陈及人、吴道钧、胡元根、缪锺泰、吕孝曾等。

《京芜周报》虽然是十六开的民办报纸，但人员组成齐全，除董事长张威遐、社长欧阳奚之、总编辑陈俊恂外，另有编辑记者李建平、吴浣青、吕孝曾等。

《复兴日报》从业人员也不少，达到43人，该报也是门类比较齐全的报纸之一。有蒋义民等4位董事，社长为吴博全，采编人员14人，报务室1人，经理室8人，工人15人。

第二节　芜湖当代报刊社从业人员状况

一、当代芜湖报业人员构成

芜湖解放后，报刊社的人员构成主要来自六个方面：

1. 从党政机关和事业单位抽调干部

《芜湖日报》创刊初期，芜湖日报社绝大多数采编人员都是从党政机关和事业单位抽调的干部，先在《新华电讯》练手，经过短期培训后，进入刚创办的《芜湖日报》工作。"文革"后，为恢复《芜湖报》，又抽调了一些党政机关和事业单位干部。

2. 一批老报人重操旧业

新中国成立前后，芜湖的报刊社多录用专业采编人员。新华电讯社就是在工商日报社的基础上建立起来的，《新华电讯》的部分采编人员就是原工商日报社的老报人。"文革"后，恢复《芜湖报》，一些老报人归队重操旧业。

3. 从大专院校毕业生中充实新闻队伍

新中国成立初期，采取的是直接选调大专院校毕业生，进入20世纪90年代后，芜湖日报社采取的是逢招必考，以公开招聘的形式，通过考试和考核择优录取。1984年、1985年，芜湖日报社连续两年从大学毕业生中录取工作人员，其中1985年录取大学毕业生8人。2003年10月，芜湖日报社再次录取大学本科毕业生8人。2004年，芜湖日报社在全日制高校公开招聘高素质复合型新闻采编和经营管理人才9人。2005年，芜湖日报社择优录用新闻采编、财会、文秘、计算机等专业的大学毕业生15名。2006年6月，芜湖日报报业集团招聘新闻、摄影、财会、文秘等专业的大学毕业生4名。2007年，芜湖日报报业集团公开招聘大学毕业生14名，其中研究生1名。此后，芜湖日报社多次在研究生、大学毕业生中选拔采编人员。

4. 从社会公开招聘采编人员

1984年，芜湖日报社在社会公开招聘采编人员，共分两批录取从业人员14名，并引进竞争上岗机制，通过考核充实到编辑和记者的岗位。1995年10月，芜湖日报社为筹办《芜湖晚报》，本着公开、公平、公正的原则，面向社会公开招聘40多名从业人员。这批人员中包括党政机关和事业单位的工作人员、企业职工等，这是芜湖报业史上一家报社招聘人数最多的一次。

5. 从复退军人中培养新闻工作者

芜湖日报社从调入的复退军人中培养新闻工作者，并安排担任适当的职位。

6. 从通讯员队伍中选拔从业人员

"文革"后，为恢复《芜湖报》，芜湖报社在通讯员中选拔一批合格的采编人员，之后，也曾多次从通讯员队伍中选拔优秀人员充实到报社的采编岗位上。

二、部分报刊社从业人员

新华电讯社编制人员有22人，其中，编辑5人，校对4人，其他工作人员13人。

《芜湖日报》创刊初期，芜湖日报社从业人员数字不详，仅知道领导班子有9人。

皖南日报社因隶属皖南行署，受众范围更广，规模要比芜湖日报社大得多，且芜湖日报从业人员均并入皖南日报社，其从业人员共有职工172人，其中采编人员50人(钱丹辉在回忆文章《皖南日报纪事》中说编辑部只有40人，其中，副总编辑兼部主任2人，地方版主编、副主编各1人，秘书1人，编辑5人，助理编辑3人，见习编辑11人，记者3人，见习记者8人，资料员和文书5人)，行政、经营和校对人员96人，电台和秘书室26人。此外，皖南日报社有一支遍及全市和各县的通讯员队伍，地、市、县委都有专职干事、特约记者和特约通讯员。1950年上半年，通讯员发展到1519人；到1951年1月增加到1960人，同年6月底达到3050人。

新工商报社共有职工52人，其中领导班子7人，采编人员10人(包括编辑2人，记者3人，校对2人，话务1人等)，会计、出纳、发行、广告和总务合计5人。新工商报社设工商印刷所，有技工30人。

芜湖大众报社与芜湖广播电台合署办公时有六七十名职工。很多是受过高等教育的知识分子，南下干部也有不少，有些人在老区就是搞新闻工作的。芜湖广播电台搬迁后，芜湖大众报社职工明显减少，初期人员编制25人，《芜湖大众》改周三刊后，人员编制增加到44人。

1957年元旦成立的芜湖日报社人员编制44人，其中报社编委会5人。

1956年，由中共芜湖地委和中共徽州地委合并后在芜湖创办的《芜湖报》因编辑部精简而只有15人，后陆续增加到20多人。

1958年成立的芜湖县报社共有职工12人，其中领导班子3人，编辑4人(含夜班编辑1人)，校对1人。另有驻区记者4人。

1959年，芜湖日报社只有约25名工作人员，记者既要采访又要做通联工作，编辑一天要编发25000字的稿件。

由中共芜湖地委和芜湖市委合办的《芜湖报 芜湖日报联合版》，其报社初期人员仍然维持编制44人，但改为《芜湖日报》后，从业人员增加到110人。中共芜湖地委离开芜湖后，有57人调到徽州，芜湖日报社实际只有53人。

新芜湖报社人员编制仍然维持在53人，实际人员有70多人，但办报的不过30人，下放农村落户的10余人，支农搞扶贫宣传队的10多人，人员因编制减少和工作人员下放等因素减少三分之一。

《简报》作为中共芜湖第三次党代会会刊，其采编人员只有5人，改为《芜湖简报》后，陆续增加到13人。

1979年7月1日至1984年7月1日,芜湖报社人员编制由初期的22人增加到35人,在芜湖市聘用文字、摄影、美术等通讯员约150人。1984年4月,芜湖报社有13人参加全国新闻系统统一测试,有8人考试合格,拿到相当于大专同等学力的合格证书,还有2人通过业余学习,分别在安徽师范大学夜大学和全国函授大学取得大学本科和专科学历。

芜湖广播电视报社定编9人,2002年发展到18人。

皖江商报社共有职工19人,另有名誉总编辑、总顾问和顾问58人,通讯员102人。

芜湖社会科学杂志社创刊时有职工13人。

第三节　芜湖日报社从业人员状况

一、芜湖日报社从业人员构成

1984年7月1日,中共芜湖市委机关报由《芜湖报》改为《芜湖日报》,报社编制70人。同年11月,芜湖日报社决定在社会上公开招聘采编人员,共分两批录取从业人员14名,并引进竞争上岗机制,通过考核充实到编辑和记者的岗位。其通讯员达166人,遍及全市和各县。此外,芜湖日报社为了自身的发展,以当时的芜湖市委印刷厂和芜湖市新华印刷厂报纸印刷组为基础,并从社会上招聘十余名年轻人,建立芜湖日报社印刷厂,印刷厂职工52人。截至1984年底,芜湖日报社共有在职职工118人,其中采编人员66人。

1985年,芜湖日报社办公室设立广告室,安排2人专门从事广告经营工作。这一年再次通过考试公开录用大学毕业生8人。1987年,芜湖日报社在职职工116人(包括印刷厂职工),其中大学本科学历22人,大专学历19人,中专及以下学历75人。

1995年10月,芜湖日报社为筹办《芜湖晚报》,本着公开、公平、公正的原则,面向社会公开招聘40多名从业人员,这批人绝大多数被分配到芜湖晚报社担任编辑和记者,少数被安排到芜湖日报社广告、发行岗位以及《芜湖日报》采编岗位。从1984年到1994年,芜湖日报社有中共党员54人,其中新发展党员14名。

据不完全统计,1997年,芜湖市机构编制委员确定芜湖晚报社人员编制50名,其中领导职数3名。截至1997年12月,芜湖日报社在职职工107人,《芜湖日报》56人,《大江晚报》40人。在63名专业技术人员中,主任编辑7人,编辑、记者34人。这一年,芜湖日报社将芜湖县、繁昌县和南陵县记者站更名为发行站,聘任站长3人,并充实工作人员。

2002年,芜湖日报社在职职工增加到110人,其中硕士研究生学历3人,大学本科学历51人,大专学历46人,中专及以下学历10人。副高以上职称9人,中级职称43人,初级职称37人。2003年10月,芜湖日报社本着公开、公平、公正的原则,第三次面向社会公开招聘,通过笔试、面试,最终录取8名大学本科毕业生进入报社采编岗位工作,这是芜湖日报社第一次面向社会公开招聘大学本科毕业生。据不完全统计，截至2003年底，芜湖日报社在职职工121人，其中《芜湖日报》53人，《大江晚报》54人；芜湖日报社大专以上文化程度有101人，其中硕士研究生4人，大学本科50人，大专学历47人，另有中专及以下学历20人；有各类专业技术职称102人，其中副高职称11人，中级职称50人，初级职称41人；有中层干部33人。

2004年，芜湖日报社在全日制高校公开招聘高素质复合型新闻采编和经营管理人才9人，这也是芜湖日报社第一次专门从高校招聘高素质复合型人才。2005年，芜湖日报社通过公开报名、笔试、现场采访和面试，依考试成绩，经体检和政审，择优录用15名新闻采编、财会、文秘、计算机等专业的大学生。据不完全统计，截至2005年底，芜湖日报社共有从业人员185人，其中《芜湖日报》54人，《大江晚报》78人，《金周刊》7人，不包括印刷厂职工和发行部投递员。

二、芜湖日报社人事制度改革

1984年，芜湖日报社对科级以下干部实行聘用制。

1996年，芜湖日报社改革内部管理体制，实行干部两级聘用制，总编辑聘用中层干部，中层干部聘用一般干部，聘任期两年。1997年，芜湖日报社进行中层干部选聘，经过群众测评、民主推荐、领导考核，报社编委会聘任中层干部26人，其中《芜湖日报》中层干部18人，《芜湖晚报》中层干部8人。

2003年3月17日，芜湖日报社发文《关于重申新进人员的有关决定》提出四点规定：一是除版面和工程技术人员以外，其余人员不再调入；二是新进人员，必须经报社总编辑办公室会议集体研究决定；三是新进人员一律面向社会公开招聘，择优录用；四是新进人员的人事管理全部实行“新人新办法（聘用制）”。

2004年至2005年，是芜湖日报社深化人事制度改革最忙碌的一年。2004年，芜湖日报社通过民主推荐测评和市委宣传部考察组的考察，重新聘用14名部室（印刷厂）中层干部。2004年10月，芜湖日报社将发行部和广告部主任的职位拿出来实行公开竞争上岗，有19名同志参加竞争，通过公开报名、资格审查、竞争演讲、民主测评、民主推荐、组织考察，有2位素质高、业务能力强的同志走上发行、广告部主任岗位。此外，报社所有部室、印刷厂实行定员定岗定酬。

第四节　芜湖日报报业集团(芜湖日报社)从业人员状况

一、芜湖日报报业集团从业人员构成

1. 报业集团人员构成

(1)2006 年度报业集团人员构成

2006 年 6 月,芜湖日报报业集团(芜湖日报社)成立。根据芜湖市机构编制委员会核定芜湖日报报业集团(芜湖日报社)事业编制 70 名。其中,集团领导职数 4 名,集团行政管理部门科级领导职数 13 名,《芜湖日报》采编部门科级领导职数 18 名。

集团领导职数包括党委书记、社长、总编辑 1 名,副社长、副总编辑 3 名,另有纪委书记 1 名;集团行政管理部门科级领导职数包括办公室 3 名,组织人事科 2 名,计划财务科 2 名,技术科 2 名,广告科 3 名,纪委 1 名;《芜湖日报》采编部门科级领导职数包括总编办公室 2 名,要闻部 2 名,新闻部 2 名,社会新闻部 2 名,专刊部 1 名,副刊部 2 名,时事部 2 名,校对部 2 名,县区周刊编辑部 2 名。

截至 2006 年 12 月,芜湖日报报业集团在职职工 140 人,其中《芜湖日报》48 人,《大江晚报》54 人,《大江晚报 · 金周刊》9 人。集团硕士研究生 5 人,大学本科 75 人,大专学历 51 人,中专及以下学历 16 人;副高以上职称 13 人,中级职称 43 人,初级职称 46 人;有中层干部 28 人。不包括印务公司职工和发行中心的投递人员。

(2)2007 年度报业集团人员构成

据不完全统计,截至 2007 年底,芜湖日报报业集团共有从业人员 175 人,其中在职职工 153 人,《芜湖日报》49 人,《大江晚报》52 人,《金周刊 · 芜湖广播电视》10 人,芜湖新闻网 4 人,《皖江报业》1 人,中层干部 30 人;2007 年 1 月,芜湖日报报业集团党委书记、社长、总编辑司旌霞获得高级编辑职称,至此,报业集团拥有专业技术人才 117 人,其中正高职称 1 人,副高职称 14 人,中级职称 43 人,初级职称 59 人;报业集团拥有大专以上学历职工 138 人,其中硕士研究生 5 人,大学本科 76 人,大专学历 57 人。

(3)2009 年报业集团人员构成

2009 年 5 月 20 日,芜湖市机构编制委员会确定芜湖日报报业集团(芜湖日报社)人员编制 70 名,其中,报业集团领导 4 名(党委书记、社长 1 名,总编辑 1 名,副社长、副总编辑 2 名),另纪委书记 1 名;报业集团内设机构科级领导职数 30 名,其中办公室 3 名,组织人事科 2 名,计划财务科 2 名,纪委 1 人,编委办公室 2 名,新闻研究室 2 名,对外宣传办公室 1 名,经营管理办公室 2 名,广告科(广告中心)3 名,技术保障部 2 名,总编室 3 名,采访部 2 名,专副刊部 2 名,出版部 3 名。《大江晚报》《金周刊》《皖江报业》、芜湖新闻网、《芜湖手机报》《大学生手机报》不定级别,不定人员编制和领导职数,实行市场化运作。

截至2009年底，芜湖日报报业集团在职职工达到209人，其中，《芜湖日报》40人，《大江晚报》52人，《金周刊·芜湖广播电视》11人，芜湖新闻网17人，合肥记者站15人。

(4)2011年度报业集团人员构成

2011年，芜湖市机构编制委员会确定芜湖日报报业集团(芜湖日报社)人员编制70名，报业集团在职职工224人。人员构成中行政、编务、经营和后勤人员89人，其中包括集团办公室9人，组织人事科4人，纪委1人，计划财务科8人，技术保障部6人，物业管理部(安保科)3人，经营管理办公室3人，文化产业(招商引资)办公室2人，广告中心22人，大江文化传媒有限公司3人。另有《芜湖日报》46人，《大江晚报》56人，《金周刊·芜湖广播电视》13人，芜湖新闻网20人。

据不完全统计，截至2014年底，芜湖日报报业集团现有职工227人(不含印务公司、发行投递员和离退休人员)，其中采编人员152人，高级职称1人、副高职称16人、中级职称36人。

(5)2016年度报业集团人员构成

2016年，芜湖市机构编制委员会核定芜湖日报报业集团(芜湖日报社)编制70名，芜湖日报报业集团(芜湖日报社)实际在编58名。

2016年，芜湖日报报业集团(芜湖日报社)在职职工211人，其中在编58人，各类聘用人员153人，较上年减少6人，其中，在编人员退休4人，聘用人员离职2人。

(6)2017年度报业集团人员构成

2017年，芜湖市机构编制委员会核定事业编制68名，芜湖日报报业集团(芜湖日报社)实际在编56名。

2017年，芜湖日报报业集团(芜湖日报社)在职职工212人，其中，在编56人，各类聘用人员156人，较上年减少9人，其中，在编人员退休2人，聘用人员离职7人。

2. 报业集团招聘录用聘用人员

2006年6月，根据公平、公正、公开原则，报业集团招聘新闻、摄影、财会、文秘等专业的大学生4名，充实到新闻、摄影、财会和文秘岗位。

2007年，芜湖日报报业集团公开招聘大学生14名，其中研究生1名，这批聘用人员中的张逸潇、朱园园、黄梅、王磊、赵亚玲、陈洁、李林克、叶荔、姜茂等，后来都成为各自岗位上的业务骨干。

2008年，芜湖日报报业集团公开招聘大学生14名，其中研究生1名，这批聘用人员中的赵丹丹、陈晨、李婷维、李贾、郑远、邢嘉、安建红等，后来都成为各自岗位的业务骨干。

2009年，《大江晚报》合肥记者站和芜湖新闻网分别招聘采编人员和网络技术、采编及市场营销人员25人，其中，合肥记者站在合肥招聘采编人员10人，营销人员5人；芜湖新闻网在芜湖招聘工程师1名，网页设计师2名，市场营销人员3人，网络采编人员2人，视频新闻(摄像)人员2人。经过笔试、面试和试用考核,录用21人,其中,合肥记者站13人,芜湖新闻网8人。

2011年,通过笔试、实践技能测试和面试,芜湖日报报业集团新招聘12名新闻采编人员和2名计算机技术人员。据不完全统计,截至2014年底,芜湖日报报业集团有职工220余人(不含印务公司员工和发行投递员)。

二、芜湖日报社人事制度改革

2006年,芜湖日报社重新聘任14名部室(厂)负责人,安排2名《芜湖日报》《大江晚报》采编人员参加平台媒体版面设计培训班,选派4名同志到境外媒体单位考察学习。

2007年是芜湖日报报业集团人事改革年。全体中层干部实行竞争上岗,共有四批62人、69人次参加竞争36个岗位,占职工50%。有20个岗位的中层干部进行调整,调整率达56%。调整后的中层干部平均年龄降低8岁,平均年龄为41岁;中层干部的学历也有所提高,研究生学历1人,占中层干部3%;大学本科学历27人,占中层干部75%,比竞争上岗前高15%;专业技术职称结构比例有较大改善,其中副高职称5人,占14%。报业集团广告中心负责人实行年薪制。此外,对一般职工实行全员双向选择。

2008年,芜湖日报报业集团实现全员聘用,70名在编人员全部签订聘用合同;职工养老保险完成对接,集团离退休人员已全部由社保发放工资,全体在编人员社保关系已经建立。继续推行中层干部竞争上岗和普通职工双向选择上岗、新进人员考试制、劳动关系聘用制、人事关系代理制、在编职工岗位聘任制、全员聘用制、末位淘汰制,变身份管理为岗位管理。同年2月26日,芜湖日报报业集团评选一批首席记者和编辑。首席记者:《芜湖日报》刘琦、《大江晚报》朱新根。首席编辑:《芜湖日报》唐玉霞、《大江晚报》夏云来、《金周刊·芜湖广播电视》黄瑶琴。

2009年,芜湖日报报业集团完善报网总编辑、公司总经理负责制,目标管理责任制,聘用制和年薪制,中层干部竞聘上岗,普通职工双向选择上岗,新进人员凡进必考,在编人员全部签订聘用合同,实现全员聘用、末位淘汰退出机制,变身份管理为岗位管理,按岗定酬,岗变薪变,做到干部能上能下、职工能进能出、收入能高能低。

2010年,芜湖日报报业集团有7个中层干部职位实施竞聘上岗,7位职工通过竞争上岗,被聘任到中层干部岗位;实施干部交流、轮岗制度,共有2名中层干部任职交流,4名青年骨干到上级有关部门挂职;有54名符合条件的聘用人员按所在的管理和专技岗位实施聘任,并核定相应岗位工资。2010年9月,17名同志由部聘人员转为社聘人员。2010年11月12日,芜湖日报报业集团还评选了最喜爱的记者、编辑,他们分别是《芜湖日报》马小平、张逸潇、赵丹丹;《大江晚报》马正超、赵亚玲、黄梅;《金周刊·芜湖广播电视》汪观林;中国芜湖新闻网周一平。

2011年,芜湖日报报业集团制定内部“三定”方案。派遣青年骨干到上级有关部门挂职，实施集团内部人才轮岗制，共调整交流中层干部 14 人，职工交流轮岗 18 人。芜湖日报报业集团还开展评选综合管理、经营管理、编务、计算机网络技术和校对“十佳职工”活动。

2012 年，芜湖日报报业集团制定人才“百五”发展规划，计划到“十二五”末，培养涵盖采编、经营、管理、技术四大类的优秀人才 100 名，其中尖端人才 50 名。

2013 年，芜湖日报报业集团在《大江晚报》《金周刊 · 芜湖广播电视》内部提拔无级别中层干部 3 人。

2014 年，芜湖日报报业集团完成 65 名在编人员的信息填报和 146 名聘用人员劳动合同、社保情况的核实工作。

第五节　芜湖传媒中心（集团）从业人员状况

2018 年 9 月 29 日，芜湖传媒中心（集团）成立。根据工作需要，对部分人员进行交流和挂职锻炼。2018 年 12 月，唐玉霞获得高级编辑职称，这也是继司旌霞、金昌龙同志之后，第三位获得高级职称的采编人员。

2019 年，芜湖传媒中心（集团）向社会公开招聘时政记者 4 名。据不完全统计，截至 2019 年 3 月，芜湖传媒中心（集团）共有职工 574 人，其中，在编人员 169 人，聘用人员 405 人。芜湖传媒中心（集团）北区（原芜湖市广播电视台）人员 383 人，其中在编人员 116 人，聘用人员 273 人；芜湖传媒中心（集团）中南区（芜湖日报社）人员 185 人，其中在编人员 53 人，聘用人员 132 人。

注释：

[1]详见《芜湖市志 · 报刊志》

[2]据《大辞典》和百度释：访员是中国近代对报社中专职采写人员的称谓，今一般称为“记者”。1872 年《申报》创刊后，正式聘用本埠与驻外访员。

第二编　报纸杂志

第一章 晚清和民国时期的芜湖报刊

清末到民国时期，芜湖报纸和杂志是难以区分的，报纸的大小像杂志，且装订成册，杂志则四开4版像报纸；报头格式也不尽相同，自右向左，或竖排，或横排；报纸的正文一律从右到左直排，且字号较大；文章标题从“不重视标题”到二行题、三行题甚至多行。

本章着重介绍芜湖近现代报刊的格式、主要报刊。因近现代报刊装帧上的特点，报纸和杂志区分不明显，因此在介绍上可能有混淆的现象。

第一节 报刊的格式

一、芜湖近现代报刊版面结构

清末到民国时期，有相当一部分报纸版面的大小像杂志，且都采用册装期刊的形式，而杂志的版面则像报纸的版面，且兼备新闻报纸和杂志的特点。

从报纸版面看，报纸的版面最小的为三十二开，最大的为对开。《邮话月刊》为三十二开，每期页数12—18页；《安徽俗话报》采用十八开书本式的装订模式，版面多达40版，这是典型的杂志风格；《京芜周报》为十六开8页16版，《大同邮话》十六开4版，《荡寇报》也是十六开杂志型报纸；《芜湖学生会旬刊》看上去像杂志的名字，它却是一张标准的报纸，四开4版，可惜没有按旬出版。从20世纪30年代开始，芜湖报纸四开和对开的标准型报纸逐渐多起来，对开报纸有《工商报》《中江报》《中央日报（安徽增刊）》，四开报纸有《芜湖日报》《幸福报（晚刊）》等，《火炬周刊》则由四开小报扩版到对开大报。从杂志的版面看，《芜湖》《赭山》和《芜湖学生》均采用四开4版结构。

从20世纪30年代到民国后期，报纸与杂志逐步分离，报纸的版面有八开、四开和对开，刊期逐步定格为三十二开、十六开杂志型版面。

二、芜湖近现代报刊的报头格式

清末至民国时期，芜湖报纸的报头格式也不尽相同，有的竖排，一般放在版面的右上角；有的横排，一般自右向左放在正上方，个别报纸还在报名的下面增加英文的报名。

三、芜湖近现代报纸的正文

清末至民国时期，芜湖报纸的正文一律从右到左直排，最早采用的字号较大，后来采用新五号宋体，分栏设置多少不一，《皖江日报》初期为3栏，不设栏目；《工商报》第3版纵分12个基本栏，每栏12个字，横宽111行。

四、芜湖近现代报纸的标题

清末至民国时期，文章标题从“不重视标题”到二行题、三行题。辛亥革命前，由于报纸采用期刊册装形式，内容分类，学称“门”，《安徽俗话报》把内容分13个门类，自己采写的新闻逐条罗列，不作标题。辛亥革命后，报纸由册装改为大印张日报，新闻开始普遍有了标题。进入20世纪20年代，报纸标题除一事一题外，还出现了主题和副题相搭配的复式题（又称双标题），同时也出现三标题，还有四标题。进入20世纪30年代，标题的行数就更多了，甚至有六行以上的标题，这全是执行当时新闻五要素要体现在标题上的“现代新闻学理论”的结果。到了抗日战争时期，一行题标题回归，仍以二到四行题为主。解放战争到1949年10月，三行题成为标题的主流。

第二节　报纸

1.《皖报》

《皖报》是芜湖报业史上没有留下实物的报纸，但它是安徽省第一张报纸。

《皖报》创刊于1898年（清光绪二十四年）3月。同年9月21日，因戊戌变法失败，全国查禁报馆，《皖报》停刊。以此推断，《皖报》存在时间不长于半年。

《皖报》初聘《湘报》编辑任主笔，日出一张，每份售价7文钱，月价200文钱，但外埠要酌加邮费。由芜湖邮政总局发行。

收藏于安庆图片馆的《芜湖皖报馆章程》影印件。原载于《安徽通志采访稿》，现载于黄山书社出版的《安徽新闻百年大事》。（集团图片资料）

据《芜湖皖报馆章程》《芜湖皖报馆招股章程》载，该报的办报宗旨为“开风气、拓见闻，联官民，达中外”。关于该报的内容，章程中说：“为务实维新之报，一切诬谤秽亵之词概摒不录，论说亦只取发明义理，直言得失详究泰西近政新学，期有补于施行，不徒以怪字奇文，私逞臆说。”版面安排为“前弁论说，次录电旨，次录公牍，次录本省新闻及外埠新闻，次录各国新闻及翻译泰西各报，另纸附登告白”。《皖报》通篇所用文言文。

《皖报》的采编是“广招的实访事人”和“聘请翻译”承担，并对“海内博学通达之士”中的投稿者，“斟酌立为报友，造册注明姓字、籍贯、居址，按日送报，不取报资”。

《皖报》是招股集资的民办报纸。据《芜湖皖报馆招股章程》载：“拟集款湘平纹银三千两整”，“每股收湘平纹银一百两”。[1]其款项和账目由董事三个经理，但持股的人都可以随时查验。

戈公振著《中国报学史》“民报勃兴时期”中，将《皖报》并列为清末芜湖出版报纸的“比较知名者”。

安庆市图书馆保存有《芜湖皖报馆章程》和《芜湖皖报馆招股章程》（木刻印刷十六开本，《芜湖皖报馆章程》11 条，《芜湖皖报馆招股章程》8 条，署名为本馆董事会）。

2.《白话报》

《白话报》创刊于 1899 年（清光绪二十五年），由桐城人汪熔在芜湖创办，该报是我国早期的白话文报刊之一。因《皖报》办报人的资料缺失，汪熔也就成为有文字记载的安徽办报第一人。

《白话报》在芜湖公开发行，在形式上摒弃《皖报》所用的文言文，采用白话文，办报宗旨是用通俗易懂的白话文，以开通民智的自任，唤醒民众，同仇敌忾抵抗外来侵略。《白话报》因汪熔去湖南从事革命工作而于次年停办。

汪熔祖籍安徽桐城，侨居湖南长沙。曾任清政府浙江试用巡检。戊戌变法前，他痛感清政府时政腐败，萌发革命思想。他东渡日本，认识孙中山等人，共同探讨中国未来。中日甲午战争之后，德国与北京签订不平等的《胶澳租界条约》，回到国内的汪熔决心利用报纸制造舆论，为反侵略造声势，便在芜湖创办《白话报》。

面对“戊戌六君子”事件，汪熔在《白话报》上奋力疾呼：“康某（康有为——编者注）日言变法，为清廷效忠，尚不见容于满人，横遭诛窜，天下事尚可为乎？”

汪熔在湖南从事革命工作时，被湖南巡抚俞廉三逮捕下狱，死在狱中。[2] 詹益明的《汪熔与芜湖〈白话报〉》则认为，汪熔在湘府追捕之中，愤恨之下，仰药而终，终年大约 30 岁。据说，张之洞和俞廉三以“湘省闻拿自尽之汪熔”奏报朝廷。

《白话报》的报纸和创办人汪熔的资料见《清史纪事本末》《革命逸史》《芜湖市志》《芜湖通史》。

3.《安徽俗话报》

《安徽俗话报》创刊于 1904 年 3 月 31 日（清光绪三十年二月十五日），是芜湖现存最早有实物的报纸，也是销路最广的报纸。该报开始由陈独秀、房秩五、吴汝澄等在安庆筹建，前两期在安庆组稿，邮寄到芜湖长街科学图书社，由店主汪孟邹转交上海东大陆图书局印刷，再运回芜湖科学图书社发售。同年夏天，房秩五到日本，吴汝澄回桐城。陈独秀由安庆来芜教书，《安徽俗话报》从第三期开始在芜湖科学图书社编辑发行，直到终刊。

《安徽俗话报》为半月刊，白报纸铅字印刷，十八开书本式装订，每期一册，每册 40 页左右，售价大洋 50 文，该报文字用竖行排列，总发卖所为芜湖科学图书社，另在安徽各府、州、县和上海、保定、北京、南京、长沙、南昌等地设代派处 58 个，在全国发行，其“销路之广，为海内各白话（报）冠”。据统计，到第五期，《安徽俗话报》在省内销售为 1346 册，最多时 3000 册，但在芜湖销路并不理想。

《安徽俗话报》主编为陈独秀。在创刊号上，编者阐述了办报宗旨：“第一是要把各处的事体说给我们安徽人听听……第二是要把各项浅近的学问用通行的俗话演出来，好教我们安徽人无钱多读书的看了这种俗话报，也可长点见识。”其内容共分13个门类：论说、要紧的新闻、本省的新闻、历史、地理、教育、实业、小说、诗词、闲谈、行情、要件（包括重要的条例、奏折、告示、书信等）、来文（相当于如今的读者来信和来稿）。[3]后来又增加戏曲、兵事、格致、卫生和漫画等类别，其中先后刊出的3幅地图、10幅漫画都是配合时事宣传制作的，漫画中有《日俄大战图》和《檀香山焚烧华人惨状图》，无文字说明，其他8幅均有文字介绍。陈独秀用“三爱”“同己”等笔名在报上发表大量的文章。1904年初，房秩五、吴汝澄（守一）曾分期负责编撰教育、小说稿件。迁芜后，汪孟邹参与编辑新闻稿件。科学图书社店员章谷士、曹复生等也经常写稿介绍科学知识。

《安徽俗话报》第1期封面。（郭青　提供）

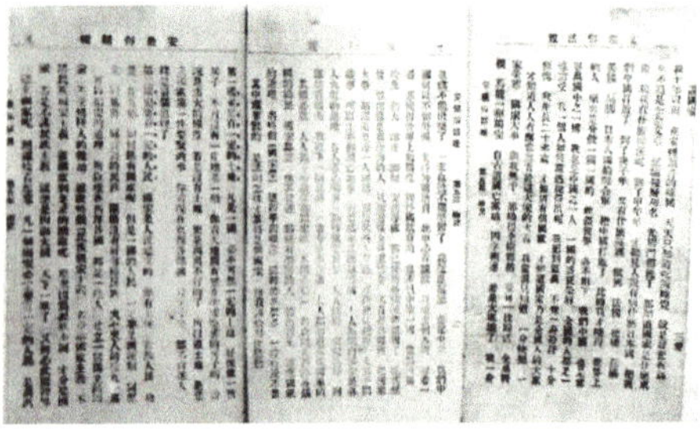

《安徽俗话报》内页。（集团图片资料）

《安徽俗话报》宣传的主题是反对列强瓜分中国、攘夺中国利权，批判封建制度、提倡民主自由，主张男女平等和婚姻自主；倡导实业，兴办教育等。

《安徽俗话报》原定每月两期，朔望（每月初一、十五）发行。但第2期即脱期至3月15日发行。10月份又脱期三个多月，因此前后历时一年半，总共出22期。[4]1905年中秋，《安徽俗话报》发行第21—22期合刊本，这是现在所能见到的最后一期，至于是不是停刊号，尚待考证。

人民出版社曾在20世纪50年代初期分两册出版该报的影印本，安徽省图书馆藏有1—22期原件。

4.《皖报》

《皖报》于1904年（清光绪三十年）在芜湖创刊，属于招股集资的民办报纸。

该报每月3期，每期30页以上。其宗旨为“主张全省实业，速报世界形势，以冀裨益皖人生计、学术，唤起合群自治之精神，共保权利而撸危局”，“汇合杂志新闻于一编”，“既胪实学以供研求，复搜实事以资考境，除本埠外，并广约同人采访中西新政、交涉事件，以及商务畅塞，工作良苦，物产优劣，随时登载”，“俟本充足之后，并当续办日报及通俗白话等报”。内容分14门：论说、内政、外交、学术、工业、农务、商计、军备、历史、地舆、文苑、来稿、琐录、编译。依据上述文字,老报人汪兴泉认为,该报应当是带有新闻性的旬刊杂志,其外形、期刊及内容,可能受到《安徽俗话报》的影响。[5]

安徽日报社新闻研究所编辑《安徽新闻史料》1990 年第 1 期载老报人汪兴泉撰写的《〈皖报〉初考》。

5.《鸠江日报》

《鸠江日报》创办于 1905 年(清光绪三十一年)。创办人为无为县的王鹤天(字活天),主持笔政者为芜湖人齐月溪(字宗濂)、毕仙俦等,发行数在 2000 份左右,社址在第一商场隔壁(今陡门巷北口)。

《鸠江日报》第 1 期采用木刻活字印刷,第 2 期因印刷操作过繁未能按时出版,暂时停刊。后有晋康煤矿公司总经理浙江人吴少斋投资,赴沪购回平版印刷机 1 台及铅字等,报纸改为铅字印刷出版 2 期。有的资料说《鸠江日报》出版一个多月[6],终因经济困难而停刊。

1919 年(民国八年)版《芜湖县志》卷二十九《政事志》中,记有《鸠江日报》名称及开办年份;戈公振先生所著《中国报学史》中存目。

6.《商务日报》

《商务日报》创刊于 1905 年(清光绪三十一年),创办人为浙江人吴少斋。他在《鸠江日报》停刊后,将印刷器材迁至石桥港浙江会馆(今镜湖区花津桥附近),自行创办《商务日报》。聘请江苏江都人樊遁园任主笔,江苏丹徒人张丹斧为编辑。出版不到一年停刊。

1919 年(民国八年)版《芜湖县志》和《中国报学史》均有记载。

7.《芜湖日报》

1905 年—1906 年(清光绪三十一、三十二年间),因《商务日报》停办,王鹤天和毕仙俦等在陡门巷创办《芜湖日报》,租用原《商务日报》机器排印出版。因经费短缺,便停办。[7]

1919 年(民国八年)版《芜湖县志》有记载。

8.《风月谭》

1906 年(清光绪三十二年),合肥人焦二风、芜湖贡生齐月溪和太平人谭明卿(时为上海《申报》驻芜访员)在芜湖集资合办《风月谭》,齐月溪任主编。报名系于三人姓名中各取一字组成。报社设在大马路(今中山路)的清和坊。由王少云经营的成新印刷所(地址在刺树园大营旁)承印。

《风月谭》内容以评花谈戏、"风流韵事"和一些艳诗俚词为主,低级趣味颇浓,主要在小市民中和妓院、烟馆、茶楼、戏院等处发行,是供市民消闲的小型报纸,其销路尚好,出版时间为两年左右,具体期数不详。

1919 年(民国八年)版《芜湖县志》存目。

9.《芜湖新报》

1909年(清宣统元年),谭明卿、齐月溪和沈二和在清和坊风月谭社原址上合办《芜湖新报》,由张练生担任编辑。出刊一年多,于1910年(宣统二年)春停刊。

10.《中江日报》

《中江日报》创刊于1909年11月28日,约一年后停刊。

1919年(民国八年)版《芜湖县志》存目。

11.《皖江日报》

《皖江日报》创刊于1910年12月21日(清宣统二年十一月二十日),1937年12月5日停刊。期间虽有短暂停办,但前后出版长达27年之久,是芜湖近现代报业史上办报时间最长、影响力最大的报纸之一。

1910年春,上海《申报》驻芜访员谭明卿与上海《南方日报》、《中外日报》驻芜访员张九皋合作,筹办《皖江日报》。租用一台四开印刷机,由谭明卿筹集资金,张九皋赴沪购办铅字并调查沪地报社办报经验,同年冬季筹备就绪,《皖江日报》正式创刊。最初报社设在清和坊风月谭社旧址,后迁移至大马路王金公祠对门(即中山路41号,中山路后改为中山路步行街)。

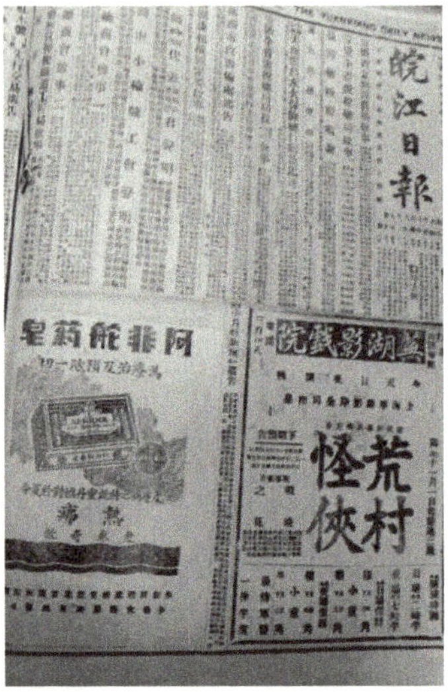

《皖江日报》1929年11月1日头版。(张孝祥 提供)

《皖江日报》由谭明卿任社长,聘请桐城人潘怒庵和怀宁人郝耕仁担任主笔,张九皋任总编辑。为该报撰写论文和编辑副刊的还有闽侯人陈子范、芜湖人崔尘无、泾县人查雪林、江苏人郝喟候、怀宁人郝耕仁等。报纸主要刊载启事、工商广告、商业行情。其消息、文章仍然采用文言文体,该报日出一期。

《皖江日报》的报名为魏碑体,自右向左排列,下注有英文 AnHwei Gnztte(安徽官报)字样,外围有粗大花边,报眉上方标明日期和"广告第一张第一版"字样,报名旁注"计售大洋二分",版面为四开4版。[8]

1911年夏,因芜湖水灾而短时停刊,水退后复刊。复刊后,《皖江日报》由每日一张增加到日出两张半,达到四开10版的规模,在版面上仍以广告和启事为主,发行量激增到2000份左右。从1934年第8159期的版面看,《皖江日报》已经扩大到对开10版,每份大洋三分,报名为手书颜体字竖排于头版右上端。除第一张第3版下半版为"要紧的电讯",第4版上半版为"本省新闻"外,其余1、2版全版,3、4版的半个版均为广告、启事。[9]

辛亥革命时,《皖江日报》及时报道革命形势,宣传革命,消息比上海报纸还要快两三天,影响颇大。1911年10月30日,武昌起义的消息传到芜湖后,《皖江日报》将采访的消息随即写成大字报贴在报社门墙上，同时编印成“号外”散发，最多时一天发3次号外。1913年1月16日，《皖江日报》因于1月8日转载江苏公报上的《忠告社会党》而被打着党旗、手持挽钩的芜湖社会党劈下馆牌，捣毁排字房，各界哗然。巡警局、商团、民团闻讯前往弹压，当场抓走2人。同年7月27日晚，国民党员率军队数十人借查军火为名，将《皖江日报》报馆抄毁一空，并拘走排字工2人，经理、编辑因外出避过一劫。

1918年春，经郝耕仁介绍，安徽潜山人张心远（笔名张恨水）担任该报文艺副刊编辑。他在芜湖撰写的第一部长篇言情小说《紫玉成烟》在《皖江日报》副刊上连载，开创芜湖报纸小说连载的先河。1919年，张恨水离开《皖江日报》，到北京另谋职业。主笔郝耕仁将副刊改辟为“皖江新潮”，公开声明不登旧体诗、旧体文，专登新诗、新文章，批判旧礼教，主张婚姻自由。钱杏邨（阿英）、李克农、蒋光慈、高语罕、刘希平等均在“皖江新潮”上发表文章。值得一提的是，1930年，《皖江日报》曾在报上刊出“共产党万岁”的标语，被当时国民政府封禁一年，到1932年才解禁继续出版发行。

1937年12月5日，《皖江日报》在日军侵占芜湖前夕停刊。1945年9月，芜湖《工商日报》社长张九皋回芜湖邀请谭明卿（1938年病故于湖南省沅陵县九矶滩）之子谭邦杰合办，《皖江 工商报联合版》从1946年2月至1946年底，合办时间约一年，1947年《工商报》开始单独发行，《皖江日报》遂告终刊。

安徽省档案馆藏有1910年（清宣统二年）及民国时期部分《皖江日报》，国家图书馆也藏有少量该报。

12.《共和日报》

1912年（民国元年），共和党芜湖支部负责人黄卓如和于逊成（另记载为于逊臣，字椒胆）在中山路创办《共和日报》。

共和党芜湖支部在支持太平人崔法（星门）当选芜湖第一届众议员之后便自行消失，《共和日报》在出版半年左右停刊，具体停刊时间不详。

13.《讽报》

1912年（民国元年），社会党领袖旌德人江亢虎，偕同上海报纸副刊作家冯叔鸾（笔名马二）从上海来芜湖活动，同时建立社会党芜湖支部，芜湖东北乡青年邢荡湖等几个青年学生加入社会党，并在中山路华兴街口创办社会党芜湖支部机关报《讽报》。

《讽报》日出一张，主编为赵誉船。1913年（民国二年）3月，邢荡湖被驻芜皖军旅长龚振鹏密捕杀害，《讽报》也随之停刊。

14.《农业日报》

《农业日报》于1912年（民国元年）由太平人王艺轩（曾任芜湖体育会副会长）创办。

《农业日报》日出一小张，四开2版，由王艺轩同族王伯琴任编辑。因为王伯琴当时在《皖江日报》担任各县通讯版编辑，所以《农业日报》由《皖江日报》印刷部代印。发行5个月左右，因经济无法支持而停刊。

15.《工商日报》和《工商报》

1915年(民国四年)10月20日,张九皋在工商界人士贷款资助下创办《工商日报》。社址原设在皖江日报社对面的一家洗衣店楼上,次年迁至陡门巷,1927年迁至中二街116号(今中二街88号)。1937年12月7日,芜湖被日寇攻陷,《工商日报》停刊。发行长达22年,是芜湖创办较早、发行时间较长的报纸。

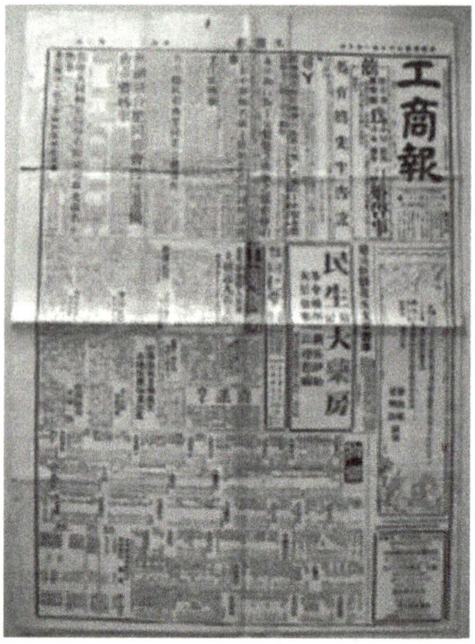
工商報

民生大藥房

《工商报》1949年1月10日1版。(张孝祥 提供)

《工商日报》创刊初期只有4人,2个排印工和一个发行工,从主笔、编辑、记者到校对全由张九皋负责,后来人员有所增加,但编辑和记者多为店员,分别有布业店员汪履丞、钱业店员张香谷、煤油业店员张卓哉(大荒)等,并聘张恨水等为驻北京特派员。

创刊初期的设备只有一部四开机和少许铅字,出版比四开版稍大一点的报纸,用土皮纸印刷,周六刊(星期日休刊)。1917年起,因从上海购置一部对开印刷机,报纸由四开4版扩为对开日报。

《工商报》报馆馆址。(集团图片资料)

《工商日报》的版面受袁世凯"报律"限制,仅刊载工商新闻、商业行情和广告等内容。1916年"报律"取消,报纸增加电讯、本埠新闻和副刊"工商余兴"等。五四运动时期,该报倾向民主,倡导白话文,支持学生运动。

《工商日报》在创刊声明中提出:"记载求忠正,唯善尚播扬。"主张以公正的态度,宣扬美善的道德风尚,伸张正义,为民立言,成为人民群众的代言喉舌,其新闻报道很有社会责任感,也很有影响力。1919年5月16日起,《工商日报》停登日本商业广告和船舶行情,与亲日的商会作斗争。上海发生五卅惨案的消息传到安徽后,《工商日报》从6月3日起,前后11天报道上海工人举行游行示威、商店罢市、工人罢工、学生罢课以及各地成立后援会的消息,支持上海工人的斗争。这个时期,《工商日报》连载了张恨水写的反映学生运动的长篇小说《皖江潮》。国民党芜湖临时市党部于1925年6月6日在《工商日报》公开发表宣言,以四言长诗的形式,号召广大同胞快快醒来,一致行动反抗帝国主义的暴行，不达目的誓不罢休。6月30日，芜湖在全国公祭沪汉粤殉难烈士日之际到市农会广场举行公祭，《工商日报》响应芜湖各商店工厂总罢工号召而停刊一天。芜通小轮被日轮冲撞后，《工商日报》于7月7日发布消息：芜通小轮在安庆马家寓江面被日轮竹丸号肆意冲撞，乘客多人落水，吴国文惨死。该处江面广阔，从未发生轮船相撞事故，这次事件发生是日轮不遵守规则，故意肇事。为此，芜湖外交后援会通电北京段祺瑞政府外交部，请求"严重交涉，以维人道，而平众愤"。1926年4月16日，《工商日报》对芜湖纸业工人罢工予以报道：芜湖纸业打纸钱工人因工资收入低下，要求店主加薪未遂，以致酿成罢工风潮，店主被迫增加工人工资。

1937年12月7日，芜湖被日军攻陷，《工商日报》停刊。其部分印刷器材撤离至合肥三河镇，继续出版《工商日报(三河版)》，报纸改为十六开，周七刊，登载一些抗战消息，约三个月后，因日军占领巢县而再度被迫停刊。1946年2月6日，从湖南省沅陵赶回芜湖的张九皋等人与谭邦杰商定利用《皖江日报》留在芜湖的印刷机器，联合出版《皖江 工商报联合版》，但只办到年底就停刊了。

1947年起，《工商报》单独发行，张九皋任社长，柏毓文任副社长，张大荒任总编辑，报纸仍为对开日报。张大荒主编的"长街""街谈巷语"等副刊栏目以及黄振国主编的"草原"栏目，形式多样，颇受读者欢迎。到1948年，报纸日发行量达到4000份，报社为此开办了自己的工商印刷所。

1949年4月24日，芜湖解放。《工商报》仍在继续出版，直到1949年4月28日，《新华电讯》创刊前一天才停刊。

安徽省和芜湖市档案馆、图书馆均保存有《工商日报(工商报)》部分合订本。

16.《芜湖学生会旬刊》

《芜湖学生会旬刊》于1921年(民国十年)4月30日创刊，四开4版，铅印小报，名为旬刊，实际未能按时出版，同年5月20日才出版第2期。

《芜湖学生会旬刊》由高语罕主办，宗汉、陈虎丞、黄祖荫等编辑出版。它是芜湖早期学生运动中出现的一种宣传新思想、提倡独立思考的进步出版物。刊登内容有评论、译著、著述、国内要闻、本省要闻、本会消息、文艺、小说等，文体均用白话文。

蕪湖学生會旬刊

學校社會化

《芜湖学生会旬刊》1921年5月20日报头。(集团图片资料)

《芜湖学生会旬刊》的宗旨正如"本刊宣言"所言："对待新旧思想均取独立思考态度。表示对于旧礼教、旧思想、旧制度固然不愿意盲从"，"就是对于现在所谓新的思潮，如德谟克拉西主义、布尔什维克主义、安那其主义……也不愿盲目的信仰"。除了一些政论性文章，还刊载有关青年学生的言论，这些文章大多是比较浅显的民主主义思想。

《芜湖学生会旬刊》目前仅见1—4期。终刊时间不详。

安徽省和芜湖市档案馆保存有该刊原件。

17.《星报》

《星报》于1926年(民国十五年)4月27日创刊，由芜湖人伍馨独资创办，张大荒任主编。其宗旨为研究文艺，针砭世俗。期数和终刊时间不详。

18.《芜湖日报》

《芜湖日报》由胡白沙先生于1926年(民国十五年)11月24日创刊，其印刷机器为自备，社址在三圣坊，日出两大张，出报三个余月，1927年3月，因北伐军进入芜湖，该报被国民党县党部接收并停刊。[10]

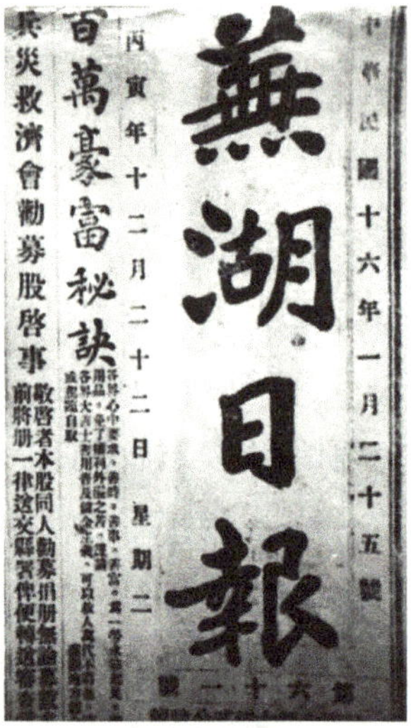

蕪湖日報

丙寅年十二月二十二日 星期二

百萬豪富秘訣

兵災救濟會勸募股啓事

《芜湖日报》1927年1月20日报头。(集团图片资料)

19.《皖江民报》

《皖江民报》创刊于1927年(民国十七年)10月10日，社址在芜湖中二街状元坊育英小学内，期数和终刊时间不详。

20.《民国日报》

《民国日报》创刊于1928年，由国民党县党部主办，是在接收胡白沙先生的《芜湖日报》留下的器材基础上开办的。社址原在陶塘(镜湖)烟雨墩内，后迁至徽州会馆。

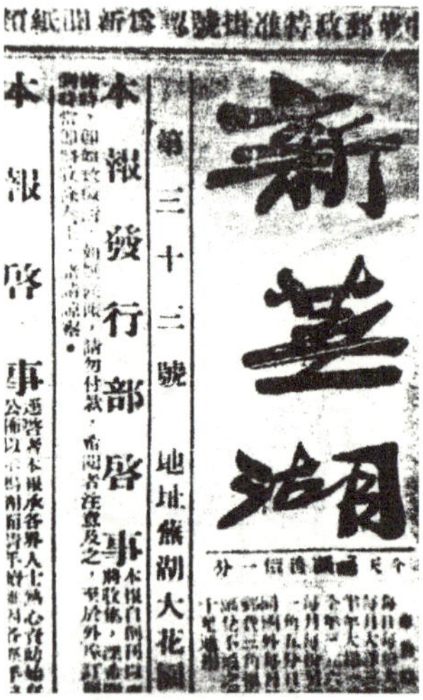

新蕪湖

第三十三號

地址蕪湖大花園

本報發行部啓事

本報啓事

《新芜湖》1929年7月6日报头。(集团图片资料)

谢仁钊担任民国日报社社长，舒仁文担任总编辑。《民国日报》办报宗旨：“阐发党治精神，消弭阶级斗争。”

《民国日报》创刊的具体时间和终刊时间均不详。

21.《新芜湖》

《新芜湖》创办于1929年3月(民国十八年三月)，中共党员汪一涛负责报馆具体事务，鲍仓参与报馆管理，固定读者有两三千人，社址在芜湖陶塘(镜湖)烟雨墩内。总期数和终刊时间均失考。

《新芜湖》铅印，四开4版，1版为广告，2、3版为新闻，4版为副刊“血花”。1929年5月28日，报纸因宣传马克思、揭露社会的黑暗和反动派的罪恶被查封，汪一涛、于威东、李定华等人被逮捕，报纸被迫停刊。

安徽省档案馆保存有该报部分原件。

22.《大江日报》

《大江日报》前身为1930年（民国十九年）创刊的《大江报》，1935年2月改名为《大江日报》，社址在中山路119号，是当时芜湖地区一份影响较大的报纸。

《大江日报》是一份由国民党芜湖市党部主办的报纸，负责人为赵冰谷，方宏孝（国民党安徽省党部委员）担任社长，副社长为水泽柯（国民党芜湖市党部书记长），庐贤济担任主笔，朱翰陶担任经理，拥有自己的印刷厂。抗战期间曾一度停刊，抗日战争胜利后于1945年10月复刊。1949年4月28日，《大江日报》被新华社芜湖支社接管，遂停刊。

安徽省和芜湖市档案馆均保存有该报部分原件。

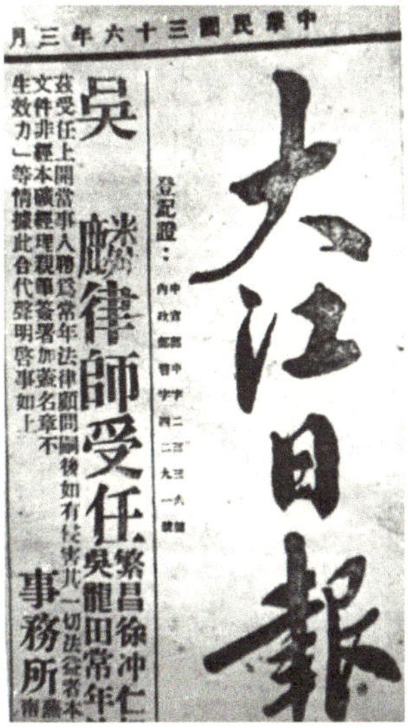

《大江日报》1947年3月10日报头。（集团图片资料）

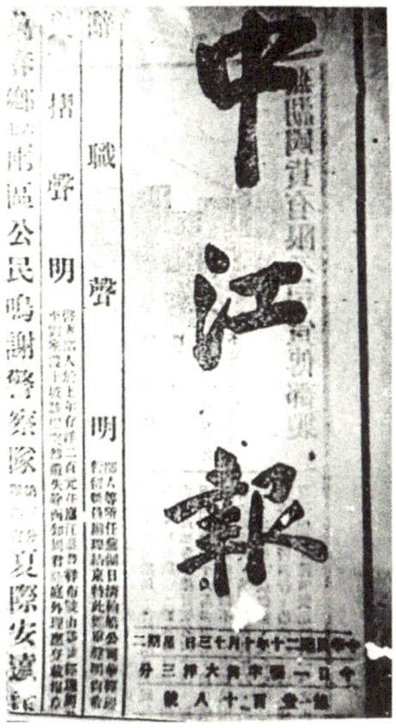

《中江报》1931年10月13日报头。（集团图片资料）

23.《中江报》

《中江报》创刊于1931年（民国二十年），由柏毓文和李劳三合资经办，柏毓文任主编，社址在中山路附近的公园路14号。

《中江报》日刊，对开4版，间或出6版或8版，其设备较为完善。

《中江报》积极宣传抗日，抵制日货，曾多次辟专版宣传抗日主张。其中，1931年10月13日，该报3版为抗日专版，有“小学校抗日救国实施法”、本埠新闻“昨日在十九道门焚毁日货”等。

因经济亏损，《中江报》于1932年停刊。

安徽省图书馆保存部分该报原件。

24.《芜湖新报》

《芜湖新报》是抗日战争期间（1937年12月—1945年9月）出版的唯一一份报纸。

1938年7月17日，占领芜湖的日军利用皖江日报社没有迁走的机器资助出版《芜湖新报》。社址就在原皖江日报社社址处。日出对开4版,发行量2000余份。

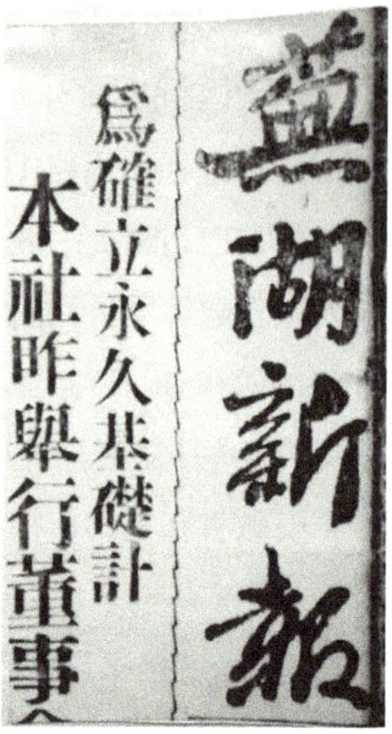

《芜湖新报》1943年6月1日报头。(集团图片资料)

《芜湖新报》开始由伪芜湖县县长朱绣封挂名社长,实际主事者为余石坪,后设立董事会,董事长为胡延禧,董事孙梦花兼任社长(中共芜湖党史大事记载,抗战结束后,社长为曹见微,弃职潜逃),汪宗浩任总编辑。

作为一份日军羽翼保护之下的附逆报纸,《芜湖新报》一直竭力鼓吹所谓“圣战”“大东亚共荣圈”“日中亲善”等媚日思想,充当日寇的代言人,影响极为恶劣。

1945年9月,抗日战争胜利后被查封,并被皖南青年战地服务队接管。

南京市图书馆特藏部、芜湖档案馆保存有全套报纸。

25.《芜湖晚报》

《芜湖晚报》由原芜湖《工商日报》编辑张衡山在四川宜宾创办,实际上是以芜湖申办的手法,在宜宾“复刊”。报头由张衡山亲自题写,社址在宜宾市交通街33号交通旅社内。报纸由宜宾市华昌印刷厂承印,出版不久即在云南昭通成立芜湖晚报社昭通分社,发行量由初期的几百份发展到1600份(包括在昭通日销报纸300份),其日销量是当地报纸《金岷日报》的三倍,也开创了芜湖报纸异地办报、办社的先河。

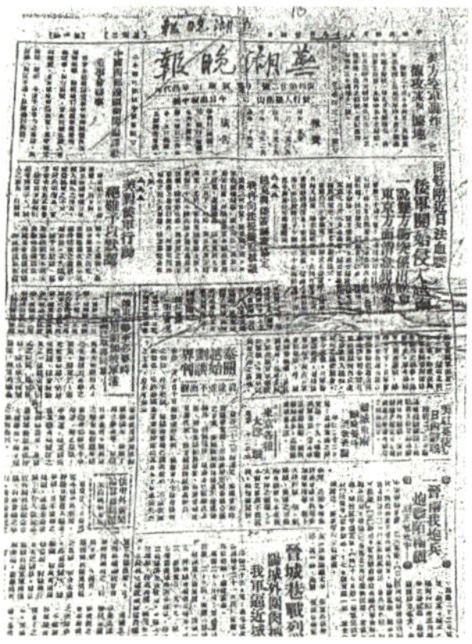

《芜湖晚报》1940年9月24日报头。(集团图片资料)

《芜湖晚报》的创刊时间有三种说法:一是《芜湖市志》记载1940年9月1日;二是张衡山在《忆芜晚》中称是1940年8月13日,为了纪念淞沪抗战;三是1940年9月24日《芜湖晚报》称复刊第二十期,推算创刊应当是1940年9月4日。

1986年,张衡山先生撰写的《忆芜晚》(复印件),回忆《芜湖晚报》创刊、创办过程。(张孝杰 提供)

《芜湖晚报》在宜宾出版还有一段来头。1937年8月13日,上海军民掀起抗战烽火,为了让人民及时了解抗日战争战况,原《工商日报》编辑张衡山开始筹办《芜湖晚报》,并在芜湖填具了出版《芜湖晚报》的申请登记表,向国民党芜湖县政府提出申请报告,领取了国民党中央宣传部的出版登记证。由于战争急转直下,日军直趋芜湖,原在芜湖创刊《芜湖晚报》的计划搁浅。张衡山先生携全家辗转到达宜宾，中共地下党徐祥达得知张衡山欲在宜宾办报的想法后，向中共宜宾中心县委书记张文汉汇报并得到支持，宜宾中心县委决定由徐祥达出面，约同张衡山办报。《芜湖晚报》就以原国民党芜湖县政府发给的国民党中央宣传部出版登记证为内迁报纸，以复刊的形式在宜宾出版。

《芜湖晚报》社长为张衡山，总编辑为关伯庸，经理为徐祥达，主笔为罗懋光。其办报宗旨是教育人民，团结抗日，抵抗侵略，振奋民族精神，挽救民族危亡。在宣传策略上，为避免政治色彩过浓，报纸一般不转载《新华日报》的文章，也不发社论，只偶尔发过几篇言论。

《芜湖晚报》初期日出四开 4 版，后缩减到日出八开 4 版，由日刊改为三日刊、周刊。报纸主要登载电讯稿，由记者采写的本地新闻不多。1 版十横栏是重大时事和新闻，刊登国内各地战况以及第二次世界大战战况；2 版整版十横栏，上下各两栏为广告，中间六栏为国内、国际重要战况和重要新闻，3 版仍为整版十横栏，上下两栏为广告，中间六栏为经济版；4 版整版十栏，没有固定广告栏，但有时在上下栏内插入少量小块广告或启事，整个版面上五栏为本埠新闻，下五栏为副刊，刊名为“山雨谈”，意为“山雨欲来风满楼”的形势，刊发小说、诗歌、散文等，以文艺的形式抗日。

《芜湖晚报》得到当时中共宜宾中心县委的暗中支持。中共宜宾县委利用这家报社安置和隐蔽一些地下党员，同时也利用这个舆论阵地宣传革命。先后在这家报社工作过的中共地下党员有郭昌杰（曾任中共宜宾城区工委书记，新中国成立后担任中南局《长江日报》、武汉市《长江日报》《武汉晚报》的领导工作及武汉市委宣传部副部长等职，1985 年因病去世）、徐祥达、袁侍旦、王民志、张淑芬等五人。

《芜湖晚报》经济来源主要采取股份制，开办资金是以集股的方式筹措的，共四股，每股 100 元，张衡山认一股，原在宜宾难民站的同事张允和认一股，中央银行宜宾分行罗懋光认一股，宜宾县银行尹绪先认一股，基本能解决资金问题。报社工作人员吃住都在交通旅社内，吃住免费，睡的是大通铺，吃的是每餐一菜一汤，每周加餐一次，不发工资，零用钱不固定，由各人向会计领取，但大家都知道报社经济困难，几乎没有人领取零用钱，即使领也拿得很少。由于资金短缺和政治原因，张衡山写了一篇告别短文，《芜湖晚报》在宜宾出版一年多时间后停刊。

在重庆期间，张衡山还曾代表《芜湖晚报》《工商日报》参加 1944 年在重庆召开的全国性报业协会成立大会，并当选监事。

1947 年 8 至 10 月间，在叔父张九皋的帮助下，张衡山用上海大业贸易公司给他的离职金在芜湖再次出版《芜湖晚报》，社址在工商报社内，印刷由工商报社负责，两个月后，经堂姐夫柏毓文介绍，与当时在芜湖出版的《中央日报（安徽增刊）》负责人胡定安商定推出联合版。三天后，张衡山决定退出《中央日报（安徽增刊）》，《芜湖晚报》终刊。

1949 年，张衡山将自己收藏的《芜湖晚报》从创刊号到终刊的全部报纸一套交给了住地二街派出所。[11]

南京市图书馆特藏部保存有一份该报原件。

26.《大江报》

《大江报》于1942年(民国三十一年)3月26日创刊,由新四军七师的《战斗报》与无为县政府的新无为报社合办,是皖南区党委机关报。区党委宣传部部长周新武兼社长,舒文任总编辑。陈毅为《大江报》起报名并题写报头,这个题字由七师政治部主任何伟从苏北带回无为。

大江報

新四軍告别皖江民衆書

《大江报》1945年10月3日报头。(郭青　提供)

《大江报》初期为油印四开报纸,由于油印技术很高,每张蜡纸可印3000份。报纸的刻写也很讲究,标题磨成粗字,内容全都用仿宋体,画家吴耘、程亚君、费力必等为报纸画插图和漫画。报纸发行3000份。1943年下半年,汤沟贸易公司从敌占区购买印刷机和铅字,组建了印刷厂,《大江报》由油印改为铅印。铅印后不仅印刷质量有很大的提高,内容也丰富起来,不仅有当地新闻、国际国内消息,还有副刊、漫画和插图,发行量也增加到5000份。

皖南区委书记曾希圣很重视《大江报》,不仅要审查社论,而且还亲自撰写社论。各县区委宣传部部长均为《大江报》通讯员。

大江报社的工作人员主要由四部分人员组成:一是皖南事变中突围过来的同志;二是坚持本地斗争的江北游击纵队的部分同志;三是无为县地方上的同志;四是从敌占区跑到根据地参加革命的同志。

1944年,在出版《大江报》同时,又不定期出版了《大江》杂志,内容多刊登一些负责人的报告和有关总结经验的文章。

1945年,日本投降后,新四军七师北撤离开无为,《大江报》停办,共出507期。

27.《安徽民报》

《安徽民报》创刊于1945年(民国三十四年)11月1日,由芜湖民众教育馆筹办,报纸发行量约500份。该报社址设在新横街43号,一年后迁到湖滨街合肥会馆内。

《安徽民报》社长为孙尧阶,副社长兼经理为郭健行,主笔张大荒。

《安徽民报》四开4版,创刊初期为三日刊,一年后改为日报,主要栏目有“每日闲话”“鸠江群丑图”等,颇为引人注目。

由于资金短缺,《安徽民报》于1947年6月停办。

28.《民声日报》

《民声日报》前身是1939年至1945年安徽省泾县创办的《宣报》。董事长是当时安徽省第六区专员公署专员邓昊明。抗战胜利后,《宣报》随六区专员公署由泾县迁入芜湖,社址在芜湖中二街(现中二街邮电局)。社长先后由张力行、徐羊我、吴调梅担任。

1945年10月间,安徽省民政厅长韦永成打算在芜湖办一张大报,并委任李天敏为筹备负责人。李便和当时《宣报》社长吴调梅洽谈,以原《宣报》为基础,组建日出对开4版的大报,报名定为《民声日报》,同时购得江苏苏南行署在屯溪所办的一家报社的全部印刷器材。

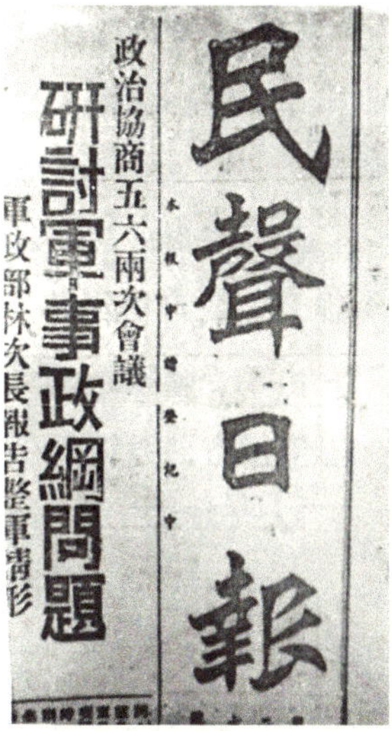
民聲日報
政治協商五六兩次會議
研討軍事政綱問題

《民声日报》1946年1月16日报头。(集团图片资料)

《民声日报》为四开4版,编辑有方粹如、李善夫、马拔群(后任采访主任)等,广告由洪德志负责,社长也参与编辑工作。

1946年5月间,报社因无力偿还购买印刷机的欠款而停刊。

安徽省图书馆保存有部分该报原件。

29.《芜湖报》

《芜湖报》创刊于1945年(民国三十四年)12月15日,由国民党芜湖县党部书记长彭一韶发起,秘书马文师和新闻界人士欧阳奚之筹办。社长为彭一昭,经理兼副刊主编为欧阳奚之,总编辑由《大江日报》编辑部主任刘权兼任。社址在国民党芜湖县党部内(现柳春园附近),由《大江日报》印刷厂代为印刷,发行量在1500份左右。

《芜湖报》日出四开4版,报纸稿件以白话文为主,1版刊登中央社电讯稿,也多改写成白话文;2、3版刊登农村新闻;4版为广告和副刊“稻场”,刊载农村题材的通俗文艺、小品文、乡土掌故等。

该报是国民党芜湖县党部机关报,所有行政事务及发行广告等均由县党部人员兼任。资金由县党部出面向下属各区分部筹措,发行对象主要是当地的农民,由县党部所属区分部用行政手段推销,在市内则由县党部基层组织直接向长街一带商家推销。

由于发行量日渐萎缩,《芜湖报》于1946年1月20日停刊。

30.《青年快报》

《青年快报》于1945年(民国三十四年)12月25日创刊,主办人俞鲲,社址设于四明路(今新芜路)39号,发行期数和终刊日期不详。

31.《中江晚报》

《中江晚报》创刊于1946年(民国三十五年)1月8日,报纸由《大江日报》社代印,社址在大花园51号(今鸠兹广场附近)。

中江晚报社社长兼发行人为笪秉衡,赵铁君、任椿担任编辑。报纸四开四版。

由于资金缺乏,于同年底停刊,具体停刊时间不详。

安徽省档案馆保存有部分该报原件。

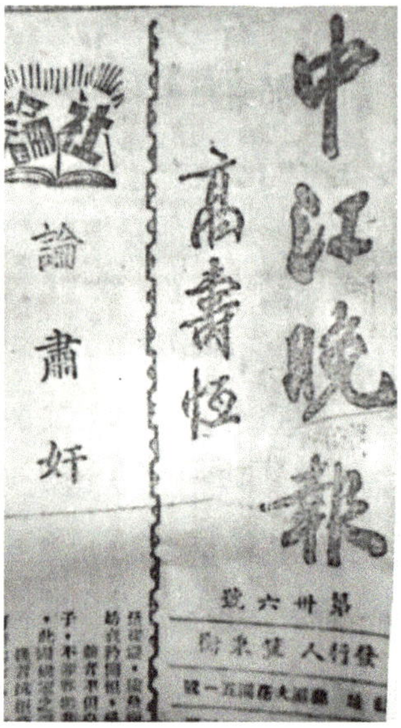
中江晚報

社論

肅奸

《中江晚报》1946年2月9日报头。(集团图片资料)

32.《皖江·工商报联合版》

1938年(民国二十七年),《皖江日报》社长谭明卿在湖南沅陵病逝,当时在沅陵的原《工商日报》社长张九皋即主动与谭明卿之子谭焕章、谭邦杰及舒国桢联系,商讨回芜后两家报纸联合出版事宜。抗日战争胜利后,这一协议变为现实。1946年2月6日,《皖江·工商报联合版》创刊。社址设于原《工商日报》旧址,张九皋任社长,柏毓文、谭邦杰任副社长。

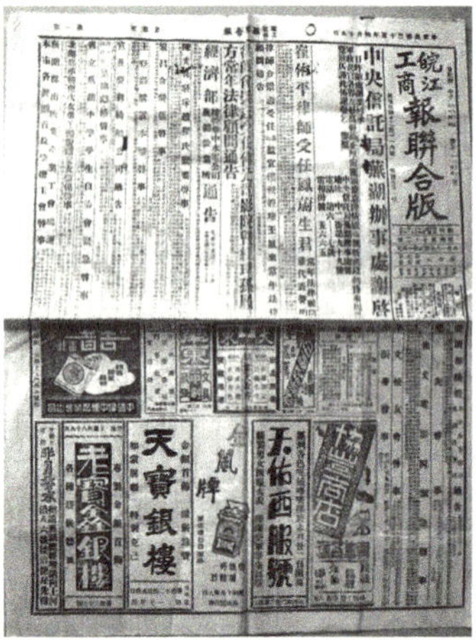
皖江工商報聯合版

《皖江·工商报联合版》1946年4月19日1版。(张孝祥 提供)

《皖江·工商报联合版》继承了《皖江日报》《工商日报》的新闻传统,注重客观报道和舆论监督。11月1日,《皖江·工商报联合版》在对国民党接收芜湖、组织清查团对各地进行清查的报道中指出:清查团在芜湖共查出隐没物资三十亿。据密告,日伪汉奸当时共交出原始清册五大箱,而接收官员们仅交出少数由各方自造自报之清册,“物资确数无法稽考”,其内容有点舆论监督的意味。

报纸创刊后深受民众喜爱,但也遭到《大江日报》发行人方宏孝的嫉恨。就在《皖江·工商报联合版》出版七日之后,方宏孝便利用权势不准《皖江·工商报联合版》复刊,未能得逞后,又唆使国民党第二十军官总队中的部分人于1946年4月7日突然袭击该报报社。他们冲进印刷部将所有字架打翻,致报社四名职工受重伤,造成芜湖报界著名的“六·七”事件。遭此变故,谭邦杰日益消沉,1946年底,《皖江·工商报联合版》停刊。

安徽省档案馆保存有部分该报的原件。

33.《火炬日报》

《火炬日报》前身为1939年(民国二十八年)9月创办于安徽屯溪的《火炬周刊》。抗日战争时期,《火炬周刊》停刊。抗日战争胜利后,《火炬周刊》于1946年3月1日在芜湖正式复刊，社址在中二街高砂洋行（现中二街柳春园小学附近），复刊时改名为《火炬日报》，社长为王远江。发行量约3000份，主要发行对象是工商界。

《火炬日报》1945年12月11日报头。（集团图片资料）

《火炬日报》初为四开4版，同年冬扩为对开4版。1版为广告、启事；2版为电讯；3版为本市新闻；4版为副刊和广告，副刊设有“火树”“银花”等专栏。不久改为对开2版。

该报的经济来源主要是靠发行、广告及印刷业务收入，也得到商界，特别是粮食业资助。到1947年下半年，由于市场不景气，发行量每况愈下，期发行量只能维持在300份左右，因而改出四开四版，但经费还是不够，发行量进一步锐减，不得已于1948年12月停刊。

安徽省档案馆保存有部分该报原件。

34.《革新周报》

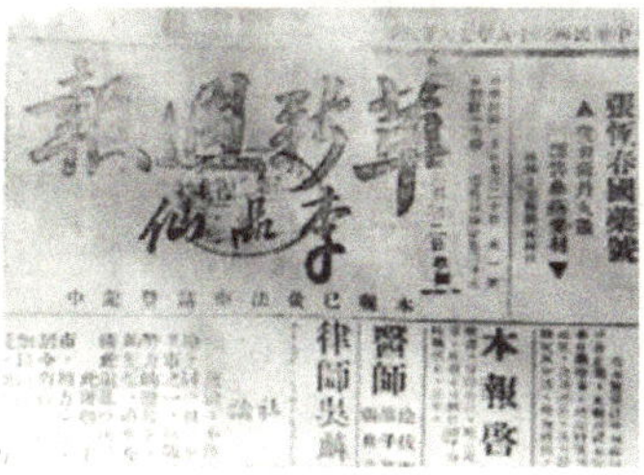

《革新周报》1946年7月28日报头。（集团图片资料）

《革新周报》于1946年（民国三十五年）7月20日创刊，社址在四明路（今新芜路）18号，发行人为彭一韶（国民党芜湖县执行委员会书记长）。该报终刊时间不详。

《革新周报》四开4版，铅印，除1版刊登少量要闻简讯外，2、3、4版刊登的大多数是言论及文艺作品，广告刊登在中缝及各版上下栏头。

安徽省档案馆保存有部分报纸原件。

35.《京芜周报》

《京芜周报》于1946年（民国三十五年）7月29日创刊。十六开8页16版，套红印刷，铅印，发行量近千份。张威遐担任董事长，欧阳奚之担任社长，陈俊恂担任总编辑。

《京芜周报》在南京申请登记，出版地为南京太平路娃娃街2号，由南京洪武路新民印刷所印刷。芜湖办事处设在藕香居15号。发行地区以南京和芜湖两地为主，在合肥也设有办事处。该报纯属民办，经济困难，维持至1947年春已不能按时出版，旋即停刊，具体停刊时间不详。

《京芜周报》的特别之处在于，这家南京报纸是芜湖最早异地发行，且在芜湖、合肥同时设办事处的报纸。

36.《复兴日报》和《复兴日报（晚刊）》

《复兴日报》前身为《皖南新闻社》，1942年（民国三十一年）下半年创刊于屯溪，1943年5月1日出版《复兴日报》。当时屯溪是皖南行署所在地，《复兴日报》的办报经费由行

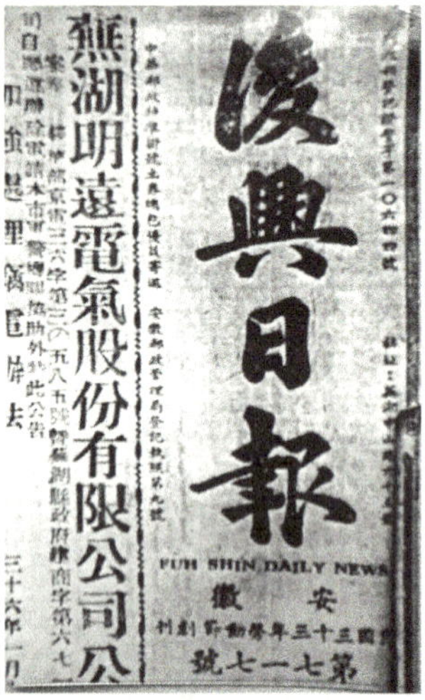

《复兴日报》1947年4月8日报头。(集团图片资料)

署供给,实际上是皖南行署的机关报。抗日战争胜利后,于1946年2月报社由屯溪迁至芜湖,接收敌产日华俱乐部(原中山路新华书店附近)为社址,经过一番筹备,先以《复兴新闻社》名义发新闻稿,同年8月1日,《复兴日报》正式复刊,同日,《复兴新闻社》撤销。

复刊后的《复兴日报》成立了董事会,由蒋义民、操竹友、俞步骐、俞锡恩等担任董事,吴博全(庐江人)担任社长。报社成员政治背景较为复杂,既有国民党和三青团成员,也有中共地下党员和民主同盟盟员。报社还拥有一部电台,可随时收录国民党中央社电稿,这在当时较为先进。

《复兴日报》初期为四开4版。1版为广告;2版为国内新闻;3版上半部为国际新闻,下半部为本省和芜湖市新闻;4版上半部为副刊"绿洲"及"周末文艺"等,下半部为商情、文摘等。

复兴日报社工作人员在复兴日报社址前合影。(集团图片资料)

报纸的主要经济来源是发行及广告收入。1948年底,该报的发行量日趋萎缩,仅有三四百份,报社于1948年底,将《复兴日报》改为《复兴日报(晚刊)》,四开2版,专设驻南京特派员1人,由于晚刊传递消息较快,颇受读者欢迎,发行量有所增加。1948年2月初,安徽学院的中共党员任陵、姚友林打入《复兴日报》,以记者的身份,搜集国民党军政方面的情报。1949年4月,芜湖解放,《复兴日报(晚刊)》停刊。

安徽省图书馆保存有部分报纸原件。

37.《国事快闻》

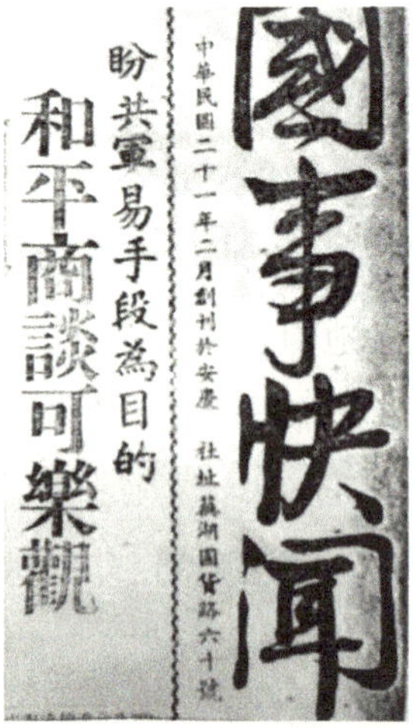

《国事快闻》1946年8月13日报头。(集团图片资料)

《国事快闻》于1932年(民国二十一年)2月3日在安庆创刊。当时负责人为王雪桥,刚开始时日出八开2版,后改为四开2版。1938年4月停刊。抗日战争胜利后,《国事快闻》迁来芜湖,于1946年8月13日复刊,社址设在国货路60号,后迁大花园口23号。

《国事快闻》日出四开2版一张。1版为要闻,2版为广告及副刊。发行人为王枞和汪士藻,主笔为江丕象,总编辑为汪士任。

《国事快闻》有一特别之处:比较注重运用图片配合新闻

报道，并辟有“每周画刊”专栏，刊登木刻、漫画及照片等。该专栏第1期即刊登了五幅新闻照片，这在当时较为少见。

1947年夏，《国事快闻》因销路不畅而停刊。

安徽省档案馆保存有该报的部分原件。

38.《边疆周报》

《边疆周报》于1946年底（民国三十五年）9月出版，

是芜湖地区在新中国成立前出版的唯一一份地理类学术报纸，社址在国货路36号。

边疆周报社社长为刘权，总编辑为鲁夫，经理为梁芳墨。

该报办报宗旨：“为从事研究边疆问题及启示国人对边疆应之认识。”

《边疆周报》出版期数、内容等情况均不详。

39.上海《中央日报（安徽增刊）》

上海《中央日报（安徽增刊）》创刊于1946年（民国三十五年）9月27日，1949年4月20日芜湖解放前夕停刊。

抗日战争时期，上海《中央日报》曾在安徽屯溪出版，1945年迁回上海。为保持其在安徽，特别是皖南一带的影响，遂由该报驻皖特派记者胡定安在芜湖创办这一增刊。发行人仍是上海中央日报社社长冯友真。

《中央日报（安徽增刊）》报头。（集团图片资料）

增刊的报头与《中央日报》相同，仅在报头左侧添印“安徽增刊”四个宋体小字。

《中央日报（安徽增刊）》设经济、编辑两部。胡定安任主编，程振东任经理，杨曼君为副主编。增刊自己没有印刷设备，初由民声日报社代印，后由火炬日报社代印。经理部设在中二街60号，编辑部设在中二街165号。

增刊与《中央日报》一样，是国民党的官方报纸，版式也与《中央日报》相同，对开大报，但只有2版，每版又分上下两个半版，其第1版上半版为广告及启事，下半版除刊登要闻外，还辟有“安徽人”“安徽事”“安徽特产”等专栏；第2版上半版为本市新闻，下半版辟有“杭夫人信箱”专栏，刊登青年人的生活、婚姻、工作等方面的问答，有时还设有“商情”专栏，刊登当天上海及芜湖的商情。

该报注重图文并茂，常配文刊发照片、木刻、题花等，著名画家丰子恺先生曾为该报“芜湖儿童”作过刊头画。

芜湖档案馆保存有该报部分原件。

40.《皖民日报》

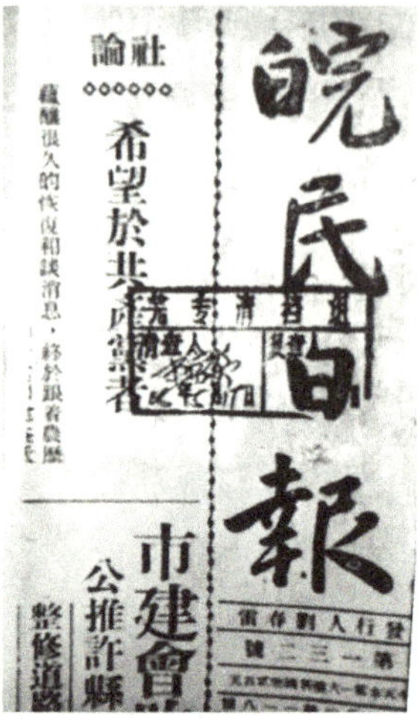
社論
希望於共產黨者
皖民日報
市建會
公推許縣

《皖民日报》1947 年 1 月 5 日报头。(集团图片资料)

《皖民日报》创刊于 1946 年(民国三十五年)10 月,对开 4 版,社址在中山路 118 号。发行人为刘春雷,董事长为陈瑞河,社长为阚位三,因经营无方,经费不足,仅出版数期即告停刊。

安徽省图书馆和芜湖市档案馆存有该报部分原件。

41.《芜湖日报》

《芜湖日报》创刊于 1946 年(民国三十五年)冬,这是在《芜湖报》停刊之后,国民党芜湖县党部出版的机关报。社址在国民党芜湖县党部内,编辑部设在火炬日报社内,社长为国民党芜湖县党部书记长江丕象,副社长兼总编辑为芜湖县政府秘书长吴伯皋,江士任为编辑主任,刘芳钧为采访主任,另有编辑、记者数人。

《芜湖日报》为四开 4 版,印刷由火炬日报社代印,期发行量约 1000 份,发行范围仍为芜湖全县,由各乡镇的国民党区分部负责推销,其终刊时间不详。

42.《行报》

《行报》创刊于 1947 年(民国三十六年)4 月 10 日,由芜湖力行董事会编印,倪受之担任社长,张子郭担任副社长,张大荒、张凤朝担任主编,吕孝曾担任主任,工作人员有五楚白、李建平、袁秋白、胡剑云和王尧武等。社址原在藕香居 11 号,后迁到自建的大戏院后 1 号(今华兴街 56 号)。

《行报》八开周刊,周五出版,每期发行 3000 份。1948 年 3 月增出八开日刊,原周刊改为半月刊继续出版,至 1948 年 3 月 26 日已经出版 41 期,终版不详。[12]

《行报》的特点是“以兴趣为主,以正义是尚,并以短小精悍为佳”(《行报》1947 年 12 月 16 日元旦征文启事),“举凡诗词歌赋、小说、散文、书简、论说、时事新闻,无不欢迎”。[13]综观该报各期目录,格调不高。

43.《幸福报(晚刊)》

幸福報晚刊
幸福報
徵聘通訊員

《幸福报(晚刊)》1947 年 2 月 1 日报头。(集团图片资料)

《幸福报(晚刊)》创刊于 1947 年(民国三十六年)1 月 1 日,并于 1949 年 4 月 24 日停刊,原为一份民办小报,后改为官办。

该报由陈俊恂、梅健生、黄潮声发起,邀芜湖耆绅吴怡生之孙吴育英(吴十)出面集资 240 万元(法币),组成幸福报社。社址设在中山路,编辑部设在中二街。请芜湖专区行政督察专员张威遐担任董事长，并题写报名。初期未设社长，由吴育英、黄潮生任副社长。后经两次改组，陈俊恂、梅健生相继离开报社，黄潮生升任社长。第三次改组由芜湖专员公署新闻专员杨子骥（芜湖专员杨绩荪之子）授意张蔚文、张铁汉（张智）兄弟分任正副社长，组成幸福报股份有限公司，改用杨绩荪题写的报名。从此遂由民营性质变为官办性质，直至停刊。

《幸福报（晚刊）》日出四开 4 版，由中二街民生印刷所铅字活版印刷。报名由右向左横排，两侧刊登广告，1 版为国际、国内新闻；2、3 版均有半版广告，另半版先后设有“幸福副刊”“大花园”“幸福文艺”“集锦版”等专栏；4 版大半版刊登本市新闻和“幸福信箱”，小半版刊登广告。报纸初创时发行量 1000 余份，最高时达 4000 余份。除在本市零售外，还在泾县、广德、旌德、太平、南陵等周边县城发售。改为官办之后，销量下跌，每期发行仅五六百份。

安徽省图书馆、宣城地区和芜湖市档案馆、南京图书馆特藏部均收藏有少量报纸原件。

44.《长江日报》

《长江日报》创刊于 1947 年（民国三十六年）6 月 1 日，由芜湖县商会主办，社长为鲍沧。社址在中二街商会服务处，其他情况不详。

45.《荡寇报》

《荡寇报》创刊于 1947 年（民国三十六年）9 月 9 日，创办人为丁剑声、吴育英，丁剑声担任社长，张竟候担任董事长，编辑先后有杨曼君、董树珊、程克文等，原社址在罗家闸 9 号丁剑声私宅内，报纸为十六开杂志型月刊，出版五六期后，社址迁到上二街 115 号，改为日出四开 4 版报纸。

1948 年 5 月 20 日，《荡寇报》改出《荡寇报（晚刊）》。与原《荡寇报》相比，增加了地方新闻，并推出“经济报导”“今午行市表”等专栏，报道经济信息。

1948 年 9 月 12 日，《荡寇报》又与《经济报》出版《荡寇报 经济报（联合版晚刊）》。1949 年 4 月 24 日，芜湖解放，报纸停刊，总期数不详。

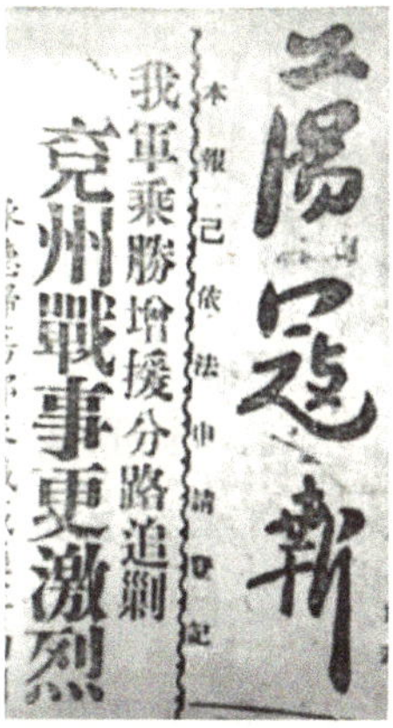

《荡寇报》1948 年 7 月 14 日报头。（集团图片资料）

46.《粮食日报（芜湖版）》

《粮食日报（芜湖版）》创刊于 1947 年（民国三十六年）10 月，是上海《粮食日报》的芜湖版。每日下午四时出版，报纸由《复兴日报》代印，发行量在 1000 至 1500 份。社址设在华盛街 22 号，编辑部亦设在复兴日报社三楼。

上海《粮食日报》是当时“全国粮食联合会”的机关报，主要服务全国粮食行业。粮食日报（芜湖版）社社长兼发行人为鲍沧先生，上海《粮食日报》芜湖特派员欧阳奚之兼任总编辑。

《粮食日报(芜湖版)》报名下注有一行英文:“Food Market Daily News”。报纸为八开2版。1版为国内外要闻简报及全国粮食行业动态;2版为省市粮食商业新闻,主要报道芜湖粮食采运、江(西)广(东、广西)米行、杂粮米市、砻坊业(即粮食加工业)、粮食堆栈等五个直接经营粮食行业的新闻,也刊发芜湖市一些党政、社会、经济等新闻。

Food Market Daily News

《粮食日报(芜湖版)》1948年10月23日报头。(集团图片资料)

《粮食日报(芜湖版)》主要发行对象是芜湖粮食行业。《粮食日报(芜湖版)》办报经费主要来源由鲍沧向粮食各行业公会筹措。后来上海《粮食日报》改为《经济日报》,欧阳奚之调南京任特派员,《粮食日报(芜湖版)》遂于1948年4月停刊。

安徽省档案馆藏有部分报纸原件。

47.《基督教青年团契报》

《基督教青年团契报》创刊于1948年(民国三十七年)10月,1949年2月终刊。这是中国共产党地下党员程克文、魏叔明、胡祖仁和李冬生利用基督教活动,团结青年及各方面人士而创办的一份报纸,社址设在北门财神巷10号。

《基督教青年团契报》主编为程克文,李冬生有时候代为管理报社,魏叔明和胡祖仁负责抄摘与刻钢印刷。

《基督教青年团契报》八开,油印,在后家巷私立励德小学油印。不定期发行,每期发行量七八十份,共出七八期。内容有言论、消息和文艺作品等。

48.其他报纸

除上述报刊外,还有许多报刊因失考等原因,无法获知其出版期数、主办单位、社址等详情,但从一些散落零星资料中获得了一些当年在芜湖创办的报刊信息,摘录如下,仅供参考:

从《安徽文史资料》第十五辑中可知,有《安徽民报》(1945年创刊)、《安徽日报》(1912年创刊)两种。

从1919年(民国八年)版《芜湖县志》可知,仅1913年创刊的报刊就有《鸠江潮》《演说》《安徽日报》《皖江潮》《金钟白话报》《现世报》《醒报》《闲谭》《皖江新春秋》《繁华新语》《芜湖花报》和《直言报》等。

据1928年(民国十七年)10月10日《工商日报》记载,在芜湖出版的报纸有《灿花日报》(创刊于1913年)、《六点钟晚报》(创刊于1927年)、《商协周刊》(创刊于1927年)、《精报》(创刊于1928年)等四种。

据南京图书馆藏国民政府历年《内政年鉴》记载,查有《芜湖镜报》(1932年4月创刊)、《芜湖大公通讯》(1933年2月15日创刊)、《芜湖新闻》(1933年9月创刊)、《芜湖新报》(1933 年创刊)、《芜湖导报》(1933 年 11 月 18 日创刊)、《芜湖大风周刊》(1934 年 5 月 13 日创刊)等六种。

据《芜湖市志》记载,有《国货周刊》(1928 年 10 月 10 日创刊)、《三民导报》(1928 年由《民国日报》改名)、《导报》(1929 年由《三民导报》改名)、《正言报》(1931 年创刊)、《芜湖艺报》三日刊(1931 年 4 月创刊)、《皖声周报》(1946 年 11 月创刊)、《经济报》(1947 年创刊)、《江声报》(1947 年创刊)、《后浪报》(1948 年 2 月 1 日创刊)、《安徽公报》(创刊时间不详)、《六点钟晚报》(1927 年创刊)、《中国晚报》(1946 年 5 月)、《后浪报》(1948 年 2 月)等。

据《芜湖通史》记载,芜湖县有《华新周报》。

1948 年,繁昌县创办报纸有《警光通讯》(油印小报,其前身《警光服务》为国民党芜湖县党部工具,仅数月即停刊)。1948 年下半年,南陵县私人创办的报纸有《正报》《民生报》,两报均为八开石印小报,刊期不定,以报道地方新闻为主,发行量 100—200 份。《正报》发行 10 期,《民生报》发行 6 期。

第三节　杂志

1.《芜湖》

《芜湖》创刊于 1921 年(民国十年)5 月 15 日,是芜湖一些进步的中学教员和学生组织的“芜湖学社”出版的刊物,以宣传进步思想为主,各种思想纷呈,在当时有较大影响。《芜湖》一共只出了 4 期即告停刊。

《芜湖》为四开 4 版一张,半月刊,铅印。总发行处在芜湖市省立第五中学图书馆贩卖部,分发行处设在上海民国日报馆和芜湖科学图书社。除单独发行外,还随上海《民国日报》附送以扩大影响。编辑《芜湖》半月刊的都是“芜湖学社”的社员,有沈泽民、高语罕、李宗邺、陈德征、王肖山、王岳庐等 15 人。

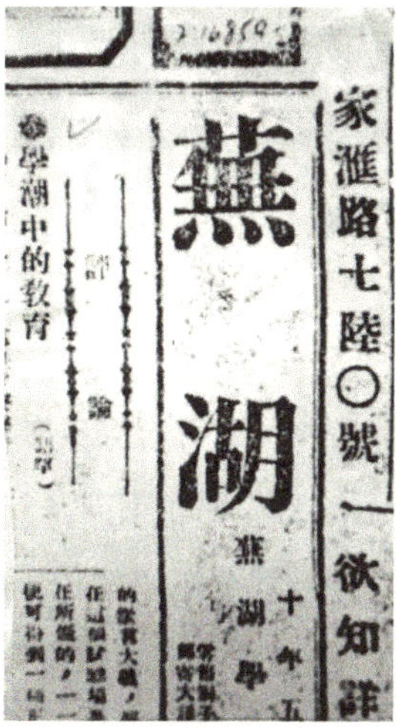
蕪湖
家滙路七陸〇號
學潮中的教育

《芜湖》1921 年 6 月 15 日第三号刊头。(集团图片资料)

《芜湖》办刊宗旨:“现在一般青年侈谈新的思潮,新的主义,恐怕根本未清,指鹿为马;源头莫辨,变本加厉。”“我们这些同志现都正在研究学术,想把我们的一知半解,发表出来,和对于学术有兴趣的阅者,研究研究。”[14] 也就是提倡少谈些主义,多研究些问题,对于政治是没有兴趣的,也不相信用政治方法可以把社会根本改造。该刊设有“评论”“研究”“证述”“文艺”“诗”“通讯”“随感录”“国外调查”和“短评”等栏目。文体均采用白话文。

安徽省档案馆保存有该刊全套原件。

2.《赭山》

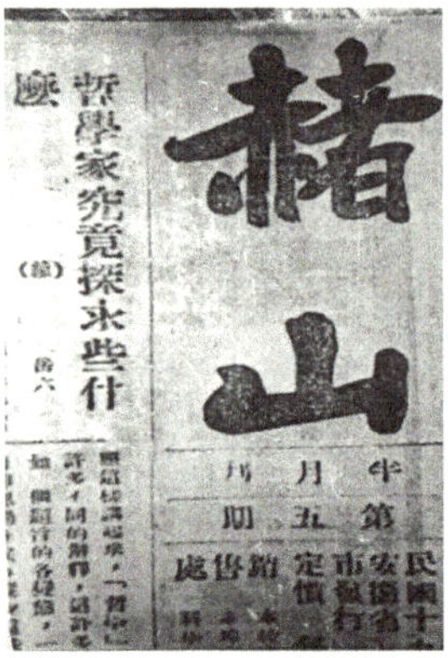

《赭山》1926年3月26日第5期刊头。(集团图片资料)

《赭山》半月刊创刊于1926年(民国十五年)2月13日,芜湖省立第五中学学生联合会创办,终刊日期不详。

《赭山》四开4版,铅印,由该校负责发行,销售处有五中商社、芜湖商务印书馆、芜湖科学图书社。撰稿人有岳六、章柳泉、潘惟俊、汪郎之等。

安徽省图书馆现存有该刊第3、4期,芜湖市党史办保存有该刊第4、5期,芜湖一中校史陈列室保存有第4期。

3.《苍茫》

《苍茫》创刊于1926年(民国十五年)5月1日,由芜湖外交后援会创办。主办人为钱杏邨(阿英)、张慕陶、李立聪和高语罕等,钱杏邨任主编。该刊铅印,十六开4版,通讯处为芜湖民生中学转《苍茫》社(钱杏邨时任民生中学国文教员),总寄售处是芜湖科学图书社。

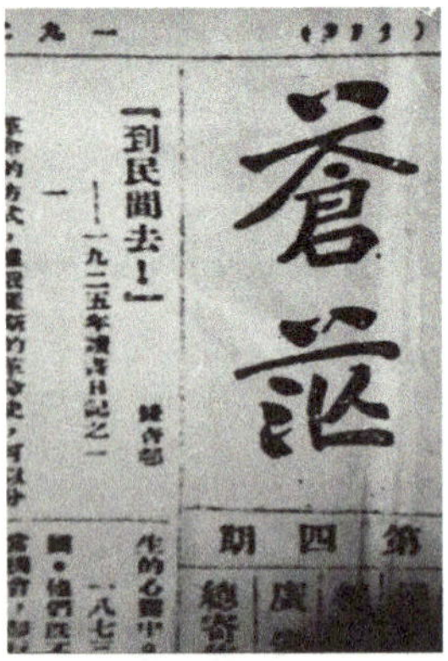

《苍茫》1926年6月16日第4期刊头。(集团图片资料)

《苍茫》为半月刊,刊名为钱杏邨所起,“取其无涯的含义,来表示五卅运动浪潮汹涌澎湃。同时,它也有旷远的意思,以表示反帝斗争任重道远,需要做持久的努力”。

钱杏邨是《苍茫》的主要撰稿人。第4期刊登他写的《到民间去》读书日记,是一篇富有哲理的优美散文,号召文艺家到民间去;“非此不能完成文学的宏图”。另一位主办人高语罕的诗《到西湖去》也在同期刊发,这首诗具有强烈的反帝、反封建、反军阀的倾向。

阿英自己回忆说,《苍茫》共出版3期,半月刊,带文艺性质。但据姚永森在《阿英早期文化活动》中指出,他曾收集到1926年6月10日出版的《苍茫》第4期,通讯处是民生中学转苍茫社,总寄售处是芜湖长街科学图片社。据说,《苍茫》曾因刊登《反“日妈的”》还与《赭山》打文字“官司”,《赭山》以化名“是我”撰文嘲弄莫英,阿英在《苍茫》第四期刊登莫英《一封婆婆妈妈的信》予以回击。

安徽省图书馆保存有一份残件,为1926年6月16日出版的第4期。

4.《每周通讯》

1927年8月(民国十六年),中共安徽省临委由武汉秘密迁到芜湖后,为宣传党的政策,指导党的工作,创办党刊《每周通讯》。1927年9月6日,在制订《关于安徽三个月工作计划纲要》中提出:“临委出版之《每周通讯》,应使内容日益充实,并宜多载讨论党的政策。”安徽省临委当时分工由常委王心泉负责宣传工作。该刊至1927年11月23日前,共出六期。

5.《芜湖学生》

《芜湖学生》于1928年(民国十七年)2月1日创刊,由芜湖学生联合会主办,四开4版,铅印,非卖品。

该刊在“启事”中说:“同学们!《芜湖学生》是本会唯一的刊物,希望各同学将想说而无处可说的话及各种文艺尽量交给《芜湖学生》,他必能替你们说啊!”该刊的内容偏重于政论和文艺。

该刊的主办人员、出版期数及终刊日期均失考。

安徽省档案馆存有该刊若干原件。

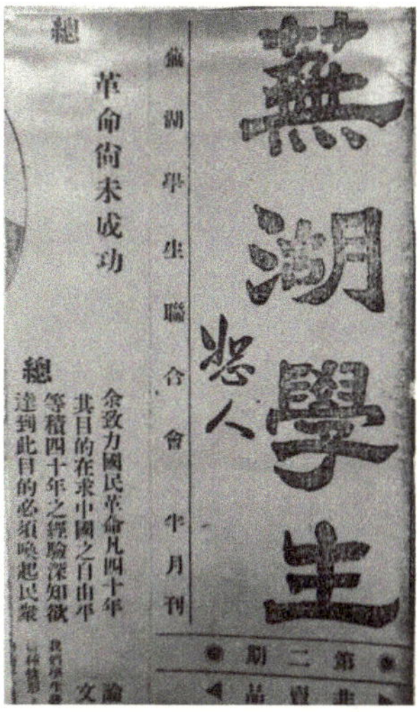

《芜湖学生》1928年7月16日第2期刊头。(集团图片资料)

6.《红旗三日刊》

1929年(民国十八年)2月,中共安徽临时委员会在芜湖秘密出版《红旗三日刊》。具体内容不详。

7.《工人生活》

1929年(民国十八年)2月,中共安徽临时委员会在芜湖秘密出版《工人生活》。具体内容不详。

8.《皖南红旗》

1930年(民国十九年)10月,中共芜湖特委出版《皖南红旗》,每星期出版一期。具体内容不详。

9.《芜湖工人》

1930年(民国十九年)10月,中共芜湖特委出版《芜湖工人》,每星期出版一期,每期可销售300份。具体内容不详。

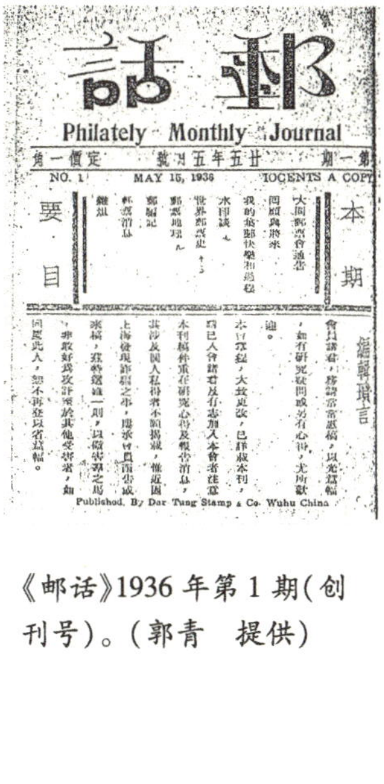

《邮话》1936年第1期(创刊号)。(郭青　提供)

10.《邮话月刊》和《邮话》

《邮话月刊》创刊于1935年(民国二十四年)5月1日,主编为谢慎修,由芜湖大同邮票会编辑,芜湖文华堂印刷,每期印数约250份。至1936年(民国二十五年)4月1日,总共发行12期[15],是芜湖大同邮票社会刊。

《邮话月刊》三十二开,铅印,每期页数多少不等,在12—18页。其内容多为与集邮有关的文章,有集邮常识、历史、地理及新邮消息等,是安徽省已知创刊最早的一份集邮类报刊,并收入《中国集邮书刊简目》之中。

1936年5月15日,《邮话月刊》改刊为《邮话》,至同年8月15日共出4期,封面为单色,三十二开,铅印。《邮话》

第1期的编辑琐言中说道："本刊稿件重在研究心得及报告消息，其涉及个人私得者不愿揭载，惟近因上海发现诈骗之事，屡承会员函告或来稿，兹特选录一则，以儆害群之马……"该期上还刊有《大同邮票会通告》《大同邮票会章程》，还继续连载慎翁的《世界杯票史》，在《邮话》最后一期上刊登着一篇《编辑琐言》，详细交代了改刊的缘由。

《邮话》的第4期为大同邮票社邮展专号，大同邮票会还在邮刊的封面上加盖纪念邮戳，以示纪念。此次邮展在芜湖集邮史上是史无前例的。《邮话》第4期还刊登一份大同邮票会的会员录，其会员除芜湖籍外，还遍布南京、上海、杭州、汉口、重庆、宁波和苏州等各大城市，甚至还有外国会员，其中就有旅居旅顺田家屯的日本人久保田二郎、泰国的邮商蔡汉超等。而众多的会员中，有许多都是身跨新光邮票研究会、甲戌邮票会的骨干，有的则是军政要人，他们是严西峤、陈建章、曹启文、汪剑魂先生等，这说明当时大同邮票社已经迈向世界。

《邮话》比较重要的文章有《邮骗记》（刊第1期，作者孙建章）、《我国发行纪念邮票之商榷》（刊第2期，作者梦萍）、《集地名票之方法及范围》（刊第3期，作者静风）。

《邮话》第4期为末期，但停刊没有先兆，不仅未作任何停刊说明，相反还刊登最新的《更订会员录》，说明当时大同邮票会并未打算将《邮话》停刊。有研究者认为《邮话》停刊的原因是抗战的爆发，但《邮话》是在1936年8月停刊的，而谢慎修、陈建章等人是在1937年12月初才离开芜湖向内地转移的，时间间隔长达一年零四个月，这明显不符合谢慎修等人的一贯作风，这其中极有可能另有隐情，或者《邮话》根本就不只是出了4期，当然这只是有人这样推测，还待其他文献的佐证。

《邮话月刊》原件现存上海著名集邮家刘广实处，芜湖市集邮协会和少数资深集邮者藏有该刊的影印件。

11.《大同邮话》

《大同邮话》发行人为陈文懿（谢慎修夫人），大同邮票社于1947年（民国三十六年）6月1日刊印，第1—5期为十六开4版报纸型，油印，第6—7期（合刊）改为铅印，十六开杂志型，至1948年1月共出版7期。稍后，于1948年4月至10月又发行季刊，仅见3期，第1、2期为十二开2版，第3期为三十二开4版。

大同郵話

《大同邮话》1947年6月1日第1期刊头。（郭青　提供）

《大同邮话》内容有邮闻、邮识及售品目录。它与抗战前出版的《邮话月刊》和《邮话》一脉相承，早在1936年4月，大同邮票会就曾想将当时的《邮话月刊》改刊为《大同邮话》，也正因如此，在《大同邮话》第1期上，编者特意注明是复刊而不是创刊。复刊号上登有《邮票正名》（作者懿)、《集邮闲话·引言》(作者云子)等文章,但是《大同邮话》的大量版面还是用在刊登邮品出售目录,这使得它更像是一份售品目录。总体感觉《大同邮话》不如此前大同邮票社出版的《邮话月刊》和《邮话》。

芜湖市有部分集邮文献爱好者藏有《大同邮话》第1期的复印件,贵州省贵阳市集邮家任尔勤藏有该刊的第1期原件。

12.《安徽人》

《安徽人》于1947年(民国三十六年)7月创刊,是《安徽民报》副社长兼经理郭健行在《安徽民报》停刊后自筹资金创办的一份杂志。十六开,每月出一期。至1949年芜湖解放前终刊,共发行20期左右。

《安徽人》在南京办理报刊登记,在芜湖发行,地址设在南京升州路下浮桥对面大中颜料店内。刊物内容主要是反映和评论安徽之事。该刊除郭健行外没有专职人员,仅有几个特约撰稿人,在南京的有《首都晚报》编辑陈俊恂,在芜湖的有张大荒、梅健生、黄潮声、杨曼君等。

13.《安徽新闻》

《安徽新闻》创刊于1948年(民国三十七年)7月中旬,由设在芜湖赭山的安徽学院爱好文学和新闻的青年王鼎新、曹光华、王建华等创办。十六开,每周出一期。

该杂志内容除政治外,以青年学生之立场,侧重于文化方面的报道,具体情况及终刊时间不详。

14.其他刊物

据《芜湖市志》记载,有《昃日》半月刊(1928年创刊)、《芜湖大风周刊》(1934年5月创刊)等。

第四节 新闻社、通讯社

芜湖近现代时期,有据可查的芜湖新闻社、通讯社就是20多家。[16]具体有:芜湖大公通讯社、芜湖通讯社、警光通讯社、复兴通讯社、前锦通讯社、民权新闻社、前锋通讯社、新中国成立通讯社、正气通讯社、励志通讯社、幸福通讯社、综合通讯社、大雷通讯社、青锋通讯社、新生通讯社、青年联合通讯社、正风通讯社、江声新闻社、安徽通讯社、中江通讯社、京芜通讯社、中流通讯社、芜湖青年通讯社、正义通讯社芜湖分社、东方通讯社、中国通讯社、民意通讯分社、民本通讯社芜湖分社、民风通讯社、大刚通讯社。这些新闻社和通讯社大多是国民党军、政界设置的,其新闻记者多至数百人。这些新闻社和通讯社在芜湖解放之后全部收归国有。

第二章　芜湖解放后的芜湖报刊

芜湖当代报纸和杂志有了显著的区别，报纸的版面基本固定为四开或对开，虽然出现封面杂志化、版数不断增加的现象，但它仍然以新闻为主，副刊为辅；杂志版面结构变化并不大，基本上固定为十六开、三十二开，封面、首卷语、目录和正文成为杂志的基本框架。

本章着重介绍芜湖当代报刊的格式、主要报刊。

第一节　芜湖当代报刊的格式

一、芜湖当代报刊规格

芜湖当代报纸的版面多为四开和对开版。《芜湖日报》《皖南日报》《皖江商报》均为对开报纸，《大江晚报》《金周刊・芜湖广播电视》均为四开报纸。《芜湖日报》《芜湖日报・星期刊》则由四开小报逐步扩版到对开大报。报纸的版数由 4 版逐步增多，《大江晚报》常规扩版到 56 版，《金周刊・芜湖广播电视》常规扩版到 44 版，特刊版面更多，《大江晚报》最多时达 128 版。

杂志版面多为十六开、三十二开。《大江》是十六开的文艺双月刊；《芜湖社会科学》则属于社会科学研究的刊物。

二、芜湖当代报刊版式

报纸的报头格式基本由直排改为横排，位置从头版右上端移到正上方，而后固定在头版左上端。芜湖解放初期的《新华电讯》《芜湖日报》《皖南日报》《新工商报》均采用自右向左横排，而《芜湖大众》、1956 年的《芜湖报》、1951 年的《芜湖日报》及后面的报刊均为自左向右横排。从 1958 年开始，报纸的报名下均附有汉语拼音字母。

报纸正文由自上而下分 12 栏竖排改为自左向右分 3—7 栏横排，《芜湖日报》6 批，《大江晚报》4 批，《金周刊》以 3 批为基本框架，其中有时变化为 5 批。在字体上，报纸也由单一的五号老宋体改为新宋体或楷体字。《芜湖大众》《芜湖报》都是从 1956 起横排正文的。1956 年，根据国务院《汉语简体方案》，报纸将原繁体字改为简化字。

报纸版面的装饰从无到有，逐步采用新闻图片、文章插图、刊头设计、栏目题花等，出现围框、铺底纹、文包图、通版等，报纸的版式由交合式发展到模块式。进入 21 世纪，报纸趋于杂志化，强调报纸的厚度，尤其是封面采用大图片、大导读、大标题，版面也舍弃围框和底纹，由交合式改为模块式，报纸由黑白印刷发展到全彩印刷。

杂志的版式更加丰富，一般由封面、卷首语、目录和文章组成，封面、封二、三和封四以铜版纸印刷居多，文章版面以2批为基本框架，作者的名字基本上都被安排在标题的下方，杂志标题一般为一行体，其排列比报纸标题更有自由度，通过字号和变形字体来吸引眼球，版面的留白、插图、装饰更加丰富。

三、芜湖当代报刊的内容

报纸的版面内容依次为要闻、评论、新闻、经济、时事、文体和副刊版。《大江晚报》曾以高度、宽度、深度等命名版面，给人以耳目一新的感觉。报纸的副刊出现专版化、周刊化的趋势。

报纸新闻的标题也发生了较大的变化。芜湖解放初期，标题以二行题居多，有的只用一行题，遇到重大消息才用三行题，而且采用变格处理手法，形成立体效果。一段时期还兴长标题，如今讲究标题简洁，字数宜十字之内，以单标题居多。当然，网络新闻为吸人眼球，标题内容做得非常夸张，形式以长标题为主，其与文章内容不符的标题被人称为“标题党”。

杂志的内容比较专业。《大江》是文学类刊物，主要刊发文学艺术、地域文化等语言、视觉类艺术作品；《芜湖社会科学》属于社会科学类刊物，主要是针对改革开放与经济发展中的问题进行研究和探讨，具有指导性、创建性和理论性等特点。

第二节　报纸

1.《新华电讯》

《新华电讯》是中国人民解放军芜湖市军事管制委员会文教部创办的报纸，创刊于1949年4月29日，社址在芜湖市中山路（原中山路牙科诊所所在地，现为中山路步行街），共出报58期，每期印数为3000份，发行到皖南地区。因中共芜湖市委决定创办《芜湖日报》而于1949年6月25日停刊。

《新华电讯》合订本。（集团图片资料）

1949年4月24日，中国人民解放军进入芜湖，刘俭、柳三星奉芜湖市军管会文教部派遣，于1949年4月28日接管大江日报社，4月29日，成立新华电讯社芜湖支社，并创办《新华电讯》。社长由文教部部长吴立奇兼任，副社长由刘剑担任，主编由黄少白担任，编制人员22人，内设编辑5人，校对4人，其他工作人员13人。

《新华电讯》对开4版，日刊，报名为书写繁体字，自右向左横排于头版正上方，正文直排，报纸内容以刊登新华社消息为主，同时刊登芜湖市军管会、中共芜湖市委的重要布告、通报等。

柳三星是《新华电讯》的筹办人之一，他在回忆文章里介绍说，当时到《新华电讯》去的人几乎都不懂新闻，只能收收电讯稿，再把它登在报纸上，虽然只有一个多月的时间，但从中摸索到一些新闻的东西，为后来创办《芜湖日报》打下了基础。

2.《芜湖日报》

《芜湖日报》是中共芜湖市委机关报，创刊于 1949 年 7 月 1 日，社址设在公安街 106 号。

《芜湖日报》的领导机构为芜湖市党报委员会，由李步新、吴立奇、朱辉、石坚、江靖宇、江千臣、郑家琪、方向明、徐伊复等 9 人组成。李步新担任书记，吴立奇担任副书记，徐伊复为报社社长兼总编辑。

蕪湖日報
中國共產黨萬歲！
中國人民解放軍萬歲！
論人民民主專政
副刊

1949 年 7 月 1 日《芜湖日报》创刊，图为创刊号 1、4 版。（郭青　提供）

《芜湖日报》对开 2 版，间出 4 版，其报头区占整个头版的六分之一。报头区分三个部分，报名“芜湖日报”为红色，报名的题写有两种说法，一种认为是采用行书繁体字，另一种认为是刘伯承题写（详见第九编《报业解读》）。报头设在头版上方正中上方，自右向左排列，报名的下方排列创刊号字样和出报时间、登记号、地址、价格等，报名的两边为直排标语，左侧为“中国共产党万岁”，右侧为“中国人民解放军万岁”。

《芜湖日报》正文自右向左直排，1 版为国内、省内要闻和本地区消息，间发新华社和《人民日报》社论，其创刊号头版分别刊发《论人民民主专政——纪念中国共产党 28 周年》《中国共产党简史》等两篇文章，另有一幅毛泽东主席正面标准照图片；2 版刊登国内新闻、广告、商情、通告和启事等。出 4 版时，版面有所调整，1 版为国内外新闻，2 版以国内新闻为主，3 版以国际时事为主，4 版为副刊。

《芜湖日报》的读者对象为干部和小学以上文化程度的群众为主，内容反映和指导芜湖市党的工作和群众生活。

《芜湖日报》共出报 82 期，发行范围限于市区，发行量约 3000 份。1949 年 7 月下旬，皖南日报社迁入芜湖，《芜湖日报》于 1949 年 9 月 22 日改名为《皖南日报》出版。

芜湖市图书馆有 1949 年 9 月 16 日至 21 日《芜湖日报》原件。

3.《皖南日报》

《皖南日报》是中共皖南区党委机关报。据原总编辑钱丹辉回忆[17]，《皖南日报》原计划于 1949 年 7 月 1 日在屯溪创刊，且于 6 月 29 日在屯溪的《新华电讯》第 4 版刊发《皖南日报》将于7月1日创刊的启事。但准备在《皖南日报》创刊号上刊发的创刊辞送审时却遇到了问题。创刊辞先被送到皖南区党委审定，皖南区党委同意后又被送到南京市委审定，但南京市委直到6月29日都没有回复，最后却等来中共皖南区党委、皖南行署和皖南军区移驻芜湖的消息，好在6月29日《新华电讯》没有发出去，立即删除第4版的“创刊启事”后再发行，没有造成不良影响，但《新华电讯》领导却挨了批评。7月20日，在屯溪发行《新华电讯》终刊，后皖南日报社和新华社皖南分社全体人员和部分印刷工人开往芜湖。经皖南区党委和芜湖市委研究决定，自8月2日起，芜湖日报社和皖南日报社合并，在《皖南日报》创刊前，《芜湖日报》仍以对开2版继续出版，但采编及其他工作均由皖南日报社负责，直接归皖南区党委领导。为迎接10月1日开国大典，将《芜湖日报》改名为《皖南日报》，于1949年9月22日在芜湖正式出版，社址在芜湖市公安街107号。

《皖南日报》1949年9月22日创刊号。（郭青　提供）

皖南日报社成立报社党组、编辑委员会和社务委员会，钱丹挥担任党组书记、社长，党组成员有范源、沈育和郑建勋同志。钱丹挥兼任总编辑，范源、沈育担任副总编辑，郑建勋担任秘书长。社委会除上述领导外，还有经理部部长刘影，具体工作由编辑部和经理部分头管理。

《皖南日报》在芜湖出版的第一号报头右侧有一则《本报启事》：“兹奉命自即日起，将芜湖日报改名为皖南日报。此启。”1949年9月至1950年10月，除正常出日报外，《皖南日报》还不定期地出版文摘性的《皖南日报·增刊》（活页文选形式），选登国家领导人重要讲话、人民日报社论及其他文章，共出10期。1950年起，皖南日报社还编印三十二开本的《通讯学习》业务月刊。

《皖南日报》报名由舒同书写，自右向左横排在头版上方。正文直排。报纸为四开4版，逢重大节日、纪念日，或者遇到国内重大政治活动或党和政府发布重要文献以及重要会议的讲话、发言等，就增出6版、8版，最多时达12版，抗美援朝时期，甚至推出四开16版。1950年11月21日，改出四开6版。1951年元旦起，扩大为对开4版。

《皖南日报》头版要闻版，刊发国际、国内和地方要闻及社论，其中包括党和政府重要指示、决定、政策、法令和社论；2版地方新闻版，包括地方政治、经济综合报道，还包括2栏至3栏的“社会服务”专栏；3版为副刊综合版，包括文艺作品、学术文章、读者来信及广告等；4版为时事版，主要刊发国际国内新闻版，报纸广告由局部版面逐步扩大到整版。由于有一支1500多人的通讯员队伍，每月地方新闻来稿多达1000篇。

从《皖南日报》1950年11月3日的版面可以看到，第5版是副刊“群众园地”版，第6版是专版，专版全文刊发了政务院通告发表《中央人民政府政务院通告发表 中华人民共和国劳动保险条例草案》。1951年1月1日的《皖南日报》版面中有两版打通的通版。

《皖南日报》除担负皖南区域的宣传外，对于芜湖的宣传是它的重点。该报设置的重要栏目和专版有“黑板报”“社会服务”“批评建议”“经济新闻”“学习”“副刊”“读者来信”等。后又将“社会服务”专栏和“副刊”合并为“群众园地”专栏，以较大篇幅刊登读者来信，副刊经常刊发国内和本地优秀文学作品，也曾刊登漫画、连环画。1951年9月，曾通过读者意见调查，从内容到形式进行改版，以适应读者要求。其通讯员队伍遍及皖南全区各县，地、市、委都有专职干事、特约记者和特约通讯员。

《皖南日报》由本报社印刷厂印刷，每期印数在10000份以上，其中市区发行3000份。该报每份零售价人民币150元（旧币），发行工作由皖南地区的芜湖市和22个县推销处代理，直接发行到乡村，并通过皖南军分区在驻皖南部队系统内发行。

1951年12月26日，《皖南日报》迁往合肥，与《皖北日报》合并为《安徽日报》。《皖南日报》在芜湖出版816期后停刊。

宣城市档案馆保存有《皖南日报》。

4.《新工商报》

《新工商报》创刊于1950年10月1日，社址设在芜湖市上二街126号，是新中国成立后芜湖唯一一张民办报纸。

新工商報

斯大林暨聯共中央
熱烈賀我首屆國慶

1950年10月1日《新工商报》创刊。（集团图片资料）

1950年7月，中国民主新中国成立会成员芜湖市工商联合会主任委员黄梦飞、中国国民党革命委员会成员朱子帆、中国民主同盟会成员操竹友等主持成立新工商报股份有限公司，董事会由7人组成，黄梦飞任董事长，朱子帆任副董事长，操竹友、奚国光、李则刚、焦鸣銮、柏毓文任董事。

公司采用入股的办法筹集办报资金，由工商界认股集资，共集资5000万元旧人民币，分为1000股，其中，固定资产为400股，由原《工商日报》财产所有人柏毓文、张步青以印刷设备和铅字等折价2000万元旧币（含400股）投资，另600股计3000万元旧币，由芜湖市内70余家私营工商户认股投资。

董事会下设新工商报社，操竹友任社长，奚国光任副社长。报社设编辑部、经理部，其中，翟慕颐任总编辑，张先智任副总编辑，配备有编辑2人，记者3人，校对2人，话务1人，共10人；柏毓文任经理，潘维浩任副经理，配备会计、出纳、发行、广告、总务各 1 名，计 5 人。新工商报社设工商印刷所，有技工 30 人。

《新工商报》为四开 4 版，周七刊。报名为书法体，直排于头版右上方，后改为自右向左横排于头版正上方，正文直排。版面分别为 1 版为要闻，2 版为副刊“新园地”，3 版为经济新闻，4 版为时事和广告。1951 年 12 月 6 日，对版面进行了调整，1 版为电讯，2 版为市内新闻，3 版为“新园地”副刊，4 版为经济新闻。各版定期的栏目有“黑板报”“读者来信”“市场动态”“交通时刻表”等，不定期的栏目有“社论”“短评”“编辑的话”“苏联珍闻”“国际一周”“答读者问”“批评与建议”“读者投书”“精简新闻”“特写”等。

《新工商报》的中心任务是宣传新民主主义的工商业政策，以求达到发展生产、繁荣经济的目的。在中心任务之外，也不忘“一个报纸之一般的斗争任务”[18]。

芜湖市图书馆保存有《新工商报》1950 年 10 月至 1952 年 5 月的合订本。

5.《芜湖大众》

《芜湖大众》是中共芜湖市委创办的机关报，创刊于 1952 年 7 月 1 日。报社社址设在凤凰山下，1956 年搬进新芜路 83 号新建大楼。报纸由芜湖市新华印刷厂承印，采用铅字活版印刷，由芜湖市邮电局在全市范围内发行，期发行量六七千份。[19]仅出报 572 期，于 1956 年 12 月 31 日终刊。

蕪湖大衆

關於中華人民共和國政府代表團與蘇聯政府的談判的中蘇公報

《芜湖大众》1952 年 9 月 19 日 1 版。（陈立希　摄）

《芜湖大众》创刊时，中共芜湖市委成立芜湖市报纸广播委员会，芜湖大众报社与芜湖人民广播电台合署办公，对外两块牌子。芜湖人民广播电台台长柳三星兼任报社负责人，下设编辑部，统一发稿，电台和报社根据各自特点，予以取舍。编辑部下设政经组、文教组、时事组、来信组、资料室和营业部，副刊后来由原文教组中分离出来单独设组。刘乔任编辑部主任，有 25 人。1953 年 3 月 1 日，电台撤销，报社由刘乔负责。1954 年，报社实行总编辑负责制，刘乔任总编辑，吴波、梅昌统任副总编辑。1956 年 5 月，何瑞任副总编辑，主持报社工作。

《芜湖大众》创刊时四开 4 版，始为三日刊；1956 年 3 月 1 日，改为周三刊（逢星期二、四、六出报）。报名系集鲁迅字而成，初期文字竖排时，报名自左向右横排于头版正中上方，正文原为直排。1956 年 1 月 20 日改为横排，报名移到头版左上端。报纸正文采用规范的简化字，原采用五号宋体字，一段时间后采用五号楷体字，后来觉得楷体不如宋体整齐端庄大方，又改为五号宋体字排印。

《芜湖大众》以市内干部、工人、教师、学生为主要读者对象。主要任务是宣传党的路线、方针、政策；报道当地生产建设成就，反映群众呼声。该报重视政策宣传和对基层单位的宣传指导，还经常发表短评、社论和转载人民日报社论，尤其重视读者来信的作用，几乎每期报纸第2版都有三分之一版面的读者来信，发表读者的批评和建议，编辑部还经常编发《读者来信综述》《对本报读者批评和建议的反应》。1953年2月10日，还公布了一次《半年来本报处理读者来信的概况》。副刊宣传在表现形式上趋向多样化，除诗歌、唱词和各种文章外，还有图片、漫画和连环画。

《芜湖大众》版面上开设专页“劳动人民的生活”“学习园地”“车间小组工人”（后改为“工人生活”）、“工人文化宫”“大众文艺”“文化生活”“书刊介绍”“学文化”和副刊等，后将“工人生活”“学习园地”和“文化生活”3个专栏改为“文化宫”，1952年国庆三周曾以图片和文字反映了新芜湖三年来的成就专页，1954年国庆节推出“五年来人民芜湖在前进”专页。《芜湖大众》开设的栏目有“黑板报材料”（市内外要闻摘要）、“三天时事”“看图说事”“读报参考材料”等。报纸除刊发消息、通讯、评论、综述外，还刊登诗歌、唱词、图片、漫画等文艺作品。《芜湖大众》从创刊起就编印内部刊物《通讯》。

中共芜湖市委对《芜湖大众》的办报质量极为重视，于1952年11月8日、1955年2月4日两次就加强和改进报纸质量工作提出具体规定，1955年6月1日，《芜湖大众》编辑部在采编人员中开展了为期两个月的“通俗化改革学习运动”，解决报纸语言的群众化、反对党八股和学生腔等问题。

陈光华是《芜湖大众》老报人，他在回忆文章里介绍了《芜湖大众》艰苦的办报条件。《芜湖大众》创刊时社址在凤凰山下，没有摄影记者，也没有洗照片的暗房，拍照片都是请照相馆的师傅到现场拍，因为是胶片，要等师傅冲片时一起冲晒，再送到新芜路新华印刷厂生产科制版房，由于制作条件差，一块锌板要烂半天。1955年7—8月的一天，《芜湖大众》副总编辑吴波找到陈光华，给了他一部日式反光镜箱相机，并将广播电台里的一间播音间给他做暗房，让他把报社的摄影搞起来。陈光华根本就不懂摄影，便到书店买些书来看，又到中山路旧货店买一台天平，几只量杯，一台放像机，找个灯泡，找块玻璃片自己做了个晒片箱，再到化工站买化学药粉配制显影和定影水，暗房算是建起来了。吴波副总编辑后来又先后给他送来一部苏式基辅莱卡相机和一部劳来福来双镜头反光相机，《芜湖大众》摄影不再依赖照相馆，图片的时效性也大大加强。

刘乔曾担任《芜湖大众》总编辑，他在回忆文章里向我们展现了当时采编工作的艰辛。1954年芜湖涝灾，报社被淹，桌椅都浸泡在水里，采编人员就在水中编写稿件。

芜湖大众社实行的是供给包干制。每人一个月扣除9元伙食费，就只能剩下几个零花钱。当时大家吃的是大灶伙食，有时是八人一桌，有时是一人一菜。住的也很艰苦，基本上都住在平章里十几间破旧竹篱笆泥糊墙的宿舍，有眷属的住单间，无眷属的住集体宿舍，男女一样。报社和电台分开后，报社人员仍住在那里。

《芜湖大众》资料员傅月霞回忆说，当时的资料室只有一间房间，两个木架，资料和图书总共也就数十册。她还记得自己结婚时,《芜湖大众》送了一段二尺对方的红绸布,上面写着“月霞、少启两同志结婚志喜,祝你们在革命摇篮里成长壮大,盼你们明年为国家生个胖娃娃!”落款是芜湖市人民广播电台和芜湖大众报社。

芜湖市图书馆保存有《芜湖大众》创刊号、终刊号等部分报纸;宣城市档案馆保存有1952年9月至1956年12月的《芜湖大众》合订本。

6.《芜湖报》

《芜湖报》创刊于1956年4月1日,是中共芜湖地委机关报。

因芜湖地区和徽州地区合并为芜湖地区,徽州地区的《徽州报》停办,并整建制地搬迁到芜湖。《芜湖报》就是在原《徽州报》的基础上创办起来的,社址在芜湖市薪市街4号。它面向芜湖地区各市县,宣传贯彻党对农村工作的方针、政策,宣传国家工业化成就和工农联盟等,以农村干部和农业社社员为主要读者对象,致力于通俗化、群众化,是一张地方特色鲜明、面向农村的党报。

芜湖报社先后实行社长制和总编辑制。中共芜湖地委宣传部部长赵奇峰任社长,杨继堂任总编辑,鲁志任副社长兼总编辑,后改为副总编辑。1958年8月,鲁志调离报社,由王自强继任副总编辑。

蕪湖報
1958年
3
第212期　社址：蕪湖市新市街4号·电話837号
年輕人，上山取宝去！
立志做个有文化的新农民
上海1200多知識青年來我区落戶

《芜湖报》1958年1月3日报头。(集团图片资料)

《芜湖报》四开4版,创刊初期为三日刊,1957年元旦改为周三刊(逢星期三、五、日出报),1958年8月1日改为周六刊(周一无报),直到1958年12月16日与《芜湖日报》合并止,共出报418期,由芜湖报印刷厂承印,邮局发行皖南地区,发行量在60000份左右。这一时期也是芜湖报业史上,党报发行量最多的时期。

《芜湖报》的报名由中共安徽省委书记曾希圣书写,自左向右横排于头版左上方,正文用五号楷体字横排。4块版面分别为1版要闻,2版农村,3版综合新闻,4版时事。主要栏目:1版有“社论”“短评”“专论”“当前问题”等,2版有“全国农业发展纲要草案”“通俗解读”“农业知识”“农业技术”“新人新事”“交流经验”等,3版有“读者来信”“农村文艺”“文化日”“党的生活”“书刊介绍”“电影介绍”“科学卫生”“学文化”“科学知识”“文化生活”“农村的画”等,4版有“国际一周”“要闻简报”“时事讲话”“名词解释”“小常识”和“可爱的中国”等。此外,还不定期地刊发连环画和漫画。

《芜湖报》记者鲍克在回忆文章里介绍报社创办初期的情况。[20]办公室在一个不到十平方米的小阁楼上,进门还必须低着头,夏天像蒸笼,有时只得赤膊上阵。报社没有一部照相机,鲍克当时用的是自己私人买的120东洋照相机,没有暗房和设备,只能在楼梯档里用黑布挡住光线，用三只饭碗分别作为清水、显影、定影的容器，用自制的土印像机印像，如果放大就只好送到太平洋照相馆去了。

7.《芜湖日报》

1957 年元旦，《芜湖大众》改名为《芜湖日报》，仍是中共芜湖市委机关报，社址在新芜路 83 号。仅出报 634 期（报纸编号上接《芜湖大众》，自 573 期始至 1207 期止），便于 1958 年 12 月 16 日与芜湖地委机关报《芜湖报》合并。

芜湖日报社实行总编辑制。中共芜湖市委宣传部部长王文兼任总编辑，何瑞、吴波任副总编辑，编委会除上述 3 人外，还有总编办主任梅昌统、经济组组长陈荣祖，全社编制 44 人。

蕪湖日報

本報評論

增產節約迎新年

五年計劃工業總產值提前完成

本市各界集会告别1956年

去年本市工業生產成績輝煌

《芜湖日报》1957 年元旦 1 版。（陈立希　摄）

《芜湖日报》报名由郭沫若题写，自左向右横排于头版左上端。始刊四开 4 版，周六刊（周一无报）；1958 年 5 月 1 日改为周七刊（周一为四开 2 版）。1 版为要闻版，专栏有“本报评论”“短评”“社论”和“在芜湖各地”；2 版为政治、经济综合版，专栏有“芜湖之窗”“党的生活”“街头巷尾”、“茶话会”（后改为“读者来信”）和“商业新风”等；3 版为专版和副刊，专栏有“话说芜湖”“杂谈”“科学小品”“大家画”和“江声”“大花园”、“家”（后改为“家常事”）等；4 版为时事版，专栏有“读报漫谈”和“新闻简报”等。

《芜湖日报》以工人、其他劳动人民和知识分子为读者对象。办报方向致力于地方化、群众化、通俗化、多样化，使具有高小以上文化程度的读者能看懂，不识字的能听懂。

《芜湖日报》由芜湖市新华印刷厂承印，市内发行，每期 4000 份左右。1957 年 7 月至 1958 年 8 月为报社自办发行，其他时间均由芜湖市邮电局发行。《芜湖日报》始发时每份 3 分钱，1958 年 5 月 1 日以后改为每份 2 分钱。

《芜湖日报》的老报人胡友兰回忆说，当时芜湖日报社时事组只有 2 人，一个编辑，一个组长。编辑的方法是用收音机代替电台，夜间收听广播记录下来，供白班编用。

8.《芜湖县报》

《芜湖县报》创刊于 1958 年 7 月 1 日，是中共芜湖县委机关报，社址在芜湖市河南兴国寺（中江桥附近）。报纸由芜湖县印刷厂（原在芜湖市南门湾）承印，由芜湖县邮局在县内公开发行，每期发行万余份，发行至县各机关、工厂、学校及农村乡镇等，共出 490 期，于 1961 年 3 月 1 日终刊。

《芜湖县报》设编辑部，中共芜湖县委宣传部副部长赵洪臣任总编辑，李春德、王呈谊

任副总编辑，有编辑 3 人，夜班编辑 1 人，校对 1 人。另有驻区记者 4 人，

《芜湖县报》四开 4 版，周三刊。报头用鲁迅字体组合而成，自左向右横排于头版左上方，下注汉语拼音。正文用老五号宋体字横排。各版内容分别为 1 版国内、当地要闻和社论，2 版农村经济，3 版文教、副刊，4 版时事。读者对象为工人、农民、干部、教师、学生。

1994 年 10 月 1 日，中共芜湖县委常委会决定恢复芜湖县委机关报《芜湖县报》，由中共芜湖县委宣传部主管。成立芜湖县报社，事业单位，编制 3 人，每年由财政补助 4 万元经费。1998 年 12 月停刊，共出版 220 期。复刊后的《芜湖县报》报名由时任中共芜湖市委书记张平题写，为内部刊号，芜县准印号为 WX97 – 34，全县公开发行，由芜湖县邮电部门负责投递，全年以 52 期计算，全年订价每份 15.60 元，每份零售定价 0.30 元。1996 年改为全年订价 25 元。发行范围为全县各级机关企事业单位，发行量在 5000 份。《芜湖县报》四开 4 版，1 版为县内要闻，2 版为经济建设，3 版为社会生活，4 版为人物专访及文艺。

1999 年，根据国家关于报刊整顿的文件精神，经与芜湖日报社协商，《芜湖县报》于 1999 年 1 月 11 日改名为《芜湖日报・芜湖县》版，其排版和组版在芜湖县内进行，印刷在芜湖日报社印刷厂。2003 年 12 月 31 日，《芜湖日报・芜湖县版》改为《芜湖日报・芜湖县周刊》，共出版了 248 期。

2009 年 1 月 8 日，芜湖日报社进行版面改革，取消独立的三县周刊，将三县周刊改为《芜湖日报・县区新闻》。2010 年上半年，《芜湖日报》再次启动版面改革，恢复三县周刊的出版发行。

2016 年 3 月，芜湖日报社停办《芜湖日报・芜湖县周刊》。中共芜湖县委续办《芜湖县报》。

芜湖县档案馆保存早期《芜湖县报》490 期的全部原件。

9.《芜湖报 芜湖日报联合版》

《芜湖报 芜湖日报联合版》是中共芜湖地委和中共芜湖市委合署办公后，将中共芜湖地委机关报《芜湖报》和中共芜湖市委机关报《芜湖日报》合并后形成的过渡性报纸。1958 年 12 月 6 日创刊，出报 16 期，于 1958 年 12 月 31 日终刊。

《芜湖报 芜湖日报联合版》四开 4 版，日刊，在芜湖专区发行。该报报名将《芜湖报》和《芜湖日报》并列排列，后面加联合版字样，自左向右排于头版顶端。

宣城市档案馆保存有《芜湖报 芜湖日报联合版》原件。

10.《芜湖日报》

1959 年元旦，《芜湖报 芜湖日报联合版》改名为《芜湖日报》，中共芜湖地委机关报。社址仍在新芜路 83 号。1965 年，中共芜湖地委和市委分开办公，《芜湖日报》性质和名称不变。1967 年 1 月 9 日，芜湖日报社被芜湖市红卫兵造反司令部接管，《芜湖日报》于 11 日终刊。其间共出报 2592 期（报纸编号上接原芜湖市委机关报《芜湖日报》，自 1224 期

起，至3815期止）。

《芜湖日报》仍为郭沫若题字，下注汉语拼音，自左向右横排于头版左上端。报纸创刊时为对开4版，日刊。1961年2月1日，因部分采编人员去徽州办报，版面缩小为四开4版。1版为要闻版，栏目有“评论”“社论”；2版为地方经济版、政教综合版，栏目有“芜湖之窗”、“党的生活”（后改为“支部生活”“读者来信”“商业新风”）；3版为科技、副刊版，栏目有“群众科学”“农业科学知识”“新风颂”“热爱新社会”“群众画廊”和“副刊大花园”“向阳花”“芜湖文艺”等；4版为时事、电讯版，栏目有“黑板报”“新闻简报”“读报漫谈”“时事讲话”“国际知识”“国际资料”。

芜湖日报

1949—1959

庆祝中华人民共和国成立十周年！

赫鲁晓夫同志到达北京

毛主席等举行盛大宴会

《芜湖日报》1959年10月1日1版。（陈立希　摄）

芜湖解放10周年和国庆15周年期间，《芜湖日报》曾采用征文形式编发《伟大十年》《光辉的十五年》专辑，从多方面反映芜湖地区社会主义建设成就和人民生活变化情况。新中国成立10周年时期，报社出版《话说芜湖》一书。

《芜湖日报》由芜湖市新华印刷厂承印，经邮局向全专区21个县及芜湖市区发行。由于芜湖地区合并徽州、巢湖、芜湖等地区和芜湖市，芜湖地区一度管辖22个县（芜湖、繁昌、南陵、当涂、泾县、广德、郎溪、宣城、含山、无为、巢县、和县、宁国、太平、石埭、歙县、休宁、祁门、绩溪、旌德、黟县、屯溪）和芜湖市，报纸期发行量最高达50000份，其中芜湖市发行数约3800份。这一时期也是芜湖报业史上，中共芜湖市委机关报发行最多的时期之一。

宣城市档案馆保存有《芜湖日报》1959年1月至1966年12月合订本。

11.《新华电讯》

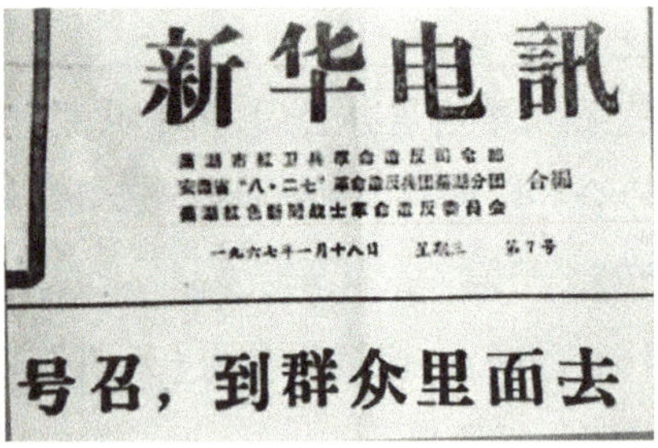
新華电訊

号召，到群众里面去

《新华电讯》1967年11月18日报头。（集团图片资料）

1967年1月9日，《芜湖日报》被芜湖市红卫兵革命造反司令部、安徽省八二七革命造反兵团芜湖分团和芜湖红色新闻战线革命造反委员会接管并终刊。[21]这三个“造反派”组织于1967年1月11日主持出版《新华电讯》，原报社领导靠边站，其他工作人员继续上班，根据他们的要求编辑《新华电讯》。

《新华电讯》四开2版，间出4版，周六刊（星期一无报），只发新华社电讯稿，不发地方消息。其报名为老宋体字，自左向右横排于头版上端。报纸共出版7期，1967年1月18日终刊。

宣城市档案馆保存7期全部报纸原件。

12.《新芜湖报》

《新芜湖报》是由《新华电讯》更名出版的报纸，始于1967年1月19日，先由芜湖革命“造反派”联合主办，后成为芜湖地区革命委员会机关报。共出1067期，报纸编号为先冠以“红”字，后改为“革”字，自第1号至1067号。市区发行量3800份。1971年12月31日终刊。社址原在新芜路，后迁到北京路161号。

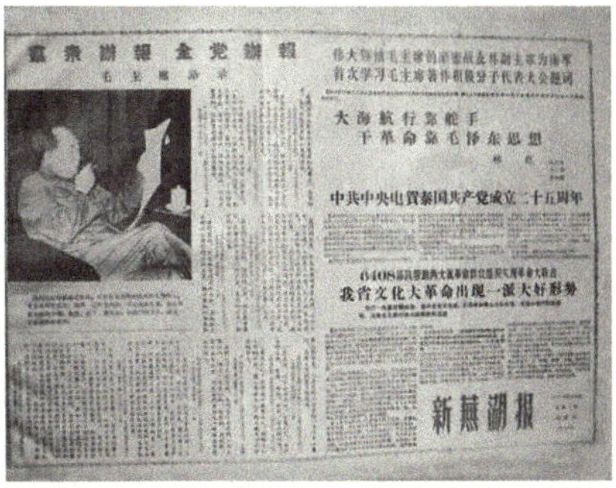
大海航行靠舵手
干革命靠毛泽东思想
中共中央电贺泰国共产党成立二十五周年
我省文化大革命出现一派大好形势
新芜湖报

《新芜湖报》1967年12月1日1、4版。（陈立希　摄）

《新芜湖报》内容主要是“文革”时各种文告、社论和大批判文章。报名取消名人题写报名和引用名人笔迹的做法，先用黑体美术字，后改为宋体美术字，自左向右横排于头版，其位置不定，有时放在右上端，并刊发毛主席语录及标语口号，或排右下方。

《新芜湖报》四开4版，周六刊（星期日无报）。1版为要闻、社论，2版为工农业生产报道，3版是通讯和文章，偶尔有文学专版“满江红”，4版是时事版。报纸的主要栏目有“工农兵论坛”“短评”“思想评论”“小评论”“芜湖民兵”“在广阔的天地里”“怎样当好农村基层干部”“党的生活”“国际资料”“国际知识”“新闻简报”“时事讲话”“天气旬报”等。

据新芜湖报社革委会主任董增林回忆：1968年7月，因董增林调到《新芜湖报》，李远扬任军代表兼报社革委会主任和党支部书记，董增林担任革委会副主任、支部宣传委员，分管政工、后勤，工宣队的施先生担任支部副书记。

宣城市档案馆保存有《新芜湖报》1967年1月19日至1971年12月合订本。

13.《芜湖日报》

1972年元旦，中共芜湖地委将《新芜湖报》改组为《芜湖日报》出版发行，并成为中共芜湖地委机关报。董增林担任芜湖日报社革委会主任，谭公侠担任副主任。仅出78期，因芜湖行政区划变化于同年4月1日停刊。社址在北京路161号。

《芜湖日报》恢复郭沫若书写的报头，横排于头版左上端。四开4版，周六刊（星期日无报）。1版为要闻和社论，2版为综合消息、通讯，3版为各类文章，4版为时事。栏目有“社论”“工农兵论坛”“小评论”“短评”“党的生活”“革命群众来信”“新闻简报”“怎样当好农村基层干部”、“满江红”（文艺专刊）等。

宣城市档案馆保存有《芜湖日报》1972年1月至3月合订本。

14.《简报》

《简报》创刊于1970年9月24日，原为中共芜湖市第三次代表大会会刊。由芜湖市革委会政工组宣传小组主办。1971年1月，改由芜湖市革委会政工组主办，代机关报，赵厚才担任主编。编辑部设在原镜湖路上的芜湖市政府大院内。

1970 年秋季，中共芜湖市第三次代表大会筹备期间，为通报筹备情况，介绍党建知识，于 9 月 24 日创刊《简报》。

《简报》1974 年 1 月 1 日报头。(集团图片资料)

《简报》在中共芜湖市第三次代表大会筹备和召开期间，共出 13 期，集中报道会议消息，刊发有关党的建设论述和会议文件等，会后鉴于芜湖市没有机关报，继续不定期出版《简报》，以担负在全市指导政治运动、指挥生产和其他工作的宣传、鼓动任务。

《简报》四开 4 版，间出 6 版，不定期出版，芜湖市新华印刷厂承印，每期 4000 至 5000 份，内部免费分发市属各基层单位，一直延续到 1977 年底终刊，先后共印发 419 期(编号第 1 期至 419 期)。

芜湖日报社保存有《简报》部分合订本。

15.《芜湖简报》

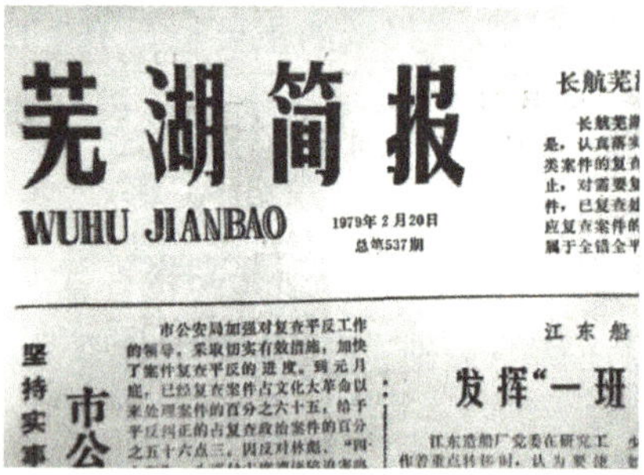

《芜湖简报》1979 年 2 月 20 日报头。(集团图片资料)

1978 年元旦，中共芜湖市委将《简报》改名为《芜湖简报》，成为中共芜湖市委机关报。1979 年 6 月 30 日停刊，共出 151 期(编号上接《简报》，自第 420 期至第 570 期)，编辑部迁到范罗山 40 号(原市委宣传部办公楼二楼)。

《芜湖简报》直属中共芜湖市委宣传部领导，由副部长苏彦彬分管，宣传文化科副科长赵厚才主持编审工作。由芜湖市新华印刷厂承印，芜湖邮局在全市发行，发行量每期约 10000 份，每份 2 分钱。

《芜湖简报》四开 4 版，周二刊。报头为长体美术字体，下注汉语拼音。正文用老五号字排印。1 版为要闻，2 版为经济，3 版为政教，4 版为文艺副刊“号角”和时事。栏目有“芜湖论坛”“职工园地”“农村见闻”“商业新风”“生产快报”“拨乱反正”“读者来信”“瞭望台”、“芜湖风光”(照片)等。

芜湖市图书馆保存有《芜湖简报》1978 年 1 月至 1979 年 6 月 30 日全部原件。

16.《芜湖报》

《芜湖报》是在《芜湖简报》基础上恢复出版的中共芜湖市委机关报。1979 年 7 月 1 日复刊，报纸由芜湖市新华印刷厂印刷，市内发行，最初每期发行 8000 份，后增到 12000 份。1984 年 6 月 30 日停刊，共出 766 期。芜湖报社原在范罗山，1983 年底迁入华兴街 4－1 号报社新建五层大楼。

《芜湖报》报名将原郭沫若书写的《芜湖日报》报名中抽下其中的“日”字而成，自左向右横排于头版左上端，下注拼音字母。报纸的正文前后有几次变化：开始是头版、2 版、3 版用老五号字体排印，4 版用新五号宋体排印；1981 年元旦起，头版也改用新五号宋体排印；1982 年元旦起，四个版均采用新五号宋体排印，所有版面字体由此统一，报纸的容量也有所增加。

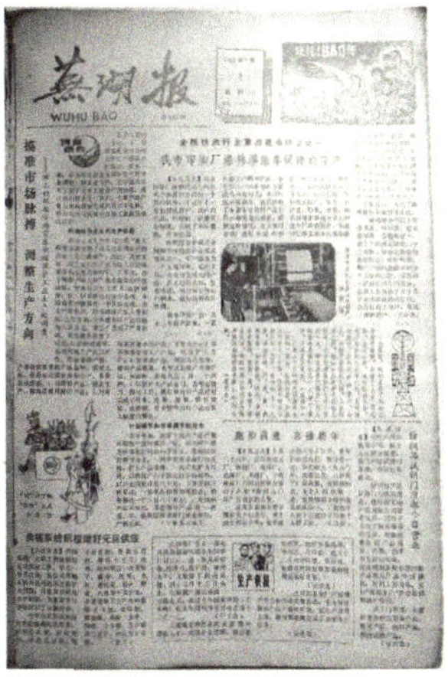
芜湖报
WUHU BAO

《芜湖报》1980 年 1 月 1 日 1 版。

《芜湖报》四开 4 版，1979 年 7 月 1 日至 12 月 31 日为周二刊（每周一、五出报），1980 年元旦至 1984 年 6 月 30 日为周三刊（每周二、四、六出报）。在版面安排上，1 版为新闻版，栏目有“镜湖小议”“劳模小传”“芜湖短讯”等；2 版为经济版，栏目有“瞧这一家子”“来自小厂的报告”“芜湖市场”“职工之窗”等，经济稿件占报纸总稿量 50%；3 版政教版，主要栏目有“青春之歌”“校园内外”“读者来信”“赭塔瞭望”“党团生活”等；4 版为副刊版，主要栏目有“大花园”“镜湖”“知识海”“周末”“芜湖画刊”等。

《芜湖报》实行总编辑负责制，复刊初期，由中共芜湖市委宣传部副部长何瑞兼任总编辑，副部长苏彦彬兼任第一副总编辑，主持报社日常工作，赵厚才、黄寿彭任副总编辑；1981 年 4 月，由中共芜湖市委宣传部副部长苏彦彬兼任总编辑。

《芜湖报》读者对象是全市的工人、农民、知识分子、干部和学生等。主要宣传党的方针、政策，反映群众呼声，报道芜湖市社会主义建设成就。

《芜湖报》通讯员队伍相当壮大，芜湖市各系统单位聘请文字、摄影、美术通讯员 150 多人，每季度或半年还要召开部分通讯员座谈会，每年召开一次通讯员表彰会。1983 年还举行了两期业余通讯员新闻业务学习班，共培训通讯员 60 名，有 52 人经考试及格获得结业证书。此外，不定期出版内部业务刊物《芜湖报·通讯》。组织庆祝《芜湖报》创刊 33 周年活动，编印了《我们走过的路》一书。

报社领导还让采编人员“走出去”，直接参与社会群众性文化活动，如《江南春》音乐会、优秀影片评选、小学生智力竞赛等，同时与安徽省内外新闻界横向联系，参加华东六省市报纸杭州会议，参与发起全省报纸副刊会议，在中华全国新闻协会无锡会议上书面介绍经验，在中华全国新闻协会长沙会议上发表《面向群众 增强可读性》论文等，从而提高了《芜湖报》在省内外的知名度。

1981 年，安徽省新闻学会成立，芜湖报社作为团体会员加入，副总编辑赵厚才担任理事。

芜湖日报社、芜湖市图书馆有《芜湖报》合订本。

17.《凯歌阵阵》和《江花》

《凯歌阵阵》创办于“文革”后的 1979 年，是芜湖市文化馆主办的铅印小报，徐晓玉担任主编，属于无刊号内部报纸，向工矿企业免费送出。

《凯歌阵阵》四开2版，主要刊发诗歌、相声、快板书、小演唱作品等。虽然没有稿费，它却成为当时非常吸引业余作者踊跃投稿的平台，在基层非常受欢迎。

江花
Jiang Hua
芜湖市文化馆编
创刊号
1980.1
致读者

1980年，《江花》文化小报创刊号。（李先明提供）

1980年1月，《凯歌阵阵》办到第16期时，主编徐晓玉提出改版，增加小说和散文，于是《凯歌阵阵》停刊，改办八开6版的综合文艺小报《江花》。该小报主要刊发芜湖市作者的各种文艺作品，繁荣了芜湖市文学创作，丰富了群众文化生活，更加受到芜湖文学爱好者的青睐，创刊号印2000份竟然供不应求。其间，还不定期编辑芜湖市文化创作专辑《江花集》。1984年，编辑们特意将四年前已调入厦门大学教书的徐晓玉翻译的泰戈尔小说《我的芳邻》编入《江花集》第二辑。[22]

18.《芜湖日报》

芜湖日报
WUHU RIBAO
市委组织部召开知识分子座谈会
中共芜湖市委关于《芜湖报》改为《芜湖日报》的决定
致读者
隆重纪念中国共产党成立六十三周年

《芜湖日报》1984年7月1日头版。

1984年7月1日，中共芜湖市委机关报由《芜湖报》恢复为《芜湖日报》，其报名一直延续至今。

《芜湖日报》报名沿用郭沫若的题字，下注汉语拼音字母，自左向右横排于头版左上端，正文用新五号宋体横排。

《芜湖日报》恢复初期为四开4版，周六刊。1988年，增设《芜湖日报·星期刊》。报纸为周七刊。1995年1月1日，《芜湖日报》由四开8版改为对开4版，周七刊。2004年，《芜湖日报》扩版为对开8版，周七刊。2006年，《芜湖日报》扩版为对开12版，分ABC叠。2018年，《芜湖日报》压缩版面，报纸对开每周二、四、六为4版，每周一、三、五为对开8版，周六刊（周日无报）。

1984年7月，芜湖日报社社址在华兴街4-1号，2011年，芜湖日报报业集团（芜湖日报社）搬迁到弋江区红花山路20号芜湖日报报业集团新闻大楼至今（详见本编第三章《芜湖日报》）。

19.《芜湖日报·星期刊》

《芜湖日报·星期刊》是芜湖日报社创办的周刊。

1988年10月2日，由芜湖日报社创办的《芜湖日报·星期刊》试刊。1989年1月1

日，《芜湖日报·星期刊》正式与读者见面。

《芜湖日报·星期刊》初期为四开4版，后扩大到对开8版，因具有贴近生活、贴近群众的特色，受到读者的喜爱，其发行量最高达到15万份，至今无媒体超越。2003年12月31日，《芜湖日报·星期刊》刊发最后一期后停办（详见本编第四章《芜湖日报·星期刊》）。

芜湖日报
星期刊
1994：
芜湖水域
江砂之战
做个好人

《芜湖日报·星期刊》1995年1月2日对开版。

芜湖日报社保存《芜湖日报·星期刊》合订本。

20.《安徽师大学报》

《安徽师大学报》创刊于20世纪90年代，原为哲学社会科学版刊物，代号为26－38，总编辑为杨新生，由安徽师范大学主办。后改为《安徽师大报》，由中共安徽师范大学委员会主办。国内统一刊号为CN34－0805（G），社址在安徽师范大学内。该报主编为胡靖，全彩印刷，由芜湖日报报业集团印务公司承印，发行量每期5000份，是安徽省优秀校报。

杂志版《安徽师大报》主要发表哲学、经济学、法学、教育学、心理学、历史、语言学、文学艺术等方面的学术论文和有价值的资料，读者对象是哲学社会科学研究工作者、业余爱好者、大专院校师生和中学教师等。

报纸版《安徽师大报》四开4版。1版为要闻版，栏目有“师大快讯”“图片新闻”；2版为育林园，栏目有“评估进行时”；3版为桃李园，栏目有“师大热搜”；4版为文艺副刊，栏目有“你说我说”。

21.《芜湖声屏报》与《芜湖广播电视报》

《芜湖声屏报》是芜湖市广播电视局主办的周报，创刊于1991年12月。1992年1月，更名为《芜湖广播电视报》。1992年11月，经芜湖市编制委员会批准，成立芜湖广播电视报社，为自收自支事业单位，定编9人，到2002年已达18人。报社下设总编室、办公室、编辑部、发行部和广告部。1999年1月，经新闻出版总署批准，正式使用全国统一刊号CN34－0049。

《芜湖广播电视报》四开24版，其中特色版面有“人间万象”“阳光地带”“人物周刊”“社会周刊”“情感周刊”“影视周刊”“生活周刊”“健康周刊”等14块版。预告全国各省市电视台30套电视节目。在开展“青少年维权岗”活动中，开辟学生专版，举办中学生夏令营，组建中学生记者站，开展征文活动。

《芜湖广播电视报》于2000年1月开始出版月末彩版。9月中旬，将月末彩版改为每期彩版，后又推出《芜湖广播电视·新一周》。2007年7月，《芜湖广播电视报》与芜湖日报报业集团的《大江晚报·金周刊》合并，改名为《金周刊·芜湖广播电视》，由芜湖日报报业集团主办。

22.《沚津周报》

《沚津周报》创刊于1993年9月,《沚津通讯》和《芜湖县广播电视报》合并而成,由芜湖县委宣传部、芜湖县广播电视局合办。

《沚津周报》为四开4版,每周一期,1版为新闻,2版为综合,3—4版为广播电视节目预告,试办12期停刊。

23.《皖江商报》《都市文摘报》与《安徽省消费者报》

《皖江商报》是芜湖市政府主管的一份融新闻性、实用性、知识性、趣味性于一体的综合性经济类周报,也是全国最早进入市场经济机制的报刊之一。创刊于1994年2月24日。曾任芜湖市委常委、市委宣传部部长彭少雄为主要创办人并兼任总编辑。1995年1月,经新闻出版总署批准,在全国发行;1996年底,报纸发行全国22个省、直辖市、自治区,安徽省内覆盖面达57个地市县。1998年11月,经新闻出版总署批准,《皖江商报》更名为《都市文摘报》。1998年12月31日,《皖江商报》出报后停刊,《皖江商报》主办的《休闲大观》同时停刊。自创刊至1998年12月31日,《皖江商报》共出刊335期,其中,《皖江商报》285期,增刊《休闲大观》50期。

1999年1月1日,《都市文摘报》正式创刊,出刊55期,最高发行10万份,1999年12月31日停刊。根据中央"两办"[1999]30号文件和新闻出版总署关于调整报刊结构的意见。经新闻出版总署新出报刊[1999]442号文件批准,《都市文摘报》于2000年1月1日更名为《安徽省消费者报》,报纸管理类别代码变更为C0503,报纸主管单位由芜湖市政府变更为安徽省消费者协会。

《皖江商报》是全国最早进入市场经济的报刊之一,管理上实行总编负责制,工作人员实行聘任制,每个岗位职务由总编辑根据工作需要聘任上岗。经济上自收自支,自负盈亏。报纸协办单位达12家,名誉总编辑、总顾问和顾问58人,通讯员102人,并在安庆、贵池、宣城等地设有记者站。更名《都市文摘报》后,内设编辑部、发行部、广告部和办公室。

《皖江商报》办报宗旨为立足皖江、面向全国,为开放皖江、振兴皖江经济和促进全省经济发展服务,为读者服务,为群众生活服务。报纸对开4版,1版为新闻特写,2版为月末休闲,3版为文体,4版为文摘。1996年起,另增《休闲月末》1期。

24.《芜湖晚报》与《大江晚报》

1992年,芜湖日报社准备创办一张晚报。同年12月,经芜湖市委宣传部批准,开始申请刊号。1995年7月16日,新闻出版总署批复同意创办《芜湖晚报》,编入国内统一刊号(CN34-0072),由芜湖日报社主管主办。芜湖晚报社系芜湖日报社直属二级事业单位,副县级。1995年7月,《芜湖晚报》开始创刊的筹备工作。同年9月23日和10月28日试刊2期,从11月1日至12月31日连续出版样报。1996年1月1日正式创刊。1999年1月1日,《芜湖晚报》更名《大江晚报》至今。

《芜湖晚报》是芜湖日报社主管主办的一份城市晚报，创刊初期为四开 8 版，周七刊，每天下午出报。1996 年 4 月 15 日，《芜湖晚报》扩版为四开 12 版。1998 年扩版为四开 16 版。2002 年 1 月 1 日，《大江晚报》扩版为四开 20 版，特别时最多 128 版。最多时四开 40 版（详见本编第五章《大江晚报》）。

芜湖日报社保存《芜湖晚报》《大江晚报》合订本。

25.《大江晚报·金周刊》与《金周刊·芜湖广播电视》

《大江晚报·金周刊》创刊于 2005 年 1 月 5 日，由芜湖日报社主办，并随《大江晚报》出版发行。2007 年 7 月 6 日，《金周刊》与《芜湖广播电视》合并更名为《金周刊·芜湖广播电视》，仍由芜湖日报报业集团主办，独立成立编辑部，独立发行。2016 年，《金周刊·芜湖广播电视》并入《大江晚报》编辑部，并随《大江晚报》减版出版（详见本编第六章《金周刊·芜湖广播电视》）。

芜湖日报社保存《金周刊芜湖广播电视》合订本。

26.《运泰报》与《安徽运泰发展》

《运泰报》创刊于 2007 年 8 月 26 日，安徽省内部准印字号皖 L02－019，首任主编张孝祥，是最有报纸模样的企业报之一。

运泰报
YUNTAI BAO
集团公司经营层分工重大调整
让我们和企业一起成长
集团公司荣获"守合同重信用"光荣称号
集团公司荣获省"诚信示范企业"称号

《运泰报》2007 年创刊号。

《运泰报》四开 4 版，1 版和 4 版为彩色印刷。1 版为要闻版，开设“标题新闻”“企业荣耀”“新闻链接”等；2 版为综合新闻版，栏目有“警钟长鸣”“文明在线”“短讯集锦”等；3 版为企业纵横版，栏目有“经济活动分析”“企业热点”“知识窗”“员工论坛”“经验交流”和“它山之石”等；4 版为副刊，栏目有“编辑寄语”“人生感悟”“随笔”和“游天下”等。

《运泰报》注重通过图片新闻营造视觉冲击力。创刊号 1 版报头有“创刊号”字样，报纸右上角还有发刊词《让我们和企业一起成长》，其版面设计完全依照报纸的标准样式，极为规范。

2017 年 8 月，因企业改名为安徽运泰交通发展有限公司并上市，《运泰报》改名为《安徽运泰发展》，栾杰任主编。

爱8公交报
爱Ta，就带她回家
612 半年半价 50% OFF
612抢购令
60 购 120
新百大促
LANEIGE
超级尊享 600换800

《爱 8 公交报》2016 年 6 月 8 日 1 版。

27.《爱 8 公交报》

《爱 8 公交报》创刊于 2016 年 6 月 8 日，由芜湖日报报业集团和芜湖公交集团联合出版，《大江晚报》担任采编工作，全市各条主要公交线路的 800 辆公交车车厢免费送出，是芜湖首张免费报纸。2017 年底停刊。

《爱 8 公交报》四开 8 版，每月 3 期，每月 8、18、28 日出版。头版为封面导读版，创刊号封面报头区域左上角两排中上排为“2016 年 6 月 8 日”，下排为“第 1 期（每月逢 8 出刊）本期 8 版”；中间红色梯形方块，上有白字“爱 8 公交报”，其中“8”放大红字勾白边；右侧为新闻热线和广告热线。头版文字区上半区左侧为导读，右侧为慰问语或温馨提示，创刊号上《爱 Ta，就带她回家——〈爱 8 公交报〉总有一款信息适合你》，第 6 期是《清凉一夏 远离空调》；2 版为今日看点，创刊号上是《龙舟文化节》，第 3 期是《暑假，我们该怎么过?》；3 版为生活贴示或便民服务、公交专页等，创刊号第三版为生活贴示，内容有《毕业时，户籍和档案的那些事》，第 3 期第 3 版为便民服务，内容有《存好，你需要知道的防洪防汛安全常识》等；第 4 版公交专页或便民服务版，内容有《女性乘客学起来！夏日公交“防走光防狼秘籍”出炉》等；第 5 版出行游记版，内容为出行资讯；第 6 版为公交专页，公交客服中心电话、如何办理各类公交 IC 等；第 7 版为网络新知版，《请检查你的支付宝和微信红包》等；第 8 版为线行图说版，吃喝玩乐全在图里，这是该报最有特色的版面。

《爱 8 公交报》是芜湖日报报业集团顺应报业发展和公交事业发展的大胆尝试，是芜湖市新闻事业发展的一个标志性事件。

第三节 杂志

1.《大江》与《芜湖文艺》

《大江》（文艺双月刊）创刊于 1959 年，前后出版 180 多期，于 1989 年停刊，全国公开发行刊号取消。后又续办了《明天》《七彩帆》杂志，均为安徽省内部刊物。1999 年更名为《芜湖文艺》，由芜湖市文联主办，2000 年推出创刊号。编辑部地址在芜湖市九华山路 228 号中华饭店 7 楼。

《芜湖文艺》2007 年第 2 期。

《大江》文艺双月刊，十六开，主办单位是芜湖市文联，何瑞担任社长兼总编辑，王福根担任编辑主任。登记证号为皖刊第 077 号，代号 26－25，全国发行。1985 年每期定价 0.35 元（《大江》1985 年第一、二月号，第 23 期）。

《芜湖文艺》为文艺性综合类刊物，双月刊，十六开，内设 6 页彩版。它继承了《大江》《明天》《七彩帆》杂志清新质朴、贴近百姓的风格。主要刊发文学艺术、地域文化等语言、视觉类艺术作品，推介本土原创，发掘可造新人。力图覆盖芜湖文化，展示城市创新形象，引领时尚艺术潮流。主打栏目有“中江潮”“赭麓风”“镜湖柳”“青弋江”“天门山”和“大花园”等。

2013年,《芜湖文艺》改版扩版,主要栏目有9个。“聚焦芜湖”:报告文学文体,紧扣市委市政府中心工作,反映芜湖经济、政治、文化、社会、生态文明建设成果;“小说世界”:原创、多元、大众、品味,思想性与艺术性统一;“散文天地”:随笔、杂感、读书、笔记等,文笔优美,内容丰富;“鸠兹风情”:芜湖风景记游,芜湖历史、地方文化研究成果等;“诗歌快递”:经验、想象、叙抒结合;“文艺论坛”:短小、轻快、诗性、风趣、有理有据;“芜湖名家”:推介芜湖本土优秀文艺人才。彩页推介美术书法摄影等各类文艺作品、文学艺术活动图片和企业文化宣传;“小荷初绽”:面向芜湖大中小学生,培养青少年文艺新人;“文艺传真”:文联及所属文艺家协会活动信息。

2.《荆山文艺》与《鸠兹鸟》

《荆山文艺》创办于1959年12月,是芜湖县文学艺术工作者代表大会会刊。1960年12月,因芜湖县文联停止活动而停刊。1988年5月,因召开芜湖县文学艺术工作者代表大会,正式恢复成立芜湖县文联组织,出版会刊《荆山文艺》,仅办2期。2008年《鸠兹鸟》创刊,由芜湖县文联主办,不定期出版。2016年,该刊正式改为季刊出版,朱幸福任主编。

2008年《鸠兹鸟》创刊。

3.从《芜湖日报·通讯》到《皖江传媒》

《皖江传媒》2010年第75期。

皖南日报社和芜湖大众社曾主办过先《通讯学习》。1983年,芜湖日报社主办内部资料《芜湖报·通讯》,双月刊,内部发行。

《芜湖日报·通讯》先后更名为《评报》《求精》《皖江报业》和《皖江传媒》。该刊物先后由芜湖日报社新闻研究室和编委办主办,后成立独立的编辑部。

2015年,《皖江传媒》停刊(详见本编第七章《皖江传媒》)。

4.《芜湖社会科学》

《芜湖社会科学》创刊于1986年,由中共芜湖市委宣传部主管,芜湖社会科学研究所主办,1987年获得安徽省出版总社批准的统一刊号CN34－1051,转为省级公开刊物《中等城市经济》季刊。其编辑部编制13人,内设办公室、编辑部,全年出刊4期,全国发行,内容主要是针对改革开放与经济发展中的问题进行研究和探讨,具有指导性、创建性和理论性等特点,被安徽省出版局评为二级刊物。自2000年第2期起,安徽省社科院经济研究所与芜湖市委党校共同主办《中等城市经济》。同

《芜湖社会科学》2016年第2期。

年，《中等城市科学》停办。[23]

2014 年，芜湖日报报业集团接手承办《芜湖社会科学》杂志。2018 年，转由中共芜湖市委党校和芜湖社科联联合主办。

5.《芜湖风情》

《芜湖风情》创刊于 1992 年 7 月，由芜湖市政府侨务办公室和芜湖市归国华侨联合会创办，统一刊号为 AHB－146。《芜湖风情》是安徽省首家也是唯一一家外宣报纸，其海外读者遍及世界 30 多个国家和地区，成为对外宣传芜湖的窗口，后改版为杂志，编辑部地址在芜湖市镜湖区渡春路 3 号。

《芜湖风情》原为四开报纸，开设的栏目有“芜湖要闻”“经济之窗”“文教动态”“科技之花”“江城风姿”“社会新貌”“侨胞心声”“海外来鸿”“赤子情深”“倾斜之家”“侨界人物”“历史典故”“市井乡音”等。报纸主要面向亚洲、欧洲、美洲、非洲和大洋洲等 35 个国家和地区。该报坚持正确的舆论导向，积极、全面、深入、准确报道芜湖改革开放取得的丰硕成果，大大提高芜湖在海外的知名度，成为家乡和海外侨胞加强联系的纽带和桥梁。报纸发行达 12 年。

2004 年，《芜湖风情》由月报转为季刊，安徽省内部资料准印证号为皖 L02－007，内部免费发行，由芜湖市归国华侨联合会编印，当年向海内外读者寄发 5000 余份。

《芜湖风情》杂志坚持以“让芜湖走向世界，让世界了解芜湖”为办刊宗旨，开设卷首语、人物专访、本刊专稿、经济广角、域外见闻、江城览胜、文史钩沉、城南旧事、七色花、鸠兹画旧、信息荟萃、投资天地、摄影园地等。

6.《伟星》

《伟星》创办于 2001 年 10 月，由安徽伟星置业有限公司主办，企业内刊，内部刊号 L02－024，首任主编张春桃，现任主编吕斐斐。

刊物定位“企业视角 人文情怀”，是安徽伟星置业传播先进人居文化的“小舞台”。切入新颖的视觉，浓缩热门话题，以及与人们生活、置业息息相关的资讯，具有艺术性、新闻性、可读性、资料性和纪念性。

《伟星》2018 年 6 月第 3 期。

重点栏目有“星人物”（封面人物）、“星商圈”（伟星商业）、“星邻里”（伟星社区生活、服务；业主安身、创业、生活、置业之道等）、“星视觉”（读图、人文、自然、纪实）、“星学院”（行业、专业、管理类文摘）、“星笔会”（衣食住行、城事、财经）。

该杂志主打专栏“星观察”，每期一个主题，约 5 篇深度报道组成。关注房地产行业大势，解读国家相关政策，研究企业发展战略，正确面对企业成长中的问题等。

7.《芜湖房地产》

《芜湖房地产》2019 年第 11 期。

《芜湖房地产》创刊于 2008 年，由芜湖市住房和城乡建设局、芜湖市房地产业协会主办，十六开月刊，内部刊物，准印证号皖 L02－004，主编时云福，是芜湖市关于城乡建设与房地产宣传的官方平台，是中国房地产优秀期刊。

该刊宗旨是坚持正确舆论导向，为政府提供决策参考，为企业营造交流平台，为社会做好信息服务。设有篇首寄语、动态分析、新政浏览、老总访谈、名盘巡礼、楼市排行、房产资讯、热线新闻、城市研究、房产视野、江城文苑等。

编辑部地址在芜湖市城东新区瑞祥路 88 号皖江财富广场 A2 座 8 楼 821、828 室。

8.《春谷》

《春谷》杂志创刊于 2009 年，由南陵县文联主办。

该杂志大十六开，封 1—4 版及中间插页 8 页均为铜版纸彩印。开设的栏目有“春谷群芳”“陵阳诗旅”“长河流月”“漳河论坛”“他山红叶”“往日回放”和“文艺纪事”等。

该杂志曾荣登安徽省文学内刊明星榜，荣获“安徽省文学内刊主编联席会永久荣誉主席单位”称号，是南陵文化的名片，也是南陵文艺的“芯片”。

《春谷》2017 年第 1－2 期合刊封面。

9.《芜湖小记者》

《芜湖小记者》2012 年 7 月特刊。

《芜湖小记者》创刊于 2012 年 6 月，内部刊物，由芜湖日报报业集团、芜湖市教育局主管主办，《大江晚报》、芜湖小记者工作室联合编辑，芜湖市关心下一代工作委员会担任指导顾问，总编辑为冯慧莲，副总编辑为大江晚报常务副总编辑王晓朋、芜湖市教育局德育科科长谢芬。该杂志只办 10 期后停刊。

《芜湖小记者》十六开 64 页，月刊，免费发放。1—4 版为铜版版彩印。栏目有“卷首语”“作家寄语”“部长寄语”“校长寄语”“特别企划”“教育与思考”“百草园”“教育心得”“政策解读”“家长频道”“生活点滴”“家庭日记”“校园风采”“亲子沟通”“活动旅游”“情感天地”“诗歌小说”“名校推荐”和“开心一夏”等。

附:芜湖新中国成立后部分单位内部报刊

芜湖新中国成立后部分单位内部报刊

序号	报刊名称	起讫时间	期刊	开张版面	地址
1	皖南医学院报	1957年1月16日	月刊		
2	芜湖师专	1958创刊1982复刊	月刊	四开4版	郊区大桥
3	芜湖师专报	1992—			
4	木材工人	1970.1—1988	月刊	八开4版	中山南路7号
5	重机简报	1970.6—1988	月刊	八开2版	长江路103号
6	芜湖卫生	1973.6—1988	月刊	八开4版	九华山路470号
7	芜湖青年	1973.9—1988	月刊	八开4版	中山路99号
8	火柴工人	1974—	月刊	八开4版	芜湖火柴厂 砻坊路58号
	火花厂报	1984—1988			
9	长机简报	1979.3—1988	月刊	十六开	工农路82号
10	安徽师大	1979.2—	月刊	四开8版	人民路1路
	安徽师范大学报	1991—			
11	安徽电机报	1981.7—1988	月刊	四开4版	吉和街26号
12	安徽工程 科技学院报	1981年7月1日创刊	半月刊		
13	活动报(铁路)	1982.5—1988	月刊	四开4版	芜屯路45号
14	江南运输	1982.6—1988	半月刊	四开2版	九华山路486号
15	芜柴简报	1984.1—1988	周刊	八开4版	中山南路159号
16	丝绸工人	1984.9—1988	月刊	八开2版	长江路99号
17	芜湖环保	1984.10—1988	月刊	四开2版	翠明园内
18	芜湖一中报	1984.10—1988	半年刊	四开4版	黄山路44号
19	芜湖科普报	1984.10—2003.12 2004年改为杂志			
20	芜湖联大	1984.12—1988	月刊	四开4版	状元坊19号
21	简报(水泥厂)	1984.12—1988	月刊	四开2版	长江路221号
22	芜湖科技报	1984—	月刊	四开4版	劳动路17号

续表

序号	报刊名称	起讫时间	期刊	开张版面	地址
23	改革动态(芜纺)	1984—1988	旬刊	八开2版	芜纺路119号
24	芜纺报	1991—1988			
25	活动月报	1984.5—1988	月刊	四开2版	春安路21号
26	教育学院报	1994年5月1日	4期/年		
27	芜湖港报	1985年1月创刊	周刊		
28	华侨青年	1985.1—1988	月刊	八开2版	劳动路71号
29	芜湖教育学院	1985.9—1988	不定期	四开4版	北市街39号
30	安师大附中	1985.1—1988	月刊	四开4版	芜纺路127号
31	芜冶报(冶炼厂)	1985.1—1988	半月刊	四开4版	四褐山
32	东方之声	1985.3—1988	周刊	八开2版	四褐山
33	雪松报(农校)	1985.6—1988	月刊	四开4版	康复路99号
34	芜湖十二中	1985.6—1988	双月刊	四开4版	儒林街2号
35	芜湖十八中	1985.5—1988	不定期	四开4版	青山街138号
36	芜钢工人	1985.11—1988	不定期	十六开4版	郊区芜钢路口
37	印染报	1985—1988	周报	八开2版	长江路123号
38	烟草报	1987年创刊	半月刊		
39	汽车仪表	1989—			
40	裕中集团报	1989年9月11日	半月刊		
41	基层中药	1989—			
42	海螺报	1990年9月创刊			
43	芜湖电机报	1991—			
44	芜湖环境报	1991—			
45	皖南医学院学报	1991—			
46	芜湖机电学院报	1991—	月刊		
47	芜船工人报	1992年8月28日	月刊		

续表

序号	报刊名称	起讫时间	期刊	开张版面	地址
48	芜湖风情报	1992—			
49	芜湖影剧报	1992—			
50	白马山水泥厂报	1992—			
51	芜湖烟草报	1992—			
52	恒鑫集团报	1993 年 1 月	月刊		
53	南陵县报	1993. 10. 1 复刊	周刊		
54	海获人报	1993—2004 年 7 月	月刊		
55	老年大学报	1994 年 4 月创刊	2 期/年		
56	芜湖县报	1994 年 8 月 1 日复刊	周刊		
57	繁昌报	1996 年 11 月 19 日 复刊	周刊		
58	铁山人报	1998 年 12 月创刊	4 期/年		
59	芜湖师范学校报	1999 年下半年	3 期/年		
60	鑫科材料报	2001 年 6 月创刊	月刊		
61	九华电子报	2002 年 9 月创刊	月刊		
62	马塘科普报	2004 年 3 月创刊			
63	鑫龙人报	2004 年 8 月创刊	月刊		

第三章 《芜湖日报》

《芜湖日报》周刊、月刊、专版。(陈立希 摄)

1984年7月1日,中共芜湖市委机关报由《芜湖报》更名为《芜湖日报》,这个报名一直沿用至今。随着时代的发展、报社体制的变化和领导人员的更替,报纸从办报定位、版面、栏目和发行都有不同的变化,报纸版面由黑白印刷逐步发展为全彩印刷;报纸的版数由四开4版发展到对开8版、对开12版,报纸的定位由“权威、好看”的报纸发展到“市委放心、读者喜爱、百姓欢迎、市场接受”的现代都市党报。其间,《芜湖日报》推出了《芜湖日报·星期刊》,周日单列发行,使《芜湖日报》由周六刊跨入周七刊,《芜湖日报·星期刊》最高日发行量达到15万份,创芜湖报业史报纸发行量最高纪录,至今没有被打破。2006年8月,中国芜湖新闻网开通《芜湖日报》数字报,这是该报迈向数字化的开端。2010年,《芜湖日报》实现全彩印刷。2016年,《芜湖日报》因发行和广告下降而减版到最少时对开4版。

因芜湖传媒中心(集团)成立,从2018年9月30日起,《芜湖日报》出版单位由“芜湖日报报业集团”改为“芜湖传媒中心(集团)”。

第一节 创刊号

蕪湖日報

論人民民主專政

副刊

《芜湖日报》1949年7月1日创刊号。(郭青 提供)

1949年7月1日,中共芜湖市委机关报《芜湖日报》创刊。

提起创刊号还有一段故事。从《芜湖日报》的期号看,芜湖报人一直都把1952年7月1日《芜湖大众》创刊时间作为《芜湖日报》的创刊时间,1982年,芜湖日报社总编室主任章少义奉命编撰芜湖日报社大事记。他在整理中共芜湖市委宣传部一批老文件时,意外发现有一份关于1949年7月1日创刊《芜湖日报》的文件。后来又查到《芜湖日报》创刊号报样,这才使《芜湖日报》创刊时间由1952年7月1日推前到 1949 年 7 月 1 日。[24]

《芜湖日报》创刊号对开 4 版。1 版分为报头区和正文区两个部分。报头区占整个版面的六分之一，分三个部分，中间正上方为报名，“芜湖日报”为印刷体（有的资料称为刘伯承题写，详见《报业解读》），自右向左排列，报名下方排列“创刊号”和“今日四版”字样，其右侧为两排，上排为：“一九四九年七月一日创刊”，下排为“每期暂定人民币 20 元”；右侧上排为“芜湖市军管会登记新字第一号”，下排为“地址：芜湖市公安街 107 号”。整个报名区的下排为“电话：编辑部、采通部四七零号 营业科一二三号”。报名区两侧是直排标语区，左侧为“中国共产党万岁！”，右侧为“中国人民解放万岁！”。正文区文章自右向左直排，只有两篇文章和一幅毛泽东主席正面标准照图片，头条是《论人民民主专政——纪念中国共产党二十八周年》，标题为宋体，竖排，在版面的右侧；第二条是《中国共产党简史》，标题宋体，竖排，在文章区的中间略左的位置，字号小于头条标题。

2 版以刊发本市新闻为主。共刊发稿件 17 篇，另有广告，其中中段左侧刊登一则消息《市委李书记勉本报同人，办好人民报纸》，介绍芜湖日报社于 1949 年 6 月 28 日成立情况。同时介绍本报印刷厂建设情况。

3 版以刊发国内国际时事为主。共 14 篇稿件，另有广告。其中刊登《世界各国共产党介绍》。

4 版为副刊版。版面上方三分之二为文章区，文章区右上角为刊头，并做成了题花，有“第一期”字样。文章区刊发诗歌、散文共 11 篇文章，分别为《第一个“七一”毛泽东的故事—》《共产党到了壮年》《庆“七一”》《林国桢的故事》《五尺粗布》《真是好军队》《一篇讲义》《我的学习感想》《渡江的故事 访问水上女英雄》《争取渡江第一船》等。版面下方三分之一为广告，有《中国人民解放军第二野战军军政大学第三分校芜湖招生处通告》《原皖南实业股份有限公司通告》《订婚启事》《芜湖广东酒家启事》《赵华美对亲夫限期召植郑重声明》《李杰三紧要启事》和《辛秀英紧要启事》等。

第二节　改扩版

第一轮改版：《芜湖报》改为《芜湖日报》

1984 年至 1987 年为《芜湖日报》的恢复时期。最大的亮点就是由《芜湖报》改为《芜湖日报》。

1984 年 7 月 1 日，报纸由《芜湖报》恢复为《芜湖日报》并改版。报头由《芜湖报》改为《芜湖日报》，仍为郭沫若先生的题字，因为七一是党的生日，“芜湖日报”套红印刷，自左向右横排，头版上方左侧，“芜湖日报”下为汉语拼音，再下方是“一九八四年七月一日 星期日 农历甲子年六月初三 第 5984 期”。

《芜湖日报》的读者对象是芜湖市和芜湖、繁昌、青阳、南陵四县以及九华山的工人、农民、知识分子、干部等。在指导思想和版面内容上都体现了市管县的新体制，以城市为中心，以农村为基础，做到城乡兼顾。

芜湖日报
中共芜湖市委关于《芜湖报》改为《芜湖日报》的决定
致读者
隆重纪念中国共产党成立六十三周年

《芜湖日报》1984 年 7 月 1 日 1 版。（郭青　提供）

《芜湖日报》仍然保留四开 4 版，周六刊，周一无报。各版面没有标注版面名称，4 个版面的内容分别为 1 版要闻，首期 1 版共 7 篇，头版头条为《中共芜湖市委关于〈芜湖报〉改为〈芜湖日报〉的决定》，右侧为《致读者》，下方为庆祝中国共产党成立 63 周年剪纸作品，主要栏目有“党的基本知识”“党的生活”“芜湖短讯”“企业家”“赭塔瞭望”“镜湖小谈”“专访”“服务台”“商品信息”“今日芜湖”等；2 版为芜湖市（含繁昌、南陵、青阳、芜湖等四县和九华山）新闻综合，主要栏目有“工作研究”“瞧这一家子”“杂谈”“小资料”“有这样一个店”“身边的科学”“做合格的党员”“专访”“来自小厂的报告”；3 版为副刊和经济、农业专页，读者来信专页，主要栏目有副刊版的“春草”“创作花絮”“调查报告”“一得之见”“市场信息”等；经济版的“经济絮语”“彩色的田野”“‘两户’在发展”“通讯”等。知识天地版的“心理学通俗史话”“医药卫生”“天南地北”“生活顾问”“科技服务”；学习版有“学点历史”等；4 版为时事、广告版，主要栏目有“国际要闻简报”“微型新闻”“祖国各地”“江山多娇”“报刊一览”等。

第二轮改扩版：四开小报扩为对开大报

1988 年至 2003 年是《芜湖日报》的发展时期，报纸版面进行了三次改版和扩版。1988 年，《芜湖日报》推出“社会大观”栏目，加强社会新闻报道。1989 年，《芜湖日报·星期刊》创刊。1993 年，《芜湖日报》首推社会·生活版，社会新闻有了固定的版面。1994 年，《芜湖日报》由四开小报改为对开大报。

芜湖日报
共同迎接新世纪
世界正把目光投向芜湖
致读者
八成读者赞成改大报

《芜湖日报》1995 年 1 月 1 日 1 版。

1.《芜湖日报·星期刊》正式创刊

1989 年 1 月《芜湖日报·星期刊》正式创刊，《芜湖日报》由周六刊改为周七刊。此外，1988 年至 1989 年，《芜湖日报》对版面进行了调整，加强深度报道，开设芜湖经济探讨专版，每周一期。

2.《芜湖日报》由“小报”扩为“大报”

1992 年 10 月 2 日，为适应芜湖市成为安徽省“开发皖江、响应浦东”的重点和突破口，《芜湖日报》实施改扩版，由周七刊增加到周八刊，《芜湖日报·星期刊》单独发行。

《芜湖日报》主要版面：1 版为要闻版，突出指导性、时效性；2 版为芜湖新闻版，内容上强调群众和服务性；3 版为专刊版，内容致力于可读性和可信性；4 版为时事、广告版，内容注重连续性和可读性。

1994年10月14日，中共芜湖市委决定，同意《芜湖日报》由四开8版改为对开4版，12月试刊，1995年1月1日，《芜湖日报》正式扩版为对开4版，并对各版面进行调整，《芜湖日报·星期刊》也扩为对开版。

《芜湖日报》主要版面和栏目：1版为要闻版，栏目有“工业企业巡礼”“亮话窗”“神州博览”“通讯”“芜湖短波”“本周特稿”等；2版为社会·生活版，栏目有“华兴街随笔”“接线备忘录”“世象经纬”“快镜传真”“由我来聊”“信息服务”“集装箱”“两面针”“社会事评”“黑白变焦”等；3版为副刊版，分别为读书、留春新月、文化广场、生活之友版。读书版栏目有“双周书摘”“域外书情”“本埠新书”。留春新月版栏目有“镜湖新语”等。文化广场版栏目有“银笺别忆”“说字解语”“知青岁月”“管窥夜话”“微醺杂语”和“闲话”等。生活之友版栏目有“生活时尚”“老人世界”等。所有3版均有连载；4版为时事、广告版。

3.《芜湖日报》出现彩版

1999年11月8日，《芜湖日报》第4版推出整版彩色广告版，内容为《芜湖卷烟厂建厂五十周年广告》，共有2幅彩色图片，这也是《芜湖日报》最早的彩色版面。

第三轮改扩版：提出“权威好看”的办报理念

2003年至2006年，《芜湖日报》提出办报新理念，从“权威”和“好看”两个方面，对报纸进行全面改版，推出AB叠，形成简洁明快、新颖大气的报纸风格，从内容到形式贴近实际、贴近生活、贴近群众。2003年7月3日，《芜湖日报》头版和4版为彩版，其他均为黑白版，同年7月16日，推出《城南新区月刊》，4版均为双面彩版。

芜湖日报
WUHU RIBAO
温家宝主持召开国务院常务会议
认真做好农村非典防治和农村经济工作
让我们共同努力
高校对口升学考试推迟
繁昌农民增收展现新亮点
民进会员送教下乡
芜湖火车站将首开广东列车
编者的话
集约经营：加快发展的必由之路

改版后的《芜湖日报》2003年5月8日头版。

1.《芜湖日报》扩为对开8版，版式更趋统一

2003年5月8日，《芜湖日报》进行全面改版；11月至12月，《芜湖日报》正式扩版试刊；2004年1月1日正式改扩版。其目的就是“以主流的报道，为广大读者提供真实鲜活的新闻内容，使报纸更具权威性和公信力，以更快捷的速度，为读者奉献出最早最新资讯；以全方位、立体式的服务，加强与社会各界的互动，实现媒体与受众的双赢乃至多赢”[25]。

《芜湖日报》由对开4版扩大为对开8版，部分版面彩印，采用AB版结构框架方式。版式上，由原来8批改为6批，全部采用横题，统一字体，留白；大标题、短文章、大图片。在稿件内容上，强调信息量、深度和贴近性，要求短而深；会议新闻和领导人活动的消息不超过500字，最长不超过1000字，一般部门性会议不发消息，挖掘深度新闻；重大新闻发昨日新闻。

A 叠为新闻类，共 4 版，以指导性、新闻性、时效性为主。A1 版为要闻版，栏目有“今日导读”“特写”；A2 版为地方要闻版，栏目有“第一现场”“鸠兹茶座”“视觉新闻”“百姓故事”；A3、A4 版为国内国际新闻版，栏目有“经济观察”“现场目击”“国际博览”“国际资料”“科技点评”。

B 叠为专副刊类，共 4 版，以服务性、可读性、娱乐性为主。B1 版为焦点透视、经济观察和社会广角版，主要栏目有“每周时评”；B2 版为读者之声版；B3、B4 版为文艺副刊和文体娱乐版，B3 版主要栏目有“时尚点击”“健身房”“点点厨吧”“健康提醒”“美时美刻”“娇点写真”“热点追踪”“国际博览”“国际观察”等；B4 版主要栏目有“体坛内外”“荧屏传真”“大家来聊”等。

改版后的《芜湖日报》版面简洁明快，新颖大气，信息量增大，可读性增强，给人以耳目一新感觉。安徽省委宣传部《新闻信息》向全省新闻单位推广芜湖日报改版的成功经验。

2.《芜湖日报》创办城南新区月刊和金融专版

2003 年 7 月 13 日，《芜湖日报》与马塘区联办《芜湖日报·城南新区月刊》（详见本章第五节）；与人民银行联办《芜湖日报·金融专版》。

3.《芜湖日报》与四县合办“周刊”

2004 年起，《芜湖日报》先后与芜湖县、繁昌县、南陵县合办《芜湖日报·芜湖县周刊》《芜湖日报·繁昌周刊》《芜湖日报·南陵周刊》（详见本章第五节）。

4. 推出 60 版的元旦特刊珍藏版

2004 年，《芜湖日报》推出 60 版的 2004 年元旦特刊珍藏版（详见本章第五节）。

第四轮改扩版：实现报纸的全彩印刷

2006 年至 2011 年，《芜湖日报》逐步融入全国报业改革之中，提出打造“市委放心、读者喜爱、百姓欢迎、市场接受”的现代都市党报。本轮改版动作最大的是《芜湖日报》管理体制和办报模式的改变，版面也由 AB 叠扩大为 ABC 叠，规范三县周刊，使之融入《芜湖日报》。

蕪湖日報
我市召开庆祝中国共产党成立88周年座谈会
奇瑞永达公司铸铁项目点火投产
高度重视积极推进党内民主建设 充分发挥全党积极性主动性创造性
我市今日起结束连续降雨
积极应对暴雨灾害 妥善安排灾民生活
繁昌掀起新一轮招商热潮
穿“阅”60年 创新60年

《芜湖日报》2009 年 7 月 1 日头版。

1.《芜湖日报》扩版为对开 12 版

2006 年 1 月，《芜湖日报》改扩版，由对开 8 版扩为对开 12 版，分 ABC 三叠。

A 叠 4 版：A1 版为要闻版，A2 版为芜湖新闻版，A3 版为时事版，A4 版为文体娱乐版。

B 叠 4 版：B1 版为党报热线版，B2 版为社会生活版，B3 版为理论与实践（“民主与法制”“鸠兹文苑”、时事副刊“视野”）版，B4 版为健康·广告版。

C 叠 4 版：三县周刊版。

2. 三县周刊做到“四统一”

2007 年，芜湖日报报业集团加强对《芜湖日报》三县周刊的管理，实行统一管理、统一版型、统一印刷、统一发行的运作模式，使三县周刊成为《芜湖日报》重点的组成部分。2007 年 7 月，报业集团设立县区周刊编辑部，专门负责周刊的出版管理工作，在编审过程中，执行编前会报稿制度，有效杜绝《芜湖日报》重稿现象。

2008 年，芜湖日报三县周刊改为县区新闻版，加大时事新闻的版面比重。

3. 打造现代都市党报

2009 年，芜湖日报报业集团提出打造“领导放心、读者喜爱、百姓欢迎、市场接受”的现代都市党报办报宗旨。实施改思维、改内容、改形式等“七改”方案，将《芜湖日报》管理体制由“母报”变为“长子”，办报模式变“报办集团”为“集团办报”，使《芜湖日报》与《大江晚报》《金周刊·芜湖广播电视》形成并行的竞争态势；报纸为 ABC 叠，由对开 8 版扩大到对开 12 版。头版报头下开设通栏导读，取消三县周刊，每月三县各推出一块版面，由《芜湖日报》负责组稿、编辑。

2010 年，《芜湖日报》恢复三县周刊出版。

2011 年，重新启动《芜湖日报》“党报进社区”和“局长零距离”活动。

第五轮改扩版：强化言论立报 提倡深度报道

2012 年至 2014 年，《芜湖日报》推出新报头，提出“言论立报、强化经济报道，追求报纸的深度报道”的改版思路，对《芜湖日报》进行局部改版。

芜湖日报

公益广告 江城一道独特靓丽的文明风景线

棚改托起安居梦

全力推动宣传思想工作创新

致读者

2013 年 11 月 28 日，《芜湖日报》改版。

1. 强化言论立报，做强经济新闻

从 2012 年起，《芜湖日报》历时一年半完成最新改版，通过媒体融合，做强做靓头版，强化言论立报。具体在六个方面改版：一是推出新报头，取消 1 版“导读”；二是开设经济、经济聚焦专版，确保每周刊发 2—3 个经济新闻专版；三是在要闻版开设“江声”“中江时评”专栏，加重 1 版本报评论员文章（系列评论）的分量；四是每周推出一期时评专版，创新时评专版内容和版式，强化言论立报；五是每月推出一期调查研究专版，强化理论宣传的力度；六是强化专副刊的新闻性、本土性、服务性。

“江声”栏目被芜湖市委宣传部《新闻阅评》称为具有“地域特色、汇聚民意、畅达市民心声”特点，并被评为安徽新闻奖一等奖。

2.《芜湖日报·无为周刊》创刊

2012 年 2 月 16 日，《芜湖日报·无为周刊》创刊。周刊对开 4 版，双面彩，每周四随

《芜湖日报》出版。2017 年停刊，之后又恢复《芜湖日报·无为周刊》（详见本章第五节）。

3.《芜湖日报》报头取消独立报徽

2013 年 11 月 28 日，《芜湖日报》推出新报头。原报头左上角取消独立报徽，增加日报二维码（二维码中心区仍为报徽图案）。2014 年 7 月 8 日，《芜湖日报》报头上的二维码改成新媒体二维码，仍有报徽图案。

第六轮改版：适应新媒体时代变化

2015 年至 2019 年 7 月，这一轮改版是在互联网和新媒体的冲击下进行的，目的是适应新媒体时代的要求。新媒体超市二维码改为“今日芜湖”二维码，报徽消失。《芜湖日报》的版面也由原对开 8 版减少到对开 4 版，繁昌周刊和无为周刊除外。

1.《芜湖日报》改二维码，报徽消失

2015 年 12 月，《芜湖日报》的报头区日报二维码改成新媒体超市二维码，使读者通过它更方便地看到芜湖日报报业集团的众多新媒体产品，实现集团各媒体间的互动与读者的跨界延伸阅读。2018 年 2 月 27 日，《芜湖日报》报头区新媒体超市二维码改为“今日芜湖”客户端二维码，报徽消失。

2.《芜湖日报》减版

自 2016 年 6 月 6 日起，《芜湖日报》对版面进行微调，周二、周四、周六报纸的版面由原来的对开 8 版减少到对开 4 版。

3.《芜湖日报》更换出版单位

2018 年 9 月 30 日起，《芜湖日报》出版单位由芜湖日报报业集团改为芜湖传媒集团。

蕪湖日報
习近平在视察79集团军时强调
全面加强练兵备战加快提升打赢能力
芜湖传媒集团昨日揭牌成立
因势而动 为你而变

《芜湖日报》2018 年 9 月 30 日 1 版。

第三节 主要版面

一、社会生活版

1993 年，《芜湖日报》开设社会生活版。其宗旨是挖掘社会新闻，提高报纸的可读性。从 1995 年 1 月 1 日的《芜湖日报》社会生活版可以看到有三个特点：一是以老百姓的生活为报道对象，具有亲民性；二是以栏目为支撑，共推出社会事评、由我来聊、快镜传真、世象经纬、两面针、集装箱等栏目；三是文章短小精悍，一个版刊发稿件 19 篇，另有广告。

夜访神山口

《芜湖日报》1995 年 1 月 1 日社会生活版（2 版）。

二、时评版

在安徽省地市党报中第一个开辟言论版，时评版创办于

把群众当亲人
财产公示 让官员财产告别"朦胧美"
不能总让"最美姐姐"一个人战斗

《芜湖日报》2011年8月15日时评版。

2003年。要求每期的头条都从正面着手，打破言论多以批评为主的模式。同时力求批评言论的"软着陆"，用温暖的语言感动人。时评版还注重评述的时效性和可读性，具有一定的影响力。

三、鸠兹文苑版

鸠兹文苑版是《芜湖日报》副刊品牌专版，创办于2003年，至2007年12月仍保留此版。

该版每周一期，主要专栏有"鸠兹拾贝""城市文档"等，展示芜湖过去的历史文化和风土人情，以及芜湖文化特色的传承和变迁等。同时，还组织策划"青弋江六桥风月""芜湖名园风物录"和"芜湖街巷地名溯源"等反映芜湖的历史掌故和巷陌珍闻专题，曾连续三年在全省报纸副刊好作品评选中获得两个一等奖，一个二等奖。

第四节　品牌栏目

1. "党报热线"

2005年，《芜湖日报》改版时专设民生版，推出"党报热线"专栏，并成为《芜湖日报》品牌栏目，中共芜湖市委、市政府领导多次批示予以表扬。2006年，《芜湖日报》将"党报热线"由原来的一个栏目扩大为整版，位置也由A3版调整到B1彩色封面版。同时，芜湖日报社恢复《芜湖日报社·内参》，开设"政务监督"栏目，芜湖市政府办公室为此专门印发《新闻媒体政务督办单》，并召开专题会议，要求政府各部门高度重视政务督办栏目所反映的问题，做到件件有回音，并将整改情况及时反馈给《芜湖日报》。

B1
芜湖日报
规划中的花园怎么成了垃圾堆?
涉源单位申领辐射安全许可证将有所变化
药房减肥食品管理不容忽视

《芜湖日报》2006年3月23日热线版。

2008年5月，《芜湖日报》"党报热线"开设"党报热线·局长零距离"系列，每月一期，局长做客党报，围绕党委、政府的重点工作、人民群众关心的热点、难点问题，专题解答，解决与老百姓日常生活中密切相关的各类问题，架起党委、政府和群众沟通的桥梁，使版面宣传与群众的联系更加密切、更加贴切。当年共开设8期，涉及卫生、教育、社保、民政、交通、食品药品监督管理、市容和民生工程等。

中共安徽省委宣传部《新闻阅评》对“党报热线”专版进行通报表扬，认为该版面“从与市民保持‘热线’联系到主动走进百姓家庭，关注社会、关注民生、展示生活、再现生活，‘党报热线’如实反映了普通市民的思想、情感、意愿和呼声，成为省内党报阵地的一个优秀品牌。”

2. 党报进社区

经常敲敲门　安慰老人心
裕溪口有一独特的人文关怀风景
“党报进社区”系列活动之一
裕溪口人上一趟市区咋就那

《芜湖日报》“党报进社区”系列专栏。

2005 年 1 月，芜湖日报社通过市场运作，自筹资金 30 万元，在全市四区的重点社区、主要街道路口及大专院校兴建党报阅报栏 60 个，由芜湖日报社发行部门安排有关人员每天更新党报。

从 2006 年 2 月开始，《芜湖日报》“党报进社区”活动每周举办一次，编辑记者走进社区，与居民面对面，倾听群众的呼声，全面报道“党报进社区”的活动内容。之后，该活动扩大到芜湖日报社党组成员和全体党员、中层干部及党员发展对象，并形成媒体间互动，开展赠报、晚报受理投诉等活动。此后，该项活动不定期地开展至今。

第五节　特刊、周刊、月刊

一、特刊

1.《芜湖日报》2004 年元旦特刊珍藏版

蕪湖日報
WUHU RIBAO
感恩江城　回报社会
辉煌
胡锦涛主席发表2004年新年贺词
创造世界和平繁荣的美好明天
支柱产业为我市经济发展提速
2003’我们一起走过
让创新伴随每一天
今日导读
本报评出2003年芜湖十大新闻
奋进在全面建设小康社会征程上

《芜湖日报》2004 年 1 月 1 日 1 版。

《芜湖日报》推出 2004 年元旦特刊珍藏版，对开 60 版。

1—4 版为新闻版，分别为要闻、芜湖新闻、国际新闻和广告版。其中，1 版有“本报评出芜湖十大新闻”和特刊导读；5—8 版为焦点透视版，分别为特稿版、专版、社会广角版；9—13 版为建设专版，分别为综合专版、市容专版、房地产管理版和规划专版；14 版为法苑；16 版为专版；17—20 版为大江南北版，分别为专版和鸠兹·讲述版；21—22 版开发区专版；25 版为大桥开发区版；29—32 版为新芜区专版，分别为综合版；33—34 版为镜湖区专版。35 版为市民心声版；37—38 版为马塘区专版；41—42 版为鸠江区专版；43 版为县域版；45—48 版为芜湖县专版，分别为综合版、城市建设、特色农业、工业园区版、49—52 版为繁昌县专版，分别为综合版、经济、新镇新貌版；53—56 版为南陵县专版，分别为综合版、新镇巡礼、县域经济、工业园区版；57 版为经济观察版。此外，还有鸠兹系列专版，其中包括鸠兹·文学、鸠兹·生活版、鸠兹随笔版，其他版面均为广告版。

2.《芜湖日报》创刊 55 周刊纪念版

2004 年 6 月 30 日，《芜湖日报》编辑出版对开 36 版，其中 24 块版为《〈芜湖日报〉创刊55 周年纪念版》，彩色印刷，封面 1—4 版为铜版纸印刷。

难忘今宵
创刊55周年
我们一同走过
——纪念《芜湖日报》创刊55周年文艺晚会精彩瞬间

《芜湖日报》2004 年 6 月 30 日报庆特刊。

1 版为封面版，报头区在版面上方七分之一区域，报头区有一张鸠兹广场图片，图上从左到右上印有“芜湖日报创刊55 周年”字样，其中，“芜湖日报”四个字为立体字，“创刊55 周年”为黄色粗宋体字；“创刊55 周年”的下面为红色方块底纹，上有弧形“1949. 7. 1—2004. 7. 1”和白色“纪念版”字样。文章区上方为中共安徽省委副书记张平和中共芜湖市委书记詹夏来的题词，有中共芜湖市委副书记、市长沈卫国在芜湖日报创刊55 周年纪念大会上的讲话《把握时代脉搏 实现新的跨越》和芜湖日报社党组书记、社长司旌霞发表的《与时俱进 再创辉煌——写在〈芜湖日报〉创刊 55 周年之际》。文章区下方为芜湖日报社“全家福”巨幅照片。

2—3 版为祝贺广告和商业广告。4 版为关心·支持版，刊登全国有关媒体的祝函；6 版为风雨历程版，登载《芜湖日报》老报头和芜湖日报社七处社址；9 版为关怀激励版，刊发芜湖市领导关怀《芜湖日报》成长的图片；14 版为我与《芜湖日报》版，刊发部分采编人员的感怀；16 版为难忘今宵版，刊发《纪念〈芜湖日报〉创刊 55 周年文艺晚会精彩瞬间》；17 版为精彩回眸版，刊发《大江晚报 8 年真情故事》；22 版为厂报同辉版，介绍芜湖日报社印刷厂的发展历程；24 版为翰墨情缘版，刊发“金百川杯”翰墨情缘书画笔会专版。

另 5 版、7—8 版、10—13 版、15 版、18—20 版、23 版均为广告版。

3.《芜湖日报》创刊 60 周年特刊

2009 年 7 月 1 日，《芜湖日报》推出《〈芜湖日报〉创刊 60 周年特刊》，全彩印刷。当天《芜湖日报》共出对开 68 版，这是《芜湖日报》创刊 60 周年以来版数最多的一期。

封面版用铜版纸彩色印刷。报头区在头版上方，占版面的六分之一区域，大红底纹上，左侧由上而下分别为芜湖日报社报徽、“2009 年 7 月 1 日(星期三)”“农历闰五月初九”“特 1”“第 14624 期”、国内刊号和邮发代号，其中，日期和“特 1”为白字，其他为黑字；中右为“芜湖日报创刊 60 周年纪念特刊”，其中，“芜湖日报”为郭沫若体，金色立体字，“创刊 60 周年”为宋体白色勾黑边，“纪念特刊”为琥珀体变幻彩色，“创刊 60 周年”的上面有黄色阿拉伯数字“1949.7.1—2009.7.1”。下为网址和“芜湖日报报业集团出版”字样。

文章区为金色底纹，有中共芜湖市委和市政府及市委宣传部领导讲话内容。版面左下角为数字60、鸠兹雕塑和鲜花组成的喜庆图案，右侧为导读：《六十年薪火传承 一甲子春华秋实》是领导在《芜湖日报》创刊60周年庆祝大会上的讲话，最下角分别为特刊编创人员。其中总策划为张维水，主编为刘光，副主编为柯南、李祥春、金昌龙（执行）、冯慧莲和方佳金。

六十年一甲子：
纪录芜湖日报发展历程

《芜湖日报》2009年7月1日报庆60周年特刊。

《〈芜湖日报〉创刊60周年特刊》为对开60版，象征芜湖日报社走过六十周年。

特1版为封面版，各级领导题词；特2版为关怀图片专版，其中有时任中共芜湖市委书记张平陪同李瑞环同志看《芜湖日报》的珍贵图片；特3版为纪念版，刊发《六十年薪火传承 一甲子春华秋实》，是芜湖日报报业集团党委书记、社长张维水在《芜湖日报》创刊60周年庆祝大会上的讲话；特4版为读者版，编排一组读者回顾与《芜湖日报》的往事文章；特5版为业绩版，分别刊发《大江晚报：走出去，谋求另类崛起》《品质生活从金周刊开始》《打造网络时代的新闻快捷平台》《让最新鲜的新闻“走着瞧”》《以报纸印刷为核心 以商务印刷为延伸》等四篇文章；特6—7版为记录通版，主标题为《记录城市变化的时代长卷》；特8版为回忆版，刊发芜湖日报报业集团领导和资深报人的纪念文章；特9版为心声版，刊发热心读者的祝贺文章；特10版为我们版，刊发采编人员的回顾文章；特11版为身影版，推出《六十年一甲子：记录芜湖日报发展历程》；特12版为发展版，刊发《芜湖日报报业集团走向新时代》；特13版为奇瑞版、广告版；特14版为书画版，芜湖书画家的祝贺书画作品；特15—24版为芜湖市各部门专版；特25—58版为芜湖市各区、部门专版、广告版；特50—60版为祝贺版，新闻出版总署等祝贺单位名单和部分单位发来的贺信。

芜湖日报 创刊65周年特刊
1949.7.1-2014.7.1 T1
风云激荡来时路 大浪淘沙铸辉煌
见证

《芜湖日报》2014年7月1日报庆版。

4.《芜湖日报》创刊65周年特刊

2014年7月1日，《芜湖日报》推出20版，其中T1—T8版为《〈芜湖日报〉创刊65周年特刊》。

T1版为封面版，除刊发《风云激荡来时路 大浪淘沙铸辉煌》回顾《芜湖日报》所走过的历程的文章外，用《芜湖日报》版面拼成梯式图片，并在图片上压“见证”两字，相当有气势；T2版为地税专版；AT3版为成果版，刊发《用责任和激情书写芜湖报业辉煌篇章》；T4版为市第一人民医院专版;T5 版心语版,采编人员吐露心声;T6 版为华衍水务专版;T7 版为读者篇,刊发《随时代发展阔步前进 与城市进步激昂共鸣 ——纪念芜湖日报创刊 65 周年读者座谈会》和芜湖日报报业集团 2009 年到 2013 年荣获中国新闻奖、安徽新闻奖作品目录;T8 版庆祝中国共产党成立 93 周年公益广告。

二、周刊

1.《芜湖日报·繁昌周刊》

《芜湖日报·繁昌周刊》创刊于 2004 年 1 月 5 日,对开 4 版,在《芜湖日报》C 叠版刊发,周一随《芜湖日报》发行。

繁昌 周刊
FANCHANGZHOUKAN
13
依法履职 不辱使命
参政议政 促进发展
热烈祝贺县十六届人大一次会议、县政协九届一次会议隆重召开

《芜湖日报·繁昌周刊》2012 年 2 月 13 日 1 版。

《芜湖日报·繁昌周刊》1 版为要闻版;2 版综合新闻版,栏目有“春谷新语”“新闻故事”“人大政协园地”;3 版为视点·农经、教育·文体版,栏目有“农技天地”;4 版专刊、副刊版,栏目有“第一人称”“读书时间”“百姓故事”“小说天地”等。

2009 年 1 月 8 日,芜湖日报报业集团进行版面改革,取消独立的三县周刊,合并为《芜湖日报·县区新闻》,中共繁昌县委宣传部负责提供稿件,稿件审核和编排由芜湖日报社负责,每周一期,每期一版。

2010 年上半年,芜湖日报报业集团再次启动版面改革,恢复三县周刊的出版发行。同年 8 月 25 日,《芜湖日报·繁昌周刊》恢复出版,其采编、版式、操作流程等均延续 2004—2008 年的模式,芜湖日报社成立三县周刊办公室,负责审核、签发、印刷和出版。2016 年 3 月,芜湖日报报业集团停办四县周刊,《芜湖日报·繁昌周刊》停刊。之后再次恢复《芜湖日报·繁昌周刊》。

2.《芜湖日报·南陵周刊》

南陵 周刊
NANLINGZHOUKAN
14
热烈祝贺
南陵县 十六届人大一次会议 政协九届一次会议 隆重召开!
优化环境 提商选资 促进县域经济又好又快发展
南陵县再次召开严肃换届纪律集体谈话会
创新农业思路 务实农业发展
合作医疗支付方式改革全面推进
县工商局:创新监管思路 切实履行职能
县医院:争创“二甲” 做群众满意医院
县质监局采取五条举措提高效能建设

《芜湖日报·南陵周刊》2012 年 2 月 14 日 1 版。

《芜湖日报·南陵周刊》创刊于 2004 年 1 月 6 日,对开 4 版,在《芜湖日报》C 叠版,周二随《芜湖日报》发行。

《芜湖日报·南陵周刊》1 版为要闻版;2 版为综合新闻版;3 版为副刊版;4 版为专版。

2009 年 1 月 8 日,芜湖日报报业集团进行版面改革,取消独立的三县周刊,合并为《芜湖日报·县区新闻》,中共南陵县委宣传部负责提供稿件,稿件审核和编排由芜湖日报社负责,每期 1 版。

2010 年上半年,芜湖日报报业集团再次启动版面改革,恢复三县周刊的出版发行。同年 8 月 25 日,《芜湖日报·南陵周刊》恢复出版,其采编、版式、操作流程等均延续2004—2008年的模式，芜湖日报报业集团成立三县周刊办公室，负责审核签发印刷。2016年3月，芜湖日报报业集团停办四县周刊，《芜湖日报·南陵周刊》停刊。

3.《芜湖日报·芜湖县周刊》

《芜湖日报·芜湖县周刊》创刊于2004年1月7日，《芜湖日报》C叠版，周三随《芜湖日报》发行。

《芜湖日报·芜湖县周刊》对开4版，1版为要闻版；2版为经济·社会版；3版为专副刊版；4版为综合、广告版。栏目有“荆江心语”“重点工程跟踪”“关注机械工业园”“经济与法”“理论学习”“党的建设”“劳务天地”“教育园地”“乡村新风”“张村风景线”“能人小传”“读者来信”“百姓故事”“文艺副刊”等。

芜湖日报
芜湖县 周刊
15
国务院保障性住房督查组到县督查
坚持科学发展　加速率先崛起　促进社会和谐
芜湖县第十六届人大一次会议 政协芜湖县第九届委员会一次会议隆重举行
芜湖县第十六届人民代表大会第一次会议公告
芜湖县第十六届人民代表大会第一次会议公告
芜湖县第十六届人民代表大会第一次会议公告
芜湖县第十六届人民代表大会第一次会议公告

《芜湖日报·芜湖县周刊》2012年2月15日1版。

2009年1月8日，芜湖日报报业集团进行版面改革，取消独立的三县周刊，合并为《芜湖日报·县区新闻》，芜湖县报社负责提供稿件，稿件审核和编排由芜湖日报社负责。每周四出版，每期1版，2009年1月8日至2010年8月18日，《芜湖日报·芜湖县周刊》共出版了60期。

2010年上半年，芜湖日报报业集团再次启动版面改革，恢复三县周刊的出版发行。同年8月25日，《芜湖日报·芜湖县周刊》恢复出版，其采编、版式、操作流程等均延续2004—2008年的模式，芜湖日报报业集团成立三县周刊办公室，负责审核签发印刷。2016年3月，芜湖日报社停办四县周刊，《芜湖日报·芜湖县周刊》停刊。

4.《芜湖日报·无为周刊》

芜湖日报
无为 周刊
16
迎着朝阳
——《芜湖日报·无为周刊》发刊词
弘扬主旋律
展示新无为
县委十三届五次全体（扩大）会议确定全年发展目标
无为吹响科学发展加速跨越号角
无为县3000万元
重奖发展“功臣”
无为县举办在肥新闻界朋友新春联谊会
农民工技能培训：让梦想照进现实
城乡困难群众
医疗负担再降低

《芜湖日报·无为周刊》2012年2月16日1版。

《芜湖日报·无为周刊》于2012年2月16日创刊，对开4版，《芜湖日报》C叠版，周四随《芜湖日报》发行。

《芜湖日报·无为周刊》头版为要闻版，报眼位置刊发《迎着朝阳——〈芜湖日报·无为周刊〉发刊词》，力争把报纸办得丰富一些、生动一些、耐读一些；2版为要闻版，3版为副刊版；4版为广告版。

2016年3月，《芜湖日报·无为周刊》停刊。2017年，《芜湖日报·无为周刊》复刊，周五随《芜湖日报》发行。

三、月刊

《芜湖日报·城南新区月刊》

2003年7月16日，《芜湖日报·城南新区月刊》创刊，对开4版，全彩印刷，周三随《芜湖日报》发行。

《芜湖日报·城南新区月刊》报头区域在头版上方六分之一左侧位置，上方为郭沫若体“芜湖日报”字样，略小；下方为颜体“城南新区”红色大号字，其右侧为行书“月刊”两字，下为拼音字母；它们的右侧为信息栏，围框内为“2003 年 7 月 16 日，癸未年六月十七”；下方为“第 1 期（创刊号）本期 4 版”。报头区右侧为报眼区，刊发代发刊词《风云际会看城南》，并以双线套红围框。版面最下角有通栏咖啡色底纹套红字：“编辑部地址：中共马塘区委宣传部”，另有电话、邮政编码和电子信箱。

城南新区
代发刊词
150亿巨资打造新城南
现代化城南新区呼之欲出
确定十大奋斗目标
江浙开发商纷纷抢滩城南
点击软肋：
阻碍城南快速发展的思想痼疾

《芜湖日报·城南新区周刊》2004 年 1 月 6 日一版。

《芜湖日报·城南新区月刊》对开 4 版，1 版为综合版，创刊号 1 版刊发《150 亿巨资打造新城南 现代化城南新区呼之欲出》《马塘区委政府确定十大奋斗目标》等；2 版为综合新闻版，创刊号稿件《城市化给近郊农民带来了什么?》，主要栏目有“视点分析”等；3 版为副刊版，创刊号稿件《城南旧事》《芜湖日报·城南新区月刊招聘采编人员启事》，主要栏目有“心香一瓣”“天地一瞬”“生活空间”“情感体验”“百姓情怀”“名家新作”和“时代旋律”等；4 版为广告版。

第四章　《芜湖日报·星期刊》

蕪湖日報 星期刊
向一贯关心呵护芜湖日报《星期刊》的读者朋友致意!
曾经五十风和雨
更待百年好文章
——芜湖日报创刊五十周年
走近国庆

《芜湖日报·星期刊》1999 年 7 月 1 日 1 版。

《芜湖日报·星期刊》是芜湖日报社创办的综合类周刊，它创造了芜湖报业史上两项“第一”：芜湖当代报业史上第一张综合类周刊，芜湖报业史上发行量最高的报纸，平均每期发行量保持在四万到六万份，最高发行量达到 15 万份。

1988 年 7 月，芜湖日报社开始筹备《芜湖日报·星期刊》。9 月 18 日，在报社内部试刊 1 期，推出送审版样，没有出版发行。10 月 2 日，《芜湖日报·星期刊》正式对外试刊。到 12 月底，共试刊 13 期。有趣的是，内部试刊的 1 期样报与 10 月 2 日正式对外试刊第 1 期内容基本相同，两个头版均有发刊词《愿乘改革潮 涌进百姓家》，只是在落款上有所不同，试刊第 1 期多了“告读者”字样；本报记者顾伟明采写的头版头条《有奖储蓄 ABC》均出现在两个头版头条中；第 2 版内容完全一样；3 版内容所有不同，内部试刊样报右下角的《海粟大师在九华散记》移到了 3 版头条位置；4 版完全不同。

1989 年 1 月 1 日，《芜湖日报·星期刊》正式创刊。该刊四开 4 版，黑白印刷，封面版套色印刷，周日发行。报头没有创刊字样，但从本刊编辑的发刊词《愿乘改革潮 涌进百姓家》中可看到，本期为创刊号。作为周末版的《芜湖日报·星期刊》创刊后，《芜湖日报》由周六刊改为周七刊，它也使《芜湖日报》成为真正的日报。1993 年 10 月 1 日，《芜湖日报》改扩版为四开 8 版，周七刊，《芜湖日报·星期刊》周日独立发行。1994 年 12 月 5 日，《芜湖日报·星期刊》扩为对开版。

1999 年 1 月 2 日，《芜湖日报·星期刊》停刊，改为《芜湖日报·星期文摘》，对开 4 版。1999 年 6 月 30 日，《芜湖日报·星期文摘》停刊，仅出版 24 期。

1999 年 7 月 1 日，恢复《芜湖日报·星期刊》，这一期的时间可能有误，从《芜湖日报》周六（7 月 2 日）和周一（7 月 4 日）版来看，周日出版的《芜湖日报·星期刊》应当为 1999 年 7 月 3 日。1999 年 12 月 19 日，《芜湖日报·星期刊》首推单面彩版。2003 年 12 月底，《芜湖日报·星期刊》停刊。

《芜湖日报·星期刊》形成了独特的版面风格和内容取向。在内容上，舍去大量的会议消息、文件摘编和工作性、经验性的报道，而把报道更多地面向社会、生活和群众，注重群众关心的社会问题和日常生活琐事、文化艺术熏陶，尤其是着重发表群众关心的热点、难点问题的解释性新闻，如《征粮沉思录》《铁老大说请多多关照》《777 商标案思索》等。在题材上，适应了不同层次读者的不同需求，做到雅俗共赏、各取所需。既有杂文、名人专访、历史掌故、音乐美术作品欣赏、现代新潮服饰介绍等文章，也有“影视故事”“读者点歌”“法制通讯”“电影电视节目预告”等栏目。在形式上，采取多种方法，编排方式强调版面美化，与《芜湖日报》好像“换了一个面孔”，具有贴近生活、贴近群众的鲜明特色。

2003 年 12 月 31 日，《芜湖日报 · 星期刊》停刊。

第一节　试刊版

《芜湖日报 · 星期刊》自 1988 年 10 月 2 日试刊，共试刊 13 期，本节介绍试刊第 1 期。

《芜湖日报 · 星期刊》四开 4 版，周刊，黑白套红印刷，逢星期日出版。

1. 办刊宗旨

《芜湖日报 · 星期刊》在头版刊发《愿乘改革潮 涌进百姓家——告读者》，其中有：“以求是、创新、益智、怡性为宗旨己任，将立足芜湖，面向全国，宣传两个文明，主攻‘两点’（热点和难点）新闻，知识博物，开拓视野，丰富文化生活，裨益身心健康。”

《芜湖日报 · 星期刊》1988 年 10 月 2 日试刊第 1 期。

2. 封面设计

《芜湖日报 · 星期刊》报头区在头版右下方的长方块形区域。在套红长方框内，最上方是拼音字母横排，套在“W”空心字里；“芜湖日报”沿用郭沫若为《芜湖日报》所题报头，横排，字号略小于“星期刊”；“星期刊”为黑体字，竖排，套红印刷，下面为红字“试刊第一期”；套红长方框外左侧上方为办刊宗旨：“求是、创新、益智、属性”，分四排横排；下面分两排为“一九八八年十月二日 农历戊辰年八月二十二日”“星期日 第 7303 期 统一刊号 CN34－004（代号 25－8）”。此后，“星期刊”报头多次变体，套色也各不相同。

3. 版面设置和主要栏目

1 版为新闻通讯版，主要刊登读者关心的热点、难点新闻，注重对新闻的阐释和剖析，以探索真谛，力求耐读。试刊第 1 期主要稿件有本报记者顾伟明采写的《有奖储蓄》，另有《愿乘改革潮 涌进百姓家——告读者》等；主要栏目“有求索篇”“星期特写”“新闻人物”和“留春亭闲话”等。

2 版为社会・生活版，重点反映社会生活和经济生活，内容包括社会新闻、恋爱婚姻家庭、法制通讯等；本期本版主要稿件《竞争时代 人才的竞争——与经济日报副总编辑王昭栋一席谈》；主要栏目有“大千世界”“情感世界”“法网恢恢”“新潮”“吃在芜湖”“祝你健康”等。

3 版为文化娱乐版，介绍芜湖文体娱乐活动。本期本版主要稿件有本报记者陈建国采写的《踏遍青山人未老——海粟大师在九华散记》；主要栏目有“鸠史钩沉”“读者点歌”“万紫千红”和“文摘”等。

4 版为电影・电视版，介绍影视故事、影视评论、拍摄花絮、收视指南及电视、一周电影新片和电视节目预告；主要栏目有“影视故事”“收视指南”“本周银幕”“知识海”等。

中逢安排广告及小资料。

第二节　创刊号

1989 年 1 月 1 日，《芜湖日报・星期刊》创刊，为四开四版，黑白套红印刷。

《芜湖日报・星期刊》1989 年 1 月 1 日创刊号。

1. 封面设计

《芜湖日报・星期刊》报头区在头版右下方的长方块形区域，横排，套红印刷。在套红长方框内，最上方左侧是圆形刊标，右侧为红底白字横排，上方“芜湖日报”为郭沫若体，字号略小于“星期刊”，下方“星期刊”为黑体字，再下面为办刊宗旨：“求是、创新、益智、属性”，宗旨的下面是“1989 年 1 月 1 日 星期日 农历戊辰年十一月二十四日”；最下面是“第 7393 期 统一刊号 CN34－004 代号 25－8”；标题区的右侧竖排第十四期。虽然没有标注创刊号，但从头版《愿为改革鼓与呼 新年寄语》中可看到，该期《芜湖日报・星期刊》为创刊号。

2. 版面安排

1 版为新闻通讯版，主要稿件有本报记者章少义、汪兴泉采写的整版通讯《凯旋在法兰克福 —王满鑫出国验收设备追记》。

2 版为社会・生活版，主要稿件《夜幕下的截烟战》；主要栏目有“法网恢恢”“情感世界”“祝你健康”和“业余爱好”等。

3 版为文体・文摘版，主要稿件有本报记者汪超、陈建国采写的《幽兰在山谷——访安师大张春江教授》；主要栏目有“万紫千红”“读者点歌”等。

4 版为电影・电视版，主要栏目有“影视故事”“本周银幕”等。

第三节　改扩版

一、《芜湖日报·星期刊》扩为四开8版

1993年10月1日,《芜湖日报·星期刊》改扩版,由四开4版改为四开8版。

1. 封面设计

头版上方五分之一版为报头区。报头区分套色区和围框区两个区域,套色区为黑色底纹套红色底纹,均为长方形。套黑区内有郭沫若体“芜湖日报”和统一刊号,时间为“1993年10月4日至10日(第260期)”;套红底纹区里有琥珀体“星期刊”字样。右侧围框内为本期导读。

2. 版面安排

《芜湖日报·星期刊》四开8版。

芜湖日报
星期刊
本期导读
国威·国魂

《芜湖日报·星期刊》1993年10月4日1版。

1、4版为通版,新闻通讯版,大图片《国威·国魂》。主要稿件有本报记者顾伟明采写的长篇通讯《一位厂长的紧迫感》。主要栏目有“留春亭闲话”“五金站特约刊登”等。

2版为生活版,主要稿件有《安得广厦千万间——租房者的梦想》。主要栏目有“关心焦点”“五花八门”“外地见闻”“特约来稿”“珍友信箱”。

3版为多维人生版,主要稿件有《张国荣的五彩人生》。主要栏目有“情感世界”“妙手偶得”等。

5、8版为视屏信息版,为央视1—3套、安徽台、芜湖台、芜湖教育台、芜湖有线台、云贵台电视节目预告。

6版为体育版,主要稿件有特约记者秦连新采写的通讯。主要栏目“有望星空”“拳击”“都市体坛”“读者点题”“星期娱乐城”等。

7版为文娱版,介绍影视动态和电影故事等。主要栏目有“热点报道”“影视星”“影视剧场”“电影故事”“明星串”等。

二、《芜湖日报·星期刊》扩为对开8版

1994年12月,《芜湖日报》改版,由四开小报扩版为对开大报。《芜湖日报·星期刊》于12月5日扩版为对开8版,逢周日出版。

1. 封面设计

1994年12月5日的《芜湖日报·星期刊》报头有变化,报纸头版通栏上方八分之一版为报头区域,左侧为郭沫若体“芜湖日报”字样,横排,下为“1994年12月5日—11日 第21期”;中间有三个灰色底纹方块,上有黑色琥珀体勾白边的“星期刊”三个大字,竖排;右侧为本期导读,围框。

2. 版面安排

《芜湖日报·星期刊》对开8版。

1版为综合版，头版头条刊发《一个常提常新的话题》，介绍本刊开展的芜湖人形象大讨论，主要稿件《一个热爱家乡的人的大实话》和本报记者林棣采写的《发生在我市的首起股票诉讼案》；主要栏目有“突击采访”“江城五色土”，另外，其他一版栏目有“独家视点”“人物”“留春亭闲话”等。

芜湖日报
星期刊
1994：
芜湖水域
江砂之战
做个好人

《芜湖日报·星期刊》1995年1月2日1版。

2版为生活之海版，主要稿件有《如何看待168收费》，主要栏目有“都市扫描”“外地见闻”“智慧迷宫”“集邮”“寻常人家”“书报摊”“小经验”“文学大观园”“业余爱好”“民族大团结”“说文解字”“教你一手”及“连载”等。

3版为警钟版，主要稿件有《离婚案中拎出一个贪官》，主要栏目有“法制纵横”“社会广角”“江城警讯”“律师楼”“法律学习园地”“派出所的故事”“本刊专稿”“法坛语丝”“法律学习园地”“警戒线”等。

4版为文体世界版，主要稿件有《黄梅戏能“梅开二度”吗?》，主要栏目有“热点报道”“影视动态”“书画苑”“组合音响”“映画新人”“连载”“荧屏主持人”“艺苑人物”等。

5版为给你温馨版，主要稿件有本报记者刘晓春《灯火阑珊处》，主要栏目“人与自然”“静夜私语”“译丛”“心海泛舟”等。

6、7版为视屏信息版，为央视1—4套、安徽台、上海台、芜湖有线台、芜湖台、芜湖教育台、浙江台、四川台和云贵台电视节目预告。

8版为广告版。

三、《芜湖日报·星期文摘》替代《芜湖日报·星期刊》

芜湖日报
星期
文摘
购物券缘何被判“极刑”？
’98中国经济热点回放
中国个税第一案
1999年房价会不会下跌？

《芜湖日报·星期文摘》1999年1月3日1版。

从1999年1月3日起，《芜湖日报·星期刊》改为《芜湖日报·星期文摘》，历时六个月。1999年6月30日停刊。

《芜湖日报·星期文摘》报头区域在头版的左上角，黑色郭沫若体“芜湖日报”，边上两个锯齿形灰黑底纹上有隶书“星期”二字，其右边为竖排“文摘”两个黑体字。它们的下面是“1999年1月3日 总第10904期，(星期文摘第一期)”。

《芜湖日报·星期文摘》宗旨：面向生活、面向读者，真诚为读者朋友服务。

《芜湖日报·星期文摘》对开4版。

1版为综合版，责任编辑汤修宪，头版头条稿件为《98

中国经济热点》，另有“致读者”等；主要栏目有“新闻眼”“焦点内幕”“大众评说”“警世录”“大视野”“本期专题”。

2 版为生活导航，责任编辑汪超，主要稿件《98 国人关注八大问题 “下岗”最揪百姓心》；主要栏目有“广角镜”“指南针”“门诊室”“大管家”“多棱镜”“法制聚焦”等。

3 版为成长岁月版，责任编辑刘晓春，主要稿件《关注孩子的“傻”问题》；主要栏目有“父母参考”“家庭与学校”“花季印痕”“两代之章”“心理卫生”“成长烦恼”等。

4 版为多维人生版，责任编辑赵咏梅，主要稿件《话语是一个美丽的陷阱》，主要栏目有“五味子”“凡人一叶”等。

四、恢复《芜湖日报·星期刊》

1999 年 7 月 1 日，芜湖日报社恢复《芜湖日报·星期刊》，对开 4 版，封面和 4 版为彩印。但从《芜湖日报》周六和周一版看，周日出版的《芜湖日报·星期刊》应当为 1999 年 7 月 3 日，也有一种可能，这期《芜湖日报·星期刊》是提前到 7 月 1 日（周五）这个值得纪念的日子发行，因为电视节目预告上有周六、周日的节目单，有周五发行的可能。

芜湖日报 星期刊

向一贯关心呵护
芜湖日报《星期刊》
的读者朋友致意！

曾经五十风和雨
更待百年好文章
——芜湖日报创刊五十周年

重逢在今天

走近国庆

飞人
婚礼的幕后新闻

《芜湖日报·星期刊》1999 年 7 月 1 日 1 版。

1. 封面设计

头版上方六分之一区域为报头区，左侧红底黄字“芜湖日报”郭沫若体，红底套紫色两个方块为白字隶书体“星期”，后面“刊”字为准圆体。红框下面有“1999 年 7 月 1 日 总第 11084 期（星期刊第 560 期）”。报头右侧报眼区为加框标语：“向一贯关心呵护芜湖日报《星期刊》的读者朋友致意！”

2. 版面安排

《芜湖日报·星期刊》对开 4 版。

1 版为新闻通讯版，责任编辑汤修宪，主要稿件有《走近国庆》，另有《重逢在今天》，有星期刊编辑部汤修宪、刘晓春、汪超和赵咏梅等全体成员签名；主要栏目有“新闻追踪”等。

2 版温馨家园版，责任编辑汪超，主要稿件有本报记者汪超采写的《降息对江城房产业影响多大?》等；主要栏目有“广厦博览”“房产传真”“屋宇导购”“网站情报”“达成网站”“PC 沙龙”“教你一手”“我与电脑”等。

3 版为教育长廊版，责任编辑刘晓春，主要稿件有本报特约记者罗智全、本报记者刘晓春采写的《今年高校招生特点鲜明：扩大招生总量 举办新高职》等。主要栏目有“艺苑体坛”“双休日电视节目一览”等。

4版为生活超市版，责任编辑赵咏梅，主要栏目有“康健情报”“域外发现”和“家常菜”等。

五、《芜湖日报·星期刊》末期

2003年12月28日，《芜湖日报·星期刊》推出最后一期，对开4版，黑白印刷。至此，《芜湖日报·星期刊》共出版792期。

一周新闻热评
教育之痛：花季少年为何轻生！
渴望知情权 真诚面对面

《芜湖日报·星期刊》2003年12月28日1版（末期）。

1. 封面设计

头版上方六分之一区域为报头区，左侧铺长方形浅红底纹。底纹的上面右侧“国内统一刊号CN34－0004”，“芜湖日报”为郭沫若体，大字号，红字勾白边，压在浅红底纹内并露出上角；红底套3个灰色方块，“星期刊”压在灰方块内，白字，隶书，略小。红框下面有“2003年12月28日 总第12698期（星期刊第792期）”。报头右侧报眼区为图片压字标语：上为“恭贺新年”，下为告别词：“每一次感动，已成为凝固的历史；每一次相逢，将成为永远的记忆。祝读者朋友在今后的岁月里合家欢乐，永远幸福。”

2. 版面安排

《芜湖日报·星期刊》对开4版。

1版新闻通讯版，责任编辑汤修宪，主要稿件《教育之痛：花季少年为何轻重?》《一周新闻热评》；主要栏目有“新闻追踪”“星期特写”“一周新闻热评”等。

2版为万家灯火版，责任编辑王熙之，主要稿件有韩步华的《冬天里的一把火——银湖街道365再就业工程纪实》；主要栏目有“生活视点”“聚焦百姓”“养生保健”“法官手记”等。

3版为校园内外版，责任编辑唐澜，主要稿件《打造一流学校 为芜湖培养人才能——访安师大附中宛炳生校长》；主要栏目有“校长访谈”“教育视点”“我的习作”等。

4版为金融专版，责任编辑金保华，主要稿件《防范风险 调整结构 支持发展——我市货币信贷政策年终回顾》；主要栏目有“金融观点”“行长论坛”“金融服务”“县域金融”“投资理财”和“金融动态”等。

第五章 《大江晚报》

《大江晚报》版面集锦。

进入20世纪中后期,《新民晚报》《扬子晚报》《新安晚报》等十多家外地报纸先后进入芜湖报业市场,它们灵活的订阅方式和快餐式的新闻推送以及可观的经济效益引起时任芜湖日报社总编辑丁红云的高度关注,她从芜湖报业市场的变化看到芜湖日报社面临的危机。后来《芜湖日报·星期刊》与芜湖电视台电视节目预告之争,以及《芜湖广播电视报》与《芜湖日报·星期刊》在内容上的"你中有我、我中有你"的竞争,促成芜湖日报社领导要办一份自己的晚报。尽管办晚报的提议遭受到重重阻力,但芜湖日报社领导经多方努力后还是赢得中共芜湖市委和市委宣传部的支持。

1992年12月,芜湖日报社领导开始谋划创办一份芜湖人自己的晚报。1995年,经中共芜湖市委宣传部批准,芜湖日报社开始申请刊号,并将办公大楼二层腾空给晚报,投资约16万元,配置晚报所需设备。报社几乎所有领导在王纯才的陪同下,先后十次进京开展申办工作,得到时任中宣部副部长徐惟诚和新闻出版总署副署长梁衡的支持,梁衡副署长还特意从北京赶到芜湖日报社考察《芜湖晚报》筹备情况。1995年7月14日至20日,芜湖日报社副总编辑顾伟明参加在北京举行的1995年第一期新批报纸、期刊开业前总编辑(主编)培训班,其间于1995年7月16日获得新闻出版总署关于同意芜湖日报社创办《芜湖晚报》的批复,并获得CN34－0072国内统一刊号,芜湖晚报社成为芜湖日报社直属二级事业单位、副县级别单位。这也是全国都市类报纸第一家先申请刊号再办报的新闻单位,办报之始就获得了广告经营权。

1995年7月,芜湖日报社以《芜湖日报·星期刊》采编人员为班底,调集芜湖日报社其他部室精兵强将,并从社会招聘40多名新生力量,用以老带新的方式,组建《芜湖晚报》采编队伍。1995年9月24日,中共芜湖市委召开常委会,对办好晚报提出四点要求:一是芜湖日报社要在办好日报的基础上办好晚报,要办出特色;二是报纸版面和稿件的组织安排要在坚持四项基本原则的前提下,与社会主义市场经济相适应,努力在信息容量和知识性、趣味性、可读性上下功夫;三是要使报纸走出市门,着眼省内外,努力在市外形成发行网络,并可依托外地大企业,扩大覆盖面,不断增加发行量;四是《芜湖晚报》名称受界域限制,请芜湖日报社在创办晚报的同时着手申请更名,更名后的报名要无地域和行政区划的概念。[26]

报头是报纸的脸面，报名字体则是报纸的点睛之笔。《芜湖晚报》首任总编辑顾伟明决定采用毛泽东体，并从《毛泽东书信手迹》里找到毛体“湖”和“报”字，还做了记号，让《芜湖日报·星期刊》美术编辑赵咏梅补上“芜”和“晚”字，并拿出报名整体字样。赵编辑按毛体笔画规律设计出“芜湖晚报”的报名。1999年1月1日更名《大江晚报》后，报名仍然采用毛体，美术编辑吴凌又进行了重新选择，其中“晚”字是新找的，并对“大江晚报”四个字进行了再加工，由原来的圆形状字体改为瘦长体，字体显得更加苍劲。

《芜湖晚报》的版面设置起点很高，创刊就推出四开8版，这在安徽报业史上也属少见，其发行也经历了一段艰苦的历程。1995年9月23日和10月28日，《芜湖晚报》推出2期样报。从1995年11月1日起试刊，直到12月31日。1996年1月1日，《芜湖晚报》正式创刊，四开8版，下午两点出报。从试刊到创刊初期的三个月里，是《芜湖晚报》最为艰难的时期，报纸无人问津，发行人员急得要哭，采编人员上街送报、卖报。芜湖日报社总编辑丁红云等领导亲自带领发行和采编人员一家一家地跑居委会，跑老百姓家里，硬是跑出一片新天地。《芜湖晚报》创刊仅半年就占领了芜湖报业的零售市场，其零售量超过外报的总和。同年7月发行量突破1万份，到年底达到1.5万份，1998年达到3万份。而2005年的《大江晚报》发行量达到8万份，意味着9个芜湖城市居民的手中就有一张《芜湖晚报》。

早在1995年9月24日，中共芜湖市委常委会议上就提出：“《芜湖晚报》名称受界域限制，请芜湖日报社在创办晚报的同时着手申请更名，更名后的报名要无地域和行政区划的概念。”芜湖日报社于1996年8月5日至20日，在芜湖市范围公开征集《芜湖晚报》新报名，共收到应征信件452封，提出新报名892个，经过芜湖日报社内部广泛征求意见，报社编委会研究并报请中共芜湖市委宣传部，提出“大江晚报”“江东晚报”“读者晚报”和“晚报”等四个备选报名，经中共芜湖市委批复，确定采用“大江晚报”报名，并获得新闻出版总署的批准，1999年1月1日，《芜湖晚报》正式更名为《大江晚报》。

创刊后的《芜湖晚报》不断改版、扩版，以“变”适应芜湖报业市场的需要。1996年4月15日，《芜湖晚报》第一次改版，报头改为竖排，各版面作了相应调整。1997年1月1日扩为四开12版。将1、4版打通为新闻时空版，增加本土新闻。同年1月28日，《芜湖晚报》推出《芜湖晚报·旬刊》，每月逢8出版，并首次采用单面彩印刷(《芜湖晚报》其他版面仍然为黑白版)。旬刊主要刊发大型策划活动报道及篇幅较长的本地热点新闻，使晚报的容量更大、报道面更广、服务性更强。1998年5月6日，《芜湖晚报》曾扩大到四开16版，但随后又恢复到四开12版。

更名《大江晚报》后由四开12版扩为四开16版，报头由竖排改为横排，新开辟一批系列专版和专栏。1999年10月16日，《大江晚报》再次扩版，由双休日12版扩版为每周七天均为16版，增加文体专版。同年12月24日，《大江晚报》再次改版，将新闻板块与专副板块分为A、B叠，周日B版新增与芜湖公安局联办的《大江晚报·芜湖公安》。

2001年1月1日，《大江晚报》推出50个版面，其中40个彩版为《元旦特刊》，其封面、封底首次采用铜版纸印刷。此次改版是《大江晚报》的一次重大突破。一年后的1月1日，《大江晚报》扩版为四开20版，同年7月，《大江晚报》推出《大江晚报·新闻周刊》，四开16版，每周一随《大江晚报》一并发行。

2003年1月1日，《大江晚报》第一张全彩色印刷报纸问世，报纸的版面也扩为四开24版，采用国内比较流行的大标题、大图片模式，增强报纸的视觉冲击效果，实现历史新跨越。一年后又扩为四开28版，分A、B叠。头版采用头条新闻+大图片+导读形式，杂志式封面形式初见端倪，其他版面的版式由交合式改为模块式，这是《大江晚报》历次改版中动作最大的一次。2005年1月，《大江晚报》扩版为四开32版，分A、B、C、D四叠，同年1月5日，《大江晚报》通过杂志化时尚制作，推出四开5叠40版、彩色印刷的《大江晚报·金周刊》。

2006年1月，《大江晚报》迎来创刊十周年的生日，推出88个版的纪念特刊，开创芜湖报业史上报纸版数之最。同年8月，中国芜湖新闻网开通《大江晚报·数字报》，这是《大江晚报》迈向数字化的开端。2007年，《大江晚报》每叠都有一个报头，B叠以后的报头比1版报头略小，“大江晚报”四个字也不像1版为立体阴影红，而是纯红色。

2007年7月，《大江晚报·金周刊》与《芜湖广播电视报》整合后独立出版。2008年，《大江晚报》改变传统的版面名称，大江新闻版面分别命名为高度、速度、热度、广度和深度，令人耳目一新。2009年1月，为适应《大江晚报》“走出去”战略，除传统版面外，推出3块版的大江新闻·省城版、1块版沿江版和2块版泛长三角版。2010年4月23日，《大江晚报》推出四开56版。2010年12月31日更是推出四开128版，创芜湖报业单日最高版数。2011年6月15日，《大江晚报》改版提出做好做大时政新闻、经济新闻，做活做足社会新闻、热线新闻，做深做透国际国内及安徽、皖江带新闻，做精做强专副的目标。从3月10日开始，新增小记者周刊，这个版后来分别由大江晚报专副刊部、集团发行中心和芜湖艺培（小记者）活动中心等部门编发。

2016年1月1日，受新媒体的冲击，《金周刊·芜湖广播电视》减版至四开8版并入《大江晚报》，每周五随《大江晚报》免费出版。

2018年9月30日起，《大江晚报》主办单位由“芜湖日报报业集团”改为“芜湖传媒集团”。

2019年1月1日起，《大江晚报》改为周六刊，周日休刊。

第一节　创刊号

1996 年 1 月 1 日,《芜湖晚报》创刊,四开 8 版,黑白印刷,报头和“创刊号”均套红印刷。

一、指导思想和办报宗旨

1. 指导思想

强化晚报优势,强化读者观念,为党的方针政策和改革开放事业服务,为人民群众和每一位读者服务。

2. 办报宗旨

宣传政策,丰富生活,激浊扬清,服务群众。

3. 报纸功能

宣传功能、信息功能、服务功能和娱乐功能。

4. 办报风格

格调高雅、特色清晰、琳琅满目、可信可读,可读性第一、突出读者第一。

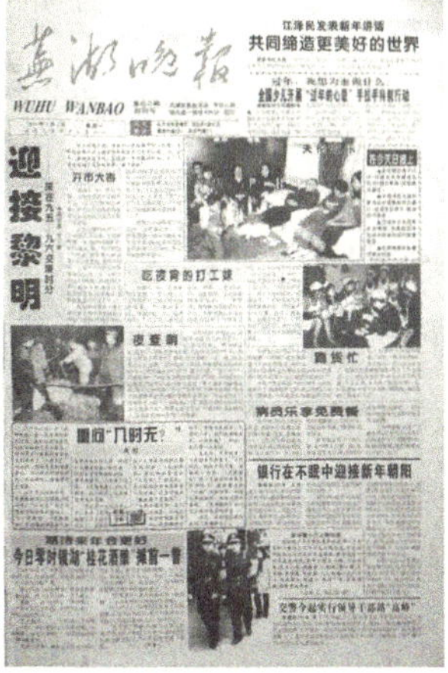
江泽民发表新年讲话
共同缔造更美好的世界
WUHU WANBAO
迎接黎明
开市大吉
购货忙
银行在不眠中迎接新年朝阳

《芜湖晚报》1996 年 1 月 1 日 1 版(创刊号)。

二、版式

所有版式布局均采用交合穿插式,文章与文章之间采用细线或粗线条隔开,每个新闻版面的文字稿件均在 10 篇以上,新闻图片 2 幅以上,重点图片用双线围框。标题字常用黑体、准圆、标宋、琥珀和行书体,有的采用铺浅灰网勾字的形式,突出稿件的重要性。版面均为黑白版,芜湖晚报、创刊号和广告部分套红。

三、版面

1. 报头设计

报头在头版的左上角,“芜湖晚报”红色大字仿毛泽东书法体;报名下分两排:上排左为拼音字母,黑体;中间为“第 62 期”黑色宋体,“创刊号”为红色宋体字;右上排为“芜湖日报社主办、今日八版、国内统一刊号 CN34 - 0072”;下排为两个细黑框,左侧黑框内为日历“1996 年 1 月 1 日,星期一,农历乙亥年十一月十一”,右侧黑框为天气预报。报眼区域有两侧新闻,上条是江泽民发表新年讲话,下条为全国少儿开展“过年的心愿”手拉手特别行动。

2. 主要版面

1 版为要闻版,主要内容为本市重大新闻,本市社会新闻,区域快讯。由编版部编发,每天在 1 版上刊发。主要栏目:“朝闻夕谈”“在今天日报上”“皖江传递”“今日最新消息”“子夜传呼”等。创刊号 1 版发稿 16 篇,其中图片 4 幅。头条为《迎接黎明——采在九五一九六交庚时分》,标题采用琥珀体竖排,字号大于其他版面头条字号。头版有两个栏目:“朝闻夕谈”“在今天日报上”,其中“朝闻夕谈”栏目有小标识,用双曲线框,突出了言论的重要性,内容有吴宛的《重问“人时无?”》。所有稿件文字都很简洁,头条462个字,报眼上的重要时政新闻《江泽民发表新年讲话——共同缔造更好的世界》,全文只有四排64个字。图片中有一幅是《天伦之乐》,展示邓小平一家亲情欢乐的场景。

2版为社会万象版,刊发本地社会新闻,由编版部编发,每天在2版上刊发。该版以社会新闻唱主角,符合晚报总体定位。创刊号2版发稿18篇,其中文字稿件11篇,新闻图片3幅,漫画图片4篇。头条《我市养老保险明显发挥平衡调剂职能》。主要栏目有“如果我是”“百姓故事”“戏画老安”“打喷嚏”“警事快讯”“街区快览”“华夏风情”“大观园”等。“如果我是”是一个读者参与栏目。“街区快览”与交替出现的“警事快讯”均为组合式短篇社会新闻,每组3篇,每篇100字左右,要求标题工整,相当于现在的“微博体”。“戏画老安”为张乃成系列漫画专辑。“打喷嚏”为针砭社会问题的言论栏目。“百姓故事”讲述老百姓自己的故事。

3版为超市走廊版,这是一个经济生活类板块,由编版部编发,每天在3版上刊发。该版为市民提供经济生活服务,展现社会主义市场经济下城市居民经济生活的真实画面。主要栏目:“看市场”“消费驿站”“透风墙”“今日时尚”“股市档案”“教你一手”“提个醒”“财经动态”等。创刊号3版发稿15篇,其中文字稿件13篇,新闻图片2幅。主要固定栏目有“今日时尚”“都市风采”“看市场”“历史像册”“曝光台”“生活导航”和“股海观潮”,另有“今日人民币市场汇价”。这个版注重内容的实用性,头条《街头出租自行车 打工仔们有“坐骑”》和《识别注水猪肉有四法》《老人谨防“冬泳综合症”》等为读者提供了很适用的资讯,“曝光台”《有人在制售劣质猪油》为读者购物提个醒。

4版为环球电讯版,刊发国际、国内新闻,由编版部编发,每天在4版上刊发。刊发新华社电讯稿,及时向读者告知天下大事,主要栏目:“台港澳掠影”“东西南北”“国际传真”等。创刊号环球电讯版发稿16篇,其中文字新闻15篇,图片新闻1幅。开设“国际传真”“台港澳掠影”和“东西南北”等栏目。该版正面四分之一为两侧套红广告。

5版为文化经纬版,刊发文化新闻和小说连载,由文化部编发,每天在5版上刊发。该版及时报道各种文化信息、文艺界动态、文化知识、人文景观等。注重时代精神,发挥地方特色。主要栏目:“影视动态”“艺人近影”等。创刊号文化经纬版发稿8篇,主要栏目有“本版专访”“影视动态”和“今日电视”。最有特色的是本版专访,刊发由王晓朋、王涛采写的《’95中国铜陵青铜节人物系列报道——邬小云:艺德是最重要的》,还配有邬小云给《芜湖晚报》的题词:“祝芜湖晚报兴旺发展,愿做芜湖人民的朋友!”(落款为1995年12月25日)。小说连载为莫言的《丰乳肥臀》。还有一则新闻引人注目:《我国首例变性舞蹈家元旦后将登台亮相》,介绍金星性别转换的过程,很有可读性。

6版为体坛纵横版，是体育类版面，由体育部编发，每天在6版上刊发。该版快速报道国内外体育赛事、各类体育新闻和热点新闻介绍、体育知识，以及本地体育爱好者的看法、评论等。主要栏目有“集束短闻”“今明体育频道”等。创刊号体坛纵横发稿12篇，其中文字稿件11篇，图片1幅，另在下面用四分之一版刊发“明日电视”节目。由于赛事的时效性强，本版除电讯稿外，邀请了一批体坛名人和专业人士担任特约记者，《上海申花队获全年第三个全国冠军》就是由特约记者李承鹏采写的。

7版为镜湖星月版，是副刊专业版面，由副刊部编发，每天在7版上刊发。镜湖星月版注重江南地方文化特色，注重品位，以丰富的文化意蕴滋补着读者的精神世界。该版重真情实感，生活纪实，以随笔体短文为主，包括艺文欣赏、文艺随感、小品文等内容，吸引名家，注重品位，是一个贴近生活、雅俗共赏、特色鲜明的文学副刊，也是《大江晚报》创刊以来唯一没有更名的版面，是享誉省内外有影响的品牌版面。主要栏目有“夜读偶记”“天涯旅痕”“文史钩沉”“湖滨夜话”“意林”“咫尺天地”“心灵细语”“鸠兹档案”等。创刊号镜湖星月版由何东编辑，共刊发作品7篇，图片1幅，镜湖星月标识1幅。作品有白榕（合肥）的《水路三千里》、韦斯琴（南京）的《诱人的绿》、刘继涛的《日月随想》、王林洪的《趣谈贺年片》和刘西霖的诗《喜迎元旦》。另有华中的连载文章《经历深圳（五）》。

8版为广告版。创刊号广告版1块，在8版刊发，由芜湖日报社广告中心编发。

在此后的版面中，还增设晚间拾闻版，这是一个文摘类板块，每周三、五在五版刊发，摘要刊发国内媒体的文章。

第二节　改扩版

《芜湖晚报》（后更名《大江晚报》）自创刊以来，几乎年年改扩版，其中，改扩版力度最大的有12次。

第一次改扩版：四开12版

1. 概述

1996年4月15日，《芜湖晚报》试扩版为四开12版，1997年1月1日正式扩版。1997年1月28日，《芜湖晚报》推出《芜湖晚报·旬刊》，每月逢8出版，并首次采用彩色印刷。旬刊主要刊发大型策划活动报道及篇幅较长的本地热点新闻报道，使晚报的容量更大、报道面更广、服务性更强。

芜湖晚报
宣中光又有大动作
古稀不稀
祝你晚安
车底突现大黑洞　乘客相继摔下来
让出来了吗？
二十八万财产葬身火海

《芜湖晚报》1996年4月15日1版。

这次改扩版，《芜湖晚报》有三个较大的变化：

首先，报头由横排改为竖排，且通过粗红线框强化报头，改变传统惯用的左为报头、右为报眼的编排模式。在报头的位置上，增加了两个内容：一是用浅灰勾白字的办法，突出“祝你平安”四个琥珀体字，表达晚报人对读者的良好祝愿；二是刊发有关部门的宣传提示，改版第1期刊发的是芜湖市公安局消防支队的温馨提示。

其次，将1版和4版打通为“新闻时空”版，取消中逢，增加本土新闻，头版位置不再有国内或国际重大新闻。

第三，头版开设“韦月闲话”栏目，是时任《芜湖晚报》总编辑顾伟明的独家专栏，它与“朝闻夕谈”交替出现，突出晚报的观点，在社会上产生很大影响。

1998年，《芜湖晚报》又将2版和3版打通，推出98证券版。这次改版增加的版面有收藏与鉴赏版、股市行情版、影视娱乐版、漫游报海版、家庭·婚育版、家电之窗版、电脑导刊版、生活时尚版；此外，社会生活改为社会·经济版、体坛纵横改为体育世界、影视和连载独立成连载影视版。

2. 版面设置

1版和4版为新闻时空版。该通版取消两版之间的中缝，使版式更新，信息量更大，由要闻部编发。头版位置主要刊发本市重要新闻。由于报头采取竖排的形式，一些有影响力的头版头条新闻标题也进行竖排，使头条更有力度，更吸引人。4版位置主要刊发本市最新消息、省内和国内综合新闻。读者沙龙栏目固定放在4版的左下侧。并在原4版区域下方推出“今日聚焦”栏目。

2版为社会生活版和漫画半月刊版。两版均设在2版，交替出现，由新闻部负责编发。社会万象版改为社会生活版后，有意识地增加深度报道。增设三个有视觉、有情感、有交流新栏目：一是用组图讲故事的“闪光灯”栏目，增加视觉效果；二是提供心理咨询的“心心热线”栏目，沟通情感交流，这个栏目后来扩展为无话不谈的品牌专栏；三是通过案例普法的“以案说法”栏目，帮助读者提供法律咨询。原读者参与栏目“如果我是”改为“晚报茶座”。漫画半月刊每半月刊发一期。

3版分别由经济生活和投资理财版组成，两版交替出现，由新闻部负责编发。超市走廊版改为经济生活版后的最大特色就是以栏目为支撑，仅以4月15日为例，安排8个栏目，且花样翻新，其中最有名的栏目是“有困难找晚报”，它后来也成为品牌栏目之一。

5版为环球电传版，由要闻部负责编发。它由环球电讯版改为环球电传版，内容不变。

6版分别为文化经纬版、综艺桃源版，由文化部负责编发。

7版为体坛纵横版，由体育部负责编发。

8版为沧海版，由总编办负责编发。

9版为分别为广告版、晚间拾闻版、菁菁校园版，分别由芜湖日报社广告部和芜湖晚报社副刊部编发。

10版分别为镜湖星月版和文坛风景版，由副刊部编发。

11版分别为每周球讯版、百姓家事版、晚间拾闻版、艺海漫步版、周末女友版、周行八万里版、银发世界版和文化消费版。每周球讯版由体育部编发，百姓家事版由副刊部编发，晚间拾闻版由副刊部编发，艺海漫步版由文化部编发、周末女友版由副刊部编发，周行八万里版由要闻部编发，银发世界版由副刊部编发，文化消费版由文化部编发。

12 版为影视信息版，主要刊发当天和次日中央和部分省台及芜湖电视台的部分电视节目预告和当日芜湖若干家影院电影放映预告。

3. 增版介绍

投资理财版(3 版)：

每周一期，为读者投资理财提供服务，主要刊发财经信息、股市动态、国债和人民币行情以及投资理财经验等。

综艺桃源版(6 版)：

娱乐性的文化版，设置“本刊特稿”“艺苑杂言”“鉴赏文钞”“马屁大王”等栏目，刊发小说连载。

文坛风景版(10 版)：

每月的最后一天刊发。它注重文化信息、追寻名流踪影、透视文坛热点焦点、传递文讯书讯、发表文论书评。开设“作家剪影”“江城文坛”“著书趣闻”“书市拾零”等栏目。

周行八万里版(11 版)：

是一个新的国际专版，主要刊发每周国际重大热点、焦点事件，设置“芜湖人看世界”“出国知识问答”等栏目。

艺海漫步版(11 版)：

有“艺苑春秋”“艺坛闲话”“人物述林”“皖南文化”“百花园”等栏目。

每周球讯版(11 版)：

主要介绍三大球和一周赛事等。

文化消费版(11 版)：

主要介绍旅游等文化消费内容。

第二次改扩版：四开 16 版

1. 概述

1999 年 1 月 1 日，《芜湖晚报》正式更名为《大江晚报》并扩版。由四开 12 版扩为四开 16 版。1999 年 1 月 10 日起，正式在 3 版推出 99 证券通版，由新闻部编发。10 月 16 日，《大江晚报》再次扩版，由双休日 12 版扩版到每周七天均为 16 版。12 月 24 日，《大江晚报》改版，将新闻板块与专副板块分为 A、B 叠，周日 B 版新增与芜湖公安局联办的《大江晚报 · 芜湖公安》。

大江晚报
1
金融盈利成定局
从芜湖晚报到大江晚报
商厦告别购物券
行色匆匆过两年
网上贺新年
节日欣逢好天气
去岁最后求职者
午夜寻呼传祝语
小王说他不想家

《大江晚报》1999 年 1 月 1 日 1 版。

在改扩版中，报纸有三个变化：一是《芜湖晚报》正式更名为《大江晚报》，报头也由竖排恢复到横排；二是从1999年1月1日开始，在报眼位置增加导读，有今日日报要闻和今日晚报导读的“温馨提示”，这在全国晚报都是超前的；三是版式结构由过去穿插模式改成模块模式，使版面更加美观大方。

更名、扩版后的《大江晚报》继承了《芜湖晚报》清新质朴、贴近百姓的风格，在栏目设置、选题策划上更加体现“宣传政策、传递信息、丰富生活、激浊扬清”的宗旨。

2. 版面设置

1、4版：新闻时空闻版，由要闻部编发。

2版：分别为社会·经济版、漫画周刊，由新闻部编发。社会·经济版突出的变化就是增加了服务性。

3版：分别为生活服务版、收藏与鉴赏（周一）等，由新闻部编发。

5版：沪宁高速版，由要闻部编发。

6版：环球电传版，由要闻部编发。

7版：体育新闻版，由体育部编发。

8版：沧海版，由总编办编发。

9版：分别为文化新闻版、荧屏导视版（周日）、轻松节拍版（周六），由文化部编发。

10版：分别为周末女友版、人物视线版、菁菁校园版（周一）、百城书影（周日）、就业广场（周五），由副刊部编发。

11版：分别有镜湖星月版、人生走笔版（周日）、阶梯教室版（周一）、健康关怀版（周三），由副刊部编发。

12版：连载、广告版，由副刊部和芜湖日报社广告部编发。

13版：江淮新闻版，由要闻部编发。

14版：苍天版，由总编办编发。

16版：沧海版，由总编办编发。

第三次改扩版：四开20版

1. 概述

2002年1月1日，《大江晚报》进行第三次全面改扩版，版数由四开16版扩为20版，增加的4个版全部用于新闻版面，加大地方新闻的分量，扩大晚报抢抓、快抓本地新闻的优势。

2002年7月1日，推出《大江晚报·新闻周刊》。大江晚报社专门成立大江晚报·新闻周刊编辑部，负责编发周刊。该周刊共16版，采用黄色纸彩色印刷。首次采用大图片＋导读的杂志化封面设计模式。16个版面分别为封面、国内、人物、国际、

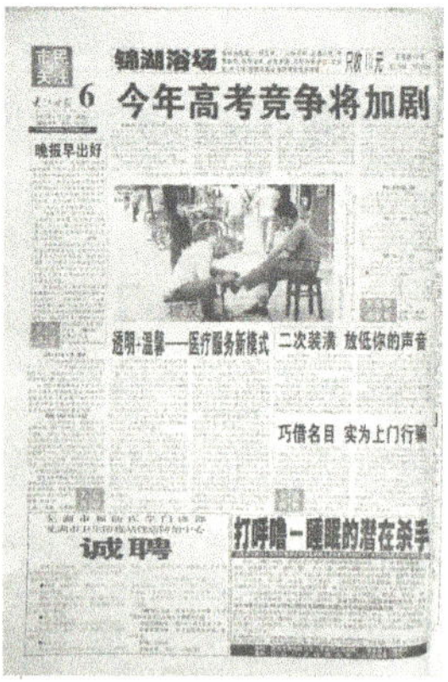
镜湖浴场
6
今年高考竞争将加剧
晚报早出好
透明·温馨——医疗服务新模式
二次装潢 放低你的声音
巧借名目 实为上门行骗
诚聘
打呼噜—睡眠的潜在杀手

《大江晚报》2002年6月3日关注版。

读者俱乐部、江城楼市、收藏鉴赏、连载广告、沧海苍天版组成。

因派记者赴韩日采访报道第十七届世界杯足球赛,《大江晚报》推出《韩日世界杯特刊》,报社决定从2002年6月起,第十七届世界杯期间,《大江晚报》由下午出报提前至当日早晨出报,此后,"晚报早出"一直延续至今,这也是《大江晚报》的重大创新。

2. 版面设置

1、4版:新闻时空版,要闻部编发。

2、3版:芜湖新闻版,新闻部编发。

5版:体育新闻,体育部编发。

6、8版:市民关注,要闻部编发。

7版:环球电传,新闻部编发。

9、12、17版:专刊,专刊部编发。

10版:江淮新闻,要闻部编发。

11版:镜湖星月版,副刊部编发。

13版:今日荧屏,文化部编发。

14版:证券新闻版,新闻部编发。

15版:股市行情版,新闻部编发。

16版:文娱新闻版,文化部编发。

18、19版:连载、广告,副刊部和芜湖日报社广告部编发。

20版:苍天版、沧海版,总编办编发。

扩版后的《大江晚报》,新增设"昨夜今晨""焦点热线""故事大观""百姓手记"等栏目,进一步强化新闻的时效性、服务性、可读性和新闻的力度、广度和深度,充分发挥晚报发布地方新闻的优势及舆论监督的作用。

第四次改扩版:四开24版

1. 概述

2003年1月,《大江晚报》再次实现历史跨越,周一至周五由四开16版扩为24版,周日仍为16版。

版面采用国内比较流行的大标题、大图片模式,彩色印刷,增强报纸的视觉冲击效果。报头由白底套红字改为红底套白字,使报头更加鲜明突出。报眼位置刊发广告。

大江晚报

2002年奇瑞轿车产销全线飘红

元月上旬将有两次冷空气南下

社区辅警宣誓上岗

"的士风采"演绎真情故事

《大江晚报》2003年1月1日1版。

在版面设置上,取消1、4版打通的新闻时空版,强化新闻性,尤其是本土新闻。其中,芜湖新闻版4块,中国新闻和世界新闻各2块,新增5块系列专版,分别为健康生活、校园宽带、女性时尚、汽车时代、芜湖公安。芜湖公安版由市公安局新闻中心负责组稿、编版，大江晚报负责审核刊发。

2. 版面设置

1 版：要闻版，要闻部编发。

2 版：芜湖新闻 · 社会版，新闻部编发。

3 版：芜湖新闻 · 经济版、漫画幽默版，新闻部编发；彩票点击版（周五），体育部编发。

4 版：芜湖新闻 · 民生版，新闻部编发。

5 版：文娱新闻版、星闻透视版（周一），文化部编发。

6 版：芜湖新闻 · 焦点版，新闻部编发。

7 版：证券新闻版，要闻部编发。

8 版：今日荧屏版，文化部编发。

9、12 版：世界新闻版，新闻部编发。

10、11 版：中国新闻版，要闻部编发。

13、16 版：体育新闻版，体育部编发。

14 版：分别有副刊小说版、打工众生版、百姓手记版，副刊部编发。

15 版：镜湖星月版，副刊部编发。

17—20 版：专版，专刊部编发。

21 版：大江画刊版、沧海苍天版，总编办编发。

22 版：连载 · 广告，副刊部和芜湖日报社广告部编发。

23 版：分别为股市行情版、股市回眸版，新闻部编发。

24 版：广告版，芜湖日报社广告部编发。

第五次改扩版：四开 28 版

1. 概述

2004 年 1 月 1 日，《大江晚报》正式扩为四开 28 版，分 A、B 叠。封面版采用头条新闻 + 大图片 + 导读形式，杂志式封面初见端倪，其他版式为 T 字三批型。版式结构为模块式，方便读者阅读，这是《大江晚报》历次改版中动作最大的一次。报名白底红字居中。

在版面设置安排上，进一步加大芜湖新闻的分量，本土新闻版由原来的 4 块增加到 6 块，分别设置为时政、民情、社区、热线、民生、关注版；中国新闻版改为国内新闻版，包括焦点、时政两大块。专版分别为汽车、健康、校园、女性和芜湖公安版。

大江晚报

高温下，我市供水量连续破记录

我市新一轮城市总体规划新鲜出炉

新机场为广州装上腾飞引擎

公告

卓力·太一

《大江晚报》2004 年 8 月 3 日头版。

2. 版面设置

A1 版：要闻版，要闻部编发。

A2 版:芜湖新闻·综合版,新闻部编发。

A3 版:芜湖新闻·民情版,新闻部编发。

A4 版:芜湖新闻·社区版,新闻部编发。

A5 版:芜湖新闻·热线版、市民心声版(周四),新闻部编发。

A6 版:股市行情·证券版,新闻部编发。

A7 版:芜湖新闻·民生版,新闻部编发;彩票点击·博彩版,体育部编发。

A8 版:芜湖新闻· 关注版,新闻部编发。

A9 版:国内·焦点版,要闻部编发。

A10、A11 版:国内·综合版,要闻部编发。

A12 版:国际·焦点版,要闻部编发。

A13 版:体育新闻·海归版、体育新闻·足球版、体育新闻·灌篮版,体育部编发。

A14 版:体育新闻·综合版,体育部编发。

A15 版:今日影视·看点版,文化部编发。

A16 版:文娱新闻·综合版,文化部编发。

B1、B2、B7、B8 版:专版,专刊部编发。

B3 版:民间语文版、故事大观·副刊版、行走写真·副刊版、百姓手记·副刊版,副刊部编发。

B4 版:沧海苍天版、讲述联动版,总编办编发。

B5 版:文娱新闻·人物版,文化部编发。

B6 版:镜湖星月·副刊,副刊部编发。

B9、12 版:广告版,芜湖日报社广告部编发。

B10—B11 版:广告·连载版,分别由芜湖日报社广告部和副刊部编发。

第六次改扩版:推出《大江晚报·金周刊》

1. 概述

2005 年 1 月 1 日,《大江晚报》正式改版扩版,周一至周五为四开 32 版,分 A、B、C、D 四叠,这也是晚报叠数最多一次。周六、周日 16 版。同年 1 月 5 日,《大江晚报》通过杂志化时尚制作,推出彩色印刷的《大江晚报·金周刊》,四开 2—6 叠 36—40 版。

2007 年,《大江晚报》设立系列封面版,每叠都有一个报头,B 叠以后的报头比一版报头略小,“大江晚报”也不像 1 版为立体阴暗字红,而是纯红色。

A3

节日逛街有民警保驾

回家

招商

现房转售

《大江晚报》2005 年 1 月 1 日 A3 版(芜湖新闻·昨夜)。

2. 版面设置

A 叠 1—8 版:本土新闻

A1 版:封面版,要闻部编发。

A2 版:要闻版,让要闻唱主角成为晚报一个新变化,要闻部编发。

A3 版:芜湖新闻 · 昨夜版,新闻部编发。

A4 版:都市生活 · 时尚(广告)版,芜湖日报社广告部编发。

A5 版:芜湖新闻 · 都市版,新闻部编发。

A6 版:芜湖新闻 · 热线版,新闻部编发。

A7 版:芜湖新闻 · 法治版,新闻部编发。

A8 版:芜湖新闻 · 读图版(周二),新闻部编发。

B 叠 1—8 版:经济 · 国内

B1、B2 版:经济新闻 · 焦点版,新闻部编发。

B3 版:经济新闻 · 证券版,新闻部编发。

B4 版:国内新闻 · 读图版,要闻部编发。

B5 版:国内新闻 · 焦点版,要闻部编发。

B6 版:国内新闻 · 综合版,要闻部编发。

B7 版:股市行情版,新闻部编发。

B8 版:沧海苍天版,总编办编发。

C 叠 1—8 版:文体 · 国际

C1 版:国际新闻 · 焦点版,要闻部编发。

C2、C3 版:国际新闻 · 综合版,要闻部编发。

C4、C5 版:娱乐新闻版,文化部编发。

C6 版:体育新闻 · 足球版,体育部编发。

C7 版:体育新闻 · 综合版,体育部编发。

C8 版:体育新闻 · 焦点版,体育部编发。

D 叠 1—8 版:生活 · 养性

D1 版:文化生活版,文化部编发。

D2 版:炫动 e 网版、网络情缘版(周二)、健康 · 养生版(周三)、菁菁校园版(周四)、生活秀场版(周五),专刊部编发。

D3 版:副刊小说版、镜湖星月版(周三)、镜湖星月 · 专栏版、故事大观版(周六),副刊部编发。

D4、D5 版:连载 · 广告版,副刊部、芜湖日报报业集团广告部编发。

D6 版:今日影视版,文化部编发。

D7 版：行走写真版（周一）、百姓手记版（周二）、健康心事版（周三）、少年美文版（周四）、生妇当真版（周五），专刊部编发。

D8 版：都市闲情版、职场人生版（周二）、健康·夕阳版（周三）、关爱亲子版（周四），专副刊部编发。

3. 新版介绍

（1）《大江晚报·金周刊》

详见第六章。

（2）芜湖新闻·昨夜版

芜湖新闻·昨夜版弥补晚报晚间新闻的不足，昨夜记者由晚报记者轮流担任，每天晚上 8 点至 10 点出去采访，10 点以后回编辑部写稿，由新闻部主任和值班总编辑审核后上版，具有时效性强、可读性强的特点。

（3）芜湖新闻·热线版

芜湖新闻·热线版是由“大江热线”专栏发展而来。它依托大江热线电话，成为晚报重要的信息和报料来源渠道之一。该版通过倾听、传递、交流、沟通，做好服务读者、服务报纸工作。

第七次改版：推行全新的版面理念

1. 概述

2008 年，《大江晚报》推出全新的版面理念，从版面定位、版面语言和版面样式都有明显的变化，尤其改变本土新闻命名模式，采用全新的版面理念，分别设置大江新闻·高度、大江新闻·速度、大江新闻·热度、大江新闻·广度和大江新闻·深度，使《大江晚报》的版面更加独特，更有新鲜感。

3

我市银行业内人士发表看法

城南大学生乘车不便如何解决?

《大江晚报》2008 年 9 月 16 日 3 版（新闻·速度版）。

本次改版提出两大要求：一是新闻板块要求强化时政新闻，突出民生主题，做足热线互动，扩大信息发布，意在进一步强化报纸的新闻性、服务性、贴近性；二是文体专副板块要求愉悦精神，陶冶情操，服务生活，传播知识，刊登的内容贴近芜湖，贴近时代。增设沿江版。强化时政新闻虽然提升了《大江晚报》的品位，客观上“平民性”的办报风格受到影响。

在版面设置上，周一至周五为四开 32 版，分 A、B 两叠。

A1 为导读版；A2—A12 为本土新闻版；A13—A16 为安徽新闻、国内新闻版。B 叠为国际新闻、体育新闻、文化新闻和专副刊。周六为 20 版，周日为 16 版。

本次改版提出《大江晚报版面细节统一方案》，包括字体、标题字数、图片署名、广告与新闻版面等五个方面。具体有5条:一是头版头条字体使用粗标宋,使头条标题在版面上处于突出位置,压住版面,起到吸引读者的目的;二是导读栏内的文章标题统一字数长度,一篇文章的标题保持在8个字左右;三是文章内出现小标题,统一使用字体“兰亭黑”5号字;四是图片署名统一格式;五是广告版面与新闻版面统一,包括广告版面的文章大标题、字体和文章的编排。

2. 版面设置

(1)A叠:1—16版,新闻板块。

A1版(彩):封面导读版,要闻部编发。每期一个四栏大导读,一幅三栏图片(特别重要、好看的例外),一到两篇文字导读(楷体),8个左右小导读。导读以本土新闻为主,适当安排国际、国内、省内新闻和文体专副刊的内容。同一版面的内容最好不要出现两个导读。周六、周日可增加文字导读的分量。

A2—A3版:大江新闻·高度版,要闻、新闻两部紧密配合,要闻部编发。该版是以高端、权威取胜的时政新闻版。其定位有四项:一是市几套班子的重要活动、决策;二是全市性政治、经济、文化等领域的重大事件;三是具有普遍指导意义的典型报道;四是时事短评。设置类似“高端访谈”的栏目;如“文明创建”等指定开设的栏目在本版。

A4版(彩):大江新闻·速度版,要闻部编发。该版是以快取胜的本土新闻版。时间界定为头天下午3点以后发生的新闻,包括“昨夜”新闻,开设“第一时间”“目击者说”等栏目。

A5—A6版(彩):大江新闻·热度版,要闻部编发。该版以热点话题、热线服务取胜的本土新闻版。定位为各个时段的热点话题,贴近生活的热线服务。其中A5侧重于热点民生话题,A6侧重于热线服务、报网互动。

A7版:大江新闻·广度版,要闻部编发。该版是以海量信息、资讯取胜的本土新闻版。以要闻部记者现有分口领域的内容为主,强调信息量,每版不少于12条消息,每条消息不超过300字。

A8版(彩):广告,芜湖日报报业集团广告中心编发。

A9版(彩):大江新闻·广度版,新闻部编发。该版以新闻部记者分口领域的内容为主,其他同A7版。

A10版:大江新闻·深度版,新闻部编发。该版是以深度报道取胜的本土新闻版,注重经济观察、政策解读、新闻背景、要闻解密。

A11版:大江新闻·深度版(周二、四)、大江新闻·县域版(周一、三、五),新闻部编发。

A12版(彩):大江新闻·县域版,新闻部编发。主要刊发市辖三县符合晚报要求的综合性本土新闻。

A13—A14 版(彩):大江新闻·安徽版,新闻部编发。其中,A13 版以安徽省重大政策方针人事变动等具有广泛影响力的新闻为主。A14 版以发生在安徽省各地的社会新闻、曝光新闻为主,强调可读性、趣味性。

A15 版:大江新闻·国内版,新闻部编发。该版为聚焦板块。主要是针对某个热点,进行全面的文图并茂地报道。比如举办奥运会时,就天天拿出这个版面,将最新的最有价值的信息传递给读者。强调“声音”,即有评论有观点,形成立体感。

A16 版(彩):广告,芜湖日报报业集团广告中心编发。

(2)B 叠:1—16 版,文体专副和国内国际新闻板块。

B1—B3 版:大江新闻·体育版,体育部编发。

B4. B5 版:大江新闻·国际版,新闻部编发。

B6 版:大江新闻·国内版,新闻部编发。

B7 版:大江书屋版,专刊部编发。

B8—B9 版:大江新闻·文娱版,文化部编发。

B10 版:镜湖星月·连载半版,副刊部编发。

B11 版:纸上阅兵版、数字潮流版、健康导医版(周三)、校园视线版、亲亲宝贝版(周五),专刊部编发。

B12 版:广告版,芜湖日报报业集团广告中心编发;健康保健版(周三)、少年美文版(周四)心灵解码版(周五),专刊部编发。

B13 版:镜湖星月·话吧版,副刊部编发;时尚生活版(周二),专刊部编发。

B14 版:镜湖星月·人文版、镜湖星月·众生版,副刊部编发;现代家居版(周二)、幽默漫画版(周四)、职场创业版(周五),专刊部编发。

B15 版:镜湖星月·文学版(周二)、镜湖星月·典藏版(周五),副刊部编发;广告版,芜湖日报报业集团广告中心编发。

B16 版:沧海特稿版,专刊部编发。

(3)周六 20 版,版面有调整。

(4)周日 16 版,版面有调整。

3. 新版介绍

(1)大江新闻·县域版

这是一块面向三县的新闻版,由新闻部编发。该版定位农村社会、经济生活,报道农村发展变化,弘扬农村新风尚。

(2)大江新闻·安徽版

这是一个面向全省的新闻板块,由新闻部编发。A13 版以安徽省重大政策方针人事变动等具有广泛影响力的新闻为主,同时也报道安徽乃至安徽各地经济发展成果,头条尽量使用消息加图片加评论的方式来构成;还可以报道安徽各市具有新闻价值的时政经济新闻。A14 版以发生在安徽省各地的社会新闻、曝光新闻为主,强调可读性、趣味性。

第八次改版:适应“走出去”战略

1. 概述

2009 年 1 月,《大江晚报》第八次改版。这次改版是为了适应芜湖日报报业集团实施的《大江晚报》“走出去”战略,迎合芜湖和合肥两地读者口味而进行的一次改版。

改版后的《大江晚报》实现两个创新:一是办报思路创新,首次提出了走出芜湖的战略思想,确立“强化晚报特色,正确引导舆论;扩大原创新闻,强调新闻首发;关注民生民意,吸引主流人群;增加有效信息,服务千家万户”的办报宗旨和“立足芜湖,走向合肥,影响全省,服务长三角,放眼全国和国际”的办报方向。二是在内容上创新,用统揽全省的视角,将芜湖新闻和合肥新闻相融合,通过聚焦、热点、资讯、互动、社会五个板块,全面展示《大江晚报》的开放与包容。增加泛长三角版,让读者感受长三角城市互动的精彩。国际和国内版要求做亮时政新闻,做强经济新闻,加大资讯服务,提高可读性。文体版面做足“大文化”“大体育”。专刊以教育、健康、生活、休闲、职场为主题,形成周刊集群效应。副刊做强“镜湖星月”品牌,让读者感受独特的文化底蕴。

大江晚报

9

本报荣膺

中国十大最具成长性地市报

玉树琼枝

芜湖市十四届人大三次会议继续举行分组会议

《大江晚报》2009 年 1 月 9 日头版。

在版面设置上,取消 AB 叠,周一至周五 32 版,周六和周日各 16 版。在版式、色调、字体和图片上提出三条规范要求:一是版式采用三列五栏分割结构版面,文章排列总体呈现 T 形分布,左中右可用两条线隔开,也可留白;二是色调要以淡蓝色为主色调,导读版和新闻板块要体现大江晚报的主色调风格。所有新闻版除头版外,尽量不用色彩,保持简洁、稳重的风格。专题策划版可适当采用主色调。文体专副刊版主标题用蓝色标题,主图片可用淡蓝色为底色。其他版面要围绕主色彩选用色彩,色彩不宜过深;三是字体,文内采用小 5 号博雅宋体,言论用小 5 号楷体,主标题字均为粗宋。

2. 版面设置

(1)周一至周五(32 版)

1 版:导读版,要闻部编发。该版统领各个版。由大导读、大图片、标题式导读和海报式导读构成。强调视觉冲击力,图片要精彩,导读要引人入胜。报头通栏,“大江晚报”居中,下面一排小字为“中国十大最具成长性地市报”;左侧为芜湖日报报业集团标识、办报宗旨:“真心报道新闻 真心服务读者”,下面为刊号和新闻热线;右侧为日历和期数及网址。

2—3 版:大江新闻·聚焦版,新闻部编发。版面定位为芜湖、合肥重大政治、经济新闻，配合中心工作开设的专栏。主要栏目："权威发布""今日天气""今日关注"等。

4—6 版：大江新闻 · 热点版，新闻部编发。版面定位为热点—关注读者最想知道的，刊发芜湖地方新闻中最精彩、最"抢眼"的新闻；对最受关注的热点话题、突发性事件进行策划、整合。新闻体裁以通讯为主，结合消息、评论、数字分析、图表、图片、相关链接等。

7—8 版：大江新闻 · 互动版，新闻部编发。版面定位为热线——"记者就在你身边"，全天候接听读者热线，帮助读者解决生活中遇到的问题，加强舆论监督，替老百姓说话、为老百姓办事，就某一话题与读者展开互动。新闻体裁以通讯、图片、消息、特写为主，快速、直接、准确。

9—10 版：大江新闻 · 资讯版，新闻部编发。版面定位为资讯——"这里总有一条信息与你有关"，把所有与民生有关的消息纳入这两个版。比如：什么时候开始打疫苗、低保金可以申领、公交车换路线、停电停水信息等。新闻体裁以消息、图片为主，简洁明快。头条新闻控制在 600 字以内，其他消息不超过 300 字。可以打破消息的常规写法，直接告诉读者想知道的信息。注重服务的有效性。

11—13 版：大江新闻 · 社会版，新闻部编发。版面定位为社会——"你也可以成为故事的主角"，刊发各类法制案件报道、社区新闻、执法新闻等，能提升城市精神，市民文明素质，给人以感动、震撼和启示的社会新闻，是本板块的主打。新闻体裁以通讯、消息、特写、图片为主。

14 版：广告版，芜湖日报报业集团广告中心编发。

15—16 版：大江新闻 · 泛长三角版，新闻部编发。版面定位为泛长三角地区重大活动和事件，与芜湖息息相关的适用资讯以及泛长三角旅游、风情等。

17—18 版：大江新闻 · 国际版，要闻部编发。其中，17 版定位国际重大和突发新闻事件和资讯；18 版定位国际博览，有今日吉尼斯、探索与发现、战争与和平等栏目。

19 版：大江新闻 · 国内版，要闻部编发。版面定位为国内重大和突发事件。要求强化图片的视觉冲击力。

20 版：大江新闻 · 体坛版，体育部编发。版面定位为市内、省内、国内、全球的各种动态体育新闻。设"体坛集锦""环球赛况""江淮劲风"等栏目，强化"球后算账""本报视点""读者之音"等言论栏目。

21 版：大江新闻 · 搏击版，体育部编发。版面定位为比赛场景的描述尤其是运动员的故事。设"星座""逸事""群英谱"等栏目，强化"短评快"等互动栏目。

22 版：专刊 · 沧海版，专版部编发。版面定位为大特写版，要求故事性强、可读性强。

23 版：广告版，芜湖日报报业集团广告中心编发。

24 版：大江新闻 · 文化版，文化部编发。版面定位为国际国内的文化新闻、文化产业信息，以及安徽省内的文化活动尤其突出合肥、芜湖以及皖江地区的文化新闻信息，设"江城文讯”“省城文讯”“独家报料”等栏目。

25版：大江新闻·娱乐版，文化部编发。版面定位为从电影、电视、音乐三方面提供娱乐信息，设“新片热映”“荧屏速递”“音乐快报”“星闻”“众议院”等栏目。“众议院”为互动性栏目，读者对当前热映的影视剧或者娱乐界的最新现象进行评论。

26—29版：专版，专刊部编发。每周刊出17个版，主要版面有校园、作文、家居、悦读、数码、倾诉、军事、时尚、健康、保健、亲子、职场、心理、旅行、幽默、闲情和沧海等。

30—31版：镜湖星月版，副刊部编发。主要版面有镜湖星月·文学、镜湖星月·故事、镜湖星月·人文、镜湖星月·连载等。

32版：广告版，芜湖日报报业集团广告中心编发。

（2）周六和周日，各16版，版面有调整。

3. 新版介绍

（1）大江新闻·省城版

周一至周五每天2—3块版，新闻部编发。该版面定位为综合性合肥新闻版，其中合肥社会新闻不少于1个版。稿件由集团驻合肥工作站提供，其中包括有关新华社的稿件。

（2）大江新闻·泛长三角版

这是一块以沿江为主线，介绍泛长三角地区新闻，由新闻部编发。该版定位为泛长三角地区重大活动和事件，与芜湖息息相关的适用资讯以及泛长三角旅游、风情等。

（3）镜湖星月·典藏版

这是一块收藏界的专版，由副刊部编发。该版定位为收藏新闻，以本土为主，放眼全国。

第九次改版：大幅增加原创新闻

1. 概述

2011年6月15日，《大江晚报》第九次大改版。这次改版突出《大江晚报》对芜湖社会经济的正面影响力，对读者的全面服务性。做大时政新闻、经济新闻，做足社会新闻、热线新闻，做深国际国内及安徽、皖江带新闻，做强文体及专副。通过改版，进一步提升《大江晚报》在读者尤其是在社会主流读者群中的影响力。

改版后的《大江晚报》，对本地新闻、安徽新闻、长三角新闻、国内新闻部分做较大的整合，较改版前增加9块原创新闻，专副刊版基本未作变动。

从2011年3月17日开始，新增小记者周刊，由集团发行中心编发，原大江晚报校园之类的专版全部移到小记者周

A2

“龙虾劫”背后是政绩冲动症

《大江晚报》2011年8月15日2版。

刊,后由芜湖传媒中心(集团)艺培(小记者)中心编发。3月31日起,专副刊部推出人文芜湖版。从2012年起,推出《大江晚报·芜湖警方》和《大江晚报》消防周刊,这两块版分别与芜湖公安局、芜湖市消防支队合办。

2. 版面设置

周二至周五:32个版,实行AB叠

(1)A叠1—16版:新闻板块

A1版:导读版,要闻部编发。图片以本地精彩图片为主,导读以本报大的策划、本地新闻及国际、国内、文体热点新闻为主。要求导读版面必须统领好整张报纸的各块版面,标题准确、新颖、精炼,图片富有冲击力,在报摊上能给人"眼前一亮"的视觉冲击力和震撼力。

A2版:锐思版,编辑一部编发。本版是一个时评版。但它的左侧用一批开设大江晚报信息和"出门看天"栏目。右侧三批为时评的内容,开设头条评论、媒体同期声和精图酷评等栏目。

A3版:大江晚报·要闻版,要闻部编发。本版以芜湖市委、市政府、市委宣传部等指令性的宣传报道为主,辅以刊发关系到全体市民利益和关切的重大消息。要求消息的采写和编辑必须符合晚报阅读习惯,通俗易懂,能较好地诠释政策、制度和大政方针,回答读者关心的与芜湖市全局有关的问题。开设了"在今天的日报上"等栏目。

A4—6版:大江晚报·关注版,编辑一部编发。这三个版以本报独家策划为主,既可以策划芜湖市委、市政府布置的宣传任务,也可以根据节日、环境、热点新闻等,策划本报的独家报道。要求新闻线索或策划主旨的选择必须关注度高,可读性强,版面以通讯、特写、链接、图片、漫画等多种形式组合,版面活泼,内容深度、高端,具有一定的引导力和思想性。

A5版:广告版,芜湖日报报业集团广告中心编发。

A7—A8版:大江晚报·热线版,编辑二部编发。本版以服务读者的投诉新闻为主,围绕3838110新闻热线做文章。要求A7版是热线新闻的"主打",体现一定的策划思想,对于反映的问题,须"穷追猛打",取得实效,扩大热线的影响力;A8版是热线新闻中的"大而全"角色,恢复保留"服务热线""投诉热线""我是拍客""凡夫沙龙"栏目,充分服务每位读者。

A9版:大江晚报·资讯版,编辑二部编发。本版以服务读者的有价值的具体消息为主,涉及医疗、教育、价格、交通等方面。开设"每日备忘"栏目。要求此版的信息应该更加专业、具体,文章力求短小精炼,不留赘言,以提供足够多的服务信息。

A10版:大江晚报·社区版,编辑二部编发。本版以社区家长里短、轶闻趣事为主,拉近晚报和社区居民的距离,让采编人员真正"贴近生活、贴近实际、贴近群众"。要求采写和编辑须考究人文味和人情味,突出社区特色,以群众语言为主,版面活泼,形式多样,趣味性强,富有感染力。可开设"记者敲门""一诉衷肠"等栏目。

A11—A12 版:大江晚报·社会版,编辑二部编发。这两个版以刊登具有一定社会影响力、启人思考的社会新闻为主。要求从繁多的社会新闻中,选取有价值的进行深度剖析,尽量剔除庸俗无聊常规的社会新闻,保证刊登的新闻具有一定的质量,或启人思考和教育,或令人感动和愉悦。可恢复本报传统栏目"闪光灯",以精彩的组图报道社会新闻。

A13 版:大江晚报·互动版,编辑二部编发。这个版是编者、记者与读者的互动版面。开设"凡夫沙龙""有一说一"等栏目。

A14—A15、A17 版:大江晚报·国内版,编辑一部编发。这三个版报道中国新闻,每块版面以一个重大主题或重大事件为报道重点,善于综合运用图表、链接等多种表现形式,原先的两个长三角新闻版和沧海版取消,相关的可读性强的新闻纳入国内新闻版中。

A16 版:广告版,芜湖日报报业集团广告中心编发。

A18 版:大江晚报·网事版,专副刊部编发。开发网络新闻和趣事,要求体现很强的时效性,紧紧把握住读者和网民的兴奋点。

A19—A20 版:广告版,芜湖日报报业集团广告中心编发。

(2)B 叠:B1—B16 版,文体和国际新闻

B1—B2 版: 大江晚报·娱乐版,文体部编发。这两个版报道国内以及本地的文化热点新闻。其中 B1 版是 B 叠的报头,以报道娱乐新闻为主;B2 版以报道非娱乐新闻的文化新闻为主。B1 版要求设计大气,大图片以青春靓丽的明星照为主,以吸引年轻读者。B2 版要敢于发表本报对文化现象的独家观点,言论要开放大胆犀利。可开设相关言论栏目。

B3 版:大江晚报·视点版,文体部编发。介绍可读性极强的文化故事。

B4—B5 版:大江晚报·体育版,文体部编发。这两个版报道国内以及本地的体育热点新闻。其中 B4 版以报道国际国内焦点赛事为主;B5 版以报道芜湖本地体育新闻为主。体育报道须多加引用名家名嘴名媒体的观点。

B6—B7 版:大江晚报·国际版,编辑一部编发。这两个版报道国际新闻,每块版面以一个重大主题或重大事件为报道重点,善于综合运用图表、链接等多种表现形式。要求切合热点,将人们关注的热点新闻事件充分报道。

B8 版:皖江城市带版,编辑一部编发。该版以现有的新闻供稿平台为主,报道皖江城市带承接产业转移示范区诸城的新闻。新闻选择必须以可读性为主要标准。

B9 版: 大江晚报·安徽版,编辑一部编发。该版以合肥记者站传输的稿件为主,报道安徽新闻。新闻选择以全省读者都关注的重大新闻、重要资讯为标准。

B10—B11 版:广告版,芜湖日报报业集团广告中心编发。

B12 版:电视连载版,分别由文体部和专副刊部编发。

B13—B15 版:专刊版,专副刊部编发。周二健康周刊,周三旅游周刊;周四成长周刊;周五潮流周刊。

B16 版：镜湖星月版，专副刊部编发。

（3）周六的版面（24 版，版面有调整。）

（4）周日的版面（16 版，版面有调整。）

（5）周一的版面（24 版，版面有调整。）

3. 新版介绍

（1）锐思版

本版是一个时评版，分两部分组成，左侧用一批开设两个板块：上面是大江晚报的信息，下面是天气预报的服务性栏目“出门看天”；右侧三批为时评的内容，开设“头条评论”“媒体同期声”和“精图酷评”等栏目。

时评主要以国内或本地新闻为主，选择当日出现的影响力最强的新闻人物最精辟的一句话，辅以一段 200 字左右精炼的文字介绍，其中包括对国内与民生有关的重大热点新闻的评论。尤其是头条评论文章主要是本地作者对本地新闻的正面评论，该版面主要打造具有很强思想性、本报发出自己声音的第一阵地。

（2）今日关注版

今日关注版以本报独家策划为主，既可以策划市委市政府布置的宣传任务，也可以根据节日、环境、热点新闻等，策划本报的独家报道。要求新闻线索或策划主旨的选择必须关注度高，可读性强，版面以通讯、特写、链接、图片、漫画等多种形式组合，版面活泼，内容深度、高端，具有一定的引导力和思想性。

（3）网事悠悠版

网事悠悠版刊发网络新闻和趣事。开设“芜湖微博”栏目，突出芜湖元素。要求体现很强的时效性，紧紧把握住读者和网民的兴奋点。

（4）创富特刊

创富者周刊共有 8 个版，分别为封面、创业版、理财版、学驾版、广告版、证券版。开设“老夏看股”等栏目。B1 版：以组图和通讯特写的形式，宣传芜湖的知名企业家或有代表性的创业者。同时做好对其他版面的简要导读。除创业、理财、学驾和证券外，还有汽车和彩票等专版。汽车专版侧重于汽车品牌的介绍以及价格、售后、维修、车友俱乐部的报道等；彩票专版与广告部门联合开办，不仅要具有可读性和影响力，还要创造商业效益。

（5）小记者周刊

2011 年 11 月 4 日起，《大江晚报》推出小记者周刊共 4 个版，头版为封面版，小记者活动启事和动态等，第 2—3 版为百花园、小记者实践活动情况。第 4 版为学校介绍，其中有“校长访谈”栏目

（6）人文芜湖版

B1—B3 版，分别为封面、人物和故事，专副刊部编发，每月末的周六刊发。

第十次改版：达到常规版面最多的40版

1. 概述

读读 A04
外交部发言人谈中日关系未来：
对任何挑衅行为必将予以坚决应对
马鞍山长江公路大桥建成通车
美国对安倍"拜鬼"表示失望
山东出现2起乙肝疫苗接种疑似死亡病例
国家减灾办发布2013年中国十大自然灾害事件
大江晚报
大江微报V：
人民日报V：
"棉桃花"游方特

《大江晚报》2014年1月1日速读版。

2013年6月，《大江晚报》第十次大改版，2014年1月1日推出新版。这次改版顺应新时期全媒体发展的总体趋势，结合中共芜湖市委、市政府的战略要求，坚持报道形式和内容的创新。希望用鲜活的版式吸引读者，用创新的内容留住读者，用灵活的策划呼应读者的改版思路。

本次扩版为四开40版，分ABC叠。突出地方新闻，增设速读版、看点版和互动版，增加教育周刊和老年周刊。

建立三个机制：一是稿件统筹机制。确保每天最好看的新闻，最重要的新闻，上报纸最显眼的版面；二是线索共享机制。将相关热线线索，在新闻部门内展开"流动"，采取记者认领、部门策划双重办法，共享新闻资源；三是版式监审机制。设立专门版式监审员，每天对报纸的所有版样进行统一审核，确保版式的优美、统一。

2. 版面设置

设A、B、C三叠。

（1）A叠：凸显国际视野，主要刊登时政、策划、经济、国际、国内新闻

A1 导读：导读版精练而要有创意，思路更开阔。为美化版面而限制广告，要求各类广告小标贴不得超过三个。

A2 锐思：将"大江论道"栏目重新谋划，做透，要求多发本地热点评论，约请本地优秀评论员供稿。

A3 要闻：芜湖的重要新闻，讲究信息量。

A4 速读：这是一个类似于要闻版的新版面，它涵盖当日发生的全球（包括本地）所有的政治、经济、文体等各类新闻。

A5、A6、A7 看点：原则上是三个最好看的新闻版。一个是本市，一个是国内，一个是国际。这三个"看点"版可以灵活运用。如果当天本地的重要策划好，三个"看点"全部是本地的；如果国际新闻精彩，三个"看点"全部用国际新闻。

A8 经济：侧重于经济人物。

A9 经济：侧重于经济信息刊登。

A10 、A11 国内。

A12、A13、A14 国际。

A15 互动：编读往来。

A16 广告。

(2)B叠:凸显家乡情怀,以服务、社会、热线为主

B1:资讯:以各种栏目为支撑,包括图片、天气信息等都需要重新设计。

B2、B3、B4热线:前两个版侧重电话爆料热线,后一个版侧重网络爆料,包括市民心声、中江论坛等爆料。

B5、B6社会:增设“记者说故事”类似的栏目。

B7法治:加大对公检法新闻的报道力度(将律师热线移至该版)。

B8、B9社区:在原有基础上扩大一个社区版,充分发挥社区记者站的作用。

B10电视·连载。

B11网事:网络新闻和趣事。

B12、B13体育。

B14、B15文娱。

B16广告。

(3)C叠:各类周刊和专副板块

C1—C8周刊和副刊。其中周刊4个版,副刊3个版,广告1个版。周二“教育周刊”,周三“老年周刊”,周四“潮流周刊”,周五“乐游周刊”。副刊内容另定,原则上除了每天保持“镜湖星月”版外,再增加一些本土文化元素的版面。

2014年,《大江晚报》对周刊进行了微调。周二至周五分别为新健康、乐游会、新青年和老少乐,全面围绕家庭生活,定向分群服务读者,增加互动,争取成为新媒体融合的排头兵。

(4)周六至周一减版,其版面有调整。

3.新版介绍

(1)环球新闻周刊

全部刊登最好看、最深度的国内国际热点新闻,其中A2为新闻,刊登需要及时见报的本土新闻、国内国际突发新闻,A8为广告,B1—B8与现在的保持不变。

(2)乐游会

该版为旅游版,推出了许多旅游线路,最大的特点是通过开展旅游活动活跃版面,凝聚读者。芜湖日报报业集团和芜湖市旅游局以“乐游会版”的旅游线路介绍等内容,编辑成“乐游芜湖”专辑。

第十一次改版:缩减到四开32版

1.概述

2016年,《大江晚报》第十一次改版。提出“责任媒体、鲜活呈现,坚持正确的新闻立场,不断提高新闻的专业说服力”的改版宗旨。

2. 版面设置

(1)周二至周四(分 AB 叠,共 32 个版)

A 叠:分 3 个板块、3 个广告版和 11 个地方及原创新闻版。

A1 版:要闻导读,海报式封面版,突出版面的视觉冲击力,对标题和图表制作精益求精。大标题、大图片,充分体现创意和创新。

A2 版:舌尖新闻,栏目有“大江对你说”“世说新语”“一语中的”“镜湖新语”“漫生活”和“今日语录”等。

第一大板块:A3—A6 版,新闻的时效、深度与质量

A3 版:最新新闻,强化新闻的时效性。栏目有“我在现场”等。

A4—A6 版:重要新闻,每天刊登芜湖最重要的新闻。栏目有“权威发布”“特别调查”“另一只眼”和“独家策划”等。

第二大板块:A7—A9 版,新闻的服务、监督与参与

A7—A8 版:热线新闻,栏目有“你问我答”“会客室”等。

A9 版:连线新闻,连线 110、119、112、120、水电气、交通、银行、通信公司的热线。

以今日之我,胜昨日之我

《大江晚报》2017 年 1 月 2 日 2 版(舌尖新闻)。

第三大板块:A10—A13 版 新闻的新奇、有趣与互动

A10 版:表情新闻(市井新闻),好看的社会新闻,包括有趣的社区新闻。

A11 版:抽屉新闻,刊发动态新闻。

A12 版:@ 新闻,@ 芜湖的很多机关企事业单位的网站,包括本报的微博微信。栏目有“凡夫沙龙”“贾贾聊天”“吃嘛嘛香”等。

A13 版:专版新闻(周二为无为专版,周三为图片新闻专版,周四为法治专版)。

本叠还有三个广告版。

B 叠:B1—B13 版

B1—B2 版:国内聚焦版;B3—B4 版:国际聚焦版;B5—B8 版:文体聚焦版;B9—B13 版:专副刊版(微观天下、指尖深度、沧海美文、镜湖星月、精彩悦读。其中还包括周二发一期的读者俱乐部)。

本叠也有三个广告版。

(2)周五 16 版、周六和周日各 20 版,版面有调整。

3. 新版介绍

(1)舌尖新闻

这是以评论为主的版面,栏目有“大江对你说”、“世说新语”(每日全球新闻人物的精短言论)、“一语中的”(引用人民日报、新华社等权威媒体的高端评论)、“镜湖新语”(本地

的重要评论)、"漫生活"(用漫画分析人生,讲述故事)、"今日语录"(格言,诗词解读)。

(2)连线新闻

这是一个新的板块,通过连接110、119、112.120、水电气、交通、银行、通信公司的热线,加强和相关部门热线的联系,获取这些部门的信息发布,为民解困等。

(3)最新新闻

为追求新闻的时效性而设置的版面,确保"昨日新闻"能及时、优先刊发。

(4)众创周刊

众创周刊是适应芜湖市委、市政府提出的大众创业、万众创新而设立的系列版面。A17—A20版分别为人物志、创业堂、新视界和理财帮,也是《创富周刊》的延续。

第十二次改版:报纸瘦身16版至20版

1. 概述

2018年下半年,《大江晚报》第十二次改版;2019年1月1日,推出全新的《大江晚报》,四开16版。

大江晚报
3838110
1
我们都在努力奔跑,我们都是追梦人
国家主席习近平发表二〇一九年新年贺词
A03
火热"长桌宴" 浓浓幸福味

《大江晚报》2019年1月1日1版。

这次改版主要目的是精简版面,整合热线、重点报道、评论等版面,使之得到优化;做强专副刊版,做到每天有周刊。芜湖传媒中心(集团)成立后的第二天(2018年9月30日),《大江晚报》主办单位由"芜湖日报报业集团"改为"芜湖传媒集团"。

2. 版面设置

1版:封面导读版,重点民生新闻报道将更多地出现在封面,大图片要求有视觉冲击力。

2版:早参会版,内容包括天气、提醒、资讯、美食、出行等。

3版:要闻版,中央、省重要新闻,本地重要新闻。

4版:锐角度版,刊发大江对你说、凡夫沙龙、新华视点,开设读者评论区。

5版:新闻110·深度版,刊发深度报道、调查报道、连续报道、重点策划等。

6版:新闻110·帮忙版,帮忙类民生新闻、民生督办、政策零距离。

7版:新闻110·世相版,社会新闻。

8版:新闻110·警戒线版,涉公安、消防、法院、检察院等普法报道、案件报道、律师说法和派出所的故事。

9版:新闻110·暖新闻版,正能量民生新闻、好人365等。

10版:生活圈版,社区新闻、你问我答、社区红娘、社区公告栏、家有宝贝,强调互动性。

11版:今日芜湖版,"今日芜湖"APP和其他网络媒体报道的新闻;大江晚报微博微信上的新闻汇编@新闻。

12 版:大江名医团版,健康养生、医疗保健相关新闻和知识普及。

13 版:趣·天下版,国内国际可读性较强的趣味短新闻。

14 版:国内版,刊发国内热点事件。

15 版:国际版,国际热点事件,强调可读性和关乎百姓生活。

16 版:文体版,刊发文体新闻及趣事。

专副周刊由文旅专副部独立完成,每期 4 个版。

《儒林街》:分别为封面版、老芜湖、镜湖星月和记事本版,周一推出。

《小记者周刊》:延续原来的风格,由芜湖传媒艺术培训(小记者)中心编发,周二推出。

《观光客》:分别为封面、花样旅游、快乐出发和嘻游记版,周三推出。

《公开课》:分别为封面、校园、黑板报和作文版,周四推出。

《生活派》:分别为封面、城事、生活和好吃版,周五推出。

《幸福岛》:分别为封面、年轻态、乐活派和朋友圈版,周六推出。

3. 新版介绍

(1)早参会版

早参会版是一块生活味很浓的大杂烩板块,不仅包括原来 2 版的天气、提醒、资讯、出行等内容,还新增美食、聊天等。

(2)新闻 110 系列

新闻 110 系列版共 5 版,分别有深度、帮忙、世相、警戒线和暖新闻版,其中,深度版刊发深度报道、调查报道、连续报道、重点策划等;帮忙版刊发帮忙类民生新闻、民生督办和政策零距离;世相版刊发社会新闻;警戒线版刊发涉公安、消防、法院、检察院等普法报道、案件报道、律师说法和派出所的故事;暖新闻版刊发正能量民生新闻、好人 365 等。

(3)趣·天下版

这个板块是对国内国际硬新闻的软处理,要求刊发读者喜爱、可读性强的趣味短新闻。

第三节　特刊、周刊、旬刊、专版

一、特刊

1.《大江晚报》推出50版国庆庆典精华版

1999年10月1日,《大江晚报》推出50版的《50国庆庆典精版》,庆祝中华人民共和国成立50周年。

《50国庆庆典精版》分国庆版、常规版和广告版三个部分。国庆版共15版,常规版共30版,广告版共5版。

《大江晚报》1999年10月1日1版。

(1)国庆专版

1版为封面版,除版面上方报头区和右侧一批的导读外,一张舞龙大图片很有冲击力,右侧导读上方为琥珀体红字“祖国您好”;2版和3版、6版和7版为两个图片通版,刊发“党和国家领导人在芜湖”,共有26幅图片;9版、12版为视觉新闻版,刊发《新芜湖掠影》和《老芜湖印象》图片;13版、16版为辉煌体育,介绍亚运会、奥运会金牌获得者;18版为新闻回顾,介绍开国大典、第一颗原子弹爆炸成功等重大事件;37版、40版为生活故事,介绍我们曾经使用过的竹凉床、半导体、电话等;25—26、28版为文化回眸,介绍中国第一个彩色电视中心、第一座国家美术馆等。

(2)常规版

4版、19版为国内要闻;8版为本市新闻;10—11版为国际新闻;14—15版为体育新闻;20版为收藏与鉴赏;21版、24版为江淮新闻;22版为社会新闻;23版为生活服务;27版荧屏导视;30版、33版为人物视线。31版为人生走笔;34版为百城书影;38—39版为电脑导刊;35版为大众阅读;42—43版、45版、48版为大特写;44版为小说连载;46版为漫画特刊;47版为股市行情;49版为99证券;50版为影视信息。

(3)广告版

共5个整版,5版、17版、29版、32版、36版、41版为广告版,此外还有半版和零星版面的广告刊登。

2.国庆大桥特刊

1999年底,芜湖日报社策划了“万里长江大桥行”活动,由《大江晚报》记者朱金海和《芜湖日报》记者李郁夏等人组成采访组,分春季和秋季两阶段进行异地采访。春天采访长江上游直至黄石长江大桥,秋季从九江长江大桥开始到江阴长江大桥结束。2000年9月30日前完成采访。2000年10月1日,《大江晚报》推出《国庆大桥特刊》。共24版,分

AB叠,各12版。

大江晚报

庆祝

开业一周年

国庆大桥特刊

世纪长虹

永驻江城

《大江晚报》2000年10月1日封面版。

A1版为封面版,文章区左侧一批栏竖排“世纪长虹　永驻江城”八个金字,右侧为芜湖长江大桥巨幅图片;A2版为大桥情愫版,刊发有关大桥的故事,《孙善发与大桥牌》《大桥捐款第一人》等文章;A3版为大桥回眸版,刊发《回眸——芜湖长江大桥建设大事记》;A4版为留住辉煌版,刊发图片专版《金桥飞回南北 芜湖长江大桥通车典礼隆重举行》;A5版为长江名桥版,刊发长江上的各种大桥;A6版为大桥功臣版,刊发大桥建设者的故事;A7版为图片专版,刊发《大桥守护神》;A8版为世界名桥版,介绍世界著名的斜拉桥;A9—A12版为通版,奥运专版。

B1和B4版为通版,刊发图片,一组大桥图片《皖江长虹入画来》;B2版为国内新闻,新闻板块;B5版为大桥特刊版,介绍芜湖长江大桥艺术周开幕情况;B6版为环球电讯版,新闻板块;B7版为健康之友版,健康专版;B8版为国庆荧屏版,刊发电影电视动态;B10版为沧海版,刊发本报记者采写的通讯《大桥是这样建成的》;B11版为镜湖星月版,芜湖人的大桥梦。

另外,B3版、B9版为广告版。

3.《大江晚报》“春秋五度 情系万家”元旦特刊

大江晚报

元旦特刊导读

春秋五度 情系万家

晚报的明天在哪里

——写在《大江晚报》创刊五周年之际

《大江晚报》2001年1月1日元旦特刊。

2001年1月1日,《大江晚报》推出40版的《“春秋五度 情系万家”——元旦特刊》。共40版,其中,铜版纸印刷封面和封底4版。

《元旦特刊》分三部分:报庆五周年系列专版17块,新闻版面11块,广告版12块。

(1)报庆专版

封面版分报头区和文章区。报头区占整版的五分之一,左侧上方为“2001年1月1日 星期一 农历庚辰年十二月初七 第1876期(今日四十版)”;右侧报眼位置为“元旦特刊导读”。文章区上方大图片为《大江晚报》全家福大图片,下文为大江晚报总编辑顾伟明撰写的《晚报的明天在哪里——写在〈大江晚报〉创刊五周年之际》。4版为《大江晚报》形象图片。

5版为真情真意版,上半部分为《难忘亲切关怀 坚持正确导向》,刊发4幅安徽省、芜湖市领导关心报社工作图片;下半部分为《晚报一日——本报采编印发流程实录》。

6 版为报人心语版，《大江晚报》采编人员寄语晚报。

7 版为五周对话版，刊发《部室负责人共话晚报明天》。

10 版为经典策划版，刊发《寻访将军县》《千里护送川妹子》等。

11 版为世纪传媒版，刊发《新世纪会不会成为“恐龙”？》等。

12 版为旧闻新编版，刊发《追思江城重大事件》，其中包括《寻访坐在稻穗上的姑娘》《鸠江饭店——芜湖的坐标》等。

14 版为我卖晚报版，介绍发行员的卖报生活。

15 版和 18 版是通版为文化回眸版，刊发全国部分文化名人给《大江晚报》的题词签名等。

16 版为风雨相伴版，刊发文化名人对晚报寄语。

17 版为世纪畅想版，刊发热心读者对晚报寄语。

19 版为记者连线版，晚报老朋友讲述与晚报结缘的故事。

20 版为特刊回顾版，介绍晚报创办的几个特刊。

21 版为存照新解版，刊发《视觉新闻大回眸》。

23 版为记者故事版，晚报记者讲述采编故事。

（2）新闻部分

13 版为十运展望版，介绍芜湖体育场馆；22 版为健康宝宝版；25 版为国内要闻版；26 版为芜湖新闻版；28 版为国际新闻版；32 版为文化娱乐版；33 版为文化新闻版；37 版为国际副刊版；39 版为安徽新闻版；30 版和 35 版是通版为体育新闻版。

（3）广告部分

2 版、3 版、8 版、9 版、24 版、27 版、29 版、31 版、34 版、36 版、38 版、40 版为广告版。

4.“再铸江魂——滨江公园”特刊

2005 年 6 月 23 日，由《大江晚报》新闻部编辑出版的 8 个版特刊《再铸江魂——聚焦滨江公园建设特别策划》问世。这份为当年“市政 1 号”工程——滨江公园量身打造的纸质媒体特刊，在《大江晚报》新闻史上留下了特别的印记。

大江晚报
再铸江魂
A5 滨江公园特别策划
写在前面
导读
A6 思路
A7 面孔
A8 蓝图
A9 声音
A10 记忆
A11 旧事
A12 梦想
滨江公园如何承载“长江文化”？

《大江晚报》2005 年 6 月 23 日 A5 版。

《再铸江魂》8 个版分别为导读、思路、面孔、蓝图、声音、记忆、旧事和梦想。这个特刊不仅是对滨江公园的前世今生进行一次全面梳理，更是对芜湖城市文化发展的一次诠释。

导读版是凡夫的编者按以及赵国庆教授的署名文章——《滨江公园如何承载“长江文化”?》;2 版的主题是“思路决定出路”,主要介绍市委市政府建设“市政 1 号”工程的出发点;3 版的主题是“不同的面孔拥有一个共同的期望”,讲述滨江公园建设者的敬业奉献精神;4 版的主题是“蓝图不是纸上谈兵”,全面解读建成后的滨江公园到底是什么样子;5 版的主题是“倾听是一种姿态”,该版综合社会各方面对建设滨江公园的建议和意见;6、7 版是对滨江公园原址的一次回顾和纪念,充分运用图片的表现形式;8 版的主题是“梦想离我们并不遥远”,主要是 8 位市民对滨江公园的展望。本期策划以“大气而富有震撼力”引起读者的关注。

5.《大江晚报》创刊十周年纪念特刊

2006 年 1 月 1 日《大江晚报》推出 J88 版的《〈大江晚报〉创刊十周年纪念特刊》,J1—J4 版铜版纸彩印。

纪念特刊封面五分之一为报头区域。左侧由上到下分别为“祝你平安”、农历和公历时间及报料电话;中间部分为“大江晚报”报名,其下面是“芜湖日报社主办”和国内统一刊号;右侧报眼为消息“为纪念大江晚报创刊十周年,芜湖市邮政局今日发行大江晚报创刊十周年纪念形象宣传邮册”。文章区主标“弘扬创新文化 再铸晚报辉煌”为黑体金字,副标为黑体“大江晚报创刊十周年纪念特刊”;下面为大江晚报 2005 年 12 月 10 日举办的读者节活动大图片。

J65
本条报周热订中
3120289
晚报,今天十岁了
——芜湖日报社隆重举行大江晚报创刊十周年庆典

《大江晚报》2006 年 1 月 1 日 J65 版:庆典。

J88 版分为寄语、再现、品牌、历程、变化、第一、交流、市场、血脉、成长、影像、主流、策划、记录、见证、视角、旋律、荧屏、战役、星闻、足迹、故事、祝贺、探索、格调、品位、情韵、视野、风标、风尚、庆典、读图、专版和新闻版面。

主要版面的介绍如下:寄语版除刊有导读,还有读者语录和采编语录;品牌版刊发《用创新精神铸造品牌》,展示晚报十年打造品牌的艰辛之路;历程版通过图片和文字诉说晚报十年的过程;变化版介绍晚报从芜湖晚报到大江晚报的嬗变;第一版介绍晚报第一届读者节、第一次派记者出国采访,第一次策划报道,第一张晚报,第一张彩报,第一批桂冠;市场版让读者看到晚报从发行量 3000 份到 80000 份的辉煌;影像版通过图片让我们看到晚报采编人员采访的足迹;记录版刊登了《苏明娟与晚报的缘分》《晚报记录“安徽第一个体户”的人生轨迹》;品位版介绍名家与《镜湖星月》的互动;风尚版展示《金周刊》采编人员的风采;庆典版刊登《晚报,今天十岁了——芜湖日报社隆重举行大江晚报创刊十周年庆典》。

高考特刊　封面

编者絮语

导读

《大江晚报》2006年6月9日推出“高考特刊”。

6.“高考特刊”

2006年6月9日，《大江晚报》和芜湖市高校招生办公室联合推出“高考特刊”，为考生和家长提供咨询服务和指导帮助。

“高考特刊”共16版，T1版为封面导读版；T2版为2006年安徽高考录取政策要点和高考与招生问答；T3—6、9、12—16版为大学介绍；T7版为中学名师谈正确估分；T8版为选报志愿的基本方法；T10版为高校老师谈择校填写高考志愿和择校技巧；T11版为招生计划；特14版为解读冷热门专业。

此后，《大江晚报》与芜湖市教育局多次联合推出当年的“高考特刊”。

7.“我们这座城·纪念改革开放30周年特别奉献”特刊

2008年6月20日，《大江晚报》推出12版的纪念改革开放30周年特刊——“我们这座城”特刊。这期特刊完全以平民的视角，记录改革开放30年来我们这座城市走过的路，展示改革开放30年来芜湖这座城市发生翻天覆地的变化。

5

我们与祖国一道出发

我们这座城·城事

向奥运标准看齐，向服务冠军冲刺！

《大江晚报》2008年6月20日5版。

“我们这座城”特刊共12版四个板块，分为“城事”“民生”“榜样”“往昔”，每一板块又分为若干小块。为了做好每篇文章，采访记者深入居民家庭，采访非常细致，每一个版的配图也非常精彩，摄影记者为了拍摄到好画面，费了很大的心血。特刊中的一大亮点，是对原芜湖市委书记金庭柏的采访。无论是采访记者或是金老本人，对此文都给予高度重视。整篇文章脉络清晰，语言流畅，是对芜湖改革开放30年的一个总体回顾，极具收藏价值。另外，这期特刊的编辑组织沿用了滨江公园建设特刊、奥运火炬来芜特刊的许多成功经验，比如大气磅礴的书法题字、创新独特的刊头设计等。尤其是头版的大导读，非常具有冲击力。鲜花、国旗、快乐的市民……这些元素和“我们这座城”五个字结合在一起，令人不由自主地产生一种认同感和自豪感。

“我们这座城”特刊见报后，引起了读者的强烈反响。当天的晚报销售一空，许多读者尤其是不少专家学者，对于这期特刊给予高度评价。

8.《大江晚报·二十年纪念珍藏版》

2015 年 12 月 28 日，《大江晚报》推出《大江晚报·二十年纪念珍藏版》，四开 20 版。

报头区域在封面版上方七分之一通栏，左侧为两排，上排为“纪念珍藏版”，下排为“《大江晚报》· 二十年”；中间为“大江晚报”报头；右侧为“2015 年 12 月 28 日 星期一 农历乙未年十一月十八”。文章区左上侧为导读，中间有一个书法体题词，右下角为“时代的凿音——大江晚报 1996—2016”和散文体的回顾。

T02

20年，感谢有你

大江晚报创刊20周年庆典今日举行

载歌载舞
为晚报庆生

《大江晚报》2015 年 12 月 28 日 T2 版。

T2—T5 版为《大江晚报》创刊 20 周年庆典盛况，有庆典盛况、晚报十大有缘人、芜湖“最美家乡人”暨第七届“十大平民英雄”和图片版。

T6—T9 版为晚报 20 载，与城市同行。其内容有《芜湖东扩到跨江》《看大桥出水 眺铁脉蜿蜒》《芜湖医改 敢为天下先》《那一年那场雪那次灾》《危机临近 城市不怕》(非典)等。

T10—T12 版为晚报 20 载，与百姓同行。其内容有《张先著为社会歧视“祛毒”》《稻穗上，再无小姑娘》《一腔热血赵金霞》《常忆张磊泪沾襟》等。

T13—T14 版为晚报 20 载，与爱同行。其内容有《两次“青岛寻亲”跨世纪》《团购爱心白菜》《一杯白开水的温度》等。

T15—T17 版为晚报 20 载，与品牌同行。其内容有《大江义工队 拼的是服务》《晚报人走出国门不稀奇》《创新路上 砥砺前行——大江晚报创刊 20 周年改版扩版回顾》等。

T18—T19 版为晚报 20 载，与读者同行。其内容有《满江金沙浪淘洗》《“勿忘初心”晚报人》等。

T20 版为年历版，刊登 2016 年历，并祝读者猴年大吉。

二、周刊

1.《大江晚报·芜湖公安》

1999 年 12 月 24 日，《大江晚报》在周日 B 版推出与芜湖市公安局联办的《大江晚报·芜湖公安》周刊。共 6 版，报头左侧是公安警徽和报名，报名上方为“大江晚报”，字体与《大江晚报》头版报名字体相同但略小，“芜湖公安”中的“芜湖”黑方块底纹套白色宋体字，“公安”则为红色印刷字体。6 块版面分别为要闻版、法制广角版、法理视线版、社会万象版(2 块)交通时空版、环球警苑版和法案大观版。

2002 年，《芜湖公安》报头有了新变化，头版上方通栏为报头区，左侧为“大江晚报”字样和日期、期数，中间为红色勾黑边的“芜湖公安”，大号字；右侧报眼位置为“金盾服务台”。

在中断了一段时间后，2012 年 1 月 3 日，《大江晚报》与芜湖市公安局再次联合推出《大江晚报·芜湖公安》。报头在头版上方，左侧为芜湖日报报业集团报徽和“大江晚报”“芜湖市公安局协办”字样，报头正中为“芜湖公安”，右侧为出版时间等信息。共6版，其中1版为视点版，刊发芜湖公安重大新闻和重要动态，栏目有“重点”“看点”“焦点”“热点”和“亮点”；2版为透视版，突出法制热点报道，开设的栏目有“拍案惊奇”“奇闻轶事”“寻觅追踪”“警灯闪烁”和“警察故事”等；3版为法眼版，刊发民生服务类内容，主要栏目有“智慧星海”“教你一手”“指点迷津”“温馨提示”“以案说法”和“律师信箱”等；4版为写真版，也就是大特写版，报道重大案件、典型报道；5版为交通版，突出道路交通管理报道，主要栏目有“交通在线”“引以为戒”“安全讲堂”“前车之鉴”和“车管前沿”等；6版为公告版，各类遗失和公告等。

芜湖公安

恶魔末路

《大江晚报·芜湖公安》2002年7月21日1版。

2.《大江晚报·新闻周刊》

大江晚报

新闻周刊

导读

项义水纵论步行街的盛世危言

十亿元国债打造江城防洪“盾牌”

并不轻松的老话题：少女出走

讲个故事给你听

话说采访项义水

芜湖百家姓

健康住宅离芜湖百姓有多远

美国欲对伊拉克动武 箭在弦上 为何悬而不发

世界杯走了 我们来了！ 愿《新闻周刊》与你相伴永远……

《大江晚报·新闻周刊》2002年7月1日封面版（创刊号）。

2002年7月1日，《大江晚报·新闻周刊》创刊，四开16版，黄色纸彩色印刷，周一随《大江晚报》出版，《大江晚报》价格不变。为办好《大江晚报·新闻周刊》，大江晚报社专门成立《大江晚报·新闻周刊》编辑部，负责编发周刊，主打新闻的深度报道。

创刊号封面版首次采用“大图片+导读”的杂志化封面设计模式，报头区铺淡绿底纹，左侧为“大江晚报”，下方为出版信息，右侧“新闻周刊”分别为黑体和琥珀体，其中，“新闻 刊”为黑体字，“周”字在一个大的红色方块里套出一个白色“周”字，水柱体。大图片在报头下方的左侧，占封面版二分之一，右侧为导读。

2版、3版、4版和6版为新闻版，刊发本地新闻大事件，创刊号2版刊发本报记者杨秀凤采写的《项义水纵论步行街的盛世危言》，3版刊发本报记者程代广采写的《十亿国债打造江城防洪“盾牌”》，4版刊发本报记者程代广采写的《芜湖虎妞远嫁温州》，6版刊发本报记者石琼采写的《少女出走 并不轻松的老话题》；7版为读者俱乐部版，沟通编者、记者与读者的联系，栏目有“读者·记者·编者”“讲个故事给你听”“纬纶律师苑”“芜湖百家姓”等；5版和8版为风云版，刊发国际大事件；9版和12版为江城楼市版，广告；13版为都市版，介绍时尚品牌。14—15版为证券版，介绍股市，栏目有“直通上市公司”“股市学院”“一剑封喉”“股民股事”等；16版为生活版，刊发生活常识等内容，栏目有“知情选择”“消费警示”“居家经验”“家电保养”和“教你一手”等。

3.《大江晚报·小记者周刊》

2011年6月15日,《大江晚报·成长周刊》创刊,后改为《大江晚报·小记者周刊》。初期由《大江晚报》专副刊部主办,后由集团发行中心编发,2018年转为芜湖传媒艺术(小记者)培训中心编发,随《大江晚报》周三出版。

小记者周刊
B01
新学期 新起点 新平台
芜湖小记者在"今日芜湖"安家啦!
特殊的开学礼

《大江晚报·小记者周刊》2018年9月4日1版。

《大江晚报·小记者周刊》创刊初期的版面为四开四版。头版为封面版,小记者活动启事和动态等,2—3版为百花园,小记者实践活动情况,4版为学校介绍,其中有"校长访谈"栏目

2018年,《大江晚报·小记者周刊》转由芜湖传媒艺术(小记者)培训中心主办,仍为四开4版,头版为综合版,小记者活动动态等,主要栏目有校园活动站、这周我冠军等;2—4版为校长访谈和小记者作文选版,主要栏目有"我们的校长"系列访谈、"忆新人""小比赛""小感悟""小诗歌""小宠物""小情绪""小练笔""爱劳动""爱阅读""校园美""成长记""春游记""活动回顾"等。

4.《创富周刊》

创富周刊
B1
汪幸平:小鸭子成就大事业

《大江晚报·创富周刊》2011年11月7日B1版。

2011年,《大江晚报》推出《创富周刊》,共有8个版,在《大江晚报》B叠版刊发,分别为封面、创业版、理财版、学驾版、广告版、证券版。开设"老夏侃股"等栏目。B1版以组图和通讯特写的形式,宣传芜湖的知名企业家或有代表性的创业者。同时做好对其他版面的简要导读。其他三版为交替出现的专版,除创业、理财、学驾和证券外,还陆续推出汽车和彩票等专版。汽车专版侧重于汽车品牌的介绍以及价格、售后、维修、车友俱乐部的报道等。彩票专版与广告部门联合开办,不仅要具有可读性和影响力,还要创造商业效益。

2016年改版时,《创富周刊》改为《众创周刊》。共4版,放置在A17—A20版,分别为人物志、创业堂、新视界和理财帮。

5.《儒林街》周刊

2018年9月3日,全媒体文旅专副部推出《儒林街》周刊,共4版,分别为封面版、老芜湖、镜湖星月和记事本版,每周一随《大江晚报》出版。

儒林街

芜湖“断桥”

《大江晚报》《儒林街》2018 年 10 月 15 日周刊封面板。

这是一个有深度、有内涵、有情怀的周刊，我们从中可以看到芜湖的历史、现实和将来，通过文学的笔调、朴实的故事，窥探芜湖人的内心深处。封面版通过一段文字、一张图片和一个题花，展示其大气、时尚风格；老芜湖版发掘芜湖历史，通过故事、图片、展示老芜湖的深邃；镜湖星月版是《大江晚报》创刊时开设的副刊版面，也是《大江晚报》的品牌版面，从这个版的变化可以看到芜湖副刊的发展历程；记事本版是老百姓的平台，讲述老百姓自己的故事。

三、旬刊

《芜湖晚报·旬刊》

1997 年 1 月 28 日，《芜湖晚报》推出《芜湖晚报·旬刊》，共 16 版，黄报纸彩色印刷，这也是芜湖日报社最早采用彩色印刷的报纸，每月逢 8 随《芜湖晚报》出版。

芜湖晚报

旬刊

WUHUWANBAO

本期导读

三胞胎把妈妈累病了

《大江晚报·旬刊》1997 年 5 月 28 日头版。

1 版、4 版为通版，其中封面版分四个部分，版面上方五分之一通栏为报头区，左侧上面为“芜湖晚报”，下面分别为拼音字母和“祝你平安”及报纸出版信息：“1997 年 1 月 28 日 星期二 第 454 期 芜湖日报社主办，国内统一刊号 CN34—0072 今日 16 版 零售价 0.30 元”；“芜湖晚报”右侧为紫色套白字“旬刊第一期”和红色套白字“每月逢 8 出版”。报头区左下方为文章区，上为大幅图片，下为“十日谈”栏目，刊发韦月文章《星星还是那颗星星》。右侧一批栏为“本期导读”，共 5 则。4 版区域为可读性强的深度报道。

2 版、3 版为通版，97 投资版，刊发收藏、股市、国债等内容。

5 版为菁菁校园版，刊发校园那些事。

6 版、7 版为通版，漫游报海版，刊发报刊文摘。

8 版为旅伴版，刊发介绍各地旅游景点、风土人情和旅游知识。

9 版为体育世界版，刊发体育趣事和体育知识等。

10 版为百城书影版，推荐新书、读书小品、藏书淘书、书的漫画等，栏目有“书人记事”“大书短评”“著书人语”“书情人生”“书市节拍”“书虫论道”等。

11 版为生活时尚版，开设“潮流情报”“自说自话”“饕餮园”等栏目。

12 版为影视空间版，刊发影视和文化动态，创刊版聚集春节晚会。

14 版为连载影视版，刊发小说连载和电视节目。

15 版为环球展望版，刊发国际软新闻，栏目有“国际经纬”“世界见闻”“社会剪影”等。

13 版、16 版为整版广告版。

1997 年 7 月，《芜湖晚报·旬刊》改版，增加新闻时空通版和生活时尚、法制通讯、影视娱乐和股市证券 2—3 版。

1998 年 10 月 8 日，《芜湖晚报·旬刊》在办完第 60 期后停刊。

四、专版

1.“百姓家事”

《芜湖晚报》创刊第二天的 5 版推出百姓家事版，也是《芜湖晚报》第一个专版。该版通过老百姓自述故事，展示市民风貌，是老百姓比较喜爱的版面之一。

百姓家事 5
婆婆的爱
家书抵万金
孩子早恋有迹象

《大江晚报》1996 年 1 月 2 日百姓家事版(5 版)。

首期百姓家事版开设“我爱我家”“婆媳之间”“教子有方”“巧妇当家”“家庭性教育”“居屋美化”“我家新闻”“饭后一笑”等栏目。本期为我们讲述了 4 个百姓故事，分别有王定凯的《家书抵万金》，章琦的《田稷退贿》，朱利平的《婆婆的爱》，何国桢的《妻子会买菜》等，另外还关注家庭问题，如《孩子早恋有迹象》。

1996 年 4 月 15 日改版后，百姓家事版对栏目进行了调整，有“百姓心绪”“两代之间”“我那口子”“家庭书架”“家事顾问”“说给家长”“漫画百姓”“为您参谋”“生活常识”“家庭保健”等。视角仍然对准老百姓，让老百姓讲述自己或身边的故事。

百姓家事版深入家庭，反映民情的定位和平实的表现形式受到读者的欢迎。一年以后虽然取消了百姓家事版，但反映百姓家事的百姓手记、记事本、倾诉和亲子等专版应运而生。

2.“昨日新闻人物 今述难忘事故”

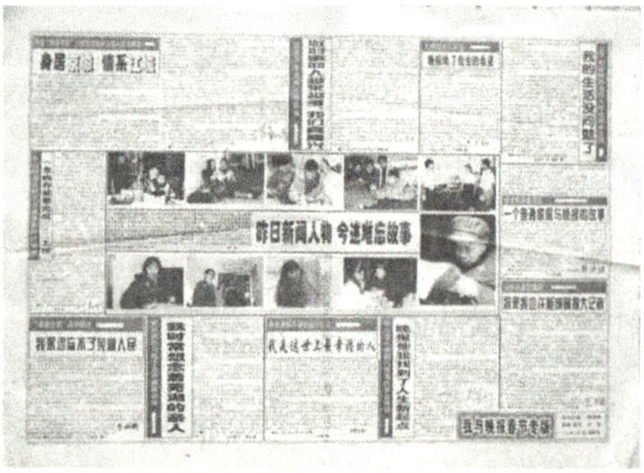
昨日新闻人物 今述难忘故事
我与晚报春节专版

《芜湖晚报》1997 年 2 月 6 日 2—3 版。

1997 年 2 月 6 日，《芜湖晚报》2—3 版打通推出我与晚报春节专版“昨日新闻人物 今述难忘事故”，发稿新闻部。

这个专版回顾《芜湖晚报》创刊以来与晚报有缘的新闻人物。有《身居京城 情系江城》的陈乃菁，她是中央电视台《半边天》的编导、主持，应邀担任《芜湖晚报》创刊一周年晚会的主持人；有拾金不昧的崔氏姐妹崔红、崔伟，她们因为捡到 8 万块钱交到派出所而成为晚报的新闻人物；有一吃就吐的杭州姑娘王科，她说“晚报给了我生的希望”；有买不起碗的老区大学生邵成文，正是对他的报道促成了《芜湖晚报》的金寨行；有小山村走出的义务演讲家何志城，他说：“一息尚存就要完成 681 工程”；有“希望之星”苏明娟，金寨行让芜湖人认识了希望工程的“大眼睛”，并应邀参加了《芜湖晚报》创刊一周年晚会，她说：“我永远忘不了芜湖人民”；有被拐卖的川妹子吴小娟，她感谢《芜湖晚报》记者救了她；有身患重病却获得社会关爱的钱小红，虽然医生没有挽回她的生命，但她说：“我是这世上最幸福的人”；有刑满释放徘徊在人生十字路口的安金保，他感谢《芜湖晚报》不仅给他找到了工作，更找到了人生的新起点；有讲述一个普通读者与晚报故事的熊泽琪；有《芜湖晚报》圆了她写作梦的小学生王楠。

3.“改革开放二十年 咱有哪些难忘事”

1999 年 1 月 1 日，《大江晚报》2 版和 3 版打通推出元旦专刊《改革开放二十年 咱有哪些难忘事》。

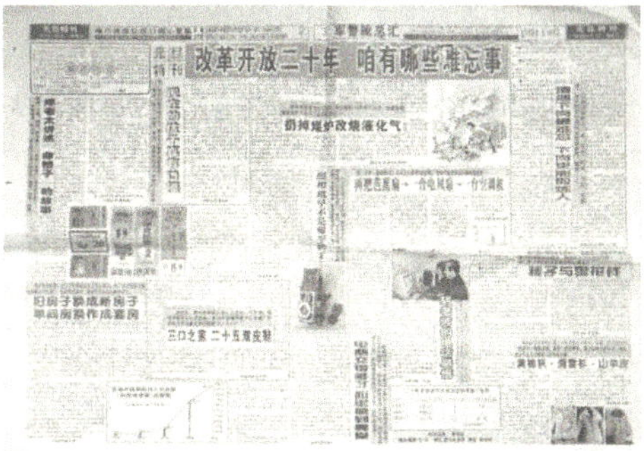

《大江晚报》1999 年 1 月 1 日 2—3 版。

共讲述了 12 个从 1978 年—1988 年发生在芜湖的百姓故事。《郑老太讲述“命根子”的故事》，再现凭票购物时代，那些粮票、布票、豆腐票的故事；从《现在的孩子真有口福》看到，孩子们零食不再只有糖稀做的糖果；《扔掉煤炉改烧液化气》则讲述了从煤球到煤基再到液化气的能源变化；《两把芭蕉扇——一台电风扇——一台空调机》讲述了纳凉工具的变化；《旧房子换成新房子 单间换作成套房》则讲述老百姓居住条件的变化。除讲述老百姓身边的变化故事外，元旦专刊还通过《芜湖市城镇居民人均存款（抽样调查数）走势图》《二十年来我市市区电话装机增幅一览表》以及实物图片展示芜湖市改革开放二十年发生的巨变。

第四节　经典版面

一、镜湖星月版

镜湖星月版是《大江晚报》创刊时开设的副刊版面，每天在 8 版上刊发，是《大江晚报》至今唯一没有更名的版面。原由副刊部编发，现由芜湖传媒中心（集团）全媒体文旅专副部编发。

镜湖星月版注重江南地方文化特色，强调品位，以丰富的文化意蕴滋补着读者的精神世界。该版重真情实感，生活纪实，以随笔体短文为主，包括艺文欣赏、文艺随感、小品文等内容，吸引名家，是一个贴近生活、雅俗共赏、特色鲜明的文学副刊，是享誉省内外的有影响的品牌版面。主要栏目有“夜读偶记”“天涯旅痕”“文史钩沉”“湖滨夜话”“意林”“咫尺天地”“心灵细语”“鸠兹档案”等。创刊号由何东编辑，共刊发作品7篇，图片1幅，镜湖星月标识1幅。作品有白榕（合肥）的《水路三千里》、韦斯琴（南京）的《诱人的绿》和刘继涛的《日月随想》，另有华中的连载文章《经历深圳（五）》等。

水路三千里
诱人的绿
日月随感
圣泉集团 芜湖啤酒厂
全体干部职工向全市人民拜年

《芜湖晚报》1996年1月1日镜湖星月版。

2000年，《大江晚报》副刊部将“镜湖星月”精华内容编辑成《镜湖星月》出版发行，上海图书馆于2001年4月12日收藏该书。

2018年8月，芜湖传媒中心（集团）专副刊编辑负责编辑镜湖星月版，该版纳入《儒林街》周刊中的第3版。

二、新闻时空版

一九九七硕果累累

《大江晚报》1998年2月3日1、4通版。

1996年4月15日，《大江晚报》第一次改版时，推出新闻时空版。该版最大的特色是将1版和4版打通。取消两版之间的中缝，使版式更新，信息量更大，由要闻部编发。

头版位置主要刊发本市重要新闻。由于报头竖排，一些有影响力的头版头条新闻标题也进行了竖排，使头条更有力度，更吸引读者。4版位置主要刊发本市最新消息、省内和国内综合新闻。“读者沙龙”栏目固定放在四版的左下侧。推出了“今日聚焦”栏目。

三、社会万象版

1996年1月1日，《芜湖晚报》创刊时就在2版设置社会万象版，刊发本地社会新闻，由编版部编发，每天在2版刊发。内容以精神文明建设为主，深入社会，深入家庭，激浊扬清，倡导文明，提供服务，让社会新闻唱主角，这是十分符合晚报总体定位的本土社会新闻版面。其中，“戏画老安”“打喷嚏”“警事快讯”“街区快览”等栏目受到读者的喜爱。

1996年4月15日，社会万象版改为社会生活版。2011年，《大江晚报》恢复大江晚报·社会版。

《芜湖晚报》1996年3月5日社会万象版。

四、生活服务版

1998年，《芜湖晚报》推出生活服务版。

该版服务于市民生活，其版面定位相当准确，仍以栏目为支撑，以短信息为主，信息量相当大。该版最有名的栏目有“点菜单 · 新闻友情奉送”和“有困难找晚报”，此外，还有“百姓与经济”“看市场”“名家视点”“热门股点评”“新品柜台”“周边股市”和“今日人民币市场汇价”等栏目。这个版注重内容的实用性，为读者提供很适用的资讯。

领了证的狗没了 一万元能退吗?
各类家电 谁主沉浮

《芜湖晚报》1998 年 12 月 17 日生活服务版（3 版）。

五、芜湖新闻 · 昨夜版

为了提高晚报的可读性，发掘夜间社会新闻，2005 年 1 月 1 日，《大江晚报》第六次改版时开设芜湖新闻 · 昨夜版，它的前身是“昨夜今晨”栏目。

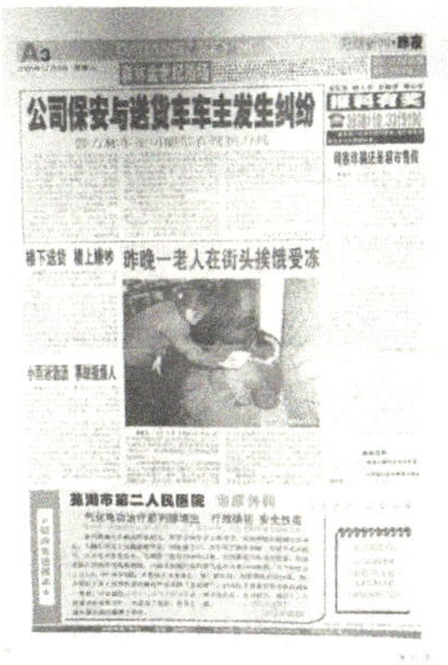
公司保安与送货车车主发生纠纷
昨晚一老人在街头挨饿受冻
芜湖市第二人民医院

《大江晚报》2006 年 12 月 9 日昨夜版（A3 版）。

昨夜记者由晚报记者轮流担任，每天晚上 8 点至 10 点出去采访，10 点以后回编辑部写稿，由新闻部主任和值班总编辑审核后上版，具有时效性强、可读性强的特点。新闻部编发。

芜湖新闻 · 昨夜版有一个固定的正方形栏标：上有“突发事 困难事 有趣事 感人事”，介绍了该版的核心内容；中间为“请拨 3838110 3319192” 以及值班记者的手机号码，下有“有奖征集新闻线索”字样，鼓励读者参与。

“芜湖新闻 · 昨夜”版开设了“你说我记”栏目，对一些不需要核实的社会新闻采用电话实录的形式，使新闻更有原创性和真实性。

2008 年，《大江晚报》改版时取消了芜湖新闻 · 昨夜版。

六、芜湖新闻 · 热线版

2005 年 1 月 1 日，《大江晚报》第六次改版时，在 6 版推出芜湖新闻 · 热线版。

金世纪游泳大浴场
注水牛肉横行我市节日市场
想买没被注过水的牛肉还真难
逆耳忠言
如此“名牌化妆品”千万别信
新年到

《大江晚报》2005 年 2 月 A8 热线版。

该版由“大江热线”发展而来。它依托大江热线电话 3838110，成为晚报重要的信息和报料来源渠道之一。该版通过倾听、传递、交流、沟通，做好服务读者、服务报纸工作。它立足于为市民提供服务，着眼于百姓的小事、急事、难事、感人事，重在反映问题，协助解决问题；它及时传递百姓心声，架起晚报与市民大众间的桥梁。大江热线专版上开设了“来电照登”“热线反馈”等固定栏目。

2008 年，《大江晚报》改版时，将芜湖新闻 · 热线版改为大江新闻 · 热度版。2011 年，

《大江晚报》恢复大江晚报·热线版。2016 年,《大江晚报》第十一次改版时,推出热线新闻和连线新闻。热线新闻版有你问我答、会客室等内容;连线新闻版有连线 110、119、112.120、水电气、交通、银行、通信公司的热线,热线新闻更丰富。

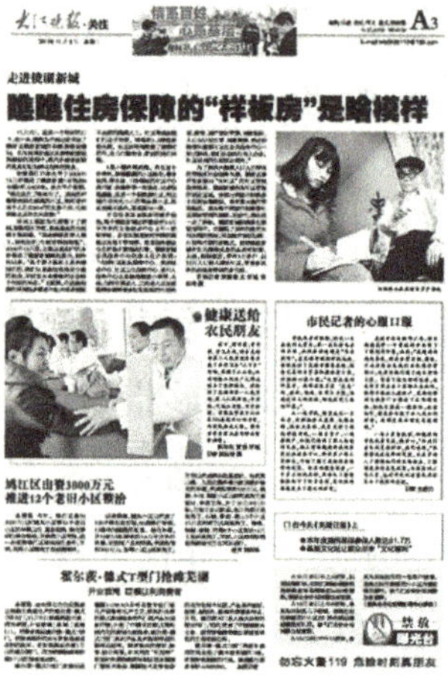
瞧瞧住房保障的"样板房"是啥模样

《大江晚报》2011 年 11 月 8 日 A3 关注版。

七、大江晚报·关注版

1999 年,《大江晚报》在 2 版推出"第一关注"栏目。2011 年 6 月,《大江晚报》将栏目扩大为版面,推出大江晚报·关注版(A 4 和 A6 版),由编辑一部负责编发。这两个版以本报独家策划为主,既可以策划市委市政府布置的宣传任务,也可以根据节日、环境、热点新闻等,策划本报的独家报道。要求新闻线索或策划主旨的选择必须关注度高,可读性强,版面以通讯、特写、链接、图片、漫画等多种形式组合,版面活泼,内容深度、高端,具有一定的引导力和思想性。

八、锐思版

"龙虾劲"背后是政绩冲动症

《大江晚报》2011 年 8 月 15 日锐思版。

2011 年 6 月 15 日,《大江晚报》改版时在二版推出锐思版,由编辑一部编发。

该版为时评版,分两部分组成,左侧用一批开设两个板块:上面是大江晚报的信息,下面是天气预报的服务性栏目"出门看天";右侧三批为时评的内容,开设了"头条评论""媒体同期声"和"精图酷评"等栏目。时评主要以国内或本地新闻为主,选择当日出现的影响力最强的新闻人物最精辟的一句话,辅以一段 200 字左右精炼的文字介绍,也可以包括对国内与民生有关的重大热点新闻的评论。尤其是头条评论文章主要是本地作者对本地新闻的正面评论,本报采编人员,要求必须有开阔的视野,严谨的政治思维、逻辑思维。该版面要求打造成具有很强思想性、本报发出自己声音的第一阵地。

2013 年,《大江晚报》改版时将"大江论道"栏目重新谋划,做透,要求多发本地热点评论,约请本地优秀评论员供稿。

2016 年,《大江晚报》第十二次改版时开设锐角度版,刊发大江对你说、凡夫沙龙、新华视点,开设读者评论区,使评论内容更加丰富。

九、速读版

速读版是 2013 年 6 月《大江晚报》改版时，在 A4 版推出的新版。

这是一个类似于要闻版的新版面，开设多个栏目作为支撑，涵盖当日发生的全球（包括本地）所有的政治、经济、文体等各类新闻。最重要的、最好看的新闻，在这里都可以速读。这个版体现编辑的视野和思考，体现媒体的选择和倾向，具有需求信息量大、观点类信息多、文章短小精悍等特点，它实际上是集国内外可读新闻为一体的集锦新闻版。

大江晚报　A04

对任何挑衅行为必将予以坚决应对

《大江晚报》2014 年 1 月 1 日速读版。

第五节　经典栏目

一、子夜传呼

“子夜传呼”是《芜湖晚报》创刊时开设的栏目。它成为沟通党和政府与人民群众之间关系的桥梁，成为大众舆论的传声筒，是最能体现晚报特色的栏目，也是老百姓最喜欢参与的栏目之一。

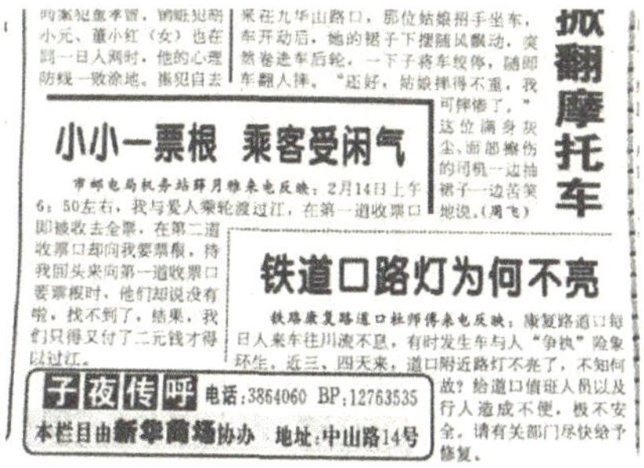
两案犯鱼季晋、销赃犯胡小元、董小红（女）也在同一日入网时，他的心理防线一败涂地。案犯自去

某在九华山路口，那位姑娘招手坐车，车开动后，她的裙子下摆随风飘动，突然卷进车后轮，一下子将车绞停，随即车翻人摔。“还好，姑娘摔得不重，我可摔惨了。”这位满身灰尘、面部擦伤的司机一边抽裙子一边苦笑地说。（周飞）

掀翻摩托车

小小一票根　乘客受闲气

市邮电局机务站薛月雅来电反映：2月14日上午6：50左右，我与爱人乘轮渡过江，在第一道收票口即被收去全票，在第二道收票口却向我要票根，待我回头来向第一道收票口要票根时，他们却说没有啦，找不到了，结果，我们只得又付了二元钱才得以过江。

铁道口路灯为何不亮

铁路康复路道口杜师傅来电反映：康复路道口每日人来车往川流不息，有时发生车与人“争执”险象环生，近三、四天来，道口附近路灯不亮了，不知何故？给道口值班人员以及行人造成不便，极不安全。请有关部门尽快给予修复。

子夜传呼　电话：3864060　BP：12763535

本栏目由新华商场协办　地址：中山路14号

《芜湖晚报》子夜传呼。

“子夜传呼”由芜湖晚报社记者部主办，记者每天轮流值班，通过电话、BB 机 24 小时接收读者的投诉、新闻线索，经过采访、核实后，一般的信息以简讯的形式刊发在头版左下角，重大新闻事件则要转交白班记者现场采访。《芜湖晚报》每天刊发“子夜传呼”信息少则两三条，多则五六条，有投诉、有回音，帮助市民解决的都是生活工作中的烦恼事、困难事、麻烦事，尽管这些事情都不是惊天动地的大事，甚至还有一些鸡毛蒜皮的琐事，但它由于贴心、简洁和到位，成为市民打得最多、用得最方便的热线。据值班记者讲，当时每天的电话至少有二三十条，这还不包括登门反映情况、提供新闻线索的，“子夜传呼”实实在在地成了当时的品牌栏目。“子夜传呼”后来延伸为“昨夜今晨”和“大江热线”，也由栏目扩大为版面，成为党和政府了解民情的平台，与人民群众之间关系的桥梁，成为大众舆论的传声筒。

二、韦月闲话

1996 年 4 月 15 日，《芜湖晚报》首次改版时，为强化晚报的评论力度，探索时评的本土化，在一版推出“韦月闲话”专栏。

这个栏目实际上是总编辑的言论专栏，由《芜湖晚报》首任总编辑顾伟明撰稿，不定期在一版固定位置刊发。

“韦月闲话”就事论事，观点鲜明，快意宣畅，对现实社会中的某些丑恶现象、不良风气以及一些违规操作给予一针见血地批评，产生很大的社会影响，其中“芜湖人”系列在读者心中荡起阵阵涟漪。著名作家冯英子评价“韦月闲话”有呼吁讲真话的激情，有联系实际的激情。

换毛换皮换眼珠，还换什么？

韦月

“红头发飘起来”，照此地年轻人的话说，是“潇洒一墙”。

这红头发成了当今中国都市的一道风景线，赞赏的人不少，而对此嗤之以鼻的人则得到了十倍二十倍的嗤之以鼻。用照旧时髦的鸟语讲起来就是：“用不着这么大惊小怪的嘛，爱美之心嘛是每个人都有的啦！”用重新时髦的上海AO讲就是：“染染红头毛看看白相相啊是蛮好一桩事体么，格格啊看不惯，十足格乡下人！”见过大世面的“城里人”改革开放的步子迈得就是快，光染染红头发已不过瘾了，皮要换，眼珠子也要换，要尽快让脸蛋“与国际接轨”。这不，听说南京开设了牛奶浴，只要肯花钱，皮是越洗越白的；前不久看到广东一家报纸上的广告，为爱美者（准确的称呼是爱洋者）提供换眼服务，可将黑眼珠换成西洋人的蓝眼珠，“让你的眼珠多彩多情，追上时尚脚步，你想试试吗？”

韦月闲话

眼睛是心灵的窗户，窗户“追上时尚脚步”了，心呢？那颗中国人的心呢？还换不换？

那颗心怕是早就不在了吧，我想。

《芜湖晚报》1996年4月15日1版“韦月闲话”栏目。

该栏目部分稿件后来收入由顾伟明编著的《韦月闲话》言论集。

三、从读者沙龙到凡夫沙龙

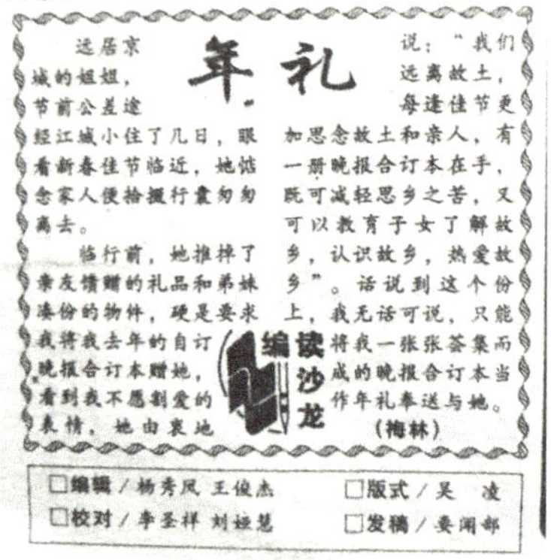
年礼

远居京城的姐姐，节前公差途经江城小住了几日，眼看新春佳节临近，她惦念家人便拾掇行囊匆匆离去。

临行前，她推掉了亲友馈赠的礼品和弟妹凑份的物件，硬是要求我将我去年的自订晚报合订本赠她，看到我不愿割爱的表情，她由衷地说：“我们远离故土，每逢佳节更加思念故土和亲人，有一册晚报合订本在手，既可减轻思乡之苦，又可以教育子女了解故乡，认识故乡，热爱故乡”。话说到这个份上，我无话可说，只能将我一张张荟集而成的晚报合订本当作年礼奉送与她。

（梅林）

编读沙龙

□编辑／杨秀风 王俊杰　□版式／吴 凌
□校对／李圣祥 刘丽慧　□发稿／晏阐都

《大江晚报》1999年1月1日编读沙龙。

1996年4月15日，《芜湖晚报》第一次改版时推出“读者沙龙”，之后，又更名为“编读沙龙”和“凡夫沙龙”，一直由“凡夫”吴小兵负责编发，至今不衰，是《大江晚报》栏目中最持久、最受欢迎的栏目。

“读者沙龙”栏目在通版新闻时空的左下角，每天一期，与读者交流办报的种种酸甜苦辣，是《大江晚报》创刊以来“资格最老”的栏目。

该栏目原为新闻探讨类节目，主要以读者和编者评报为主，通过编读往来，提高读者对报纸的认识，同时也提高了报纸版面质量。编者在点评中，穿插不少新闻背景介绍、编辑部趣事以及新闻业务探讨，是沟通读者、编者、记者的一座桥梁。后来，这个栏目的内容逐渐扩大到无话不谈，互动性也明显增强，是沟通读者、编者、记者的一座桥梁。主持人凡夫说，希望沙龙像个研讨班，与读者一道对社会上的一些热点难点进行探讨；更希望“沙龙”像一座连心桥，大人与孩子、男人与女人、老师与学生、官员与百姓、单位与个人在这里能够找到沟通的平台。

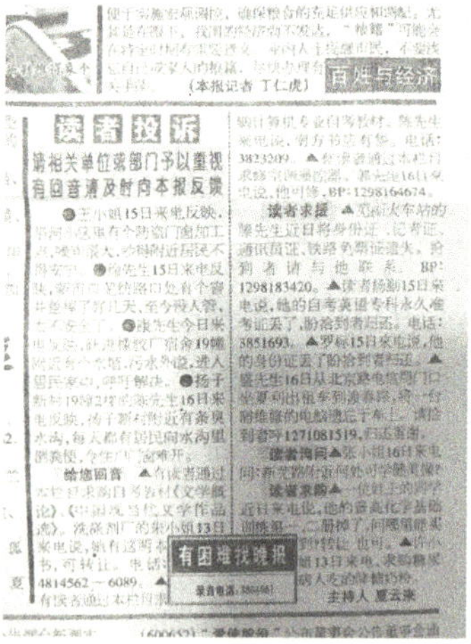
（本报记者 丁仁虎）

百姓与经济

读者投诉

请相关单位或部门予以重视 有回音请及时向本报反馈

读者求援

读者询问

读者求购

有困难找晚报

主持人 夏云来

《大江晚报》1998年12月17日3版“有困难找晚报”栏目。

四、有困难找晚报

“有困难找晚报”是《芜湖晚报》第一次改版时推出的服务性栏目，主持人由新闻部编辑夏云来担任。该栏目贴近群众生活，为读者提供咨询、牵线搭桥、排忧解难，深得读者的信赖。

夏云来是一位工作很认真、对人很热情的编辑，每天早上整理来电录音要花一个多小时，每天还要接许多电话。夏云来对于读者有求必应，一位读者急需马桶，在市场上又买不到，他通过“有困难找晚报”求助，没想到竟然有十几个读者愿意免费提供马桶。夏云来没有简单地让求购者与转让者联系，而是到这些有马桶的人家选中成色较好且适合老人使用的马桶，并将马桶送到读者手中，让这家人十分感动。

五、心心热线

1996年4月15日，《芜湖晚报》第一次改版时在2版推出“心心热线”栏目，主持人由新闻部编辑石琼担任，它侧重以情感人，同读者探讨各种家庭问题，做读者的知心朋友。

当时创办这样栏目时最理想的人选应当是女性编辑，但新闻部全是“光棍”，只有石琼的名字里有个女性色彩的“琼”字，于是新闻部主任汪维明就选定石琼担任心心热线主持人。

心心热线主持人：
我今年20岁，便遇到一件令人十分痛苦的事。
我的哥哥半年前去世了，撇下了年轻的嫂子和刚出世不久的侄儿，这场家庭变故，使家人柔肠寸断。如果嫂子改嫁，谁也挡不了，可孩子怎么办？为了可怜的孩子，有人撮合我和嫂子结婚。为了这

父亲逼我与嫂子成婚，我该怎么办？

个眼看就要散了的家，也为了孩子，嫂子同意了。可我说啥也不同意，难道婚姻大事就这样撮合吗？她是我嫂子，我们双方没有感情基础，我实在接受不了。起初，父亲哭着求我，但当我断然拒绝后，一家人都很恼怒，父亲用棍棒打我，逼得我无家可归，只好躲在外面。
现在事情仍然僵持着，也不知道结局如何？主持人，期待得到你的指点，帮我摆脱困境。
读者 童泽

心心热线

《大江晚报》1996年8月29日社会生活版“心心热线”栏目。

心心热线以陪读者聊天的形式，解答读者提出的心理问题。初期为读者来信和主持人解答同框刊登在当天的报纸上，后期选登读者来信先刊发在社会生活版，主持人隔日再作解答。因主持人善解人意地解答而受到读者的信任和喜爱，话题由单纯的心理问题拓展到各个方面，倾诉群体也由女孩发展到男女老少，有的来信女孩误以为石琼是女编辑而寄照片欲做知己，弄得主持人赶紧亮明“爷们”身份。

最让主持人记忆犹新的一位署名秋水的刑满释放人员因找工作屡次受挫写信给主持人。主持人一边安慰其不要自暴自弃，一边为他找工作，终于落实到一家单位安排了秋水的工作，秋水喜出望外。

六、戏画老安

《芜湖晚报》创刊时在2版开设“戏画老安”栏目。

1996年1月1日，《芜湖晚报》创刊时就在2版开设“戏画老安”栏目，刊发由芜湖知名画家张乃成创作的四格同名连环画，并连续刊发钓鱼高手、也是冠军、“双打”冠军、名牌效应、“弱视”群体、缩小太多、把根留住等1100期。

四格连环漫画主人公“老安”是寻常百姓中一位不起眼的小人物，面对星光灿烂的时代，老安不甘寂寞，“闪亮”登场，花拳绣腿，忽悠一番。通过漫画形式，展示市井小人的五味人生和都市百态，读者很喜欢这个小人物。

张乃成后来将刊发在《芜湖晚报》上的漫画编辑成同名画册，出版发行。

七、闪光灯

1996年4月15日，《芜湖晚报》第一次改版时推出的一个图片栏目。

该栏目由3—6张组图和简短文字组成。图片要求有故事情节，文字要求用生动的语言讲述一个新闻故事。最经典的“闪光灯”作品有《官老板拔牙》《乐哉悠哉“金老头”》《猫头鹰的故事》《朱大伯看销烟》《盲人修电视》《修脚的阚师傅》《小张莉上学啦》等。其中本报记者老春的《官老板拔牙》再现地摊拔牙的情景，本报记者老春图、石琼文的《猫头鹰的故事》则以猫头鹰的口吻，生动讲述猫头鹰受伤、被救和放生的故事。

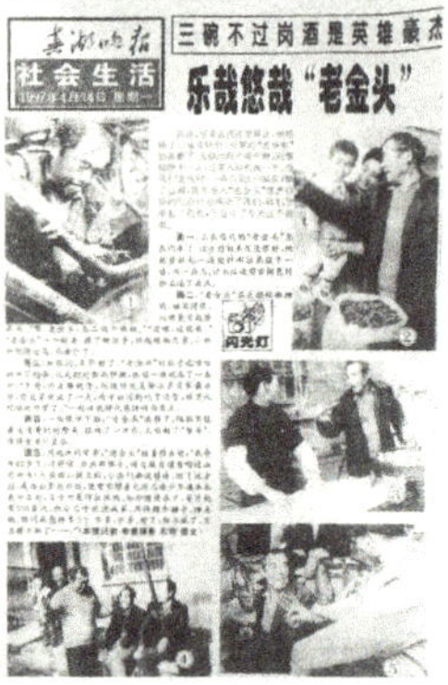
芜湖晚报
社会生活
三碗不过岗酒是英雄豪杰
乐哉悠哉“老金头”
闪光灯

《大江晚报》1997年4月14日2版“闪光灯”栏目。

八、秉烛三人谈

“秉烛三人谈”是《芜湖晚报》试刊时就推出的栏目，也是副刊很有影响的栏目之一。

这个栏目相当于围炉而谈，三人一期，同一题目，各使兵器，各施招数，搞得煞是热闹。这其中有自愿搭配的，有编辑牵线组合的，也有根据手头现有稿件“拼盘”的，一期话题完成后，还会预告下期话题。该栏目前后坚持约两年，花费了副刊编辑不少心血。

九、昨夜今晨

为了填补《大江晚报》下午出报带来的昨夜今晨新闻盲点，2000年2月27日起，《大江晚报》推出“昨夜今晨”栏目。

该栏目将前一天晚上6时至次日上午10时前的芜湖最新新闻，以最快的速度报道出来。它最大特色是抢抓突发新闻，为读者提供最新鲜的新闻资讯。

这个栏目后来发展为昨夜版。

十、细说芜湖方言和芜湖方言拾缺补遗

“细说芜湖方言”和“芜湖方言拾缺补遗”是《大江晚报》民情民意版的品牌栏目。

2000年6月2日至29日，首先推出“细说芜湖方言”栏目。栏目推出后，引起芜湖市民的广泛关注，读者通过信件、邮件等方式，向报社提供了大量新的说法、写法和解释。从6月13日起，民情民意版又罕见地推出姊妹栏目“芜湖方言拾缺补遗”，将读者推荐的芜湖话一网打尽，芜湖方言一时成为芜湖人茶余饭后的闲话。

“细说芜湖方言”共分天时、地理，动物、植物，称谓、人品，服饰、服品，食品、调味品，人体、生理，动作、心理，社会、交往，性状、品德和其他共十类，方言俚语字、词389个。“芜湖方言拾缺补遗”则是由秦有玉、沈肇景、梁玲玲等37位读者提供，仍按十类分类，共介绍方言俚语字、词180个。

面对长江巨门

秉烛三人谈

《芜湖晚报》1995 年 11 月 14 日，6 版“秉烛三人谈”栏目。

编者的话

第一类：天时、地理

《大江晚报》2000 年 6 月 2 日 2 版。

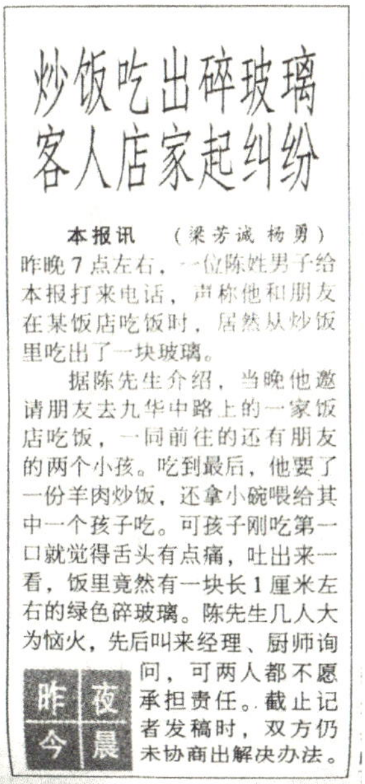

炒饭吃出碎玻璃
客人店家起纠纷

本报讯　（梁芳诚　杨勇）昨晚 7 点左右，一位陈姓男子给本报打来电话，声称他和朋友在某饭店吃饭时，居然从炒饭里吃出了一块玻璃。

据陈先生介绍，当晚他邀请朋友去九华中路上的一家饭店吃饭，一同前往的还有朋友的两个小孩。吃到最后，他要了一份羊肉炒饭，还拿小碗喂给其中一个孩子吃。可孩子刚吃第一口就觉得舌头有点痛，吐出来一看，饭里竟然有一块长 1 厘米左右的绿色碎玻璃。陈先生几人大为恼火，先后叫来经理、厨师询问，可两人都不愿承担责任。截止记者发稿时，双方仍未协商出解决办法。

昨夜今晨

《大江晚报》的“昨夜今晨”栏目。

十一、老夏侃股

股市从 2006 年走出大牛市，股市几乎成为街谈巷议的话题。2007 年 6 月，《大江晚报》改版时在民生版开设“老夏侃股”，由编辑夏云来担任主持人和主要执笔者。

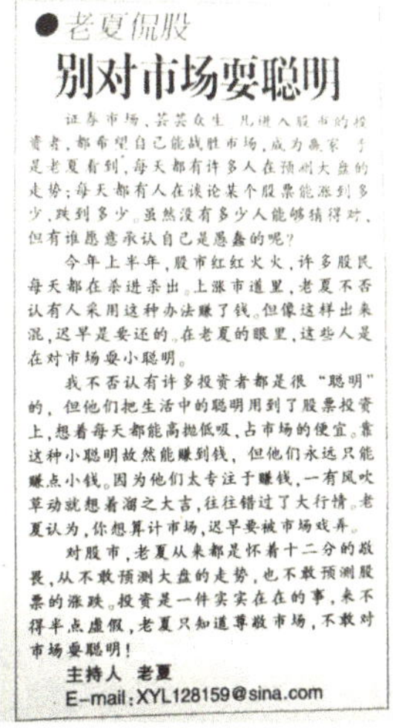

老夏侃股

别对市场耍聪明

证券市场，芸芸众生。凡进入股市的投资者，都希望自己能战胜市场，成为赢家。于是老夏看到，每天都有许多人在预测大盘的走势；每天都有人在谈论某个股票能涨到多少，跌到多少。虽然没有多少人能够猜得对，但有谁愿意承认自己是愚蠢的呢？

今年上半年，股市红红火火，许多股民每天都在杀进杀出。上涨市道里，老夏不否认有人采用这种办法赚了钱。但像这样出来混，迟早是要还的。在老夏的眼里，这些人是在对市场耍小聪明。

我不否认有许多投资者都是很“聪明”的，但他们把生活中的聪明用到了股票投资上，想着每天都能高抛低吸，占市场的便宜。靠这种小聪明故然能赚到钱，但他们永远只能赚点小钱。因为他们太专注于赚钱，一有风吹草动就想着溜之大吉，往往错过了大行情。老夏认为，你想算计市场，迟早要被市场戏弄。

对股市，老夏从来都是怀着十二分的敬畏，从不敢预测大盘的走势，也不敢预测股票的涨跌。投资是一件实实在在的事，来不得半点虚假，老夏只知道尊敬市场，不敢对市场耍聪明！

主持人　老夏

E-mail：XYL128159@sina.com

《大江晚报》2007 年 7 月“老夏侃股”栏目。

“老夏侃股”每篇股评 600 多字，但写法上却与众不同，在内容上，它虽然离不开股评，但不是就事论事，而是透过股市和股票来说形势、说理念、说理财、说人性、说人生。在形式上，突出一个“侃”字，用调侃的笔调，尽量把文章写得诙谐幽默，文章读来轻松耐读；文章写得通俗易懂，让不懂股市的读者也能看懂股评文章；文章观点鲜明，尽显一家之言；主持人用文学手法，把股评写得很美，很有感染力。

2008 年，因股市低迷，“老夏侃股”暂停了一段时间，粉丝们打电话、发邮件要求恢复。“老夏侃股”栏目后来又出现在《大江晚报》并保存至今，它已经成为《大江晚报》品牌栏目。

十二、王京讲故事

“王京讲故事”是《大江晚报》长江版的一个最有争议的栏目，并获得 2007 年度中国地市报专栏三等奖。

2007 年，《大江晚报》长江版编辑石琼以自己名字的“琼”拆开设置“王京讲故事”栏目。这个栏目最大的特点就是适当地用芜湖方言讲述沿江城市的新闻故事。

作者在完成版面编辑后，每天收集在沿江城市报纸上刊发的精彩故事，再用芜湖方言改写，要求故事要精彩，内容要平实，一口气推出近30多期。

“王京讲故事”在《大江晚报》长江版推出后，引起很大反响，芜湖市政府网站“市民心声”网甚至形成“两派”斗嘴的“主战场”。反对派认为，用方言读报不适应，外地人读报有困难。有的网友认为个别用词不舒服，要求撤掉这档栏目；支持派则认为，“看了这档栏目，我觉得挺生动、诙谐的，以往报纸都一带而过，唯这档我觉得有创意，能把个故事说得那么生动，给读者带来快乐，我觉得是一个创新，言词上注意一下就行了，没必要撤掉”。

两美女被鱼“疗”得遍体鳞伤

（根据《重庆商报》记者杨程采写的《两美女“鱼疗”被鱼啄得满身伤》改写）

王京讲故事

电话：3817256 E-mail:shiqiong12345@163.com

《大江晚报》2007年1月26日“王京讲故事”栏目。

《大江晚报》领导认为，一个栏目能引起这样大的反响，其本身就是成功的，只要稍加改进，还是很好的栏目，并支持继续办下去。该栏目后因调整长江版而被取消。

第六章 《金周刊·芜湖广播电视》

金周刊集锦

《金周刊·芜湖广播电视》是芜湖日报报业集团创办的城市生活周刊，国内统一刊号为CN34－0049，邮发代号为25－96，全国发行。封面1—4版为铜版纸彩色印刷，内页为新闻纸彩印40版，共四开44版，逢周五出版。

2005年1月5日，芜湖日报社创办《大江晚报· 金周刊》，每周五随《大江晚报》出刊。同年2月23日，《大江晚报· 金周刊》推出动漫专版和家教专版。5月6日，《大江晚报·金周刊》第一次改版。此后多次改扩版，其中最有力度的改扩版有8次。同年5月13日起，《大江晚报》与万象广告瑞华广告联合推出的《楼宇周刊》移至《大江晚报·金周刊》刊发。

2007年7月6日，《大江晚报·金周刊》与原芜湖广播电视局创办的《芜湖广播电视报》正式整合为《金周刊·芜湖广播电视》，借《安徽广播电视报·芜湖广播电视》的国内刊号公开发行，由芜湖日报报业集团主办，成为独立的《金周刊·芜湖广播电视》编辑部，每周五单独出版发行。这是芜湖市宣传系统整合报业资源，实施“媒体融合”，促进芜湖文化产业迅速发展而实施的重大举措。

2009年1月1日，响应芜湖日报报业集团“走出去”战略，《金周刊·芜湖广播电视》进行适应性改版，全力打造都市家庭生活读本。2010年1月1日，《金周刊·芜湖广播电视》首次批量进入宣城市场。同年，《金周刊·芜湖广播电视》与芜湖公安合办《金周刊·芜湖警方》。与芜湖花之城艺术培训中心开展互为推广平台合作。

2013年，《金周刊·芜湖广播电视》与芜湖市内多家单位签订战略合作协议，打造“金”字招牌。与芜湖市妇联合作，打造“芜湖女人”周刊；与芜湖中石化合作，打造“加油芜湖”周刊，与芜湖市公安局合作，打造“芜湖警方”周刊，与芜湖市各幼儿园合作，打造“亲子”周刊，实现社会效益和经济效益双赢。

2014年9月，安徽师范大学新闻传媒学院成为《金周刊·芜湖广播电视》合作办刊试点单位，学院选派优秀教师担任总编辑助理，同时在新闻传媒学院设立《金周刊·芜湖广播电视》校园编辑部，吸收师生全面参与该刊的采、编、排、校全过程，将学生推向新闻实践的第一线。

2015 年 1 月 2 日,为适应新媒体对报业市场的冲击,《金周刊·芜湖广播电视》改版瘦身,由 44 版减少到 32 版。同年 5 月 22 日又减少到 24 版。2016 年 1 月 1 日,《金周刊·芜湖广播电视》再度瘦身,由原来的四开 24 版减少到四开 8 版,不再公开订阅,随《大江晚报》周五出版发行(《大江晚报》定价不变),仍保留其独立刊号。

2016 年 3 月 18 日至 2017 年 11 月 24 日,为实施“部校共建”战略,《金周刊·芜湖广播电视》主办单位由一家增加为两家,分别为芜湖日报报业集团、安徽师范大学新闻传媒学院。2017 年 12 月 1 日,恢复由芜湖日报报业集团主办。从 2018 年 9 月 30 日起,《金周刊·芜湖广播电视》主办单位由“芜湖日报报业集团”改为“芜湖传媒集团”。

第一节　创刊号

2005 年 1 月 5 日,《大江晚报·金周刊》创刊,四开 40 版,用发黄的纸张印刷,芜湖日报社主办,分 A、B、C、D、E 叠,随《大江晚报》周三版出版发行。

1. 封面设计

封面版:头版上方六分之一栏为报头区,报头为长方形蓝色底纹,左侧为金色的大号草体字“金”字,由刘廷龙书写,中间为加粗宋体白字“周刊”两字和套红方框“大江晚报”字样,右侧为报纸信息:星期三、农历甲申年十一月二十五日、芜湖日报社主办、国内统一刊号 CN34－0049、读者热线、传真和电子邮件。蓝色底纹下为粗灰黑线条,套白字“今日 5 叠 40 版(第 1 期)”。正文区分别为 2005 年年历和明星大头照片。右侧下角为代发刊词《金色的祝福》和导读及条形码。

2. 版面安排

A 叠版为流行类,A2—A8 版

A2 和 A7 版为通版,旅游版,主要稿件《冬去春来,我们选择什么样的线路出游》,主要栏目有“资讯”“出游提示”;A3 版为时尚版,主要栏目“有资讯”“《金周刊》温馨提示”;A4 版为饮食版,主要栏目有“资讯”“推荐菜谱”“《金周刊》关注”;A5 版为妆容版,为青年朋友提供时尚妆容信息及咨询服务,主要栏目有“资讯”“梳妆台”“妆容小常识”“《金周刊》友情推荐”等;A6 版为时尚版,主要栏目有“资讯”“《金周刊》贴心提示”;A8 版为靓品版,主要栏目有“资讯”“《金周刊》贴心”提示。

B 叠版为人文主义类,B1—B8 版

B1 版为搜酷版,为青年男女搭建一个能够充分展示个性风采和无限魅力的平台,主要栏目有“资讯”“我行我酷”“记者访谈”“搜酷寄语”“搜酷高人”“酷库”“星酷”等;B2 版为健康版,意在为少男少女及中老年朋友提供新的健康理念、健康养生方法以及性生活心理咨询等项信息服务；主要稿件《年底综合征弥漫在空气中》，主要栏目有“资讯”“健康之族”“时尚体健”“温馨提示”等；B3 版为双语版，主要栏目有“双语新闻”“经典再现”“谚语”“笑话”“阅读先锋”等；B4—B5 版为家居版，主要栏目“资讯”“家居常识”“调频词汇”等。B6 版为人才版，主要栏目有“资讯”“回顾”“专家”“视点”等；B7 版为悦读版，主要栏目有“资讯”“新接触”等；B8 版为画刊版，主要栏目有“资讯”。

C 叠版为消费主义类，C1—C8 版

C1 版为 C 族版，主要栏目有“资讯”；C2 版为电脑版，主要栏目有“资讯”“急救站”；C3 版为手机版，主要栏目有“资讯”等；C4 版为影像版，刊发了一组贺年片的图片制作，主要栏目有“资讯”；C5 版为哈车版，主要栏目有“资讯”等；C6 版为理财版，为读者提供有用的信息，主要栏目有“资讯”等；C7 版为家电版，主要稿件《江城家电三强点燃商圈巷战》，主要栏目有“资讯”“相关链接”等；C8 版为超市版，推出《温暖藏在美食里》，主要栏目“资讯”。

D 叠版为娱乐主义类，D1—D8 版

D1 版为玩家版，主要稿件《人生都是过路客》，主要栏目有“资讯”等；D2 版为测试版，主要栏目“资讯”“情感测试”“趣味造句”“填字游戏”等；D3 版为情缘版，主要稿件《走过 2004》，主要栏目有“资讯”等；D4 版为逍遥版，主要稿件《茶馆：怀旧亦逍遥》，主要栏目“资讯”等；D5 版为星光版，主要稿件《“小燕子”飞进陆和村》，主要栏目有“资讯”等；D6 版为段子版，主要栏目有“资讯”“师生间”“大丈夫”“历险记”“小两口”“留言板”等；D7 版为谈资版，主要稿件《杨振宁：老少配惹谁了》，主要栏目有“资讯”“链接”等；D8 版为宠物版，主要栏目有“资讯”等。

E 叠版为江城楼市类，E1—E8 版

E1 版为房产版，主要稿件有《江城楼市分步走过 2004》，主要栏目有“资讯”等；E2 版为家装版，主要稿件《如何论证装饰公司的实力》，主要栏目有“资讯”“家装点通”等；E3—E6 版为房产版，主要稿件《专家忠告：不能再对房地产炒作行为听之任之》，主要栏目“资讯”“楼市信箱”“律师答疑”“小资情怀”等；E7 版为家装版，主要稿件《家装合同签订注意事项》，主要栏目有“资讯”“家装指南”等；E8 版为房产版，主要栏目有“资讯”等。

第二节　改扩版

第一次改版：2 叠 36 版

2005 年 5 月 6 日，《大江晚报 · 金周刊》进行第一次改版。分 2 叠 36 版，其中 1—4 版为铜版纸彩色印刷。

改版后的《大江晚报 · 金周刊》从版面设置到信息内容给广大读者耳目一新的感觉。

与创刊初期不同的是,改版后的《大江晚报·金周刊》封面1—4版采用铜版纸彩色印刷,更有杂志风格。此外,由原来的4叠减少到2叠,增加民生的内容,目的是加大服务性,做精版面。

1. 封面设计

封面版:白版套彩色字体。报头仍然在头版的上方通栏,报名在左侧,其“金”字仍然采用刘廷龙的草书,周刊为粗宋体,上有红色宋体小字“大江晚报”字样。右侧为红色黑体字“让生活更精彩”,其下为一排黑体字:芜湖日报社主办、2005年5月6—12日、周五出版、第16期、2叠36版。头版左中下位置为8条导读,导读的下面是二维码;头版二分之一版为刘翔头像;右侧竖排黑体红字“刘翔当上全国劳模”。

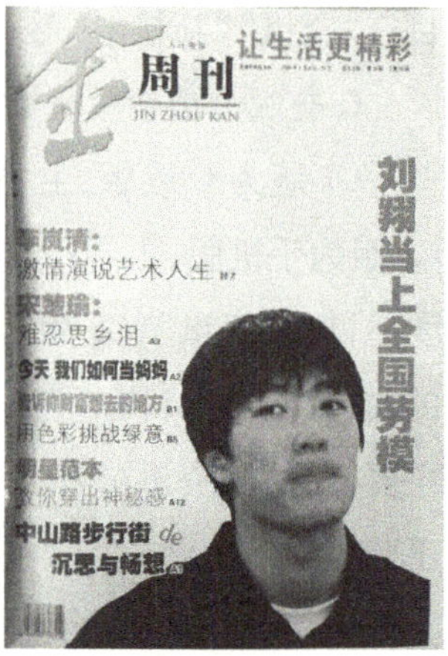

《大江晚报·金周刊》2005年5月6日封面版。

2. 版面安排

《大江晚报·金周刊》共2叠36版。

封面版,1—4版,铜版纸印刷。

封面:(略)。

封二版:名人新事版,版面信息为竖排,深浅灰色底纹,由上到下分别为“金周刊”,是封面报头的缩小版;版面名称“名人新事”,责任编辑汪冰,电子信箱,热线电话和广告电话。主要文章《政治家另一面:学者李岚清 李岚清激情演说 艺术人生》,标题竖排。

封三版:美味版,责任编辑汪冰,主要栏目有“时尚放送”“特色招牌”等。

封四版:广告版。

A叠为风尚,共16个版

A1版为人文版,责任编辑汪冰,版面上方七分之一为A叠版面信息,左上角至中段,横排有日期、责任编辑、热线电话和广告电话号码;黑细线右侧为标贴式的长方框,红色,上为金周刊,下为“让生活更精彩”;中段为空心字母A和大号黑体红字“风尚”两字,右侧为A叠导读,右下为A1版人文。文章区二分之一为大图片,套黑体大标题《中山路步行街的深思与畅想》。主要栏目有“镜头扫描”“专家观点”。

A2版为主张版,责任编辑汪冰,主要稿件为《今天,我们如何当妈妈》,主要栏目有“让我来说”“话题预告”“编辑观点”等。

A3版为新闻眼版,责任编辑王晓朋,主要稿件有《宋楚瑜难忍思乡泪》。

A4版和5版为通版,娱闻星光版,责任编辑王晓朋,主要稿件《最美50人揭晓 罗伯茨当妈后更美》,主要栏目有“本刊专访”“瞻前”“顾后”等。

A6版为榜样版,责任编辑曹德华,主要稿件《堪称现代“儒商”的周剑峰》。

A7版为职场版,责任编辑季辊,主要稿件有《大学毕业生择业请勿眼高手低》,主要栏目有“求职关注”“资讯串烧”“万花筒”“职场碰碰车”“红粉兵法”等。

A8 版为鉴赏版，责任编辑曹德华，主要栏目有“国宝鉴档案”“鉴伪识真”“藏友俱乐部”“藏海拾趣”“古玩闲话”等。

A9 版为竞技版，责任编辑汪冰，主要稿件《上海世乒赛国球要圆百金梦》。

A10 版为双语版，责任编辑陈旻，主要栏目“外币兑换”。

A11 版为悦读版，责任编辑陈旻，主要稿件《正说历史成新宠》，主要栏目有“焦点作家”“轻松阅读”和“新书秀”“故事简介”等。

A12、A13 版为格调衣香版，责任编辑赵咏梅，主要稿件《明星范本 教你穿出神秘感》，主要栏目有“衣经”“品牌故事”“本季靓品”“T 台抢鲜”等。

A14 版为影音版，责任编辑赵咏梅，主要稿件《与全球同步看妮可美艳》，主要栏目有“即将上映”“新歌我最快”“剧情介绍”“碟片转让”“热门影片”等。

A15 版为笑容版，责任编辑陈旻，主要稿件《小职员的一天》，主要栏目有“幽默生活”“妙趣横生”“小测试”和“填字游戏”“一笑而过”“逗乐子”等。

A16 版为画刊，责任编辑赵咏梅，主要稿件《金色的梦想》。

B 叠为民生版，共 16 个版

B1 版为财富版，版面上方七分之一为 B 叠版面信息，左上角至中段，横排有日期、责任编辑、热线电话和广告电话号码；黑细线右侧为标贴式的长方框，红色，上为金周刊，下为让生活更精彩；中段为空心字母 B 和大号黑体红字“民生”两字，右侧为 B 叠导读，右下为本版 B1 财富。责任编辑马正超，主要稿件《〈福布斯〉评出改变世界的七大定律 告诉你财富想去的地方》，主要栏目有“消息快报”“财富学堂”“一周财金数字”等。

B2 版为 e 电版，责任编辑马正超，主要栏目“行情扫描”“菜鸟信箱”等。

B3 版为 shopping 版，责任编辑汪冰，主要栏目有“导购指南”“购物技巧”“小贴士”“贴心提示”“我的购物经”等。

B4. B5 版为美好家居版，责任编辑王晓朋，主要栏目有“家居主张”“我爱我家”“家居沙龙”“家装热线”“创意空间”“时尚新品”“编辑说法”“品牌比较”等。

B6 版为留春亭版，责任编辑汪冰，文学作品。

B7 版为大都会(城事)版，责任编辑汪冰(城事版编辑王晓朋)，主要栏目有“点击”“解密”“游行乖”“观点”和“趣事”等。

B8 版为养生版，广告。

B9、B16 版为哈车版，责任编辑季辊，主要稿件《上海国际汽车展》，主要栏目有“名车故事”“汽车资讯”“本周车市行情”“爱车手册”“驾乘技巧”等。

B10、B11 版为健康版，责任编辑汪冰，主要稿件《黄金周健康总攻略》，主要栏目有“健康主张”“健康资讯”“健康预告”“时尚瘦身”“医家提醒”“温情信箱”“餐桌食诚”“答疑解惑”等。

B12—13 版为 she&he 版，责任编辑黄瑶琴，这是心灵情感的版面，主要稿件《给爱留点退路》，主要栏目有“芜湖美女”“琴话绵绵”“女性视点”“两性话题”“城市心情”“物质爱情”“新视界”“互动”“本刊话题”“专家有话说”等。其中，“芜湖美女”成为后期《金周刊·芜湖广播电视》的封面专版，“琴话绵绵”成为品牌栏目。

B14 版为爱家版，责任编辑汪冰，主要稿件《春夏应对虫虫危机》，主要栏目有“巧主妇”“家政服务信息”等。

B15 版为约访版，责任编辑汪冰，本版为个人情感倾诉版，也属于特写版，主要稿件《最佳浪漫》。

2005 年 5 月 13 日起，由大江晚报与万象广告瑞华广告联合推出《楼宇周刊》(A17—A20 版)纳入《大江晚报·金周刊》。

3. 经典版面和栏目

人文版

A1 版，半个版的大图片使版面很有视觉冲击力，《中山路步行街的深思与畅想》紧贴本土，有深度、有力度。

芜湖美女：这是《大江晚报·金周刊》she&he 版的一个栏目（详见本章第四节）。

琴话绵绵：这是《大江晚报·金周刊》she&he 版的一个栏目（详见本章第四节）。

第二次改扩版：3 叠 44 版

2007 年 7 月 6 日，《大江晚报·金周刊》与《芜湖广播电视》正式整合为《金周刊·芜湖广播电视》，国内统一刊号为 CN34－0049，由芜湖日报报业集团主办，每周五单独出版发行。

改版后的《金周刊·芜湖广播电视》四开 44 版，其中 1—4 版采用铜版纸彩色印刷，其他版面由原来的 2 叠增加到 3 叠，由城市人文、生活时尚、娱乐影视、资讯服务等四大元素组成。

1. 封面设计

封面版分两部分，上半版为报头和导读，下半版为广告。

《金周刊·芜湖广播电视》2007 年 7 月 6 日封面版。

上半版上方通栏三分之一区域为报头区，报名设在左侧，用方块形组成艺术字“金周刊”，“金周刊”的“金”大号，“周刊”两字为红字，自上而下排列；“金周刊”下横排为“（总第 838 期）金周刊 153 期，2007.7.6—2007.7.12”；报头区中间为行书“芜湖广播电视”，下为“芜湖日报报业集团主办 国内统一刊号 CN34－0049 周五出版，共 44 版，定价：0.80 元”；右侧为标贴广告。

上半版主要区域为写真照片，其左侧为导读，分别有“高考阅卷背后的故事”和“香港媒体聚焦芜湖”，右侧为照片介绍“封面人物 唐颖 芜湖电视节目主持人”。

下半版为新百城市百货广告。

2. 版面安排

共分 3 叠，每叠 8 版，版面名称设在右下角。

A 叠为人文类，共 8 版

A1 版为综合导读版，上半版为大图片，下半版为文字，左侧竖排“高考阅卷背后的故事”标题。

A2 版为一周版，主要稿件《96% 公众对工资不满》等，主要栏目有“本土”“数字”“声音”等。

A3 版为头条版，转版稿件为《高考阅卷背后的故事》。

A4 版为城事版，本期刊发大特写《西瓜农进城有新政——“老游击”李大妈“收编”记》和“征稿启事”，主要栏目有“品细节”“搜乐寻趣”等。

A5 版为热秀版，主要稿件有《唐颖：舒适从容才是家》和《江城风采女性评选启动》。

A6 版为往事版，本期刊发大特写《一封改变“知青”命运的信》等。

A7 版为记事版，有征稿启事和记事性的作品。

A8 版为俱乐部版，介绍《金周刊 · 芜湖广播电视》全新“出炉”，主要栏目有“出行参考”“读者评刊”“下周电影”等。

B 叠娇点类，共 8 版

B1 版为综合导读版，主要稿件有《把泳装穿成时尚》等。

B2 版话题版，本期刊发大特写《新假期 新过法》等。

B3 版心吧版，采用倾诉者口述、记者整理的方法，首期刊发《我给婚姻判了“死缓”》，另有《幸福离你有多远?》等。

B4 版为妆容版，主要稿件有《纤手美甲 炫出指尖魅力》，推出“芜湖新娘”栏目。

B5. B6 版为健康版，主要稿件有《爱吹空调易得颈椎病》等，设置栏目有“新闻背景”“食尚”等。

B7 版为情感版，该版最有看头的是“琴话绵绵”栏目，由编辑黄瑶琴亲自主持，本期推出“80 后爱情”，另有“险情通告”栏目。

B8 版为广告版。

C 叠为娱乐类，共 16 版

C1 版为综合导读版，主要稿件有《蔡琴发布公开信息 杨德昌！你怎么可以这样就走

了呢!》

C2 版为热点版,本期刊发大特写《10 大女星 PK 十大股票》。

C3 版为搜索版,刊发电视节目和电视剧简介。

C4、C5 版为剧风版,主要电视剧剧情介绍和评论。

C6—C11 版为搜索版,刊发电视节目和电视剧简介。

C12 版为导听版,介绍芜湖广播电视栏目的趣事和编说读交流,主要栏目有“荧屏幕后”“采访手记”等。

C13 版为健身美体版,刊发有关健身、美体广告。

C14 版为强档版,介绍新闻频道、微商频道和娱乐频道的节目。

C15 版为博客版,刊发精华博客文章。

C16 版为悦读版,首期推出“文化名人何以为生”,介绍胡适、鲁迅、张恨水和周作人。

D 版为资讯类,共 8 版

D1 版为综合资讯版,本期推出“音乐装饰 性感一夏”。

D2 版为财富版,主要稿件有《藏品傍奥运 收益节节高》和一周财富集锦,主要栏目有“理财课堂”“一周财富”等。

D3 版为职教版,刊发面试指导和“金周刊 · 家教”一组。

D4—C6 版为汽车金刊。

D7 版为乐购版,本期推出“梳子”系列。

D8 版为楼市版。

第三次改版:“金主角”替代明星封面

2009 年 1 月 1 日,根据芜湖日报报业集团“走出去”战略部署,更好地走进宣城报业市场,适应芜湖、宣城两地读者的需求,《金周刊 · 芜湖广播电视》全新改版。

改版后的《金周刊 · 芜湖广播电视》最大变化就是 4 叠 44 版改为 2 叠 44 版,由“金主角”封面替代了娱乐明星封面,内页彩版扩充了一倍,视觉冲击力更强;增加“真情互动”栏目,建立金周刊 QQ 群,目的就是要把《金周刊 · 芜湖广播电视》打造成“都市家庭生活读本”。

漫城市 City

A1卷首

《金周刊·芜湖广播电视》
今日起批量进入宣城

《金周刊 · 芜湖广播电视》2010 年 1 月 1 日刊发“走出去”消息。

1. 封面设计

封面版分上半版和下半版两个部分,上半版为报头区和大图片,下半版为广告版。

上半版为金主角图片,图片左上角为报头区,艺术字组合为“金周刊”,其左侧长方形红底金字“金周刊”的“金”,右侧由上而下为红字“周刊”两字,“金字刊”下横排左为小号字“安徽城市广电报”，右为略大号字行书“芜湖广播电视”字样，它们的下面又列三排，分别为“芜湖日报报业集团主办 国内统一刊号 CN34－0049”“（总第 890 期）金周刊 205 期，2009.1.2—2009.1.8”“2009 年 1 月 2 日（周五）出版 共 44 期 定价 RMB1.3 元”。大图片左下角有两则导读。

下半版为新百城市百货广告。

2. 版面安排

封 1—4 版为铜版纸印刷，其中，封面为报头、大图片和广告，封 2—3 版为广告版，封 4 版为悠游版，刊发《天南地北新年游》。另 40 版分 AB 叠。

A 叠为金新闻类，共 24 版

A1 版为卷首版，刊登《致读者》，介绍《芜湖日报》《大江晚报》和《金周刊 · 芜湖广播电视》改版情况及《大江晚报》和《金周刊 · 芜湖广播电视》分别走进合肥和宣城情况。开设“金苹果”“精彩导读”栏目。

A2、A3 版为城事版，本期刊发《酒桌那些事》等。

A4、A5 版为天下版，A4 版为图片专版《喜迎 2009》，A5 版为新闻版，开设“金关注”“金表情”“金科技”“金谈资”和“金排榜”等。

A6 版为一周版，本期刊发《又到一年春运时》。

A7 版为资讯版，开设“读者互帮”“律师在线”“芜湖地理”“下周影院”栏目，另有特约栏目“反病毒一周播报”“电脑安全警示”。

A8 版为活动版，本期刊发《范蓉：出水芙蓉花自艳》，另有半版广告。

A9 版为乐活版，本期刊发《新年第一季 5 招塑造好身材》，开设栏目有“天天锻炼”“丽人专区”“身体密码”和“健身手册”等。

A10 版为悦读版，介绍新书和杂志。

A11 版为深读版，本期刊发《她是一个优雅的女人》和《非典型征婚启事》，另有双语美文欣赏。

A12 版为身边版，本期刊发《舒淇 由性感蜕变成婉约》等。

A13 版为两性版，本期刊发《一边社交 一边暧昧》和《黑色三分钟》，主要栏目有“琴话绵绵”“时尚话”“香色生活”和“小婆坊”等。

A14 版为情感版，本期刊发《一份完美暗恋》，主要栏目有“心事”“情爱话廊”等。

A15 版为亲子版，本期刊发《生活是最好的课堂》《一问一答 联想无限》，主要栏目有“早教学堂”“小书橱”“游戏时间”和“辣妈支招”等。

A16 版为闲情版，本期刊发漫画《金色诞生》等，主要栏目有“黄金眼”“测试”“星运”等。

A17—A20 版为汽车版，本期刊发广告语：“金产经，一本优质生活的实用手册”。另刊发《气温下降 车市回暖》等汽车资讯和广告。

A21 版为创业版，本期刊发《从大学生到芜湖“猪倌”》等，主要栏目有“奋斗 80 后”“加油站”“征集令”和“小老板博客”等。

A22 版为理财版，本期刊发《年终奖要用在刀刃上》等。

A23 版为家居版，本期刊发《2009 家居流行软装饰》等。

A24 版为数码版，介绍数码产品。

B 叠为金秀色类，共 16 版，广告语：“金秀色，一桌秀色可餐的视觉盛宴”。

B1 版为娱乐版，本期刊发《3 分钟 30 万?》等。

B2 版为锐点版，本期刊发《2009，谍女郎通闯好莱坞》等。

B3 版为娇点版，本期刊发《2009 等他们结婚》等。

B4 版为图乐版，图片专版。

B5 版为衣香版，介绍时尚，本期刊发《看时尚名人的穿衣》等。

B6 版为家装版，广告。

B7、B8 版为美味版，介绍私房菜。

B9 版为摄友版，为摄影爱好者提供交流平台。

B10 版为影音版，本期刊发《新年影坛第一把火》等。

B11—B16 版为导视版，介绍影视节目、观影指南和影评。

第四次改版：关注女性，引领时尚

2015 年 1 月 2 日，《金周刊・芜湖广播电视》改版，由 AB 叠 44 版减少到 AB 叠 36 版。封面 1—4 版仍为铜版纸印刷。最大的不同是以“关注女性，引领时尚”为宗旨，以新潮的时代风尚、新颖的版式设计、新鲜的生活资讯和新锐的新闻视角，引导生活方式，体验生活状态，引领时尚潮流。

1. 封面设计

封面 1 版为杂志式导读版，其四分之三版为金主角大图片，上方左上角为报头区，突出“金周刊”艺术组合造型。右上角为封面人物导读，左侧为周刊导读。

封面 2—3 版为 2015 年社会主义核心价值观年历，由《金周刊・芜湖广播电视》编辑部特别制作。

封面 4 版，发型介绍。

2. 版面安排

分 AB 叠，共 36 版。

A 叠为她时代版，共 16 版，倡导文明的生活方式，强调版面的知识性、趣味性和娱乐性，满足女性对文化、社会、经济、时政等各个领域各类资讯的需要，倡导健康文明的生活方式，提高女性生存竞争能力。经典版面：城事、画说芜湖、女人帮。

A1 版为主张版，最大的亮点是推出“金主张”，本期刊发《无节操“挑战”》，主要栏目有“金主张”“非常道”“新词汇”等。

A2 版为伊言堂版，由张诗群、唐玉霞和许冬林组合的三人谈。

A3 版为金主角版，介绍封面人物。

A4、A5 版为城事版，本期刊发《无影灯下的“战斗” 听芜湖手术医生“挑刺”医疗剧》等。

A6、A7 版为欢乐城版，以图片为主，介绍有趣的新闻故事。主要栏目有“看芜湖”“一周数读”“欢迎拍档”和“欢乐城市”等。

A8 版为画说芜湖版，图片专版，用图片说故事。

A9 版为美食家版，介绍各种美食。

A10 版为美人计版，推荐健美项目。

A11 版嬉游记版，旅游专版，主要栏目有“驴行天下”“旅游情报”等。

A12 版为家居苑版，家庭装饰专版。

A13 版为乐活版，介绍生活常识，栏目有“食话实说”等。

A14 版为车生活版，汽车专版。

A15 版为女人帮版，女性专版，知名栏目“琴话绵绵”就在此版。

A16 版为互助社版，编读互动，主要栏目有“画中话”“律师在线”等。

B 叠为视界版，共 16 版，凸显高端的文化品位，关注本土文化事件、挖掘本土文化内涵、展示丰富人文情怀。

B1 版为红人馆版，本期推出《海清不喜欢却上了贼船》等文，主要栏目有“连连看”等。

B2 版为文体圈版，介绍文化体育活动。

B3—B6 版为遥控器版，部分影视节目单和影视剧评论等，主要栏目有“精彩推荐”“电影说”等。

B7 版为重头戏版，深度报道影视作品。

B8 版社会主义核心价值观公益广告。

B9 版为职工之家版，与芜湖市总工会合办，本期推出“寻找身边最美劳动者”系列。

B10—B12 版为芜湖警方版。与芜湖市公安局合办。

B13 版为妇女之家版，与芜湖市妇联合办。

B14—B15 版为辣妈宝贝版，主要栏目有“特别策划”“活动回顾”“七色板”和“孕妈妈学校”等。

B16 版为游乐宫版，本期介绍人的星座，主要栏目有“火眼金睛”“心理测试”和“金仔填字”等。

第五次改版：取消铜版纸封面

2015 年 5 月 22 日，《大江晚报 · 金周刊》改版，最大的变化是封面不再用铜版纸印刷，版数也由 AB 叠 36 版减少到 AB 叠 24 版，以减少办报成本。

A 叠为他时代版，共 16 版，分别为金主角、看天下、博辣图、新闻汇、伊言堂、欢乐城、画说芜湖、辣妈秀、美人计、服饰、乐活、美食、职工之家、妇女之家和嘻游记等。

B叠为她视界版，共8版，分别为红人馆、遥控器、八卦眼等，另有芜湖警方专版，其中有治安动态、先进典型、镜湖警方。

第六次改版：版面减少到四开8版

2016年1月1日，《金周刊·芜湖广播电视》改版，最大的变化就是由四开24版减少到四开8版，封面版新增两个二维码，不再订阅和独立发行，随《大江晚报》周五发行。

1. 封面设计

封面版五分之一区域为报头区，五分之三为文章区。

报头区左侧报名，从上而下分别为“最受女性喜爱的十大品牌周刊”，报头“金周刊”为艺术字组合，橘红底纹套白字，有“关注女性 引领时尚”“金周刊”；虚线下为“安徽城市广电报”和“芜湖广播电视”。中间段为办刊信息：芜湖日报报业集团主办、国内统一刊号CN34－0049、邮发代号25－96. 2016年1月1日，(总第1252)金周刊565期，本期8版，2016. 1. 1—2016. 1. 7，逢周五出版以及编辑部电话、广告部电话、发行中心电话及地址、邮编和信箱等。报头区右侧分别为@芜湖金周刊微信公众号和金周刊微信号。

文章区左侧为金主角大图片，右侧一批为文字介绍。

2. 版面安排

1版为封面版，内容略。

2版为辣妈秀版，左侧一批为妈咪课堂，右侧三批为辣妈介绍，本期推出“新辣妈主义”；主要栏目有“妈咪课堂”等。

3版为欢乐城版，本期为图片专版。

4版为伊言堂版，本期推出张诗群、唐玉霞和张伟三人谈。

5—7版为遥控器版，介绍影视节目和影视评论。

8版重头戏版，深度影视评论。

第七次改版：报头出现变化

2017年12月1日，《安徽城市广播电视报·金周刊·芜湖广播电视》改版，共四开8版，全彩印刷。改版最大的变化是报头，突出了“芜湖广播电视”。内容由影视介绍、女性和儿童及一周部分电视节目预告三个部分组成。

安徽城市广播电视报
2017.12.1
芜湖广播电视
功夫瑜伽
王姿懿

《金周刊·芜湖广播电视》2017年12月1日封面版。

1. 封面设计

《金周刊·芜湖广播电视》封面版上方五分之一版为报头区，报头区正中有两排组成，上排为“安徽城市广播电视报”和“金周刊”刊标组成，字体略小；下为“芜湖广播电视”，字体略大，突出芜湖广播电视的宣传功能；报头区左侧为办刊信息:芜湖日报报业集团主办、国内统一刊号 CN34－0049、邮发代号 25－96 等。报头区右侧分别为金周刊二维码和芜湖孕妇徽章二维码。最下面为“最受女性喜爱的十大品牌”。封面版下方五分之四版为文章区,刊登《功夫瑜伽》大图片跳出文字之外。

2. 版面安排

《金周刊 · 芜湖广播电视》共四开 8 版。

1 版:金主角版,介绍功夫瑜伽王姿懿。

2 版:童萌会版,娃娃的世界。

3—4 版:辣妈联盟版,介绍育儿经。

5—6 版:好孕来版,准妈妈的世界。

7—8 版,遥控器版,介绍剧情和电视节目预告,其版序在后期中有所变动。

第八次改版:封面文章区整幅大图片

2019 年 1 月 6 日,《金周刊 · 芜湖广播电视》改版,共四开 8 版,全彩印刷。改版最大的变化是封面采用大图片和导读设计。

1. 封面设计

《金周刊 · 芜湖广播电视》封面版上方五分之一版为报头区,报头设计与第七次改版相同。封面版下方五分之四版文章区为明星大图片及本期重要导读组成。

2. 版面安排

1 版为封面版,略。

2—3 版为金头条版,通过组图和文字介绍一个影视作品和影视人物。本期金头条版介绍《九州缥缈录》《封神演义》和《鹤唳华亭》三部电视连续剧。第 729 期刊发《芜湖姑娘甘婷婷亮相〈重耳传奇〉》。

《金周刊 · 芜湖广播电视》2019 年 1 月 6 日封面版。

4 版为辣妈联盟版,本期刊发《家有邋遢宝宝怎么办》等,介绍育儿知识。主要栏目有“艺术 T 台”“宝宝饿了”“大咖话育儿”等。

5 版为好孕来版,介绍孕妇相关知识。主要栏目有“妇幼名医在线”“幸孕课堂”等。

6 版为万花筒版,本期刊发《知否知否,这些称呼靠谱吗?》等。

7—8 版为遥控器版或童萌会版,遥控器版介绍一周电视剧节目预告;童萌会版是关于儿童的版面,主要栏目有“育儿日记”等。

第三节 经典版面

一、春节娱乐手册

2005年2月2日,《大江晚报·金周刊》推出"春节娱乐手册"。分年味篇、出行篇、蜗居篇和房产篇四个部分共40版。

1. 封面设计

1版为封面版。版面上方五分之一版为报头区,从左到右分别为"金周刊""大江晚报"和报纸信息,中间五分之三版为文章区,刊发周爱军的"过年了"剪纸画;下端五分之一为导读。

《大江晚报·金周刊》2005年2月2日推出春节特刊。

2. 版面安排

2—8版为年味篇,2版和7版为通版,介绍拜年和过年风俗,3版和6版为通版,推出"时代超市"栏目,介绍各种商品;4版为年画欣赏;5版为贴春联、吃饺子风俗介绍;8版为节日鲜花的选择。

9—14版为出行篇,其中9版刊发鸡年物语;9位读者诉心语,10—11版为新年旅游版;12版—13版为贺岁服装介绍和发型推荐;14版为广告。

15—25版为娱乐篇,其中,15版为春节购物,栏目有"生意经""母女情""趣味造句"和"幽默短信"等;16版为芜湖美女和节日摄影;17版为徐幕春的《央视"幸运52"》;18版为电子产品的使用;19版为春节麻将介绍;20—21版为节日在碟片选购;22—24版春晚介绍;25版为网络游戏介绍。

26—34版为蜗居篇,其中26版为网上购年货;27版为购家电;28—29版春节八天美食计划;30版为居室大扫除;31版为春节情趣生活;32版为老皇历忌讳笑笑谈;33版为专访安徽工程科技学院设计专家杨林,谈节日家居布置;34版为广告版。

35—40版为房产篇,其中35版为商铺和宝宝服装店介绍;36版为节日看房;37版刊发《2004年中国房地产十大新闻》等;38版为二手房扫描;39—40版为购房秘诀。

二、金周刊情人节完美计划

2005年2月9日,《大江晚报·金周刊》推出"金周刊情人节完美计划",有爱情转盘、暗生情愫、情由缘起、爱因情生、情归围城、美好家园等六部分组成。

1. 封面设计

1版为封面版,设计很温馨。版面上方五分之一版为报头区,其设计与《春节娱乐手册》相同。下面五分之四为文章区，一对可爱的瓷娃娃式的年轻男女在鲜花簇拥下亲吻的温馨场景，他们的上方为“金周刊情人节完美计划”，版面右则为导读和资讯。

《大江晚报·金周刊》2005年2月9日推出情人节完美计划特刊。

2. 版面安排

1版为封面版，内容略。

2版为爱情转盘版，以游戏大转盘的形式，介绍手册的结构和内容。

3—9版为暗生情愫版，内容分别为那年情人节、爱情电视剧的阳光味道、经典的十大爱情电影、金庸版明星对对碰和十大情人游戏等。

10—22版为情由缘起版，内容为女孩表白方式、爱的信物、经典首饰、情人巧克力、浪漫礼物、礼物浪漫短信、情人香水、甜点蜜饯、经典爱情、时尚爱情、移动联结爱情等。

23—32版为爱因情生版，内容分别为检验你的成熟度、全情书、动物世界的爱情故事、爱情文章、明星恋爱故事和爱的瞬间等。

33—36版为情归围城版，内容分别有婚姻关键词、爱情表情和夫妻相等。

37—40版为美好家园版，房地产专版。

三、2012年民生芜湖新词典

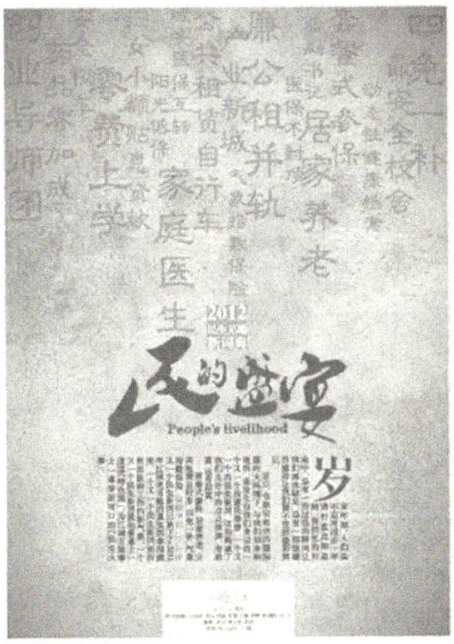

《金周刊·芜湖广播电视》2013年1月4日推出“民生芜湖新词典”。

2012年1月13日，《金周刊·芜湖广播电视》推出了“2011民生芜湖新词典”特刊，拿出8个版块进行解读，很有创意，也很有气魄。

《金周刊·芜湖广播电视》在“民生”的框架内，以“词典”的形式将它们汇集，显示出报人的独到眼界和智商。这些新词共分成几大类：有生活保障类的，有住房保障类的，有“菜篮子”工程类的，有医疗卫生类的，有教育培训类的，有创业富民类的，有城市公交类的……如“药价补贴”“大杂居小聚居”“标准化菜市场”“医保并轨”“学前教育券”“大学生老板”“孕妇徽章”等，总之，都是关系民生的。用心解读这些新词，让读者真切地感受到政府为改善民生和关注民情所做出的不懈努力。

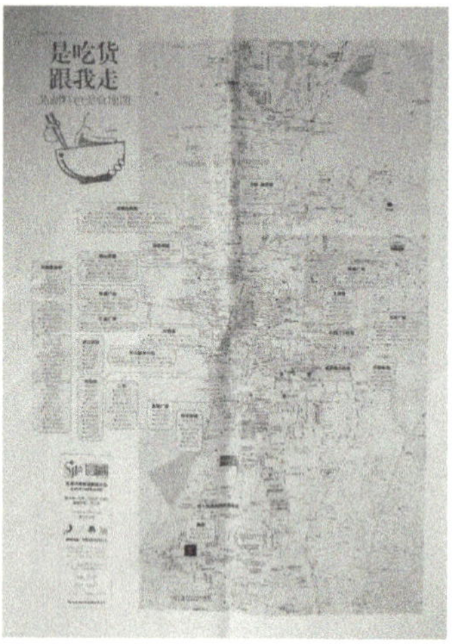

《金周刊·芜湖广播电视》2013 年 2 月 8 日“芜湖特色美食地图”。

2013 年 1 月 4 日，《金周刊·芜湖广播电视》推出“2012 年民生芜湖新词典·民的盛宴”，安排在 C 叠 8 个版，这也是继 2011 年“民生芜湖新词典”之后再次推出，该刊由丁端制图和设计，汪观林、郑远、杭琳、彭露、王惠、李青和实习生杨园凯担任编辑，郑远、陈立希摄影。

四、芜湖特色美食地图

2013 年 2 月 8 日，《金周刊·芜湖广播电视》推出“芜湖特色美食地图”，通版，竖排，铜版纸彩色印刷。

“芜湖特色美食地图”在原芜湖地图的基础上，特别标注了芜湖特色美食 23 处 302 个特色美食餐饮点，其中影响力较大的有凤凰美食街、中山路步行街、万达广场、双桐巷、杨家巷等。

第四节　经典栏目

《金周刊·芜湖广播电视》有影响的栏目较多，有“琴话绵绵”“金主角”“江城大食客”“缘分天空”“芜湖新娘”“巧主妇”“精彩宝宝秀”等。

一、琴话绵绵

“琴话绵绵”是《大江晚报·金周刊》第一次改版后推出的名栏目之一。

该栏目由《大江晚报·金周刊》she&he 版编辑黄瑶琴操刀，最大的看点是善于把内心的情感通过优美的语言，沁人心脾地诉说出来，让读者产生极大的共鸣，被称为是解析情感心路的平台。

女生对话

《金周刊·芜湖广播电视》“琴话绵绵”栏目。

编辑黄瑶琴创办“琴话绵绵”栏目后，她每天睁大眼睛，竖起耳朵，从身边亲戚、朋友、同事、路人入手，一个不放过；公交车、站台、聚会、饭局上的谈资，都为她所用，为此，她还常接到“三姑四姨”的“投诉和绝交”电话，但更多的读者给她打电话、发邮件，与她交流感受，向她倾诉烦恼。“琴话绵绵”成为读者倾诉的窗口。这个栏目因主持人黄瑶琴调离《金周刊·芜湖广播电视》，于 2015 年 5 月改版后取消。

二、金主角

“金主角”是《金周刊·芜湖广播电视》封面版的大图片，也是一个品牌栏目，它由“芜湖美女”和“明星封面大图片”演变而来，后来扩充为金主角版。

2005年1月1日《大江晚报·金周刊》创刊时，封面大图片为明星大头像。2005年5月6日，《大江晚报·金周刊》第一次改版时，在《大江晚报·金周刊》she&he版推出“芜湖美女”栏目，让本土美女构成一道视觉风景线。2007年7月6日，《大江晚报·金周刊》与《芜湖广播电视报》合并为《金周刊·芜湖广播电视》后，推出“芜湖美女”栏目。2009年1月1日改版时，“金主角”封面替代娱乐明星封面。2015年1月，《金周刊·芜湖广播电视》再次改版时，“金主角”图片在封面版，而封面人的介绍则放在A3版。2019年1月6日，新改版的《金周刊·芜湖广播电视》取消“金主角”版。

任性的品酒师

《金周刊·芜湖广播电视》2015年1月2日3版“金主角”栏目。

第七章　《皖江传媒》

《皖江传媒》2013 年第 1 期。

皖南日报社曾于 1950 年起编印《通讯学习》业务学习刊物，三十二开，办刊目的就是培养和提高特约记者和通讯员的新闻写作能力，1951 年 12 月终刊。

1952 年 7 月 1 日创刊的《芜湖大众》也办过《通讯》。

1979 年，《芜湖报》创刊后就创办了《芜湖报 · 通讯》，不定期出版，内部发行。1992 年 12 月 8 日，《芜湖日报 · 通讯》停刊，改出《评报》。1997 年，《评报》改为《求精》，仍为三十二开，双月刊。

2000 年 1 月，《求精》改为十六开大刊，并获得安徽省内部资料准印证第 02 - 2003 号。2005 年，《求精》改为《皖江报业》。2012 年 3 月，因芜湖日报报业集团已经由纸媒迈向多媒，并向全媒体跨越，经芜湖市新闻出版局同意，更名为《皖江传媒》。

《皖江传媒》系芜湖日报报业集团主办的综合性内部刊物，准印证号为安徽省内部资料第 02 - 026 号。

2015 年，《皖江传媒》停刊。

第一节　《芜湖日报 · 通讯》

《芜湖日报 · 通讯》1986 年第 8—9 期。

1979 年，《芜湖报》创刊，报社不定期出版内部业务刊物《芜湖报 · 通讯》。1984 年 7 月，恢复《芜湖日报》报名之后，更名为《芜湖日报 · 通讯》，三十二开，芜湖日报社群工科主办。自 1984 年至 1985 年 12 月，共出刊 13 期，每期印数 1000 册。聘请社外评论员 14 人。之后，出版报纸版《芜湖日报 · 通讯》，八开 4 版，季刊，1 版重要信息，2 版业务研究，3 版通讯员园地，4 版通联动态。到 1992 年 3 月，已经发行 52 期。

一、内刊封面和栏目

《芜湖日报 · 通讯》封面为两种：

其一:白底红字,由芜湖日报、通讯、刊发时间构成。封面右上角竖排郭沫若体“芜湖日报”四个大字,紧贴“芜湖日报”是竖排的宋体“通讯”两个字,左下角为刊发日期,以双线为界,上为月份,显示为双月刊,下为年代。其栏目有“新闻业务研究”“优秀通讯员小传”“通讯员园地”“评价”“来信选登”“通联动态”。

其二:封面中段套黄色,“芜湖日报”竖排列右侧,左上侧为期刊出版时间,下为“通讯”,有题花(如图)。其栏目有“新闻信息”“记者修养”“经验交流”“业务交流”“采访札记”“写作札记”“读者·作者·编者”“诗文赏析”“通联动态”“新闻界轶事”。

二、内刊宗旨

《芜湖日报·通讯》办刊宗旨:定期评论报纸,反映读者意见,督促报纸编辑、记者和印刷改进工作。

三、主要工作

1. 转载全国、安徽省及芜湖市有关新闻信息,介绍全国、安徽省最新的新闻动态,为《芜湖日报》提供新闻资讯。

2. 提供新闻业务研究平台,刊发《芜湖日报》采编人员撰写的业务探讨文章,进行新闻业务交流。

3. 采编人员优秀新闻作品选登。

4. 为通讯员提供学习园地,展示优秀通讯员风采。

5. 公布《芜湖日报》荣获全国、安徽省和本报好新闻名单及获奖作品赏析。

6. 公布芜湖党政机关各部门和区县投稿统计。

四、内刊栏目

“新闻信息”“新闻动态”“记者修养”“经验交流”“写作札记”“业务学习”“读者作者编者”“优秀新闻竞赛稿选”“通讯员园地”“优秀通讯员小传”“诗文赏析”“通联动态”“新闻界轶闻”等。

五、主要作品

1.《报纸登什么不登什么应当由报社自己决定》(转载,见《芜湖日报·通讯》1986 年第 8.9 期第 3 页)。

2.《一九八六年全省好新闻评选揭晓 本报送选十二件有四件获奖》(作者:本报记者,见《芜湖日报·通讯》1987 年第 3、4 期第 3 页)。

3.《新闻职业道德的核心——真实——学习党的十二届六中全会决议的体会》(作者:赵厚才,见《芜湖日报·通讯》1987 年第 7、8 期第 3 页)。

第二节 《评报》

1992 年 12 月 8 日,芜湖日报社推出打印版《评报》,内部资料,由芜湖日报社总编办公室主办,打字套红印刷,不定期发行。

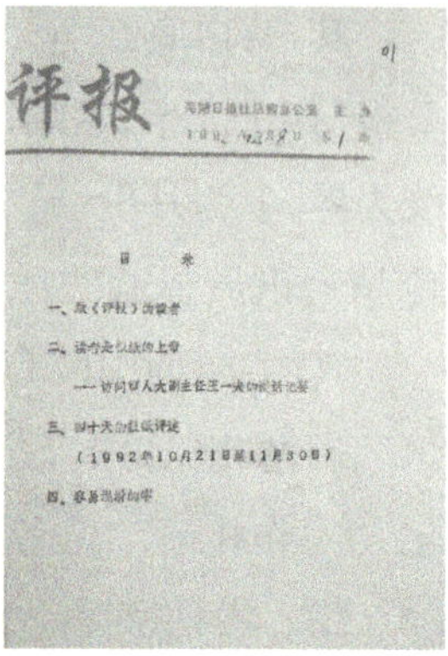

《评报》1992 年 12 月 8 日第 1 期。

一、内刊封面

套红印刷便笺式封面。上方五分之一为刊头区,左侧为大号字行书体“评报”两字,右侧有两排字为四号黑体字,上排为“芜湖日报社总编办公室 主办”,下一排为 1992 年 12 月 8 日第 1 期,其中,“2”“12”“8”和“1”为打字套格式。下面文章是用打印机打印后套印上去的,内容为目录,其后面页面均为评报内容。

二、内刊宗旨

《评报》办刊宗旨:交流信息,集思广益,研究业务,改进工作。

三、主要内容

凡是对报纸的意见,只要方之成理,持之以有故,尽可褒贬扬抑,各抒己见;来信来稿形式不拘,无论是三言两语,还是长篇评述,均收录《评报》。

四、主要作品

《评报》第 1 期刊发稿件有四篇:

1. 叶石林、周德芳整理的《致〈评报〉读者》。

2.《读者是报纸的上帝——访问市人大常委会副主任王一夫的谈话纪要》。

3.《四十天的报纸评述(1992 年 10 月 21 日至 11 月 30 日)》。

4.《容易混淆的字》。

《评报》第 2 期刊发稿件只有一篇:《部分通讯员意见汇编》。

第三节 《求精》

《求精》1998 年第 1 期。

一、内刊封面

1997 年,《评报》改为《求精》。

《求精》是芜湖日报社业务研究刊物,创刊时为三十二开,2000 年 1 月改版为十六开,并由月刊、双月刊改为季刊,注册号安徽省内部资料第 02 - 2003 号,原由芜湖日报社新闻研究室主办,后由芜湖日报社总编办主办。

1997—1998 年版的《求精》为三十二开小版内刊,封面选取芜湖的风景图片为底色,右上角为套红白字“双月刊”,下为年代和期数;封面中上方为黑体“求精”两个字,“求”为橙红色,

"精"为红色,封面下方为细黑体红字"芜湖日报社新闻研究室主办"字样。

2000 版的《芜湖日报 · 求精》改版为十六开大版内刊,并由月刊改为季刊。封面为铜版纸彩印,封面以浅蓝灰色为底色,中间套彩色风景图片和美术作品,刊头"求精"为立体行书,竖排封面的左上角、左下角为黑体字拼音字母;右上角横排"理论与实践 学习与资料"灰底红字,右下角为黄底色,分三组排列,上为时代,中间为红色的期数,下为"芜湖日报社主办"。封二或为美术作品、摄影作品,封三和封四均为摄影作品组图,其中,封四为整幅摄影作品。

2006 版《芜湖日报 · 求精》改版为大十六开,封面版增加导读内容。

二、内刊宗旨

《求精》办刊宗旨:新闻业务的探索、交流、互相切磋,为报纸求精创新出谋划策。

三、主要内容

1. 根据中共安徽省委宣传部和中共芜湖市委宣传部的宣传要求以及芜湖日报社领导指示,对《芜湖日报》近期宣传工作进行宣传提示,以指导采编工作。

2. 提供新闻业务研究平台,刊发《芜湖日报》采编人员撰写的业务探讨文章,对报纸版面和稿件进行点评,促进采编人员的新闻业务交流。

3. 介绍全国、安徽省及芜湖市有关新闻信息,介绍全国、安徽省最新的新闻动态,为《芜湖日报》提供新闻资讯。

四、内刊栏目

"版面回顾""报道提示""新闻学讲座""经验交流""心得与体会""稿件评价""咬文嚼字""他山石""群言堂""批评与建议""新著漫评""摄影与书画""通讯员园地""作者读者编者""本报内部动态"和"新闻信息"等。

五、主要作品

1.《试谈星期刊改版的得失》(作者:竹青,见《求精》1997 年第 6 期第 12 页)。

2.《新闻性是好新闻的一个重要因素 ——97 全省报刊系统"安徽新闻奖评选综述"》(作者:周乔,见《求精》1998 年第 2 期第 9 页)。

3.《文体报道失实现象探究》(作者:柯南,见《求精》2002 年第 3 期第 5 页)。

4.《对我国传媒业可持续发展的思考》(作者:司旌霞,见《求精》2004 年第 2 期第 3 页)。

5.《面向市场 珍惜版面 服务读者 泉州晚报社副总编辑朱定波对我社刊的评报建议》(作者:朱定波,见《求精》2006 年第 1 期第 17 页)。

第四节 《皖江报业》

一、内刊封面

2006 年 4 月,《求精》更名为《皖江报业》。

《皖江报业》为芜湖日报社内刊,大十六开大版,季刊。封面为铜版纸彩印,封面以黑色为底色,左上角为芜湖日报报业集团报徽和白字黑体“芜湖日报报业集团主办”横排字样,下面是红框白字书法体“皖江报业”字样横排,封面右上角为三排一组,最上方为年代,中为总期数,下为期数,均为横排;封面刊头下面为大幅图片,左下角为导读。封二为新闻专稿,封三和封四均为新闻图片。

《皖江报业》2007 年第 4 期。

二、内刊宗旨

《皖江报业》办刊宗旨:关注报业发展趋势,研究报业媒体现状,推介各家最新成果,打造诚信主流导刊。

三、主要工作

围绕新闻业务,为皖江城市带的纸质媒体、电视媒体、网络媒体提供交流业务、共谋发展的平台,主要刊载新闻采编业务论文,传递国际国内新闻最新信息,编撰发布集团各项规章制度。

四、内刊栏目

1. 2003 年,“皖江报业”栏目

“本期特稿”“业务研究与交流”“新著漫评”“读者论坛”“通讯员园地”“鸠兹文苑”“摄影与书画”。

2. 2007 年,“皖江报业”栏目

“本刊特稿”“总编论坛”“佳作评析”“采编实践”“数字传媒”“媒体运作”“竞职演讲”“新闻摄影”。

五、主要作品

1.《芜湖日报报业集团采编行为准则》(作者:芜湖日报报业集团,见《皖江报业》2007 年第 3 期第 1 页)。

2.《我眼中的“中国第一晚报”——赴〈新民晚报〉学习心得》(作者:朱金海,见《皖江报业》2007 年第 3 期第 4 页)。

第五节　《皖江传媒》

一、内刊封面

2012年,《皖江报业》更名为《皖江传媒》。该刊大十六开,由芜湖日报报业集团主办。封面为铜版纸彩印。封面三分之一为白底,左上三分之二为刊名“皖江传媒”,横排红色草书,右上角为三组排列,最上为期数,蓝色的“2”字;中为年代和总期数;下为黑体“芜湖日报报业集团主办”字样。封面下方三分之二为横排导读和大图片。封二、三为图片新闻,封四为中国电信专题。

《皖江传媒》2010年第2期。

二、内刊宗旨

《皖江传媒》办刊宗旨:关注报业发展趋势,研究报业媒体现状,推介各家最新成果,打造诚信主流导刊。

三、主要工作

1. 刊登芜湖市领导和集团领导对集团全局发展作重要部署的讲话稿。

2. 传递国际国内新闻最新信息和报业集团各媒体动态,为采编人员提供新闻资讯。

3. 提供新闻业务研究平台,刊载新闻采编业务论文,刊发报纸版面和稿件点评,促进采编人员的新闻业务交流。

4. 收录集团各媒体省市好新闻获奖者的采编心得稿件,对报业集团获奖作品及时推介。

四、主要栏目

“本期特稿”“业内关注”“本刊消息”“采编实践”“采编交流”“新闻阅评”“媒体动态”“获奖论文”“获奖交流”“业务探讨”“讲座精华”“活动纪实”“出版提醒”“媒体经济”“鸠兹文苑”等。

五、主要作品

1.《芜湖日报“化危为机”报道 唱响提振信心主旋律》(作者:刘光、马小平,见《皖江传媒》2010年总第75期第8页)。

2.《抓牢“龙头”强化地方特色 开辟新路径将根更深地掘进读者中》(作者:汪维明,见《皖江传媒·纪念〈大江晚报〉创刊十五周年特辑》2011年第8页)。

第八章　芜湖报业的全媒体时代

互联网的兴起给芜湖报业带来深刻的变化，从2003年开始，芜湖报业接纳互联网，芜湖日报社开设自己的网站，推出芜湖手机报、“无线芜湖”客户端和容纳40个新媒体的新媒体超市。2017年9月，组建全省首家市级新媒体中心，并推出“今日芜湖”客户端。2018年9月，芜湖日报报业集团与芜湖市广播电视台合并成立芜湖传媒中心(集团)，实现芜湖报业与芜湖广电的深度融合，形成报、网、台一体化的新型媒体，芜湖报业进入全媒体新时代。

第一节　互联网媒体矩阵

芜湖新闻网、芜湖手机报和数字报的开通、创办，突破报纸时空的局限，延伸新闻资源的增值和内容产业链扩大，通过报纸重要信息的多次传播，芜湖的新闻宣传打开了新的窗口。

一、芜湖新闻网

2003年7月1日，芜湖日报社网站开通，同时推出《芜湖日报》《大江晚报》电子版。2006年8月1日，中国芜湖新闻网正式开通，并首创安徽省第一家市级网站视频新闻栏目。2007年7月25日，改版后的中国芜湖新闻网正式上线，成为地方性的新闻综合门户网站。此后，中国芜湖新闻网先后更名为江东网和芜湖新闻网。

从2011年起，芜湖新闻网先后推出大江晚报网、中江论坛、芜湖汽车网、芜湖健康网、芜湖文明网、江北集中区、芜湖小记者、亲子成长网等子网。其中，大江晚报网分首页、新闻110、城市空间、社区生活、爱心驿站、法制在线、镜湖星月、高校风景线、图库、精品专栏和数字报等11大板块。

2015年，芜湖新闻网在全球综合排名中位居3.6万位，中文网站排名973位，国内新闻网站排名108位。芜湖新闻网中江论坛注册网民13万人，日发帖3000条，日访问量2万人次。此外，芜湖新闻网还与网易、新浪房产等全国大型商业网站签订协议，常年向新华网、人民网、网易、新浪等供稿，成为对外宣传的重要补充。

二、数字报

2003年7月1日，芜湖日报社网站推出《芜湖日报》《大江晚报》电子版。2007年12月10日，芜湖日报报业集团与北大方正公司合作开办的《芜湖日报》《大江晚报》《金周刊·芜湖广播电视》《皖江报业》数字报在中国芜湖新闻网正式上线。数字报是芜湖报业纸质信息服务的延伸，丰富了市民的阅读形式，给网民和读者更多的选择，成为获知芜湖本地新闻的重要途径。

三、芜湖手机报

2007 年 3 月 28 日，芜湖日报报业集团与芜湖移动公司合作创办芜湖手机报，它成为安徽省首家地市级手机报，也是继新华社安徽分社和《安徽日报》之后安徽第三家手机报，实现向“第五媒体”的第二步跨越。

2008 年 6 月 6 日，芜湖日报报业集团创办“芜湖大学生手机报”，这是安徽省第一份面向高校学生的手机报。2010 年，芜湖日报报业集团与芜湖电信合办“江城手机报”，至此，实现与电信、移动和联通三大通信集团的全面合作。之后，又与安徽手机报融合打造安徽手机报芜湖版，每天推出早报和晚报。

芜湖手机报以其简洁的篇幅、快捷的速度，便于携带的特色，深受各类读者喜爱。2007 年 4 月 18 日，芜湖手机报开始接受读者订阅，2008 年突破 5 万户。到 2019 年，已经连续多年保持在 30 万户，居全省地市级手机报订户数第一位。

第二节 新媒体矩阵

一、新媒体超市

2013 年 10 月 18 日，《芜湖日报》一版刊登《告读者》：为进一步加强报网融合，深化编读交流，我们将芜湖日报报业集团的新媒体终端进行了整合，推出芜湖日报报业集团“新媒体超市”和芜湖新闻网微信。只要扫一扫下方的二维码，你就将进入报业集团的“新媒体超市”，两报一刊数字报及集团各媒体新浪、腾讯官方微博，即刻呈现在你的手机上。

从 2013 年起，芜湖日报报业集团逐步打造“新媒体超市”。将报业集团所属各媒体和有关部门的新媒体产品打包，并制作成二维码，嵌入《芜湖日报》《大江晚报》的报头和芜湖新闻网站首页，方便读者通过电脑和手机浏览众多新媒体产品，实现集团各媒体融合，引导读者跨界延伸阅读。

“新媒体超市”分网站、客户端、数字报、新浪微博、腾讯微博和微信公众号等 6 类。其中，网站有芜湖新闻网、大江晚报网、中江论坛、芜湖汽车网、芜湖健康网、芜湖文明网、芜湖小记者、芜湖宣传网、市民心声网、芜湖市银协、江北集中区和弋江新闻网等 12 个，客户端有“无线芜湖”客户端、“新媒体超市”客户端等 2 个，数字报刊有《芜湖日报》《大江晚报》《金周刊·芜湖广播电视》《皖江报业》等 4 个，新浪微博有芜湖日报官方微博、大江晚报官方微博、芜湖新闻网官方微博、芜湖发布等 4 个，腾讯微博有芜湖日报微博、芜湖新闻网微博和芜湖汽车网微博等 3 个，微信公众号有芜湖新闻网、芜湖日报、大江晚报、芜湖金周刊、芜湖发布、芜湖名片、芜湖长安、芜湖民政、邮储银行芜湖分行等9个。截至2015年，芜湖日报报业集团新媒体产品有40余种，大江晚报新浪微博粉丝量突破100万。

中宣部新闻局《内部通信》第2期和第10期，先后对芜湖日报报业集团媒体融合发展和“新媒体超市”进行了详细介绍。

二、“无线芜湖”客户端

2014年9月19日，芜湖新闻网旗下的“无线芜湖”新闻客户端上线，首期推出新闻板块，包括新闻、政务、读图、活动、专题、报料、手机报和调查等模块。2015年1月，“无线芜湖”客户端改版升级，在拓展新闻资讯的同时，还新增查违章、路况提醒、公交查询、天气查询等公共服务资源应用，同时推出“打折优惠”模块和“饭前一扒”“随手拍”“麻辣新闻”“芜湖好姿势”等特色原创栏目。从2015年2月起，客户端进入推广期。

三、“今日芜湖”客户端

芜湖新媒体中心整合芜湖日报报业集团“无线芜湖”和芜湖广播电视台“身边芜湖”客户端，推出“今日芜湖”客户端，并于2017年9月29日上午在芜湖日报报业集团发布上线。

“今日芜湖”客户端设有新闻资讯、便民服务、互动活动三大功能板块，扎根芜湖本土，整合全市资源，以图文、音视频为传播载体，为用户提供新闻资讯、交通出行、生活服务、文化休闲、游戏娱乐等全方位服务。

2018年5月4日，“今日芜湖”客户端大学生频道在市广播电视台演播大厅正式上线，打造芜湖高校广大师生进行网络文化活动和平等互动交流平台，为大学生学习生活、成长实践及培训就业等提供一站式服务平台。2018年，共策划并发布专题专栏140个，视频直播86场，图文直播293场，参与制作和发布微产品（H5/VR/微视频）123个，稿件平均点击量超过3805次/条，开展线上线下推广活动131场。截至2019年7月，“今日芜湖”客户端总下载量达到100万。

四、官方微博

2010年10月，芜湖新闻网注册新浪、腾讯微博，这是芜湖本土最早注册和认证的媒体之一，截至2018年8月，芜湖日报报业集团共有各类官方微博11个，其中新浪官方微博9个，分别为《芜湖日报》《大江晚报》《金周刊·芜湖广播电视》和芜湖新闻网、芜湖汽车网、芜湖健康网、芜湖快游网、芜湖小记者等；腾讯微博3个，分别为《芜湖日报》和芜湖新闻网、芜湖汽车网微博等。

2016年9月1日，大江晚报新浪微博粉丝突破50万，到12月25日，大江晚报新浪微博粉丝量突破100万，稳居安徽地市级媒体第一，名列全省前茅。

2017年1月10日，大江晚报微博在安徽互联盛典影响力媒体评选中位列票选第一名，荣获2016安徽年度新锐新媒体奖，展现了大江晚报的品牌辐射力与凝聚力。

五、微信公众号

2014年7月至9月，芜湖日报报业集团各媒体相继认证并开通媒体微信公众号。到2018年8月止，芜湖日报报业集团拥有芜湖新闻网、芜湖日报、大江晚报、芜湖金周刊、芜湖发布、芜湖名片、芜湖长安、芜湖民政、邮储银行芜湖分行等9个微信公众号，其中3个是代客户维护的微信公众号。

“芜湖日报·今日看点”微信内容以芜湖本土新闻为主，聚焦近期宣传重点和本土热点事件，每天确定一个主题，策划推出一批符合微信传播规律的内容。

《大江晚报》微信公众号推出大江热线、生活圈和大江福利三个专题，其中，大江热线有新闻热线和大江帮忙两个板块，生活圈有达人秀、妙招、家有宝贝和以物换物板块，大江福利有周末赠书和雷霆沙赞板块。

芜湖新闻网微信公众号主打主流媒体路线，发布权威的本土新闻，并尽可能地使用相对活泼的方式宣传芜湖，增强新闻的趣味性和可读性。

《金周刊·芜湖广播电视》微信公众号善于互动，策划一批切合时代特色的微信主题，适时推出“芜湖方言”等话题，阅读达到6万多人次。

六、《芜湖日报》《大江晚报》iPad 客户端

2011年5月10日起，《芜湖日报》《大江晚报》iPad客户端正式登录美国苹果公司应用软件平台App Store，用户可下载提供上述两报阅读的“中文报刊”客户端到iPad，该客户端支持原版报纸阅读以及最近三天报纸收藏等功能，缩放自如，免费使用，方便快捷。

《芜湖日报》内容还进入了中国知网。

第三节 媒体融合实践

芜湖日报报业集团除推出芜湖新闻网、芜湖手机报、新媒体超市等互联网媒体和新媒体产品外，在媒体融合和全媒体创新上进行了艰苦的探索。

一、公益广告融入新媒体元素

2013年，芜湖日报报业集团推出“中国梦·芜湖故事”系列公益广告6幅，并在所属各媒体刊发和推送。这组系列公益广告创新之处在于将中国梦与地方发展、百姓故事结合起来，将传统媒体的版面优势与新媒体的海量信息优势结合起来，通过二维码延伸阅读，赋予公益广告新的表现形式和内涵，从而透过“中国梦·芜湖故事”，形象地展示芜湖社会经济发展的风采，这在中国公益广告宣传中也是首创。这种创新之举在中国核心期刊《中国记者》作了详细介绍，其创新论文荣获安徽新闻奖一等奖。

二、成立新媒体发展部

2014年，芜湖日报报业集团成立新媒体发展部。目的就是集中报业集团各媒体、单位

优势力量，搭建新媒体平台，以传统媒体的新闻资源为主体，新兴媒体的技术渠道为主导，形成新的表现形式。

三、实施报刊数字化转型

2014年初，成功申报安徽省报刊数字化转型示范单位。完成数据信息采集，健全集团数字化转型发展规划和数字化业务布局方案，经过专家评估和安徽省有关部门审定，2014年12月，芜湖日报报业集团被安徽省评为数字化转型示范单位。

四、制定媒体融合发展总体方案

2015年，芜湖日报报业集团制定《芜湖日报报业集团媒体融合发展总体方案》。计划用3年(2016—2018年)时间，通过三步走，建成芜湖新闻中心(事业类)和芜湖文化传媒产业公司(经营类)，打造形态多样、手段先进、具有较强竞争力的新型主流媒体，进一步巩固壮大主流思想舆论阵地。这个方案虽然没能以芜湖日报报业集团为主体实施，但芜湖报业最终与芜湖广播电视台融合建成芜湖传媒中心(集团)。

五、成立报业集团新闻（采访）中心

2016年3月24日，芜湖日报报业集团成立报业集团新闻(采访)中心，由刘光担任主任，金昌龙任常务副主任，阚东华任执行副主任，卫晗慧任主任助理。负责指令性采访任务，记者由芜湖日报和部分大江晚报记者兼任，配备5辆采访车。

六、组建芜湖新媒体中心

2017年，根据中共芜湖市委宣传部统一部署，组建芜湖新媒体中心，构建以“报台网端”为框架的新型媒体传播格局，形成报、网、端、微、发布的“5个类别8大平台”的新媒体矩阵，成为芜湖三大主流媒体之一。

注释：

[1]见安徽日报社新闻研究所编《安徽新闻史料》中汪兴泉先生的《皖报初考》。

[2]见《芜湖文史资料》第七辑《汪熔与芜湖〈白话报〉》。此外，《清史纪事本末》有关于汪熔和《白话报》的记载。

[3]见《安徽俗话报章程》。

[4]据《安徽俗话报》编辑汪孟邹回忆，《安徽俗话报》共出了23期。

[5]见安徽日报社新闻研究所编《安徽新闻史料》中汪兴泉先生的《皖报初考》。

[6]另有一说，称《鸠江日报》出版一个多月，具体不详。

[7]《芜湖日报》创办情况，详见2007年8月6日《藏书报》第7版。

[8]据民国纪元年正月初六(农历辛亥十月十八日)第690期的《皖江日报》1版。

[9]据民国二十三年(1934年)《皖江日报》第8159页。

[10]《芜湖日报》的详细情况见2007年8月6日《藏书报》7版。

[11]《芜湖晚报》社长张衡山撰写的《忆芜晚》。

[12] 据2007年8月6日《藏书报》第7版称,《行报》于1947年7月停刊,共出9期。

[13]《行报》1947年12月16日元旦征文启事。

[14]《芜湖》半月刊的创刊号上刊登的"宣言"。

[15] 据刘广实编著的《中国集邮书刊简目》。

[16] 解放时期的芜湖新闻社和通讯社资料见《芜湖通史》第557—558页。

[17] 见安徽日报社新闻研究所编《安徽新闻史料》中钱丹辉的回忆文章《皖南日报纪事》。

[18]《新工商报》的中心任务见本报《我们的任务——庆祝国庆与本报创刊》的发刊词。

[19] 另有资料显示,《芜湖大众》每期从3000多份增至1万多份。

[20]《我与芜湖日报 纪念〈芜湖日报〉创刊45周年》"老报人话旧"中鲍克《我事业的摇篮》。

[21]《芜湖通史》称是芜湖市革命造反委员会接管了《芜湖日报》(见《芜湖通史》第717页)。

[22] 摘自《芜湖日报》2019年12月9日2版刊发李先明同志撰写的《〈从凯歌阵阵〉到〈江花〉艳艳》。

[23] 2000年,根据安徽省新闻出版局发文皖新出版字[2000]13号文件《关于停办〈中等城市经济〉期刊的通知》精神,《中等城市科学》停办(详见《芜湖市志(1986—2001)》第1287页)。

[24]《我们一同走过 纪念〈芜湖日报〉创刊55周年》"回顾与展望"栏目中章少义《〈芜湖日报〉创刊日期诠释》。

[25]《芜湖日报》2004年1月1日头版《〈芜湖日报〉扩版至读者》。

[26] 中共芜湖市委常委会议纪要(1995)第22号。

第三编 新闻传播

第一章　新闻宣传演变

新闻宣传是报纸的重要功能和职责,包括新闻和宣传两个部分。新闻以报道事实、传播事实为主,宣传则以扩散观点、态度、授人以理为主。新闻报道的最好表达方式是用事实说话,用事实去影响受传者。这既是一种报道艺术,又是一种宣传艺术。

从采编人员的角度讲,新闻与宣传被视为自选动作和规定动作,规定动作俗称"吃派饭,一般是上级要求的指令性任务,也就是宣传任务,主要有会议报道和中心工作宣传";自选动作俗称抓"活鱼",是报社或采编人员对新近发生的有价值的事实的报道,其中就包括突发新闻、社会热点新闻,还有独家新闻和深度报道。作为优秀的采编人员既要把"规定动作"做好做到位,更要让"自选动作"出新出彩。

第一节　芜湖近现代报业的新闻宣传

一、芜湖近现代报刊新闻宣传的样式

1. 以文言文为主,提倡白话文

从语言上看,芜湖最早的报纸以文言文为主,只有《白话报》《安徽俗话报》等少数报刊提倡白话文,民国后期的报纸出现改良的白话文,20 世纪 50 年代开始提倡普通话,汉语言才日渐成熟。

2. 以论说文为核心,新闻地位靠后

从内容安排上看,芜湖早期的报刊以论说文为核心,新闻反而成为次要的内容。

《皖报》内容分类为"前弁论说,次录电旨,次录公牍,次录本省新闻及外埠新闻,次录各国新闻及翻译泰西各报,另纸附登告白"。从这 7 个门类的分类次序看,论说文放在报纸内容的第一位,新闻放在第四位,但它已经把新闻分成本省新闻、外埠新闻和各国新闻及泰西各报纸摘要等 4 类,代表了清末时期的报纸新闻宣传走向。

《安徽俗话报》的分类为"论说、要紧的新闻、本省的新闻、历史、地理、教育、实业、小说、诗词、闲谈、行情、要件(包括重要的条例、奏折、告示、书信等)、来文(相当于如今的读者来信和来稿)"。值得一提的是,《安徽俗话报》虽然仍把论说放在首位,但它把新闻的地位提高到第二位,而且还提出了"要紧的新闻"的概念,也就是我们今天的重要新闻。

《白话报》的办报目的就是要"唤醒民众,同仇敌忾抵抗外来侵略",可见它的政论文的位置。《芜湖》杂志也将"评论"置于首要位置。

3. 早期报纸重广告轻新闻

从版面安排上看，芜湖早期报纸基本上是广告纸，广告占据重要的版面，有的放一版，有的甚至用整版刊发广告，这也符合民办报纸、商业报纸的特点。到20世纪30年代，报纸的版面有了当代报纸版面的模样，1932年创刊的《火炬日报》四开4版，其中1版为广告、启事；2版为电讯；3版为本市新闻；4版为副刊和广告，副刊设有“火树”“银花”等专栏，与现在不同的是《火炬日报》把广告、启事放在第1版，而把新闻放在第3版，可见他们的办报思路仍然是以广告为中心。

二、芜湖近现代报刊新闻宣传的功能

芜湖近现代报刊主要有沟通信息、反映商情、宣传思想和主张等三大内容，因而，报刊的大量版面都用来刊登大量的广告、启事和有偿文章。在新闻报道上基本都是转载国内外电讯，本地新闻少之又少。

《皖江日报》除刊载启事、工商广告、商业行情外，还刊登本省新闻。

《工商日报(工商报)》受“报律”限制，仅刊载工商新闻、商业行情和广告等内容。袁世凯“报律”取消后，报纸增加了电讯和本埠新闻。

《复兴日报》已经有了现代报纸的雏形，不仅有本省和芜湖新闻，还有国内和国际新闻。《荡寇报》改出《荡寇报(晚刊)》后，不仅增加地方新闻，还推出“经济报道”“今午行市表”等栏目，报道经济信息。

上海《粮食日报》是当时“全国粮食联合会”的机关报，主要报道国内外要闻简报、全国粮食行业动态；安徽省和芜湖粮食商业新闻，甚至还有芜湖粮食采运、两广(广东、广西)米行、杂粮米市、砻坊业(即粮食加工业)、粮食堆栈等五个直接经营粮食行业的新闻。

为了让更多的读者能看到报纸，让报纸起到宣传的作用，1904年夏，芜湖出现免费对公众开放的“阅报处”。

三、芜湖近现代报刊新闻宣传的主题

芜湖近现代报刊在新闻宣传上主要有三种主题：

1. 宣传进步思想

芜湖近现代报刊宣传进步思想分四个部分：

一是维新运动时的改良思想。《皖报》在章程中就明确指出：报纸“为务实维新之报”，其办报宗旨就是“开风气，拓见闻，联官民，达中外”。

二是反帝反封建思想。陈独秀的《安徽俗话报》宣传的主题就是反对列强瓜分中国、攘夺中国利权，批判封建制度，提倡民主自由，主张男女平等和婚姻自主，倡导实业，兴办教育等；《白话报》《苍茫》意在唤醒民众，同仇敌忾抵抗外来侵略。

三是抗日救国思想。在无为创办的《中江报》积极宣传抗日，抵制日货，曾多次辟专版宣传抗日主张。

四是宣传共产党和共产主义思想。《工人生活》《皖南红旗》等都是宣传共产党和共产主义的。《芜湖晚报(宜宾版)》安置和隐蔽一些地下党员,芜湖晚报社同时也利用这个舆论阵地宣传革命,其文艺副刊"山雨谈"经常宣传进步思想。

2. 宣扬国民党,美化日本侵略者

《民国日报》是国民党县党部主办的报纸,其办报宗旨就是"阐发党治精神,消弭阶级斗争"。《芜湖新报》则成为日本侵略军的工具,竭力鼓吹"圣战""大东亚共荣圈""日中亲善"等媚日思想,充当日本帝国主义的代言人。

3. 低级趣味、格调不高的内容

《风月谭》内容以评花谈戏、"风流韵事"和一些艳诗俚词为主,低级趣味颇浓。《行报》以兴趣为主,内容格调不高。

四、芜湖近现代报刊副刊的演变

我国报纸的副刊出现于清末,时称"附张"。1921 年,北京的晨报改版,第 7 版定名为"晨报附镌",请一位著名书法家以隶书的形式题名,隶书里没有"附"字,书法家就挥笔写了个"副"字替代,后来又将"副镌"写成"副刊",一直沿用至今。

芜湖近现代报业副刊内容有诗词歌谣、小说、戏曲和说唱文学,还有杂文、随笔、札记、游记、寓言,甚至还有楹联、灯谜之类的游戏小品。副刊的黄金时代是 20 世纪 30 年代,"新闻招客,副刊留客"让许多报纸不仅纷纷推出副刊,而且还不惜版面,在副刊上花了不少工夫,副刊不仅有文艺作品,还有生活知识、文娱消息,甚至还有漫画等美术作品。

《安徽俗话报》13 个内容门类中就有小说、诗词、闲谈的内容。1932 年创刊的《新芜湖》4 版为副刊"血花"。

《国事快闻》辟有"每周画刊"专栏,刊登木刻、漫画及照片等,其中第 1 期刊登了五幅新闻照片,这在当时较为少见。1947 年创刊的《幸福报(晚刊)》有半版的副刊内容,先后设有"幸福副刊""大花园""幸福文艺""集锦版"等专栏。《复兴日报》4 版上半部为副刊"绿洲"及"周末文艺"。《工商日报》副刊为"工商余兴"。《火炬日报》初为四开 4 版,4 版为副刊和广告,副刊设有"火树""银花"等专栏。

《工商报》张大荒主编的"长街""街谈巷语"等副刊栏目以及黄振国主编的"草原"栏目,形式多样,内容精彩,颇受读者欢迎。《行报》的特点是"以兴趣为主,以正义是尚,并以短小精悍为佳","举凡诗词歌赋、小说、散文、书简、论说、时事新闻,无不欢迎"。

最有代表性的是《皖江日报》的副刊,代表性人物就是张恨水。他在担任《皖江日报》副刊编辑时,发表了其文学生涯第一部长篇小说《紫玉成烟》,开创了芜湖报业史上副刊小说连载之先河。他还在《工商日报》副刊刊发创作长篇小说《皖江潮》。《皖江日报》副刊后来就取名为"皖江新潮",并公开声明不登旧体诗、旧文章,专登新诗、新文章,批判旧礼教,主张婚姻自由,吸引了高语罕、阿英、蒋光慈、李克农、李宗邺等一批当时的文化名人为其撰稿，使之成为民主、科学启蒙运动的一支号角，也提高了《皖江日报》《工商日报》及副刊的影响力。

第二节　芜湖当代报纸的新闻宣传

一、芜湖当代报纸制作流程

报纸的新闻宣传离不开报纸的制作和发行。读者每天从报摊或家里的信报箱取回散发着油墨香的报纸时，并不知道报纸是如何制作完成的，更不知道报人所付出的辛劳。2014年7月1日的《芜湖日报》真情版再现了报纸的制作流程，现摘要如下：

6月29日早晨8点30分，《芜湖日报》一位女记者就赶到芜湖市鸠江区裕溪口新裕路社区老年人日间照料中心，采访理发师田宝珍和等候理发的老人，在平常的聊天过程中，采访结束了。她回到报社在电脑前写稿，并要在下午上班前将稿件提交报社内部局域网采访部，由采访部主任把关后传送到采编库。

下午2点30分，新闻部主任打开连接内部网络的电脑进入采编库，记者当天采写的稿件等着他去筛选。他要将可以见报的稿件分门别类地传给责任编辑。责任编辑再逐件进行编辑，并对编过的稿件进行组版排序，再传给新闻部主任，由其进行二审。

下午4点，《芜湖日报》值班总编辑主持编前会，新闻部主任汇报当天提交的稿件和版面，值班总编辑对明日见报的稿件进行点评，确定最终见报稿件，并进行等级考核。

晚上8点，编辑根据编前会要求，对稿件进行修改和完善，对临时安排的重要新闻稿件进行编辑，经值班主任审核后提交值班总编辑终审。

晚上9点30分，编辑将审定的稿件和稿件顺序安排传送到照排中心。排版员根据编辑的要求，将稿件摆放适当的位置，其图片大小、字体类型，字号大小、色彩搭配都要调整到最佳状态，最后制作成报纸的电子版样。编辑将打印的报纸版样送交值班主任审核，再由主任传送给值班总编辑审定。

晚上10点20分左右，编辑将值班总编辑审定签字的版面大样送交校对部校对。校对部主任将版面大样分配给校对员，由他们自校和互校，不仅要查找错别字，更要求版面不出现重大差错。

晚上12点左右，校对部主任在校对人员通过的版面上签字并转交给照排中心制版，由印务公司印刷工先出几份样报，交第一读者（阅报员）最后把关。

次日凌晨1点，印刷人员通过计算机系统传递的信息全自动印刷报纸。

次日凌晨5点30分，印刷出来的报纸转到发行中转站，由发行员分头投递。约6—7点报纸可送到报亭、集报摊；早上8点左右，报纸就可以到达读者的信报箱、单位的传达室。

上述是在正常情况下的操作流程，如果遇到国际国内重大事件和突发新闻，新闻的编辑时间还会延后，甚至要到凌晨两三点才能完成全部编审任务，其他工序相应都要延后，但不能影响出报时间。

二、芜湖解放初期报刊的新闻宣传

从1949年4月29日出版《新华电讯》到20世纪50年代初期，报纸的任务主要是宣传鼓动，及时报道解放战争的进展和新中国的成立，教育人民群众投入到社会主义改造和社会主义革命及经济建设中去。

《新华电讯》时期，新闻宣传以新华社消息为主，同时刊载芜湖市军事委员会、中共芜湖市委的重要布告、通报等。

《芜湖日报》创刊后，新闻宣传分三类：一是纯新闻，主要刊发国际新闻、国内新闻、安徽新闻和本地区新闻，有时转发新华社和《人民日报》的社论等；二是带有经营性的宣传，主要有广告、商情、通告、启事等，初期的广告宣传篇幅一般都不大，仅占版面的一部分，有的甚至只有豆腐干大小；三是反映文化生活的宣传，主要有副刊。新闻宣传的对象基本上都是芜湖市街道以上干部、部队和小学以上文化程度的群众。

《芜湖日报》改名《皖南日报》之后，其新闻宣传拓展到皖南全区各县、地、市、委，报纸的中心任务是"宣传新民主主义的工商业政策，以求达到发展生产、繁荣经济的目的"。[1]由于该报是相当于省级的皖南行署机关报，其新闻宣传发生六个显著变化：一是对要闻和评论的重视，要闻及社论放在头版；二是本地新闻细分为政治、经济和综合新闻，而且注重地方新闻在报纸中的分量；三是重视读者的反馈，推出读者来信版面，《皖南日报》1951年9月的改版就是根据读者意见调查进行的；四是报纸广告由局部版面逐步扩大到整版；五是提出新闻宣传的社会服务功能，将社会服务和副刊合并为群众园地；六是副刊由刊发国内和本地优秀文学作品拓展到几乎涵盖了散文、随笔、小小说、漫画、连环画等诸多艺术门类的作品。其通讯员队伍遍及皖南全区各县，地、市、委都有专职干事、特约记者和特约通讯员。由于《皖南日报》社址位于芜湖，芜湖新闻成为报道重点之一。

从1951年12月到1967年1月，《芜湖日报》多次易名，且中共芜湖市委机关报和中共芜湖地委机关报两次合二为一，其新闻宣传也随地域的变化而变化，但其作为地方党委机关报的属质没有变、总的宣传方针方向和宣传原则也没有变，因此，宣传党的路线、方针、政策，报道当地生产建设成就，反映群众呼声依然是这个时期新闻宣传的主旋律。《芜湖大众》很重视政策宣传和对基层单位的宣传指导，除经常发表短评、社论和转载人民日报社论外，其开设的"黑板报材料"转载国内外新闻，此外，还开设"三天时事""看图说事""读报参考材料"栏目，1954年国庆还推出"五年来人民芜湖在前进"专页。《芜湖大众》重视读者来信的作用，几乎每期报纸的第2版都有三分之一版面的"读者来信"，发表读者的批评和建议，编辑部还经常编发读者来信综述、涉及单位的反馈意见。副刊宣传在表现形式上趋向多样化，除诗歌、唱词和各种文章外，还出现了国画、漫画和连环画等多种类美术作品。

《芜湖日报》在1957年元旦至1958年12月16日期间，新闻宣传方式和手段上，又出现三个变化：一是新闻宣传致力于地方化、群众化、通俗化、多样化，要求文章必须通俗易懂，让具有高小以上文化程度的读者能看懂，不识字的能听懂；二是将言论细分为本报评论、短评、社论等；三是突出芜湖地域新闻，推出在芜湖各地、芜湖之窗、商业新风和副刊的“话说芜湖”等，本地特色更加显现。

《芜湖报 芜湖日报联合版》以及后来的《芜湖日报》将本地新闻分成地方经济版、政教综合版和电讯版等，新闻宣传进一步细化。

三、“文革”时期的新闻宣传

“文革”期间，新闻宣传以阶级斗争为主，报纸集中宣传政治运动。《芜湖日报》停刊后，随之而来的是由“文革”各级组织创办的报纸，《新华电讯》主要转载新华社电讯稿，不发本地新闻。更名《新芜湖报》后，主要刊发各种文告、社论和大批判文章，也有工农业生产的报道，其中就有《坚决捍卫三结合的正确方针》等稿件。

四、改革开放时期的新闻宣传

党的十一届三中全会后的1979年，中共芜湖市委于7月1日恢复《芜湖报》。时任芜湖日报社总编辑苏彦彬在《芜湖日报》创刊33周年时回忆，新中国成立以来，芜湖的这份市委机关报在宣传马列主义、毛泽东思想，贯彻党的路线、方针、政策，推动芜湖市经济建设和各项工作，表彰先进人物方面，做出了成绩，但由于受极“左”思想的影响，报纸前期还是宣扬了一些错误的东西，报道上也出现过假、大、空的文章[2]。从1981年开始，遵循新闻宣传“真、短、快、活、强”的要求，重点抓这五个方面的新闻改革，在宣传内容上、报道形式上、版面安排上都有所提高，有所创造，有所突破。

从1979年到1984年，芜湖报社坚持地方特色，坚持小报精办。在新闻宣传上，将宣传党的工作重点转移到社会主义现代化建设，宣传社会主义物质文明和精神文明建设，宣传改革开放，参与组织、发动全市性的各项社会活动，发挥了“组织、鼓舞、激励、批判、推动”作用。

五、多媒时期的新闻宣传

1. 芜湖报业新闻宣传进入全盛阶段

从芜湖报业媒体的种类来看，1984年7月1日《芜湖报》改为《芜湖日报》后，芜湖的新闻事业，特别是报社的各项建设进入快车道。1989年1月1日，芜湖日报社正式推出《芜湖日报·星期刊》，芜湖报业史上诞生了第一张综合类都市周报；1991年12月，芜湖市广播电视局创办《芜湖广播电视》，芜湖报业史上第一张影视周报横空出世；1994年2月24日，芜湖市政府创办《皖江商报》，芜湖报业又有了一份综合性经济类周报；1996年1月

1 日，芜湖日报社创办《芜湖晚报》（后更名为《大江晚报》），这是芜湖当代报业史上第一张城市晚报；2005 年 1 月 5 日，芜湖日报社创办《大江晚报·金周刊》，这是芜湖当代报业史上第一张时尚周刊，《大江晚报·金周刊》与《芜湖广播电视报》合并后的《金周刊·芜湖广播电视》更成为芜湖市民的家庭生活周刊；2006 年 8 月，芜湖新闻网上线，它是芜湖报业设立的地方性新闻综合门户网站，成为面向全国甚至全世界的新闻宣传平台。之后，芜湖手机报、“无线芜湖”客户端相继推出，芜湖报业媒体百花齐放之势初步呈现。

从芜湖报业新闻宣传的实践看，《芜湖日报》作为中共芜湖市委机关报，位居芜湖报业新闻宣传的主流地位，发挥着新闻宣传的核心作用，其新闻宣传的版面不断扩大，由恢复时期的四开四版发展到对开 12 版，新闻宣传的容量增大；办报宗旨由“权威、好看”的报纸发展为打造让“市委放心、读者喜爱、百姓欢迎、市场接受”的现代都市党报，使新闻宣传不仅权威好看，而且时尚大气。新闻改革提出导向意识，始终坚持正确的舆论导向；改变新闻宣传“长、平、慢、干、散”的问题，提出攻头条、改进会议报道、提倡现场短新闻、加强言论和搞活经济宣传等。新闻宣传提出要从内容到形式都必须贴近实际、贴近生活、贴近群众。《大江晚报》作为深受市民喜爱的一张报纸，版面由创刊时的四开 8 版扩大到四开 40 版，坚持真实报道新闻，真心服务读者的办报宗旨，新闻宣传注重贴近百姓，贴近生活，做党和政府联系群众的桥梁和纽带。《金周刊·芜湖广播电视》则在生活服务上做文章。芜湖新闻网通过要闻、焦点、城事、社区、评论等板块，满足网友的不同新闻需求。

从芜湖报业新闻宣传的内容看，一是新闻种类更加细化，新闻宣传的内容涉及新闻、生活、法制、文化、影视、养生保健和人间万象，新闻宣传的范围涉及各个方面；二是加大了言论宣传的力度，先后推出短评栏目“江声”和评论栏目“中江时评”“大江对你说”，每周推出一期时评专版、锐思版等；三是由“短平快”的快餐式宣传向经济新闻和深度报道发展，先后推出经济新闻专版和调查研究专版；四是舆论监督立体化，有“党报热线”“局长零距离”“新闻 110”等热线栏目和版面。

2. 芜湖报业新闻宣传的特别时期

从 2012 年开始，芜湖报业出现特别现象，在新媒体的冲击下，报刊的版面在萎缩，经济效益在逐年下降；另一方面，新闻宣传却有了新突破，集中表现在芜湖日报报业集团于 2011 年、2013 年和 2014 年，三次荣获中国新闻奖，其中二等奖 2 件，三等奖 1 件。推出在全国都有创新影响的“新媒体超市”“中国梦·芜湖故事”公益广告。“抗洪救灾”的微信连续数日直播和“芜湖托举哥”的媒体融合宣传都产生了积极的影响。

3. “媒体融合”下的报业新呈现

2018 年 2 月到 2019 年 9 月，先后组建芜湖新媒体中心和芜湖传媒中心（集团），芜湖报业的新闻宣传平台由报纸、网站、新媒体的多媒时代进入到全媒体时代，形成集报纸、电视、广播和新媒体为一体的全媒新闻宣传平台。

这个时期的新闻宣传出现四个变化：一是新闻宣传的平台由多媒发展到全媒；二是报道形式上由多媒差异化报道发展为全媒体立体报道；三是更加注重新媒体的新闻宣传作用。在全媒体新闻宣传，报纸的新闻宣传也出现一些新变化：一是报纸与广播、电视和新媒体出现有益互动，拓展了报纸的新闻宣传策划，甚至可以通过“拿来主义”，将其他媒体的东西重新加工后为我所用，但在具体实践中并不理想；二是通过二维码和视频技术，将报纸上平面的内容立体、动态式地呈现在读者面前；三是报纸不再有独家新闻，舆论监督有弱化的趋向，老百姓喜欢看的社会新闻在减少，报纸的可读性在下降，报纸没有完全找到自己的应有定位和发展空间。

六、芜湖当代报业专副刊的演变

著名报人赵超构先生说过：“新闻是报纸的灵魂，副刊是报纸的面孔，报纸耐看不耐看主要看副刊。”有过办报经历的金庸更是直言：“对于报纸而言，新闻为攻，副刊为守。”

芜湖当代报业初期，报纸副刊以单版为主，且给副刊起个很有个性的名称，《芜湖日报》副刊是典型代表。到了20世纪80年代中期，随报纸种类的增加和采编水平的提高，副刊发生了变化，由单版发展为系列版和专版，甚至出现一刊四版的周刊形式。到20世纪90年代中期，随着《大江晚报》等报纸的创刊，芜湖报业的副刊园地已经呈现百花齐放的局面。

从芜湖报业副刊发展脉络看，出现了五种现象：

第一种现象：副刊作品由写实趋向纯文学

新中国成立初期，芜湖报业副刊作品以写实为主，多以故事出现。从20世纪70年代开始，一直到20世纪90年代末，纯文学占据副刊的主流，尤其是名家作品更是受到热捧，但到21世纪初，纯文学作品走下神坛，之后出现写实与纯文学并存的现象。

《芜湖日报》创刊号第4版副刊版中，共刊发9篇文学作品。其中有4篇是通俗易懂的故事，有《毛泽东的故事》《渡江的故事》《林国桢的故事》《五尺粗布》等，另有2篇是诗歌，有《庆祝七一》《真是好军队》等。这些作品都是讴歌解放战争和国庆主题的文学作品。此后出版的《芜湖日报》副刊追求艺术品位，推出一些名家和一批优秀文学作品，写实文学虽然仍占主角，但出现了阳春白雪的作品。《芜湖晚报》出现后，把写实作品发扬光大，一些普通老百姓的文章也能上副刊版面，如“百姓手记版”“百年芜湖·老照片”“民间语文”“记事本”等。力求从“俗”的形式，来传播“雅”的东西。《大江晚报》的“镜湖星月”版把副刊版面推向品质的极致，编发了不少摇曳生姿的“雅舍”美文，既有唯美而轻松的闲适小品、朴素而感人的真情文字，也有见识独到的思想随笔和钩沉文章，版面的主流是生活的内容，版面的气息是时代的气息。

第二种现象：时评和杂文得到“重用”

时评和杂文原是副刊版面的成员，由于它们具有反应灵敏、观点鲜明、针砭时弊的优势，且副刊版还存在着时效上的滞后，时评和杂文被前移至新闻版面，甚至上了头版。

《芜湖日报》1 版的中江论坛、江声栏目和时评版，《大江晚报》1 版的“朝闻夕谈”“韦月闲话”和 2 版的“大江对你说”栏目及锐思版，都是此类作品的集中地。

第三种现象：报纸副刊版面的系列化和知识化

20 世纪八九十年代，芜湖报纸副刊从简单地讲故事发展到既要讲好故事，又要传播文化知识，出现了副刊系列化、知识化的现象。

首先是给副刊起动人的名称，让副刊更有地域特色。《芜湖报》副刊有“大观园”“镜湖”“周末”等名称，作品有随笔、散文、诗歌、外国故事和“芜湖美”歌曲，甚至连雕刻也登上报纸的版面；《芜湖报》1980 年 1 月 5 日第 4 版副刊第 1 期“周末”很丰富，有散文、诗歌、寓言、音乐漫谈和体育史话等。《芜湖报》1982 年 11 月 16 日第 4 版副刊第 427 期为“大观园”，有广播剧《直与假》，有《死神召唤的前夕》作品和作者介绍，有资料性的郭沫若文学著作简介，还有“祝你健康”栏目的《漫画燥病》。

到了 20 世纪 90 年代，报纸副刊生活服务内容明显增多。1999 年 1 月 2 日《芜湖日报》第 3 版副刊“翠明园”用半个版刊发《闲在别处——插花》，教读者如何美化环境。《大江晚报》则突出地域特色，介绍芜湖地理人文，相继推出图文并茂的《芜湖地名小照》《芜湖市井小照》《芜湖沧桑》等系列，极大地丰富了报纸版面，成功吸引了读者的眼球。

第四种现象：报纸副刊追求新闻元素

传统的报纸副刊版面与新闻版面截然不同，只刊发单纯的文学作品，起到“留住读者”的作用。到了 20 世纪 90 年代，纯文学作品开始走下坡路，芜湖报业的副刊探索转型之路。进入 21 世纪，报纸的副刊有了新的变化，开始追求信息量和思想蕴涵，并有意识地融入新闻元素，关注民生、关注社会大事。2005 年下半年，芜湖市开展关于“从镜湖文化走向长江文化”的创新文化大讨论，《芜湖日报》与芜湖市文联合作，组织编辑作家走进社区，深入基层，推出“创新文化”笔会，在此期间，《芜湖日报》所刊发的作家创作的文章既有新闻性，也有地域特色，更有可读性。《大江晚报》则推出《今日放眼大江东》《纪念沿江城市开放十周年系列专版》《创新文化系列专版》等。

第五种现象：报纸副刊逐步“三化”

芜湖当代报纸副刊经历了专版、专刊到周刊的过程。1996 年 6 月，《芜湖晚报》副刊部在设置版面时就有了专刊意识，推出专刊版面有“箐菁校园”“健康之友”“银发世界”“周末女友”“百姓家事”等生活类专版，追求版面的生活化、服务性和互动性，当年底又增加了“电脑导刊”“生活时尚”等专版。2001 年，《大江晚报》专刊从副刊中剥离出来，分设副刊部和专刊部，此后，得益这种办报模式，《大江晚报》副刊带有很强策划主题的版面明显增多，到 2009 年，《大江晚报》专刊版面达 17 块，甚至出现了旬刊、周刊。如《大江晚报 · 创富周刊》《大江晚报 · 小记者周刊》等。

《芜湖日报》副刊的演变也走过专版、专刊到周刊的过程。2003 年,《芜湖日报》在改版中有意识地增加了带有新闻元素的专版,有反映芜湖人在生活中的遭遇和经历的“讲述——百姓故事”专版,有用幽默富有哲理的语言以及形象化的漫画勾勒生活现象和市井百态的“小品——社会万象”版,还有反映芜湖人情感生活心路历程的“倾诉——情感天地”专版。2012—2016 年,《芜湖日报》副刊又进一步探索副刊的专题化、系列化的路子,先后推出“记住乡愁”“敢问路在何方——网络时代实体书店之殇”“今天,你阅读了吗?”等有深度、有影响的专题、专版和系列报道。2018 年,芜湖日报传媒中心(集团)成立全媒体文旅专副部后,专副刊版面以策划为手段、周刊为表现形式、解读社会服务读者为主题,形成周刊系列化的新景象。从周一到周六都有周刊,每期 4 个版,单独成叠。分别为周一“儒林街”,系列版面有封面版、老芜湖、镜湖星月和记事本;周二“小记者周刊”,版面形式和内容延续原有的风格,由芜湖传媒艺术培训(小记者)中心编发;周三“观光客”,系列版面有封面、花样旅游、快乐出发和嘻游记版;周四“公开课”,系列版面有封面、校园、黑板报和作文版;周五“生活派”,系列版面有封面、城事、生活和好吃版;周六“幸福岛”,系列版面有封面、年轻态、乐活派和朋友圈版。编辑部还追求副刊版面的新闻性和媒体互动机制,重大节庆和突发事件,副刊编辑能像新闻编辑一样,及时展示具有新闻元素的副刊作品和版面,以适应全媒体时代对报纸副刊的新变化、新要求。

第二章 新闻宣传

本章介绍1898—2019年报纸新闻宣传的具体内容。其中,对于1898—1949年的报纸新闻宣传作简要介绍,对1949—1987年的报纸新闻宣传只作概述式介绍,对1988—2019年的报纸新闻宣传逐年介绍。

第一节 综合宣传

1898—1949年

《皖报》版面安排顺序为"前弁论说,次录电旨,次录公牍,次录本省新闻及外埠新闻,次录各国新闻及翻译泰西各报,另纸附登告白。"宣传目的是"开风气、拓见闻,联官民,达中外。"

《安徽俗话报》宣传主题是反对列强瓜分中国、攘夺中国利权,批判封建制度、提倡民主自由,主张男女平等和婚姻自主;倡导实业,兴办教育等。

《皖江日报》在宣传报道辛亥革命形势时,其消息比上海报纸还要快两三天。同时还将采访的消息随即写成大字报贴在报社门墙上,并编印成"号外"散发,最多时一天发3次号外。

《工商日报》新闻报道很有社会责任感,也很有影响力。芜通小轮被日轮冲撞后,《工商日报》于1925年7月7日发布消息:芜通小轮在安庆马家寓江面被日轮竹丸号肆意冲撞,乘客多人落水,吴国文惨死。该处江面广阔,从未发生轮船相撞事故,这次事件发生是日轮不遵守规则,故意肇事。

《芜湖晚报》主要登载电讯稿,由记者采写的本地新闻不多。为了避免政治色彩过浓,该报不发社论、评论。

1949—1956年

这个时期是我国从新民主主义向社会主义过渡时期。1949年创刊的《芜湖日报》和1952年创刊的《芜湖大众》提出全面贯彻"全党办报""群众办报"方针,报纸内容从解放初期报道解放战争进展,迅速转向宣传国民经济恢复和计划经济时期开展的各项政治运动和经济建议的方针、政策;反映人民群众意见和呼声的"读者来信"一直占有相当显著的版面,以地方街道以上干部、部队和小学以上文化程度的群众为读者对象,反映和指导市内党的工作和群众生活。

《芜湖日报》创刊号1版共有2篇报道,没有芜湖报道;4版副刊共刊发11篇稿件,关于芜湖的内容也不多。1949年8月12日《芜湖日报》1版共发稿14篇,外地新闻就占了12篇,其中报道全国解放战争的稿件4篇,新华社社论1篇。报道芜湖的2篇稿件分别为《芜市文工团举行青年团支部成立大会》《昨日水位》。当时的《芜湖日报》很有地区大报风范,视野相当开阔。

《皖南日报》虽然是皖南区党委机关报,但对芜湖新闻的报道较之前的《芜湖日报》有所增加,芜湖本地新闻稿件占有相当多的版面,不仅有时政新闻、经济新闻、动态新闻,还有社会新闻。时政新闻有《芜市举行户口调查 市公安局发布布告》(1949年11月6日2版),《芜市召集各团体代表座谈 研究生产救灾和修堤》(1950年1月11日2版)等;经济新闻有《日趋活跃的芜湖米市》(1949年10月19日2版),《芜湖一等邮局举办快递小包业务》(1950年11月6日2版),《芜湖市洗浴业劳资双方订立合同》(1949年10月13日2版)等;动态新闻有《芜屯公路全线通车》(1949年12月26日2版),《芜湖火车站发售全国各铁路车票》(1950年2月8日),《芜市中山桥即将重建》(1950年4月20日2版),《芜湖与北京天津开始互通长途电话》(1950年9月28日2版),《芜湖市下长街派出所成立人民自卫警 今日起开始巡逻》(1950年11月21日3版)等。最有意思的是社会新闻,尤其是标题制作相当生动。如《王金昌迷信烧了房 生产无办法田也种不上 政府帮、农民帮他解决困难》(1950年6月5日3版),《看旧小人书的恶果 市师附小四个小学生私自离家想拜佛求师》(1950年6月21日3版),《反对买卖妇女! 王朝贵非法卖妻 区公所已作处理》(1950年10月22日2版)。同一时期的"读者来信"也有力度,如《胡祖凤强卖媳牙弟子控告已一月至今尚未处理 芜湖县政府检查答复》(1950年6月21日3版),指名道姓地让一级组织答复。

《芜湖大众》的"读者来信"也是相当有特色,不仅有读者来信,还刊发回音。1952年9月28日第6版上半版为读者来信,共有7篇稿件,读者来信有皖南卫校桂继中《迎接亚洲及太平区域和平会议的召开》、皖芜二中学生陆永彪《叫美国强盗嚇得发抖!》等,都是对国际国内大事发表感慨,"对本报读者批评建议的反应"稿件相当有趣。其中有芜湖市人民政府卫生科答复《广济药房出售伪药坏药,卫生科查明后已予处理》、皖南芜湖医院附设门诊部答复《芜湖医院门诊部批判了用外文写诊断书的错误》和芜湖市人民政府建设科答复《火车站附近的一座木桥十月十日决能修理完成》等。

从1956年开始,《芜湖大众》版面日渐活跃,社会新闻增多,副刊文章生动活泼,还有图片专版,其中有一组新华社拍摄的图片专版,展示新中国三年来工业、交通建设的成就。当然,这个时期的批评文章多起来,尤其突出的是"读者来信"栏目做得相当大,每天报纸都有指名道姓的批评稿件,而且还要有点名的人限期作出答复,如果不答复就将再次点名。

1957—1965 年

这个时期，全国正在开展“反右”、“大跃进”、公社化、反对右倾机会主义以及社会主义教育等运动，《芜湖报》在宣传上起到鼓动的作用。这个时期有两个特别现象，一方面批评报道减少了，即使有批评报道也是鸡零狗碎、不痛不痒；另一方面，受“左”的思潮影响，刊登了一些“假、大、空”的文章。此外，通俗化成为报纸新闻宣传的新要求。

1958 年 3 月 2 日，芜湖市在人民体育场举行万人誓师大会，市长刘惠民致开幕词，中共芜湖市委书记郑家琪作《苦战三年，奋勇前进》的报告，《芜湖日报》以《全市人民庄严举行誓师大会，苦战三年促进经济文化工作大跃进》为题予以报道。同年 4 月 30 日，《芜湖日报》刊登一组民谣，真实反映农民的辛苦。之后，出现虚报产量的浮夸报道。1958 年 8 月，《芜湖报》推出第七号号外消息《繁昌县放出一颗特大中稻“卫星” 亩产四三〇七五斤》，并配发了图片。《安徽日报》同时刊发文章和图片。《解放日报》在第二天标作“最后消息”破例刊于报头，《人民日报》则是在第三天与《安徽省早稻亩产达纲要》的消息一并刊发在头版头条，并配有《向安徽人民致敬》的短评。[3]

1964 年 11 月，根据中共安徽省委宣传部要求，为贯彻为工农服务的办报方向，要求地委报纸要办给农民看，市委报纸要办给工人看，真正办成有地方特色的工农喜爱的通俗小报。由中共芜湖地委和芜湖市委合并的《芜湖报 芜湖日报联合版》和后来改名的《芜湖日报》提出以农村为重点，以农民为主要对象，同时兼顾城市、工人。为了通俗化，提出报纸少刊发领导活动的报道，多报道基层农民和工人的活动，报纸提倡多发短消息、短通讯、短言论，用问答形式宣传政策，用文字配图画介绍科学技术。由于过度强调通俗性和面向农村，忽视了城市读者，这一时期的报纸，过于单调，副刊更是乏善可陈。

1966—1978 年

“文革”十年，芜湖日报社被接管，《芜湖日报》停刊。随后有关方面创办了《新华电讯》，只发新华社电讯稿，不发地方消息。后改为《新芜湖报》，则主要刊登“文革”时各种文告、社论和大批判文章。

1979—1983 年

这是全面恢复经济、提出实事求是、改革开放的思想活跃时期。《芜湖报》在新闻改革上有所突破。

一是强化经济新闻，每期经济新闻稿件要占 50% 以上，将千篇一律的生产消息压缩为几十字的简明新闻、生产快报和光荣榜，克服数字加过程的公式化写作，使生产消息简明新闻。

二是重视对新产品、新工艺和新技术的宣传，采用组合报道的形式，尽量少用专用名词。

三是对于篇幅较大的典型报道采取化整为零的办法，陆续分期刊发，解决文章过长的问题。

四是简化会议报道,会议消息报道一般不发或采用短讯、简讯的形式编发,特别重要的会议才能篇幅加长。

五是将关注点延伸到家庭和小型企业,通过讲故事的形式来宣传家风和企业发展。推出一批有分量的新闻作品,《芜湖报》选送的《服务态度也要花钱买?》获得1983年全国优秀短新闻奖;芜湖日报记者徐明熙采写的《"2731"电话铃响了!》、李正宽采写的《六旬老翁栽树六十作纪念》和范昌学采写的《带柴米出嫁的姑娘》均获得安徽省新闻奖。《芜湖报》"瞧这一家子"和"来自小厂的报道"栏目因办得精彩,获得安徽省好栏目奖,并在《新闻战线》1982年第9期和1983年第10期特别介绍。

1984—1987年

《芜湖日报》复刊的恢复时期,芜湖日报社提出新闻宣传的党性原则和群众观点,改革陈旧的采编手段,逐步增强报纸的信息性、知识性、服务性和可读性,不断扩大其参与社会活动的范围。在主题宣传上,重点讴歌"四化"建设的新生事物。

这个时期,芜湖日报社提倡短新闻,1984年7月4日头版头条《专业户家安电话》仅为303字,标题也就7个字,而且四开小版的1版稿件有12篇。1986年,芜湖日报社举行优秀短新闻竞赛,一批优秀的短新闻脱颖而出,1986年度安徽省好新闻评比中,《芜湖日报》获奖的4篇作品中,除1篇是好版面外,另3篇中有2篇是短新闻。吴长风、闵泽未采写的通讯《血,在子夜送到——记为抢救一位农民的人们》则以情感人。

1988年

《芜湖日报》推出"社会大观"栏目,开始关注社会新闻。抓典型、抓时效、抓头条,加大深度报道。报道重点集中在五个方面:

一是对典型人物的宣传,详细介绍王琴仙等十大新闻人物,开设"大家都来评选新风人物",报道各行各业开展评选活动的动态,1988年12月1日头版头条《树典型 学先进 抓落实 求实效 "新风人物"评选活动在全市普遍展开》介绍芜湖市典型报道的情况,1988年12月17日刊发《为党旗增辉的人——记优秀检察干部王琴仙》。

二是纪念芜湖改革开放十周年,《芜湖日报》1988年12月1日2版头条刊发《编者的话》开辟"芜湖改革十年"栏目,其中头版头条刊发《十年改革给我市农村带来巨大变化》文章,《芜湖日报》1988年12月24日还举办"火花杯· 改革在我身边"征文大奖赛。

三是加大经济和对企业的宣传,开设"芜湖经济探讨"专版和"经济纵横"专栏,深度报道芜湖经济情况,1988年10月6日1版的11篇稿件中有6篇是来自企业的报道,其中本期头版头条和报眼均为企业报道。

四是对解决资金、能源、原材料三大困难的报道,如1988年10月6日头版头条《令行禁止 决不"越线" 芜湖火柴厂严格执行物价政策》等。

五是对群众生活中热点、难点问题的关注,如《行业性亏损企业走出新路线—市浴室业承包经营发展开拓的调查》;对解决水、电、气、路、车问题进行连续报道,刊发一批有深度、有分量的稿件,如《物价咏叹调——对抢购风的思索》《平静中的思考》《征粮沉思录》《如履薄冰的跋涉》《畅流中的艰涩》《一切为了市场占有率》等。

1989 年

1989 年 1 月 1 日,芜湖日报社正式推出“芜湖日报 · 星期刊”,新闻宣传由单媒向多媒迈进。《芜湖日报》开展“一打三整顿”工作宣传,继续推出“芜湖改革十年”专栏和系列文章及“改革在我身边”征文,继续推出“新风人物谱”专栏。

在“一打三整顿”宣传中,开设“坚决打好一打三整顿战役”专栏,连续刊发动态新闻、深度报道和评论,其中,1989 年 1 月 10 日头版头条《我市召开干部大会,动员全党全社会力量 投入以一打三整顿为主要内容的综合治理战役》,1989 年 1 月 25 日《芜湖日报》刊发《群防群治 创造良好的社会环境 市委副书记检查“一打三整顿”贯彻情况》,评论《坚决打好综合治理战役》。

在芜湖改革十年宣传中,1989 年 1 月 2 日 2 版头条《改革、开拓、奋进——改革十年我市工业生产成就显著》。

在经济宣传中,《芜湖日报》增设“信息窗”“农业”与“科技”栏目,“芜湖经济探讨”专版推出一批有分量的专题讨论,其中,《寻租现象的讨论》引起芜湖市委领导和有关部门的重视。

1990 年

对外开放、“除六害”活动、亚运会、春运、反“三窃(劫)”斗争、防汛抗灾、经济建设、创建文明、人口普查等成为报纸新闻宣传的重点。

在对外开放宣传中,《芜湖日报》刊发《市委市政府召开动员大会号召全市人民同心同德奋发努力 加快对外开放 振兴芜湖经济》、社论《奋力拼搏 迎接开放》等。

在亚运会宣传上,芜湖日报社特派记者赴北京采访,全方位报道亚运盛况,此外,记者从芜湖铁画中挖掘题材,展示不一样的“亚运”。《芜湖日报》记者闵泽未采写的《铁盼盼迎亚运》荣获 1990 年度安徽新闻奖一等奖。

《芜湖日报》关于案件报道明显加大,在“除六害”反“三窃(劫)”宣传中,不仅完成中心工作,还加大案件报道力度,对打击赌博、制作贩卖和传播淫秽物品、卖淫嫖娼、封建迷信活动、私种吸食贩卖毒品和拐卖妇女儿童等题材充分报道,也增强了报纸的可读性。

在此期间,《芜湖日报》在舆论监督宣传中,还采写了一批有影响的新闻作品,其中周祥鸿采写的《谁不办办谁》荣获 1990 年度安徽新闻奖二等奖。

1991 年

《芜湖日报》重点宣传芜湖市首届菊花节暨第十七届菊展和防汛抗洪。

在首届菊花节暨第十七届菊展宣传上,《芜湖日报》2 版开设“以菊会友 以花促贸”专栏,11 月 2 日头版头条刊发《以菊会友 以花促贸 开发皖江 振兴芜湖 我市首届菊花节昨日隆重开幕》。《芜湖日报·星期刊》头版头条刊发《黄花今日分外香——献给江城首届菊花节》《请王莹和我们一起赏花 菊花节前访谢和赓老人》等。

在防汛抗灾宣传中,《芜湖日报》在 2 版开设“做好防汛准备 确保汛期安全”栏目,对防汛工作进行组合报道,尤其重点宣传芜湖市青弋江防洪墙建设,主要稿件有《我市筹资投入城市防洪墙建设》。

《芜湖日报》在 3 版开设“读者来信”专版,开设“监督哨”栏目,强化舆论监督。

在经济建设宣传中,继续开设“芜湖经济探讨”专版,刊发调研文章。主要稿件有《二元结构与区域发展——关于我市经济发展重点的几个问题》。

1992 年

1992 年是芜湖日报社新闻宣传的改革年,提出《芜湖日报》新闻宣传的目标就是“给读者以信息、愉悦和启迪”。时政新闻突出指导性、时效性,地方新闻突出群众性和服务性,增强新闻宣传的开放性、可读性,扩大新闻宣传的信息量。这次改革是由计划经济向市场经济转轨的办报观念的改变,也是党报发展史上一次重要的历史性改变。

“改革开放中的芜湖人”大讨论是《芜湖日报》新闻宣传的重头戏,陆续刊发相关文章专稿栏目,连续刊发本报特约评论员文章。大讨论历时五个月(详见本编第三章第四节《历次大讨论》)。

1993 年

芜湖日报社新闻宣传最大的亮点是把宣传的重点渗透到市民的生活,开设“社会·生活”版,增加社会新闻的分量,这也是芜湖日报社新闻宣传改革的又一成果。在新闻宣传上,重点报道反腐败斗争、1993 年芜湖产品质量月宣传、经济和招商引资工作等。

在反腐败斗争宣传中,《芜湖日报》于 1993 年 10 月 1 日头版刊发《张平在市政府第二次全体会议上强调 各部门要坚定不移地开展反腐败斗争 务求在年内取得阶段性成果》,10 月 3 日头版刊发本报评论员文章《要重视党风廉政建设》。

在 1993 年芜湖产品质量月宣传中,《芜湖日报》10 月 3 日 2 版头条刊发《让消费者买个“放心”——93 芜湖产品质量月现场接待侧记》。

在经济和招商引资报道中,开设“工业纵横”栏目,推出经济系列报道,主要文章有《我市加强基础设施建设招商引资势头看好》。

1994 年

从 1994 年 12 月 1 日开始,《芜湖日报》试刊对开版面,新闻宣传的版面和容量进一步扩大。

在“党代会”宣传中,《芜湖日报》采用会前、会中和会后密集宣传的形式,1 版刊发社论《团结奋进 开创新的未来——热烈祝贺市第六次党代会隆重召开》和《创造新业绩 夺取新胜利——热烈祝贺市第六次党代会胜利闭幕》及会议动态新闻;2 版连续开设“创造新成绩 迎接党代会”栏目。

此外,还注重对刚建成的防洪墙和芜湖市颁布的《芜湖市民公约》的宣传。

1995 年

《芜湖日报》正式改版为对开 4 版,并由周六刊发展到周七刊。芜湖日报社各媒体除继续宣传安徽省和芜湖市第六次党代会、经济体制改革、精神文明建设外,重点推出“纪念抗战胜利”时事副刊。

党建宣传成为《芜湖日报》宣传的重点。在省、市第六次党代会宣传中,《芜湖日报》开设专栏,刊发本报评论员和系列评论文章以及相关文章。

《芜湖日报》防汛报道有创新。《芜湖日报》刊发记者袁树槟、方佳金采写的《鸠江防汛无新闻》,介绍鸠江区夏汛冬防的经验,该作品荣获安徽省经济好新闻一等奖,安徽新闻奖二等奖。一位资深的评委评价说,这篇作品新闻视角独特,突破了固有的防汛报道模式。

《芜湖日报》推出时事副刊,将时政新闻副刊化,这是党报时事新闻改革的成果(详见本编第四章第二节《版面创新》)。

1996 年

1996 年 1 月 1 日,《芜湖晚报》正式创刊,在新闻宣传上完全颠覆传统模式,其亲民的版面、生动的栏目和通俗的文章受到市民喜爱。创刊当年就推出一批反映市民生活的新闻力作,《芜湖晚报》记者华睿采写的《老区来的大学生买不起吃饭的碗》不仅感动江城人,而且促成“金寨行”系列采访活动,该作品也荣获 1996 年度中国晚报新闻奖二等奖。《芜湖日报》则继续发挥党报特色,配合芜湖市委、市政府的工作目标,推出多项主题宣传。至此,芜湖日报社实现新闻宣传“两条腿走路”的目的:《芜湖日报》进机关、企业和学校,宣传党的路线方针政策;《芜湖日报·星期刊》《芜湖晚报》进社区、家庭,反映老百姓心声。

1997 年

芜湖日报社新闻宣传的核心就围绕香港回归和党的十五大召开这两项重大事件开展。

在香港回归的宣传活动中,《芜湖日报》设置“情系香港 喜迎回归”栏目,刊发动态新闻和征文稿件共 206 篇,图片 130 幅。香港回归当天,《芜湖日报》推出四个版专版,其中《芜湖日报》报道巨幅铁画《霞蔚千秋》的稿件被《人民日报·华东版》和《新民晚报》刊用,其宣传力度之大、气氛之热烈是本报历史上前所未有的。《芜湖晚报》刊发稿件 406 篇,开展征文比赛,还发表散文、诗歌等文艺作品。《芜湖晚报》刊发来凤小学学生写给香港特首的信,还得到特首办公室的回信,并在《芜湖晚报》上刊发,引起不小的反响。

在党的十五大宣传中,《芜湖日报》在会前宣传特别推出4个板块:一是党的十四大以来的成就宣传,二是以实际行动迎接党的十五大宣传,三是加强党建宣传,四是开展征文活动。会中宣传分两大板块:一是及时转载党的十五大召开期间的重大活动和重要文章,二是迅速报道芜湖市各界收看大会情况和反映。《芜湖晚报》推出专刊、专栏,共刊发稿件40余篇。

在"讲文明、树新风"宣传中,《芜湖日报》《芜湖晚报》先后开设"创建安全文明小区"和"推行生活袋装化"栏目,重点报道有《以清除声音建筑为突破口—造船二村创建工作效果明显》《垃圾袋装化,文明第一步》等,这也是芜湖报业最早推出垃圾袋装宣传。

在经济体制改革建设宣传中,推出"深化经济体制改革,促进芜湖经济发展"专栏,重点报道芜湖市产权改革和典型经验。主要稿件有《资本运作,一石三鸟》等。

此外,《芜湖晚报》还组织"古泉·弋江行"和"吉和· 市场行"等两次大型外出采访活动。《芜湖晚报》的"子夜传呼""有困难找晚报""心心热线"成为读者喜爱的栏目。

1998年

芜湖日报社重点推出芜湖改革开放20年、经济新闻报道和防汛抗洪宣传报道。《大江晚报》与青岛《生活导报》共同完成的"青岛寻亲"特别报道更是引发两市读者的强烈关注。

在芜湖改革开放20周年报道中,《芜湖日报》先后开设"百姓眼中的20年""农村巨变20年""回眸20年"等3个专栏和1个新闻摄影专刊。全方位、多角度地反映芜湖市城乡20年间的巨变,反映改革开放的伟大成就。

在经济新闻宣传中,《芜湖日报》全年共组织经济报道专栏达87期,发稿突破500篇。

防汛抗洪宣传方面,芜湖日报社成立两支宣传报道队伍,刊发重点报道、深度报道和典型报道稿件500余篇,图片213幅,专版1块。

1998年11月,《芜湖晚报》记者王俊虎采写的《"人字洞"考古 发现200—250万年前人类遗迹》和《长江起源可能晚于200万年》引起较大反响,不仅成为新华社通稿,而且被《人民日报》、美国《世界日报》等媒体转载。

从1998年12月7日开始到1999年1月初,《芜湖日报》发起了"怎样看神秘的温州人"大讨论,共发稿46篇,约3万字,社会反响强烈,新闻出版总署主办的《新闻出版报》专门刊文,介绍芜湖日报社组织此次大讨论的做法,并给予充分肯定。

1999年

在20世纪最后的这一年,芜湖报业新闻宣传有四个亮点:一是在《芜湖日报》继续开展"怎样看'神秘的温州人'大讨论"宣传活动,并从1999年11月开始,又开展了"让芜湖成为投资兴业的热土"大讨论宣传活动,且持续到2000年1月结束;二是中山路步行街开街,《芜湖日报》《大江晚报》分别推出专版、专题;三是《大江晚报》推出"50国庆庆典精版”，其中通版《遥远的山村，你好吗?》通过南陵丫山镇西山村大元自然村的变化展现芜湖发展，形象而生动；四是澳门回归宣传。

这一年有许多大事：“两会”、防汛抗洪、国庆五十周年纪念、澳门回归、迎接新千年、以美国为首的北约轰炸我驻南联盟大使馆。《芜湖日报》《大江晚报》的新闻宣传也围绕这些大事展开。

《大江晚报》继续关注繁昌人字洞考古，《大江晚报》新闻部记者汪维明、石琼、王中明、夏云来和老春深入现场采写长篇通讯《揭开“人字洞”的神秘面纱》，全面介绍“人字洞”考古历程、史学价值和社会影响。

2000 年

2000 年是新世纪元年，芜湖发生了三件大事：一是芜湖长江大桥通车，芜湖日报社策划了异地采访，推出“世纪金桥”专版；二是首届中国（芜湖）旅游商品博览交易会召开，《芜湖日报》《大江晚报》全景报道；三是安徽省经济工作会议召开，芜湖日报社推出重头稿件。

在芜湖长江大桥通车宣传上，芜湖日报社组织异地采访，《芜湖日报》发稿 300 余篇，图片 200 余幅。《大江晚报》记者程代广采写的《芜湖人“大桥梦”的见证》荣获 2000 年度中国晚报新闻一等奖。

在经济宣传上，围绕安徽省经济工作会议，《芜湖日报》《大江晚报》推出不少重点栏目和重头稿件。芜湖日报记者金昌龙采写的《停职一个科长 引来一大项目》获 2000 年度安徽新闻奖一等奖。

2001 年

《芜湖日报》在 1 版开展“怎样让芜湖成为投资兴业的热土”大讨论，并集中对旅博会、茶博会、建博会进行宣传报道。

在“大讨论”宣传中，《芜湖日报》将“大讨论”与“WTO 后的我们该做些什么”结合起来，推出 7 块调查专版；《大江晚报》重点推出“芜湖制造在外地”专栏，先后派记者深入深圳、上海、太原、长沙、九江、岳阳等城市采访报道。

在“千名记者下基层”采访活动中，挑选 5 名记者参加安徽省组织的专项采访活动，两报分别开设专栏。

本年度稿件亮点是由《大江晚报》记者程代广采写的《寻访坐在稻穗上的姑娘》，这个作品荣获 2001 年度中国晚报新闻奖特等奖。

2002 年

芜湖日报社新闻宣传重点宣传党的十六大的宣传、安徽省（芜湖）人才交流会的宣传，推出“芜湖百乡（镇）纪行”系列报道活动。经济报道是本年度新闻宣传的最大亮点，《芜湖日报》经济报道占全年版面 70% 以上。

在党的十六大宣传中，芜湖日报社全方位报道党的十六大盛况。《芜湖日报》推出“展示新成就，喜迎十六大”等专版，及时转载党的十六大报告、新修订的《中国共产党章程》、中共中央纪律检查委员会工作报告、新一届中央领导机构成员简历和人民日报社论等重要报告和文献，同时推出理论专版。《大江晚报》推出“与时俱进话神州”系列报道。会后，《芜湖日报》《大江晚报》开设有关贯彻党的十六大的专栏。

同年10月，《芜湖日报》策划“芜湖百乡（镇）纪行”系列活动，深入芜湖市70多个乡镇，报道改革开放以来各方面建设所取得的成就，宣传芜湖市农村加快发展的成功经验，这个系列后被编为长篇通讯集《这方热土》。

经济报道中，《芜湖日报》编发《锻造“会展经济”的攻坚利器》《加快与苏浙沪经济圈的早日对接》等思考性深度报道，组织三县四区外来投资企业代表座谈会，在一版连续刊发7篇反映税务、供电、金融、党政系统等存在问题的深度报道。《大江晚报》推出“芜湖制造在外地”等系列报道，先后派出7名记者深入深圳、上海、太原、长沙、九江和岳阳等城市，采写一组深度报道。

《大江晚报》还推出一组温暖的报道。其中包括《大江晚报·新闻周刊》封面版推出芜湖市福利院吴国东大图片，不仅让小男孩成了“小明星”，而且促成爱心捐款，弋矶山医院治好小国东的先天性心脏病，还让他走进校园，并重新找到父母。

2003年

报纸宣传主题较多，有党的十六大和十六届三中全会、加快发展全面建设小康社会、“讲文明、除陋习、树新风”活动、芜湖“两会”等主题宣传，也有“非典”防治突发事件的宣传，还有“感受长三角采访行”活动，其亮点无疑是党的十六届三中全会和“非典”防治的宣传。

党的十六届三中全会宣传是本年度芜湖日报社新闻宣传的重中之重，发稿100余篇，《芜湖日报》还推出5篇本报系列评论。

防治“非典”宣传可谓突发新闻报道的成功范例。《芜湖日报》每天开设“一手抓非典防治、一手抓经济发展”“非典防治基本知识”“前线日记”等专栏，推出2个专版，共编发稿件140余篇（幅）；《大江晚报》推出12个专版，组织了《“非典”形势下的典型事故》《一场非典遭遇战》《阻击“非典”的“五朵金花”》等重点报道；两报共转发新华社稿件200余篇（幅）。

此外，在全面建设小康社会宣传中强化经济深度报道。《芜湖日报》推出“感受温州理念 活化民间资本”“走进浙江看园区”“三大战略工程在芜湖”等系列报道，并举办经济新闻好头条竞赛，展示芜湖经济建设新成就；《大江晚报》推出“温州来了看房团”“守望芜湖大血脉”“大芜湖经济格局透视”等系列报道。

《大江晚报》还选派3名记者奔赴浙江、江苏等地，开展“感受长三角采访行”活动。

2004 年

2004 年，芜湖遇到两件突发大事：一是禽流感；二是全国乙肝歧视第一案在芜湖市新芜区法院开庭。芜湖日报社抓住这两件突发事件做文章。

在禽流感防治宣传中，两报先后刊发《力争不发生疫情，把经济损失控制在最低程度》《我市设立合格家禽直销点》《工商严密监控家禽市场》《将禽流感阻击在城门之外》等稿件 80 余篇。

全国乙肝歧视第一案在芜湖市新芜区法院开庭之际，《大江晚报》记者张申尚、夏成俊现场采访，他们采写的新闻作品《乙肝歧视第一案"庭审直击"》被全国各媒体广泛转载，并荣获 2004 年度中国晚报好新闻二等奖。

2005 年

芜湖日报社创办《大江晚报・金周刊》，芜湖报业新闻宣传由两个平台发展为"两报一刊"三个平台。开展保持共产党员先进性教育活动和中共芜湖市委市政府提出东向发展战略成为宣传重点。

保持共产党员先进性教育活动取得了预期的宣传效果。

在东向发展战略宣传中，《芜湖日报》派出采访组到长三角发达城市进行异地采访，重点推出"芜湖与苏州的对话"专栏及系列报道，同时连续推出"芜湖，你究竟差在哪里?"系列述评 7 篇。

在创新文化宣传中，围绕"崇尚创新、宽容失败、支持冒险、鼓励冒尖"、"百姓创家业、能人创企业、干部创事业"的重点内容，《芜湖日报》分别开设"创新文化大家谈""弘扬创新文化""打造创新名城""百姓创家业""创新文化在深圳""创新文化在镜湖"等栏目，精心组织人大代表和政协委员两个座谈会并及时刊发 2 个专版，"高端访谈"栏目共推出省市有关党政军领导访谈录 30 余篇；《大江晚报》《大江晚报・金周刊》开设"创新在芜湖""百姓创家业""能人创企业""弘扬创新文化 东进 东进"等栏目，开展"告诉你一个失败的理由"系列报道。《芜湖日报》《大江晚报》共编发稿件 300 余篇。

在经济建设宣传中，《芜湖日报》连续编发《商贸经济：新芜发展的点睛之笔》《三"引擎"并推镜湖区域经济起跳》《奇瑞自主品牌效益初现》等一批较有影响力的文章，刊发稿件 100 余篇。《大江晚报》策划滨江公园建设 8 个整版的特别报道。《大江晚报・金周刊》策划推出"从镜湖文化走向长江文化"专题报道。

《大江晚报》记者石琼、夏成俊获悉安徽网络侵权第一案在芜湖开庭，全程关注此案，采写的《聚焦安徽网络侵权第一案》荣获 2005 年度中国晚报新闻奖二等奖。

2006 年

2006 年是芜湖的规划年，是芜湖市第八次党代会召开之年，也是德国足球世界杯开赛之年，更是芜湖日报社改制之年。新成立的芜湖日报报业集团（芜湖日报社）围绕党代会、规划年和世界杯三件大事组织媒体重点宣传。

在党代会宣传中，始终按照中共芜湖市委宣传部的要求进行。

在规划年宣传中，《芜湖日报》开设专栏，对县区委书记、经济技术开发区、大桥开发区和市直主要经济部门负责人进行重点访谈。

为响应中共芜湖市委提出的“建设创新型城市”的目标，芜湖日报报业集团组成报道组到深圳采访，推出“建设创新城市”专栏，编发《芜湖，能成为中国的创新“特区”吗》系列报道及《自主创新，政府能做什么》《政府的“不管”就是对创新者最大的支持》等一批有影响的稿件。

《大江晚报》特派记者到德国比赛现场报道2006年世界杯足球赛，并推出“激战莱茵”世界杯特刊。

2007年

中国芜湖新闻网开通，芜湖手机报上线运行，芜湖日报报业集团的新闻宣传平台由传统纸媒发展到多媒体，形成“三报一刊一网”共五个新闻宣传平台体系。各媒体当年重点宣传党的十七大、“五大优势”大讨论、民生工程、重点工程、争创全省首届文明城市、“大拆违”等。

在党的十七大宣传上，《芜湖日报》推出“看芜湖，话和谐”系列专版，共发稿100余篇；《大江晚报》开设“百姓走过的这5年——迎接十七大谈民生巨变”等4个专栏，推出整版22个，发稿150余篇；《金周刊·芜湖广播电视》推出“辉煌的五年 奋进的五年”等10个整版；芜湖手机报以新兴媒体的快捷优势，对大会进行短新闻报道；中国芜湖新闻网转载了新华社和报业集团媒体的相关报道。

在“五大优势”大讨论宣传上，《芜湖日报》推出整版《实施民生工程 建设和谐芜湖解读》，连续推出《我市23项民生工程全面推进》等相关重点稿件100余篇。

在“争创全省首届文明城市”宣传中，《芜湖日报》推出系列稿件120篇；《大江晚报》重点报道红色经典宣传员何志城、民族品牌奇瑞、“三做”、公民基本道德规范20字和市文明行为“三管好”等方面内容，共发稿190余篇。

这年最有特色的宣传是“纵横中国·芜湖篇”“倾国倾城芜湖城市日”和“提炼城市精神 打造城市名片”三个系列报道。

2008年

2008年是中国改革开放30周年纪念年，是北京奥运会开赛之年，也是抗雪救灾之年。芜湖日报报业集团各媒体围绕重大事件、重要活动和突发事件组织报道。

纪念改革开放30周年宣传策划是本年度最为成功之作。《芜湖日报》推出“30个春天的故事”专栏，形成“芜湖30个第一”“30件民生大事”“30个发展亮点”“30个现代农业典型”等四个系列报道。这个系列报道获得安徽省新闻奖一等奖，并被编辑成书。《大江晚报》推出“我们这座城·纪念改革开放30周年特别奉献”系列专版也相当有力度，角度很新颖。《金周刊·芜湖广播电视》推出“芜湖那人那事——30年的变迁、30年光影、30年见证、30年关键词、30年流行风”。

在北京奥运会宣传中，《芜湖日报》推出奥运圣火特刊，《大江晚报》推出“北京奥运会圣火号”特刊和“奥运”特刊，《金周刊·芜湖广播电视》推出“金奥运”。

“抗雪救灾”是该年度突发新闻事件，报道遇到了前所未有的困难，但芜湖日报社的全体员工齐心协力，共克时艰，出色完成了新闻报道。发稿2040篇，皆来自抗雪救灾第一线。

2009年

芜湖日报报业集团派出采访记者首次全程报道安徽省“两会”。组织深入学习实践科学发展观、党的十七届四中全会精神、渡江战役、芜湖解放及新中国成立60周年、自主创新、争创全国文明城市、城市精神、市容整治年活动、第二届国际动漫创意产业交易会、工业强市、三产兴市、城乡统筹、重点工程、惠民工程等主题宣传、重点宣传和芜湖对外形象宣传。2009年11月，参与由新华社、联合国儿童基金会发起的“全球儿童日”大型公益活动，

首次派出报道组，全程宣传报道安徽省“两会”，及时刊发省“两会”芜湖市代表、委员风采等77篇稿件（含图片）。每天早晨专车专人送日报、晚报至合肥省“两会”会议现场，让代表委员在第一时间内看到家乡报纸。

在“保增长 保民生、保稳定”宣传中，各媒体及时开设“坚定信心 科学发展”“信心2009”“实施民生工程 构建和谐芜湖”“我们的惠民工程”“进一步推进房地产业平稳健康发展”等栏目，深入解读政策精神，反映全市上下克服困难、化解风险、应对挑战的精神风貌，提振信心，促进发展。在《芜湖日报》头版和《大江晚报》刊发的《全科医疗 家庭医生—社区卫生服务的“东湖现象”》一文和配发评论被人民网、华东健康网等网站转载。

2010年

2010年，芜湖报业有两大亮点，《芜湖日报》实现全彩印刷；对外宣传拓展到欧美。

这一年的新闻宣传任务相当繁重，有省市“两会”、皖江城市带承接产业转移示范区、应对国际金融危机、回眸十一五 展望十二五、创业富民、民生工程、世博会、世界杯、秋晚、创先争优活动、文明创建和建党89周年等，芜湖日报报业集团所属各媒体围绕这些中心工作和主题展开宣传报道。

芜湖市“两会”报道，芜湖新闻网首次实现网络直播，开全省媒体网络直播两会先河。

“秋晚”是央视来芜湖举办的盛大活动，其报道不仅见诸新闻版面，而且调动专副刊版面，形成立体宣传。

世博会报道历时三个月，全员出动，分7批现场采访，创下采访时间最长、采编人员之

最多、专版最多和资源共享最紧密等四项之最(详见本编第二章第三节《重大事件报道》)。

《大江晚报》派记者到南非采访世界杯,推出特刊,成功报道2010年南非世界杯。

2011年

芜湖日报报业集团先后成立高端策划组和深度评论组,新闻宣传在这两个方面有所突破。

确立“言论立报”的宣传思路,实现多点开花。芜湖日报报业集团各媒体共推出评论文章1520篇,评论专版200块。其中《芜湖日报》刊发时评、短评等言论稿件340篇,推出时评版50块;《大江晚报》刊发各类评论900余篇,推出时评版150余块;《金周刊·芜湖广播电视》刊发评论200余篇;芜湖新闻网推送评论80篇,安徽省委宣传部召开全省媒体理论宣传工作会,特别指定芜湖日报报业集团在大会上交流发言。

另一个突破就是新闻宣传的策划。《大江晚报》关注大白菜滞销策划系列报道,不仅从多方面帮助菜农解决大白菜滞销问题,而且把民生报道推向高潮。《金周刊·芜湖广播电视》联合芜湖市公交集团和市妇幼保健院等单位共同发起“关爱孕妇,倡导文明”活动,推出“孕妇徽章”暖心行动。

此外,《芜湖日报》重启党报进社区、局长零距离活动;《大江晚报》建立10个社区记者站,要求记者到社区抓“活鱼”。

2012年

《芜湖日报》记者陈旻采写、杨友艺编辑的《医药分开“芜湖模式”探路“二次改革”》获得第22届中国新闻奖二等奖,实现芜湖新闻史上中国新闻奖“零”的突破;报业集团成功策划“感受新芜湖 魅力乡街行”系列采访报道活动;各媒体推出纪念沿江对外开放城市20周年纪行专题报道。

报业集团策划的“感受新芜湖 魅力乡街行”活动是新闻战线开展“走转改”的创新举措,也是一次成功的新闻策划。全媒体采访组深入芜湖市74个乡镇、街道和百姓家中,写出一组鲜活的报道,这组报道被编入《感受新芜湖 魅力乡街行》一书。

“纪念沿江对外开放城市20周年纪行”是一次异地采访活动。共组织5个采访报道组,分赴上海、九江、黄石、武汉、岳阳等地,采访报道各个沿江开放城市与芜湖的经济往来和协作的生动案例。《芜湖日报》开设“纪念沿江对外开放城市20周年纪行”专栏,其上海篇首篇为《海纳百川好扬帆》,全部活动共发稿50余篇。

《芜湖日报》从9月11日起,连续刊发由本报特别报道组采写的一组“科学发展 成就辉煌”特别报道,是展示芜湖十年发展的鸿篇巨制,其中包括创新芜湖篇、幸福芜湖篇、优美芜湖篇、和谐芜湖篇和美好乡村篇等,主要文章有《创新芜湖,转型发展动力澎湃》《芜湖新农民奏响幸福家园华美乐章》《优美芜湖,梦里江南画里水乡》等,之后,又推出县区系列特刊,是《芜湖日报》并不多见的系列深度报道。

此外,《大江晚报》"爱心白开水 全城浓浓情"活动、"芜湖籍青岛孤儿寻亲会"、《金周刊·芜湖广播电视》"幸福芜湖 笑脸一百"活动和芜湖新闻网"公共自行车绿色出行"专题都可圈可点。

报业集团派记者远赴乌克兰和波兰采访欧洲杯足球赛,《大江晚报》推出的8个版欧洲杯特刊"欧夜"有不错的经济和社会效益。

2013年

芜湖日报报业集团推出新媒体超市,构建报网一体化,实现重大主题宣传报网联动、互动。各媒体重点宣传"中国梦""双联系"、创业富民、文明创建、经济建设、"新春走基层"等主题。

在中国梦宣传上,推出"我与中国梦"等特刊、专版16块,发稿240余篇(幅),被安徽省委宣传部《新闻阅评》评为"有深度的策划"。尤其值得一提的是报业集团自创"中国梦·芜湖故事"系列公益广告,将中国梦与芜湖故事相结合,通过二维码形式,立体展现在读者面前,是公益广告的创新之作。

《芜湖日报》开设经济版,推出"打造芜湖经济升级版""金融助力打造芜湖经济升级版"等4块专版和经开区20周年系列报道,盘点芜湖经济运行质量、产业结构调整等情况。《芜湖日报》《大江晚报》分别举办"我看经开区20周年征文"活动,新设"跨江发展进行时"专栏,组织记者深入全市15家优秀民营企业采访,《芜湖日报》开设"优化发展环境展示民企风采"专栏,推出"奋力推进民营经济更好更快发展"系列评论,《大江晚报》推出"走访芜湖优秀文化民营企业"专栏系列报道。

《芜湖日报》《大江晚报》常年开设民生专栏,通过"党报热线"栏目和热线版,报道民生新闻;芜湖新闻网利用论坛民生360板块,芜湖手机报通过"民声有应"栏目,解决网友问题500多个。

在文明创建宣传上,各媒体组织文明创建报道256篇,学雷锋活动448篇,志愿者服务101篇,未成年人思想道德建设272篇,我们的节日43篇,公益广告606版。

2014年

芜湖日报报业集团再次获得中国新闻奖,《芜湖日报》记者刘光、赵云涛撰写的通讯《三访中干渠—南陵全国率先试点农田水利建管体制改革纪实》荣获中国新闻奖二等奖,这是芜湖新闻史上第二次荣获中国新闻奖。

各媒体重点宣传党的十八届四中、五中全会、"两会"、芜湖市群众路线教育实践活动等。在十八届四中、五中全会宣传中,开设专栏专版,推出征文活动,共发稿130篇。

在芜湖"两会"报道中,推出专版25块,稿件80余篇(幅),芜湖新闻网对"两会"进行了直播。

在全市群众路线教育实践活动宣传中,共发稿1854篇(幅),推出专版13块,专栏16

个，创下芜湖报业史上专题发稿之最。

在经济宣传中，《芜湖日报》推出“跨江发展进行时”“打造城市与经济两个升级版”专栏，宣传创业富民、聚焦芜湖创业人物和典型，重点解读芜湖创业优惠政策，全年刊发稿件100余篇；经济聚焦版刊发“江北，白纸之上画新城”等6个专版。《大江晚报》开设“创新城市 经济升级”等栏目，刊发重头稿件40余篇；推出4个整版的“芜湖江北越来越好”专题，多角度报道加快发展江北新区、江北产业集中区的新成、新举措，营造全市各级部门支持江北建设的浓厚氛围。

《芜湖日报》成功策划渡江战役暨芜湖解放65周年系列报道。《大江晚报》成功策划“看发展大篷车”活动。巴西世界杯期间，《大江晚报》派出记者现场采访，推出特刊“足尚巴西”。《金周刊·芜湖广播电视》策划妇幼公益活动，打造多个“微周刊”。

2015年

《芜湖日报》记者金昌龙、戴卿采写，杭琳编辑的《“三只松鼠”的成功“三级跳”》获第25届中国新闻奖文字通讯与深度报道（作者）三等奖，这是芜湖新闻史上第三次拿到中国新闻奖，也是继2014年后连续获奖。

这一年的新闻宣传任务相当重，有党的十八届五中全会、全国全省“两会”、中国梦、社会主义核心价值观、经济发展新常态、“三严三实”专题教育、党建和党风廉政建设、全面深化改革、抗日战争胜利70周年、全国文明城市创建等重大主题宣传，“合福高铁”“宁安高铁建成通车”等系列专版专栏。这一年最有特色的报道是抗战胜利70周年、合福、宁安高铁通车和芜湖“托举哥”的策划报道。

在抗战胜利70周年报道中，策划报道“寻访抗战老兵”等系列活动。

在合福、宁安高铁通车报道中，成功地结成高铁沿线城市党报联盟，并联动采访报道，开设专版展示沿线城市的社会经济状况和人文自然景观，尤其是与有关部门协作成功组织芜湖通车仪式和记者专访活动。

在芜湖“托举哥”报道中，由个人微博率先报道发展到传统媒体跟进报道，再由新媒体推广，引起全国百余家媒体的转载和追踪报道，《新闻战线》专文介绍新闻策划案例。

2016年

受到新媒体的冲击，芜湖报业新闻宣传的版面明显减少，《芜湖日报》《大江晚报》用有限的版面，精心策划“向东看、往东比”主题宣传，创新省市“两会”宣传报道，组织防汛抗洪抢险宣传、开展精神文明创建宣传，新常态下的经济宣传等。

在党建宣传中，芜湖新闻网对芜湖市党代会开幕式作现场直播，芜湖手机报、无线芜湖客户端、微信微博用音视频、H5.动漫、原创网评等形式推出党代会专题网页《两会最新热词解读》。

在“向东看、往东比”宣传中，《芜湖日报》推出评论员文章，各媒体开设“向东看、往东比，实现跨越发展”专栏，专访全市各县区、各部门负责人和高校有关专家，引导社会舆论和思想大讨论，分层次、有计划地掀起宣传高潮。在省市“两会”宣传中，报网融合宣传，实现一体化传播，推出《未来五年，芜湖要干这些大事》等网络报道。

在防汛抗洪抢险宣传中，调动采编力量，成立报业集团防汛抗洪抢险报道组，开展全媒体融合报道，推出专版200块，报道稿件近5000篇（条），《芜湖日报》“抗洪抢险 众志成城”掌上直播一个月时间内发布信息1100余条，阅读量达23.89万人次；《芜湖日报》《大江晚报》微博有关防汛抗洪抢险发布阅读量超过500万人次，创造芜湖报业史上专项报道之最。

在新常态下的经济宣传中，推出“大众创业、万众创新”的“双创”周刊、芜湖工匠、芜湖女电商系列报道，多角度对芜湖市基层创业者的典型事迹进行报道。

2017年

新媒体“今日芜湖”APP上线。各媒体重点对党中央治国理政新理念新思想新战略和全国、安徽省及芜湖市“两会”重大主题宣传，深入开展社会主义核心价值观、禁燃禁放、“清洁城乡 美化家园”、创建省级卫生城市、环保督察、芜湖工匠等宣传。精心组织“党的十九大精神”宣传报道。

在党的十九大宣传中，《芜湖日报》推出25个通版的大型主题策划《砥砺奋进的五年·县区篇》，并参与采编《安徽日报》“砥砺奋进的五年·芜湖篇”4个专版。

在全市脱贫攻坚工作宣传中，自4月28日起，各媒体推出“坚决打赢脱贫攻坚战”“我的扶贫日记”“驻点日记”“扶贫故事”“抓党建促脱贫攻坚”等专栏，重点做好此次市直包村单位选派帮扶干部驻村帮扶的宣传工作以及芜湖市脱贫攻坚的典型做法。共刊发稿件80余篇。

在五大发展行动计划宣传中，《芜湖日报》开设“五大发展进行时”专栏，参与由《光明日报》、央广网安徽频道、中国新闻社、《安徽日报》等多家媒体组成的“五大发展走进芜湖”采访组采访报道活动。

2018年

芜湖报业与芜湖广电正式合并成立芜湖传媒中心（集团），成立全媒体时政采访部和全媒体文旅专副部，“今日芜湖”客户端发挥新闻宣传的功能。《芜湖日报》《大江晚报》和“今日芜湖”客户端重点报道纪念改革开放四十周年活动、芜湖市“两会”、精准扶贫百日攻坚行动、抗击风雨、打赢蓝天保卫战等宣传。

在改革开放四十周年宣传报道中，《芜湖日报》除转发中央媒体的重点稿件外，还精心推出专栏、县区特刊、口述历史、芜湖故事和系列报道，庆祝改革开放四十周年；《大江晚报》推出“一条路”（长江路）和“一辆车”（大篷车）主题宣传活动，共推出32块专版，并与“今日芜湖”客户端和芜湖市广播电视台生活频道合作，以全媒体形式，每周开出一辆载有

50名读者的“大篷车”赴各县区采访报道。

“今日芜湖”客户端和芜湖新闻网开设“直通2018芜湖两会”专题，视频直播“两会”开幕式。“今日芜湖”客户端、《芜湖日报》《大江晚报》分别采用视频、文字、图片和音频等形式，全程报道“两会”盛况。

2019年

芜湖传媒中心（集团）旗下《芜湖日报》《大江晚报》和“今日芜湖”客户端成为当年芜湖报业新闻宣传平台主力，在长三角会议、扫黑除恶、渡江战役、商合杭芜湖长江公铁两用大桥合龙等宣传中发挥着主流媒体的作用。

第一届长三角一体化发展创新成果展、高层论坛和长三角地区主要领导座谈会，《芜湖日报》调动新闻版面、专副刊版面，集中展示长三角城市群部分城市的特色魅力，再现芜湖发挥地域特色优势与江、浙、沪对标学习、合作共建、积极作为的生动实践。

在扫黑除恶宣传中，《芜湖日报》开设“中央扫黑除恶督导组在安徽”“扫黑除恶芜湖在行动”“扫黑除恶 民心所向 黑恶犯罪 人人喊打”栏目，宣传中央、省、市关于扫黑除恶的战略部署，及时报道芜湖市扫黑除恶工作动态。重要稿件有《中央扫黑除恶第14督导组与安徽省第一次工作对接会在合肥召开》《我市不断构建完善扫黑除恶专项斗争法治体系》等。与此同时，刊发“发动群众、依靠群众，坚决打赢扫黑除黑人民战争”等标语。

在渡江战役宣传中，《芜湖日报》与南京、九江、铜陵、滁州、镇江、常州和江阴等8市党报联合发起“寻迹百万雄师过大江—长江沿线8市党报全媒体行动”，每个城市一块专版，浓墨重彩地宣传渡江战役。此外，芜湖传媒中心（集团）专副刊部推出“芜湖解放”系列专版。

商合杭芜湖长江公铁两用大桥合龙宣传中，“今日芜湖”客户端全程直播活动盛况。

第二节　国内外影响

对外传播的概念是芜湖报业在新中国成立后逐步形成的。《安徽俗话报》在全国发行，其对外影响是相当大的。芜湖报人到外地办报，也客观地把芜湖报业宣传拓展到三河、宜宾、昭通等地。但有意识地进行对外传播还是在20世纪90年代。1998年，芜湖报业在台湾《工商时报》推出芜湖专版；2003年，芜湖报业在香港《文汇报》推出芜湖专页；2007年，芜湖报业对外传播拓展到境外媒体，先后在欧美的报刊上刊发宣传芜湖的文章，推出宣传芜湖的专版；2008年，《芜湖日报》开设“中央省级媒体看芜湖”专栏，及时转发中央和省级主要新闻媒体有关芜湖的重要报道；2009年，芜湖日报报业集团成立“对外宣传办公室”，专司所属各媒体的对外传播工作。据不完全统计，从1998年到2019年，《芜湖日报》刊发对外传播稿件约2000篇（不包括网络媒体转发）。

1998 年

1998 年 3 月，中国台湾《工商时报》推出芜湖专版，集中介绍“中国沿江开放城市芜湖市”实现了芜湖在中国台湾宣传零的纪录，在安徽省也属首次。芜湖日报社全年刊发对外传播稿件 36 篇，图片 5 幅，转载 21 篇。

1999 年

对外传播工作紧密配合经济建设、招商引资等重大举措，采取组织专版等多种形式展开宣传，同时，积极与海内外媒体协作，增强对外传播的覆盖面，全年对外传播 30 余篇。

2000 年

利用安徽省经济工作会议在芜湖召开、芜湖长江大桥通行、中国（芜湖）首届旅博会等重大活动，配合中央和省级媒体以及境外媒体宣传芜湖。《人民日报》《经济日报》《中华工商时报》《中国旅游报》《安徽日报》等均报道芜湖消息。芜湖日报社有 30 余篇作品被国家、安徽省级媒体采用。

2001 年

围绕中共芜湖市委、市政府中心工作，尤其是旅博会、建博会及大讨论，芜湖日报社积极向中央、省级媒体发稿或提供新闻线索。《经济日报》《安徽日报》等媒体推出反映芜湖社会经济发展的专题报道、系列报道和专版。

2002 年

芜湖日报社在国家级和省级报刊刊发系列报道、专版、专题报道，宣传和介绍芜湖，扩大芜湖知名度。同时与沿江开放城市黄石、九江、岳阳等媒体组联合采访活动。

2003 年

《芜湖日报》《大江晚报》网络版开通，使芜湖通过网络走向更广阔的世界。在香港《文汇报》刊发 3 个头条、1 个专页，连续推出“市长访谈”“开发区专稿”等系列报道。在省以上刊物刊发一组芜湖专集。此外，通过新华网、中安网等网络平台推介芜湖。

2004 年

芜湖日报社在《人民日报》《经济日报》《安徽日报》等省级以上报刊发稿 60 余篇。其中《垃圾成了抢手货》《芜湖经济技术开发区节约用地》等在《经济日报》《安徽日报》显著位置刊发。

2005 年

芜湖日报社组织采访组到长三角地区采访报道，推出“芜湖与苏州的对话”等系列报道，为中央和省级媒体提供新闻线索和素材，《人民日报》头版头条刊发《抓好工业龙头企业，走活城乡协调发展：芜湖经济从“独臂搏天”转呈“三足鼎立”》，《经济日报》刊发《芜湖中山路步行街“以街养街”渐入佳境》。

2006年

芜湖日报报业集团正式开通了中国芜湖新闻网，日访问量4000多人次，许多访问来自海外和长三角地区，起到了很好的对外传播作用。

报业集团组织记者到深圳开展异地采访活动。《芜湖日报》推出“建设创新型城市”专栏，编发《芜湖能成为中国的创新特区吗?》等文章，多篇文章被全国主要媒体转载。

报业集团抓住芜湖六张城市“科技名片”，组织对外传播稿件，为中央和省级媒体提供新闻线索和素材，《科技日报》头版头条刊登《“皖江龙头”在崛起》。在新农村建设宣传上，《人民日报》头版双头条刊登《芜湖市基础设施向县乡延伸》，新华社刊发《安徽芜湖三山区:新农村建设让百姓得实惠》《芜湖农民喜话增收建新房》等。

2007年

芜湖日报报业集团把对外传播的平台拓展到境外的《欧洲时报》，实现对外传播的新突破。据不完全统计，芜湖日报报业集团对外传播发稿220余篇，其中《人民日报》《经济日报》《光明日报》刊发稿件近10篇，在《欧洲时报》魅力安徽专版中推出专版12块，发稿100余篇。

《人民日报》先后刊发《安徽芜湖城乡社保一体保社会和谐》《奇瑞A1将贴牌道奇登陆墨西哥》《前八个月芜湖市对外贸易实现历史性突破》。《经济日报》先后刊发了《中小企业撑起芜湖工业“半壁江山”》《PPG集团为奇瑞建厂供漆》《奇瑞自主创新迈出新步伐》和《创新为城市可持续发展提供动力》。《光明日报》在1版显著位置上刊发了《自主创新:民族品牌制胜市场》《科学发展，“中国制造”走向世界》。《安徽日报》刊发芜湖对外传播稿件百余篇。

2008年

芜湖日报报业集团对外传播报道取得新突破，美国《侨报》成为芜湖日报报业集团对外传播新平台。同年4月开始，《芜湖日报》开设“中央省级媒体看芜湖”专栏，发稿60余篇，及时转发中央和省级主要新闻媒体有关芜湖的重要报道，宣传芜湖，凝聚人心。在《欧洲时报》、美国《侨报》、新华社、《人民日报》、《经济日报》和《安徽日报》等国内外媒体刊发各类介绍芜湖的稿件120余篇(幅)。

2009年

芜湖日报报业集团成立“对外宣传办公室”，专门从事对外传播工作，负责组织报业集团全体采编人员省级以上媒体供稿。

在新华社、《人民日报》、《欧洲时报》、美国《侨报》等国内省以上媒体和国外媒体共刊发介绍芜湖的各类稿件280余篇(幅)，其中境外媒体发稿50篇。这一年是芜湖报业史上刊发对外传播稿件最多的一年。

2010 年

芜湖日报报业集团共在中央、省级媒体发稿 200 余篇，其中《经济日报》记者调查专版《安徽芜湖加快建设廉租房保障体系》、新华社《安徽芜湖：我国地市级城市最大的铁路编组站建成正式启动》、光明日报《奇瑞：创新文化高擎“中国汽车”旗帜》、经济日报《海螺是怎样做大做强——安徽海螺集团改革发展与自主创新纪实》影响较大。

为配合芜湖市对外招商引资，芜湖日报报业集团拓展新平台，在《香港商报》组织“芜湖建设现代化滨江山水园林城市，打造皖江城市带承接产业转移示范区核心城市”专版。

报业集团还在美国《侨报》和《欧洲时报》分别组织编发“央视秋晚向世界展示最美芜湖”专版，图文并茂地对外报道秋晚经典主持词和海外华人的热烈反响。

2011 年

芜湖日报报业集团各媒体在新华社、《人民日报》《光明日报》《经济日报》《安徽日报》等中央和省级以上媒体刊发稿件 200 余篇。

安徽省“两会”期间，在《安徽日报》组织“芜湖：全面转型 率先崛起 富民强市”专版，刊发《转型率先 再创辉煌》等重要稿件。

2012 年

芜湖日报报业集团在省级以上国内媒体及海外华文媒体发表外宣新闻稿件 222 篇（幅）。其中，《人民日报》等中央媒体 47 篇，《安徽日报》90 篇。

全国“两会”和安徽省党代会、安徽省“两会”期间，在《人民日报》《安徽日报》刊发专版。

在美国《侨报》《欧洲时报》“魅力安徽”专版上专门设置“创新芜湖”栏目，向海内外介绍芜湖经济、社会、文化的繁荣发展。其核心文章有《人民日报》头版刊登的《芜湖坚持科学发展“转”出新天地》，人民网头条位置挂发的长篇报道《芜湖：皖江明珠创新之城》等。

2013 年

芜湖日报报业集团向中央、省级媒体和境外媒体供稿 164 篇（幅）。其中在《人民日报》《新华每日电讯》《经济日报》《工人日报》等中央主要媒体刊发头版头条 6 篇，《人民日报》刊发《向下看往下走结穷亲解难题（引） 芜湖：干群关系拧一起》，《新华每日电讯》刊发《身子沉下去民情浮上来 安徽芜湖创新“双联系”办法密切党群关系》，《经济日报》刊发《奇瑞：打造世界级自主品牌汽车》等。

报业集团还向中宣部、中共安徽省委宣传部供稿《芜湖造中国心东方魂——芜湖打造快乐城市的实践与思考》。美国《侨报》《欧洲时报》“魅力安徽”专版“创新芜湖”栏目发稿 80 余篇。

2014 年

芜湖日报报业集团外宣平台又增加中国台湾地区的《旺报》，报业集团媒体还进入中国知网、网易等宣传平台，全年在省以上媒体和境外媒体共刊发稿件171篇，其中，《中国记者》1篇，中国知网和网易采用量不在统计之中。

在《人民日报》《经济时报》《安徽日报》和欧美《侨报》《欧洲时报》及台湾地区《旺报》等媒体推出反映芜湖社会经济发展的稿件和专版，其中，在中国台湾地区《旺报》连续4天推出芜湖专版，此举在芜湖媒体入岛宣传史上尚属首次。

在《侨报》和《欧洲时报》推出“魅力芜湖——跨江发展迎八方来客”等4个专版。与中国知网签订协议，《芜湖日报》内容进入中国知网。与网易签订合作协议，成为该网站地方新闻主要供稿网站。

安徽手机报采用芜湖新闻网推送稿件80篇，采用率居全省市级手机报前列。

2015年

芜湖日报报业集团向中央、省级媒体和境外媒体供稿100篇(幅)。其中，《人民日报》3篇，《新华每日电讯》7篇，《经济日报》1篇，《光明日报》3篇，央视新闻联播1篇，新华社通稿3篇，《新闻战线》1篇，《安徽日报》63篇。此外，在人民网、新华网、新浪网、《思想理论动态》《国际日报》《杭州日报》《安徽商报》《江淮》等媒体上刊发稿件。

2016年

芜湖日报报业集团对外宣传稿件400余篇，其中在《人民日报》《求是》《经济日报》《光明日报》《安徽日报》等传统媒体刊发稿件62篇(幅)，在人民网、新华网、网易等主流门户网站刊发各类稿件100篇(幅)，芜湖手机报全年向安徽手机报供稿累计241条。

2017年

中共芜湖市委宣传部邀请新华社、人民网、安徽日报等中央、省级主流媒体来芜湖集中采访，利用记者走基层、举办中博会、第五届动漫交易会和钻石飞机交付等大型活动，开展对外宣传。在中央级媒体刊发包括报纸、网络和广电在内的外宣稿件900余篇(条)稿件，其中头版、头条及重要稿件32篇(条)。

第三节　重大事件报道

一、繁昌特大中稻放“卫星”

1958年8月，《芜湖报》推出第七号号外消息《繁昌县放出一颗特大中稻“卫星”亩产四三〇七五斤》，介绍繁昌县峨山乡东方红三社在1.03亩田里收获干稻44367斤、平均亩产43075斤的“特大新闻”。在报道这个创造全国水稻高产的新纪录的新闻中还配发了一张秀发披肩的姑娘正微笑着盘腿端坐在“四万三”的稻穗上的照片，《安徽日报》同时刊发消息和图片，《人民日报》《解放日报》等媒体转载了这则新闻并发表评论文章。

据《芜湖报》原总编辑王自强回忆，得知繁昌县东方红三社“放卫星”，即派记者翁俊陪同《安徽日报》记者作采访报道，为了图文并茂形象逼真，还拍摄了那张照片。王总当时也不敢随便处理，便将大样送到芜湖地委请求杨明书记，知道他已经下乡，他又立即转送到分管文教的张伯言副专员处，将印好的大样和照片请他审阅。张副专员看完大样和照片后答复说，《安徽日报》什么时候登报，我们就什么时候登报，用电话与省报保持联系，不要抢新闻，但也不能推迟登报。后来《安徽日报》和《芜湖报》约定次日早晨同时见报，并印发了号外。《芜湖日报》原农村组长吴辉义回忆，《解放日报》在第二天将其标作“最后消息”破例刊于头版，《人民日报》则是第三天与《安徽省早稻亩产达纲要》的消息一并刊发在头版头条，并配有《向安徽人民致敬》的短评。

左为《芜湖报》刊发的坐在稻穗上的繁昌姑娘图片，右为《大江晚报》刊发的回顾专版。

1999 年 10 月 29 日，通讯员吴芳在《大江晚报》15 版“寻访百姓五十年”系列报道中，以整版组图的形式，介绍坐在稻穗上的繁昌姑娘彭可秀的今与昔。

2001 年，《大江晚报》记者程代广再次现场采访报道了曾坐在稻穗上的繁昌姑娘彭可秀。据她回忆，当时的“卫星田”选择在柯冲村是因为地处县城边便于参观，至于那么多的稻穗是连夜从附近几十亩的稻田里连根拔起并一棵挨一棵地栽在 1.03 亩的“卫星田”里的。

二、古牌坊的倒塌

1995 年 11 月 7 日，还处于试刊阶段的《芜湖晚报》刊出一条由记者华睿、王俊虎采写的令读者震惊的消息：刚刚从一座被拆迁的旧房中展露出来的拥有几百年历史的古牌坊，因罕见的大风，在当日早晨赫然倒下，数名在牌坊下的摊贩被砸伤亡。《芜湖晚报》成为独家报道本次突发事件的媒体。

遭狂风袭击北门牌坊倒塌

四名水果摊贩不幸被砸，死亡3人，重伤1人

本报最新消息

《芜湖晚报》1995 年 11 月 7 日 1 版刊发北门牌坊倒塌事件。

据《芜湖晚报》记者王俊虎回忆，1995 年 11 月 7 日早晨，天寒风大，气象数据显示为风速 20.7 米/秒，风力达 9 级。他得知古牌坊倒塌的消息后跑步到现场，发现建于明崇祯年间的石牌坊倒塌，巨大的石制构件将多名摊贩压在石下。他一边采访周边的群众，一边打电话向报社分管领导汇报。领导要求“快速、深入采访，及时形成稿件”。稿件迅速写成，报社领导亲自审看，并确定刊登的版面。他又将稿件送到芜湖市政府审查。芜湖市政府正在召开石牌坊倒塌事件的紧急会议。市政府有关领导认为稿件报道客观,定性准确恰当,签字批准发稿,于是,这篇稿件于当日下午见报。

三、芜湖“4·25”特大事故

1997年4月25日早晨约7点20分,芜湖造船厂钢板顶处理线施工脚手架发生意外倒塌事故,致使该厂东大门左侧一方外墙突然倒塌,24名施工人员、行人及门面房内居民被砸,造成14人死亡、8人重伤。

事发当天上午,《芜湖晚报》记者丁仁虎等同志赶到现场采访,其消息于当天在《芜湖晚报》1版刊发。随后,《芜湖晚报》一批记者先后在芜湖造船厂、收治医院和有关部门采访。4月26日,《芜湖晚报》再刊发消息称,安徽省事故调查指导组赶赴芜湖开展工作,芜湖市成立了以副市长范长炎为组长的调查领导小组,“4·25”事故死亡人数增加到13人。

芜湖晚报 旬刊
WUHUWANBAO
1997年4月 28
香港回归倒计时64天
第9期
关注4·25
“蟑螂药,是消灭灶蚂子的。”
芜湖施工企业
今日停产整顿一天
“4·25”事故已死亡14人

《芜湖晚报·旬刊》1997年4月28日头版。

4月28日,《芜湖晚报·旬刊》报头改为黑色,以悼念在事故中死去的人们。报纸在头版以整版的形式,刊发一组5张由《芜湖日报》摄影记者李郁夏拍摄的“4·25”图片,通报死亡人数达到14人、重伤8人。

四、“江汉8号”客轮失火事件

昨日下午,“江汉八号”大客轮在芜湖江面突然起火
中秋之夜 紧急救援在江心
1998年10月 6
请您注意天气变化
第1067期
你晚安

《芜湖晚报》1998年10月6日1版刊发消息。

1998年10月5日下午,“江汉8号”客轮在长江芜湖段发生火灾。次日,《芜湖晚报》以图文并茂的形式在头版头条作了报道。《人民日报·华东版》《羊城晚报》《扬子晚报》于10月7日转发了《芜湖晚报》的有关新闻。10月7日,《芜湖日报》在1版刊发消息。

10月8日,《芜湖晚报》在1版编发一组报道,其中有《市府成功指挥扑灭“江汉8号”客轮大火,长航集团领导专程来芜深表谢意》《长航人慰问消防兵》《扑灭客轮大火,汽渡架起绿色通道》等。10月10日起,该报又在第4版以较大篇幅,连续刊登5篇《江汉8号轮火灾扑灭纪实》系列报道。

10月12日,《芜湖日报》头版头条刊登长篇通讯《江上大救援》,翔实、生动地报道这一事件,从宽度和深度挖掘事件背后的思考,收到较好地宣传效果。

五、防治“非典”

2003年，全国突发“非典”疫情，芜湖日报社防治“非典”工作的宣传报道成为突发事件宣传的经典之作。

给外地来芜和返乡人员的一封信

市领导到高校调研并提出工作要求

筑起坚实堤防 抵御“非典”来犯

《芜湖日报》2003年5月6日1版刊发防治“非典”报道。

《芜湖日报》《大江晚报》每天集中主要版面，着重宣传党中央、国务院和中共安徽省委、省政府关于抗击防治“非典”工作的重大举措；及时宣传报道中共芜湖市委、市政府和全市各行各业防治“非典”工作的具体情况和做法，每日在头版显著位置公布全市预防控制“非典”工作专线、卫生防疫机构、发热门诊、收治医院、防非热线等专用电话。

《芜湖日报》在1、3、4版开设了“一手抓非典防治 一手抓经济发展”“非典防治基本知识”“防治非典”“前线日记”等专栏，推出两个专版，共编发非典防治稿件140余篇（幅）。

《大江晚报》每天在1版公布全国“非典”疫情通报。同时开设专栏，推出专版。《大江晚报》推出“非典防治手册”“关注非典”“把非典挡在家门外”等12个专版，组织《“非典”形势下的典型故事》《一场非典遭遇战》《阻击“非典”的“五朵金花”》等重点报道。共编发非典防治稿件200余篇（幅）。读者通过报纸知道口罩分12层、16层，知道消毒水的不同用法，养成早睡早起、洗手要洗30秒的习惯。

六、抗雪救灾、抗震救灾

1. 抗雪救灾

2008年1月，芜湖50年一遇的大雪从天而降，芜湖成为全国重灾城市之一；同年5月，四川汶川发生强烈地震，造成重大伤亡事件，芜湖成为救灾城市之一。抗雪救灾、抗震救灾是芜湖报业2008年宣传报道的重中之重，报业集团各媒体全方位、大容量地安排版面，分别开设专栏，组织专稿、专版，图文并茂地报道抗雪救灾和抗震救灾情况。

雪灾过后

我们真实记录这段历史这份和谐

是什么融化了马路上的冰雪？

《大江晚报》2008年2月26日刊发抗雪救灾报道。

在抗雪救灾宣传中，芜湖日报报业集团制定报道方案，成立采访报道组，及时、准确、全面报道抗雪救灾工作。1月26日，《芜湖日报》第一时间开设“全力以赴抗雪救灾 保障群众生产生活”栏目，从1月29日开始，在要闻A1版和“党报热线”B1版整版刊发抗雪救灾相关报道，发稿480多篇。《大江晚报》开设“新年迎战大雪”专版和“全力以赴抗雪救灾 保障群众生产生活”专栏，多版面、多手法、多角度、图文并茂地开展抗雪救灾报道，据不完全统计，2008年1月26日至2月15日，《大江晚报》共推出专版、整版60多个，刊发抗雪救灾稿件850篇。中国芜湖新闻网和芜湖手机报发挥电子媒体超越时空、及时快捷的优势，增加报道篇幅，加大报道密度，发布最新新闻，中国芜湖新闻网推送稿件1200篇，芜湖手机报推送稿件350篇。及时传达芜湖市委、市政府声音，对芜湖市委、市政府组织广大干部群众全力以赴抗雪救灾保障生产、生活以及各条战线的最新、最重大新闻，在第一时间发布。

2. 抗震救灾

《芜湖日报》和《大江晚报》重点报道芜湖市民赴四川汶川参与抢险和救助的故事，以及芜湖接收伤员救治的故事。2008年5月21日，《大江晚报》推出“生命不息 希望不灭”为主题，推出23块专版，介绍芜湖市救援实况和灾区抗震救灾现场。之后，《大江晚报》在每天推出的“关注汶川 众志成城 抗震救灾”系列专版243块。5月19日至21日为“哀悼日”特别报道，报头由红色改为黑色，取消各版面固有的名称，24个版统一为“关注汶川”版，全部报道汶川地震及相关内容，不刊发广告和文体活动消息。《芜湖日报》则及时报道汶川地震及抗震救灾的动态新闻。

七、芜湖市发生出租车停运事件

2008年12月17日，芜湖市发生出租车停运事件，给市民出行和社会带来影响。芜湖报业及时客观报道，做到导向正确、引导有力。

12月18日，《芜湖日报》头版刊登《出租车聚集停运 老百姓深表不满》《5名滋事出租车司机被警方抓获》等稿件，并将芜湖市有关部门公告放在一起，放大新闻效应。通过群众的呼声，引导舆论，配合市委、市政府化解矛盾。同时，报纸还密切跟踪事态，相继采写编发《市区出租车昨恢复运营》《市政府昨召开新闻发布会8条措施推进出租车行业健康发展》等稿件。

出租车聚集停运 老百姓深表不满
5名滋事出租车司机被警方抓获
我应尽的责任
芜湖市公安局 芜湖市交通局
公告
过筛子

《芜湖日报》2008年12月18日1版刊发昨日消息。

此次新闻有效宣传、得当处理，提升了新闻媒体的公信力和报纸可读性，为做好突发事件新闻宣传积累了经验。

《皖江传媒》上海世博会专辑(2010年总第78期)。

八、上海世博会

2010年5月1日，世博会在上海开幕，这是继北京奥运会后又一个盛会。

5月28日至7月11日，芜湖日报报业集团组织200多人分七批现场采访，创下芜湖报业采访人数之最，许多行政后勤人员也拿起相机，提供稿件和图片。除正常的世博会报道外，共推出集团自采自编的世博专版18块，世博稿件49篇，图片63幅；此次采访报道实现《芜湖日报》《大江晚报》《金周刊·芜湖广播电视》、芜湖新闻网、芜湖手机报和《皖江传媒》等六大媒体稿件和图片共享。尤其值得一提的是，《皖江传媒》推出世博会特辑。

九、央视"芜湖月·中华情"中秋晚会

2010年，中央电视台三大直播晚会之一的中秋晚会在芜湖举行，这是芜湖市乃至安徽省举办规格最高的晚会之一。在中共芜湖市委宣传部的统一部署下，芜湖日报报业集团根据各媒体特点，精心策划，综合采访，立体报道。从8月上旬至10月上旬，累计发稿120余篇，刊发图片80余幅，开设专版近30个。

8月9日，报业集团安排记者赴北京采访"通气会"，独家专访央视秋晚总导演郭霁红。连续刊发《今年央视中秋晚会将走进芜湖》《央视中秋晚会为何选择芜湖》等多篇报道，第一时间对"秋晚"选择芜湖进行深度解析。从8月17日到9月17日，《芜湖日报》在头版开辟"聚焦'芜湖月·中华情'"专栏，《大江晚报》开辟"聚焦芜湖月·中华情中秋晚会"专栏，《金周刊·芜湖广播电视》在A17明星版开设了"走近央视秋晚"栏目，中国芜湖新闻网（含《芜湖手机报》）开设"聚焦'芜湖月·中华情'"专栏，从综合协调、舞台搭建、晚会节目、观众组织、后勤服务、安全保卫、技术保障等方面入手，全方位对此次"秋晚"前期筹备工作进行追踪报道。

大江晚报
2010年9月
23
中国十大最具成长性晚市报
一轮熠熠芜湖月 谱写浓浓中华情
10央视中秋晚会在芜湖市盛装呈现
视一套、四套、九套向全球并机现场直播
芜湖房博会人
保障性住房成
国家电网与
达成合作
外来务工者
不比城市
伊朗阅兵

《大江晚报》2010年9月23日1版。

9月21日晚，央视"芜湖月·中华情"晚会进行首次联排，报业集团各媒体多名文字、摄影记者现场采访。次日刊发《明晚"芜湖月"将陪全球华人一起过节》《徽风皖韵 中西合璧 多彩综艺 秋晚诸多亮点先睹为快》《万事俱备 今赏芜湖月》等多篇稿件及现场图片。"秋晚"当天采写了多篇独家专访稿件。"秋晚"次日，《芜湖日报》《大江晚报》、中国芜湖新闻网（含《芜湖手机报》）及时刊发《一轮熠熠芜湖月 谱写浓浓中华情》等重要稿件，并制作"秋晚"现场专版，配以多幅现场图片。

"秋晚"之后，各媒体精心策划"秋晚给芜湖带来了什么？留下了什么？"等系列报道，刊发《精彩"芜湖月"彰显城市综合竞争力》《"苛求"细节成就圆满"秋晚"》《央视"秋晚"向世界展示最美芜湖》《央视"秋晚"幕后别样的精彩》《创新芜湖的一次精彩演绎》等多篇深度报道。

十、抗洪抢险

2016年，芜湖发生水灾。芜湖报业发挥主流媒体的主渠道作用，《芜湖日报》《大江晚报》共发稿4659篇（条），其中，《芜湖日报》发稿453篇，《大江晚报》发稿572篇，芜湖新

闻网推送531条，芜湖新闻网微信推送58条，芜湖新闻网微博推送215条。芜湖手机报推送465条，“无线芜湖”客户端推送239条，芜湖日报微信24小时直播1030条，芜湖日报微博推送461条。大江晚报微信推送108条，大江晚报微博推送494条，微信芜湖名片推送33条。

各媒体均开设专版、专栏和特刊，其中《芜湖日报》开设“众志成城 抗洪抢险”专栏，《大江晚报》开设“防汛抢险 人人有责”专栏，两报共推出专版195块，其中《芜湖日报》专版34块，《大江晚报》专版161块。芜湖手机报推出防汛特刊，并开设防汛专栏。

为确保防汛抗洪宣传统一步调，统一指挥，芜湖日报报业集团创新新闻宣传工作模式，集团主要领导亲自指挥，分管领导具体协调，记者24小时在岗。集团每天早晚召开两次调度会，制定策划方案，确定宣传重点，调配采编力量，安排宣传版面。报业集团还成立防汛抗洪报道组，提供传统媒体和新媒体所需的稿件和信息，实现资源共享。

2016年7月13日，抗洪抢险部队加固无为襄安镇王赵佳翟圩堤，芜湖日报记者赵丹丹在冲锋舟上现场采访。（集团图片资料）

在防汛抗洪宣传中，芜湖手机报、芜湖日报微信和芜湖新闻网3个新媒体直播平台很有特色，尤其是芜湖日报微信推出24小时直播，影响力很大。

第三章　新闻策划

新闻事件是不能策划的，但新闻的表达形式是可以策划的。新闻策划是通过对已经发生的新闻事件或正在发生的新闻事件进行采访、分析，谋划出最佳报道方案，提升新闻的传播效果和影响力，也是采编人员最乐意做的新闻。

本章主要介绍芜湖日报社报纸主题策划、爱心报道、舆论监督、《芜湖日报》历次大讨论、国外重大体育赛事等五个部分。

第一节　主题策划

一、“走近金寨”系列采访活动

1996年，《芜湖晚报》在创刊之年推出“纪念红军长征胜利六十周年·走近金寨”系列策划活动，这也是《芜湖晚报》最早开展异地采访策划活动。

芜湖晚报
1996年10月14
星期一
第348期
WUHU WANBAO
祝你晚安
老区人民感谢芜湖人
本报已将市民捐款送交金寨县希望工程办公室
同价出租车，缘何“轿的”俏

《芜湖晚报》1996年10月14日1版。

这个活动策划由一篇报道引发。1996年10月14日，《芜湖晚报》记者华睿在安徽师范大学采访入学新生时，采写并刊发通讯《老区来的大学生买不起吃饭的碗》，介绍革命老区入学新生邵承文家境贫困的故事，引起社会各界广泛关注，市民们纷纷委托《芜湖晚报》向邵承文捐献大量钱物，但自尊心极强的邵承文却谢绝捐赠，在中共安徽省金寨县委的建议下，《芜湖晚报》决定将这笔钱物捐赠给金寨县“希望工程”基金会，而此时正值红军长征胜利六十周年之际，芜湖晚报社由此策划“纪念红军长征胜利六十周年·走近金寨”系列采访活动。

采访组由《芜湖晚报》记者吴小兵、华睿等人组成，他们先后采访金寨县委书记张友德、洪学智将军儿时的伙伴詹永焕、金寨县最贫困的红冲乡的女乡长、“希望工程”形象代言人苏明娟以及老区大学生邵承文的家人等，并于1996年10月21日至27日在《芜湖晚报》“今日聚焦”栏目连续推出7篇系列报道。即：《青山绿水映照一个巨大的“穷”》《将军，还记得这群昔日的战友吗》《斑驳老墙内，传来阵阵牛鸣》《金寨的“金子”在哪里》《眼睛会说话的“希望之星”》《希望工程不是“面子工程”》《红军，从这里走向未来》等。

系列报道刊发后，金寨县委书记给《芜湖晚报》记者寄来一封热情洋溢的感谢信，一些被采访对象也和《芜湖晚报》记者成了朋友。更值得一提的是“希望工程”代言人“大眼睛”苏明娟和她的生活老师作为特约嘉宾还应邀参加几个月后在芜湖举办的《芜湖晚报》创刊一周年庆典晚会。

二、“龙津·万里长江大桥行”采访活动

2000年,芜湖建成横跨长江的公铁两用特大桥建成。它是长江上继武汉、南京、九江后第四座公铁两用大桥,多项指标刷新了中国建桥史上的第一,也使芜湖成为华东第二通道。为庆祝芜湖长江大桥建成通车,芜湖日报社在《大江晚报》的提议下,于1999年年底策划“万里长江大桥行”活动,《大江晚报》推出“世纪金桥”芜湖长江大桥建成通车纪念金版。

开发先要路路通

龙津·万里长江大桥行

《大江晚报》2000年9月30日1版。

由《大江晚报》记者朱金海和《芜湖日报》摄影记者李郁夏等人组成采访组,分春季和秋季两阶段进行异地采访。春天采访长江上游直至黄石长江大桥,秋季从九江长江大桥开始到江阴大桥结束。2000年9月30日前完成采访,并在《大江晚报》纪念金版及其他版面刊发。

据统计,全年共刊发有关大桥稿件近300篇,其中,新闻图片200余篇,新闻调查专版1块,大桥建设新闻图片专版5块。

三、“沿江开放城市纪行”大型采访活动

2002年,芜湖日报社组织“沿江开放城市10周年纪行”大型采访活动。2012年,芜湖日报报业集团再次组织“纪念沿江对外开放城市20周年纪行”大型异地采访活动。

2002年4月至5月,芜湖日报社邀请《九江日报》《黄石日报》《岳阳晚报》等四家报纸与《芜湖日报》《大江晚报》组成由12名记者组成的联合采访团,奔赴沿江开放4城市采访,深入宣传报道芜湖、九江、黄石、岳阳等沿江城市开放经验做法,《大江晚报》推出《采访日记》。

2002年4月,芜湖日报社组织沿江开放城市纪行大型采访团采访沿江城市。图为出发现场。(集团图片资料)

2012年,芜湖日报报业集团再次策划“纪念沿江对外开放城市20周年纪行”大型异地采访活动,报业集团整合各媒体资源组成5个采访报道组,在一个多月的时间里分赴上海、九江、黄石、武汉、岳阳等地,采访报道各个沿江开放城市与芜湖的经济往来和协作的生动案例。各媒体开设“纪念沿江对外开放城市20周年纪行”专栏,发稿50余篇,部分省外报纸进行了转载。该活动不仅在省内独树一帜,在沿江各城市中也属首创,起到了推介芜湖的作用。

四、“芜湖百乡（镇）纪行”

2002 年 10 月，为配合芜湖市开展的“怎样让芜湖成为投资兴业的热土”大讨论，芜湖日报社在《芜湖日报》推出“芜湖百乡（镇）纪行”专栏，并刊发一组系列报道，集中展示芜湖市 70 个乡镇改革开放以来全面加强乡镇建设所取得的新成就，宣传芜湖市农村加快发展的成功经验。此后，芜湖日报社将这些新闻作品汇编成长篇通讯集《这方热土》公开出版发行。

浮山乡：调整结构促增收
芜湖百乡（镇）纪行

《芜湖日报》2002 年 10 月 1 版。

五、“感受‘长三角’采访行”活动

2003 年 9 月至 11 月，《大江晚报》特派记者汪维明、程代广和杨秀凤组成采访组，奔赴浙江、江苏等地，开展“感受‘长三角’采访行”采访活动，推出“感受‘长三角’采访行”专栏，共编发稿件 30 余篇（幅）。之后，又组织了南京都市圈的采访活动。

《大江晚报》2006 年 1 月 1 日报庆特刊 J16 版。

2003 年 9 月 15 日起，《芜湖日报》4 版连续推出“聚焦长三角”栏目，刊发新华社文章《2003，是什么热了长三角?》《长三角，在竞争中走向融合》《有谁愿做长三角的后花园？长三角城市关系出现新变化》等文章，引发人们对长三角发展的思考。11 月 25 日，《芜湖日报》B1 版以整版篇幅推出《融入长三角，芜湖怎么办》的焦点透视，通过相关部门负责人的策论，回答“面对长三角，芜湖怎么办”的问题。

六、“芜湖与苏州的对话”

芜湖日报
A1
芜湖能成为安徽的苏州吗?(上)

《芜湖日报》2005 年 7 月 21 日 1 版推出“芜湖与苏州的对话”栏目。

2005 年，芜湖日报社配合芜湖市东向战略，开展了对话式的采访活动。《芜湖日报》开设“全面推进东向战略”专栏，随后派出采访组再赴“长三角”发达地区进行异地采访，学习和借鉴“长三角”地区特别是苏州市经济社会发展的先进经验。

2005 年 7 月《芜湖日报》要闻部特派记者赴苏州进行采访，开辟“芜湖与苏州的对话”专栏，共推出 22 篇重点稿件。之后又结合异地采访的见闻，连续推出《芜湖，你究竟差在哪里?》系列述评 7 篇，进一步深化芜湖与苏州对话的报道，挖掘更深层次的问题，引导更广泛的思考，受到中共芜湖市委、市政府主要领导的肯定。

七、“纵横中国·芜湖篇”系列报道

2007年6月12日至7月6日,《大江晚报》推出“纵横中国·芜湖篇”系列报道。除消息报道外,还以专版的形式,对凤凰卫视在芜湖拍摄《纵横中国·芜湖篇》进行全程跟踪报道,推出芜湖籍学者和特邀嘉宾访谈的深度报道,共推出专版5块,新闻稿件17篇。芜湖新闻网推出《纵横中国》专题网页。

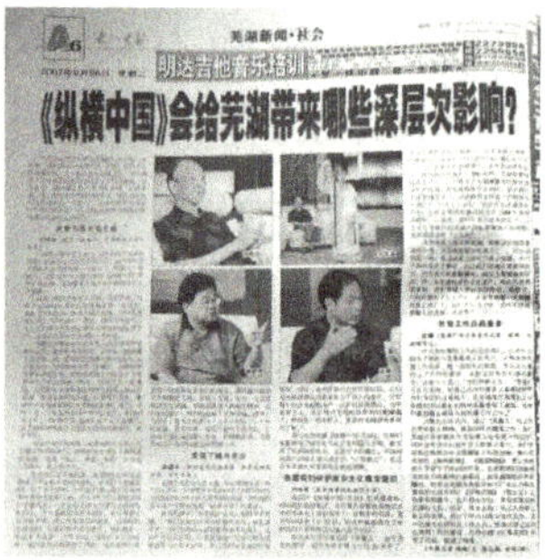
芜湖新闻·社会
《纵横中国》会给芜湖带来哪些深层次影响?

《大江晚报》2007年6月26日A6版。

八、“倾国倾城”芜湖城市日系列报道

2007年7月至8月,芜湖日报报业集团重点策划“倾国倾城”芜湖城市日系列报道。

大江晚报
养老保险
医疗保险
2007年8月11日
《倾国倾城》“芜湖城市日”大型主题晚会昨晚成功举办
“倾城”展示芜湖“倾国”魅力
倾国倾城
今日导读
本报记者亲历高招录取现场
商务部出台新规 餐馆可收开瓶费
近来气温较高 五类火灾频发

《大江晚报》2007年8月11日1版。

《芜湖日报》在A1要闻版刊发《现代与历史的交融 包容与创新的汇合》《“倾国倾城”专家观察团眼中的芜湖》《“倾国倾城”赞芜湖 》等稿件16篇,并浓墨重彩地报道倾国倾城芜湖晚会的准备情况和举办盛况。

《大江晚报》7月8日至8月12日,推出“关注倾城倾城芜湖城市日”系列报道,共刊发文字稿件15篇,专题图片(包括组图)4幅,全面生动地报道芜湖参与中央电视台倾国倾城评选以及倾国倾城芜湖晚会的盛况,为引领市民参与央视倾国倾城投票活动起到积极的促进作用。

《金周刊·芜湖广播电视》提前一周推出整版晚会演出安排情况报道,为晚会的成功举办营造了浓烈氛围。芜湖新闻网利用视频新闻优势,重点对“倾国倾城最值得向世界推荐的中国城市”进行了视频宣传。

大江晚报
火爆热销中!
三十年 我们这样走过
我们这座城
纪念改革开放30周年特别奉献

《大江晚报》2008年6月20日头版。

九、纪念中国改革开放系列报道

1988年,为纪念中国改革开放10周年。《芜湖日报》在当年12月1日2版头条刊发《编者的话》,开设“芜湖改革十年”栏目,其中头版头条刊发《十年改革给我市农村带来巨大变化》等文章,12月24日还举行“改革在我身边”火花杯征文大奖赛;1988年10月试刊的《芜湖日报·星期刊》对我国改革开放十周年进行宣传。

1998年,芜湖改革开放20周年。《芜湖日报》先后开设

"百姓眼中的20年""农村巨变20年""回眸20年"等3个专栏和1个新闻摄影专刊,全方位、多角度地反映芜湖市城乡20年间的巨变,反映改革开放的伟大成就。1999年1月1日,《大江晚报》推出"改革开放二十年 咱有哪些难忘事"通版,介绍1978—1998年间,芜湖老百姓家里发生的喜人变化。

2008年,芜湖改革开放30周年。《芜湖日报》《大江晚报》面向社会广泛征集30年来芜湖改革开放的"历史节点",相继推出"纪念改革开放30年"系列专版和"纪念改革开放30周年"征文活动。《芜湖日报》开设"30个春天的故事"专栏,推出"芜湖30个第一""30件民生大事""30个发展亮点""30个现代农业典型"等系列报道。《大江晚报》从2008年6月20日开始,率先推出"纪念改革开放30周年"专版,当天刊发的《我们这座城·纪念改革开放30周年特别奉献》出版规模达到20个整版。此后至2008年底,又接连推出"芜湖的30个'第一'"和"改革开放三十年'关键词'"系列专版。《金周刊·芜湖广播电视》推出系列报道"芜湖那人那事——30年的变迁、30年见证、30年关键词、30年流行风"等。

2018年,芜湖改革开放40周年。《芜湖日报》除转发中央媒体的重点稿件外,精心推出芜湖县区特刊、老同志口述历史、芜湖故事和系列报道等六项策划报道;《大江晚报》推出"一条路"(长江路)和"一辆车"(大篷车)的主题宣传活动,推出32块专版进行专题报道,"大篷车"还与"今日芜湖"客户端、芜湖广播电视台的生活频道合作,以全媒体的形式,每周开出一辆载客50名读者的"大篷车"到各县区采访,让老百姓感受芜湖的变化。

十、北京奥运会推出奥运特刊

2008年,第29届夏季奥运会在北京举行。芜湖日报报业集团派记者现场采访,各媒体不仅推出专版和专栏,而且推出"奥运圣火"特刊、圣火号特刊、奥运特刊、金·奥运等。从8月8日至25日,《芜湖日报》《大江晚报》《金周刊·芜湖广播电视》和芜湖新闻网、芜湖手机报还分别推出奥运特刊。

大江晚报
北京奥运展开绚丽画卷

《大江晚报》2008年8月8日推出奥运特刊。图为8月9日1版。

《芜湖日报》推出《奥运特刊》,共4版,分别为封面、赛点、看点和动点。《大江晚报》推出"北京2008奥运特刊",共12版,前期特刊版面分别为封面、盛典、定格、前瞻、人物、网事、江城;后期特刊版面有封面、综合、赛事、定格、江城、赛程、皖军、花絮、人物。《金周刊·芜湖广播电视》推出奥运专版,共4版,分别为奥运品牌、晒场、图吧、观点和民星等。

十一、纪念芜湖解放60周年新闻策划

2009年,芜湖解放60周年。《芜湖日报》开设"60年芜湖记忆"专栏,下设"寻访红色故地""重访新闻人物""芜湖解放时刻"等子栏目;推出"纪念芜湖解放60周年特别策

划”，其中包括“亲历解放见证人”“老照片的故事”“旧址回访”和相关活动，专副刊推出“难忘那一天”和“姹紫嫣红忆当年”。

《大江晚报》重点推出四大板块，主要内容：一是六十年后，再访“渡江第一船”；二是六十年，芜湖发生翻天覆地巨变；三是六十年，总有一些故事无法忘却；四是文、体、专、副各版围绕纪念芜湖解放60周年组稿、发稿。

芜湖日报

枣庄市党政代表团来芜考察

我市各界隆重纪念芜湖解放60周年

《芜湖日报》2009年4月23日1版刊发纪念芜湖解放60周年报道。

《金周刊·芜湖广播电视》重点推出纪念特辑，包括“喜看今日芜湖、天翻地覆、龙腾东方和追求跨越”，共分4大部分、16个版面。芜湖新闻网、芜湖手机报设专题，接纳式报道，并与《大江晚报》联动。

十二、皖江城市带承接产业转移示范区活动

2010年，《大江晚报》成功承办皖江城市带媒体合作恳谈会。据不完全统计，截至2013年9月30日，《芜湖日报》《大江晚报》和芜湖新闻网共推出报道皖江城市带承接产业转移示范区245个专版和专题，发稿约3610篇。

皖江媒体领头人昨齐聚江城

“报”团合作

助推城市带发展

倡议书

《大江晚报》2011年2月26日A6版。

2010年，皖江城市带承接产业转移示范区实施之始，芜湖日报报业集团制定宣传报道方案。5月22—26日，由芜湖日报报业集团主办、大江晚报承办的“皖江城市带媒体合作恳谈会”在芜湖市方特酒店举行，《马鞍山日报》《池州日报》《巢湖日报》《宣城日报》《滁州日报》《铜陵日报》《芜湖日报》等皖江城市主流媒体的代表参加会议并就建立皖江城市带媒体稿件共享平台和皖江城市带媒体易地采访联动机制形成共识，推出“皖江城市带建设一周年巡礼”易地采访活动。《芜湖日报》开设“皖江崛起 芜湖核心·皖江城市带承接产业转移示范区建设一周年”系列报道固定专栏，并刊发和转载专题稿件。《大江晚报》派记者到皖江城市带各城市进行专题采访，推出16个版的纪念特刊“大江歌一曲 皖地书传奇——皖江城市带承接产业转移示范区建设一周年巡礼”，每天推出2个皖江城市带新闻专版，全年有260多个“皖江”专版，发稿2000余篇。芜湖新闻网则在首页开辟“皖江城市带承接产业转移示范区”宣传专题。

2012年4月起，芜湖日报报业集团组织“纪念沿江对外开放城市20周年纪行”专题报道活动，其中就包括皖江示范区建设成就的报道。《芜湖日报》还推出“跨江发展 聚焦江北”等系列报道。

2013年，芜湖日报报业集团立足“跨江发展”主题，连续在《芜湖日报》推出“打造芜湖

经济升级版 勇做全省发展领跑者”“金融助力打造芜湖经济升级版”等4个专版,开设“打造芜湖经济升级版”专栏,同时加强经济开发区和江北集中区的宣传,推出开设“跨江发展进行时”专栏。

《大江晚报》推出“优化发展环境 展示民企风采”“从日内瓦辉煌 看奇瑞转型”专栏和“奋力推进民营经济更好更快发展”系列评论等。

十三、“魅力乡街行 感受新芜湖”大型采访活动

2011年,中宣部等五部委发出倡议,在全国新闻文化战线开展“走基层、转作风、改文风”活动,芜湖日报报业集团策划“感受新芜湖 魅力乡街行”大型系列采访活动。采访活动由报业集团高端策划组牵头,各媒体参与,历时13个月,分期分批走进全市所有74个乡镇街道。这既是报业集团深入开展“走转改”活动的创新举措,也是新闻媒体扩大传播力、影响力和覆盖面的丰富实践。报业集团还从中选出87篇稿件编辑成《芜湖魅力乡街》出版发行,时任中共芜湖市委书记作序充分肯定。

电线电缆产业强镇 特色农业大放异彩
泥汊镇“两条腿走路”赢在当下

《芜湖日报》2011年12月7日2版“魅力乡街行 感受新芜湖”栏目。

十四、合福高铁、宁安高铁沿线媒体组成联盟

2015年6月,合肥、铜陵、芜湖、宣城、黄山、上饶、南平、宁德、福州等闽赣皖的九个城市主流媒体《合肥晚报》《铜陵日报》《芜湖日报》《宣城日报》《黄山日报》《上饶日报》《闽北日报》《闽东日报》《福州日报》共同发起成立合福高铁旅游媒体联盟。合福高铁开通当日,《芜湖日报》出版“高铁特刊”,并联合媒体联盟单位开展沿线城市联合采访。合福高铁开通首到芜湖时,芜湖举行隆重的首发仪式。

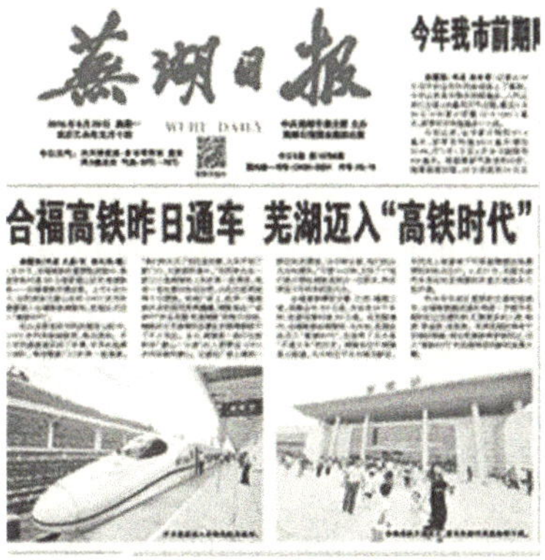
芜湖日报
WUHU DAILY
合福高铁昨日通车 芜湖迈入“高铁时代”

《芜湖日报》2015年6月1版。

10月10日,宁安高铁沿线南京、马鞍山、芜湖、铜陵、池州、安庆等城市党报成立“宁安高铁沿线城市党报联盟”。11月11日起,联盟成员单位开展联合采访活动。宁安高铁通车后,《芜湖日报》推出马鞍山、铜陵、池州、安庆等5个专版。

十五、第一届长三角一体化发展创新成果展、高层论坛和长三角地区主要领导座谈会策划报道

2019年5月下旬,第一届长三角一体化发展创新成果展、高层论坛和长三角地区主要领导座谈会在芜湖召开。芜湖传媒中心(集团)调动《芜湖日报》新闻版面和集团文旅专副

部的副刊版面，集中展示“长三角”城市群部分城市的特色魅力，再现了芜湖发挥地域特色优势以及与江、浙、沪对标学习、合作共建、积极作为的生动实践，打了一场漂亮的新闻宣传战役。

5月7日起，《芜湖日报》头版头条推出“下好先手棋 共筑增长极——推进长三角更高质量一体化发展”专栏，开启了“长三角”报道序幕。5月10日起，《芜湖日报》在头版开设“G60科创走廊‘九城巡礼’”栏目，逐一展现松江、嘉兴、芜湖、合肥等九城G60科创走廊建设最新进展和沿线城市的创新发展风采，共编发消息、侧记、综述等稿件20余篇。5月21日，《芜湖日报》又分别推出“说说芜湖这座城”四个专版和“长三角朋友圈·城市特刊”四个特刊版，推介芜湖作为一座生态之城、文化之城、创新之战、欢乐之城的魅力，全方位展示长三角城市群部分城市魅力、经济社会发展情况以及加快更高质量一体化发展的构想规划等。5月22日，《芜湖日报》编辑部和集团文旅专副部在《芜湖日报》专副刊版面共同策划了“长三角 新芜湖”8个特刊版，其中T1版的巨幅压题图片大气而吸人眼球，给整个特刊版面增色不少。5月23日、24日，《芜湖日报》再推出“长三角朋友圈·城市特刊”六个特刊版。三次“城市特刊”共推出10个版，集中展示了20个长三角城市的比较优势，对芜湖深谋发展定位、展现芜湖作为具有一定的借鉴作用。自5月15日起，《芜湖日报》头版推出推进长三角更高质量一体化发展系列评论，分别从创新驱动、江海联运、文化旅游、生活宜居、内陆开放等五个方面阐述长江三角洲地区高质量一体化发展美好前景。

芜湖日报 T1
长三角 新芜湖
推进长三角更高质量一体化发展

《芜湖日报》2019年5月22日专版“长三角 新芜湖”。

第二节 爱心报道

一、护送“川妹子”回家

1996年11月22日，《芜湖晚报》记者立青在芜湖火车站接人时发现眼神焦急而茫然的“川妹子”吴小娟。得知其5年前被拐他乡、辗转出逃到芜湖、却因身无分文而在火车站无路可走的经历后，立青经请示领导后将吴小娟转交给新芜公安分局民警予以保护。为了不使其再入虎口，同时体现报社爱心，芜湖晚报社决定派记者晓伟、朱金海与新芜公安民警一起护送吴小娟回家。

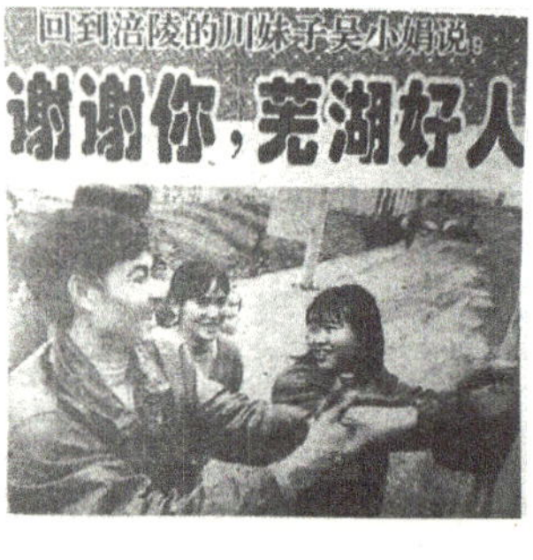
回到涪陵的川妹子吴小娟说：
谢谢你，芜湖好人

《芜湖晚报》刊发吴小娟返乡报道。

11月23日，《芜湖晚报》记者晓伟、朱金海与新芜公安分局的两位民警一道，带着惴惴不安的吴小娟踏上开往四川的江轮。面对记者，吴小娟说出了5年前噩梦般的经历：18岁的吴小娟与另一位姑娘结伴从家乡四川的南沱镇到北京打工，没曾想遇到了人贩子，她被拐卖到安徽肥东一户农家当老婆，并生了2个孩子，但吴小娟始终没有放弃出逃。11月22日，吴小娟趁“丈夫”的弟弟订婚宴之机，身揣平时积攒下的50元，辗转逃到芜湖，却已身无分文，没曾想遇到了《芜湖晚报》记者，才有了新的希望。11月28日，乘坐五天五夜的轮船到达四川涪陵，又坐车到达南沱镇，吴小娟与亲人重逢。《重庆晨报》以《五载噩梦经历 一路金色归途》介绍《芜湖晚报》记者爱心护送“川妹子”回家，一时在重庆传为佳话。

记者后来回访时得知，吴小娟回乡后又南下打工了。

二、“青岛寻亲”特别报道

这个新闻策划缘于青岛《生活导报》到芜湖“寻亲”。1998年，长江流域发生百年一遇的大水，让远在青岛的芜湖人想起1954年因大水而背井离乡的情景，也促成《芜湖晚报》与青岛《生活导报》共同完成“寻亲”特别策划，在青岛和芜湖两地均引起强烈反响。

芜湖晚报
WUHU WANBAO
1998年7月
30
星期四
戊寅年六月初八
请您注意天气变化
偏东风3—4级
最高气温29℃
最低气温24℃
芜湖日报社主办
国内统一刊号
CN34—0072
第999期
今日十二版

远在异乡的芜湖孤儿想寻根

百余人被送往青岛，如今一九五四年大水过后，芜湖市收养了一批批孤儿，曾有

江水上
江城军
武警 秣马厉

市人大要求市政府全力排除内涝

《芜湖晚报》1998年7月30日1版刊发《远在异乡的芜湖孤儿想寻根》。

1954年，特大洪水使芜湖成了水乡泽国，芜湖市儿童福利院收养丢弃的孤儿多达1000余人。为了分流地方收养压力，有关部门将孤儿分期分批从芜湖疏散到北方非灾区，其中有100名芜湖孤儿被送往青岛。1998年7月底，青岛《生活导报》派记者来芜湖市儿童福利院，就青岛的芜湖孤儿在芜湖的生活情况进行采访，促成芜湖和青岛两地媒体“寻亲”的正式合作。

8月中旬，《芜湖晚报》记者程启贵、朱金海作为报道组采访记者远赴青岛进行为期一周的采访，当时到青岛《生活导报》登记想回家乡“寻亲”的芜湖人有80多位。9月1日，《芜湖晚报》用一个整版篇幅，刊发青岛《生活导报》精心挑选传过来的25名岛城寻亲孤儿的照片，并配发文字说明，公布寻亲孤儿家庭联系电话，希望芜湖家属能与他们联系。报社还到周边的宣城、铜陵等地与当地报纸联系，刊登这些寻亲人的照片和联系方式。与此同时，《芜湖晚报》在头版固定位置连续刊发千里寻亲特别报道9篇，多角度反映芜湖孤儿的思乡之情、寻亲之心，芜湖市民读后无不为之感动，一时间前往报社咨询、报名寻亲的人数激增。

10月18日，青岛《生活导报》组织18名岛城芜湖孤儿乘坐大客车来芜寻亲，芜湖组织100位孤儿家属前往美丽华大酒店认亲。在“寻亲”的3天里，由《芜湖晚报》策划安排“寻亲”孤儿参观芜湖市容市貌，拜访儿童福利院当年保育员等活动，来芜湖“寻亲”的18人中有9人先后找到自己的亲人。《新安晚报》用两个整版报道“寻亲”活动。

“寻亲”报道并没有结束。2012 年 4 月 22 日，由安徽滁州的梅林带队的 9 名芜湖孤儿寻亲团抵达芜湖市“寻亲”，《大江晚报》记者在第一时间对来自河南、河北、安徽、江苏、山东的寻亲者进行采访报道，并带领他们畅游家乡。4 月 26 日，《大江晚报》新闻部举办“寻亲”见面会，现场来了多位芜湖市民，其中有从四县特意赶来的。他们与寻亲者到医院做 DNA 鉴定，并互留电话，合影留念。寻亲团还向《大江晚报》赠送“媒体热情助寻亲 孤儿真诚表感恩”的锦旗。2012 年 7 月 26 日，《大江晚报》联合《青岛早报》开启新一轮联动“寻亲”活动，帮助 58 年前被青岛居民收养的芜湖籍孤儿寻找芜湖亲人。

三、爱心温暖小国东

2002 年 7 月 2 日，《大江晚报》记者杨秀凤到芜湖市福利院采访时发现一个高高的额头、尖尖的下巴、甜甜的笑容的小男孩。芜湖市社会福利院院长告诉记者，这个只有 5 岁的小男孩叫吴国东，名字是福利院起的，“吴”就是芜湖的“芜”的意思，虽然讨人喜爱，但心脏大动脉“搬家”和室间隔缺损让他不能走长路，医生说很难治，费用又高，说不定哪天就“拜拜”了。杨秀凤将孤儿吴国东的情况向报社领导汇报。时任《大江晚报》总编辑顾伟明和《大江晚报 · 新闻周刊》编辑部主任汪维明很同情小男孩，决定帮帮他。杨秀凤与摄影记者涂志勤再到福利院拍下小国东的大头照，并刊发在 2002 年 7 月 8 日的《大江晚报 · 新闻周刊》封面版。

大江晚报
新闻周刊
孩子 多可爱的孩子
导读

《大江晚报 · 新闻周刊》2002 年 7 月 8 日封面版。

吴国东“大头照”见报当天，《大江晚报》记者石琼正在弋矶山医院采访，并与副院长芮景谈到吴国东的情况，他很是同情并愿意免费为小国东做全面检查。7 月 10 日，报社领导特意安排小轿车，由杨秀凤和石琼陪同小国东来到医院，心外科杨小龙主任亲自为其检查，确认吴国东患紫绀性先天性心脏病，有可能是完全性大动脉转位，手术风险很大。7 月 17 日，芮景副院长召开专家会，决定由医院出资请上海二军大长海医院教授、主任医师、博士生导师梅举为小国东再做检查。经确认，小国东手术不仅有风险，手术费要三万多块。《大江晚报 · 新闻周刊》发起了为小国东捐款治病行动，并得到广大读者的热烈响应，弋矶山医院医护人员也参与捐款行列。

11 月 1 日早晨 7 点，记者石琼陪同小国东进入手术室，梅举教授和杨小龙主任亲自手术。医生为他修补了三个缺损部件，又植入人造血管，小国东手术成功。一年后，升任弋矶山医院院长的芮景到福利院为其检查，小国东活蹦乱跳地完全好了，他后来还上了学，并被他的母亲和叔叔接回了家。

四、燃起许凡“生命之光”

2008 年 2 月 27 日，《大江晚报》采用新闻项目组机制，推出为白血病患者许凡捐款报道活动，历时一个多月，共筹善款近50万元，创造晚报报道时间最长、参与人数最多、涉及面最广、捐款数额最多的四项之最。

许凡曾在芜湖市第二十七中学读书。2007年10月，从马鞍山市工业学校毕业的许凡被查出患有慢性粒细胞白血病，需要做骨髓移植手术，而恰好有一位骨髓捐献者，但需要至少60万元的巨额医药费。《大江晚报》予以报道，引起社会关注。为了帮助许凡家人筹措这笔巨款，《大江晚报》建立新闻项目组机制，给许凡设立爱心捐助账号，并加大对许凡的爱心报道。通过爱心接力，经过一个多月时间，共收到爱心捐款494868.93元，连同许凡父亲所借10万元，基本凑齐所需手术费用，许凡也住进了无菌病房等待手术。

千万好心人在捐款同时殷切鼓励——
许凡，你一定要坚强！

2008年3月9日，《大江晚报》关于许凡的报道。

然而，医生意外地发现，那位骨髓捐献者被查出有轻微的肺结核，手术无法进行。许凡回到马鞍山市，依靠药物继续医治，并每周到苏州检查，等待新的捐献者。2010年12月，中国造血干细胞捐献者资料库管理中心又发现有一位河南捐献者的骨髓与许凡相配，重现生命之光。

五、“孕妇徽章”暖心行动

2011年10月18日上午，由芜湖日报报业集团、芜湖市文明办、芜湖市妇联主办，《金周刊·芜湖广播电视》、芜湖市公交集团、芜湖市妇幼保健院承办的芜湖“孕妇徽章”首发仪式在芜湖市妇幼保健院举行，当日新华社、新华网、中国日报网、《金陵晚报》《安徽商报》、新民网、大众网、中安在线、《宿迁日报》《江南晚报》《汕头都市报》《长春日报》和芜湖市各大媒体纷纷报道此次活动。

2011年10月18日，《金周刊·芜湖广播电视》发起“孕妇徽章”暖心活动。

从2011年5月开始，《金周刊·芜湖广播电视》陆续报道“准妈妈”在生活中遇到的种种不便与尴尬。稿件见报后，在社会上引起强烈反响。随后，《金周刊·芜湖广播电视》联合芜湖市公交集团、市妇幼保健院等单位发起“关爱孕妇，倡导文明”活动，公开征集“孕妇徽章”。本次活动从征集、宣传、制作到发放，近万名市民参与其中，最终经过读者投票和专家评审，选定出芜湖版“孕妇徽章”。芜湖市公交集团决定给佩戴“孕妇徽章”的准妈妈享受6个月免费乘车待遇，有近百名孕妇及家属预约“孕妇徽章”。

芜湖“孕妇徽章”是专门为准妈妈出行设计的“护身符”，帮助准妈妈向外界传达求助或需求关照的信息。《金周刊·芜湖广播电视》将此创新延伸医院、母婴中心和影楼，可享受医生线上线下的指导，婴儿免费游泳，拍照均给“准妈妈”实实在在的优待。

六、团购“大白菜”爱心行动

2011年,针对芜湖沈巷菜农大白菜滞销的问题,《大江晚报》策划“团购大白菜”爱心行动。

团购爱心白菜
情暖大江两岸
“爱心白菜”

2015年12月28日,《大江晚报》回顾“爱心白菜”报道。

记者深入田间地头采访大白菜滞销的原因,走访有关部门了解扶持菜农政策,连续推出系列报道,从多个方面帮助菜农解决大白菜滞销问题,也得到市民和有关部门的积极响应,为沈巷菜农推销大白菜十多万斤。此次报道成为一次彰显媒体责任与爱心的有力尝试,同步推出的报道可读、有用、有益,具有穿透性影响力。该策划活动获得安徽省委宣传部《新闻阅评》的表扬,并在中国传媒大会·2011年会上受到专家们的一致肯定。

七、“爱心白开水”暖心行动

2012年,《大江晚报》发起“爱心白开水 同城浓浓情”暖心行动,同样受到市民的关注和有关部门的响应。

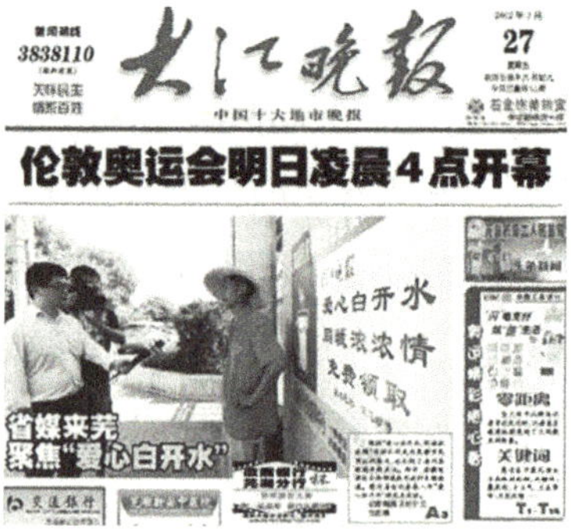
大江晚报
伦敦奥运会明日凌晨4点开幕
省媒来芜
聚焦“爱心白开水”

2012年7月27日,《大江晚报》报道“爱心白开水”暖心行动。

当年7月,《大江晚报》记者在采访中被一个细节吸引:环卫工人、电力抢修工人、交警……他们虽然年龄、职业各异,不过却有着同样的两个动作——擦汗和喝水。烈日之下,一杯白开水也许是最好的犒劳。而在现实中,他们却真切遭遇着“饮水难”。7月11日,《大江晚报》以《高温炙烤下 他们“何以解渴”》《公共场所饮水机,“可饮一杯否”?》为题进行报道,同时提出“为了他们,我们能做一点什么?”的思考。7月12日,该报趁热打铁,发出“爱心白开水,同城浓浓情”倡议,呼吁芜湖市有条件的商家和个人都可以设立爱心饮水点。倡议发出后,立即引起关注。7月16日,芜湖市首个爱心饮水点“开张”。一个月后,近百个爱心饮水点遍布全城。7月26日,安徽电视台对此进行报道。报道称:虽然是很小很小的事情,但体现了一座城市的关怀,体现了一种大爱精神,值得向全省宣传和呼吁。当年,经芜湖市文明办推荐,《大江晚报》“爱心白开水”公益活动成为安徽省“我最感动的江淮志愿服务”优秀典型。

第三节 舆论监督

一、读者来信

读者来信是芜湖报业舆论监督的最早表现形式。1904年的《安徽俗话报》就设置了

“来文”内容，相当于我们今天的读者来信和来稿。《中央日报(安徽增刊)》和《幸福报(晚刊)》都以“信箱”名义出现。新中国成立后，从《芜湖日报》创刊之始，就采用“读者来信”这种形式，加强舆论监督。此后，“读者来信”被广泛运用。

《皖南日报》的读者来信很有力度，也很有意思。1950 年 6 月 21 日三版刊发的《胡祖凤强卖媳牙弟子 控告已一月至今尚未处理 芜湖县政府检查答复》，指名道姓要一级政府回复。

《芜湖大众》用整版刊发读者来信，而且相当有特色。不仅有读者来信，还刊发回音，芜湖市人民政府卫生科答复《广济药房出售伪药坏药，卫生科查明后已予处理》、皖南芜湖医院附设门诊部答复《芜湖医院门诊部批判了用外文写诊断书的错误》和芜湖市人民政府建设科答复《火车站附近的一座木桥十月十日决能修理完成》等。

1991 年，《芜湖日报》在 3 版开设“读者来信”专版，开设“监督哨”栏目，强化舆论监督。《大江晚报》创刊以来，更是扩大了读者来信的范围，形成一块很有影响的舆论监督阵地。

进入 21 世纪以来，报纸读者来信有了新的变化，《芜湖日报》开设“党报热线”专栏、专版；《大江晚报》不仅有大江热线，还有专版。

二、祁门“突击花钱”被曝光

1956 年岁末，上级政府三令五申提出把财务留存上缴，坚决制止年终突击花钱。祁门县反其道而行之，把财政积余用来大兴土木建造办公大楼。《芜湖大众》时政组把这一新闻作为典型事例刊发在报纸上，并配写了社论。这可引起一起风波，祁门县“兴师问罪”，报社又把他们的来信在报纸上“亮相”。最后，祁门县将此事告到中共安徽省委。没想到，省委非但没有帮祁门“说情”，反而对祁门县进行了严厉地批评，支持《芜湖大众》的舆论监督。

三、特警队长被打事件

1992 年 8 月 2 日，《芜湖日报・星期刊》头版头条刊发本报记者陈建国采写的《特警队长被打之谜》，引起社会轰动，当日报纸增印 2 万份仍然“洛阳纸贵”。

据陈建国回忆，事件经过简单明了：特警队的几位同志晚饭后驾车路过中山桥南坡大牛酒家门口，与过马路的酒家老板发生摩擦，特警说他挡了路，老板说警车碰了他。特警队长等人下车与其论理时，被老板及其家人突然袭击打伤。进一步采访得知，被打的是有相当知名度的公安干警，打人的是保外就医的在刑人员，究竟是如何打起来的，大街小巷传得沸沸扬扬。也许是事件的当事人比较敏感，没有一家新闻单位予以报道，陈建国当时在《芜湖日报・星期刊》担任采编工作，他立即深入现场采访，并将稿件送到芜湖市公安局审查，芜湖市公安局办公室主任不敢表态，并劝陈建国放弃报道的念头。陈建国又找到芜湖市公安局局长，局长开始也有些犹豫，但陈建国对局长说：这个事件已经传遍巷里，许多不明真相的群众流言四起，警方越是保持沉默越是让人产生怀疑，这样反而影响公安的形象，不如如实报道，澄清事实，以正视听。局长这才同意。

经过十天的调查采访，记者陈建国对案情基本清楚，但由于当时并没有结案，他在稿件上尽量引用当事人及司法部门的叙述，客观阐述事件发生的过程及事后的有关处理情况，并不因被打的是公安干警而有所偏袒，就事论事，不给打人者上纲上线，并在续篇的结尾处指出“双方都有值得总结、自我反省之处”。文章见报后，当事双方都很平静。公安内部和社会上的熟人见到陈建国都问写这篇稿件究竟在帮谁？陈建国笑而不答。

这是一篇社会新闻，但因为涉及公安干警，就有了舆论监督的意味。这篇通讯好就好在实事求是，文章几乎全部采用当事人及司法部门办案人员的叙述，没有偏袒任何一方，因而，文章见报非但没有引起麻烦，反且受到社会各界普遍肯定。

四、“红巴巴”故事

1999 年 1 月 18 日，《大江晚报》社会生活版刊发《盖个红巴巴收十块钱》，记者石琼顶着被当事人诬陷，甚至扬言要打记者的压力，与报社总编辑顾伟明和新闻部主任汪维明一道在 14 天里连续发稿 8 篇，揭露涉事街道办事处和居委会违法收费的行为。“红巴巴”事件不仅弘扬了社会正气，打击了乱收费行为，而且揭示舆论监督的法宝就是“贵在追踪”。

1999 年 1 月 5 日，读者昌先生到所辖街道和居委会办理结婚证明手续，因为要盖两个“红巴巴”，两家单位各收 10 块钱。不服气的昌先生于 1 月 17 日到《大江晚报》新闻部投诉。担任《大江晚报》采编的石琼立即到居委会和街道办事处了解情况，居委会主任和街道办事处民政科的科长认为盖“红巴巴”收费事出有因。记者采用对白的形式，以《盖个红巴巴收十块钱》为题，将当事人的对话在 1999 年 1 月 18 日的《大江晚报》社会生活版“实录”刊登。

稿件见报当天，记者又到芜湖市物价局采访张局长，局长得知情况后立即派区级物价检查所调查，并依法没收街道办事处的违法所得 350 元，罚款 500 元，责任人受到严厉批评，石琼采写了后续报道《〈盖个红巴巴收十块钱〉有下文》，并于 1 月 22 日见报。

自感丢了脸的当事人坐不住了，跑到大江晚报新闻部办公室，以“一级组织”的名义，口出脏话，指责记者“不厚道”“缺德”，甚至要拖记者到外面“单排”，要不是被同事拦住，记者的头上恐怕要起包。他们打不着记者，又扬言“你等着，过几天找人揍你”。

当天晚上，石琼把白天发生的事情告诉妻子。妻子没有说话，只是默默地把女儿叫到身边告诉她：“以后别人问你爸爸叫什么名字时，你可千万不要说叫石琼”。说话间，他看到妻子的泪水在眼眶里直打转。但以记者的职业操守，他还是写下了第三篇稿件《感谢物价舆论为他讨回公道》，并于 1 月 24 日见报，算是此次舆论监督的结束篇。

1 月 25 日，《大江晚报》总编辑顾伟明以“韦月”笔名在头版“朝闻夕谈”栏目发表《有人上门威胁要打记者》的言论，《大江晚报》的“编读沙龙”栏目编发读者来信声援。一石激起千层浪，编辑部的电话响不断，读者个个义愤填膺，有的甚至来信要求公安查处“一级组织”的代表，此事也引起时任中共芜湖市委书记刘伟的关注。他在当天《大江晚报》头版上亲笔批示："记者的人身安全要依法保护，对记者和新闻媒体的批评曝光要正确对待，有则改之，不能有错不改或做出违法的事情。"时任中共芜湖市委常委、宣传部部长黄健文亲自督办此事，并于当天下午派人到芜湖日报社传达刘伟书记的批示，对记者受到威胁表示关切。时任《大江晚报》新闻部主任汪维明于 1 月 27 日在《大江晚报》头版头条以《来自范罗山的关怀》一文，感谢市委书记对新闻记者的关怀，并表示要继续努力，办好《大江晚报》。

原以为故事到此画上句号，但出现两件令人意想不到的怪事：1 月 26 日下午，市内两家单位的工作人员分别送来了两袋茶叶和两罐液化气，说是记者打电话要的。经新闻部主任汪维明电话询问，方知是有人搞恶作剧，报社领导感觉到问题严重，要求密切关注事态发展。1 月 28 日，《大江晚报》头版刊发汪维明《玩恶作剧损害记者名誉者可以休矣——他们为什么要这样做?》的文章，严正指出："如果有人想借此败坏晚报及晚报记者编辑的形象和名誉，我们会通过法律途径坚决给予回击。"1 月 31 日，《大江晚报》总编辑顾伟明再次以"韦月"笔名发言论《"一级组织"今后何为?》，希望"丝毫不见动静"的"一级组织"可以不必向记者道歉，但要"真心实意地为其所管辖的老百姓办事"。虽然事情没有结果，但"红巴巴"故事告诉记者，只要把握正确的舆论导向，当好党的喉舌，为百姓办事，替老百姓说话，记者就不会孤立，就不会畏惧；只要一追到底，不获全胜决不收兵，就一定会得到领导的关怀和老百姓的支持。

五、亲历与暗访

2001 年 7 月 9 日起，《大江晚报》在头版推出一组 30 篇"亲历与暗访"系列报道，共涉及 30 个与老百姓生活息息相关的话题，其选题之贴近民生、报道幅度之密集，在芜湖报业历史上是比较少见的。

夏天多为极端天气，各种民生问题较集中地暴露出来，因而是"亲历与暗访"的最佳时期。时任《大江晚报》采访部主任朱金海推出"亲历与暗访"活动策划，并要求所有采访记者不可道听途说，不可人云亦云，更不可闭门造车，最大限度地接近事实真相，写记者自己的经历。

7 月 9 日，《大江晚报》推出第一篇《火锅汤哪里去了？——"亲历与暗访"夏日江城系列报道之一》，提出麻辣涮是否使用回锅油的问题。记者挑选几家街头麻辣涮店，多次进店"享用"，同时通过各种办法，深入麻辣涮店的后场。记者看到食客吃过的麻辣涮锅底被收集起来，再经过"过滤"处理，改头换面后重新回到餐桌。为了应验报道的权威性，记者还找到几位在麻辣涮店工作过的厨师，由他们讲述使用回锅油的情况和方法。

对传销团伙的暗访也颇具有挑战性。当时暗访的传销团伙位于四褐山的一个居民区。通过"内线"的介绍，记者以寻找工作的高校毕业生身份进入他们的现场。上课、洗脑、集中"学习"……这些以前只听说过的一幕幕，呈现在记者面前。记者看到的是一个个怀揣梦想的青年，从外地赶到芜湖，结果却陷入一个传销的陷阱中。经过传销组织的洗脑，他们目光呆滞，思维怪异，已经失去青年人的朝气……7 月 26 日，《大江晚报》推出系列报道之十四《虚幻的发财梦》。

文章见报后,公安、工商部门立即行动,将该团伙予以摧毁,并将受骗青年送回家乡,而记者随后也接到一个陌生的电话:“不要乱写,否则小心自己的大腿!”

亲历与暗访报道结束后,《大江晚报》还组织一次“回眸”报道,对暗访所反映的问题进行一次跟踪反馈,彰显媒体的影响力和权威性。

六、中国乙肝歧视第一案

2004 年,“中国乙肝歧视第一案”在芜湖审理。这起行政诉讼案案情虽然并不复杂,但因牵涉到乙肝病毒携带者以及潜在的其他遭受“歧视”的合法民事权利的保护,且被告是芜湖市人事局,引起全国媒体及社会大众的高度关注。《大江晚报》打了一个漂亮的采访“突围战”。

2003 年 6 月,芜湖市民张先著在芜湖市人事局报名参加安徽省公务员考试,报考职位为芜湖县委办公室经济管理专业。经过笔试和面试,张先著的综合成绩在报考该职位的 30 名考生中名列第一,按规定进入体检程序。2003 年 9 月 17 日,张先著在芜湖市人事局指定的铜陵市人民医院体检,结果发现其乙肝两对半中的 3 项指标均为阳性,主检医生依据《安徽省国家公务员录用体检实施细则(试行)》,确定其体检不合格。张先著随后向芜湖市人事局提出复检要求。同年 9 月 25 日,芜湖市人事局指定一家部队医院对张先著复检,结论仍为不合格。芜湖市人事局遂作出对张先著不予录取的决定。2003 年 11 月 10 日,张先著向芜湖市新芜区法院提起行政诉讼,12 月 19 日,法院一审开庭审理。因案情关注度较高,原、被告双方当庭辩论近 4 个小时后休庭,经安徽省高级人民法院批准,此案审理期限延长 3 个月。

2004 年 4 月 2 日,芜湖市新芜区人民法院判决:确认被告芜湖市人事局主要证据不足,但对张先著的其他诉讼请求不予支持。2004 年 4 月 19 日,芜湖市人事局因不服一审判决向芜湖市中级人民法院提起上诉。5 月 31 日,中院驳回上诉,维持判决。至此,“乙肝歧视第一案”画上了句号。

《大江晚报》记者张申尚、夏成俊第一时间介入,顶住压力,深入采访,在全国最先报道此案,并引起全国新闻界的关注。该案是《大江晚报》最引人瞩目的报道之一。据了解,中国乙肝歧视第一案报道后,一些省政府修改了有关规定。

七、《每周专报》

根据中共芜湖市委、市政府关于加强舆论监督的指示精神,芜湖日报报业集团从 2010 年 6 月起推出《每周专报》。

2010 年 9 月 16 日,芜湖日报报业集团成立每周舆论监督专报编审指导组,由报业集团总编辑刘光任组长,副总编辑金昌龙任副组长,成员由各媒体、编委办、办公室相关负责人组成,专报工作由集团编委办指派一名专人负责;《芜湖日报》《大江晚报》《金周刊 · 芜湖广播电视》和芜湖新闻网负责做好舆情上报工作。

《每周专报》要求各媒体每周二上午将舆论监督稿件的篇目电子版传送到集团编委

办，由专人从舆论监督稿件中寻找有价值的稿件重新编辑，增加整改对策和建议，经过集团领导审批签发。《每周专报》每期2—5条，舆情分为投诉类、求助类和服务咨询类，基本上都是涉及民生的问题。对于一般的舆情可以通过新闻曝光的形式刊发并跟踪报道；对于重大的民生问题以《内参》和《每周专报》的形式，上报中共芜湖市委、人大、政府、政协和市委宣传部，同时抄报责任单位。

2011年11月30日，芜湖日报报业集团在会议室与芜湖市住房和城乡建设委员会举行舆论监督通气会，该委公共事业科、芜湖市市政管理处、芜湖市园林管理处等部门负责人向报业集团介绍《每周专报》舆论督办案件办理情况，并与《芜湖日报》《大江晚报》形成良好的沟通和互动机制。这样的通气会经常召开，这种高频率、针对性强、反馈率高的做法得到芜湖市领导的充分肯定。

八、问政芜湖

2014年，芜湖市监察局主办，芜湖日报报业集团和芜湖市广播电视台承办大型问政节目“问政芜湖”。

“问政芜湖”采用媒体联动的形式，《芜湖日报》《大江晚报》和芜湖新闻网全程参与，全方位征集市民咨询话题和诉求内容。相关民生部门负责人依次走进问政平台，倾听群众呼声，回应社会关切。它成为自觉接受监督、不断改进作风、提高服务效能的重要载体。首批上线单位为芜湖市卫生局、市交警支队、市民政局、市住建委等。

《芜湖日报》《大江晚报》分别开设“问政芜湖”专栏，芜湖新闻网开设“问政芜湖”专题。不仅对“问政芜湖”节目作预告性报道和征集话题，还刊发“问政芜湖”节目中的精彩内容以及之后的反馈消息和深度报道。

第四节　历次大讨论

为构建具有芜湖特色的价值体系，打造先进文化优势，中共芜湖市委、芜湖市政府先后组织开展“改革开放中的芜湖人”“怎样看‘神秘的温州人’”“怎样做跨世纪大开放的芜湖人”“怎样让芜湖成为投资兴业的热土”“更快更好地融入长三角经济圈，加快芜湖工业化城市化进程”“弘扬创新文化”等多次解放思想大讨论活动，《芜湖日报》成为重要的讨论平台。

一、“改革开放中的芜湖人”大讨论

1992年，《芜湖日报》开展“改革开放中的芜湖人”大讨论，历时半个月。

1992年的芜湖仍处在小作坊、“提篮小卖”的小农经济状态，芜湖工业产业结构小而全，有识之士期望芜湖能走出小农经济的圈子。6月25日，《芜湖日报》在头版头条刊登安徽师范大学讲师舒咏平的来信，并配发评论文章《芜湖人，重塑一个我》，“改革开放中的芜湖人”大讨论由此展开。

《芜湖日报》陆续刊发相关文章之后，从10月5日开始，在1版推出“改革开放中的芜湖人”大讨论专稿栏目，连续刊发本报特约评论员文章。中共芜湖市委精心指导，将“改革开放中的芜湖人”大讨论引向纵深，重塑芜湖人的性格——在开放中学习开放，大胆实践、勇于创新。由此，芜湖人才有了想大的、干大的、干成大事的胸襟和气魄，它成为芜湖走向未来的精神财富。

10月27日，《芜湖日报》刊发《珍惜吧，机遇并不永远青睐你——“改革开放中的芜湖人”大讨论纪实》，全面总结了大讨论的成果。

二“怎样看‘神秘的温州人’”大讨论

1998年12月，《芜湖日报》开展“怎样看‘神秘的温州人’”大讨论，历时五个月，在芜湖市乃至全国新闻界都产生了巨大影响。

12月7日，在一位热心读者的推荐下，《芜湖日报》全文转载《经济日报》记者詹国枢、张小国的文章《神秘的温州人》，同时配发编者按，就该文提出的温州人的特点，结合芜湖社会经济发展的实际和芜湖人思路观念上的问题，在报纸上展开“怎样看‘神秘的温州人’”的大讨论。

讨论从1998年12月起到1999年4月结束，共发稿百余篇近5万字，不仅在芜湖市产生巨大影响，在全国新闻界也有一定的影响。《新闻出版报》专文介绍，《神秘的温州人》作者之一、《经济日报》副总编辑詹国枢撰文称赞这是一次成功的新闻策划，讨论不仅在思想界产生了影响，还极大地促进了芜湖与温州的交往活动，为芜湖的招商引资、对外开放产生积极的影响。

三、“怎样做跨世纪大开放的芜湖人”大讨论

根据中共芜湖市委《关于开展“怎样做跨世纪大开放的芜湖”大讨论的安排意见》，《芜湖日报》从1999年11月10日至2000年1月，开展大讨论宣传，历时三个月。

1999年11月10日，《芜湖日报》在头版头条刊发《市委召开六届八次全会 学习贯彻党的十五届四中全会精神 研究部署我市国企改革和发展工作》，在第二条刊发《中共芜湖市委作出决定 在全市开展“怎样做跨世纪大开放的芜湖人”大讨论》，全市性的大讨论由此展开。11月12日，《芜湖日报》在头版头条上刊发本报特约评论员文章《做跨世纪大开放的芜湖人》，引领大讨论的开展。之后，在《芜湖日报》1版下方三分之一版连续推出“怎样做跨世纪大开放的芜湖”大讨论专栏，其中，在12月13日的《芜湖日报》头版推出“怎样做跨世纪大开放的芜湖人”大讨论特别调查专版“外地人谈芜湖：差距与不足 重塑与发展”。

本次大讨论激发芜湖人民进一步解放思想，开拓创新，从现实状况与未来发展的对比中找差距，明确了努力方向，积极进取，以更加振奋和开拓的精神投入工作，创造更加美好的明天。

四、“怎样让芜湖成为投资兴业的热土”大讨论

2001年1月至12月，芜湖日报社分别在《芜湖日报》和《大江晚报》开展“怎样让芜湖

成为投资兴业的热土”大讨论，历时一年。

《芜湖日报》在开展“大讨论”的同时，还推出“加入 WTO 后的我们该做些什么”“怎样进一步改善投资环境?”“如何进一步加快工业化进程?”等 7 个新闻调查专版。

《大江晚报》在 1 版推出“把芜湖建设成投资兴业的热土”专栏，重点强化优化发展环境、招商引资、改进作风等方面的报道。此外，还推出“芜湖制造在外地”系列报道，在 2 版开辟“‘展望・入世’后的芜湖”系列报道专栏。

此外，芜湖日报社还将大讨论与“学纲要、找差距、与时俱进”结合起来宣传。

五、“融入长三角”大讨论

2003 年 12 月至 2004 年 5 月，根据中共芜湖市委七届五次全会关于开展“更快更好地融入长江三角洲经济圈，加快芜湖工业化城市化进程”大讨论的决定，芜湖日报社精心组织开展“更快更好地融入长三角经济圈，加快芜湖工业化城市化进程”的宣传报道，历时七个月。

《芜湖日报》《大江晚报》分别派出 4 个采访组，分赴杭州、绍兴、嘉兴、金华、南京、镇江、扬州、南通、无锡、常州等 15 个长三角城市采访报道。共发稿 820 余篇，推出 4 个系列报道。《芜湖日报》从 2003 年 12 月 19 日开始，分别开设“更快更好地融入长三角经济圈，加快芜湖工业化城市化进程”“联系实际话融入”“融入大家谈”等栏目，首推介绍苏锡常发展情况的“东行纪事”系列报道，其中有《找准差距再图强》《加快发展，从解放思想开始》等，推出本报评论员系列评论文章，如《融入，我们刻不容缓》等。从 2004 年 1 月开始，推出大讨论系列专题，选登芜湖市各界参与大讨论文章和三县四区等 10 个部门考察苏锡常感受和认识文章，同时有针对性地组织理论文章。编发《大讨论带来大变化》《为“全民创业”清障》《融入长三角 规划大芜湖》等稿件 200 余篇。

《芜湖日报》还推出 8 个专版，分别为“融入长三角 芜湖怎么办?”“县域经济如何与长三角接轨”“芜湖离职业教育大产业还有多远?”“大规划：我们心中的芜湖未来”“打造城市兴奋点”“解析芜湖投资环境”“有序管理 无限服务”“建设大芜湖 我们时刻准备着”等。《芜湖日报》还推出 3 块理论专版，同时推出 3 块图片专版。

《大江晚报》推出“感受长三角采访行”“融入长三角企业大讨论访谈”“市民话融入”“街道社区主任话融入”“走马南京都市圈”等专栏，编发《嘉兴人都将是上海人》《南通打出长寿牌》《镇江发展的核武器在哪里?》等一批重点稿件。此外，作动态报道。

六、“创新文化”大讨论

由滨江公园建设引发的“创新文化”大讨论，历时半年。

2005 年，围绕“崇尚创新、宽容失败、支持冒险、鼓励冒尖”“百姓创家业、能人创企业、干部创事业”的重点内容，芜湖日报社开展“创新文化”大讨论。

《芜湖日报》《大江晚报》《金周刊・芜湖广播电视》集中版面，先后开设系列专栏，进一步加强对芜湖市解放思想、抢抓机遇、实现芜湖跨越式发展的宣传报道。《芜湖日报》开设“创新文化大家谈”“弘扬创新文化，打造创新名城”“百姓创家业”“创新文化在深圳”

“创新文化在镜湖”等专栏。

2005年9月，芜湖日报社“创新文化”联合报道组采访芜湖市领导以及在芜湖工作过且在其他地市任领导职务的同志，推出“高端访谈”专栏，刊发芜湖市有关党政领导访谈录30余篇。精心组织芜湖市人大代表和政协委员两个座谈会，推出两个专版。

《大江晚报》《金周刊·芜湖广播电视》分别推出“创新在芜湖”“百姓创家业、能人创企业”“弘扬创新文化，东进！东进！”等专栏，宣传机关、企事业单位创新体制机制新做法，介绍市民创业故事。“两报一刊”共编发创新文化稿件300余篇。

七、“坚持科学发展，打造五大优势”大讨论

2007年，芜湖日报报业集团围绕中共芜湖市委提出的“坚持科学发展，打造五大优势”大讨论，认真组织相关宣传，历时四个月。

自2007年4月3日起，《芜湖日报》开设“坚持科学发展 打造五大优势”专栏，连续刊发有关文章，先后组织26篇系列访谈文章，邀请各相关部门、县区负责人结合实际谈思想，体现报道的深度和广度。编发《打造持续又好又快发展的新优势》《让特色成为亮色——我市坚持科学发展打造产业发展优势综述》《1+3=14>18——我市坚持科学发展打造城乡一体化发展优势综述》《敢越雷池闯新天——我市坚持科学发展打造制度优势综述》《都来投资兴业 实现安居乐业——我市坚持科学发展打造社会环境优势综述》《塑造城市的灵魂——我市坚持科学发展打造先进文化优势综述》等一批重点稿件，还开设“大家谈”评论栏目，让社会各界参与讨论。理论版还组织了2个专版。整个大讨论期间，《芜湖日报》共发稿120余篇，受到中共芜湖市委宣传部《新闻阅评》的通报表扬。

《大江晚报》开辟“凝心聚力求发展 权威人士话优势”专栏，刊发高端访谈专稿28篇。7月17日以来，还推出“科学发展 和谐芜湖”专栏，发稿20余篇。

八、“解放思想，推动科学发展”大讨论

2008年，芜湖日报报业集团开展“解放思想，推动科学发展”大讨论，历时两个月。

《芜湖日报》开设“继续解放思想 推动科学发展”“提高自主创新能力 加快产业结构升级”等专栏，并推出系列评论。《大江晚报》自8月上旬起，开设“解放思想大家谈”等专版和专栏。《两报》累计发稿600余篇，营造浓厚的宣传氛围，取得了良好的宣传效果。

九、“向东看、往东比”大讨论

为在新一轮产业“调转促”中，芜湖能够打造经济和城市两个升级版，实现弯道超越。2016年，中共芜湖市委、市政府率先提出开展“向东看、往东比”大讨论，芜湖日报报业集团通过媒体平台，将大讨论活动的舆论氛围营造得热烈而赋有成效。

根据中共芜湖市委宣传部“向东看、往东比”宣传方案，芜湖日报报业集团制订宣传细则，多媒发力，分步推进。《芜湖日报》首先推出本报评论员文章《向东看往东比 抓住新机遇 实现新发展》，作为“向东看、往东比”大讨论活动的发端，并由“江声”评论进一步引导活动开展；组织记者专访各县区和部委负责人，推出《市发改委主任——以创新思维设计“弯道超

越”新路径》《向东看往东比 公路建设取经江浙》等专访文章，介绍他们对“向东看、往东比”的看法；创造性地将“向东看、往东比”与“两会”和“新春走基层”等联系在一起，拓展了“向东看、往东比”讨论的范围；参加中共芜湖市委宣传部组织的“向东看往东比”联合采访活动。

从2月29日起至7月26日，报业集团各媒体共发稿228篇/条，其中，《芜湖日报》《大江晚报》刊发稿件44篇，芜湖新闻网69篇，芜湖手机报65条，“无线芜湖”客户端18条，微信、微博32条。《芜湖日报》开设“向东看往东比 实现跨越发展”“向东看往东比现在进行时”专栏，芜湖手机报开设“向东看”专栏。

第五节　国外采访活动

一、女新闻记者访德之行

1987年9月19日至30日，芜湖日报社总编辑苏彦彬随中国女新闻记者代表团一行5人访问联邦德国。随同访问的还有新华社国际部首席记者陈佩明、中国妇女报总编辑王秀琳、上海科技报总编辑毛秀宝和中国记者协会国际部国内处副处长顾也是。这是芜湖日报社首次派员出国访问。

1987年9月，芜湖日报社总编辑苏彦彬(左一)随中国女新闻记者代表团访问联邦德国。(集团图片资料)

在德访问期间，代表团访问波恩、汉堡、西柏林、慕尼黑、法兰克福等七个城市，受到西柏林市长、妇女健康部长、《慕尼黑报》社长、西柏林市记协主席等人的接见，与新闻界、女作家、女企业家交流，参观职业学校、城市环保、妇女儿童健康以及西门子和化工厂等，参加具有四百年历史的慕尼黑啤酒节。

代表团受到德国市民的热情欢迎。饭店和剧院的服务员、汽车司机、空中小姐、街头的大学生对来访的中国人表示友好，有的用中国话说：“你好！”有几位青年拿出彩笔，请我们在他们衣服上签字。新闻界同行期盼访问中国，到过中国的同行对在北京、上海、杭州、西安的所见所闻颇加赞誉。他们说：“我们需要和平，需要友谊，需要合作。”

大江晚報
捕捉扣人心弦一刻　报道激动人心场面
全国晚协组织
本报特派记者　今飞莫斯科采访申奥
城半小时接发一趟客列
帮助考生

《大江晚报》2001年7月9日1版。

二、赴俄罗斯采访北京申奥

2001年7月9日，《大江晚报》特派记者林棣赴莫斯科采访第29届奥运会申报城市投票产生办会城市等一系列奥林匹克重大活动。这是芜湖日报社首次派记者出国采访，也是安徽省唯一飞赴莫斯科采访的晚报新闻记者。

在赴莫斯科采访中，特派记者林棣采写并在《大江晚报》上刊发了《北京申奥团举行陈述合练》《北京申奥新闻发布会赢得热烈掌声》《以56票压倒性优势胜出 北京获2008年奥运会主办权》《“中国万岁”中国驻俄罗斯大使馆欢庆北京申奥成功!》《北京一定会兑现承诺——北京奥申委主席刘淇访谈》等25篇,还开设“申奥日记”栏目。

三、韩日世界杯采访活动

2002年5月31日至6月30日,2001年世界杯在韩国和日本隆重举行,中国足球队首次进军世界杯。《大江晚报》特派体育记者张嵘奔赴现场采访世界杯。《大江晚报》推出“2002年韩日世界杯特刊”。为能让芜湖市民及时看到世界杯报道,《大江晚报》由下午出报改为早晨出报。

大江晚报

第17届世界杯在汉城拉开帷幕

《大江晚报》2002年6月1日头版刊发韩日世界杯在汉城开幕的盛况。

《2002年韩日世界杯特刊》共4版,T1—4版为通版,版面设定为飞火流星;T2版为绿茵平台版,介绍各队战况;T3版为城市客厅版,开设了“三个臭皮匠”“迷中一指禅”“情感蹦极跳”栏目。

四、雅典奥运会采访活动

雅典烽火

2004年8月14日,《大江晚报》推出“雅典烽火”特刊。

2004年8月13日,第28届夏季奥运会在希腊雅典隆重举行。《大江晚报》特派记者汪伦赴雅典现场采访雅典奥运会盛况。8月1日,《大江晚报》推出奥运特刊“雅典烽火”。

“雅典烽火”共8版,1版为封面导读版,大图片的杂志化设计;2版为海外诸强版,介绍奥运兵团;3版为约请名将版,介绍奥运的名将们;4—5版为中国军团版,介绍中国代表队夺金点;6版为图解奥运版,奥运精彩瞬间;7版为爱琴海韵版,介绍奥运花絮;8版为读者互动版,介绍芜湖读者观看奥运的感受和花絮。

五、德国世界杯采访活动

2006年6月9日,第18届世界杯足球赛在德国慕尼黑隆重举行。《大江晚报》特派记者林棣前往德国采访2006年德国世界杯足球赛,并担任全国晚报协会体育分会世界杯采访团副团长。6月8日,《大江晚报》推出2006年世界杯特刊“激战莱茵”。

“激战莱茵”共16版,T1版为封面导读版;T2—3版为赛前烽火版,T4—5版为突围版,前期刊发2006年世界杯珍藏表,介绍各队对决时间;T6—13版为点将版,介绍各队战况和球星表现;T14版为彩票版,介绍足彩全攻略;T15版为身边版,推出“我爱世界杯征文”大江晚报世界杯互动活动；T16 版为综合版，体育信息。

2006 年 6 月 8 日，《大江晚报》推出德国世界杯特刊。

《金周刊 · 芜湖广播电视》推出《过足瘾 · 世界杯观点手册》，共 19 版，T1 版为封面导读版；T2 版为广告版；T3 版为历届世界杯冠军榜；T4 版为伪球迷攻略；T5 版为 21 名主裁判比杀手还冷；T6 版为谁会是最后的大赢家？T7 版为十大新星；T8—9 版为大腕大佬场上多彩场下多情；T10 版为小组赛战况；T11—18 版为各小组对决表；T19 版为世界杯日历。

六、南非世界杯赛采访活动

《大江晚报》特派记者张嵘远赴南非 9 个城市 10 个赛区采访。从 2010 年 6 月 11 日至 7 月 12 日，每天推出 8 个版的“决战南非”世界杯特刊，通过前线、探营、直击、瞭望、掠影、走马南非、球迷客厅等版面，共推出 256 个整版，刊发文字和图片 1000 多篇（幅），鲜活详实地报道大赛盛况。

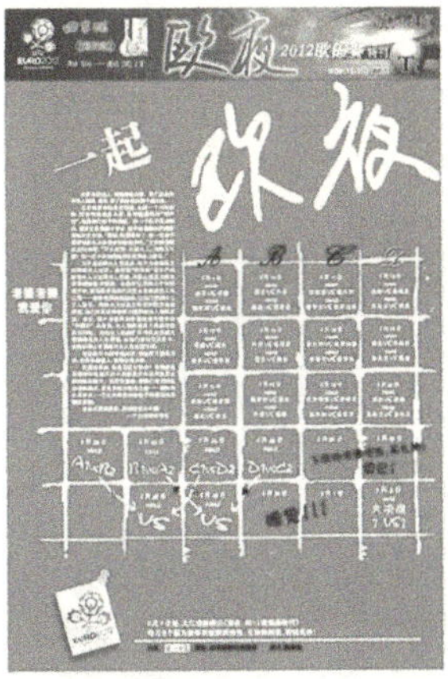

2012 年 6 月 11 日，《大江晚报》推出“欧夜”特刊。

七、乌克兰、波兰欧洲足球锦标赛采访活动

2012 年 6 月 9 日至 7 月 2 日，欧洲足球锦标赛在乌克兰和波兰隆重举行。6 月 6 日，芜湖日报报业集团特派记者王舒力远赴现场采访比赛盛况，从 6 月 7 日开始，《大江晚报》推出 2012 年欧洲足球锦标赛特刊“欧夜”。

“欧夜”共 8 版，创刊号 T1 版为封面导读版，刊发锦标赛比赛时间表；T2 版推出特派记者王舒力的专栏“王的盛宴”；T3 版介绍球队情况；T4 版刊发完全赛程表。

比赛开始后，各版有了变化，T1 版仍然是封面导读版；T2—3 版为直击版，有“王的盛宴”专栏、射手榜等；T4 版为探营版，介绍各队战况和队员专访。

八、伦敦奥运会采访活动

2012 年 7 月 27 日至 8 月 12 日，第 30 届夏季奥运会在伦敦隆重举行。芜湖日报报业集团特派《大江晚报》记者张申尚、夏伟远赴伦敦采访奥运会，报业集团在芜湖市步行街广场为记者举行出征仪式，并在报业集团新闻大楼广场举行 2012 奥运宝贝总决赛暨颁奖晚会。7 月 26 日，《大江晚报》推出伦敦奥运会特刊。

2012 年 7 月 26 日，《大江晚报》推出“伦敦奥运会”特刊。

伦敦奥运会特刊共 16 版。创刊号 T1 版为封面导读版；T2—6 版为“你好，伦敦！”版，介绍特派记者现场感受；T7 版为记者手记版，推出个性化专栏“出口成张话英伦”和“激情一夏

享奥运”，两位特派记者分别介绍采访见闻和感受；T8—15 版为导视版，介绍各队情况；T16 版为奥运宝贝版，介绍奥运宝贝活动。比赛打响后，新增版面有英伦发现、追梦奥运、奥运皖军、赛事风云、英伦纪行、奥运花絮、奥运人物、图说奥运等。

足尚巴西
《足尚巴西》开踢了

2014 年 6 月 10 日，《大江晚报》推出“足尚巴西”特刊。

九、巴西世界杯采访活动

2014 年 6 月 13 日，第 20 届世界杯足球赛在巴西隆重举行，《大江晚报》特派记者王晓朋、张申尚到巴西现场采访世界杯。6 月 10 日，《大江晚报》推出世界杯特刊“足尚巴西”。

“足尚巴西”共 8 版，创刊号 T1 版为封面导读版；T2 版为互动版，推出《2014 年“高考”（巴西世界杯卷）试题邀你作答》，晚报球迷观战团活动；T3 版为前瞻版，世界杯三大猜想和解读“三金”悬念等；T4—5 版为场馆版，介绍世界杯场馆；T6—8 版为诸强版，介绍各强队。“足尚巴西”还推出了有趣的个性化栏目“西行漫记”。

十、俄罗斯世界杯采访活动

2018 年 6 月 9 日，芜湖日报报业集团和芜湖市广播电视台联合组成芜湖全媒体采访团，并在新百大厦步行街广场举行仪式，《大江晚报》特派记者季鲲和芜湖广播电视台生活频道特派记者丁剑赴俄罗斯采访世界杯足球赛。6 月 11 日，《大江晚报》推出 2018 年世界杯特刊“逐球”，报道世界杯盛会。“今日芜湖”客户端每天连线在俄罗斯的特派记者，推出世界杯特别节目“狂欢俄罗斯”，展现风情万种多姿多彩的俄罗斯之夏。

RUSSIA 2018
逐球
RUSSIA
2018
T1

2018 年 6 月 11 日，《大江晚报》推出“逐球”特刊。

2018 年世界杯特刊“逐球”每天 4 版。创刊号 T1 版为封面导读版，T2 版为世界杯赛程表；T3 版为世界杯征文、足球宝贝评选，开设“针尖对麦芒”栏目；T4 版为广告版。比赛开始之后，新推“点将”“现场”“互动”版。

第四章 改革创新

芜湖报业是在改革创新中逐步发展起来的,从当初只有民营报纸发展到官办报纸再发展到党报党刊、都市报、城市晚报和周刊等,报纸的“兄弟姐妹”不断扩大;从当初的三十二开、十八开、十六开杂志式报纸及八开、四开小报发展到对开大报;从四开四版发展到四开100版、对开60版,报纸的“肌肉”不断健硕;从当初的文言文到白话文再到普通话,报纸的语言不断规范;从当初消息、启事、信息、题花到今天的消息、特写、通讯、言论、系列报道和图片新闻,新闻的表现形式不断丰富;从当初的活字印刷、黑白图片到铅字印刷再到激光照排、全彩印刷,报纸的印刷水平天翻地覆。

本章着重介绍芜湖报业有影响的改革创新成果,其中包括体制创新、新闻创新、编务创新、版面创新、广告创新和创新案例等。

第一节 体制创新

一、外地报纸在芜办报

芜湖近现代报业史上,有三张外地媒体在芜湖办报,其中《京芜周报》是已知首家在芜湖发行的外地报纸。

1946年7月,在南京登记出版的京芜周报社在芜湖和合肥同时设立办事处,以南京和芜湖为中心,将《京芜周报》分别发行到南京、芜湖和合肥三地。

1946年9月,上海《中央日报》在芜湖创办对开大报《中央日报(安徽增刊)》,并在芜湖专门设置发行主任。其版式完全一样,只是安徽增刊只有2个版。1949年4月20日停刊。

1947年10月,上海的《粮食日报》在芜湖创办《粮食日报(芜湖版)》,每日下午四时出版。1948年4月间,因《粮食日报》改为《经济日报》,《粮食日报(芜湖版)》遂停刊。

20世纪80年代后,外地报刊在芜湖呈井喷之势。除规定要求进入芜湖报业市场的报纸《人民日报》《安徽日报》和杂志《红旗》外,最有影响的有《参考消息》《新民晚报》《扬子晚报》《羊城晚报》《大众电影》《知音》等。

二、芜湖报纸“走出去”

1.《安徽俗话报》在全国发行

《安徽俗话报》发行模式很独特,由芜湖科学图书社负责发行工作,总发卖所为芜湖科学图书社，另在安徽各府、州、县和上海、保定、北京、南京、长沙、南昌等地设代派处58个，在销路上居全国各白话报之首，也是芜湖报业第一张“走出去”的报纸。

2.《工商日报》到合肥办三河版

1937年12月7日，芜湖被日寇攻陷，《工商日报》因此停刊，将部分印刷器材撤离至合肥三河镇，继续出版《工商日报》三河版，报纸改为十六开周七刊，登载一些抗战消息，约三个多月后，因日军占领巢县而再度被迫停刊。

3.《芜湖晚报》宜宾办报、昭通开分社

1940年9月1日，原芜湖《工商日报》编辑张衡山在四川宜宾创办《芜湖晚报》，实际上是将在芜湖申办的手续转到宜宾，以“复刊”的形式创办《芜湖晚报》。社址在宜宾市交通街33号。出版发行一年多，最高时发行量达到1600份，芜湖晚报社还在云南昭通设立昭通分社，昭通推销报纸也有300份。这不仅在芜湖报业史上独一无二，在全国新闻史上也不多见。

4.《大江晚报》进无为、铜陵、泾县、和县

《芜湖晚报》创刊一年后，就进入周边报业市场，其中包括无为（当时还没有划入芜湖）、铜陵、泾县等地。2005年，《大江晚报》又进入和县报业市场。

5.芜湖日报报业集团实施“走出去”战略

2008年，根据中共芜湖市委宣传部的要求，芜湖日报报业集团实施“走出去”工程，在合肥设立《大江晚报》记者站。2009年1月1日，改版后的《大江晚报》首次在合肥发行5000份。2009年12月25日，《金周刊·芜湖广播电视》首批1800份走进宣城报业市场。从2011年开始，由于报业市场发生变化，报业集团战略调整，《大江晚报》《金周刊·芜湖广播电视》先后逐步退出合肥和宣城报业市场（详见第四编第一章第二节《重大事件》）。

三、合办报纸

1.“皖江”“工商”合办《皖江 工商报联合版》

1946年，原《皖江日报》和《工商日报》的办报人合办《皖江 工商报联合版》。

《皖江日报》于1937年12月5日停刊，《工商日报》社长张九皋与《皖江时报》社长谭明卿之子谭焕章、谭邦杰合作于1946年2月6日合办《皖江 工商报联合版》，年底停刊。

2.荡寇报、经济报合办《荡寇报 经济报联合版晚刊》

1947年9月9日，《荡寇报》创刊。1948年5月20日，《荡寇报》改出《荡寇报（晚刊）》。1948年9月12日，《荡寇报》又与《经济报》出版《荡寇报 经济报联合版（晚刊）》。1949年4月24日，芜湖解放，报纸停刊。

3.芜湖地委和市委合办《芜湖报 芜湖日报联合版》

1958年12月6日，中共芜湖地委机关报《芜湖报》和中共芜湖市委机关报《芜湖日报》合并推出《芜湖报 芜湖日报联合版》，报社实行总编辑负责制，出报16期，于12月31日终刊。此后改出《芜湖日报》。

四、《皖南日报》的芜湖元素

《皖南日报》是皖南区党委机关报。1949 年 7 月，芜湖日报社与皖南日报社合并。9 月 22 日，《芜湖日报》改名《皖南日报》在芜湖出版，虽属皖南区党委机关报，但有了芜湖元素。首先，芜湖成了《皖南日报》的大本营；其次，《芜湖日报》改名为《皖南日报》；第三，《芜湖日报》采编班子与原《皖南日报》采编班子融为一体；第四，《皖南日报》担负着宣传芜湖的任务。

五、芜湖大众社与芜湖广播电台合署办公

1952 年 7 月，芜湖大众社与芜湖广播电台合署办公，实行两块牌子、一套班子的领导体制，这也是芜湖报业首次跨行业的融合。1953 年 3 月 1 日，因电台撤销，芜湖大众报社成为一个独立的报社。

六、芜湖报业第一张都市类综合周刊

1989 年 1 月 1 日，芜湖日报社主办的《芜湖日报・星期刊》正式创刊，它是芜湖日报社新闻改革的一次有效尝试，是芜湖报业史上第一张都市类综合周刊，也使《芜湖日报》成为名副其实的周七刊日报。

七、《芜湖日报》“母报”变“长子”

2009 年 12 月，芜湖日报报业集团对《芜湖日报》管理体制进行改革，《芜湖日报》单独设置总编辑、副总编辑，不设行政级别，《芜湖日报》由“母报”变“长子”，芜湖日报报业集团由“报办集团”改为“集团办报”。据悉，这种创新在国内传媒界还是首次。

从 1949 年 7 月到 2009 年 12 月，芜湖日报社与《芜湖日报》是一套班子，《芜湖日报》与《大江晚报》《金周刊・芜湖广播电视》的关系为“母子”关系。2003 年 9 月 22 日，《芜湖日报》头版刊发《本报文明创建宣传有特色》一文有“《芜湖日报》及其子报《大江晚报》”一段文字，明确其母子关系。

2009 年 12 月，芜湖日报报业集团对《芜湖日报》实施“改思维、改内容、改形式、改文风、改机构、改机制”的“六改”联动，提出把《芜湖日报》打造成“市委放心、读者喜爱、百姓欢迎、市场接受的现代都市党报”，其中一项重要举措就是将《芜湖日报》从“母体”中分离出来，由“母报”变为“长子”。《芜湖日报》单独设立总编辑和副总编辑，不设行政级别，实行聘任制、年薪制。《芜湖日报》运营成本实行总额预算管理，由集团按年度核定。报业集团对《芜湖日报》与《大江晚报》和《金周刊・芜湖广播电视》实行同级管理。《芜湖日报》在内容上融入晚报元素，有了“党报的心，都市报的身”。

八、实施“部校共建”战略

根据中共安徽省委宣传部和芜湖市委宣传部的部署，从 2015 年起，芜湖日报报业集团与安徽师范大学新闻传媒学院进行深度合作，实施“部校共建”战略。报业集团派出资深报人到新闻传媒学院开课和讲座；新闻传媒学院的老师和学者到报业集团媒体挂职交流，

促进学界与业界的融合。报业集团组织采编人员到新闻传媒学院听业务讲座，免费为新闻传媒学院和皖江学院的新闻类学生提供实习平台，邀请新闻传媒学院的领导进入集团好新闻评审专家库。

2015 年 10 月至 2016 年 8 月，芜湖日报报业集团与安徽师范大学新闻传媒学院共同举办有关媒体融合专业培训。时任芜湖日报报业集团党委书记、社长刘光到新闻传媒学院开设讲座，向新闻专业的学生讲授《传统媒体与新媒体融合》；报业集团副总编、高级记者金昌龙到学院开设系列讲座，用 20 个学时讲授《新闻策划、采访与写作》；报业集团原编委办主任、主任记者闵泽未到学院开设新闻采编讲座；《大江晚报》副总编辑、主任记者朱金海到学院讲授《实战新闻学》。与此同时，新闻传媒学院讲师、博士研究生桂万保挂职兼任《芜湖日报》副总编辑，李化来兼任《金周刊 · 芜湖广播电视》总编辑助理，李商雨兼任《大江晚报》总编辑助理。

其间，创建媒体与高校共办《金周刊 · 芜湖广播电视》模式，《金周刊 · 芜湖广播电视》在学院设立编辑部，高校学生轮流参与《金周刊 · 芜湖广播电视》的采编工作。

从 2014 年开始，报业集团设立好新闻评审专家库，邀请新闻传媒学院领导和学者参与集团好新闻的评审工作。

据不完全统计，截至 2016 年 12 月，报业集团已组织 6 批采编人员到学院听系列讲座。2013 年至 2016 年，报业集团免费接收安徽师范大学新闻传媒学院和皖江学院的新闻类大学生和研究生 236 人次。

九、报业和广电合二为一

2017 年初，根据中共芜湖市委宣传部统一部署，整合芜湖市新媒体资源，芜湖日报报业集团的芜湖新闻网及新媒体和芜湖市广播电视台的皖江明珠网及新媒体合并入成立湖新媒体中心。2017 年 9 月 29 日上午，芜湖新媒体中心的“今日芜湖”客户端正式上线。2018 年 9 月 29 日，芜湖日报报业集团（芜湖日报社）与芜湖市广播电视台合并成立芜湖传媒中心（集团），保留芜湖日报社和芜湖市广播电视台牌子。

第二节　版面创新

一、《皖江日报》首创小说连载

1919 年春，经郝耕仁介绍，张恨水担任《皖江日报》文艺副刊编辑。他在《皖江日报》副刊连续发表他的第一部长篇言情小说《紫玉成烟》，开创芜湖报业史上小说连载之先河。

二、《皖南日报》《新芜湖报》《芜湖晚报》推出通版

1.《皖南日报》出通版

1951 年 1 月 1 日，《皖南日报》推出两版打通的通版。

2.《新芜湖报》1— 4 版为通版

1967 年 12 月 1 日,《新芜湖报》推出通版,1— 4 版打通套红围框刊发,这可能是因为事件重大而独立推出的通版。其内页也有通版。

右侧 1 版区域右下角为套红报头,头条是套红标题,下面第二条为《中共中央电贺泰国共产党成立二十五周年》,第三条为《我省"文化大革命"出现一派大好形势》。4 版区域上方为套红毛主席语录:"群众办报 全党办报"。左侧上方有一张毛主席在看报纸的大图片,另有相关文章。

有趣的是,这个通版左侧区域的文字为横排,而右侧区域除毛主席语录和图片说明是横排外,其他文章均为由右向左竖排。

3.《芜湖晚报》1— 4 版打通为新闻时空版

1996 年 4 月 15 日,《芜湖晚报》第一次改版时,推出"新闻时空"版,将 1 版和 4 版打通,且长达 7 年。通版取消两版之间的中缝,使版式更新颖,信息量更大。

通版"新闻时空"分报头区和文章区,报头在通版中间上方位置竖排,重要头条稿件标题随之竖排。文章区左侧原 4 版区域为国内外要闻区,右侧为本土重要新闻。栏目有"标题新闻""今日要闻一分钟""子夜传呼""温馨提示""今日导读""今日聚焦"和"读者沙龙"等。

1997 年 1 月 1 日的新闻时空版共刊发稿件 33 篇,另有广告 1 块,明显多于两个版的容量。2003 年 1 月,因推出时尚化的封面版,取消 1— 4 版通版。

三、《芜湖日报》开设社会·生活版

1993 年,《芜湖日报》开设"社会·生活版",把新闻宣传的重点渗透到市民的生活,增加社会新闻的分量,这是《芜湖日报》新闻改革的又一成果。之后才有了"社会生活"版、民生与热线版和 B 叠关注民生、服务社会系列板块。

社会·生活版每天在《芜湖日报》2 版出现,开设"华兴街随笔""社会时评""由我来聊""快镜传真""世象经纬""两面针""集装箱"和"信息服务"等栏目。

四、《芜湖日报》推出时事副刊

1995 年,《芜湖日报》推出时事副刊,将时政新闻副刊化,这是党报时事新闻改革的成果。1995 年 7 月,正值纪念抗战胜利 58 周年,《芜湖日报》时事部的编辑们决定编辑一组"纪念抗战胜利"时事副刊,编辑们从 1000 多篇时事新闻稿件中精选出 3 篇作为主打,在版式上采用四栏横题加框,其中有"挺起中华民族的脊梁——访廖汉生将军"的名人专访。时事副刊共办 200 期,于 1998 年停刊。

五、《大江晚报》推出杂志化封面版

2003 年 1 月 1 日,《大江晚报》封面版首次采用国内比较流行的大标题、大图片模式,彩色印刷,增强报纸的视觉冲击效果。2004 年 1 月 1 日,《大江晚报》第五次改版时,封面

版采用头条新闻 + 大图片 + 导读新闻的杂志化封面，其他版面设计为"T"字三批形。版式由交合式改为模块式，方便读者阅读，这是《大江晚报》历次改版中动作最大的一次。

六、《芜湖日报》时政要闻简讯上头版头条

2003 年 9 月 18 日，《芜湖日报》头版头条推出《要闻》，它的特别之处是采用集装箱的形式，将一组时政要闻以简讯的方式在一版头条的位置上刊发，每期 3 条左右，均为百字新闻，显示芜湖日报社对时政要闻报道的改革创新。此后，这种形式多次出现。

七、《大江晚报》版面名称与众不同

2008 年，《大江晚报》改版后推出全新的版面，从版面定位、版面语言和版面样式都有明显的创新，尤其是改变本土新闻版面的命名模式，采用全新的大江新闻 · 高度、大江新闻 · 速度、大江新闻 · 热度、大江新闻 · 广度和大江新闻 · 深度等名称，使《大江晚报》的版面更加独特。

八、《大江晚报》合肥和芜湖新闻合二为一

2009 年，为了实施《大江晚报》走出去战略，《大江晚报》用统揽全省的视角，将芜湖新闻和合肥新闻相融合，通过聚焦、热点、资讯、互动、社会五个板块，全面展示《大江晚报》的开放与包容。

九、《芜湖日报》实现报纸全彩印刷

2010 年 10 月 1 日，《芜湖日报》全彩印刷，芜湖日报报业集团所有纸媒均实现全彩印刷，开启芜湖日报报业集团的"全彩革命"，增强报纸的影响力和吸引力，与国内报纸多版化、彩色化的发展趋势同步，走在安徽省市级党报的前列。

2010 年 9 月 30 日，《芜湖日报》发启事《敬告读者》："本报从 10 月 1 日起，正式全彩出版。"2010 年 10 月 1 日，《芜湖日报》推出《〈芜湖日报〉今起"华丽转身" 全彩出版带给读者更多精彩》介绍《芜湖日报》全彩印刷情况。

十、《大江晚报》双报头

2006 年，《大江晚报》推出"双报头"。在《大江晚报》B 叠 1 版上方设立报名区，"大江晚报"字体与封面版相同，但略小于封面版，没有立体阴影红，而是纯红色彩。2007 年，《大江晚报》每叠头版都有一个小报头。2010 年 1 月 1 日，《大江晚报》首次采用双报头、双导读版面形式。2011 年 3 月 10 日，《大江晚报》头版与《大江晚报 · 大江楼市》的报头完全一样，只是在报头右下角有"大江楼市"字样。

2010 年 12 月 31 日《大江晚报》是标准的"双报头"。两个报头完全一样，文章区同样由"大标题 + 大图片 + 小导读"组成，所不同的是正头版报头上有"今日芜湖 128 版"字样，而次头版报头上则标有"A 叠"字样，两个头版均为新闻导读。

第三节 广告创新

一、超级跨版形象金版

2006 年 10 月 26 日,《大江晚报》与伟星置业有限公司联合推出特刊—《安徽伟星置业有限公司超级跨版形象金版》。

此跨版金刊由《大江晚报》广告部全案创意推广,以其全张正反八版、双面彩印的大画面与大气魄,一举开创芜湖报业广告两个第一:安徽地市级报纸第一份房地产企业超级跨版形象金刊和芜湖房地产企业第一份超级跨版金刊。

此金刊出版正值芜湖市房博会召开,引起房地产企业和市民的广泛关注,房博会第一天就被市民索要 4000 多份珍藏。业内人士认为,这份金刊不仅首开芜湖房地产界跨版形象金刊先河,彰显企业实力,更凸现芜湖日报报业集团的实力和《大江晚报》作为江城主流、权威媒体的强大号召力和影响力。

此后,《大江晚报》又与芜湖华亿集团联合制作《商之都超级跨版形象金版》。

二、创办 DM 杂志和报纸插页

2009 年 1 月,芜湖日报报业集团广告中心与视觉经典传媒有限公司合作打造 DM 杂志《芜湖生活》,借壳进入 DM 市场,该杂志由报业集团广告中心负责编审。后与视觉经典传媒有限公司脱钩,报业集团放弃《芜湖生活》,改办报纸 DM 插页。2019 年,报纸 DM 插页由报业集团发行公司负责经营。

三、“中国梦 · 芜湖故事”公益广告创新

2013 年,芜湖日报报业集团在公益广告创新上推出“中国梦 · 芜湖故事”系列,通过二维码实现平面广告的立体呈现,这在公益广告制作和宣传中是首创。

“中国梦 · 芜湖故事”系列公益广告共有 6 幅,分别为:发展梦(一桥飞架 跨江发展)、安居梦(安居乐业 和谐芜湖)、创新梦(民族品牌 创新芜湖)、创业梦(创业富民 幸福芜湖)、欢乐梦(文化创意 欢乐芜湖)和“文明梦”(道德模范 大爱江城),以公益广告的形式,用芜湖人自己的人、情、事、理,全景式展示芜湖人民追求梦想、实现梦想的精彩实践和心路历程,阐释中国梦,这在芜湖媒体公益广告宣传中尚属首次。

在表现形式上,采用“二维码”,将中国梦与地方发展、百姓故事结合起来,将传统媒体的版面优势与新媒体的海量信息优势结合起来,通过延伸阅读,赋予公益广告新的表现形式和内涵,从而透过“中国梦 · 芜湖故事”,形象地展示芜湖社会经济发展的风采。《中国记者》推介了“中国梦 · 芜湖故事”系列公益广告的实践做法,其论文荣获安徽省新闻奖论文一等奖。

四、《大江晚报》玫瑰香报

2016 年 8 月 9 日是七夕节,《大江晚报》联合芜湖东方龙城创意推出“七夕节玫瑰香

报”,它带着玫瑰飘香送到市民的手中,给人带来浪漫和温馨,这是中国第二份、芜湖首份“玫瑰香报”。

“玫瑰香报”是为东方龙城特别设计的广告,由芜湖日报报业集团广告中心房地产事业部策划制作,它由飘散着玫瑰香的广告报纸、一束玫瑰花构成,报纸上融入玫瑰花食用香精,打开报纸不仅能看到大通版里玫瑰花瓣图案装饰下印着“邂逅玫瑰 幸福金城 这是给你的情书”字样,还能闻到温馨的玫瑰香,把一束玫瑰花卷在报纸里就成了“玫瑰香报”。

五、策划营销非报文化项目

2017 年 1 月 1 日,芜湖日报报业集团与新华联鸠兹古镇联合策划、由专业工匠制作的世界最大铁画《天下徽商 兴于鸠兹》在鸠兹古镇问世。这是芜湖日报报业集团首次为企业策划文化项目,并获得非报广告收入 8 万元。

这幅铁画长度为 15.77 米、高度为 7.35 米、面积为 115.91 平方米,由芜湖铁画第五代传人、中国工艺美术大师、中国国家级非物质文化遗产传承人储金霞领衔精心制作,集芜湖当地铁画精英之力历时近百天完成。

该营销案例在第 24 届中国国际广告节上获得中国广告行业最高奖—长城奖,这是芜湖报业广告史上第一个广告长城奖金奖。

六、AR 立体广告

2018 年 6 月 26 日,借助腾讯 QQ - AR 平台,《大江晚报》在头版推出首个 AR 广告创意整幅广告,用手机 QQ 扫一扫下方的“用移动不限量看高清世界杯”图片,手机立即呈现 15 秒的视频画面,实现平面阅读和立体影像的无界转换,开创报纸广告新境界。

第四节 新媒体创新

一、新媒体超市

2013 年起,芜湖日报报业集团逐步打造“新媒体超市”。将各媒体和有关部门的新媒体产品打包,并制作成二维码,嵌入《芜湖日报》《大江晚报》的报头和芜湖新闻网站首页,方便读者通过电脑和手机浏览众多新媒体产品,实现集团各媒体融合,引导读者跨界延伸阅读。

新媒体超市分网站、客户端、数字报、新浪微博和微信公众号等 6 类 33 个产品。其中,网站有 12 个,客户端有 2 个,数字报有 3 个,新浪微博有 4 个,腾讯微博有 3 个,微信公众号有 9 个。到 2017 年,新媒体超市产品达到 40 个。中宣部新闻局《内部通信》第 2 期和第 10 期,先后对芜湖日报报业集团媒体融合发展和“新媒体超市”进行介绍并给予肯定。

二、“无线芜湖”客户端

2014 年 9 月 19 日,芜湖新闻网旗下的“无线芜湖”新闻客户端上线。2015 年 1 月,“无线芜湖”客户端改版升级。从 2015 年 2 月起,客户端进入推广期(详见第二编报纸杂志第八章第二节《新媒体矩阵》）。

三、芜湖新媒体中心

2017年，芜湖日报报业集团的芜湖新闻网及新媒体《无线芜湖》和芜湖市广播电视台的皖江明珠网及新媒体《身边芜湖》整合后，组建芜湖新媒体中心，这是芜湖报业和芜湖广电"媒体融合"成果。

芜湖新媒体中心的建成，构建了以"报台网端"为框架的新型媒体传播格局，形成报、网、端、微、发布的"5个类别8大平台"的新媒体矩阵，成为芜湖三大主流媒体之一（详见第四编第一章第二节《重大事件》）。

四、"今日芜湖"客户端

2017年9月29日上午，芜湖新媒体中心推出的"今日芜湖"客户端发布上线（详见第二编第八章第二节《新媒体矩阵》）。

第五节　编务创新

一、《大江晚报》改出"早报"

按照惯例，晚报都是上午做报，下午出报，读者一般在下午或晚上看到报纸。1995年11月29日，《芜湖晚报》出了"早报"，这是被逼出来的"早报"。从2002年6月开始，因世界杯而正式改为早晨出报。

1995年11月28日，《芜湖晚报》编辑部突然接到报社第二天全天停电的通知，按常规报纸要停刊一天。为了不让江城父老乡亲失望，报社领导决定在当天下午和晚上提前印刷次日的报纸，11月29日上午，《芜湖晚报》破天荒地出报了。当然，这只是一次意外的"早报"。此后一直还是下午出报，真正让晚报成"早报"是2002年的韩日世界杯，让《大江晚报》彻底告别"晚报"。

韩日世界杯期间，《大江晚报》推出"大江晚报·韩日世界杯特刊"，为了提高报道时效，报社决定从2002年6月起，将《大江晚报》由下午出报改为早晨出报。世界杯结束后，"晨出晚报"坚持至今，这也是《大江晚报》发行上的一项重大创新。

二、创办《新闻阅评》

《新闻阅评》原为中共安徽省委宣传部和中共芜湖市委宣传部独有。2011年，芜湖日报报业集团新闻研究室创办自己的《新闻阅评》，并成立由全国知名传媒专家、资深报人及有关部门人员组成的新闻阅评小组，阅评范围涉及报业集团所有纸媒和网站。2018年9月29日，芜湖传媒中心（集团）成立后，《新闻阅评》停刊，改为《监听监看》，每月推出一期。

《新闻阅评》以新闻监督、学术研究、工作磋商、信息交流、业务探讨、宏观调控为准则，以平视的角度，重点对稿件和版面策划的得失进行分析，帮助采编人员提高采编水平，并积极做好与上级新闻阅评机构的沟通联系工作。

《新闻阅评》最大的特点是及时，阅评员发现媒体上的问题之后，立即写稿，经过三级审查后印发。

三、版面即评即奖机制

2012年，芜湖日报报业集团推出《关于建立版面即评即奖机制的暂行办法》，对《芜湖日报》《大江晚报》《金周刊·芜湖广播电视》和芜湖新闻网(含芜湖手机报)首发的优秀作品实行版面即评即奖(详见第五编第三章第二节《采编奖励制度》)。

四、好新闻网上评审

2014年，芜湖日报报业集团制定《芜湖日报报业集团好新闻评选实施细则》，创新集团好新闻评选机制，实现网上评审，不仅节省了成本，而且提高了效率。

为确保评审工作权威性，报业集团建立好新闻评审专家库，分别由各媒体负责人、报业集团副高职称以上从业人员和安徽师范大学新闻传媒学院的领导、教授担任，每次评审实行随机抽样产生当年评审委员会成员，评选项目也与全国和安徽省新闻奖评选接轨。

第六节 创新案例

一、"党报进社区"

2004年12月2日，芜湖日报社向中共芜湖市委提交《关于开展"党报进社区"活动的请示》，请求市委批准在市区内社区、居民小区、学校门口和道路两侧等适宜地方建立阅报栏200个，分期实施，由报社提供报纸及日常更新维护和管理，其阅报栏费用由报社自筹。同年12月7日，时任中共芜湖市委书记詹夏来在《请示》上指示：这是丰富人民群众精神文化生活的一个重要举措，请各有关部门给予大力支持。12月31日，受中共芜湖市委、市政府委托，由市政府副秘书长主持召开会议，协调研究"党报进社区"工作。会议同意兴建阅报栏200个，计划两年内完成。2005年6月前建设首批61个阅报栏，其中新芜区、镜湖区各15个，马塘区、鸠江区各建10个，安师大、皖医、工程科技学院、师专、联大、商贸职业技术学院、教育学院、中医药高专、电大、机电职业学院、铁路技校各建1个。阅报栏建成后由芜湖日报社移交相关小区物业、社居委或单位管理，每日党报由报社负责，建设费用由芜湖日报社承担。

2005年1月起，芜湖日报社通过市场运作，自筹资金30万元，在全市四区的重点社区、主要街道路口及大专院校兴建党报阅报栏60个，由芜湖日报社发行部门安排有关人员每天更新党报。

从2006年2月开始，《芜湖日报》"党报进社区"活动每周举办一次，编辑记者走进社区，与居民面对面，倾听群众的呼声，全面报道"进社区"的活动内容。之后，该活动扩大到芜湖日报社党组成员和全体党员、中层干部及党员发展对象，并形成媒体间互动。该项活动至今仍在不定期地开展。

二、芜湖十大平民英雄评选活动

从2006年起,《大江晚报》每年开展芜湖十大平民英雄评选活动。

让老百姓成为评选的主角,让老百姓自己评选心中的英雄,让老百姓公认的英雄走上领奖台,是《大江晚报》开展芜湖十大平民英雄评选活动的初衷,也为芜湖市精神文明建设提供一个崭新的模式。具体做法有三项:

第一,在《大江晚报》要闻版面和芜湖新闻网上刊发启事,公布评选时间和范围以及十大平民英雄的基本要求;公布芜湖十大平民英雄候选人名单和投票读者、网民的奖励办法和标准。

第二,评选过程分三个步骤:一是由读者和网民提名征集30名芜湖十大平民英雄候选人名单;二是在《大江晚报》和芜湖新闻网上刊发芜湖十大平民英雄候选人名单及评选理由,并接受读者和网民的投票;三是按照候选人得票多少确定芜湖十大平民英雄;四是由晚报记者对获得芜湖十大平民英雄进行专访,开辟专版宣传芜湖十大平民英雄事迹。为了确保活动的公开、公正、公平,成立由芜湖日报报业集团领导、晚报负责人和读者代表共同组成的活动监评组,对整个活动进行监督。

第三,在举行读者节活动中,由与会领导向芜湖十大平民英雄颁发奖杯和奖金,每人奖励1000元;为30名投票读者和网民颁发奖金,每人奖励100元。

芜湖十大平民英雄的评选活动成功经验有三条:一是由老百姓自己评选,且这些平民英雄就生活在他们的身边,因而,更容易接受,更亲切可信。二是这些平民英雄虽然还不具备"高大全"英雄形象的标准,但他们所做的成绩是极具榜样作用,在此后的政府评选专项先进个人中,芜湖十大平民英雄中有许多人获得殊荣,其中就有赵金霞、王声林、唐光生、徐秋平等。三是评选芜湖十大平民英雄是弘扬社会正气的一种有效手段,为芜湖文明建设提供了一种新模式。

三、大江义工队创新案例

2010年12月31日,由《大江晚报》采编人员为主体的大江义工队成立,以"帮助别人,快乐自己"为宗旨,以"尽己所能,不计报酬,传播文明,服务社会"为追求目的,以"送人玫瑰,手有余香"为互助理念。不断在志愿服务中吸收社会各方力量,如今已覆盖全市各行各业,服务内容涵盖免费法律咨询、免费义诊、金融服务、理发、磨刀、家电修理、政策宣传等。他们走进广场、走进社区、走近读者身边,为读者受众提供力所能及的服务。

截至2018年4月,大江义工队已走进全市70多个社区,服务群众数万人次,并多次策划开展"爱心年夜饭""爱心白开水""爱心送考"等主题志愿服务。

经安徽省学雷锋志愿服务专家委员会评选,2018年4月,大江义工队荣获安徽省"月评十佳"学雷锋志愿服务优秀典型。

四、芜湖"托举哥"新闻创新传播案例

2015年1月27日,一则芜湖"托举哥"的信息,通过芜湖日报报业集团传统媒体和新媒

体联动传播迅速扩散,人民日报、新华社、中央电视台等全国和地方几十家传统媒体、网站和新媒体先后转载或再采访报道。据不完全统计,截至3月2日,百度搜索有关“芜湖托举哥”的信息达到98.9万条。“芜湖托举哥”潘志俊、何凯还当选“中国好人”。这是芜湖日报报业集团在新闻传播上的一次成功尝试,也是报纸与新媒体融合宣传的一个成功案例。

1月27日上午9点35分,一名网友在新浪微博用手机发布一条图文信息:“联盛门口,这位交警不畏寒风,为市民出行保驾护航,为他点个赞。”帖子同时配发一张交警托举电缆让汽车通过的图片。芜湖新闻网官方微博2分钟后就转载了这条信息,《大江晚报》记者李林克在自己的新浪微博转发帖子。11分钟后,《大江晚报》官方微博转载了李林克的微博帖子。报业集团立即启动突发新闻报道预案,《芜湖日报》记者吕毅和《大江晚报》记者李林克、涂志勤分别采访当事人和现场周边商户及市民,进一步还原事情过程,并在当天17点57分,由《芜湖日报》微信公众号“今日看点”首先推送。次日又在《芜湖日报》民生·热线版刊发,配发快评《给“托举哥”点个赞》,芜湖手机报摘转《芜湖日报》的新闻,《大江晚报》微信也编发通讯。紧接着,《芜湖日报》中江时评编发评论文章《风雨中托举起“敬业”的旗帜》,深挖“托举”的时代意义。1月30日,芜湖新闻网微信发布《芜湖“托举哥”上了〈人民日报〉是鼓舞更是骄傲》。次日,《大江晚报》记者涂志勤在微博首发“交警托举哥何凯、潘志俊今晨获市道路安全协会赠送的每人二十万的人身意外伤害关怀保险单”的帖子。《芜湖日报》、《大江晚报》进行跟进报道。2月3日,《芜湖日报》时评版推出“观点交锋”文章《风雨中他们托举起正能量》《道路畅通不能只依靠“托举哥”》,真情版则用整版以《走进交警风雪迷茫你的眼重任落在我的肩》为题,聚焦芜湖交警的筑梦人生,《人民日报》、中央电视台、人民网、新华网等中央和地方媒体转发和再采访报道。

本案例的最大亮点就是通过打通报纸和新媒体的三个通道,让地方“小媒体”做成全国“大文章。”

注释:

[1]《皖南日报》发刊词《我们的任务——庆祝国庆与本报创刊》。

[2]《芜湖报》总编辑苏彦彬《增强党的观念,努力办好党报——在〈芜湖报〉创刊三十三周年纪念会上的讲话》(见《芜湖报刊三十三周年》第11页)。

[3]《我与芜湖日报——纪念〈芜湖日报〉创刊45周年》中“志报人话的”《一则真实的故事》(原《芜湖报》总编辑王自强回忆父亲)。

第四编　报业大事

第一章　重要事件

芜湖百年报业发生的重要事件相当多，从安徽第一份报纸《皖报》落户芜湖，到陈独秀在芜湖办《安徽俗话报》，以及中共芜湖市委创办机关报《芜湖日报》；从轰动芜湖的《新芜湖报》案，到《芜湖晚报》与《扬子晚报》的发行之争以及报业集团“走出去”战略；从芜湖日报社改制为芜湖日报报业集团（芜湖日报社）再到芜湖报业与广电合并成立芜湖传媒中心（集团），芜湖报业经历了太多的大事。

本章着重介绍领导关爱和发生在芜湖报业的重要事件。

第一节　领导关爱

一、领导评价和题词

1. 李瑞环同志在芜湖阅读《芜湖日报》

1993年6月4日上午，时任中共中央政治局常委、全国政协主席李瑞环到芜湖视察时在铁山宾馆阅读《芜湖日报》，并称赞这张报纸办得丰富多彩。时任芜湖市委书记、市长张平陪同。

2. 徐惟诚给《芜湖日报》的赠言

1994年6月7日，《芜湖日报·星期刊》“芜湖人在外地”栏目记者王纯才在北京采访了中共中央宣传部常务副部长徐惟诚。他获悉今年是《芜湖日报》创刊45周年时说：我的字写得不好，只写文章不题字，请帮我记下几句话赠给芜湖日报朋友吧。他的赠言是：“芜湖日报创刊45周年，可喜可贺。芜湖日报受到群众欢迎，希望办得更好，为芜湖的改革开放、经济发展、精神文明建设作出自己的贡献，请带去我对家乡人民的美好祝愿！”[1]

3. 安徽省政协主席张恺帆题词

1984年，原任安徽省委书记、时任安徽省政协主席张恺帆为《芜湖日报》创刊35周年题词：“报纸是党的宣传工具，贵在真实，既要宣传党的方针、政策，又要反映人民的呼声。芜湖日报在这些方面是有贡献的，希望百尺竿头更进一步。芜湖日报创刊三十五周年志庆。”

4. 国家文化部原部长王蒙题词

1997年7月18日，原国家文化部部长、中国作家协会名誉主席王蒙为《芜湖晚报》题词。王蒙的题词：“向芜湖晚报的读者致以一九九七年夏天的问候！”

5. 时任中共中央宣传部副部长徐光春题词

1999 年，时任中共中央宣传部副部长徐光春为《芜湖日报》创刊 50 周年题词：“辛勤笔耕 春华秋色。”

6. 时任全国记协主席、人民日报社社长邵华泽题词

1999 年，人民日报社社长、中国新闻摄影学会名誉会长、中国报业协会名誉会长邵华泽为《芜湖日报》创刊 50 周年题词。邵华泽社长的题词：“争上游。芜湖日报五十周年大庆。”

7. 时任新闻出版总署副署长梁衡题词

1999 年，时任新闻出版总署副署长梁衡为《芜湖日报》创刊 50 周年题词。梁衡的题词：“曾经五十风和雨，更待百年好文章。”

8. 时任全国人大常委会委员范敬宜题词

1999 年，原任人民日报总编辑，时任全国人大常委会委员、全国人大常委会教科文卫委员会副主任范敬宜为《芜湖日报》创刊 50 周年题词。范敬宜的题词：“地灵人杰说皖乡，樯橹如云稻米香，手持玉宣三万丈，朝朝暮暮写新章。贺芜湖日报创刊五十周年。”

9. 时任安徽省委副书记张平题词

2004 年，时任安徽省委副书记张平题词。张平的题词：“办好芜湖日报 促进发展服务群众。”

二、领导视察、调研、慰问芜湖报业

1. 徐惟诚会见芜湖市新闻单位主要负责人

1997 年 4 月 18 日晚，时任全国政协常委、中国大百科全书出版社总编辑、中宣部原常务副部长徐惟诚在铁山宾馆会见芜湖市新闻单位主要负责同志，并就如何搞好新闻宣传提出要求。

2. 芜湖四大班子慰问采编人员

2005 年 2 月 8 日，芜湖市四大班子领导来到芜湖日报社慰问全体采编人员。

3. 芜湖市政协主席方成一行视察报业集团

2012 年 2 月 28 日下午，芜湖市政协主席方成，市政协副主席司旌霞、汪健，秘书长李洪林一行视察芜湖日报报业集团。

4. 安徽省委常委、市委书记宋国权到报业集团调研

2016 年 11 月 8 日，中共安徽省委常委、芜湖市委书记宋国权到芜湖日报报业集团调研，寄语新闻工作者要学习贯彻习近平总书记系列重要讲话精神，进一步提高新闻宣传工作水平和舆论引导能力，唱响主旋律，弘扬正能量，做党和人民信赖的新闻工作者。

5. 芜湖市委副书记、市长贺懋燮看望采编人员

2018 年 2 月 10 日，中共芜湖市委副书记、市长贺懋燮来到报业集团看望采编人员。

6. 芜湖市委书记潘朝晖来报业集团指导工作

2018 年 6 月 24 日，中共芜湖市委书记潘朝晖来到芜湖日报报业集团，了解和指导芜湖传媒中心(集团)筹建工作。

7. 马鞍山市委常委、宣传部部长夏劲松来报业集团考察

2018 年 8 月 28 日，中共马鞍山市委常委、宣传部部长夏劲松一行来到芜湖日报报业集团，考察芜湖媒体融合工作。

8. 芜湖市委副书记、市长贺懋燮前往芜湖传媒中心(集团)调研

2018 年 9 月 27 日，中共芜湖市委副书记、市长贺懋燮前往芜湖传媒中心(集团)调研媒体融合发展工作。

8. 芜湖市委副书记、市长贺懋燮来芜湖传媒中心(集团)调研

2019 年 5 月 2 日下午，市委副书记、市长贺懋燮赴芜湖传媒中心(集团)调研，看望慰问节日期间坚守岗位的新闻工作者。

第二节　重大事件

一、《皖江日报》报馆事件

1913 年 1 月 8 日，《皖江日报》转载江苏公报上《忠告社会党》一文。1 月 16 日，芜湖社会党邢荡湖、董自由为首率众打着党旗，手持挽钩，将《皖南日报》报馆招牌劈下，捣毁排字房。巡警局、民团、商团闻讯前往弹压，当场逮捕 2 名社会党党员。事发后，报馆向地方法庭起诉。3 月 7 日，皖军第二旅旅长龚振鹏逮捕邢荡湖等人，这批涉案人员被重罚。[2]

二、轰动芜湖的《新芜湖报》案

1929 年 3 月，如皋人汪一涛和鲍仓等人在大花园烟雨墩创办《新芜湖报》，具体事务由汪一涛负责，参与报馆事务的有鲍仓等中共党员。因宣传马克思主义，揭露社会的黑暗和反动派的罪恶，出版发行不到 2 个月就拥有固定读者两三千人。

1929 年 5 月 28 日，芜湖公安局局长赵春圃密令侦缉队、保安队开展大逮捕行动。先后在各处逮捕鲍仓、汪一涛、李堂华、吕振黄(女)、曹冠英(女)、黄潭一、陈毅、张志敏、张继增、张继忠、吕绍光、李定华等 12 人，随后被押往芜湖公安局，当天就由司法课开庭审讯，审讯结束后再行关押。因搜查出《民众先锋》《资本主义与战争》《开明》《赭山半月刊》等进步书刊。《新芜湖报》遭到查封。

为了加重被捕人员的罪名，芜湖国民党当局伪造一份暴动计划书，同时在各家报纸上大做宣传，声称芜湖共产党党首鲍仓等人企图在芜湖暴动，欲置他们于死地。这些做法引起芜湖各界的不满，纷纷声援。当局迫于社会舆论的压力，在对被捕人员审讯之后，因查无实据，一律予以保释。但深受芜湖民众欢迎的《新芜湖报》就此被迫停刊。[3]

三、芜湖报界“六七”事件

1946年2月6日,《皖江 工商报联合版》创刊,并深受芜湖民众喜爱,但遭到官办的《大江日报》发行人方宏孝的忌恨。就在《皖江 工商报联合版》出版七日之后,方宏孝利用权势不准《皖江 工商报联合版》复刊,未能得逞后,又唆使国民党第二十军官总队中的部分人员于1946年4月7日突然袭击该报报社。他们冲进印刷部将所有字架打翻,致报社4名职工受重伤,造成芜湖报界有名的“六七”事件。遭此变故,合伙办报人谭邦杰因此日益消沉,无心办报。1946年年底,《皖江 工商报联合版》停刊。

四、芜湖印刷工人罢工

1946年4月中旬,为要求增加工资,芜湖各地报馆的印刷工人罢工。

《工商日报》的印刷工人率先举行罢工。接着,《大江日报》《复兴日报》《火炬日报》《皖江日报》等全市九家报馆的印刷工人纷纷停工,参加罢工的共有300余人。工人们提出:“不获胜利,决不复工”的口号,并组织纠察队,到各报馆检查罢工情况,为把罢工推向高潮,工人们又组织了“印刷工会筹备会”,全体印刷工人都是会员,虽然罢工最后失败,但印刷工人的维权意识得到加强。[4]

五、建造报社办公大楼和宿舍

《芜湖日报》创刊70年以来,报社搬迁过13次,芜湖市政府帮助建设和自建办公大楼4幢。

新华电讯社社址在芜湖市中山路,芜湖日报社在芜湖市公安街106号,皖南日报社在芜湖市公安街107号,芜湖大众社原在凤凰山下,后搬迁到芜湖市政府建设的芜湖市新芜路83号办公楼;中共芜湖市委机关报《芜湖报》在薪市街4号,中共芜湖地委机关报《芜湖日报》在新芜路83号,《芜湖报 芜湖日报联合版》时期在新芜路83号,《芜湖报》和《芜湖日报》分开后,《芜湖日报》仍在新芜路83号。《简报》和《芜湖简报》编辑部在范罗山中共芜湖市委宣传部内办公,1979年恢复《芜湖报》后仍在范罗山办公,1983年搬迁到新址华兴街4号新闻大楼,2011年,芜湖日报报业集团搬迁到芜湖市弋江区红花山路20号新闻大楼办公。

1.新芜路83号,1952—1967年,芜湖大众报社社址;2.北京路161号,1967—1972年,新芜湖报社社址;3.镜湖路市革委会政工组办公室,1970—1977年《简报》编辑部地址;4.范罗山市委宣传部大楼内,1978—1979年,《芜湖简报》编辑部地址;5.范罗山,1979—1983年,芜湖报社、芜湖日报社社址;6.华兴街4号老楼,1983—2001年,芜湖日报社社址;7.华兴街4号(新旧楼),2001—2011年,芜湖日报社、芜湖日报报业集团社址;8.红花山路20号,2011年至2018年9月29日,芜湖日报报业集团社址。

1. 兴建芜湖日报社办公楼和宿舍

1956 年,中共芜湖市委拨款在新芜路 83 号兴建芜湖日报社办公楼和宿舍,其中办公室共三层。大楼建成后,《芜湖大众》编辑部从凤凰山下搬到新芜路 83 号新址办公。中共芜湖地委和芜湖市委合并创办《芜湖报 芜湖日报联合版》时也在此办公;中共芜湖市委单独办《芜湖日报》时仍然在此办公。1967 年,由《新华电讯》更名为《新芜湖报》时,新芜湖报社整体从新芜路 83 号搬迁到北京路 161 号。

2. 兴建芜湖日报社报业大楼

1982 年,中共芜湖市委书记傅大章力排众议,决定在华兴街 4—1 号建芜湖日报社办公大楼。芜湖市有关部门专门成立基建办公室,并将原机关幼儿园搬迁拆除。原设计为二层楼房,报社几经争取,调整设计方案改建三层楼房。其间,中共安徽省委书记张劲夫来芜湖视察,谈及市政建设时说,新建公房需五层以上。芜湖日报社办公楼又进行了重新设计,改成五层楼房。经过一年的建设于 1983 年底建成使用,芜湖日报社从范罗山 40 号搬迁入华兴街新办公楼。

3. 扩建芜湖日报社新采编办公大楼

1999 年,芜湖日报社在报业大楼的左侧扩建同样层高的新采编办公楼。2001 年 5 月,新采编办公楼建成使用。《芜湖日报》《大江晚报》采编人员全部搬迁到新楼里办公,新闻采编网络和计算机管理系统开通使用,“两报”采编人员每人先后配备电脑,采编人员实现无纸化办公。11 月,芜湖日报社印刷厂照排中心改造完成,《芜湖日报》《大江晚报》采用飞腾排版系统,提高了办报水平和办报科技含量。

4. 兴建芜湖日报社新闻大楼

2003 年,芜湖市政府划拨城南 2.35 公顷土地给芜湖日报社,由芜湖日报社投资兴建新闻大楼。

新闻大楼地址在芜湖市弋江区花津南路与红花山路 20 号地块,总建筑面积 1.9 万多平方米,其中主楼 13450 平方米,辅楼 1800 平方米,地下 3800 平方米;印务中心用房 4870 平方米。2004 年 12 月 13 日,芜湖日报社举行开工奠基仪式。2005 年,完成芜湖日报新闻大楼的施工图设计审查、土建施工和工程监理招投标、主楼桩基础工程的试桩及检测等工作。2007 年,新闻大楼被列为芜湖市政府重点工程、安徽省 861 文化产业项目,由南京市建筑设计研究院和芜湖市建筑设计研究院设计、中建七局二公司施工。工程主辅楼总建筑面积 19087 平方米,地上 13 层,地下 1 层。同年 12 月 28 日,新闻大楼主楼封顶。2009 年停建。

2010 年 3 月 25 日,芜湖日报报业集团恢复新闻大楼工程建设。2011 年,新闻大楼建成使用。2011 年 7 月 18 日,芜湖日报报业集团整体搬迁工作正式启动,各部门陆续搬迁至新闻大楼办公。7 月 23 日,新闻大楼的新闻采编网络、报纸编排系统、激光照排系统、远程传版及印刷系统顺利完成调试。当天，各媒体采编部门开始在城南新址办公。7月24日，印有新社址“红花山路20号”的《芜湖日报》《大江晚报》正式与广大江城市民见面。

同年7月25日，芜湖日报报业集团就华兴街4—1号老办公楼与国资委、镜湖区拆迁办交接完毕，标志搬迁工作圆满结束。同年11月10日，报业集团隆重举行庆祝第十二个记者节暨芜湖日报报业集团新闻大楼启用庆典。

六、《芜湖日报》因“文革”停刊

1967年1月9日，芜湖市红卫兵造反司令部等“造反派”组织接管芜湖日报社，《芜湖日报》终刊，原报社领导靠边站，其他工作人员继续上班，并根据“造反派”的要求编辑《新华电讯》。9天后，《新华电讯》终刊。1979年7月1日，中共芜湖市委在《芜湖简报》基础上恢复出版《芜湖报》。1984年7月1日，中共芜湖市委恢复《芜湖日报》为机关报至今。

七、报业印刷的技术革命

1992年，芜湖日报社采用北大方正汉字录入排版软件和激光照排系统，建立照排中心，芜湖日报社首次实现电子排版系统出报，彻底告别“铅”与“火”，芜湖报业的报纸印刷实现“光”与“电”的技术革命。

八、安徽省城市党报第六次总编年会在芜召开

1992年11月25日，安徽省城市党报第六次总编年会在芜湖召开。

交流宣传报道经验
探讨深化新闻改革

《芜湖日报》1992年11月25日1版刊发全省城市党报第六次总编年会消息。

这次会议主要议题是交流各报学习、贯彻邓小平同志南方谈话精神和党的十四大文件宣传报道情况和经验，探讨深化新闻改革，以适应向社会主义市场经济转轨的需要，参加年会的有合肥晚报副总编辑莫运宏、铜陵日报总编辑洪哲燮、黄山日报总编辑陈平民、蚌埠日报党委书记窦巍、淮南日报总编辑李延生、巢湖日报副总编辑刘树岗、马鞍山日报总编辑徐朝群、淮北日报总编辑欧阳儒光和芜湖日报总编辑丁红云。安徽省新闻协会副会长李国桢应邀参加年会。会议期间，芜湖市委副书记阮治源，市委常委、宣传部部长彭少雄等到会看望与会总编们，并简要介绍芜湖市改革开放的情况。代表们还参观了芜湖市经济技术开发区、朱家桥外贸码头和芜湖市工贸中心。

九、《芜湖晚报》创刊和更名

1995年7月7日，经中共芜湖市委同意，安徽省新闻出版局审查上报，新闻出版总署批准芜湖日报社创办《芜湖晚报》，国内统一刊号为CN34－0072，芜湖晚报社系芜湖日报社直属二级事业单位，经济自收自支，机构级别为副县级，设总编辑1人，副总编辑2人，编辑25人，同年10月28日和11月1日，《芜湖晚报》出样报2期，11月1日至12月31日试刊每期出版

四开8版,1996年1月1日,《芜湖晚报》正式创刊。1999年1月1日,《芜湖晚报》正式更名为《大江晚报》。

十、《芜湖晚报》与《扬子晚报》发行之争

1996年6月28日,《芜湖晚报》在头版头条上刊发总编辑顾伟明的文章《这家报纸要在芜湖干什么?!》,指出"江苏省一家发行量很大、影响面也很广的晚报在芜湖搞了一个不大不小的动作"。这家报纸就是《扬子晚报》,其不大不小的动作就是在1996年6月18日的《扬子晚报》头版右下角刊发《告读者》。其原文这样写道:"本报自6月18日起,在芜湖地区发行的《扬子晚报》由每天四开12版扩为每天四开16版,报价不变,仍为0.30元。扩版后,报纸零售户每卖一份《扬子晚报》可获报酬6分5厘,发行站每批发一份《扬子晚报》可获报酬4分"。《告读者》的落款是《扬子晚报》编辑部。

芜湖晚报
28
第240期
这家报纸要在芜湖干什么?!

《芜湖晚报》1996年6月28日头版头条。

1986年,《扬子晚报》在南京创刊。1987年8月进入芜湖报业市场,在芜湖建立发行站,销售《扬子晚报》,以零售为主。1996年4月,《扬子晚报》在芜湖设立代印点,缩短了发行时间。虽然进入芜湖报业市场的外地报纸很多,但《扬子晚报》无疑是在芜湖发行最为成功的报纸之一。《芜湖晚报》创刊前还曾到扬子晚报社取经,并且得到该社领导的热情帮助。但让外媒没有想到的是,《芜湖晚报》创刊后就一路高歌,仅五个月就突破万份发行量,6月12日又净增2400份。正是在这样的背景下,《扬子晚报》刊发了引起《芜湖晚报》无法接受的《告读者》,有一种欲将《芜湖晚报》扼杀在摇篮之嫌。为此,《芜湖晚报》在头版头条刊发了《这家报纸要在芜湖干什么?!》予以反击。经过双方交涉,最终握手言和。

在此后的芜湖报业市场,兄弟省市媒体与芜湖本土媒体竞争更加激烈。兄弟省市媒体常常使用超常规手段,甚至采用与芜湖有关单位联合办"芜湖版""芜湖时讯"和增版等办法,与芜湖本土媒体争新闻资源,争发行和广告,这也是市场竞争的必然结果。

十一、开通新华社XH100图片接收系统

1997年9月,芜湖日报社通过KU卫星,开通新华社XH100图片接收系统,在全省率先通过卫星接收和发排新华社传真黑白照片,使新华社图片新闻能当天见报,宣传效果明显增强。

十二、芜湖日报社网络采编系统投入使用

2001年5月,芜湖日报社新闻采编网络的计算机管理系统建成开通,《芜湖日报》《大江晚报》采编人员每人先后配备2台计算机。2002年,芜湖日报社新闻采编局域网正式投入使用,"两报"采用的"北大方正文韬采编系统"全部开通,不仅改善采编条件,提高工作效率,同时也提升报社的采编和办公水平,使报纸编辑出版彻底告别笔和纸,全面进入现

代化的网络采编时代。新闻采编网络和计算机管理系统居全省领先水平。

十三、芜湖日报社网站开通

2003年7月1日,芜湖日报社网站开通,同时推出两报电子版。2006年8月1日,中国芜湖新闻网正式开通,并首创安徽省第一家市级网站视频新闻栏目。2007年7月25日,改版后的中国芜湖新闻网正式上线,成为地方性的新闻综合门户网站,其先后更为江东网、芜湖新闻网。从2011年起,芜湖新闻网先后推出大江晚报网、中江论坛、芜湖汽车网、芜湖健康网、芜湖文明网、江北集中区、芜湖小记者、亲子成长网等子网。

十四、营造记者林

2004年11月8日是中国第五个记者节。同年3月9日,芜湖日报社在赭山公园营造记者林。报社领导率百余名编辑、记者在赭山公园栽下55棵银杏树,竖立55字纪念碑,象征报社走过的55周年光辉历程,寄托芜湖报人对美好明天的殷切期望。中共芜湖市委常委、宣传部部长黄健文等市领导为记者林揭碑。

位于赭山公园内的记者林石碑。

碑铭文为:“将一纸风流付于银杏林,我们与祖国一路同行。报纸,记录了江城史实;史实,记录了我们芜湖报人。为庆祝《芜湖日报》创刊五十五周年是为碑铭”。

此后,记者节或重要节假日期间,时有采编人员到记者林开展活动。

十五、征集报徽

2004年5月1日至31日,芜湖日报社面向全国公开征集报徽活动。共收到来自全国16个省、市共143位设计者的232件作品。6月上旬,芜湖日报社开展“我最喜爱的报徽”推荐评选活动。报社邀请安徽师范大学等单位的专家,组成报徽评审委员会。经过专家评审、报人推荐和报社编委会最后审定,芜湖小鱼图文设计公司余永忠的作品获一等奖,并最终被确定为芜湖日报报徽。

《芜湖日报》报徽。

报徽由芜湖的首写字母“W”变形为一笔劲书的羽翅翱翔在辽阔天宇。象征中共芜湖市委机关报《芜湖日报》紧随时代大潮,承载最新资讯飞进千家万户,是连接党和群众、芜湖与世界的纽带和桥梁,彰显《芜湖日报》追求卓尔不凡和深远的精神风貌。变形的“W”似一面飘动的旗帜,体现芜湖日报的党报属性和权威;又似一张展开的报纸,反映报业特征及人文内涵。方形图案意味博大、规范和踏实,表现芜湖日报人以自己的无私、严谨和诚信,为党的新闻事业增光添彩。

2004年6月15日,芜湖日报社正式确定报徽图案。2006年7月1日,芜湖日报报业集团所有媒体均正式启用报徽。2013年11月28日,《芜湖日报》推出新报头,报头左上角取消报徽,增加印有报徽的日报二维码,之后改为新媒体超市二维码,其二维码上仍有报徽图案。改成"今日芜湖"二维码后，报徽消失。2019年，《芜湖日报》报头恢复使用报徽。2019年12月23日，《大江晚报》改版后停用该报徽。

十六、创办《大江晚报·金周刊》《金周刊·芜湖广播电视》

2005年1月，芜湖日报社创办《大江晚报·金周刊》，成立《大江晚报·金周刊》编辑部，每周五随《大江晚报》出刊。

2007年7月6日，《大江晚报·金周刊》与芜湖广播电视局的《芜湖广播电视报》正式整合为《金周刊·芜湖广播电视》，由芜湖日报报业集团主办，成立独立的《金周刊·芜湖广播电视》编辑部，每周五单独出版发行。这是芜湖市宣传系统整合报业资源、促进芜湖文化产业迅速发展而实施的重大举措。

十七、组建芜湖日报读者俱乐部

2005年10月，芜湖日报社为拓展党报为读者服务的渠道，更好地体现权威、好看的办报理念，组建芜湖日报读者俱乐部。邀请芜湖新百大厦、合家福超市、时代超市、芜湖市第一人民医院、芜湖市第三人民医院、芜湖市广济医院、康运纯净水公司、猫人内衣专卖店等40余家与读者生活息息相关的企业加盟，为读者提供全方位优惠服务，实现"订户得实惠、企业获利益、报纸能增量"的共赢目标。

这个俱乐部至今仍然为芜湖报业发挥着重要作用。

十八、成立芜湖日报报业集团

2006年6月6日，经芜湖市文化体制改革领导小组批准，芜湖日报报业集团正式挂牌成立，与芜湖日报社为一个机构、两块牌子，属于市委直属事业单位，正县级建制，建立宣传业务和经营业务相对独立的领导体制和组织机构。2006年7月18日，中共芜湖日报报业集团党委成立。

新成立的芜湖日报报业集团是安徽省市级报社中率先成立的报业集团。

2006年6月6日，芜湖日报报业集团举行揭牌仪式。

十九、印务中心建成投产

2006年8月1日，芜湖日报报业集团隆重举行印务中心建成仪式。

2006年8月1日，芜湖日报报业集团印务中心建成投产，《参考消息》在芜湖开印仪式同时举行。

新落成的印务中心坐落在芜湖日报报业集团新闻大楼的右侧，其设备先进，日印报能力达60万对开张，在原来的基础上翻一番，并可实现双面彩色印刷。同日，中国日发行量最大的报纸《参考消息》代印点花落印务中心。

二十、芜湖市新年音乐会

2006 年 12 月 25 日,《大江晚报·金周刊》在芜湖市委大礼堂策划举行"华强之春"芜湖市新年音乐会。它是芜湖历史上首届新年交响音乐会,邀请国家一级的江苏交响乐团，总长约两个小时的演出,让芜湖观众体验高雅音乐的艺术魅力。

2007 年 12 月 28 日,芜湖市第二届新年音乐会现场。(集团图片资料)

2007 年 12 月 28 日,《金周刊·芜湖广播电视》再次策划举行"华强之春"芜湖市第二届新年音乐会。晚会在芜湖市委大礼堂隆重举行,江苏交响乐团共表演了 18 首中外经典名曲。乐队指挥常畅对芜湖观众大加赞誉:"这个城市有让人感动的热情和力量!"该新年音乐会由芜湖日报报业集团、芜湖市文化局主办,《金周刊·芜湖广播电视》、芜湖大江传媒有限责任公司和芜湖市演出艺术中心联合承办。

2008 年 12 月,《金周刊·芜湖广播电视》又策划举行第三届新年音乐会,它成为芜湖日报报业集团的一个品牌。

二十一、创办芜湖手机报

2007 年 3 月 28 日,芜湖日报报业集团与芜湖移动公司合作创办芜湖手机报,它是安徽省首家地市级手机报,也是继新华社安徽分社和《安徽日报》之后的安徽第三家手机报。

2007 年 3 月 28 日,芜湖手机报问世。(集团图片资料)

2008 年 6 月 6 日,芜湖日报报业集团创办芜湖大学生手机报,这是安徽省第一份面向高校学生的手机报。2010 年,芜湖日报报业集团与芜湖电信合办"江城手机报"。此外,与安徽手机报融合打造安徽手机报芜湖版,每天推出早报和晚报。

二十二、举办创新发展——全国地市报新技术研讨会暨芜湖日报现场会

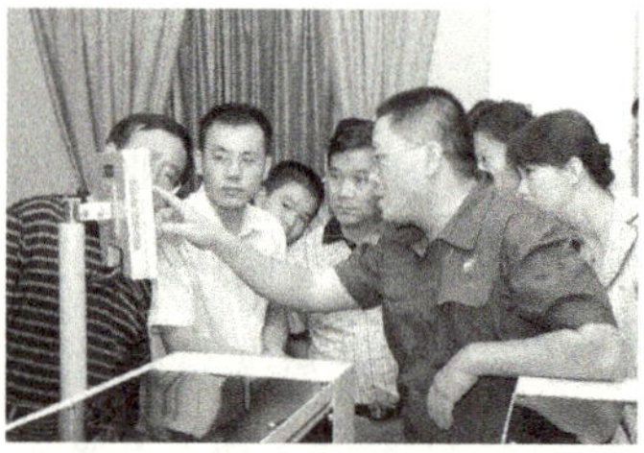
芜湖日报报业集团印务中心职工正在介绍新技术。(集团图片资料)

2007 年 7 月 26 日,由中国地市报研究会、芜湖日报报业集团、爱克发公司及北大方正电子有限公司共同主办的创新发展——全国地市报新技术研讨会暨芜湖日报 CTP 现场会在芜湖召开,来自全国 60 多家地市报的领导及专家 100 多人前来参加主题为"创新、发展"的地市报新技术研讨会,并参观了芜湖日报报业集团印务中心 CTP 的现场演示。

二十三、转企改制和全员聘用

1. 印务公司转企改制

2007 年 11 月 8 日，芜湖日报报业集团事业单位改革领导小组成立。报业集团当年完成全员参加养老保险对接和职工提前退休申报工作，印务中心完成资产评估并着手拟定改制方案。2008 年 4 月 21 日，芜湖市市长办公会议决定，将芜湖市政府机关印刷厂与芜湖日报印刷厂合并成立国有独资公司。8 月 22 日，市政府批复同意成立芜湖日报报业集团印务有限公司。2009 年 12 月 16 日，在芜湖日报报业集团整合原芜湖市政府印刷厂资源，完成芜湖日报印刷厂转企改制和职工身份置换后，正式注册成立芜湖日报报业集团印务有限公司。

2. 报业集团全员聘用制

2008 年，芜湖日报报业集团在编人员全部签订聘用合同，实现全员聘用，在全员双向选择的基础上，实现岗位聘用，按岗定酬，岗变薪变。此外，职工养老保险完成对接，报业集团离退休人员全部由社保发放工资，全体在编人员社保关系已经建立。继续推行中层干部竞争上岗和普通职工双向选择上岗、新进人员考试制、劳动关系聘用制、人事关系代理制、在编职工岗位聘任制、全员聘用制、末位淘汰制，变身份管理为岗位管理。

二十四、报业集团“走出去”工程

1998 年 5 月 1 日起，《芜湖晚报》在无为县正式上市发行。无为县域读者可以看到当日上市的《芜湖晚报》，此后进入铜陵、泾县等地。进入 2008 年，芜湖报业市场的竞争进入白热化，省级媒体争夺式、广电挤压式、域外媒体渗透式和新兴媒体颠覆式的竞争，让芜湖日报报业集团各媒体的发展空间逐步缩小，在全国宣传系统倡导“走出去”的大背景下，从 2008 年开始，芜湖日报报业集团实施“走出去”扩张战略，提出以《大江晚报》为突破口的“走出去”具体方案。

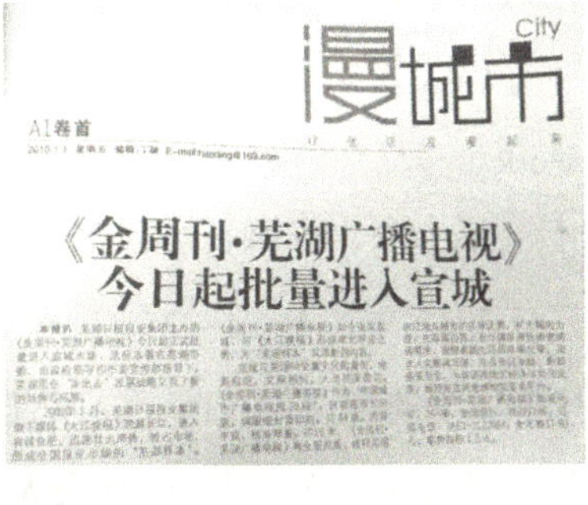
漫城市 City

A1卷首

《金周刊·芜湖广播电视》
今日起批量进入宣城

《金周刊·芜湖广播电视》2010 年 1 月 1 日 A1 版。

2008 年，芜湖日报报业集团制定“思想落实、领导落实、机构落实、人员落实、制度落实、经费落实、渠道落实、定位落实、印刷落实和网络落实”的“十落实”具体措施和运行机制。9 月 2 日，报业集团驻合肥工作站一行 4 人入驻合肥，选派《大江晚报》常务副总编辑全面负责《大江晚报》“走出去”工程在合肥的各项具体工作。9 月 20 日，报业集团纸质媒体发行转由邮局代发，确定合肥一家零售公司负责合肥零售市场，新安传媒有限责任公司负责代印，解决异地订阅、零售和印刷的问题。《大江晚报》在合肥建立由 100 多名特约记者、特约摄影师、特约信息员组成的采编、发行、广告代理等三大网络。

2009年1月1日,改版后的《大江晚报》首次批量亮相省城,首批在合肥发行《大江晚报》5000份,实现《大江晚报》在两地同时印刷、同时发行。12月25日,《金周刊·芜湖广播电视》首批1800份走进宣城报业市场。

《大江晚报》进入合肥报业市场,《金周刊·芜湖广播电视》进入宣城报业市场被全国传媒界称为"逆势拓展",国内传媒专家认为,《大江晚报》走进合肥报业市场是地市级报走进省城的"芜湖样本",是中国报业的"芜湖现象"。

从2011年开始,报业集团调整发展战略,《大江晚报》《金周刊·芜湖广播电视》逐步退出合肥和宣城报业市场。

二十五、报业集团主办皖江城市带媒体合作恳谈会

2011年2月25日和26日。以"报"团合作、互利共赢为主题的皖江城市带媒体合作恳谈会在芜湖举行,来自《合肥日报》《马鞍山日报》《宣城日报》《巢湖日报》《铜陵日报》《皖西日报》《滁州日报》《黄山日报》和《池州日报》的领导参加会议。

会议建立皖江城市带承接产业转移示范区建设城市媒体易地采访联动机制,完善"皖江城市带稿件共享平台",创立皖江城市带媒体合作机制。

该会议由芜湖日报报业集团主办,《大江晚报》编辑部承办。

大江晚报 ·重要新闻

皖江媒体领头人昨齐聚江城

"报"团合作 助推城市带发展

倡议书

2011年2月26日《大江晚报》。

二十六、安徽省地市报业印刷协会第七届年会在芜召开

2012年5月24—25日,由芜湖日报报业集团印务公司承办的安徽省地市报业印刷协会第七届年会在我市繁昌县马仁山庄举行。全省会员单位的主要负责人及国内部分材料供应单位的相关人员共60余人参加会议。

二十七、芜湖日报社加入南京都市圈党报联盟

2013年8月2—3日,芜湖日报报业集团领导和报业集团编委办及媒体负责人参加南京都市圈党政联席会议既党报联盟签字仪式,芜湖日报成为南京都市圈党报联盟单位之一。

二十八、首次依法维护集团新闻作品版权

2014年以来,《大江晚报》记者多次发现,刊发在《大江晚报》上的部分新闻作品上了芜湖热线网,作为商业网站的芜湖热线网已经多次非法转载《大江晚报》的新闻作品。

2014年4月28日,芜湖日报报业集团在《芜湖日报》《大江晚报》及芜湖新闻网上发布声明,明确表示禁止任何媒体、网站或个人非法转载其依法享有著作权的作品。然而,芜湖热线并未停止侵权行为,甚至在《大江晚报》作品刊出的第一时间即进行了非法转载。

Wuhu Daily 全球视野 百姓视角

7月份中国非制造业商

芜湖日报

中国地市党报品牌10强

南京都市圈第一届党政领导联席会议举行

都市圈城市发展联盟同时成立 芜湖开放合作再谱新平台

《芜湖日报》2013年8月4日1版。

在与芜湖热线交涉无果后，芜湖日报报业集团委托律师维权。

2015年6月8日，芜湖日报报业集团委托安徽润深律师事务所舒广伟律师向芜湖经济技术开发区法院起诉，告芜湖热线的经营者安徽刀刀网络科技有限公司侵权。在证据面前，被告人愿意承担相应的法律责任。2015年9月14日，在法庭主持下，芜湖日报报业集团与安徽刀刀网络科技有限公司达成调解协议，该公司向芜湖日报报业集团赔偿损失并承担全部诉讼费用。

二十九、组建芜湖新媒体中心

2017年，根据中共芜湖市委宣传部统一部署，在安徽省先行先试，率先打破“报、台、网”界限，整合新媒体资源，组建芜湖新媒体中心，芜湖日报报业集团的芜湖新闻网、“无线芜湖”客户端和芜湖市广播电视台的皖江明珠网及“身边芜湖”客户端整建制并入芜湖新媒体中心，并在报业集团新闻大楼办公。芜湖新媒体中心构建以“报台网端”为框架的新型媒体传播格局，形成报、网、端、微、发布的“5个类别8大平台”的新媒体矩阵，成为芜湖三大主流媒体之一。

位于芜湖传媒中心(集团)南区芜湖新媒体中心采编大厅。

安徽省委宣传部和芜湖市领导为芜湖传媒中心(集团)成立揭牌。(集团图片资料)

2017年9月29日上午，芜湖新媒体中心推出“今日芜湖”客户端。2018年5月4日，“今日芜湖”客户端大学生频道上线，截至2019年，“今日芜湖”客户端总下载量达到100万。

三十、成立芜湖传媒中心（集团）

2018年9月26日，中共芜湖市委批复，成立中共芜湖传媒集团委员会，设立集团管理委员会，实行集团党委领导下的主任负责制，保留芜湖日报社和芜湖广播电视台牌子，三块牌子，一套班子。9月29日，芜湖传媒集团成立。此后名称调整为芜湖传媒中心(集团)。

第二章　重要活动

本章重要活动主要介绍报庆和记者节活动。

芜湖近现代报刊社是否组织报庆活动不得而知，况且能持续办报一年以上的报社并不多，因而，那个时候的报刊社的报庆活动可能并不多，而在芜湖当代报业中占主体地位的芜湖日报社因办报时间长、报业事业不断发展，因而非常重视报庆，其中就有“五年一小庆、十年一大庆”的习惯，每次都会开展庆祝会、采风活动和大型晚会等，国家设立记者节后，又有了庆祝记者节的活动。

第一节　报庆活动

一、《芜湖日报》报庆

1.《芜湖报》创刊33周年庆祝活动

1982年7月1日，《芜湖报》创刊33周年。6月29日，芜湖报社在芜湖市委礼堂召开庆祝会。芜湖四大班子领导参加会议。

1982年6月29日，芜湖报社举行《芜湖报》创刊33周年庆祝会。

中共芜湖市委书记傅大章作题为《我们党进行思想政治工作的重要武器》的讲话，在充分肯定报社工作的同时，对报社今后工作提出四点要求。中共芜湖市委宣传部副部长兼芜湖报社总编辑苏彦彬作题为《增强党的观念 努力办好党报》的讲话。芜湖市教师进修学院党委副书记、《芜湖大众》原总编辑刘乔，《芜湖日报》原副总编辑章琦，芜湖人民广播电台台长沈时光，通讯员代表、东方纸板厂政工科副科长张脉贤先后在会上发表热情洋溢的讲话。会议由芜湖报社副总编辑赵厚才主持，芜湖市直部、委、办、室、群众团体的负责同志及各区（县）、局宣传（政工）部门的负责同志和过去在报社工作过的部分同志及通讯员代表参加会议。芜湖市新华印刷厂、芜湖市邮电局等有关单位负责同志，芜湖市劳动模范解国平、芜湖市最佳服务员陶有春、特级教师蔡澄清和芜湖市文艺界同志参加会议。

会后印发《〈芜湖报〉创刊三十三周年》专辑。该专辑有中共芜湖市委领导和曾经在报社工作过的部分同志及《芜湖报》全体工作人员合影及领导题词图片；有中共芜湖市委书记傅大章在纪念会上的讲话全文、中共芜湖市委宣传部副部长兼芜湖报社总编辑苏彦彬在纪念会上的讲话全文和在报社工作过的部分同志的回忆文章。

2.《芜湖日报》创刊35周年庆祝活动

1984年7月1日，《芜湖日报》创刊35周年。6月29日，芜湖日报社在工人文化宫举行《芜湖日报》创刊35周年纪念会。芜湖市四大班子领导和市纪委领导、芜湖市部分企事业单位、各区县宣传部门和群众团体的负责人及社会知名人士、曾在《芜湖日报》工作过的老新闻工作者以及本报特约通讯员、骨干通讯员、评报员代表四百人出席纪念会。

1984年6月29日，芜湖日报社举行《芜湖日报》创刊35周年纪念会。

中共芜湖市委书记陈光琳作题为《继承党的传统 总结历史经验 开创新的局面》的讲话，他对《芜湖日报》今后工作提出三点意见。芜湖日报社总编辑苏彦彬作题为《增强党的观念 努力办好党报》的讲话。芜湖市文联主席、原芜湖日报副总编辑何瑞，芜湖人民广播电台台长钟楚贤和通讯员代表王学新在纪念会上讲话。会后，文艺工作者演出精彩节目。

为纪念《芜湖日报》创刊35周年，安徽省和芜湖市领导张恺帆、傅大章、李文英、刘健农和吴栋平为《芜湖日报》题词，芜湖市著名书画家黄叶村、崔之模、耿明、吴云冠泼墨作画祝贺。

芜湖日报社还内部出版《我们走过的路——纪念〈芜湖日报〉创刊三十五周年专辑》。专辑分题词画页、纪念芜湖日报创刊三十五周年纪念会、芜湖日报史略（1949—1972）、照片（《芜湖日报》合订本、社址、大楼图片）、好新闻、好栏目、好版面、老报人话旧、专题总结材料以及老报人剪影等。

3.《芜湖日报》创刊45周年庆祝活动

1994年6月28日，芜湖日报社举行《芜湖日报》创刊45周年座谈会。

1994年7月1日，《芜湖日报》创刊45周年。6月28日下午，在芜湖日报社六楼会议厅隆重举行庆祝《芜湖日报》创刊45周年座谈会。中共芜湖市委、市人大、市政府、市政协、市纪委和市委宣传部等有关领导到会讲话，芜湖日报社党委书记、总编辑丁红云介绍《芜湖日报》发展历史和报纸改扩版及新的改革情况。

芜湖日报社还组织知名书画家挥毫泼墨，其中国画有崔之模的《源远流长》，耿明的《青山雨后》、吴云冠的《山高水长》、易振生的《鱼乐图》；书法有刘廷龙的“以正确的舆论引导人”、后其仁的“弘扬真善美 鞭笞假丑恶”、汪东的“高歌时代的主旋律”等。

芜湖日报社编印《我与芜湖日报——庆祝〈芜湖日报〉创刊45周年》资料集。

4.《芜湖日报》创刊50周年庆祝活动

1999年7月1日,《芜湖日报》创刊50周年。时任中共中央宣传部副部长徐光春,中华全国新闻工作者协会主席、人民日报社社长邵华泽,全国人大常委会委员、全国人大常委会科教文卫委员会副主任范敬宜,新闻出版总署副署长梁衡等专门为报庆50周年题词。中共芜湖市委宣传部,安徽省新闻出版局、安徽省报业协会、中共芜湖市委书记刘伟和安徽日报社发来了贺信。

6月30日下午,中共芜湖市委宣传部、芜湖日报社在市委小礼堂召开"庆祝《芜湖日报》创刊50周年座谈会",时任中共安徽省委宣传部常务副部长窦永记、安徽省新闻出版局副局长蒋正荫、安徽日报社总编辑张育瑄等应邀专程与会并讲话。

8月4日,中共芜湖市委书记刘伟的署名文章《坚持正确的舆论导向为芜湖发展大局服务—纪念〈芜湖日报〉创刊50周年》在《芜湖日报》全文发表。

为庆祝《芜湖日报》创刊50周年,芜湖市邮政局和芜湖日报社联合发行"庆祝芜湖日报创刊50周年邮折",全国公开发行2000册,这是新中国成立以来芜湖首次发行邮折。

5.《芜湖日报》创刊55周年庆祝活动

2004年7月1日,《芜湖日报》创刊55周年。

《芜湖日报》创刊55周年"全家福"。(集团图片资料)

芜湖日报社举办五项庆祝活动:一是面向全国公开征集报徽活动,并于7月1日正式启用;二是芜湖日报社于举办翰墨情缘书画笔会,著名书画家耿明、张乃成、汪东、朱石金等应邀参加书画笔会,奉献墨宝;三是编辑出版24个版的《芜湖日报创刊55周年纪念版》,彩色印刷,分"关怀·激励""风雨历程""我与芜湖日报""精彩回眸""翰墨情缘""难忘今宵"等六个系列专版;四是推出《芜湖日报》创刊55周年纪念邮册;五是编辑出版《我们一同走过》一书,分"贺信贺函""关怀与鼓舞""庆祝大会""五十五周年系列活动""回顾与展望""光辉的历程""荣誉和成果""芜湖日报社大事记""晚会集锦"等九个部分,共12万字,内部发行。

2004年6月24日,芜湖日报社隆重举行《芜湖日报》创刊55周年庆祝大会暨"我们一同走过"大型文艺晚会。中共安徽省委副书记张平为报社发来"办好芜湖日报,促进发展,服务群众"的题词,中共芜湖市委书记詹夏来致信祝贺,市长沈卫国在庆祝大会上发表题为《把握时代脉搏,实现新的跨越》的讲话,安徽省新闻出版局、安徽日报报业集团和芜湖市六套班子领导及三县四区、芜湖经济技术开发区、长江大桥综合经济开发区、市直有关部门主要负责人出席大会,全国80多家新闻单位和领导机关发来贺电贺函。晚会分序曲、春的旋律、激情时分和一同走过四个篇章,其中诗情剧《父亲的纸条》由《大江晚报》记者石琼撰写的副刊作品《怀念父亲》改编，讲述采编人员的真实故事，引起观众共鸣。

6.《芜湖日报》创刊60周年庆祝活动

《芜湖日报》创刊60周年庆祝大会。（集团图片资料）

2009年7月1日，《芜湖日报》创刊60周年。

芜湖日报报业集团举行隆重的报庆系列活动。6月1日至30日，举办“我与芜湖日报”—庆祝《芜湖日报》创刊60周年征文活动；6月下旬，报业集团编辑出版《30个“春天的故事”》和《集团科学发展观调研报告汇编》；7月1日，推出庆祝《芜湖日报》创刊60周年特刊；7月1日下午，芜湖日报报业集团在芜湖市委小礼堂举行《芜湖日报》创刊60周年庆祝大会，芜湖市领导及安徽省和芜湖市相关部门及各县区负责同志、报社历任老领导及离退休老同志、读者代表、报业集团职工等300多人欢聚一堂。中华新闻报、传媒杂志社、新民晚报、新华社安徽分社、经济日报等单位发来贺电。

7.《芜湖日报》创刊65周年庆祝活动

2014年6月24日，芜湖日报报业集团举行《芜湖日报》创刊65周年读者座谈会。（集团图片资料）

2014年7月1日，《芜湖日报》创刊65周年。

2014年6月24日上午，作为群众路线教育实践活动重要内容，报业集团举办纪念《芜湖日报》创刊65周年读者座谈会，邀请来自社会各界的读者代表为《芜湖日报》发展建言献策，这也体现出依靠群众、开门办报的一贯方针。

2014年7月1日，芜湖日报报业集团推出《〈芜湖日报〉创刊65周年特刊》。

二、《大江晚报》报庆

1.《芜湖晚报》创刊1周年庆祝活动

1996年12月27日，《芜湖晚报》创刊1周年节目之一《报人心语》。（集团图片资料）

1997年1月1日，《芜湖晚报》创刊1周年。

1996年12月27日，芜湖晚报社在芜湖市和平大戏院举行《芜湖晚报》创刊1周年“情系万家”文艺晚会暨运酒杯双星大赛颁奖晚会。这台晚会由芜湖晚报社、芜湖群艺馆主办，特别制作《情系万家》主题歌，晚会分未晚红霞、星光灿烂、万家灯火和难忘今宵等四个乐章共14个节目。其中有许多节目都是为《芜湖晚报》量身打造，主题歌舞《情系万家》抒发的是晚报人把读者当亲人的情怀；摇滚三句半《看晚报》表达读者对《芜湖晚报》的喜爱；纪实节目《报人心语》则由芜湖晚报采编人员亲情打造，记者王涛、华睿、立青和“有困难找晚报”栏目主持人夏云来、“心心热线”栏目主持人石琼先后出场，通过演绎采编工作中的真实故事，表达晚报人对读者的一片赤诚。纪实节目《大眼睛的故事》特邀“希望工程”形象代言人苏明娟与晚报记者华睿共同演绎晚报缘。芜湖晚报社总编办主任王纯才还亲自创作音舞诗《精神文明的赞歌》。晚会还举行了芜湖市第二届业余十大歌星和业余十大舞星决赛。

2.《大江晚报》创刊5周年庆祝活动

2001年1月1日，《大江晚报》创刊5周年。

芜湖日报社开展三项系列活动：一是在《大江晚报》1版开设“我与家乡的晚报”征文活动，这些征文后结集成册，新闻部公开出版《情系父老乡亲》、副刊部公开出版《镜湖星月》两本书；二是召开庆祝会。2000年12月28日，报社召开庆祝会，中共芜湖市委宣传部领导到会祝贺。大江晚报采编人员组织联欢活动，以热烈、俭朴的方式庆祝晚报五周岁生日；三是推出特刊。2001年1月1日，《大江晚报》推出40版的《元旦特刊》，其中，封面版有大江晚报全家福大图片和总编辑顾伟明撰写的《晚报的明天在哪里——写在〈大江晚报〉创刊五周年之际》，其他版面有真情真意、报人心语、五周对话、旧闻新编、文化回眸、风雨相伴、世纪畅想、存照新解、经典策划、记者故事等。

大江晚报
元旦特刊导读
春秋五度 情系万家
晚报的明天在哪里
——写在《大江晚报》创刊五周年之际

2001年1月1日《大江晚报》创刊5周年特刊。

3.《大江晚报》创刊10周年庆祝活动

2006年1月1日，《大江晚报》创刊10周年。

2005年12月30日下午，芜湖日报社在铁山宾馆用巨大的晚报蛋糕庆祝《大江晚报》创刊10周年。

大江晚报社相继举行寻找“晚报同龄小天使”、寻找“晚报十年老友”、首届读者节、“我为晚报出点子”有奖大赛、有奖征联征诗、第一届新闻奥斯卡评选、出版十周年纪念邮册、“十年深情话晚报”座谈会、“晚报杯”足球邀请赛、“晚报十岁，我们去献血”等活动。

2005年12月30日，芜湖日报社在铁山宾馆隆重举行《大江晚报》创刊10周年庆祝活动，呈现《大江晚报》版面的巨大生日蛋糕引人注目。这个蛋糕用300公斤的面粉、300公斤的鸡蛋、100公斤的白糖和200公斤的鲜奶做出来的，它长3.5米，宽2.35米，是安徽最大的一份蛋糕晚报。在活动现场，伟星杯第一届“新闻奥斯卡”揭晓，李云威荣获最佳通讯员奖，“凡夫沙龙”荣获最佳栏目奖，“昨夜今晨”荣获最佳版面奖，汪维明采写的通讯《总理走进了我的家》荣获最佳报道奖，《再铸江魂——聚焦滨江公园特别策划》荣获最佳策划奖，编辑程代广荣获最佳编辑奖，记者张申尚荣获最佳记者奖。

4.《大江晚报》创刊15周年庆祝活动

《大江晚报》创刊15周年报庆活动现场。(集团图片资料)

2011年1月1日,《大江晚报》创刊15周年。

2010年11月19日,《大江晚报》召开读者座谈会。11月23日,开展“我与晚报的故事”征文活动。11月26日,耿明、桑仁贵、王广、丁汛、丁之贵、方宁、洪明道、欧阳小林、谢克谦、倪明亮、李巨才、潘国胜、许宁、吴峰、白启忠等芜湖15位著名书画家合作为本报绘制一幅《报春图》,祝贺《大江晚报》创刊15周年。12月7日,开展“芜湖第四届十大平民英雄”评选活动。12月27日,报业集团举行2010年度老友新朋答谢会。12月29日,芜湖日报报业集团在芜湖市奥林匹克体育馆举办钢琴王子克莱德曼音乐会,音乐会上播放了报业集团宣传片。12月30日,大江晚报十大老友和第四届芜湖十大平民英雄以及大江晚报改版十大金点子评选分别揭晓。12月30日,大江晚报成立大江义工队。

芜湖市四大班子领导亲临报庆大会现场,中共芜湖市委常委、宣传部部长张士军发表讲话,新民晚报社、北京晚报社、钱江晚报社、今晚报社、宁波晚报社等全国160多家晚报发来贺电。

芜湖日报报业集团内刊《皖江传媒》推出《庆祝〈大江晚报〉创刊十五周年特辑》。

5.《大江晚报》创刊20周年庆祝活动

2015年12月26日,《大江晚报》举行创刊20周年庆典。(集团图片资料)

2016年1月1日,《大江晚报》创刊20周年。

2015年12月26日,芜湖日报报业集团在张家山领秀城鼎湖1876国际文化旅游广场举行20年感谢有你——《大江晚报》创刊20周年庆典暨第八届读者节。

66位读者在“老凤祥”杯晚报创刊20周年有奖征文活动中获奖;35位摄影爱好者捧走“四最镜湖”摄影大赛的证书;31位“晚报有缘人”收获晚报为他们精心准备的礼物;“最美家乡人”暨第七届“十大平民英雄”均获得奖励。本次活动由芜湖日报报业集团主办,鼎湖1876国际文化旅游广场独家冠名,大江晚报承办。

第二节 记者节、读者节活动

一、“我的新闻故事”征文

2000 年 11 月 8 日是中国第一个记者节。芜湖日报社组织芜湖日报、大江晚报保龄球对抗赛等文体活动，在全社开展了“我的新闻故事”征文大赛，83 篇文章结集刊行。

二、营造记者林

2004 年 11 月 8 日是中国第五个记者节。3 月 9 日，芜湖日报社在赭山公园营造记者林（详见本编第一章第二节《重大事件》）。

2014 年 3 月 9 日，芜湖日报社采编人员在赭山公园兴建记者林。（集团图片资料）

三、《大江晚报》举办 2006 真情晚报读者节活动

2006 年 12 月 2 日，大江晚报在中山路步行街举办 2006 真情晚报读者节。

活动推出五大主题：晚报记者与你面对面，十大部门为你解烦恼，十位名医为你送健康，十位名师与你话升学，十位律师教你打官司。特约供电、供水、供气、技监、工商、税务、环保、教育、卫生和市容等十大部门领导参与活动。

四、第八个记者节暨第三届读者节系列活动

2007 年 11 月 8 日是第八届中国记者节。

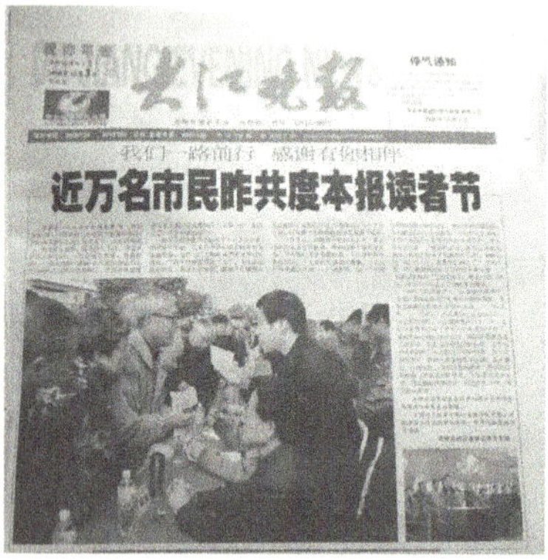

大江晚报

近万名市民昨共度本报读者节

《大江晚报》2006 年 12 月 3 日 1 版。

2007 年 10 月 24 日至 11 月 17 日，《大江晚报》举行第三届读者节活动。《大江晚报》发起市民评选的“芜湖十大平民英雄”和热心读者的“金点子”获得者受到奖励。服务方阵为读者提供升学、理财、医疗、法律、优惠订报和优惠购书等活动，报业集团所有媒体的负责人和广大采编人员与读者面对面。

2007 年 11 月 3 日，芜湖日报报业集团全体员工分乘 4 辆大巴驶进方特欢乐世界，感受华强速度和城市精神。

2007 年 11 月 7 日晚，一批中央媒体的记者们与安徽省、芜湖市新闻界同仁在芜湖市广电总台演播大厅举行联欢，芜湖日报报业集团组成百人方阵集体亮相，展示芜湖报业和芜湖人的风采。芜湖日报报业集团还与芜湖市地税局举行棋类友谊赛。

五、百名记者同宣誓活动

2010 年 11 月 8 日是第十一个中国记者。

2010 年 11 月 12 日，芜湖日报报业集团举行庆祝第十一个记者节暨表彰大会。（集团图片资料）

在庆祝记者节期间，芜湖日报报业集团举办丰富多彩的庆祝活动。召开记者节庆祝表彰大会，精心策划开展百名记者同宣誓、职工摄影大赛，还组织全体新闻工作者前往常熟沙家浜开展为期一天的采风活动。

2010 年 11 月 12 日，报业集团召开记者节庆祝表彰大会，开展了宣誓活动；公布了 2010 年度我最喜爱的记者、编辑人员名单，他们是马小平、张逸潇、赵丹丹、马正超、赵亚玲、黄梅、汪观林、周一平；宣读了报业集团省级以上新闻奖获奖作品名单以及职工摄影大赛获奖名单。

在常熟沙家浜采风活动中，参观了沙家浜革命历史纪念馆，感受郭建光原型夏光带领革命群众在芦苇荡中与日寇、日伪军斗智斗勇的英雄事迹，还与“创先争优”活动以及新闻战线正在深入开展的“三项学习教育”活动紧密结合，以增强集团全体职工集体荣誉感，彰显江城报人良好精神风采。

六、“市民心中最喜爱的记者、编辑”评选

在报业集团新闻大楼启用庆典暨庆祝第十二个记者节大会上，12 名“市民最喜爱的记者编辑”受表彰。（记者　陈立希　摄影）

2011 年，第十二个中国记者节期间，芜湖日报报业集团开展“市民心中最喜爱的记者、编辑”评选活动，并在庆祝第十二个记者节暨报业集团新闻大楼启用庆典上对当选的 12 名记者、编辑通报表彰；组织全体新闻工作者赴南陵县大浦乡村世界开展“魅力乡镇行 · 大浦采风”活动。

七、《大江晚报》首届读者嘉年华活动

2011 年 12 月 3 日，芜湖日报报业集团举行《大江晚报》首届读者嘉年华暨第四届读者节活动现场。（集团图片资料）

2011 年 12 月 3 日，芜湖日报报业集团在鸠兹广场举办主题为“新芜湖、新媒体、新未来”的 2011 年《大江晚报》首届读者嘉年华暨第四届大江晚报读者节活动。

在 4 个小时的时间里，“晚报搭台，草根唱戏”，表演者们展示了歌舞、轮滑、武术等 20 多个表演节目；广场上互动区域，江城大明星表演、欢乐亲子派对、英语情景剧、猜谜语游马仁、现场人物素描；贴心热情的服务板块，大江义工

队现场志愿服务,免费理发、法律咨询、医疗服务、电器维修。《大江晚报》邀请水、电、气、法律等民生部门现场为群众排忧解难,还组织精彩的文艺演出。

此次活动在参观人数、咨询服务规模、文艺节目、互动活动数量均创下晚报历届读者节之最。

八、《大江晚报》第五届读者节暨第二届读者嘉年华活动

2012年12月1日,举行《大江晚报》第五届读者节暨第二届读者嘉年华活动。

在鸠兹广场活动现场,《大江晚报》邀请医疗、社保、消协、工商、律师和供水、供电、供气等专家现场解答读者的问题,还有家电维修等服务队现场为读者服务。

2012年12月1日,《大江晚报》举行第五届读者节暨第二届读者嘉年华活动现场。(集团图片资料)

九、芜湖市举行第十七个记者节庆祝大会

2016年11月8日下午2点30分,中共芜湖市委宣传部在芜湖广电中心演播大厅举行芜湖市第十七个记者节庆祝大会,芜湖日报报业集团100余人参加会议,部分采编代表参加会后的座谈会。芜湖日报报业集团的杨正毛、张申尚、王洋、杨大伟、赵双华、邢嘉、马正超、吴敏、涂志勤、徐涧、卫晗慧、周瑞鑫等12位同志被评为芜湖市优秀记者。

十、《大江晚报》第九届读者节暨芜湖小记者嘉年华活动

2016年12月31日下午,由芜湖日报报业集团主办,芜湖绿地商业投资管理有限公司独家冠名,《大江晚报》承办的"欢乐芜湖缤纷城"2016大江晚报读者节暨芜湖小记者嘉年华文艺汇演在绿地缤纷城隆重上演。

《大江晚报》联合阿里巴巴天天正能量举办的芜湖"最美家乡人"评选活动颁奖典礼同时隆重举行,由江城百姓投票选出的10位芜湖"最美家乡人"获奖。

2016年12月31日,《大江晚报》"最美家乡人"颁奖现场。(集团图片资料)

《大江晚报》联合芜湖市美术馆(书画院)于2015年1月举办的"欢乐芜湖 快乐童年"全市少儿绘画大赛进入高潮,在大赛中脱颖而出的300名小记者们现场作画竞赛。

来自花之城少儿艺术团、弋江区体育局代表队表演的主题朗诵、声乐、舞蹈、儿童剧、秧歌舞等十多个精彩节目逐一亮相活动现场。

十一、《大江晚报》头版KT板点亮嘉年华

2018年11月4日下午,大江晚报读者嘉年华在芜湖八佰伴如约举行。精彩的文艺表演、真情细致的咨询服务、惊喜连连的贴心礼物以及"十佳社区工作站"授牌,让本次活动

赏心悦目、收获满满。

芜湖传媒艺术（小记者）培训中心的小记者、生活频道主持人、民间文艺团队、网络主播、晚报读者代表以及晚报记者编辑，为观众联袂奉献了一道精彩纷呈的文艺大餐。

一张特意定制的《大江晚报》头版 KT 板吸引众多读者和来往市民驻足留影。再配上幽默接地气的小宣言，一句“我上《大江晚报》封面了”当日刷爆朋友圈。

读者嘉年华现场，与百姓生活息息相关的水电气、医疗、法律、银行、烟草和公积金管理中心等民生部门热情为市民服务。

《大江晚报》报头版 KT 板受青睐。

第三章　新闻研讨

报业新闻研讨是提高采编水平、提升报刊质量的有效途径。从参加各类会议、参与各种活动，到“走出去、请进来”开展的各种业务交流，芜湖报业的新闻研讨形式不断丰富。本章着重介绍芜湖报业新闻研讨情况。

第一节 会议交流

1919 年和 1920 年，张九皋、谢明卿代表芜湖报界赴上海、北京参加全国报界第一届和第二届联合会。

1944 年，《芜湖晚报》社长张衡山代表《芜湖晚报》《工商日报》参加在重庆召开的全国性报业协会成立大会，并被选为监事。

1980 年 10 月，芜湖报副总编辑赵厚才、经济组负责人周祥鸿应邀参加在杭州举行的华东六省部分城市报纸座谈会。《芜湖报》介绍围绕中心开展经济宣传的经验。

1981 年 4 月，《芜湖报》与《安徽青年报》《安庆新闻报》《滁州报》《合肥晚报》共 5 家报社副刊（文艺）组联合发起，并由芜湖报副总编辑黄寿彭、副刊组副组长汪兴泉参加在滁州举行的第一次全省报纸副刊座谈会，共有省地市县和专业报等 21 家的 41 位代表参加。

1982 年 5 月，《芜湖报》与《安徽日报》在芜湖市共同主办为期四天的第二次副刊座谈会。

1983 年 4 月，中华全国新闻工作者协会在江苏无锡召开关于爱国主义和共产主义思想宣传交流会，芜湖报总编辑苏彦彬应邀参加并书面介绍《芜湖报》加强社会主义精神文明宣传的经验。

1983 年 9 月，芜湖报副总编辑黄寿彭应邀参加由中国新闻协会、中国社会科学院新闻研究所、《湖南日报》共同发起的纪念毛泽东九十周年诞辰举行的新闻理论学术会议，并提交题为《面向群众，增强可读性》的论文。

1985 年 7 月 2 日至 6 日，新华社在北京召开地市报社总编辑座谈会，芜湖日报总编辑苏彦彬应邀参加并介绍《芜湖日报》时事版采用地方新闻电讯稿的几种形式。

1985 年 9 月，芜湖日报总编辑苏彦彬、副总编辑赵厚才参加安徽省新闻工作者协会、安徽省新闻学会第二届理事会第一次会议，苏彦彬当选为常务理事。

1992 年 11 月 25 日，安徽省城市党报第六次总编年会在芜湖召开。芜湖日报总编辑丁红云参会。

2003年8月，芜湖日报社承办安徽省经济好新闻审选工作会议。

2009年6月7日至9日，中国传媒业经营管理论坛在上海举行，芜湖日报报业集团党委书记、社长张维水应邀参会，参加圆桌会议的专题交流，接受搜狐网记者的专访。芜湖日报报业集团荣获2008至2009年度中国地市报经营管理十强称号。

2012年12月20日至22日，中华全国新闻工作者协会主办、中国记协新闻培训中心承办的第七届中国新闻奖暨长江韬奋奖高端研讨会在北京举行，芜湖日报报业集团领导指派新闻研究室主任石琼参会，其撰写的《从中国新闻奖看中国报业新闻的走向》论文，被收录在《中国媒体品牌前沿报告2013年卷》，同时荣获中国地市报协会新闻论文奖。

2013年8月2日－3日，芜湖日报报业集团党委副书记、总编辑刘光率队参加南京都市圈党政联席会议暨党报联盟签字仪式，芜湖日报社成为联盟单位之一。

2015年10月至2018年3月，芜湖日报报业集团社长刘光担任安徽省报业协会副主席。2015年10月至2019年9月，大江晚报总编辑王晓朋担任理事。

2017年6月，在安徽省网络媒体协会第一次会员大会暨成立大会上，芜湖日报报业集团党委书记、社长刘光和芜湖新闻网总编辑陶良春参加会议，芜湖日报报业集团当选为副会长单位。

2018年9月2日，芜湖日报报业集团参加南京都市圈新媒体联盟成立大会。

第二节 业务活动

一、千名记者下基层采访活动

2001年11月至12月，《芜湖日报》《大江晚报》挑选5名记者，参加全省组织的“千名记者下基层”采访活动。两报分别开设“千名记者下基层”专栏，编发稿件30余篇。

二、开展万名读者面对面交流活动

2004年1月1日，芜湖日报社组织100名编辑、记者走进芜湖鸠兹广场，与万名读者开展面对面交流活动。芜湖市党政军领导及三县四区宣传部部长出席面对面交流活动，芜湖日报社领导和百名记者现场向群众赠送千份《芜湖日报元旦特刊（珍藏版）》和全面改版的《大江晚报》；百名编辑、记者向读者发放千份意见征求表，广泛征求读者意见和建议。

三、“大练兵”活动

2005年3月起，根据中共安徽省委宣传部和中共芜湖市委宣传部的统一部署，芜湖日报社成立“大练兵”领导小组和办公室，制定“大练兵”活动方案和计划，活动历时一年，分学习动员、集中练兵、总结评比三个阶段。

首先，采取“请进来，走出去”的办法，先后邀请安徽师范大学新闻系教授、《经济日报》高级编辑、《泉州晚报》总编辑、《南京晨报》副总编辑等专家学者来报社给全体新闻从业人员作专题业务讲座；组织新闻采编人员走出去挂职培训锻炼，先后安排《芜湖日报》要闻部主任金昌龙到《深圳特区报》、《大江晚报》要闻部主任汪维明到杭州《钱江晚报》挂职学习，《大江晚报》要闻部副主任朱强到复旦大学新闻学院进行挂职培训；组织部分采编人员到发达地区报社学习考察。

其次，坚持“干什么、练什么、缺什么、补什么”的原则，开展“学理论、学知识、党技能”和“练思想、练业务、练作风”活动。举办“现场短新闻竞赛”“头条好新闻竞赛”，30名采编人员参加竞赛活动，编发稿件60篇；开展以短消息、计算机录入汉字、广告方案策划、会计法基础知识和投递质量等“四个擂台赛”为主要内容的岗位练兵和岗位竞赛活动；开展“制止有偿新闻、反对低俗之风”专项活动，完善三审制度。

第三，积极开展记者下基层活动。芜湖日报社派出16名记者到农村、社区、学校等基层单位进行驻点体验式采访，开设“记者大练兵社区见闻”“乡村新发现”等栏目，采写一批鲜活稿件。2005年8月，选派《大江晚报》要闻部朱强到赭山街道团结东路社区挂职学习。芜湖日报社新闻大练兵办公室王熙之撰写的《让农村题材的报道“亮”起来—芜湖日报“乡村新发现”系列报道的回顾》刊发在《新闻战线》2006年第7期，引起新闻界关注，其内容被南京大学原新闻研究所所长丁铂栓在论文中引用。

安徽省新闻出版文艺战线“大练兵”活动《简报》对芜湖日报社开展的此项活动给予充分肯定。《安徽日报》、安徽电视台、安徽人民广播电台全面报道芜湖日报社的做法。2006年4月17日，芜湖日报社荣获安徽省新闻“大练兵”活动“先进单位”称号，并在全省总结表彰大会上作经验介绍。

四、“三项学习教育”活动

2010年，中共芜湖日报报业集团党委围绕“增强政治素质，提升职业道德，增强社会责任，树立良好形象，做新时代优秀新闻工作者”主题，深入开展中国特色社会主义理论体系、马克思主义新闻观、职业精神职业道德“三项学习教育”活动。从7月份开始，先后邀请《科技日报》总编辑陈泉涌先生、美国密苏里新闻学院章于炎博士、中国科技大学刘志迎教授来报业集团作专题讲座；结合单位实际，精心组织世博会大型采访。

2010年9月，芜湖日报报业集团组织青年记者、编辑开展“下基层、采民风、悟真情”和“我最喜爱的记者编辑”评选活动。由集团分管领导挂帅，各媒体主要负责同志带队，分期分批组织近30批次、60多人次深入到繁昌县镇（街）、行政村（社区）采访。《芜湖日报》《大江晚报》各发稿50余篇；《金周刊·芜湖广播电视》推出“下基层、采民风、悟真情”专版，刊发6名青年采编人员下基层采写的鲜活稿件；芜湖新闻网专栏形式推出10余篇专稿。10月8日，报业集团召开新闻业务研讨会，来自媒体、部门的22名代表就媒体如何办出个性特色、如何做好策划，让新闻宣传更加引人入胜展开讨论。

五、“走基层、转作风、改文风”活动

2012 年 6 月 13 日上午，芜湖日报报业集团“千名干部下基层活动”启动仪式在芜湖县红杨镇举行。在“走基层、转作风、改文风”活动中，芜湖日报报业集团建立 127 个基层联系点，每月组织编辑、记者在联系点蹲点采访 4—8 天；设立社区工作站，在 10 个街道安排记者定人定位值守，捕捉最新鲜、最生动的民生新闻；大江义工队开展系列便民服务活动，从中了解民情，调研民意，转变新闻视角，转变工作作风；开展“党报进社区”活动，《芜湖日报》每两周组织文字记者和摄影记者走进社区深入采访，设置咨询台，现场接受咨询和投诉，倾听群众的心愿；芜湖日报报业集团启动“魅力乡街行 感受新芜湖”活动，组织各媒体采访组深入到芜湖市 74 个乡镇和街道，到基层一线百姓家中，了解报道各地历史沿革以及改革开放以来当地人文、社会、经济发展特色，受到基层群众的好评。各媒体在“新春走基层”活动中发稿 20 多篇（幅）。

2014 年，《大江晚报》开展“新闻服务民生记者挂职社区”活动，挂职的“主任助理”协助“小巷总理”零距离与社工、居民接触，实实在在反映民情民意，受到社区居民欢迎。

2015 年，芜湖日报报业集团组织采编人员分赴城乡基层驻点，集团党委班子成员带头深入一线，开展体验式采访活动，反映基层经济社会发展成就和民生工程建设。《芜湖日报》在头版开设“驻点采访手记”栏目，开展党员进社区活动，每位党员记者联系一个社区，推出“新春走基层 · 聚焦重点工程”“走进美好乡村看变化”“先进中国 精彩故事”等专栏。《大江晚报》以 20 个社区工作站为依托，推出“我的民情日记”栏目，采写社区在创新管理、服务民生、社区活动、好人达人等方面的亮点和特色，先后在《大江晚报 · 社区报》上刊发，收到良好的社会效益。

六、举行媒体融合发展论坛

2018 年 7 月 21—22 日，芜湖日报报业集团和芜湖市广播电视台联合在南陵大浦举办媒体融合发展论坛。

与会同志就媒体融合发展发言，芜湖市公安局常务副局长作《危机应对与媒体》的主旨演讲。

第三节 业务交流

一、报人、专家和学者来芜湖作报告、开讲座

1. 新民晚报资深报人潘新华来芜作报告

2008 年 12 月 6 日，中国管理科学院学术委员会特约研究员、新民晚报总编办主任、高级记者潘新华应邀专程来芜，为芜湖日报报业集团全体员工作题为《报纸改版和新闻品

质》的新闻业务专题报告。

潘新华认为，报纸是一座城市特别的文化符号，新闻品质是报纸品格的灵魂。提升新闻品质要坚持正确导向、遵循新闻规律、掌控报纸特色、精细准确操作、职业操守、职业精神、职业信念。报告具有很高学术价值和很强实践指导作用。

2.《传媒》杂志社王志勇来芜作报告

2009 年 5 月 12 日上午，《传媒》杂志编辑王志勇应邀来到芜湖日报报业集团，就中国报业转型期面临的形势、问题及对策以及《大江晚报》“走出去”战略的实施作专题报告。

王志勇指出，报业要实现更大发展，就需要介质转型、功能转型、经营转型、机制转型和人才转型，要抓住机遇，以跨地域办报为突破，加快新一轮“圈地”步伐。

3. 美国密苏里新闻学院章于炎博士来芜作报告

2010 年 7 月 2 日上午，来自美国密苏里新闻学院教授、国际交流项目中国合作项目主任章于炎博士在报业集团为采编人员作了一场别开生面的“三项学习教育”活动专题讲座。

章于炎博士所作的讲座题目为“媒介融合:新媒体时代传统媒体生存和繁荣的法宝”。他引用一系列调查数据及中美两国媒体在媒介融合方面的实践经验，为大家呈现出一个不一样的新闻视野，使听众对媒介融合的起源和发展情况有了较直观地了解。他指出，随着新媒体的迅速发展，受众对传统媒体的依赖程度不断下降，媒体之间的界限被打乱，媒介融合将成为当今世界新闻传媒业的前进方向。对此，传统媒体应积极实施媒介融合战略，使用新的数据工具，以保证传统媒体继续为受众所青睐。

4. 安师大新闻传媒学院副院长沈正赋开讲座

2011 年 5 月 20 日下午，安徽师范大学新闻传媒学院副院长、新闻系教授、硕士生导师沈正赋来到报业集团给记者、编辑们讲学，沈教授重点向报业集团采编人员介绍安徽新闻奖的评选标准以及评选过程，勉励记者们抓住重大题材，写出好稿，冲击新闻奖，受到大家热烈欢迎。

5. 美国学者章于炎教授来芜讲学

2012 年 3 月 18 日晚，美国密苏里大学新闻学院博士章于炎教授，在安徽师范大学传媒学院作《媒介融合的趋势》学术报告会。大江晚报组织部分编辑记者聆听了此次报告。

6. 中国人民大学新闻学院副院长蔡雯来报业集团开讲座

2013 年 4 月 27 日上午，中国人民大学新闻学院副院长、博士生导师蔡雯教授来芜湖日报报业集团主讲《融合. 策划. 创新——新媒体时代的新闻内容生产》，来自芜湖日报报业集团、芜湖市广播电视台和四县周刊的采编人员及宣传部门的同志约 200 人聆听新闻业务讲座。该活动由中共芜湖市委宣传部、芜湖市新闻工作者协会联合主办，芜湖日报报业集团承办。

7. 科技日报总编辑陈泉涌来芜作报告

2016年1月4日上午，中共芜湖市委宣传部、芜湖市新闻工作者协会邀请科技日报社总编辑陈泉涌来芜，结合当前开展的新闻战线"三项学习教育"活动，为全市新闻工作者作题为《新闻策划与版面操作》的报告。

陈总认为，新闻策划关系到新闻单位核心竞争力的打造，而报纸版面是采编思想的重要载体，是编辑、记者集体智慧的结晶，是参与媒体竞争的有效手段，好的策划和好的版面相辅相成，直接关系到报纸的公信力和影响力。在办报中，应树立以读者为本的理念，强化策划意识，增强版面视觉冲击力，大胆创新，与时俱进，激发读者阅读过程中的满足感、依赖感、轻松感、认同感。

二、各级领导给采编人员作报告

1. 芜湖市人民政府市长沈卫国作形势报告

2004年12月29日上午，芜湖市人民政府市长沈卫国来到芜湖日报社为采编人员作形势报告，分析了芜湖市的经济形势，并对媒体竞争问题进行阐述。

沈卫国指出，目前，媒体间的竞争越来越激烈，但报纸仍有很大的发展空间。报纸首先当好的是党和政府的喉舌，在坚持正确舆论导向的同时，又要贴近实际、贴近群众、贴近生活。版面既要有时政新闻、财经新闻、深度报道，又要有老百姓喜欢的社会新闻和热点新闻。他要求记者编辑要加强学习，不断提高自身的专业水平，提高报道的客观性、及时性和准确性，树立强烈的事业心和敬业精神，围绕中心，服务大局，注重效果。

报告会过程中，沈市长还就大家感兴趣的问题当场回答了记者编辑的提问。

2. 芜湖市人大常委会副主任程晓苏作党课辅导报告

2009年，芜湖市人大常委会副主任、原芜湖市政府副市长程晓苏来集团作专题党课辅导报告，进一步提高了报业集团全体员工特别是广大编辑记者和经营管理人员思想政治水平和业务素质。

第四节　友好往来

一、接待来访

1. 接待日本《朝日新闻》采访团

1984年12月11日至16日，受安徽省新闻学会委托，芜湖日报社接待了来安徽采访的日本《朝日新闻》记者本多胜一等，并派记者陪同其先后在芜湖、宣城、广德、湾沚、马鞍山等地采访。

2. 英国《金融时报》来芜采访

2003年4月9日至10日，英国《金融时报》北京办事处主任、驻中国首席记者金奇来芜湖采访。

3. 人民日报《新闻战线》一行来集团调研

2010年11月24日，人民日报《新闻战线》新闻调研部主任助理陈开武在芜湖市“三项学习教育”活动办公室负责人陪同下来到芜湖日报报业集团，调研“三项学习教育”活动开展情况。

4. 中国地市报研究会、三峡日报传媒集团一行来集团参观交流

2010年5月10日，三峡日报报业集团董事长、社长罗春烺，中国地市报研究会常务副会长杨尚聘，中国地市报研究会秘书长邹家福等一行7人来到芜湖日报报业集团参观交流。

5. 嘉兴日报报业集团社长一行来集团考察

2010年6月7日，嘉兴日报报业集团党委书记、社长张扣林，副总编辑颜伟光等4人，来到芜湖日报报业集团考察交流。

6. 合肥报业传媒集团党委书记、社长张向东来集团考察

2011年11月1日下午，中共合肥市委宣传部副部长、合肥报业传媒集团党委书记、社长张向东一行来到芜湖日报报业集团参观考察。

7. 安徽省新闻出版局一行来芜指导工作

2012年2月15日，安徽省新闻出版局(版权局)版权管理处处长吴安宁一行在芜湖市新闻出版局领导陪同下，来到安徽省新闻出版行业6家重点单位之一的芜湖日报报业集团，就如何开展实施使用正版软件工作莅临报业集团进行部署指导。

二、外出交流

1.《芜湖报》派员参加华东六省城市报纸座谈会

1980年10月25日，华东六省部分城市报纸座谈会在杭州举行，赵厚才、周祥鸿代表《芜湖报》应邀参加在杭州举行的华东六省城市报纸座谈会。会议交流办好城市报纸的经验，探讨一些新闻业务及其他共同关心的问题。

2. 芜湖日报社领导赴浙江专题考察

2003年4月7日至16日，芜湖日报社总编辑司旌霞、副总编辑周祥鸿分别率领四个考察组，就市场经济条件下如何办好市级党报和晚报，到浙江省《杭州日报》《绍兴日报》《宁波日报》《舟山日报》《温州日报》《厦门晚报》等十多家报社进行专题考察学习，为《芜湖日报》《大江晚报》改版提供参考意见。

3. 采编人员到外媒挂职学习

2006年，《芜湖日报》要闻部主任金昌龙到《深圳特区报》挂职学习，《大江晚报》要闻部主任汪维明到《钱江晚报》挂职学习，《大江晚报》要闻部副主任朱强到复旦大学新闻学院挂职培训。报业集团组织新闻采编和行政经营管理人员到《广州日报》《南京日报》《南

方日报》《绍兴日报》等发达地区报社学习考察先进的办报理念、管理经验和经营模式。

4. 集团领导带队到上海参观学习

2007年6月21日，芜湖日报报业集团党委书记、社长、总编辑司旌霞领队专程到上海新民晚报社学经验、找差距、谋发展。双方签署了合作事项备忘录。双方宣布将在报纸新闻、新媒体开发、人才培养、商务印刷和经贸文化活动五个方面实施战略合作。此举标志着芜湖日报报业集团在“打造先进文化优势”中，走出安徽，主动 融入长三角，与国内强势媒体新民晚报社的合作进入实质性地运行阶段，实现了从参观学习到联盟合作的新跨越。

5. 集团领导赴新民晚报社考察

2009年，芜湖日报报业集团党委书记、社长张维水带领有关人员到上海新民晚报社考察学习，就继续代印《新民晚报》等合作事宜达成协议。

6. 报业集团组织采编人员到沙家浜采风。

2010年11月13日，芜湖日报报业集团党委书记、社长宋建华带领全体职工赴常熟沙家浜参观和采访，让全体新闻从业人员接受系统的爱国主义教育和革命传统教育。

7. 集团领导赴上海考察报业和印刷

2010年11月15—16日，芜湖日报报业集团党委书记、社长宋建华，党委委员、副总编辑柯南及有关部门负责人一行赴上海考察文新报业集团和高斯图文印刷系统（中国）有限公司考察。在文新报业集团，宋建华一行与新民传媒董事长、新民晚报总编辑陈保平就加强新民晚报社与芜湖日报报业集团之间的合作进行认真交谈，对在新闻、印刷、发行、新媒体建设等多方面的合作达成共识。

8. 集团领导赴广东考察媒体融合

2015年8月18日至20日，芜湖日报报业集团党委书记、社长刘光随中共芜湖市委宣传部领导赴广东佛山、清远考察媒体融合工作。

注释：

[1]《我与芜湖日报——纪念〈芜湖日报〉创刊45周年》附录《乡情依旧——访中宣部常务副部长徐惟诚》。

[2]详见安徽日报报业集团编印的《安徽新闻史料》。

[3]《中共芜湖党史大事记》第116页。

[4]《中共芜湖党史大事记》第254页。

第五编　报业管理

第一章 芜湖报业管理演变

自1898年芜湖报业出现《皖报》开始，管理就一直伴随着芜湖报业的成长、成熟和完善，并逐步形成由简单到复杂的系统管理体系。本章在介绍芜湖报业近现代管理体制时，主要介绍地方管理和行业管理；在介绍芜湖当代报业管理体制时以芜湖日报报业集团（芜湖日报社）为重点，则系统介绍。

第一节 芜湖近现代报业管理体系

芜湖报业近现代管理大抵分三个部分：一是地方政府的管理，二是行业协会管理，三是报社内部管理。因报社内部管理在其他章节有所涉及，本节主要介绍地方政府和行业协会管理情况。

一、各级政府管理

芜湖近现代报业发展多次出现兴衰起伏现象，其实与地方政府管理有很大的关系。

清末时期，芜湖报业兴起有两个原因：一是《烟台条约》将芜湖辟为通商口岸，客观上打开了芜湖对外开放的大门，外界的新生事物由此进入芜湖，其中就包括新式报纸；二是中日甲午战争失败后，资产阶级改良主义运动兴起，维新志士纷纷以报明志，在北京、上海、长沙等地创办报刊，芜湖作为对外开放的窗口最早接受报纸。芜湖第一张报纸《皖报》创刊时就提出“开风气、拓见闻、联官民、达中外”的办报宗旨。维新变法失败后，清朝政府对报纸进行打压，芜湖的报业的起步受到打压。

辛亥革命爆发后，民国政府再次放松对报纸的管理。1912年（民国元年）3月11日，民国政府公布“临时约法”规定“人民有言论、著作、刊行及集会、结社之自由”。芜湖报业再次兴盛，并进入芜湖报业第一个繁荣时期。1930年，国民党政府颁布“出版法”44条，对报刊实行注册登记制度，收紧对报纸的管制，《皖江日报》因版面出现“共产党万岁”而被停刊一年。到日本侵略军占领芜湖前夕，芜湖报业市场仅有《皖江日报》《工商日报》和《大江日报》等3份报纸。

日本侵略军占领芜湖后，芜湖所有的报社都人走楼空，日伪政府因舆论的需要，创办《芜湖新报》，为其歌功颂德。抗日战争胜利后，国民党政府被迫废除新闻检查，芜湖逃往外方的报纸纷纷回芜继续办报，出现芜湖报业第二个井喷式发展的景象，芜湖当时报刊多达27种。

二、行业协会管理

芜湖近现代时期的行业管理包括全国行业会议和芜湖地方行业组织，包括芜湖记者公会、芜湖派报业工会、印刷工会筹备会和芜湖新闻通讯联合会。

1. 芜湖记者公会

1945 年冬，芜湖记者公会成立，地址在工商报社内。这是由工商报社经理柏毓文、火炬日报社社长王远江发起，芜湖各报社和部分通讯社自发参与成立的互助组织，便于芜湖新闻工作者之间的联系。

芜湖记者公会设理事会，理事长先后有工商报社社长张九皋和大江日报社副社长水泽柯担任。董事会下设总务组、研究组、组训组和福利组等四个组。秘书处设在吉祥寺 6 号。

芜湖记者公会的主要活动是为会员做些福利工作。如转发善后救济总署发给报社、通讯社工作人员的旧衣服、罐头之类的救济品，组织旅游、分发选票，举办画展等，同时对会员进行监督。1948 年 9 月 26 日，芜湖记者公会第六届理事联席会议就曾讨论“少数杂志专事敲诈”问题并做出三项决定：一是检具事实，由会报请主管官署，勒令停刊；二是检具不法事实，报请司法机关，拘办不肖分子；三是公开开除不肖分子之会籍，并缴回其会籍凭证。

1949 年，芜湖解放前夕，芜湖记者公会自行解散。

2. 芜湖派报业工会

1945 年抗战胜利后，芜湖派报业工会成立，这是一个为报贩和送报工人组织的工会组织，工会设理事若干人，隶属芜湖县总工会领导。1947 年 2 月 18 日，芜湖派报业工会举行第二届理事会，吴国斌、吴光烈、宫维盛、卫根林、刘学炳、骆贵卿、胡广才、王国寿、李天配等 9 人当选为理事，吴建坤、王得胜、吴立洪当选为候补理事，吴立松、吴立峰当选为监事。

3. 印刷工会筹备会

1946 年 4 月中旬，为要求增加工资，芜湖各地报馆印刷工人罢工。为把罢工推向高潮，工人们组织了“印刷工会筹备会”，全体印刷工人都是会员，虽然罢工最后失败，但印刷工人的维权意识得到加强。

4. 芜湖新闻通讯联合会

1947 年 3 月 30 日，芜湖新闻通讯联合会成立。它由警光、青锋两家新闻通讯社发起，芜湖各家通讯社参与，目的就是增加新闻联系、促进交换经验、联络同仁感情，谋取业务发展。联合会设理事、监事若干人，理事长为张竞候，常务监事为钱子谟。

三、报社内部管理

芜湖近现代报刊社内部管理主要包括两个层面：一是领导层管理，报社大抵设董事长、社长、副社长、总编辑和副总编辑、主笔等职位，管理上实行董事会制、社长负责制、总编辑负责制、主编负责制等；二是报刊社内的中层，主要有经理部和编辑部等部门，负责业务管理，其中经理部管理报社的经营活动，主要负责广告和发行，设有经理、会计、广告和发行等；编辑部管理采编工作，设有采访主任、记者、编辑和校对。

芜湖最早的报纸《皖报》虽然没有留存报纸的样式，但留下了《芜湖皖报馆章程和招股章程》，这实际上是《皖报》最基本的管理制度，从中可以了解到该报办报宗旨，还能了解到报纸的内容和版面安排。这个"章程"应当是芜湖近现代报业史上第一部制度文本。

《安徽俗话报》在芜湖报业的管理上比较特别，它开始是在安庆编稿，邮寄至芜湖长街科学图书社转交上海东大陆图书局印刷，再运回芜湖科学图书社发售，工作流程显然要比其他报社复杂得多，因此在管理上难度要大些。

《鸠江日报》实行报纸采编、印刷、发行"一条龙"的管理体制。由于管理到位，办报时间长达 27 年，是芜湖近现代报刊寿命最长、影响力最大的报纸之一。

《工商日报》创刊初期属于家庭作坊式的经营模式，报社只有 4 人，2 个排印工和 1 个发行工，从主笔、编辑、记者到校对全由张九皋先生负责，减少了许多管理环节。后期的《工商报》机构逐步发展起来，报纸的规模也壮大起来。

上海《中央日报(安徽增刊)》，增刊设经济、编辑两部，实现经营与采编开分，这样的内设机构在芜湖相当多。

第二节　芜湖当代报业管理体系

1949 年 7 月，芜湖报业只有一份由中共芜湖市委主管主办的机关报《芜湖日报》，其管理机制有五层，第一层是由中共芜湖市委书记担任主任的芜湖报纸委员会，这也是芜湖当代报业最高管理机构；第二层为中共芜湖市委宣传部，报社主要负责人几乎都是由市委宣传部部长和副部长兼任，具体负责指导芜湖日报社的工作；第三层为芜湖新闻工作者协会，负责业务指导工作；第四层为芜湖日报社领导层，包括社长和副社长、总编辑和副总编辑等，具体负责报社的各项管理工作；第五层是报社内设机构，负责相关部门的管理工作。

20 世纪 80 年代末，芜湖报业先后出现《芜湖日报・星期刊》《大江晚报》《皖江商报》《芜湖广播电视报》《金周刊・芜湖广播电视》《芜湖文艺》《芜湖社会生活》等多种报刊，管理构架也发生一定的变化，其中，《皖江商报》属于芜湖市政府主管主办，《芜湖广播电视报》则属于芜湖市广播电视局主管主办，但具体的业务管理统属中共芜湖市宣传部管理。

一、中共芜湖市委管理体制

新华电讯社由芜湖市军管会文教部直接领导，中共芜湖市委宣传部部长吴立奇兼任社长。

1949 年 7 月 1 日创刊的《芜湖日报》是由中共芜湖市委主管主办的芜湖市委机关报。

它确定了报纸的党报性质、级别、编制以及新闻宣传的方向。《芜湖日报》创刊时成立芜湖报纸委员会，由中共芜湖市委书记兼任主任。之后，通过中共芜湖市委任命，中共芜湖市委宣传部部长或副部长兼任或调任芜湖日报社党支部、党组书记，社长、副社长，总编辑、副总编辑，以及改制后的芜湖日报报业集团、芜湖传媒中心（集团）党委书记，社长、副社长，总编辑、副总编辑，强化对报社的政治、组织、业务和思想管理。

自1984年恢复《芜湖日报》以来，芜湖日报社以及后来的芜湖日报报业集团（芜湖日报社）、芜湖传媒中心（集团）有4位书记、社长或总编辑是从市委宣传部副部长岗位上直接调到报社的。

二、中共芜湖市委宣传部管理体制

1. 宣传部直管

1988年4月27日，中共芜湖市委常委会在关于市委宣传口工作管理范围的划分问题中明确指出，芜湖日报社由中共芜湖市委宣传部直接管理。

此后，无论是芜湖日报报业集团（芜湖日报社），还是芜湖传媒中心（集团），均由中共芜湖市委宣传部直管。

2. 管理范围和办法

在管理的职责范围方面，主要是对贯彻党的方针、政策、思想政治工作、组织干部队伍建设、纪律检查、来信来访以及有关业务方面的工作进行检查、督促和指导。具体管理分两个方面：

一是业务管理。中共芜湖市委宣传部相关科室归口承办，其新闻宣传工作由市委宣传部新闻办等业务部门具体承办。实行请示汇报制度和会议制度。

二是部管干部。主要分两层管理体系：一是中共芜湖市委宣传部协助市委管理报社领导干部；二是市委宣传部管理报社中层主要部门的领导，包括芜湖日报社编委、各科（室）正副科长（正副主任），协理员。

三、行业和区域管理

1. 行业管理途径

行业管理的层次较多，主要有三个：一是各级新闻工作者协会，有国家、安徽省和芜湖市三级新闻工作者协会管理，他们大抵通过开展新闻奖评选、有针对性举办各类培训、组织考察活动和记者证的考核、发放等工作，掌握报社管理和新闻队伍及新闻宣传水平，实现对报社的宏观管理；二是由全国知名媒体、高校和专业团体等单位举办年会、研讨会和高端对话会等形式，交流报业发展动态，提升报纸管理水平；三是区域管理机构，长三角媒体联盟、南京都市圈的党报联盟和新媒体联盟以及皖江城市带媒体联盟等松散型组织，实施跨区域联动采访，实现资源共享。

2. 芜湖市新闻工作者协会

芜湖市新闻工作者协会是由芜湖市各新闻单位、新闻团体自愿组成的非营利性社会组织，是中共芜湖市委和市政府与新闻界密切联系的桥梁和纽带。根据《芜湖市新闻工作者协会章程》规定，芜湖记协肩负着团结全市新闻工作者，维护新闻工作者的合法权益，推动新闻工作改进创新，开展新闻从业人员的教育、培训和理论研讨及交流工作，对优秀新闻作品和优秀新闻工作者进行评选和表彰的重任。

芜湖新闻工作者协会设主席 1 名，常务副主席和副主席 5 名，秘书长 1 名，副秘书长 6 名。团体会员由经过芜湖市批准出版、开播的报纸、广播电台、电视台、各县新闻单位和安徽新闻单位驻芜记者站、校报校刊编辑出版等相关机构。

四、报社管理

报社管理是芜湖报业管理的最基层管理，主要通过多层次的领导机构、具有约束性的规章制度来达到管理的目的，其中，规章制度作为最为有效的管理模式，不断被修改、完善和丰富。

1949 年 7 月 1 日《芜湖日报》创刊后，芜湖市成立报纸委员会和设立报社党支部，制定办报宗旨、版面设置等基本管理规定。《皖南日报》是芜湖当代报业史上最早同时成立报社党组编辑委员会、社务委员会的报社，它有一套完整的管理制度。芜湖大众社时期，中共芜湖市委还专门为加强和改进报纸工作于 1952 年 11 月 8 日和 1955 年 2 月 4 日两次下文件作出具体规定，这些都成了当时的规章制度。

1984 年 7 月 1 日，恢复《芜湖日报》后，报社内部管理逐步完善，报社层面有党委会、社委会和编委会，中层设置分工协作的系列部室，此外，还有纪委、工会、共青团等组织，形成结构完整的管理体系。

第二章　管理制度

芜湖近现代报业管理制度因年代的久远大多无法考证，几乎无法获得完整的资料，只能从散落在各处的资料中寻找只言片语。新中国成立后，芜湖报业尤其是1984年恢复《芜湖日报》之后，报业管理制度逐步完善，且开始分门别类，甚至还将各类制度装订成册。

本章重点介绍1984年《芜湖日报》复刊后的芜湖日报社、芜湖日报报业集团制度汇编和相关制度名录。

第一节　制度汇编

目前收集的制度汇编有8部，分别来自芜湖日报社、芜湖日报报业集团以及芜湖日报报业集团和芜湖市广播电视台合编的规章制度，另有大江晚报和报业集团发行部自订的规章制度。

1. 2000年版的《芜湖日报社规章制度汇编第一辑》

2000年12月，芜湖日报社编制规章制度汇编，共收录芜湖日报社从1997年到2000年期间制定、修订和完善的规章制度33部，这本规章制度汇编最大的特点是标注了文号和发文时间，便于了解文件下达的时代背景，也便于从档案中寻找该规章制度。

2. 2000年版《大江晚报采编人员工作手册》

2000年3月，大江晚报社编印《工作手册》，共收录大江晚报1999至2000年采编工作手册、考核办法、上网电脑管理规定等3部，芜湖日报社规章制度1部，中共芜湖市委关于会议和领导活动宣传报道的意见1部。

3. 2002年版的《芜湖日报发行部规章制度汇编》

芜湖日报社发行部门的这本规章制度编于2002年7月，收录各项规章制度38部，分为四个部分，分别为综合规章制度、岗位职责、质量监督和奖罚以及其他内容的规章制度，从一个部门的制度汇编可以看到，芜湖日报社的制度管理已经相当丰富。

4. 2006年版《芜湖日报社规章制度汇编》（简版）

这是一个简装版本，编制于2006年2月，收录芜湖日报社2004年至2006年的22部规章制度，也是芜湖日报社时期最后一期规章制度汇编。

5. 2007年版的《芜湖日报报业集团规章制度汇编》

这是芜湖日报社改制为芜湖日报报业集团后编制的第一部规章制度，编于2007年12

月，共收录各项规章制度77部，是芜湖日报社有史以来规章制度最多的制度汇编，它细分为班子建设、版面管理、行政管理、人事管理、财务管理，遗憾的是规章制度只有制定、修订和完善的时间，没有具体的文号，查找起来不太方便。

6. 2008年版的《芜湖日报报业集团党员廉政建设制度汇编》

该制度汇编成册于2008年12月，收录各项制度18部，其中包括《芜湖日报报业集团贯彻落实〈建立健全惩治和预防腐败体系2008—2012年工作规划〉实施意见》。

7. 2015年版的《芜湖日报报业集团规章制度汇编》

该制度汇编成册于2015年7月，收录各项规章制度52部，细分为新闻宣传、产业经营、综合管理、计划财务、技术保障、组织人事、议事规则和党风廉政等，另附《中国新闻工作者职业道德准则》。这部汇编是在动员各部门、媒体和单位根据"废改立"的基本要求，对2008年以来的相关规章制度进行梳理、完善和补充之后，由报业集团党委研究决定编印成册，所有规章制度都没有出版时间，没有被编入成册的旧规章制度自动作废。

8. 2018年版《芜湖日报报业集团和芜湖广播电视台制度文件汇编》

这个制度汇编成册于2018年，是在芜湖传媒中心（集团）成立之前，为了便于协调芜湖日报报业集团和芜湖市广播电视台工作而编制的临时文件汇编。收录芜湖日报报业集团和芜湖市广播电视台可共享的规章制度18部。制度汇编分为总的指导意见、各项管理规定和2018年各单位工作考核目标等三部分，附录《芜湖市推进领导干部能上能下实施办法》《芜湖市贯彻〈安徽省事业单位专业技术人员离岗创业人事管理细则〉实施意见》。

第二节 主要规章制度

本节主要介绍从1997年到2019年，芜湖日报社、芜湖日报报业集团编制的新闻采编、行政后勤、经营管理和党建管理等主要规章制度。

一、新闻采编管理制度

1. 芜湖日报社主要新闻采编管理制度

《芜湖日报版面编委会议制度》《芜湖日报社关于加强新闻队伍职业道德建设、严禁有偿新闻的若干规定》《关于确保新闻宣传真实性的七条规定》《芜湖日报社关于宣传报道把关防错的有关规定》《芜湖日报社首席记者、首席编辑竞聘办法》《芜湖日报社关于图片和其他资料管理的有关规定》《芜湖日报社稿费审签发放管理规定》《关于加强〈芜湖日报内参〉编发工作的规定》《〈芜湖日报〉好新闻评选办法》《〈芜湖日报〉版面编委会成员夜班带班、值班制定》《芜湖日报社关于报社人员获省级以上新闻作品奖的奖励办法》《大江晚报出版手册》等。

2. 芜湖日报报业集团主要新闻采编管理制度

《芜湖日报报业集团编委会议制度》《芜湖日报报业集团出版管理规定(附报纸付型十问)》《芜湖日报报业集团采编行为准则》《芜湖日报报业集团采编人员考核办法》《芜湖日报社关于确保新闻宣传真实性的七条规定案》《芜湖日报社关于加强新闻队伍职业道德建设、严禁有偿新闻的若干规定》《芜湖日报社首席记者、首席编辑竞聘办法》《芜湖日报社关于编发〈芜湖日报内参〉的暂行规定》《芜湖日报报业集团关于三县周刊出版管理的暂行规定》《芜湖日报报业集团关于中国芜湖新闻网和芜湖手机报新闻发布管理的规定》《芜湖日报报业集团芜湖日报报业集团稿酬管理规定》《芜湖日报报业集团关于好新闻评选暂行办法》《芜湖日报社关于报社人员获省以上新闻作品奖的奖励办法》《芜湖日报报业集团关于微博客管理规定》《芜湖日报报业集团关于第一读者岗位职责的规定》《芜湖日报报业集团关于实习生管理办法》《芜湖日报报业集团采编工作绩效考核分配暂行办法》《芜湖日报报业集团关于建立版面即评即奖机制的暂行办法》《芜湖日报报业集团新媒体管理办法》《芜湖日报关于进一步改进文风的实施方案》《芜湖日报报业集团微博客微信管理规定》《芜湖日报报业集团关于重大新闻、突发事件宣传提示的规定(暂行)》等。

二、行政后勤管理制度

1. 芜湖日报社行政后勤主要管理制度

《芜湖日报社总编辑办公会议制度》《芜湖日报社周一例会制度》《芜湖日报社定岗定员方案》《芜湖日报社关于人事制度的几项规定》《芜湖日报报业集团干部职工考勤奖励规定》《芜湖日报社关于职工在职进修学习的规定》《芜湖日报社关于中层干部和工作人员实行聘任上岗的办法》《芜湖日报社关于加强职工政治学习和业务培训的规定》《芜湖日报社车辆管理与使用规定》《芜湖日报社物资采购供应管理规定》《芜湖日报社招聘工作人员实施办法》《芜湖日报社招待申报制度》《芜湖日报社差旅费、报销规定》等。

2. 芜湖日报报业集团行政后勤主要管理制度

《芜湖日报报业集团社委会制度》《芜湖日报报业集团工作人员年度考核办法》《芜湖日报报业集团用人管理办法》《芜湖日报报业集团关于职工休假、请假的若干规定》《物资采购管理规定》《芜湖日报报业集团职工疗养制度暂行规定》《芜湖日报报业集团职工休假暂行规定》《芜湖日报报业集团新闻大楼管理(暂行)规定》《芜湖日报报业集团关于公务接待管理规定》《芜湖日报报业集团关于出差审批和差旅费管理规定》《芜湖日报报业集团关于公务用车管理规定》《芜湖日报报业集团关于严禁在职人员经商办企业及参与有偿商业活动的管理规定》等。

三、经营管理制度

1. 芜湖日报社主要经营管理制度

《芜湖日报社经营管理委员会会议制度》《芜湖日报社关于财务管理制度的有关规定》

《芜湖日报社关于实行广告经营实绩与奖金挂钩的暂行办法》《芜湖日报社关于刊登涉及广告内容稿件的管理规定》《〈芜湖日报〉社关于刊登有关法规、通告、表彰决定的收费规定》《芜湖日报社关于订报发票和报款回收的管理规定》《芜湖日报社关于市区征订奖励、处罚办法》《芜湖日报社关于代投广告插页的若干暂行规定》等。

2. 芜湖日报报业集团主要经营管理制度

《芜湖日报报业集团资产管理规定》《芜湖日报报业集团财务管理有关规定》《芜湖日报报业集团关于财务报销管理的规定》《芜湖日报报业集团关于严禁在职人员经商办企业及参与有偿商业活动的管理规定》《芜湖日报报业集团关于招标采购管理办法》《芜湖日报报业集团广告业务发稿流程暂行规定》《芜湖日报报业集团关于广告经营整体运作的暂行规定》《芜湖日报报业集团广告发布业务合同管理办法》《芜湖日报报业集团实行广告经营实绩与奖金挂钩的暂行办法》《芜湖日报报业集团广告经营若干问题规定》《芜湖日报报业集团广告费刊前支付制度》《芜湖日报报业集团印务公司大宗物资购销管理暂行办法》等。

四、党建管理制度

1. 芜湖日报社主要党建管理规章制度

《中共芜湖日报社党组会议制度》《芜湖日报社党组中心组学习制度》《芜湖日报社领导班子加强自身建设的规定》《中共芜湖日报社党组党风廉政建设责任制》《中共芜湖日报社领导班子成员党风廉政建设岗位职责》《芜湖日报社关于严禁报社工作人员公款相互吃请的规定》。

2. 芜湖日报报业集团主要党建管理规章制度

《芜湖日报报业集团党委会议制度》《芜湖日报报业集团党务公开办法》《芜湖日报报业集团党委中心组学习制度》《芜湖日报报业集团领导班子加强自身建设的规定》《芜湖日报报业集团党建工作责任制》《芜湖日报报业集团党委党风廉政建设责任制》《芜湖日报报业集团党支部工作考核办法》《芜湖日报报业集团关于规范党员干部网络行为的意见》。

第三章　规章制度解读

本章着重解读芜湖日报报业集团(芜湖日报社)新闻队伍管理、采编人员奖励制度。

第一节　新闻队伍管理

一、采编行为准则

(1)2007 年版《芜湖日报报业集团采编行为准则》

该《准则》共分确保新闻宣传的真实性、维护报道公平性、严禁“有偿新闻”、切实维护群众利益等四个部分,并提出 26 条要求:1. 通过合法和正当的手段获取新闻;2. 采编人员要严谨务实;3. 精益求精;4. 杜绝疑似新闻和虚假报道;5. 严格稿件送审制度;6. 特约记者和特约撰稿人必须遵守职业道德;7. 消息来源要说清楚;8. 尽量不用间接引语;9、避免使用最高级形容词;10、新闻报道实行实名制;11. 及时纠正错误并致歉;12. 尊重个人隐私,避免伤害报道对象;13. 禁止对任何人的歧视;14. 批评报道要准确、慎重;15. 坚决摒弃偏见;16. 调查性报道要求特别注意公平性;17. 不炒作社会新闻和娱乐新闻;18. 尊重别人的劳动成果,不得剽窃他人稿件;19、新闻活动与经营活动严格分开,新闻报道不得收取任何费用;20、不得以任何名义向被采访对象索要钱物或牟取其他私利;21. 不得借采访公务从事私人性活动;22. 不得充当新闻“穴头”;23. 不得利用工作之便在外单位经营实体或兼职取酬;24. 进一步贯彻“三贴近”原则;25. 努力为群众排忧解难;25. 加强和改进舆论监督;26. 自觉接受社会各界监督。

(2)2015 年版《芜湖日报报业集团采编行为准则》

该《准则》延续 2007 年版《准则》的内容,增加“严格采编环节、规范文字表述、重大灾害的报道必须准确”。

二、新闻队伍道德建设

(1)2000 年版《芜湖日报社关于加强新闻队伍职业道德建设、严禁有偿新闻的若干规定》

该《规定》共为八条,要求采编人员不准为个人或小团体利益,采编各种形式的有偿新闻,不得以任何名义向被采访单位或个人索取或变相索取礼金、有价证券和物品,不得利用工作之便要求或接受外单位提供的借贷、分房、装修住房、车辆提供、通信工具、个人出书和子女入学等方面的便利,或到外单位报销应由个人支付的各种费用,不得剽窃他人稿件;不得参与为外单位拉广告、推销产品、参与技术成果和中介服务等经营性活动;不得以任何借口收取回扣、咨询费、劳务费和中介费等,不得利用工作时间从事股票买卖、收藏品交易等经营性活动;不得利用工作关系和个名义要求被采访对象安排出国、出省,接受外单位邀请私自外出旅游、采访。凡违反规定的,视情节分别给予党纪、政纪处分,直至开除出报社,情况特别恶劣的由司法部门追究责任。

(2)2005 年版《芜湖日报社关于加强新闻队伍职业道德建设、严禁有偿新闻的若干规定》

该《规定》对各项规定进行重申。

第二节 采编奖励制度

一、芜湖日报社好新闻奖励标准

1.2000 年版《〈芜湖日报〉好新闻评选办法》

该《办法》共 8 条,奖项类型为好新闻(消息、通讯、综述等)、好版面(编辑、版式)、好言论、好标题、好图片、好策划等 6 类,奖励标准分别为一等奖 200 元,二等奖 150 元,三等奖 100 元,四等奖 50 元。

2.2000 年版《〈大江晚报〉好稿件评选办法》

该办法共分评选类型、名额、奖励、评选标准评选组织、程序和奖励管理等四个部分,奖励类型为好新闻奖(消息、通讯、图片)、好版面奖和好策划奖 3 类。好新闻奖 1 篇,400 元(记者 3/4. 编辑 1/3);好新闻入围奖 4 篇,各 150 元(记者 2/3. 编辑 1/3)。好版面奖 2 个,各奖 400 元;好策划奖 1 个,奖 400 元。

3.2013 年版《芜湖日报报业集团好新闻评选补充规定》

该《规定》对好新闻评选机制进行创新。具体有三个方面内容:一是月度好新闻改由集团评审为媒体自行评审,集团负责一年一度的好新闻评审。二是设立专家库,邀请安徽师范大学新闻学院学者参与,年度好新闻评审除评委会成员外,在专家库中随机抽取若干名评委参加评审,其中,包括两名安师大新闻学院的学者和《安徽日报》驻芜湖记者站站长。三是按照好新闻评审的样式和数量好中取优,不再考虑各媒体的数量平衡,确保优秀作品脱颖而出。

各媒体评审好新闻不得突破原定指标和奖金额度。《芜湖日报》和《大江晚报》每月各 13 件,《金周刊·芜湖广播电视》和芜湖新闻网每月各 10 件;奖金额度分别为《芜湖日报》每月 4000 元,《大江晚报》每月 4500 元,《金周刊·芜湖广播电视》和芜湖新闻网每月各 1500 元。

二、省以上新闻奖奖励标准

1.2004 年版《芜湖日报社关于报社人员获省级以上新闻作品奖的奖励办法》

该《办法》共分奖励范围、奖励标准两大类6条，其中，奖励范围和标准为：荣获中宣部批准的新闻类奖分别奖励作者和编辑，一等奖奖励作者1000元，编辑500元；二等奖奖励作者800元，编辑400元；三等奖奖励作者600元，编辑300元。荣获省委宣传部批准的新闻奖分两类，一是获得安徽新闻奖、安徽省社会科学成果奖、中国晚报新闻奖分别奖励作者和编辑，一等奖奖励作者800元，编辑400元；二等奖奖励作者600元，编辑300元；三等奖奖励作者300元，编辑150元。二是获得安徽省经济好新闻奖、安徽省社会治安综合治理好新闻奖、安徽五四新闻奖分别奖励作者和编辑，一等奖奖励作者300元，编辑150元；二等奖奖励作者200元，编辑100元；三等奖奖励作者100元，编辑50元。

2.2008年版《关于对获省级以上新闻奖进行奖励的暂行办法》

该《办法》对新闻奖奖项进行了归类，并对国家级新闻奖大幅提高奖励标准，对省级新闻奖奖励标准做适当调整。

第一类为国家级新闻奖：中国新闻奖、范长江新闻奖（获奖者）、韬奋新闻奖（获奖者）。一等奖，奖励作者10000元，编辑5000元；二等奖，奖励作者8000元，编辑4000元；三等奖，奖励作者5000元，编辑2500元。

第二类为省级新闻奖：安徽新闻奖、中国城市党报新闻奖、中国晚报新闻奖、中国地市报新闻奖。一等奖，奖励作者3000元，编辑1500元；二等奖，奖励作者2000元，编辑1000元；三等奖，奖励作者1000元，编辑500元。

第三类为省专项新闻奖：安徽经济好新闻、安徽报纸副刊好新闻作品奖。一等奖，奖励作者2000元，编辑1000元；二等奖，奖励作者1000元，编辑500元；三等奖，奖励作者600元，编辑300元。

3.2009年版《关于对省级以上新闻奖进行奖励的暂行办法》

该办法对2008年的奖励办法有两处修改，首次是对省以上奖励的范围缩小了，只奖励中国新闻奖和省级新闻奖，取消省专项新闻奖；其次是由原作者和编辑分别奖励改为只奖励获奖作者。

4.2010年版《关于对省级以上新闻奖进行奖励的暂行办法》

该《办法》对奖励标准大幅度提高，具体奖励标准如下：

（1）国家级新闻奖：一等奖奖励作者100000元，编辑20000元；二等奖奖励作者50000元，编辑10000元；三等奖奖励作者30000元，编辑5000元。

（2）省级新闻奖：一等奖奖励作者5000元，编辑2000元；二等奖奖励作者3000元，编辑1000元；三等奖奖励作者1000元，编辑500元。

（3）省专项新闻奖只奖励作者，不奖励编辑，一等奖奖励2000元，二等奖1000元，三等奖600元。

5.2015年版《芜湖日报报业集团新闻奖作品申报暨奖励办法》

该《办法》在省级新闻奖名录中取消中国地市报新闻奖，省级专项新闻奖只精神鼓励，不颁发奖金。具体分为三个层次：第一档是国家新闻奖，包括中国新闻奖、范长江新闻奖、韬奋新闻奖；第二档为省级新闻奖，包括安徽新闻奖、中国城市党报新闻奖、赵超构新闻奖；第三档为省级专项新闻奖，包括安徽经济新闻奖、安徽省报纸副刊好作品奖、安徽广播电视报纸新闻奖。奖励标准也分三个档次：

（1）国家新闻奖：一等奖奖励作者100000元，责任编辑20000元；二等奖奖励作者50000元，责任编辑10000元；三等奖奖励作者30000元，责任编辑5000元。

（2）省级新闻奖：一等奖奖励作者5000元，责任编辑2000元；二等奖3000元，责任编辑1000元；三等奖奖励作者1000元，责任编辑500元。

（3）省级专项新闻奖：给予精神鼓励，不颁发奖金。

6.2018年版《芜湖日报报业集团、芜湖市广播电视台关于创优获奖作品奖励办法》

该《办法》是综合广电媒体的奖励内容后提出的新办法。规定新闻作品奖励分为三个层次：第一档是国家新闻奖，包括中宣部"五个一工程奖"、中国新闻奖、范长江新闻奖、韬奋新闻奖和国家广电协会组织的中国广播影视奖；第二档为省级新闻奖，包括省"五个一工程"奖、安徽新闻奖、中国城市党报新闻奖、赵超构新闻奖、省广电协会组织的安徽省广播电视作品政府奖（包含广播电视新闻奖、文艺奖、播音与主持及论文论著奖）；第三档市级新闻奖，包括芜湖市好新闻奖、安徽经济新闻奖、安徽省报纸副刊好作品奖、安徽广播电视报纸新闻奖。

奖励标准也分三个档次：国家新闻奖标准为中宣部"五个一工程"奖、范长江新闻奖、韬奋新闻奖各奖励30000元；中国新闻奖一等奖奖励作者30000元，二等奖奖励作者20000元，三等奖奖励作者10000元。省级新闻奖：省级"五个一工程奖"奖励10000元，安徽新闻奖一等奖奖励作者4000元，二等奖2000元，三等奖奖励作者1000元；中国城市党报新闻奖、赵超构新闻奖、安徽广电协会组织的安徽省广播电视作品政府奖（含广播电视新闻奖、文艺奖、播音与主持奖及论文论著奖）参照安徽新闻奖减半发放；获得安徽省广播电视年度品牌栏目将根据实有人数人均奖励500元。市级新闻奖标准为一等奖1000元，二等奖800元，三等奖500元，安徽经济好新闻奖、安徽省报纸副刊好作品奖和安徽广播电视报纸新闻奖参照市级新闻奖给予同等奖励。一篇作品多处获奖时，以该作品获得的最高奖项进行一次性奖励，不重复计奖。

三、版面即评即奖机制

1.2012年版《芜湖日报报业集团关于建立版面即评即奖机制的暂行办法》

该《暂行办法》适用范围包括《芜湖日报》《大江晚报》《金周刊》、江东网（含芜湖手机报）首发作品，包括文字、图片、版面、网页等。具体的奖励标准有五条：一是受到中共芜湖省委宣传部及其以上新闻阅评表扬，每次奖励1000元；受到芜湖市四大班子主要领导批示表扬，每次奖励800元；受到市四大班子其他领导批示表扬，每次奖励500元。二是受到中共芜湖市委宣传部新闻阅评表扬，每次奖励500元；报业集团领导批示表扬，每次奖励400元。三是媒体领导评报表扬，每次奖励200元。四是同一件作品受到多次表扬，取其最高级别的表扬给予奖励，不重复奖励。五是《芜湖日报》《大江晚报》全年即评即奖奖金分别控制在10万元之内；《金周刊·芜湖广播电视》、芜湖新闻网（含芜湖手机报）全年即评即奖奖金分别控制在3万元之内。

2. 2015年版《芜湖日报报业集团关于即评即奖和媒体月度好新闻的补充规定》

该《办法》对奖励金额进行控制，奖金总额减半。《芜湖日报》《大江晚报》全年即评即奖奖金分别控制在5万元之内；《金周刊·芜湖广播电视》、芜湖新闻网（含手机报）全年即评即奖奖金分别控制在1.5万元之内。各媒体评审的月度好新闻的奖金额度分别为《芜湖日报》每月2400元，《大江晚报》每月2700元，《金周刊·芜湖广播电视》和芜湖新闻网每月各900元。

第六编　报业经营

第一章 芜湖报业的经营

报纸作为商品有与其他商品一样的属性，但它又是一种特殊商品，有其他商品不具备的特点，其不同之处在于它的二次销售。报纸发行为第一次销售，报纸的生存靠发行，只有一定规模的发行才能获得影响力。

报纸的第二次销售就是广告，报社发展靠广告。报社通过“卖版面”获得利益，让报社发展壮大。从这个意义上讲，报纸的发行和广告是互相依存，不可或缺的。

当然，报纸离不开印刷。有条件的报社都有自己的印刷企业，这不仅可以减少报社的印刷成本，还可以通过对外印刷赚取利润，成为报社新的增长点。

从 1898 年 3 月到 2019 年 7 月，各报刊社的办报人总是在盈利和亏本之间伤透脑筋，在不断摸索中积累经验，逐步形成一套完整的经营管理体系。

本章着重介绍芜湖报业经营管理。

第一节 芜湖近现代报业经营状况

一、芜湖近现代报业经营管理构架

芜湖近现代报业基本都是民营报纸，报社的经营管理比较单一，没有今天报纸复杂的经营管理体系，其经营管理构架主要有董事会制、社长制和经理制，由董事长、社长、经理们直接负责。

1. 董事会制

从最高层看，报社领导层实行董事会制，由董事会控制报社的经营管理，董事长负责报纸的经营，其中就包括《皖报》《复兴日报》《芜湖新报》《幸福报(晚刊)》《皖民日报》等。

2. 社长负责制

没有设立经理部门的民营报社，基本上都是由社长负责报社的经营管理。

3. 经理负责制

《大江日报(大江报)》《安徽民报》《民声日报》等均成立经理部，《火炬日报》《中央日报(安徽增刊)》设立经理室，设置经理部或经理室的报社，负责其经营管理。

二、芜湖近现代报业经营模式

1. 股份制经营模式

1898 年创刊的《皖报》虽然没有留下报纸实物，但留下《芜湖皖报馆章程和招股章程》,从中可以知道,《皖报》每份售价7文,月价200文,外埠的要酌加邮费,报社实行股份制经营,也就是入股办报,甚至还成立董事会,这应当是芜湖报业史上最早的报纸经营模式。

《芜湖晚报》主要采取股东制,开办资金是以集股的方式筹措的,共四股,每股100元,张衡山先生认一股,原在宜宾难民站的同事张允和认一股,中央银行宜宾分行罗懋光认一股,宜宾县银行尹绪先认一股,解决资金问题。报纸的经营主要靠广告,2—4版都有相对固定的广告位。

2. 产业链经营模式

《安徽俗话报》的经营方式很特别,是芜湖报业史上最早实施产业链经营模式。早期的《安徽俗话报》在安庆组稿,邮寄到长街芜湖科学图书社,由店主转交上海东大陆图书局印刷,再运回芜湖科学图书社发售,另在安徽各府、州、县和上海、保定、北京、南京、长沙和南昌等地设立代派处58处,向全国发行,每份售价大钱50文。这张报纸不是因为亏损停报,而是因为刊登涉外消息,由驻芜英领事要求中国官厅勒令该报停办。

3. 投资人合伙经营模式

《鸠江日报》是芜湖报业史上最早由投资人投资购买印刷设备经营报纸的报社之一。该报刚开始采用活字印刷,但操作过繁而导致报纸中途停刊。晋康煤矿公司总经理浙江人吴少斋投资在上海购买1台对开平版印刷机和铅字,报纸由活字印刷改为铅印印刷,报纸发行量达到2000份左右,但还是因为经营困难而停刊。吴少斋后来将印刷设备迁至石桥港浙江会馆自办《商务日报》,但出版不到一年停刊。

《幸福报(晚刊)》是芜湖报业史上集资办报较为成功的报纸。该报原为民营小报,由报人陈俊恂、梅健生、黄潮声3人发起,邀芜湖耆绅吴怡生之孙吴育英(吴十)出面集资240万元(法币),组成幸福报社,后由民营性质变为官办性质。但变为官办后销量就一路下跌,每期发行仅五六百份左右。

4. 勤俭办报模式

《皖江日报》是芜湖报近现代业史上持续时间最长的报纸,其经营特点就是办商业报纸,主要刊登启事、工商广告和商业行情,注重报纸内容与经营的融合,其副刊特色也很吸引读者。该报原为四开4版,售价大洋2分,后扩版到四开10版,发行量激增到2000分左右,到1934年,《皖江日报》已经扩版到对开10版,售价大洋3分,1937年因日本侵略军占领芜湖而停刊。

《工商日报》是勤俭办报的典范。创办之初,全社只有4个人,其中2个是排印工,1个是发行工,从主笔、编辑、记者到校对全由张九皋担任,也是由刊登工商新闻、商业行情和广告起步。

1940年创办的《芜湖晚报》办报也极为勤俭。报社工作人员吃住都在交通旅社内,吃住免费,不发工资,没有零用钱。

5.跨区域经营模式

南京的《京芜周报》是芜湖报业史上最早异地到芜湖办报的报纸,之后《中央日报(安徽增刊)》和上海的《粮食日报(芜湖版)》也将上海报纸打进芜湖报业市场,与芜湖本土报纸分蛋糕。

《粮食日报(芜湖版)》办报经费主要来源由鲍沧向粮食各行业公会筹措,发行量在1000至1500份之间。

从1898年到1949年,在芜湖创刊报纸众多,但只有《皖江日报》持续办报27年,《工商日报》持续办报22年,其他报纸几乎都短命,最短的几个月,最长的也就两年左右,除政治原因外,几乎都是因经营亏损而停报。

第二节　芜湖当代报业经营状况

一、芜湖当代报业经营管理构架

1949年7月1日创刊的《芜湖日报》没有设立经营部门,皖南日报社内设的经营部门有总务科、营业科、材料供应科、财务科和印刷厂。新工商报社不仅成立新工商报股份有限公司董事会,还设立经理部。芜湖大众报社及改名的芜湖日报社,先后设立行政办公室和生产科等经营科室,负责报社的经营管理。

1987年,芜湖日报社撤销生产科,成立印刷厂。1990年8月,芜湖日报社设立发行部。1994年,芜湖日报社行政经营部门增加到5个部室,其中有办公室、财务科、广告部、发行部和印刷厂等。1997年,芜湖日报社增设印物公司。2004年,芜湖日报社增设物管办、基建办。

2006年6月,芜湖日报报业集团成立后,成立大江报业服务有限责任公司,下设印务公司、发行公司和物业管理发展公司。原经营部门名称也有所改动,原财务科改为计划财务科,原广告部改为广告中心。2007年4月19日,芜湖日报报业集团成立大江传媒有限责任公司。2009年,芜湖日报报业集团增设经营管理办公室,注册印务有限责任公司。2010年,成立芜湖大江报业发行有限责任公司。2011年3月25日,成立芜湖日报报业集团大江传媒公司。2014年,成立芜湖报业传媒集团有限责任公司。

2018年9月,芜湖传媒中心(集团)成立后,集团层面的经营领导机构为全媒体经营管理中心,下设有新视界广告公司、芜湖传媒艺术(小记者)培训中心、芜湖传媒印务有限公司、芜湖传媒中心(集团)报业传媒(文化传媒)公司、芜湖传媒中心(集团)报刊发行公司(包括大江旅游公司)、江南梦工场影视公司、芜湖移动电视公司、1890公司(婚庆策划工作室)、芜湖妇女儿童活动中心职业培训学校和中广有线芜湖分公司等。

二、芜湖当代报业经营模式

1. 军管会统筹经营模式

芜湖解放初期，芜湖军管会文教部创办《新华电讯》，实行供给制，报社的各项开支均实报实销。当时报纸每期发行3000份，其报纸广告和发行收入怎么分配尚不得而知。

2. 政府财政（供给）包干模式

从1949年至1978年，国家实行的是计划经济，办报费用完全由政府供给到财政包干，通过行政拨款维持生存和发展。1952年以后，报社员工由发津贴转为发工资，但发工资、盖房子、购设备的费用仍完全由政府解决。

1949年7月1日创刊的《芜湖日报》由芜湖市、县邮局负责订阅和发行，每份人民币20元，发行量约3000份。

《皖南日报》有自己的印刷厂，每期印数在10000份以上，其中市区发行3000份，由皖南地区1市22个县的推销处代理发行到乡村，并通过皖南军分区在驻皖南部门系统内发行，是芜湖当代报业发行最广的报纸，1950年5月1日改为邮局统一办理。《皖南日报》经营部门有经理部，下设总务科、营业科、材料供应科、财务科、印刷厂等，办报费用由皖南地区财政拨款。

《芜湖大众》前期实行的是供给制，每人每月要交9元伙食费，吃饭时8人一桌，有时是1人一菜，都要吃大灶。当时住在平章里，是一个十几间破旧竹篱笆泥糊墙的集体宿舍，有眷属的住单间，男女一样。芜湖广播电台迁出后，有一幢二层楼房，底层约30平方米让给《安徽日报》驻芜湖记者站。芜湖大众社后期实行工资制，报社职工开始发工资，报社不再“大包干”。报纸由芜湖市新华印刷厂承印，市内发行，每期六七千份。《芜湖大众》改名《芜湖日报》后，每期减少到4000份左右。1957年7月至1958年8月，报社自办发行，其他时间均由芜湖市邮局发行。《芜湖日报》始发时每份3分，1958年5月1日以后改为每份2分。

1979年7月1日复刊的《芜湖报》最初每期发行8000份，后增到12000份。《芜湖报》复刊初期，报社的办报经费有限，且不能一步到位，边拨款边开支，年头“做帽子”年终结算所剩无几，职工住房提不到议事日程，采编人员采写消息不发稿费，言论、通讯稿件只能发半酬。后来一季度发10元到20元，年终奖发点应景的小东西，工作很辛苦，日子过得很清苦。

3. 集资认股办报模式

《新工商报》是新中国成立后芜湖唯一一张民营且非党报报纸，报社成立新工商报股份有限公司，实行董事会制度，采用认股的方式，集资5000万元人民币（旧币），分1000股，其中400股为固定资产，以在《工商日报》财产折价2000万元；另外600股3000万元由市内70余家私营工商户认股投资，日发行量2000至4000余份。该报从创办于1950年10月1日至终刊1952年5月30日，只办了7个月。

4. 财政差额补贴模式

从1979年改革开放以来，国家由计划经济逐步进入中国特色社会主义市场经济，在经济体制改革推动下，政府逐步取消财政包干的经营模式，实行财政差额补贴政策，政府给报社的补贴也逐年减少，报业经营管理从过去的报纸生产型向报业经营型转变，走上“事业单位，企业化管理”的道路，通过印刷、广告、发行经营，报社开始渐进式地产业化发展，自身实力的强弱决定着报社的命运。

20世纪90年代，芜湖日报社主要收入分三大部分：财政补贴、广告经营、发行收入和印刷收入。但政府补贴这块的收入在逐步减少，1995年之前，芜湖市政府给芜湖日报社财政的差额拨款为36万元，因创办《芜湖晚报》，1995年财政差额拨款增加到70万元，从1996年开始给予“返还芜湖日报、大江晚报广告税三年”扶持政策。报社发展完全依靠报纸的广告和发行收入。在读报时代，由于芜湖日报社先后创办《芜湖日报·星期刊》《大江晚报》和《金周刊·芜湖广播电视》，报纸的广告收入突飞猛进，由一个单纯的报社发展成为芜湖日报报业集团。但到了新媒体时代，报纸发行急剧下降，报纸广告断崖式下滑，报纸经营进入低谷。2018年，因报业集团广告收入下滑厉害，芜湖市财政给印刷、发行的补贴达到743万元，后来又追加各类扶持资金，实际到位的扶持资金3800万元，帮助集团渡过了难关。2019年，芜湖市政府继续扶持芜湖传媒中心（集团）的媒体融合改革和报业、广电的经营。

5. 自收自支的办报模式

《皖江商报》是芜湖市政府主办的一份综合性经济类周报。经济上实行的是自收自支、自负盈亏模式。由于它面向全国，报纸发行全国22个省、直辖市、自治区，安徽省内覆盖面达57个地市县，其报纸的发行和广告利润完全可以维持其生存，况且它还有多达12家的协办单位，其中有许多都是财大气粗的企业，日子相对好过。直到1999年更名为《安徽省消费者报》，主管单位由芜湖市政府变更为安徽省消费者协会。

《芜湖声屏报》和改名后的《芜湖广播电视》是芜湖市广播电视局主办的周报，主要依靠报纸广告和发行维持生存和发展，报社内设发行部和广告部，属于自收自支事业单位。

6. 单独核算模式

《大江晚报》是芜湖日报社主管主办的一份城市晚报，报纸的广告、发行和印刷虽然都由芜湖日报社统一经营管理，但财务设账细分核算，属于独立核算、自负盈亏的事业单位。2005年以后，《大江日报》逐步实行包干模式。

7. 费用“包干”模式

《大江晚报·金周刊》和整合后的《金周刊·芜湖广播电视》是芜湖日报社创办的一份生活时尚周刊。它的经营模式有所不同，发行、广告和印刷均有芜湖日报社统一管理，成本费用均有芜湖日报社统筹解决，广告和发行收入纳入芜湖日报社财务账户。

8. 集团经营模式

芜湖日报报业集团成立后，建立以成本核算控制为基础、利润核算控制为中心，纵向目标管理，横向经济合同，社会效益和经济效益良性滚动，低耗高效的产权清晰、责权明确、管理科学的集团经济管理体制，形成向外拓展的经营机构。

三、芜湖当代报业的经营

从 1949 年到 1987 年，芜湖报纸不再私营，除中共芜湖地委机关报和中共芜湖市委机关报以外，就是由芜湖市政府、芜湖日报社和芜湖广播电视台创办的报纸，经营模式由计划经济时期的全额拨款的纯事业单位到有中国特色的市场经济下的自筹资金、自负盈亏的事业单位，实行的是企业化管理。

从 1987 起，芜湖日报社作为公益性事业单位，财政体制为差额管理定额定项补助，但补贴费用极少，报社自身发展经费来源主要依靠自主经营印刷、发行和广告收入。1987 年，芜湖日报社只有一份《芜湖日报》，且仍处在转型的初期，报纸广告经营收入 22 万元。1989 年，芜湖日报社为了在经营上有所建树，且扩大新闻宣传的平台，创刊《芜湖日报·星期刊》。广告收入翻了一番，达到 40 万。

1990 年，芜湖日报社实施编辑、印刷和发行“一条龙”服务体系，通过自办发行减少发行费用。总收入超过百万，达到 128.68 万元，其中发行收入 86.12 万元，广告收入 42.56 万元。从 1991 年开始，尝试目标管理，收入与任务挂钩，有奖有罚。1993 年，芜湖日报社广告收入实现突破性增长，达到 315 万元。1996 年，芜湖日报社因创办《芜湖晚报》，印刷、广告和发行收入都有了新突破，仅广告收入就达到 801.21 万元。1997 年，芜湖日报社广告收入突破千万元大关，标志着芜湖日报社在经营理念和经营模式上都发生了深刻转变。

从 2000 年开始，尝试广告代理制、部分版面广告经营权转让、版面竞价拍卖和版面定向开发培育等一系列改革举措。2003 年，芜湖日报社全年总收入达到 3027 万元，比上年增长 29.4%。2004 年起，全面实行代理制。2005 年，开发边缘性广告，确保广告经营稳步增长。2006 年，推行打包式和活动推广式的广告经营模式，拓展了广告新领域。2007 年，芜湖日报社广告实行全额费用包干制，广告收入达到 4520 万元，在全省名列前茅，在芜马铜宜城市群中，芜湖比其他三个城市的总和还多 50%。

2008 年开始，芜湖日报报业集团全面整合广告、发行，建立“一位三体”的运营模式。将原来媒体层采编、广告、发行“三位一体”的传统模式，改变为集团层面上的“一体三位”的整合运营模式，总收入达到 9237 万元，增长 17.68%。其中广告收入 5335 万元，发行收入 1091 万元，印刷收入 2625 万元。分别比上年增长 17.65%、0.32%、6.12%，广告收入净增 800 万元，创历史新高，在省内市级报社中的领先优势进一步扩大，在芜马铜宜沿江城市带中，芜湖比其他三个城市的总和还多 40%。此外，2008 年人均增加收入 1.9 万多元。

2009 年，芜湖日报报业集团创芜湖报业两项历史最高纪录：一是全年总收入首次突破亿元大关，达 1.049 亿元，增长 11.9%。二是利润首次突破 2000 万大关，达到 2615 万元，人均利润首次突破 10 万元大关，达 13.7 万元，分别比去年同期增长 1.3 倍、1.4 倍。全员年人均劳动生产率达 40.56 万元，比上年增长 25.6%，集团员工人均年收入达 9.944 万元，比上年人均净增近万元。值得一提的是，2008 年至 2009 年，报业集团强调广告刊登必须刊前付款，以到账广告计算收入，挤掉广告收入的水分，减少呆账、死账。

2010 年，芜湖日报报业集团广告收入 6180 万元，印刷收入 2300 万元。

2011 年，芜湖日报报业集团总收入维持在 1 亿元水平，其中广告 7000 万元，比 2010 年度净增 820 万元，同期增长 13.27%，在省内市级媒体中的领先优势进一步扩大。

2012 年，芜湖日报报业集团通过办会促广告经营，总收入 8809.25 万元，其中印刷收入达 2970 万元。

2013 年，芜湖日报报业集团改“坐商”为“行商”，组成不同行业的营销小组进行客户公关，主动出击拉广告。集团总收入 8450 万元，其中印务公司收入 3071.86 万元，广告刊登量达到 6508 万元（广告刊登量小于广告收入）。

2014 年，芜湖日报报业集团总收入 5840.15 万元，报业集团广告收入出现较大幅度地下降，导致报业集团的总收入下降。

2015 年至 2018 年，通过活动抢夺广告资源，通过非报经营拓展广告新途径，新媒体、非报收入增资 2167 万元；通过节资减少成本，《金周刊 · 芜湖广播电视》减版后整建制并入大江晚报编辑部，减少办报成本 400 万元，减少非刚性支出 2795 万元。但报纸的广告收入断崖式下滑，报业集团经营陷入困境。2015 年，芜湖日报报业集团总收入 5172.78 万元。2016 年，芜湖日报报业集团总收入 4602.55 万元。2017 年，芜湖日报报业集团总收入 4120.9 万元。2018 年，芜湖日报报业集团财政拨款收入 5884.98 万元，其中广告收入 3000 万元。由于芜湖日报报业集团是芜湖市本级财政综合预算编制单位，报业集团的各项收入均要上交到市财政，再由市财政按预决算拨款。所以，2018 年的财政拨款收入就是报业集团的总收入，其中包括政府补贴、广告收入、发行收入和印刷收入等。

第二章　财务经营

本章主要介绍1949年7月到2018年9月，芜湖日报社（芜湖日报报业集团）的财务经营情况。

第一节　财务管理机构

1949年7月，芜湖日报社成立时，报社只设立办公室。之后，芜湖日报社先后设置营业组（1952年的芜湖大众社）、办公室（1956年的芜湖日报社）、行政组（1972年的芜湖日报社）、总编辑办公室（1979年芜湖报社）。1984年恢复芜湖日报社时，分别设立行政办公室和生产科，行政办公室兼管报社的经营工作，生产科负责报纸印刷。

1987年，芜湖日报社成立经理室，这应当是芜湖日报社设立的第一个经营管理部门，主要负责报社的财务和广告经营管理。1988年，芜湖日报社成立财务科和广告部，财务与广告正式分开，财务科负责芜湖日报社经营管理工作。

2006年6月，芜湖日报报业集团成立后设立计划财务科，在管理上实行大财务管理模式，做到机构统一、人员统一、资产统一、分别核算。为加强广告管理，计划财务科委派2名会计到广告中心进行财务监督。

2007年，芜湖日报报业集团实行财务委派制，重要的经济部门都有财务人员监督，强化财务监督管理。此外，重大物资采购严格实行公开招标。

2010年，集团设立部门负责人岗位、部门主办会计岗位、派驻广告财务岗位、现金出纳岗位、内审和会计档案保管岗位。实行综合预算管理，所有资金高度集中管理，统一筹划和管理使用。

2018年9月，芜湖传媒中心（集团）成立后，原芜湖日报报业集团计划财务科与芜湖市广播电视台财务科合并成立计划财务部。

第二节 芜湖日报社财务经营管理

1949年7月到20世纪80年代初，由于实行的是社会主义计划经济，报社的各项费用由政府统筹，报社的经营管理只是打报告请政府解决办报费用、工作报酬费用和报社用房及职工住房费用以及广告和发行费用的处理等，财务只是协调报销事宜，自我经营意识较弱。1987年，芜湖日报社的广告经营收入只有22万元。

进入20世纪80年代中后期,全国都由计划经济向中国特色社会主义市场经济转型,这种转型带来的影响涉及芜湖报业,芜湖日报社明显感觉到竞争的压力。这个竞争压力来自两个方面:一方面是政府包干改为政府补贴,报社生存和发展开始靠自己;另一方面是多家外地报纸到芜湖发行和经营,争夺芜湖报业蛋糕。1989年,芜湖日报社创刊《芜湖日报·星期刊》,当年的广告收入比上年多近一倍,达到40万。

从1990年开始,芜湖日报社进一步意识到不仅要埋头办报,还要注重经营,必须通过经营部门分立、资金包干和独立核算等形式,发挥印刷、发行、广告和媒体的积极性,广告经营列入机关单位的岗位责任制的考核内容,实施编辑、印刷和发行"一条龙"服务体系,并筹备自办发行以减少发行费用。1990年,芜湖日报社总收入超百万,其中发行收入86.12万元,广告收入42.56万元。

1991年,芜湖日报社成立发行部,重组广告部,广告和发行工作从财务和行政办公室完全独立出来,当年广告收入达到51万元,全省报业排名第五。仅过两年,芜湖日报社广告收入实现突破性增长,达到315万元,仅次于《合肥晚报》,名列安徽省地市报第二位。

芜湖日报社属于财政差补单位,执行预算会计制度,不核算成本和利润,因而不能准确地反映报社的经济状况和经营成果,而报社实行的是企业化管理,需要核算成本和经营情况。从1994年开始,财务科对报社会计核算科目进行了大幅度调整,着重加强对报纸成本科目的核算,并改老式的资金平衡表为通用的资产负债表,准确反映报社的财务经济状况和经营成果。

1996年,芜湖日报社创办《芜湖晚报》,印刷、广告和发行都有了新突破,仅广告收入就达到801.21万元。一年后,广告收入突破千万元大关,标志着芜湖日报社在经营理念和经营模式上都发生了深刻转变。到2003年,芜湖日报社全年总收入达到3027万元,比上年增长29.4%。

从2005年开始,芜湖日报社实行大财务集中管理,坚持一支笔审签制度,做到严格审批,账目公开透明。同时实行财务委派制,强化财务监督,对报社内部部门进行审计。在基建上实行公开招标、跟踪审计的基础上,内部物资的招标范围进一步扩大延伸,物资竞价处置工作得到加强。

第三节　芜湖日报报业集团财务经营管理

2007年,芜湖日报报业集团实行财务委派制,强化财务监督。重大物资采购严格实行公开招标。对各媒体和经营部门实行目标管理考核,各媒体的广告、发行业务由集团统一经营,财务设账细分核算。采编部门实行记分制奖金与广告收入挂钩浮动考核和稿费定量考核。全年各项收入有明显增长,其中广告收入达到4520万元,在全省名列前茅,在芜马铜宜城市群中,芜湖比其他三个城市的总和还多50%。

2008年，芜湖日报报业集团创新和完善分级核算和分段核算相结合的核算体系，报业集团在纵向上对各媒体、公司、厂、中心采取内部两级核算，考核指标每年由集团下达；在横向上对每个媒体均从编辑部、广告、发行、印务等四个专业工序分别进行核算，并通过经济效益和利益分配将“四个分段”有机联系起来，最后在编辑部形成完整的财务报告，形成“办报、经营紧密结合，经济指标双重考核，成本费用自我约束，利益风险共享共担”的机制，增强集团经营合力，在采编、广告、发行、印务等部门之间形成有效的利益联结、价值创造链条，促进集团整体发展。此外，在财务和广告中建立数字管理平台，完善广告业务系统软件，规范广告收入管理，规范财务核算，完善内控制度，集团资产、广告收入管理得到全面规范，财务制度得到完善提高。坚持目标管理责任制、部分经费包干制和扩版审批制、招待申报制、固定资产与物资购置申报制、会计委派制，强化财务监督职能，加强把关审核，增强节流意识，切实做到又办报又管事。全年总收入9237万元，增长17.68%。其中广告收入5335万元，同比净增800万元，发行收入1091万元，印刷收入2625万元，分别比上年增长17.65%、0.32%、6.12%。当年总收入和广告收入均创历史新高。

到2009年，芜湖日报报业集团在经营上实现两个历史性的突破，一是全年总收入首次突破亿元大关，达1.049亿元，增长11.9%，其中到账广告收入6276万元，发行收入1775万元，印刷收入2285万元。广告收入、发行收入分别比上年增长19.5%、44%，广告收入首次净增1024多万元，创历史新高，在芜马铜宜沿江城市带中，芜湖比其他三个城市报社广告收入总和还多59%。二是利润首次突破2000万大关，达到2615万元，人均利润首次突破10万元大关，达13.7万元，分别比去年同期增长1.3倍、1.4倍。此外，全员年人均劳动生产率达40.56万元，比上年增长25.6%，集团员工人均年收入达9.944万元，比上年人均净增近万元。

从2011年开始，芜湖日报报业集团完成集团专项支出绩效考核和银行账户撤销，按时做好“营改增”和职工公务卡开办使用，投资多项文化产业项目。

2012年，根据芜湖市财政文件精神，芜湖日报报业集团实行个人公务开支信用卡结算制度。完成印务公司、发行公司的评估工作。全年总收入为8809.25万元。

2013年，芜湖日报报业集团经营改“坐商”为“行商”，组成不同行业的营销小组进行客户公关，主动出击拉广告，全年总收入为8450万元。

从2014年开始，报纸发行和广告出现明显的双降，报业集团当年总收入降到5840.15万元，财政拨款收入7969.45万元，同比收入减少1587多万元，降低16.62%。之后不断下滑，其广告收入甚至出现断崖式地下降。报业集团通过节约成本，缓解办报压力，2015年，芜湖日报报业集团总收入下降到5172.78万元。2016年至2017年，芜湖日报报业集团总收入更是降到4000多万元。2018年，芜湖日报报业集团报纸广告收入触底、止跌、企稳、回暖，尤其是政府财政补贴增加幅度较大，全年各项收入达到5884.98万元，其中广告收入3000万元。2019年，芜湖报业发行和广告依然艰难，得到芜湖财政的大力扶持。

第三章　报纸印刷

2006年，芜湖日报报业集团印务中心落成。《参考消息》同时开印。

芜湖报业离不开报刊印刷。由最初的木刻活字印刷发展到铅字排版印刷，芜湖报业用了7年；由铅字排版印刷发展到激光照排印刷，芜湖报业用了94年；从采编与印刷分离到采、编、校、印一体化，芜湖报业用了103年；告别胶版印刷，芜湖报业用了109年；从黑白印刷到彩色印刷，芜湖报业用了97年；从单面彩印到全彩印刷，芜湖报业用了15年。

本章重点介绍芜湖报刊印刷历程，其中，芜湖近现代和当代报业印刷作简要介绍，详细介绍1987年以来芜湖日报社的报刊印刷情况。

第一节　芜湖近现代报业印刷

一、芜湖近代报业印刷技术的发展过程

1898年，芜湖第一张报纸《皖报》采用的是木刻活字印刷。1904年，《安徽俗话报》采用铅字活版印刷，由芜湖科学图书社送到上海印刷。1905年创办的《鸠江日报》在短期采用木刻活版印刷后，到上海买回由人工操作的对开平版印刷机1台和若干铅字，真正开始了芜湖报业的铅字印刷。这个时期报社设印刷厂或印刷社的并不多，只有《工商日报》《大江日报》《复兴日报》《火炬日报》和《民声日报》等报社有这个能力，其他报社均是请这几家有印刷设备的报社代印。

从1905年到1949年，报纸采用铅字活版印刷，除极少数报纸有新闻图片外，基本上没有新闻照片，广告画、插图、题花、刊头等美术作品均用木刻排入版面上机印刷，极个别的报纸到外地制版带回来印刷。1932年创刊的《国事快闻》开设“每周画刊”专栏，第一期就刊发5幅新闻照片，这在当时还是比较少见的。

从报刊印刷的版面来看，1905年以来，芜湖报业能印刷十八开杂志型报纸、四开、八开和对开报纸。十八开杂志型报纸印刷版面较多，1904年创刊的《安徽俗话报》为十八开40页。1910年创刊的《皖江日报》版数变化比较大，刚开始是四开4版，复刊后扩版到四开

10版。《工商日报》创刊初期印刷的是比四开版稍大一点的报纸，两年后就扩大为对开大报。1937年退到三河时印刷的《工商日报（三河版）》又缩减到十六开版。1947年在芜湖独立发行《工商报》时又恢复到对开大报。1940年出版的《芜湖晚报（宣宾版）》印刷开始是四开8版，后改为八开4版。1939年创刊的《火炬日报》经历了四开4版到对开2版再缩回到四开4版的过程。

二、芜湖近现代报业印刷企业发展过程

在芜湖报业近现代时期，印刷设备最为齐全、印刷形成产业的应当是复兴日报社。在排铸方面，他们有手摇铸字机和全副老宋字体铜模，头号到新五号各种字形的字体，24盘字架；在印刷方面，有对开和四开印刷机各1台，当然，那个时候的设备都是手摇的，还没有马达带动的机械设备；在人员技术上，有熟练工15至20人，他们不仅为自家报纸印刷，还代印其他报社的报纸。该报社另有电台1部，可收录电讯稿，每晚向《工商报》《火炬日报》等报纸提供国民党中央社电讯稿。芜湖当时有个叫成新印刷所，是由王少云经营的，《风月谭》就是由该所承印。

皖江日报社成立印刷部，也有自己的印刷厂，不仅负责自家报纸的印刷，而且还代印其他报纸，《农民日报》等报纸就是由皖江日报社代为印刷。

《工商日报》创刊初期只有4人，其中就有2个排印工，印刷设备有1部四开机和少许铅字，出版比四开版稍大一点的报纸，用土皮纸印刷。1917年起，报社从上海购置一部对开印刷机，报纸也改为对开日刊。1937年12月7日，芜湖被日寇攻陷，《工商日报》停刊，部分印刷器材撤离至合肥三河镇，继续出版《工商日报（三河版）》。

1930年创刊的《大江报》和1935年改名的《大江日报》有自己的印刷厂。

1939年创办的《民声日报》购得江苏苏南行署在屯溪所办的一家报社的全部印刷器材，报社因无力偿还购买印刷机的欠款而停刊。

1947年独立发行的《工商报》到1948年发行量达到4000份，为此报社开办自己的工商印刷所。

从1898年3月到1949年4月，芜湖报业绝大多数都是民营报社，除几家有实力的报社有印刷设备外，绝大多数报纸都是由有印刷实力的报社代印。《工商日报》《大江日报》《复兴日报》《火炬日报》和《民声日报》虽然有代印能力，有的报社甚至成立印刷部，但真正建有报社印刷厂的只有大江日报社。此外，民营专业印刷企业也相继成立，其中就有中二街的民生印刷所。

第二节　芜湖当代报业印刷

一、芜湖当代报业印刷技术

新中国成立前后，芜湖报纸印刷设备由手工操作的对开平台机改进为半自动的对开平台印刷机，每小时印刷由1万份上升到1.6万至1.8万份。在印刷技术方面，从铅字活版印刷发展为纸型铸版印刷。20世纪80年代实现胶版印刷。1992，实现激光照排。2001年，实现编校印一体化。2007年，实现CTP直接制版印刷。

二、芜湖当代报业印刷企业

1949年4月到1984年6月，芜湖报业有印刷厂的报社不多，主要依靠专业印刷企业完成报刊印刷，印刷企业有芜湖市新华印刷厂、皖南日报印刷厂、芜湖报印刷厂、芜湖县印刷厂和芜湖日报社印刷厂。

1. 芜湖市新华印刷厂

芜湖解放初期，新华印刷厂就组建专门的印报车间（组），负责芜湖区域内的报刊印刷。从1949到1984年，除《芜湖报》和《皖南日报》有自己的印刷厂外，这个时期的中共芜湖地委机关报和市委机关报均由芜湖市新华印刷厂承印。其中，《芜湖大众》每期印数六七千份，由《芜湖大众》改名后的《芜湖日报》每期印数达4000份，《简报》四五千份，《芜湖简报》10000份，1959年创刊的中共芜湖地委机关报《芜湖日报》报纸印数高达50000份左右，1979年7月1日恢复为中共芜湖市委机关报的《芜湖报》每期印数8000余份。在芜湖市新华印刷厂印刷的报纸还有其他基层小报以及“文革”期间的报纸。

2. 皖南日报社印刷厂

1949年7月，皖南日报社由屯溪迁入芜湖后，报社印刷厂也随之迁入，原中共芜湖市委机关报《芜湖日报》改名《皖南日报》，其报纸印刷由皖南日报社印刷厂印刷，每期印刷达10000份以上。

3. 新工商报社印刷厂

1950年创刊的《新工商报》是一张民办报纸，报社设立工商印刷所，有技工30人，负责印刷四开4版的《新工商报》。

4. 芜湖报社印刷厂

1956年4月1日创刊的《芜湖报》是中共芜湖地委机关报，芜湖报社设印刷厂，《芜湖报》每期印数达到60000份，也是芜湖报业党报印刷最多的时期。

5. 芜湖县印刷厂

芜湖县印刷厂设在芜湖市南门湾，其印刷的种类很多，1958年7月1日创刊的《芜湖县报》就在该厂印刷，每期印数在1万多份。

第三节　芜湖日报社印刷厂

1984年7月，芜湖日报社成立印刷厂。该印刷厂不仅承担报社自办的报纸《芜湖日报》《芜湖日报·星期刊》《大江晚报》和《大江晚报·金周刊》以及报社内刊的印刷任务，还承印《新民晚报》等外地报纸和芜湖市企事业单位及学校内报内刊。采用先进的印刷技术，告别“铅”与“火”，实现了“光”与“电”的报业技术革命。

一、报业印刷企业的建立和壮大

1984年7月，由中共芜湖市委批准，芜湖日报社以原中共芜湖市委印刷厂设备和人员为基础，选调芜湖市新华印刷厂原印报组人员以及在全市范围招录10名社会青年加入其中，成立芜湖日报社印刷厂，并成为芜湖市书刊、报纸专业印刷定点厂。芜湖日报社印刷厂有干部、工人52人，经济上实行独立核算，除承印《芜湖日报》外，还兼营少量额外印刷业务。从1993年到2006年6月，芜湖日报社印刷厂厂长分别由吴明智、张家荪和杨继水担任。

1991年，芜湖日报社印刷厂除印刷本报社《芜湖日报》《芜湖日报·星期刊》外，还代印《新民晚报》《文摘周刊》及芜湖市各企事业单位的内报、内刊30余种。

1992年，芜湖日报社采用北大方正汉字录入排版软件和激光照排系统，建立照排中心，芜湖日报社首次实现电子排版系统出报，彻底告别“铅”与“火”，实现了“光”与“电”的报业技术革命。

1995年，芜湖日报社印刷厂增设卫星传版接收系统，可通过卫星远程传版承印《新民晚报》等。

1996年1月1日，《芜湖晚报》创刊，芜湖日报社印刷厂增加《芜湖晚报》的印刷，此外，芜湖日报社印刷厂承印的《新民晚报》由四开16版扩大到四开24版。

1997年6月，芜湖日报社印刷厂实现彩色排印《芜湖日报·星期刊》。8月，芜湖日报社印刷厂先后增印《新民晚报》印刷周末版、《芜湖晚报·旬刊》。芜湖日报印刷厂获1997年度新民晚报全国印刷点评比印制时效奖第三名。

2001年，芜湖日报社印刷厂完成照排中心改造工程，《芜湖日报》《大江晚报》《芜湖日报·星期刊》版面采用飞腾排版系统，照排中心将局域网作软硬件的换代升级。到2002年，芜湖日报社全面正式启用V4.2NT新闻采编综合网络系统出报，使印刷厂和编辑部形成编、校、印一体化。

2003年，芜湖日报社印刷厂全年印报总量达到7003.3万对开张，印刷纯收入达到228万元，同比增长71%；利润达到200万元。

2004年，芜湖日报社印刷厂在确保报社《芜湖日报》《大江晚报》印刷质量和按时出报的基础上，积极拓展代印市内外报刊业务，实现滚动发展，全年承印报纸总量达到9200万对开张。

2005年，芜湖日报社印刷厂实行厂长夜班制度，设立专职第一读者，调整印刷工序，缩短印刷时间，提高印刷质量，减少版面差错，出版时间明显提高，2005年10月起，承印的《新民晚报》全部彩色印刷。全年承印的报纸总量达到1.2亿对开张，首次突破1亿对开张。

二、印刷技术的革新与进步

1.铅排铅印

建厂初期，芜湖日报社印刷厂只有半自动对开平版印刷机3台，铸字机、字模和全套照相制版设备，采用传统的铅排、铅印工艺，处在用手工捡字排版的铅排铅印时期。与新工艺相比，铅排铅印工艺生产效率低，印刷质量差，彩印精度低，职工劳动强度大，环境污染严重。

1989年，芜湖日报社印刷厂对老设备进行改造，引进北人集团787—01胶印机1组，将L203铅印轮转机改成胶印轮转机，实现了胶版印刷。

1990年5月，将原有的轮转“小高速”改为胶印机，添置了照相制版设施，淘汰了铅版印刷的落后工艺。

1991年，主要设备有787—01胶印机1台、小高速改装胶印机1台。

2.激光照排等先进印刷技术的采用

1992年12月，芜湖日报社印刷厂采用北大方正电子出版系统，有了录入排版软件和激光照排系统，建立激光照排中心，实现电子排版系统出报，彻底淘汰铅字，正式告别“铅与火”，迎来“光与电”的报业技术革命。

1994年，芜湖日报社印刷厂引进上海Rockwell圈筒胶印机一组。1998年，又增添上海高斯胶印机一组、P19卷筒胶印机各1组、AGFA Avanra25激光照排机、富士F—6000激光照排机1台，实现了彩色印刷和高速印刷，印刷质量不断提高，印刷产量不断创新高。

1995年，芜湖日报社印刷厂新添四色轮转彩印机组1套，可印对开4版彩报。同年11月，增设卫星传版接收系统，采用北大研制的国际先进卫星传版技术，可通过卫星远程传版承印《新民晚报》等。

1996年，芜湖日报社印刷厂筹建彩色高档激光照排系统。为了克服停电拉闸频繁的问题，购入进口90KW柴油发电自控机组1台，同时改建柴油机室和配电房。

1997年8月，芜湖日报社投入15万元，购置、安装、调试设备，实现电讯室与照排中心联网运行，对照排机房的网络系统进行升级改造。同年9月，芜湖日报社电讯室利用KU卫星，开通新华社XH100图片接收系统。在安徽省地市中率先通过卫星接收和发排新华社传真黑白和彩色照片，使新华社图片新闻当天见报。

2001 年，芜湖日报社印刷厂进行具有深远意义的技术改造，在报社建成采编综合网络的同时，印刷厂照排中心将局域网作相应升级调整，同时进行软硬件换代升级，采编人员在网上制作的版面可直接传到印刷厂照排中心，使印刷厂和编辑部形成编、校、印一体化，大大提高办报水平和科技含量。

2002 年起，芜湖日报社印刷厂拥有 ECRM－1045. AGFA Avantra25 和富士 F—6000 照排机，输出四色片，精度高、误差小，并配有 AGFA 扫描仪、NTRIR 发排系统，拥有旺蛙晒版机 3 台，可承担高质量的晒版业务。新技术的广泛运用，把印刷前的工作延伸到编辑部，缩短出版时间，使生产能力和效率得到提高。

2004 年，芜湖日报社投入 876 万元，购置日本富士 F—6000 照排机 1 台、北人版胶印机 1 套，着力加强印刷激光照排中心设备更新、局域网升级、印刷设备调整。

第四节　芜湖日报报业集团印务公司

2006 年 8 月，芜湖日报报业集团印务中心建成投产，正科级别，事业编制 70 人，自收自支，具有独立法人资格的全民事业单位，是继安徽日报报业集团之后建成的又一个现代化印务中心。2008 年，转企改制后成立芜湖日报报业集团印务有限公司。从 2006 年 8 月到 2019 年 7 月，中共印务公司党支部书记、董事长、总经理分别由杨继水、王俊虎、汪维明和董金义担任。

一、印务公司发展及报纸印刷情况

2006 年，芜湖日报报业集团印务中心日印刷量达到 60 万对开张，全年印刷总量达 1.2 亿对开张。芜湖日报报业集团印务中心在继续承印《新民晚报》的同时，又成为《参考消息》在安徽的第二个分印点，在皖南地区发行的《参考消息》全部由报业集团印务中心印刷。

2007 年，芜湖日报报业集团印务中心主要承印《芜湖日报》《大江晚报》《金周刊 · 芜湖广播电视》《新民晚报》《参考消息》，另承印芜湖本地大专院校、企事业单位及企业内报内刊 30 余种。全年实现总收入 2100 万元，利润 150 万元。

2008 年，经芜湖市政府批准，组建芜湖日报报业集团印务有限公司。该公司为国有独资公司，业务由芜湖日报报业集团管理，接受芜湖市国资委监管，公司财务负责人由芜湖市国资委委派，业务包括报纸印刷、文印、商务印刷等。当年报纸印刷总量实现 1.3 亿对开张。主要承印芜湖日报报业集团所属《芜湖日报》《大江晚报》《金周刊 · 芜湖广播电视》，芜湖市各大机关文件及会议材料和高档商业彩色印刷，还代印《新民晚报》《参考消息》及其他内报和内刊等，同年 3 月起，代印《宣城广播电视报》。

2009 年，在芜湖日报报业集团整合原芜湖市政府印刷厂资源，完成芜湖日报印刷厂转企改制和职工身份置换后，正式注册成立芜湖日报报业集团印务有限公司。全年印刷收入2285万元。

2010年，芜湖日报报业集团与上海文新报业集团旗下的新民晚报社签署扩大战略合作协议，巩固《新民晚报》代印点，印数每年增至5000份；与上海高斯图文印刷系统（中国）有限公司加强在印刷领域合作。印务公司文印中心搬迁到芜湖市政务文化新区办公，既能及时保障芜湖市各大机关进驻政务新区后的文印需求，又增加了非报收入。印务公司与马钢报业印务公司达成协议，联合制订预案，在不可抗拒导致无法印报的情况下，可到对方印报，确保报纸生产安全及时。10月1日起，《芜湖日报》实现全彩印刷，彰显印刷能力，走在全省市级党报的前列。

2011年，芜湖日报报业集团印务公司全年总收入2970万元，同比增长20%，利润180余万元。次年，芜湖日报报业集团印务公司除印刷报业集团报刊外，继续代印外地报刊3万余份。

2013年公司全年生产总值3460万元，利润240.89万元，其中报印3175万元；报纸印刷约1.46亿对开张，全年新闻纸用纸量3010吨。除报业集团报刊外和外报印刷外，积极承接高校、行业报纸印刷，完成《安徽日报》临时承印任务。文印中心除做好芜湖市各大机关文件及会议材料外，主动承接高档商业彩色印刷，文印收入285.46万元。此外，印务公司新招标采购的CTP投入使用，有力地保障了报业集团的出报安全。经报业集团和市国资委批准，印务公司拥有的原市政府机关印刷厂地块（范罗山后17号）无偿划转给芜湖市交投公司。

从2014年开始，《宣城广播电视报》和《安徽日报》等报纸印刷呈下降趋势，其印刷收入减少，好在纸张的价格略有下降，企业成本控制较好，印刷利润同比则有所增长。到2015年，芜湖日报报业集团的报纸减版较大，报印产值下降厉害。

2016年6月，芜湖日报报业集团印务公司依靠自身力量对报印设备进行技术改造，节约资金近20万元。文印中心新增长版印刷（书刊）项目。印务公司顺利通过国家秘密载体印制资质现场审查，公司取得国家秘密载体印刷资质，这是芜湖市唯一一家具有秘密印制资质的保密企业。2016至2018年，印务公司的经营十分艰难。

二、印刷技术的革新与进步

1.CTP直接制版印刷

2007年，芜湖日报报业集团印务中心暨胶机二期正式投产，配备塔式胶印机和自动供墨、自动输纸等先进设备，并在安徽省报业单位首家引进AGFA紫激光CTP直接制版系统1套，CTP、ERP三大项目按计划顺利实施。其中CTP首次启用，可以同时印刷四开4版双面彩共32版的报纸，填补安徽省报业印刷的空白，由此告别出胶片、晒版两道工序，减少工作流程，印务中心的印能、质量、时效和管理水平得到全面提升。《印刷技术》杂志2007

年第7期作了专门介绍。7月26日，创新发展——全国地市报新技术研讨会暨芜湖日报现场会召开，全国60余家地市报的100多名代表参观了芜湖报业印刷的最新成果。

2008年，芜湖日报报业集团印务公司拥有高档彩色印报机和多类商业印刷机若干套，拥有富士F6000照排系统（CTF）1套，拥有AGFA计算机直接制版系统（CTP）1套，拥有计算机管理系统（ERP）1套。

2. 卷筒纸轮转胶印

2012年，芜湖日报报业集团印务公司投产使用安徽首套先进高斯MAGNUM4Ⅱ型卷筒纸轮转胶印机，大幅度提升印刷能力和质量。印务公司文印中心配置进口奥西110数码印刷机投入使用，该机无须菲林输出和制版，月均承印量200万印，使用寿命高达1亿印次。

目前，芜湖日报报业集团印务公司报印拥有YP4787H胶印机、高斯Magnum4Ⅱ胶印机、F6000富士照排机、计算机直接制版系统AGFA Advantage Xs CTP，并配备了方正畅流系统，文印拥有对开程控切纸机、威海八开胶印机WIN500/NP和WIN500胶印机、营口1800AB变频胶印机、淮南光华光神双头钉、柯尼卡氧化锌版制版机、氧化锌版固版机和泰兴方舟对开晒版机等。

第四章 广告经营

《芜湖日报》2003 年 9 月 20 日 4 版刊发公益广告。

报刊广告是报业经营的一项重要内容，它与报刊的版面质量和报纸的发行息息相关，与报刊的经济效益、社会效益和影响力息息相关，与报刊的商贸环境息息相关。广告经营的优劣成败，决定着报刊及报刊社的生存和发展。

芜湖解放前，芜湖基本都是私营报纸，报纸版面上都有广告、启事、征婚、工商信息等，有的是以豆腐干形式散落在各个版面，有的甚至用半版或整版刊登广告。虽然绝大多数的报社没有设置专门的广告部门，但都安排专人负责广告经营，有的报纸设置经理部来统筹广告经营。由于报纸的版面少、发行少，报纸的广告收入相对较少，许多报纸因亏损而倒闭。

新中国成立后，芜湖报业广告发生变化，这与我国的社会主义体制有关。新中国成立前夕及成立后的初期沿袭旧有报纸的模式和购销需求，报纸仍然刊登广告，其中就包括商情、通知、启事和声明等。20 世纪 50 年代以后，随着社会主义计划经济的深入，购销双方不再需要广告提供信息成交业务，报纸上的广告和商情逐步减少。“文革”时期，以革命代替生产，报纸上广告刊发量极其罕见。党的十一届三中全会以后，我国逐步实行中国特色社会主义市场经济，市场贸易开放后，广告的媒介作用再次突显出来，报纸的广告也逐步增加，尤其是国家取消对报纸的统筹以及对报纸的补贴逐步减少，报社必须依靠印刷、发行和广告等自身盈利功能确保报纸的生存和发展，报纸广告越来越多，且花样翻新，出现整版广告、活动广告、超级跨版广告、挂历广告、VR 视频广告以及各种能带来广告效益的周刊、特刊、专刊和 DM 杂志、DM 报纸插页等。广告经营部门也由最初的办公室、经理部和财务科分管广告发展到设立专门的广告部、广告中心和广告公司。

互联网的兴起和新媒体的强势发展，使阅读模式发生很大的变化，芜湖报业仅存的《芜湖日报》《大江晚报》《金周刊 · 芜湖广播电视》发行量锐减，报纸广告明显减少，广告收入出现断崖式的滑坡，报社出现生存危机，到 2018 年，报纸广告收入虽然止跌回暖，但至 2019 年 7 月仍没有走出困境。

本章着重介绍芜湖报业广告经营，重点介绍 1987 年以来芜湖日报社的广告经营。

第一节　芜湖近现代报纸广告经营

一、广告经营机构的设置

芜湖早期报社基本上没有专门设置广告部，有的报纸设置经理部，负责广告发行，并有专人负责广告经营，有的报社甚至只安排专人做广告。

《大江日报》《安徽民报》《芜湖报》《民声日报》《火炬日报》《复兴日报》《中央日报(安徽增刊)》等报社均为经理负责制，成立经理部，负责报纸的广告发行。1946 年创刊的上海《中央日报》设立经济部，提升报纸的经营理念。

二、部分报纸广告版面

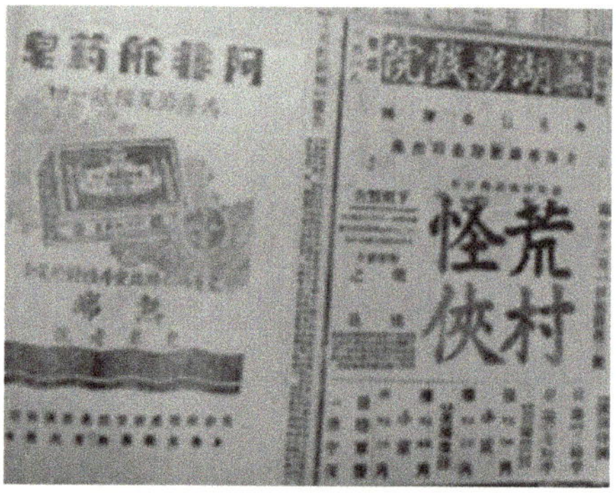

《皖江日报》1929 年 10 月 3 日 1 版广告。

芜湖近现代报纸几乎都是民营报纸，报纸的生存主要靠发行和广告，有许多报纸甚至以刊载广告和启事为主，广告的样式除文字外，还有广告画。报纸的版面安排也非常大胆，有的报纸甚至将广告放在 1 版和报眼位置。

1.《皖江日报》版面以广告、启事为主

1919 年创办的《皖江日报》主要刊载启事、工商广告、商业行情。复刊后的《皖江日报》则以广告、启事为主。《皖江日报》扩版后，除第 1 张第 3 版下半版为“本省新闻”外，其余 1、2 版全版和 3、4 版的半版均为广告和启事。1934 年 4 月 12 日的《皖江日报》共有两张半纸计 10 个版，第一张 4 块版刊登的消息仅占 2 个半版，其余 3 个版全部刊登广告和启事。

1915 年创刊的《工商日报》刊载工商新闻、商业行情和广告等内容。1937 年 10 月 1 日出版的《工商报》1 版里，工商新闻只占一个小豆腐干，其他全部是广告和启事，其中有订婚启事、寻人、王江氏启事和芜湖县民船商业同业公会通告，广告有民生大药房和同仁堂的，下面半个版为各种物价广告。

2. 多家报纸广告上头版

《复兴日报》《新芜湖》和《火炬日报》等报纸均将广告设置在 1 版。

3.《工商报》整版广告

1949 年 1 月 10 日《工商报》第 1 版几乎是整版广告，版面上方三分之一版为各种启事，其中有结婚启事、寻人启事、同乡会启事、公司更名启事，甚至还有王江氏个人启事。中间三分之一版民生大药房的围框广告特别显眼，此外有一个并不显眼的“工商新闻”栏目，内有 9 篇短讯。版面下方三分之一版为物价。

4.《芜湖晚报》相对固定广告位

《芜湖晚报》为四开4版，广告集中在2—4版且相对固定。2版、3版整版10横栏中，上下各2栏均为广告位；4版没有固定广告栏，但有时在上下栏内插入少量小块广告或启事。

5.《革新周报》的中缝广告

《革新周报》的广告设置在报纸的中缝，在各版的上下栏头上也有广告。

6.《中央日报（安徽增刊）》的软广告

1946年创刊的上海《中央日报（安徽增刊）》设有“商情”专栏，刊登当天上海及芜湖的商情，其中有许多实际上是软广告。

7.《幸福报（晚刊）》的报眼广告

1947年创刊的《幸福报（晚刊）》在报名两侧的报眼位置刊登广告，2、3版均有半版广告。

第二节 芜湖当代报纸广告经营

一、广告经营机构的设置

新中国成立前后，芜湖报业发生巨大变化，除《新工商报》属于民营报纸外，其他民营报纸逐步停刊，取而代之的是中共皖南区党委、芜湖地委和芜湖市委以及芜湖县委机关报。其内设机构也逐步完善，但仍然没有哪家报社专门设置广告部。

《皖南日报》是当时规模最大的党报，内设营业科，负责报纸的广告经营；《新工商报》设经理部；《芜湖大众》初期设立营业组，后期改为经济组；《芜湖日报》直到1987年均设立经理部。1988年设立广告科，1991年4月，广告科升格为广告部。

20世纪90年代创办的《皖江商报》《芜湖广播电视报》设置了广告部，尤其是《皖江商报》经营手段相当丰富，经营效果也不错。

二、部分报纸广告版面

1.《芜湖日报》创刊号上的广告版面

1949年7月1日创刊的《芜湖日报》在2版除刊登国内新闻外，还刊登广告、商情、通告和启事等，创刊号第4版有三分之一的版面为广告，其中有军政大学第三分校芜湖招生处通告、广告，另有通知、启事、声明等。

軍政大學第三分校蕪湖招生處通告
軍政大學第三分校第二期招生廣告
原皖南實業股份有限公司通告
訂婚啓事
蕪湖廣東酒家啓事
李保三緊要啓事
辛秀英緊要啓事
離婚啓事
大剛書店遷移聲明

《芜湖日报》1949年7月1日创刊号4版广告。

2.《皖南日报》副刊版的广告版面

《皖南日报》的广告在版面上不固定，开始在局部版面上刊登广告，后来逐步扩大到整版。

1950年11月3日，《皖南日报》第5版为群众园地副刊版，版面下方四分之一为广告版，右侧是皖南军政文工团为救济皖北灾胞义演广告，其中有我们今天熟悉的广告词：“座位不多，欲观者从速”。中段为新华书店的广告，刊登新华书店本版杂志预定办法，其中有“集体订阅拾份以上可得九折优待，五十份以上八折优待”等广告语。右侧是四则小广告，分别有亚细亚火油公司芜湖办事处启事、遗失、购车声明、西药辞典百病治疗法和黟县西递胡芷芬解除婚约启事。

3.《新工商报》广告与时事合版

1950年创刊的《新工商报》把广告与时事放在4版。

第三节　芜湖日报社报纸广告经营

芜湖日报社广告初期由办公室负责管理，设立广告室，后成立经理室、广告科、广告部。从1991年到2006年，先后有李成德、何幼平、柯南和邵卫稼担任部门负责人、主任，负责广告经营管理工作。

一、芜湖日报社广告机构设置及经营

1985年，芜湖日报社在办公室内设立广告室，指派2人专门负责广告工作。

1987年，芜湖日报社设立经理部，主管报社财务、广告事宜。当年《芜湖日报》广告收入22万元。

1988年，芜湖日报社成立广告科，在报社内部聘任4人负责广告业务。

1989年，芜湖日报社经营《芜湖日报》和《芜湖日报·星期刊》的广告，全年收入达到40万。

1991年，芜湖日报社广告科升格为广告部，从版面采编人员中抽调精兵强将，从事广告工作，全年广告收入达到51万元，在全省报业列第五。

1992年，芜湖日报社广告经营增长较快，实现广告收入102.84万元，超过目标任务20万余元，比上年超过50余万元。此后，广告经营收入每年基本以10%的幅度递增。

1993年，芜湖日报社广告收入实现突破性增长，达到315万元，仅次于《合肥晚报》，名列安徽省地市报第二位。到1995年，全年广告收入突破600万大关，广告部被评为全国报业经营管理先进集体。

1994—1995年间，在五一广场一幢大楼上特制海鸥家电户外广告，这也是芜湖日报社首次经营户外广告，标志着芜湖日报社的广告工作在经营理念和经营模式上发生深刻

转变。

1996 年,芜湖日报社创办《芜湖晚报》,广告收入有了新的增长点,芜湖日报社全年广告收入达到 801.21 万元,一年后又突破千万元大关。1999 年,芜湖日报社广告收入达到 1102.96 万元,其中,《芜湖日报》208.56 万元,《大江晚报》894.40 万元,《大江晚报》的广告效益初步显现。到 2002 年,芜湖日报社广告收入达到 1700 万元。

2003 年,芜湖日报社广告收入突破 2000 万元,达到 2200 万元,同比增长 29.4%。仅一年时间,芜湖日报社广告收入达到 3000 万元。《芜湖日报》推出公益广告,其中,《芜湖日报》2003 年 9 月 20 日 4 版刊发整版公益广告《国防连着你我他 安宁维系千万家》,由芜湖市国防教育办公室和芜湖日报社共同主办,这应当是《芜湖日报》早期刊登的公益广告。

2005 年,芜湖日报社广告部在医疗广告整顿限登和房地产市场低迷的双重压力和全国纸媒广告收入下滑的形势下,全年广告收入达到 3500 万元,在沿江芜马铜宜城市群中,芜湖日报社的广告收入比其他三市广告收入总和还要高 30%,实现在 2002 年 1700 万元基础上三年翻一番的目标。

二、芜湖日报社报纸部分广告版面

(一)《芜湖日报》广告版面

1.《芜湖日报》刊登戏曲广告

1960 年 2 月 8 日,《芜湖日报》共 4 版,前 3 版均无广告,第 4 版下方五分之一区域有一组广告,左侧 3 则是戏曲广告,分别有芜湖市越剧团演出的《三看御妹》,芜湖专区花鼓戏剧团的《潘阳讼》和芜湖市庐剧团第一分团的《玉环记》《孝子冤》,下面排列大花园游艺城广告及人民、大众和胜利电影院放映的电影广告。

2.《芜湖日报》刊登工业、旅游和医院广告

1984 年 7 月 1 日《芜湖日报》共有 4 版,刊登广告三则。

第一则广告在第 2 版下方二分之一强的区域,刊发芜湖工业品贸易中心开业的广告。标题是“热烈祝贺芜湖工业品贸易中心于七月一日开业”,下面是“开拓流通渠道 活跃城乡经济 发展商品生产”的广告词,下面还有主要经营项目和祝贺单位,最下面是地址:芜湖市人民路 1 号(芜湖饭店东大楼),还有均为四位数的电报挂号和电话。值得一提的是这则广告用线条速写画出芜湖饭店和芜湖工业品贸易中心的大楼。

第二则广告在第 3 版,刊登《芜湖市旅游服务公司通告》,这也是芜湖旅游公司的开业广告,占八分之一版。

第三则广告在第 4 版,上方是祝贺《芜湖日报》创刊三十五周年祝贺,下方五分之一是商业广告,共三则,左侧为芜湖肥皂厂夏令产品酬宾展销广告,神鱼牌高级透明皂九折酬宾;中间为芜湖县工农窑厂公告;右侧为芜湖市妇幼保健院实行门诊病历回收归档制度的通告。

3.《芜湖日报》刊登整版黑白广告

1991 年 1 月 1 日《芜湖日报》第 4 版出现整版广告。版面上方三分之二版为《芜湖市交通运输管理处通知》,公布汽车年审名单,钢笔体。该版下方三分之一版为《安徽省芜湖汽车运输公司 浙江省温州长途汽车运输联合总公司联合通车公司公告》,开通芜湖至温州长途汽车班线,全程 752 公里,票价 41.8 元。

4.《芜湖日报》刊登信息组合式广告

1995 年 1 月 1 日《芜湖日报》由四开小报改为对开大报的第一期报纸,在第 2、3 版刊登广告。

第 2 版广告做的与传统广告完全不同,它以信息组合的形式出现,采用接纳式、新闻体,开设"今日电视""导购线索""名品快讯""为您提供"和"向您推荐"等栏目。除今日电视不是广告外,其他五则均为广告。其中有元旦微波炉新品汇展、"梦兰"床上用品博览会金奖、近视眼福音、"罗兰"印刷公司照片膜尺寸和一九九四年下半年我市鲜菜价格指数。其中还有"本栏目信息来稿请与广告部联系",并标注电话。

第 3 版只有三则小广告,分别是芜湖市卫生局和芜湖市卫生防疫站的重要通知、芜湖市公安局交警支队通知和芜湖市旅游食品厂的牛肉干和香利来广告。

5.《芜湖日报》首现彩版广告

1999 年 11 月 8 日《芜湖日报》第 4 版推出整版彩色广告版,内容为芜湖卷烟厂建厂五十周年广告,共有 2 幅彩色图片。

6.《芜湖日报》刊登报眼彩色广告

2003 年 7 月 3 日《芜湖日报》广告版出现两个新变化。头版报眼位置刊发彩色广告,刊登新大富豪海鲜城的广告;第 4 版为彩色整版房交会广告,这也是江城广厦专版第 6 期,其中包括森海花园、香格里拉介绍,版面左下角为房产信息,标注每条信息 50 元。第 2 版头条为《2003 年春季房展会重新启动》,显然是与整版广告相呼应,另有 7 则广告,分别是迁坟通告、新芜区招聘会计公告、招标公告、土地使用权拍卖公告和国税局"五个严禁"以及房屋所有权申报登记公告,其中有 3 则与房地产有关。

7.《芜湖日报》刊登 24 个整版特刊广告

2004 年 1 月 1 日《芜湖日报》共 60 版,其中有 16 个整版为广告版,另有各区县专版 8 块。整版广告中绝大多数为形象广告,如伟星的左岸、中国移动等。专版虽然不能等同于广告,但特刊里专门介绍某单位或某项活动的专版一般都是收取一定编辑费用的创收版面。

(二)《芜湖日报·星期刊》广告版面

《芜湖日报·星期刊》初期的广告不太多,一般只在 4 版下角五分之一区域有几个豆腐干式的小广告,中后期广告逐渐多起来。

1.《芜湖日报·星期刊》套红商品广告

1992 年 1 月 5 日《芜湖日报·星期刊》4 版最下方五分之一处有三则广告,分别是中外合资中国安徽省双龙石榴酒有限公司推销的石榴酒,芜湖市土产农贸中心日杂经理部推销的东莞魔术弹、浏阳产的烟花等,芜湖市综合贸易经理部推销的高效蓄热式取暖器。三则广告均套浅红印刷。

1.《芜湖日报·星期刊》整版广告

1992 年 11 月 29 日,《芜湖日报·星期刊》第 6 版出现整版黑白广告。这则广告是国营湛江模压木制厂在芜湖做的广告,推销国优银奖碧丽华牌模压木制用品。除文字外,图片有 1991 年荣获的国家优质奖银质奖章、木制家具和 1991 年在泰国曼谷荣获的新工艺成就展览会银质奖章图片。

1992 年 12 月 27 日《芜湖日报·星期刊》第 8 版再次出现整版广告,是职工酒店开业广告。

(三)《大江晚报》广告版面

1.《芜湖晚报》创刊号广告

《芜湖晚报》创刊号中缝均为广告,第 4 版和第 8 版下方五分之一版为广告,第 5 版为国际婚纱摄影中心的整版广告。

2.《芜湖晚报》头版报眼广告

1997 年 7 月 1 日《芜湖晚报》共 12 版,广告版折合整版为 1、2 块版,其中,1 版为报眼广告,8 版四分之一版为迁址广告,第 5 版六分之一版为杉杉集团招聘广告,第 9 版六分之一版为中保人寿保险广告,第 12 版二分之一为《芜湖晚报》形象广告和新百第二届皮装博览广告。

3.《大江晚报》整版 + B 版报眼

2001 年 7 月 2 日《大江晚报》共 16 版,其中有广告版面折合整版为 1 块,另加 1 个报眼(A7A 版二分之一版、B1 版报眼、B8 版二分之一版),黑白印刷。

4.《大江晚报》推出营利性专版“江城楼市”

2002 年 7 月 1 日,《大江晚报》推出“江城楼市”版,这是由广告部编辑出版的营利性专版,共 2 版,第 1 版为《房地产的现状和走势》及经典楼盘金鼎广场;第 2 版刊发《小户型住宅:一头冷来一头热》以及芜湖海信房产咨询服务中心、乐园房产、宇祥平价房和一休房讯等广告。

三、芜湖日报社广告经营模式

1990 年,广告经营列入机关岗位责任制的考核内容,制定多项规章制度,广告收入 42.56万元。

1991 年,芜湖日报社重组广告部后,尝试目标管理,收入与任务挂钩,有奖有罚。一年后，正式实施目标管理，当年广告收入超过目标任务 20 万余元。此后，广告经营收入每年基本以 10% 的幅度递增。

1996 年，芜湖日报社广告部对内部机构进行改革，按媒体进行经营管理，实行广告部主任负责下的部门负责制，分媒体进行目标任务考核，广告总体收入呈增长态势。

2000 年开始，为了适应广告市场发展变化的要求，芜湖日报社广告部尝试广告代理制、部分版面广告经营权转让、版面竞价拍卖和版面定向开发培育等一系列改革举措，当年就与瑞华广告公司签署广告代理合同，实行广告代理后，延伸了广告经营渠道，降低了广告经营风险，减少了经营费用，增加了广告收入。当年这家广告公司代理量就达到 400 余万元，《大江晚报》广告增长较快，芜湖日报社广告经营持续增长势头强劲。

2003 年，芜湖日报社正式采用部分广告代理制、预售版面、专刊委托、定向转让等经营新模式，按照产品、品牌、价格和渠道“4P”理论组织广告经营。不仅使全年广告收入比上年增长 29.4%，还促进全市广告业的规范发展。此外，通过改扩版，提升版面质量，吸引广告用户。

2004 年，芜湖日报社广告经营理念和经营模式都有所创新，着重加强对广告产品的开发和服务质量的提升，先后推出商业地产论坛和超级跨版广告新产品，全面实行代理制，面对市场开辟系列专版、专刊，并根据广告产品价值的不同，实行分版面、分时段、分色彩、分行业的经营模式，不同产品不同价格，炒热了黄金版面，版面价值得到提升，特别是将大宗商品和快销品区分开来，对成本较大的版面实行公开竞价预售，使广告经营出现新的生机。

2005 年，芜湖日报社广告部在医疗广告整顿限登和房地产市场低迷的双重压力下，广告经营实行全面绩效挂钩，积极拓展市场，开发边缘性广告，确保广告经营稳步增长。具体采取四项措施：一是关注商贸领域出现的新特点、新情况，加大广告资源的开拓，围绕《大江晚报》创刊庆祝日组织活动策划，每次活动创收均达到百万元；二是利用媒体品牌效应和服务功能，为不同层次的行业策划搭台；三是充分发挥强势媒体的优势，为广告策划提供更多的创收平台；四是将《大东晚报 · 金周刊》独立成一个媒体组织经营。

第四节　芜湖日报报业集团广告经营

2006 年 6 月到 2018 年 2 月，芜湖日报报业集团广告部改为广告中心，朱强、王跃虎、向陈宏、康涛和周飞先后担任广告中心主任，负责广告经营管理工作。

一、芜湖日报报业集团广告机构设置

2006 年 6 月，芜湖日报报业集团成立，原芜湖日报社广告部改为广告中心，下辖 4 个经营部室、2 个管理部室，负责芜湖市发行量最大、最具权威性和可读性的《芜湖日报》《大江晚报》《金周刊 · 芜湖广播电视》的广告营销、策划、设计及管理工作。

2015年,芜湖日报报业集团组建广告中心房地产事业部。2017年,芜湖日报报业集团成立房地产电商营销中心。

2018年2月,芜湖日报报业集团广告中心并入芜湖市广播电视台新视界广告公司。

二、芜湖日报报业集团广告经营成效

2006年,芜湖日报报业集团全年广告收入达到4000万元,比上年增长11.1%。其中,《芜湖日报》397.20万元,《大江晚报》3483.55万元,《大江晚报·金周刊》广告收入130余万元。

2007年,芜湖日报报业集团所属三张报纸的广告经营总额达到4520万元,在全省名列前茅,在芜马铜宜城市群中,芜湖比其他三个城市的总和还多50%。其中《芜湖日报》501.46万元,《大江晚报》3751.93万元,《金周刊·芜湖广播电视》266.73余万元。

2008年,芜湖日报报业集团在广告中建立数字管理平台,完善广告业务系统软件,规范广告收入管理,广告收入管理得到全面规范,尤其是在2008年和2009年坚决执行刊前付款的经营办法,广告收入的统计数据均为到账收入,避免了呆账、死账造成的数据与收入有出入的问题。全年广告收入5335万元,比上年净增800万元,创历史新高。在省内市级报社中的领先优势进一步扩大,在芜、马、铜、宜等沿江城市带中,芜湖比其他城市报社总和还多。

2009年,芜湖日报报业集团投资20万元,启用广告管理系统软件,利用现代科技手段加强管理,实行广告公开竞标代理制。广告收入继续攀升到6276万元,比上年增长19.5%,首次净增1024多万元,再创历史新高,在芜马铜宜沿江城市带中,芜湖是其他三个城市报社广告收入总和还多59%。

2010年,芜湖日报报业集团广告收入为6180万元,出现短暂的回落。2011年的广告收入达到7000万元,同比增长13.27%。2012年,芜湖日报报业集团广告收入更是达到7800万元,创芜湖日报社成立以来广告收入最高纪录。

2013年,芜湖日报报业集团受全国报业市场总体影响和新媒体的直接冲击,广告经营遇到困难。报业集团改“坐商”为“行商”,组成不同行业的营销小组进行客户公关,主动出击拉广告。当年广告刊登量6508万元,比上年减少1292元,广告开始进入下行通道。2014年,芜湖日报报业集团广告收入下降到4170万元,下降幅度相当大。

从2015年开始,芜湖日报报业集团广告经营出现断崖式地下滑。直到2018年,芜湖日报报业集团广告收入才企稳,但仍在低位徘徊。

三、芜湖日报报业集团报纸部分广告版面

(一)《芜湖日报》广告版面

1.《芜湖日报》刊登自家广告

2009年7月2日的《芜湖日报》第12版刊登中国芜湖新闻网的两则彩色广告,分别为

芜湖手机报和中江论坛，其中，芜湖手机报包月资费3元，中江论坛则是形象广告。

2.《芜湖日报》刊登报眼广告和整版广告

2012年12月4日《芜湖日报》在广告刊登上有两个特点：一是报眼刊登广告，二是借芜湖市工会第十三次代表大会召开之际，与市总工会联合推出2块专版。

第1版报眼广告为华星电缆的彩色形象广告。第4版是回眸工会十二大工作成就满怀自豪的整版广告。第5版是展望工会十三大宏伟蓝图充满信心的整版祝贺广告。此外，还有芜湖县国土资源局国有建设用地使用权挂牌出让公告和芜湖港三山港区中外运码头工程陆域工程一段施工投标公告。

（二）《大江晚报》广告版面

1.《大江晚报》推出超级跨版广告

2006年10月26日，《大江晚报》与伟星置业有限公司联合推出特刊—《安徽伟星置业有限公司超级跨版形象金版》。此后又制作了安徽华亿超级跨版形象金版。

2.《大江晚报》推出七夕节玫瑰香报

2016年8月9日七夕节，《大江晚报》联合芜湖东方龙城创意推出散发着玫瑰香味的“七夕节玫瑰香报”，它带着玫瑰飘香送到市民的手中，给人带来浪漫和温馨，这是中国第二份、芜湖首份“玫瑰香报”。

3.《大江晚报》推出AR版面视频广告

2018年6月26日，《大江晚报》在头版推出首个AR广告创意整幅广告。借助腾讯QQ－AR平台，用手机QQ扫一扫下方的“用移动不限量看高清世界杯”图片，手机立即呈现15秒的视频画面，实现了平面阅读和立体影像的无界转换，开创报纸广告新境界。

（三）《金周刊·芜湖广播电视》广告版面

1.《大江晚报·金周刊》37%为广告版

2006年10月20日《大江晚报·金周刊》共40版，广告折合整版为15块版，其中，整版广告4块，分别为封1版、封2版、封8版、J4版为整版广告；汽车金刊4版；二分之一版广告有6块，分别为封2版、封3版、封7版、A8版、A10版、B5版、另有四分之一版9块。

2.《金周刊·芜湖广播电视》推出《金楼市》

2011年12月30日《金周刊·芜湖广播电视》推出广告杂志版“金楼市——芜湖房企这一年”。其四开76版，全铜版纸彩印。内容包括专题和广告两部分。

3.《金周刊·芜湖广播电视》推出“金鉴录”

2013年，《金周刊·芜湖广播电视》推出广告杂志版“金鉴录——2013年大江楼市”。其十六开200页，全彩印刷。内容有专访、地产企业大展示、盘点2013年楼市和置业大全。

4.《金周刊·芜湖广播电视》无广告

2016年1月1日起，《金周刊·芜湖广告电视》并入《大江晚报》，当日首期四开4版，没有刊登广告。

（四）公益广告

2013年，芜湖日报报业集团在公益广告推出了“中国梦·芜湖故事”系列，通过二维码实现平面广告的延伸阅读。《芜湖日报》《大江晚报》《金周刊·芜湖广播电视》和芜湖新闻网均刊发报业集团设计制作的公益广告。

四、芜湖日报报业集团广告经营模式

1. 产品打包式和活动推广式的广告经营模式

2006年，芜湖日报报业集团推行产品打包式和活动推广式的广告经营模式，拓展了广告新领域。

广告中心先后策划“美酒聚江城”“婚庆博览会”“江城市民心中的名景点评选”“3·15特刊”“伟星超级跨版”“商之都超级跨版”“精品住宅特刊”“晚报读者节”等20多个广告经营活动，创收330多万元。举办芜湖市第二届商业地产论坛，不仅直接创收65万元，而且为其极具发展潜力的两大产业搭建了互动平台。在有针对性地分析医药市场后，广告中心采取打包定额办法，相继与芜湖市第二人民医院、弋矶山医院、新安中医院签下200多万元广告合同，盘活医药市场。此外，及时开设分类广告、报封广告和杂志化广告等，增效极其明显。

2. 实行全额费用包干制

2007年，芜湖日报报业集团广告经营实行扁平化管理模式，在广告中心统一协调下，建立各经营部门独立经营机制。将广告中心按照日报、晚报、金周刊和房地产要求分为4个业务部门经营，划小核算单位，责权利整体下放到各部门。理顺广告价格体系，实行全额费用包干制。所有广告经营人员的工资福利和奖金与报业集团脱钩，部主任实行年薪制。策划经常化、活动常态化，先后策划春节贺岁、祝贺母亲节、植树节与房产、自驾游、汽车展和汽模秀等活动。

3. 实行广告公开竞标代理大客户制

2009年，首次实行广告公开竞标代理大客户制。与春房广告公司达成协议，将房地产行业广告委托广告公司代理，广告公司必须在第一年完成3000万元广告任务基础上，实现连续5年8的递增速度，且每年度按8比1比1的比例在《大江晚报》《芜湖日报》《金周刊·芜湖广播电视》投放广告，提高支柱行业的广告收入，确保集团广告利益最大化、最优化，而且有效地规避广告经营风险。

4. DM经营开辟广告新领域

2009年，芜湖日报报业集团取得DM杂志经营资格，设立DM事业部，与视觉经典公司联合推出《芜湖生活》DM杂志，填补了报业集团广告经营在DM单页领域的空白。报业集团与视觉经典公司脱钩后，报业集团开始经营DM报纸插页广告。

5. 以活动策划带动广告增长模式

2012 年，芜湖日报报业集团广告中心通过举办汽博会、葡萄采摘节、乐游会、参与舞台剧及文艺市场演出等聚集人气，固化客户。组织推出“3·15”消费特刊、教育特刊、饮食专版、医疗专版等广告专版。

全力打造“芜湖小记者”和“孕妇徽章”品牌。继续坚持以策划带广告，通过“寻找您身边温暖的医患故事”等大型活动拉动增量广告。继续举行中国（芜湖）家居文化节暨芜湖家装行业阳光工程启动仪式、报业传媒购车节、“大江晚报创刊 20 周年庆典暨第八届读者节”“新媒体嘉年华”“龙虾美食音乐节”“孕妇徽章”“笑脸墙”和“芜湖最美乡村摄影大赛”、报业传媒汽车展及家装建材节等大型活动。

6. 变“坐商”为“行商”的工作模式

2013 年，芜湖日报报业集团在广告经营上，面对经济不利形势，改变营销手段，变“坐商”为“行商”，组成不同行业的营销小组进行客户公关，主动出击拉广告。

2014 年 12 月 7 日，芜湖日报报业集团先后举行 2014 年岁末家装建材品质团购会、“2014 芜湖报业传媒汽车嘉年华暨 12·12 购车节”。

2018 年，芜湖日报报业集团举办“2018 中国芜湖首届全媒体国际汽车展”。

7. 组建广告中心房地产事业部

2015 年，芜湖日报报业集团广告中心调整广告经营思路。将新闻网经营机构整体并入广告中心，集团所属“两微一端”配合广告运营，充分发挥传统媒体与新兴媒体的优势互补。组建广告中心房地产事业部，开设房地产专版。

2016 年 4 月 28 日，芜湖房地产市场形势研讨会暨芜湖日报报业集团—芜湖房地产企业交流座谈会召开。

2016 年 8 月 9 日七夕节，芜湖日报报业集团房地产事业部策划制作散发着玫瑰香味的“七夕节玫瑰香报”。

2017 年，芜湖日报报业集团成立房地产电商营销中心，多维度、全方位整合芜湖市区 300 家地产中介及二级分销机构，进一步向渠道、电商、分销、代理为一体的综合性地产销售全面转型。举办芜湖报业第六届大型汽车展。

8. 积极拓展非报业务

2017 年，芜湖日报报业集团拓展非报广告业务取得新突破。芜湖日报报业集团与新华联鸠兹古镇联合制作世界最大铁画《天下徽商，兴于鸠兹》，盈利 8 万元，拓展了非报广告新领域。

9. 拓展智能广告

2018 年 6 月 26 日，芜湖日报报业集团广告公司在《大江晚报》推出 AR 广告创意整幅广告，借助腾讯 QQ－AR 平台，在报纸上观看高清世界杯视频。

第五节 主要经营品牌

一、芜湖市首届商业地产论坛

2005 年 11 月 26 日,芜湖日报社联合芜湖市商务局和市房协等单位成功主办“2005 芜湖首届商业地产论坛”,不仅创收 60 万元,而且为芜湖市商界、地产界的真诚交流构建有效的窗口和桥梁。这是报社第一次介入和参与策划的经济活动,也是芜湖日报社发挥自身媒体品牌效应和服务功能的大胆尝试。

2006 年,芜湖日报社又成功举办芜湖市第二届商业地产论坛。

二、DM 广告

2009 年,芜湖日报报业集团有效整合和利用视觉经典传媒有限公司的刊号、渠道、客户、服务、人力等资源优势,打造杂志媒体,进入 DM 市场,填补集团杂志媒体的空白。2012 年,报业集团与视觉经典公司脱钩,设立独立部门经营报纸 DM 广告。DM 杂志停刊后,推出 DM 报纸插页《城视传媒》。2019 年,《城视传媒》转由报业集团报刊销售公司经营。

DM 广告经营大胆抛弃业已成熟的以卖方市场为中心的运行模式,改为符合市场规律、以目标客户群为中心的运行体制,采取灵活多样手段占领市场,扩大经营规模,注重实效管理,实行价值营销和精品战略和市场全覆盖战略,寓包装推广于出版发行之中,靠自身运作,树立品牌形象,扩大了影响力,为今后的发展探索出良好的模式,积累了宝贵的经验。

三、芜湖汽车展

2012 年 11 月 22—23 日,由芜湖新闻网、芜湖汽车网主办的安徽芜湖第二届秋季汽车展销会在芜湖国际会展中心举行。

2014 年 12 月 12 日上午 9 时,为期 3 天的“2014 芜湖报业传媒汽车嘉年华暨 12 · 12 购车节”在芜湖会展中心举行。囊括汽车、金融、旅游、服务等行业 40 余家参展企业、共计数百台展车参展。购车节共售出汽车 200 余辆。

2017 年 11 月 10 日至 12 日,“芜湖报业第六届大型汽车展”在芜湖国际会展中心(一期)开幕。本届购车节吸引了国内外近 50 个品牌的近 300 辆实物汽车集中展示。其中包括奇瑞、东南、东风、比亚迪、江淮等国产品牌及保时捷、林肯、路虎、奔驰、斯巴鲁等进口品牌。主办方除给购车者享受各参展商提供的购车优惠外,还给出额外的大礼包,让消费者真正得到实惠。

2018 年 6 月 29 日上午,芜湖日报报业集团和芜湖市广播电视台联合主办的“2018 中国芜湖首届全媒体国际汽车展”在芜湖国际会展中心举行。本次车展由芜湖日报、大江晚报、生活频道、交通经济频率 FM96.3 和今日芜湖 APP 给予全程媒体支持。车展集中展出

57家4S店的百余款畅销车型，近300辆车实物参展，展览面积超3万平方米，且大多数参展商均给出年度最低价。

四、家装建材品质团购会

2014年12月7日，芜湖新闻网2014年岁末家装建材品质团购会在铁山宾馆开幕。

第六节　公益广告

2003年9月20日，《芜湖日报》4版刊登整版公益广告《国防连着你我他 安宁维系千万家》，由芜湖市国防教育办公室和芜湖日报社共同推出。

从2013年起，芜湖日报报业集团加大公益广告刊登量，尤其加大整版广告的刊发力度。2013年共刊发公益广告610期，折合版面达303个整版，2014年的公益广告折合整版达到412版。除报纸刊发公益广告外，芜湖新闻网首页、芜湖手机报也推送公益广告，尤其是芜湖手机报每天在晨报和晚报两次各刊发一幅公益广告。2015至2019年，公益广告平均刊登量每年保持在300个整版左右。

2013年，芜湖日报报业集团创意设计并制作刊发具有芜湖特色的6幅“中国梦·芜湖故事”系列公益广告。

第五章　报刊发行

报刊的发行分三个部分，首先是报刊社的发行机构；其次是报刊的自身定价，每份报刊卖多少钱？每份、每月、每季和每年发行价格要确定下来；第三是报刊发行到哪里去？如何将报刊送到订户手中，也就是报刊市场的布局。本章系统地介绍芜湖报业的发行。

第一节　芜湖报业发行市场

一、芜湖近现代报业发行市场

芜湖日报社的报刊发行员每天起早摸晚，将报刊送到千家万户。（老春　摄影）

芜湖最早的报刊社几乎没有设立发行部门，有的以经理部办理报纸发售业务。报刊发行基本上都是由报刊社通过“报贩子”（报刊个体经营户）实现的。报刊印刷出来之后，就转给“报贩子”去上街叫卖，比如《皖江日报》《工商日报》等绝大多数报纸。当然也有专门发售的代发点，芜湖科学图书社就是《安徽俗话报》总发卖点，它在全国还设立了58个代发点，芜湖科学图书社不仅发行《安徽俗话报》，还发行其他报刊。芜湖近现代报刊的发行一般都是在本区域内，发行量都很小。1904年创刊的《安徽俗话报》是个例外，它开创了芜湖报纸发行全国之先河。1940年出版的《芜湖晚报》是在芜湖办好手续后到四川宜宾以复刊的形式在宜宾创办的，并在云南的昭通办分社，这在芜湖报业发行史上是个独创，最大的亮点是早期的芜湖报业市场还出现了免费读报处。

芜湖近现代就有外地报纸进入芜湖报业市场。最典型的就是《京芜周报》《中央日报（安徽增刊）》和《粮食日报（芜湖版）》。1946年7月出版的《京芜周报》是已知最早进入芜湖报业市场的南京报纸，在藕香居15号设立芜湖办事处，南京和芜湖两地发行，合肥也有少量发行。1946年9月，上海的《中央日报》也在芜湖办《中央日报（安徽增刊）》，与《中央日报》一样也是对开大报，但页数有变化，拿掉一些《中央日报》的全国消息，加上安徽的内容。之后的《粮食日报（芜湖版）》也是由上海进入芜湖，与《中央日报（安徽增刊）》的情况基本相同。

芜湖近现代报纸之所以短命，就是发行量太少，有的报纸发行量只有三五百份，《皖江日报》和《工商日报》能维持较长时间，发行做得好是很重要的原因之一。

二、芜湖当代报业发行市场

新中国成立后，芜湖本土报刊分两类：一类是党报或政府主管主办的报纸，核定报纸价格，公开发行（民营报纸《新工商报》除外）；另一类是内部报刊，免费内部发行。

公开发行的报刊在计划经济时期没有生存问题，报刊发行没有压力，报刊社没有设置专门的发行部室。从《新华电讯》到《芜湖日报》，再到《芜湖大众》《芜湖日报》《芜湖报》等均依靠芜湖邮电局代为发行，其中有的报纸有过短暂的自办发行经历。《皖南日报》以营业部代理报纸发行，其发行渠道相当广，除了覆盖皖南地区的芜湖市和22个县的推销处外，还通过皖南军分区在驻皖南部队系统内发行，从1950年5月1日起则改交邮局统一发行。直到1990年，芜湖日报社才设立了发行部，专门负责报纸的发行工作，报纸的发行也由邮局代发与自办发行之间多次转换。

改革开放后，在中国特色社会主义市场经济下，由政府统筹改为政府补贴，且逐年减少，报刊需要自身经营才能生存和发展，无论是芜湖本土的报刊社还是外地报刊社都有了危机感。于是出现外地报刊纷纷进入芜湖市场的现象。除最早进入芜湖报业市场的《人民日报》《安徽日报》和《红旗》杂志属于国家指令性任务外，新华社的《参考消息》、上海的《新民晚报》主动进入芜湖报业市场。20世纪80年代开始，广州的《羊城晚报》，杭州的《钱江晚报》，南京的《扬子晚报》《现代快报》《金陵晚报》《南京晨报》和合肥的《新安晚报》《江淮晨报》《安徽商报》《合肥晚报》等等报纸先后进入芜湖报业市场，刊物更是不计其数。

到1995年，芜湖报刊发行零售市场相当活跃。据芜湖市规划局统计，芜湖市当时有各类报刊零售亭12个，芜湖日报社自己设立的售报亭10个，而芜湖实际报刊零售亭远不止这个数字，在繁华路段每隔百米就有一个报刊亭，仅镜湖路南端两三百米就有3个报刊亭，据不完全统计，芜湖市有报刊零售亭200多个，每家报刊亭经营的报纸有20多种，刊物多达40多种。据芜湖市邮电局统计，该局几家报刊亭经营报刊月销售14万份，品种达500多种。最受欢迎的是晚报和周末报，当时在芜湖市零售的晚报达四五种，其中最抢眼的是《新民晚报》《扬子晚报》，这个时候还没有创刊《芜湖晚报》。

外地报纸杂志进入芜湖报业市场后，与芜湖的《芜湖日报》争地盘分蛋糕，不仅垄断芜湖报业零售市场，而且威胁《芜湖日报》的整订市场，让一家独大的芜湖日报社第一次看到自家报纸发行和广告的危机，于是，《芜湖日报·星期刊》《大江晚报》和《金周刊·芜湖广播电视》应运而生，其目的就是要达到以“多报”拼“外报”的目的。1989年创办的《芜湖日报·星期刊》创造了发行量15万份的最高纪录，至今尚无媒体打破。1996年创办的《芜湖晚报》仅有半年时间，日平均销售就突破一万份，超过外报零售的总和，到年底更是势不可挡，垄断了芜湖报业零售市场。外地报纸纷纷采取措施与《芜湖晚报》竞争，《扬子晚报》与

《芜湖晚报》的发行之争最为典型。

2005 年,全国报业发行出现新的变化,党报发行有下降的趋势。芜湖日报社第一次提出“走出去”的发展思路,《芜湖日报》进一步走进零售报亭、《大江晚报》继走进无为、泾县和铜陵后再进入和县。2009 年,根据中共芜湖市委指示和市委宣传部的具体要求,芜湖日报报业集团实施“走出去”的扩张战略,《大江晚报》进入合肥报业市场,《金周刊·芜湖广播电视》进入宣城报业市场,《大江晚报》从地级市走向省城的“逆水行舟”被中国报界视为“芜湖样本”。此后,《大江晚报》《金周刊·芜湖广播电视》逐步退出合肥和宣城报业市场。

三、新媒体对芜湖报业发行市场的冲击

随着互联网兴起和新媒体的强势冲击,芜湖报业发行进入低谷,芜湖公开发行的《芜湖日报》《大江晚报》《金周刊·芜湖广播电视》三份报纸无一幸免。从 2014 年开始,报纸再次感受到发行危机,到 2016 至 2018 年报纸发行急剧下降,进而影响到广告出现断崖式的下滑。《芜湖日报》《大江晚报》被迫瘦身,《金周刊·芜湖广播电视》甚至减版后并入《大江晚报》后免费发行,芜湖报业发行之寒冬至今没有完全度过。

第二节　芜湖近现代报纸发行

《皖报》虽然没有实物报纸,但从资料中可知,它每份售价 7 文,月价 200 文,外埠的要酌加邮费。

《安徽俗话报》是芜湖报业有最早实物留存的报纸,创刊于 1904 年,每期售价为大钱五十文。早期《安徽俗话报》的办报流程很有意思,报纸在安庆编辑,送到芜湖科学图书社转上海印刷,再回到芜湖科学图书社发行,芜湖科学图书社成了总发卖所,报纸在全国各地还有 58 个代发所,其中包括安徽各府、州、县和上海、保定、北京、南京、长沙、南昌等。《安徽俗话报》创刊初期发行量为 1000 份,后期发展到 3000 份,其“销路之广,为海内各白话(报)冠”,是真正意义上的全国发行。

1905 年创刊的《鸠江日报》发行量 2000 份左右。

1910 年创刊的《皖江日报》原四开 4 版,每期售价大洋 2 分,发行量 1000 份;1934 年扩版到 10 版时,售价涨到每期大洋 3 分,发行量达到 2000 份。

1947 年,《工商报》独立发行后发行量达到 4000 份。

1937 年创刊的《芜湖新报》是对开大报,发行量 2000 余份。

在宜兴发行的《芜湖晚报》每份 0.03 元,每月 1.3 元/份,每季 3.7 元/份,半年 7.2 元/份,全年 14 元/份。发行量在 1000 至 2000 份之间。报纸出版不久还在云南昭通成立了昭通分社,在昭通发行量也有 300 份。

1945 年创刊的《芜湖报》发行量较少，只有 1500 份左右。同年创刊的《安徽民报》发行量更少，只有约 500 份。

1946 年复刊的《火炬周刊》发行量达到 3000 份，一年后发行量下降到 300 份。同年创刊的《芜湖日报》期发行量约 1000 份。

1947 年创刊的《行报》周刊发行量 3000 份。同年创办《粮食日报（芜湖版）》发行量在 1000 至 1500 份之间，而当年创刊的《幸福报（晚刊）》由民办改为官办后每期发行逐步萎缩，发行量仅五六百份左右。

这个时期，出现外媒在芜湖办报的现象，其中就有《京芜周报》《中央日报（安徽增刊）》和《粮食日报（芜湖版）》。

第三节　芜湖当代报纸发行

1949 年 7 月 1 日创刊的《芜湖日报》没有独立的发行机构，报纸委托芜湖市邮政局在市内发行，每期售价人民币 20 分，发行量约 3000 份。

1949 年 9 月 22 日，《芜湖日报》改名为《皖南日报》后，《皖南日报》发行工作由皖南地区 1 市 22 个县的推销处代理，直接发行到乡村，并通过皖南军分区在驻皖南部队系统内发行。自 1950 年 5 月 1 日起，全部交邮局统一发行，每期零售价先后为旧币 50 元、100 元、150 元，每月售价 3000 元/份，每期发行 10000 份以上。《皖南日报》1950 年 1 月 17 日 1 版刊发《本报为改订售价启事》（见图）中提出征订优惠措施：零售本外埠一律人民币一百五十元。具体的本外埠优惠订阅办法：凡直接从事工厂生产的工人和在校学生以及解放军指战员，凭证明信订阅，集体订阅一次在 5 份以上的，每份每月 2500 元；凡公教人员及一般职工以及机关、学校及职工，集体订阅一次在 5 份以上的，每月每份人民币 3000 元。1950 年 5 月 1 日起，全部改交邮局统一发行。

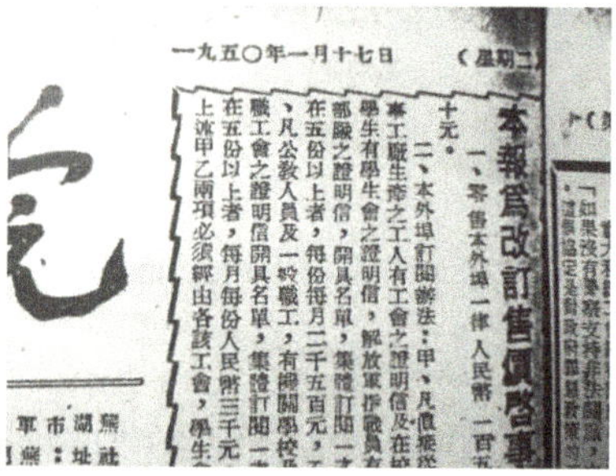
一九五〇年一月十七日　（星期二）

本報爲改訂售價啓事

一、零售本外埠一律人民幣一百五
十元。
二、本外埠訂閱辦法：甲、凡直接從
事工廠生産之工人有工會之證明信及在校
學生有學生會之證明信，解放軍指戰員有
部隊之證明信，開具名單，集體訂閱一次
在五份以上者，每份每月二千五百元，乙
、凡公教人員及一般職工，有機關學校及
職工會之證明信開具名單，集體訂閱一次
在五份以上者，每月每份人民幣三千元
上述甲乙兩項必須經由各該工會，學生

《皖南日报》1950 年 1 月 17 日 1 版刊发《本报为改订售价启事》。

《芜湖大众》由芜湖市邮政局代销，发行量每期六七千份。由《芜湖大众》改名后的《芜湖日报》零售每份 3 分，1958 年 5 月 1 日以后调整为每份 2 分，每期印数在 4000 份左右。《简报》每期发行四五千份，免费发行。《芜湖简报》由邮局在市内发行，每份 2 分，每期印数在 10000 余份。

1963 年底，《芜湖日报》发行 6000 多份，到 1965 年 6 月猛增到 20300 多份。

1979 年 7 月 1 日复刊的《芜湖报》由芜湖市邮局市内发行，报纸初期发行量 8000 余份，后增加到 12000 份。

1981 年,《芜湖报》全年售价 3.12 元/份,季价 0.78 元/份,月价 0.26 元/份,每份 0.02 元/份。

第四节　芜湖日报社报纸发行

从 1991 年设置发行部到 2006 年 6 月成立发行部、联合发行公司,芜湖日报社发行部门主任、总经理分别由时敦毅、陈建国、刘卫国担任,负责报纸发行工作。

一、芜湖日报社发行部门设置

1984 年 7 月 1 日,芜湖日报社没有设立专门的发行部门,只设办公室和经理部,除负责印刷和广告外,还负责发行工作。1990 年 8 月,经芜湖市编制委员会批准,芜湖日报社设立发行部,1991 年正式成立发行部,建立专门的发行管理队伍。

1992 年,芜湖日报社为了经营外报销售,成立联合发行公司,与发行部一套班子,在芜湖市共设 20 个段道,形成公司化管理模式。1996 年,发行队伍达到 70 余人,发行段道达到 30 余个。1997 年,芜湖日报社将芜湖县、繁昌县和南陵县记者站更名为发行站,联合发行公司聘任 3 名站长,扩充工作人员。到 2004 年,芜湖日报社联合发行公司有员工 140 多人,工作用车 5 辆,年流转额 1000 多万元,并形成一整套管理体系。

二、报纸的定价调整

1.《芜湖日报》

1981 年度,《芜湖日报》全年征订价 3.12 元/份,每季价 0.78 元/份,每月价 0.12 元/份,每份 0.02 元/份。

1994 年,《芜湖日报》全年征订价 83.4 元/份,月价 6.95 元/份,零售价 0.2 元/份。

1995 年,《芜湖日报》全年征订价 83.4 元/份,半年价 41.7 元/份,月价 6.95 元/份,零售价 0.2 元/份。

《大江晚报》1999 年 10 月 25 日广告版刊发《2000 年报刊征订目录》。

1996 年,《芜湖日报》全年定价 108 元/份,季价 27 元/份,月价 9 元/份,每份 0.3 元/份。

2000 年,《芜湖日报》全年征订价 108 元/份,季价 27 元/份,月价 9 元/份,每份 0.3 元/份。

2003 年,《芜湖日报》全年定价 108 元/份,季价 27 元/份,月价 9 元/份,每份 0.3 元/份。

2004 年,《芜湖日报》年定价 180 元/份(对农村发行年定价不得超过 164 元),其他不变。

2.《芜湖日报·星期刊》

1994年,《芜湖日报·星期刊》半年征订价10.4/份,单价0.2元/份。

3.《大江晚报》

1996年,《芜湖晚报》全年定价108元/份,季价27元/份,月价9元/份,每份0.3元/份。征订一份《大江晚报》可摇奖兑奖。

2000年,《大江晚报》全年定价144元/份,季价36元/份,月价12元/份,每份0.4元/份。《大江晚报》征订优惠措施增加到五项:摇奖、赠拷机、赠报箱和两报组合特优价等。

2003年,《大江晚报》全年定价144元/份,季价36元/份,月价12元/份,每份0.5元/份。

三、芜湖日报社报纸发行

1984年7月1日,《芜湖日报》由芜湖邮政局向全省发行,每期印数由12000份逐步上升到25000余份。中共芜湖市委要求市、县邮政部门要积极做好《芜湖日报》的征订和发行工作,各基层党组织要配合邮政部门扩大报纸的订阅和发行,所有村民小组、工厂车间班组、商店门市部、街道居民委员会以及各中小学都要订阅《芜湖日报》,并提倡自费订报[1]。

1988年7月,《芜湖日报·星期刊》试刊,到12月底,零售数由7000份上升至17500份。

1990年,芜湖日报社实行编辑、印刷和发行"一条龙"服务体系,从6月份开始,筹备自办发行并于年底完成自办发行的所有程序和手续。

1991年,芜湖日报社正式增设发行部。《芜湖日报》由邮局发行改为自办发行,发行量26000份,发行费率明显下降。中共芜湖市委宣传部、芜湖市二轻局和芜湖市旅游局还联合发文《关于宾馆、旅店、招待所为旅客订阅〈芜湖日报〉的通知》,芜湖市几乎所有宾馆、旅店和招待所都要求订阅《芜湖日报》。据不完全统计,1991年共订阅723份,1992年计划订阅2622份。

1992年,芜湖日报社成立联合发行公司,在芜湖市设20个段道,采取"上门征订、委托银行代订和投递上门"的做法,报纸征订有突破,《芜湖日报》发行量达29000份,日均发行量上升13%。

1993年,《芜湖日报》发行量突破3万份,达到30480份,其中市场零售最高达1000份。值得称道的是《芜湖日报·星期刊》的发行量最高达到15万份,创造芜湖报业史上报纸发行量的最高纪录。

1995年底,芜湖日报社联合发行公司在安徽省率先实行数字化发行管理。

1996年,《芜湖晚报》创刊。芜湖日报社进一步确立版面、发行、广告"三轮驱动"战略，联合发行公司在营销策略上实行“日稳晚升”错位发行，确保《芜湖日报》发行量长期不降，《芜湖晚报》发行量快速提升的战略目标。《芜湖晚报》创刊仅五个月的时间，零售就突破一万多份，成为芜湖报业零售市场第一名，并夺取芜湖报业零售市场的“半壁江山”，全年发行量达20000份，是安徽皖江地区发行量最大的综合型报纸；《芜湖日报》则保持在3万份。一年后，芜湖日报社通过在芜湖县、繁昌县和南陵县发行站，将《芜湖日报》《芜湖晚报》发行到三县，并在全省率先推出“送报上楼”的新举措，《芜湖晚报》发行量达37252份，首次超过《芜湖日报》的发行量。1998年更是突破五万份大关，猛增加5309份。

2001年，《芜湖日报》发行量突破3万份，达到31000份，《大江晚报》发行量44197份，发行量有所回落，且低于《芜湖日报》的增长率。

2002年，《芜湖日报》发行量突破32000份，《大江晚报》则仍在4万多份徘徊。

2003年，芜湖日报社联合发行公司主攻零售市场，《芜湖日报》发行量下降势头得到遏制，当年就零售达17189份，2004年度订阅量比上年增长25%；《大江晚报》保持强劲的销售势头，再次突破5万份，达到53976份，订阅量和总量比上年增长14.8%。

2004年，《芜湖日报》年订阅户2.15万户，日发行量近3万份，发行创新高；《大江晚报》年订阅户则突破6万户，日发行量更是达到8.1万份，在安徽省地市晚报发行中名列前茅。

2005年，《大江晚报·金周刊》创刊，芜湖日报社报纸发行由2种增加到3种。芜湖日报社第一次提出“走出去”的发行思路，要求《芜湖日报》进入芜湖报业零售市场，《大江晚报》进入邻市的和县报业市场。报社联合发行公司在提高《大江晚报》整订数的基础上，开辟三县零售市场、市区超市、便利店、汽车候车大厅和集贸市场，“走出去”也有了不错的效果。全年报纸总发行量达14.8万份，其中《芜湖日报》2.2万份，《大江晚报》6万份。令人意外的是刚刚创刊的《金周刊》零售最高达到6.6万份，甚至超过《大江晚报》的发行量。

第五节　芜湖日报报业集团报业发行

从2006年6月到2019年7月，芜湖日报报业集团（芜湖日报社）发行中心、芜湖大江报业发行有限责任公司、报刊销售公司的主任、总经理先后由刘卫国、邵卫稼和王跃虎担任。

一、芜湖日报报业集团发行部门设置

2006年，芜湖日报报业集团成立发行中心（联合发行公司）。

2010年，芜湖日报报业集团自筹资金200万元，成立芜湖大江报业发行有限责任公司，设立城南、城东、城西、城北、开发区、三山区、无为、沈巷8个发行站，有投递员近300人。

2018 年,芜湖传媒中心(集团)恢复报刊销售公司。

二、报纸的定价调整

1.《芜湖日报》

2012 年,《芜湖日报》年征订价由原 216 元/份调整到 226 元/份,零售价不变。

2014 年,《芜湖日报》年征订价由原 226 元/份调整到 264 元/份,零售价不变。

2015 年,《芜湖日报》年征订价由原 264 元/份调整到 288 元/份,零售价不变。

2017 年,《芜湖日报》年征订价由原 288 元/份调整到 360 元/份,零售价不变。

2019 年,《芜湖日报》全年征订价仍维持在 360 元/份。

2.《大江晚报》

2012 年,《大江晚报》因扩版增加报纸印刷和发行成本,年征订价由原 156 元/份调整到 180 元/份,零售价仍维持 0.5 元不变。

2017 年,考虑到《金周刊 · 芜湖广播电视》并入《大江晚报》所增加的印刷和发行成本,《大江晚报》年征订价由原 180 元/份调整到 216 元/份,零售价仍维持 0.5 元不变。

2018—2019 年,《大江晚报》全年征订价不变,仍为 216 元/份,每份零售价 1 元。

3.《金周刊 · 芜湖广播电视》

2007 年,《金周刊 · 芜湖广播电视》创刊,每份零售价 0.8 元。

2008 年,《金周刊 · 芜湖广播电视》每份零售价由 0.8 元调整到 1 元。

2012 年,《金周刊 · 芜湖广播电视》每份零售价由 1 元调整到 1.50 元。

2016 年 1 月 1 日起,《金周刊 · 芜湖广播电视》并入《大江晚报》,其晚报年价和零售价均不变。

三、芜湖日报报业集团报业发行

2006 年,芜湖日报报业集团报纸发行重点推出四项举措:一是开展“党报进社区”,让市民了解《芜湖日报》,将《芜湖日报》延伸至 200 家报亭和零售摊点,抢占芜湖报业零售市场;二是组建读者俱乐部,为读者提供深度服务;三是将《大江晚报》辐射到周边市场,主攻三县零售市场,让《大江晚报》走进超市、便利店、火车站、汽车站和集贸市场,扩大市场占有率;四是将《大江晚报 · 金周刊》单独发行,并与《大江晚报》套装发行。全年总发行量达到 12.8 万份,最高达到 16.9 万份,其中《芜湖日报》期均发行量 2.1 万份,最高 2.2 万份;《大江晚报》6.1 万份,最高达 8.5 万份;《大江晚报 · 金周刊》期发行量 4.6 万份,最高达 6.6 万份。

2007 年,芜湖日报报业集团发行中心推出非报经营和代外报发行业务,他们利用发行网点,开展省内外报刊和音像制品销售、DM 广告代理、代投业务,并负责对芜湖市 62 个阅报栏的报纸每日更新。全年实现期均发行量 10.8 万份,其中,《芜湖日报》2.1 万份,《大江晚报》6.2 万份,《金周刊 · 芜湖广播电视》2.5 万份。

2008年,芜湖报业市场发生两件大事:第一件大事是芜湖日报报业集团实施“走出去”战略,让《大江晚报》走进合肥。为此,芜湖日报报业集团注销联合发行公司,与芜湖市邮政局签字邮局代发合同,报业集团所属报纸发行模式由自办发行转为邮局代发,报纸重新编入全国统一编号,实行邮政统一代发。第二件大事就是南京报纸出现调价现象,《现代快报》《扬子晚报》《金陵晚报》和《南京晨报》零售价由每份0.5元提高到0.7元,集体提高40%,并波及芜湖报业市场。

2009年,《大江晚报》进入合肥报业零售市场,首批5000份,最多时8000份。除《大江晚报》发行量增加到7.7万份外,《芜湖日报》《金周刊·芜湖广播电视》发行量有所减少,分别为2.1万份和2万份。全年发行收入1775万元,比上年增长44%。

2010年,芜湖日报报业集团为了重启自办发行工作,自筹资金200万元,成立芜湖大江报业发行有限责任公司,设立城南、城东、城西、城北、开发区、三山区、无为、沈巷8个发行站,经营范围包括报刊出版发行、各种代投业务、网络广告和网络服务、咨询中介服务、广告代理和投递等。芜湖日报报业集团与上海文新报业集团旗下的新民晚报社签署扩大战略合作协议,巩固《新民晚报》代印点,印数每年增至5000份。

2011年9月,芜湖日报报业集团开始恢复自办发行,截至2011年12月,《芜湖日报》《大江晚报》订阅量较上年分别增长30%和20%,《金周刊·芜湖广播电视》发行量更是增长70%。从2011年8月24日起,报业集团发行公司每天向刚划入芜湖不久的无为县和沈巷增投《芜湖日报》5900份,自9月16日起,向无为县赠投《大江晚报》1600份、《金周刊·芜湖广播电视》1000份。报业集团和芜湖运泰集团达成协议,《芜湖日报》亮相运泰集团旗下的品牌客运班线、芜湖城市候机楼班线,出行旅客可在客车上阅读当天的日报,日报随着客运汽车走出芜湖,同时在芜湖运泰集团旗下二级以上客运场站设立阅报栏、电子阅读显示屏,在阅报栏和电子显示屏上,旅客既可浏览新闻资讯,还可查询交通运输信息。

2012年,芜湖日报报业集团所属“两报一刊”总发行量10.4万份,同比有所下降。其中,《芜湖日报》《大江晚报》发行量分别为2.5万份和6.1万份,《金周刊·芜湖广播电视》下降惊人,发行量只有1.8万份。

2013年,芜湖大江报业发行有限责任公司合并城北发行站和开发区发行站,减少投递段道21个,裁减投递员30人;成立多种经营部,开展代投外报、旧报回收等业务,在发展小记者3300余人的基础上,衍生小记者平价眼镜超市;读者俱乐部加盟商家200多家。当年报业集团旗下报纸发行量有所回升,总发行量达到11.04万份,其中,《芜湖日报》发行量达2.84万份,《大江晚报》发行量达6.12万份,《金周刊·芜湖广播电视》发行量达2.12万份。

2014年,面对新兴媒体的冲击,芜湖日报报业集团对《芜湖日报》《大江晚报》进行二次调价，并《芜湖日报》《大江晚报》采取不同的发行策略:《芜湖日报》作为公费订阅的党报，在全市境内铺开;《大江晚报》作为自费订阅的都市类报纸，集中在市区发行，实现报纸的有效发行。《芜湖日报》《大江晚报》《金周刊·芜湖广播电视》当年的发行量分别为27554份、62028份和21327份。

从2015年开始，报纸发行下降的速度加快，当年的《芜湖日报》发行量减少3000多份，《大江晚报》减少6000份，《金周刊·芜湖广播电视》减少5241份。

2017年，芜湖日报报业集团虽然推出一系列报刊发行措施，尤其是《大江晚报》与五星电器携手举办“报·团购”—专场家电团购会，但仍然没有遏制报纸发行的下滑势头。

2018年，芜湖传媒中心(集团)恢复报刊销售公司，并与芜湖市邮政局签署合同，继续委托芜湖市邮政局代理县域及边远地块发行工作。全年发行57000份，其中《芜湖日报》日均发行量27000份，《大江晚报》(含《金周刊·芜湖广播电视》)日均30000份。

第六节　发行模式的演变

一、邮局代发

1949至1990年，芜湖日报社所有报纸全部由芜湖市邮局发行;2009至2010年，芜湖市内的报纸由芜湖市邮政局代发，在合肥发行的《大江晚报》和在宣城发行的《金周刊·芜湖广播电视》由当地报商零售;2017至2019年，芜湖日报报业集团发行芜湖市区，芜湖市邮政局发行芜湖三县和无为市。

1. 纯粹的邮局代发

从1949年7月1日到1990年12月，《芜湖日报》虽几易其名，但报纸均由芜湖市邮政局发行。其中，《皖南日报》迁芜湖初期非邮局发行，从1950年5月1日起，才全部交邮局统一发行。1987至1990年，实行“坐收征订，整年订阅”发行模式。

纯粹的邮局代发有利于节约发行成本，发行地域更广、更远，不足的是难以控制有效发行。

2. 本市邮局代发，外地的报商代售

2008年，芜湖日报报业集团为了实施《大江晚报》走出去战略，与芜湖市邮政局签订邮发合同。从2009年开始，芜湖日报报业集团所属报纸发行模式由自办发行转为邮局代发，由邮政部分合同买断包销，整合邮政、社会发行组织发行资源，建立发行联盟，形成发行稳步增长机制，报纸重新编入全国统一编号，进入全国发行序列。2009年至2010年，《芜湖日报》《大江晚报》和《金周刊·芜湖广播电视》均由芜湖市邮政局代为发行，但进入合肥零售市场的《大江晚报》和进入宣传零售市场的《金周刊·芜湖广播电视》则分别委托合肥和宣城的零售商发行。

这次邮政代发解决了全国邮发刊号问题。

二、自办发行

1949年9月至1950年4月、1991至2008年、2010至2016年为报社自办发行，不仅发行本报社的报纸，还代发行《北京青年报》《扬子晚报》等十余种外地报刊。

1. 军民两地发行渠道

1949年9月22日至1950年4月30日，《皖南日报》由皖南地区1市22个县的推销处代理，直接发行到乡村，并通过皖南军分区在驻皖南部队系统内发行。

2. 逐步完善自办发行模式

1990年5月，芜湖日报社为解决报纸发行费用过高，吸取其他地市报社自办发行的经验，决定自办发行，筹建发行部，组建50余人的发行队伍。1991年，芜湖日报社正式成立发行部。并从1月起实行自办发行。

1992年，芜湖日报社成立联合发行公司，与发行部两块牌子、一套班子。芜湖市共设20个段道，上门征订、委托银行代订和投递上门。1995年底，芜湖日报社联合发行公司在安徽省率先实行数字化发行管理。1998年至2007年，芜湖日报报业集团先后推出“扫楼洗街”“敲门征订”和“全员征订与全年征订相结合”等优质发行举措，基本实现“征订无空隙，覆盖无间隙”。《芜湖日报》日发行量始终稳定在2万份左右，《芜湖日报·星期刊》1993年最高发行量达到15万份，这个纪录至今无媒体打破。《大江晚报》最高日印数突破10万份，发行数量和效益稳居全省前列。

三、综合发行

1. 自办发行为主、邮局代发为辅的发行模式

2004年，芜湖日报社坚持自办发行为主、邮局代发为辅的有效发行模式。

2. 邮局代发四县、报社发行本市的发行模式

2017至2019年为综合发行时期，芜湖日报报业集团发行公司负责发行本市，芜湖市邮电局负责发行四县。

2017年，芜湖日报报业集团将《芜湖日报》《大江晚报》在四县的发行工作交由芜湖市邮政局办理。2018年，报刊销售公司与芜湖市邮政局签署合同，继续委托芜湖市邮政局代理县域及边远地块发行工作。

这种发行模式发挥了报社和邮局的各自优势，便于控制有效发行，减少四县发行成本，解决报纸送达困难的问题。

第七节　多种发行经营

一、外媒代理发行

1990 年,芜湖日报社发行部代理发行《北京青年报》《扬子晚报》等十余种报刊。1992 年开始,芜湖日报社联合发行公司一直代理发行多种报纸和杂志。

二、开办信息中介

芜湖日报社发行公司在完成报纸发行的同时,利用发行网络和门点,开办信息中介。

三、经营收藏制品

芜湖日报社发行中心与省外有关文化公司合作,代理在芜湖销售业务,经销纪念币、邮册和文房四宝等商品。2007 年,芜湖日报报业集团发行中心经营音像制品销售。

四、DM 广告代理

2019 年,报纸 DM 广告代理由报刊销售公司负责经营。

注释:

[1]摘自《中共芜湖市委关于〈芜湖报〉改为〈芜湖日报〉的决定》,见《我们走过的路——纪念〈芜湖日报〉创刊三十五周年专辑》第 116 页。

第七编　文化产业

第一章　文化产业机制和项目

1994年,芜湖日报社就开启了文化产业建设。2003年,芜湖日报社在继续发展报业产业的基础上,提出发展文化产业,投资兴建新闻大楼。成立芜湖日报报业集团后,集团进入新的经营模式,为文化产业的经营提供了制度支持和实践保障。2010年,芜湖日报报业集团提出“由一业向多业转型”的“十二五”规划,并形成“一业为主,多元发展”的工作思路,先后成立适应文化产业发展的组织机构,为文化产业提供组织上的保障。

从2010年起,芜湖日报报业集团文化产业建设进入快车道,先后推出大江商务印刷基地、汽车影院、无线城市、原创动画片制作、数字阅报栏和芜湖小记者工程等众多项目。

第一节　文化产业机制

一、成立大江报业服务有限责任公司

2006年6月,芜湖日报报业集团成立大江报业服务有限责任公司。该公司为国有控股企业,在社委会的领导下,受国资委委托,管理经营集团的国有资产,负责集团生活经营管理、经营政策和计划目标任务制定,具体组织落实集团生产经营任务,负责各项产业的运营,组织领导协调下属公司的资产管理、评估监理,保证国有资产的保值、增值;面向市场,吸纳社会资金,进行市场化运作,努力提高经济效益,为壮大主业服务。

二、成立集团产业发展领导小组

2007年1月8日,为加强对报社产业发展工作的领导,加快报业发展,成立芜湖日报报业集团产业发展领导小组。报业集团社长、总编辑司旌霞担任组长,集团副社长、副总编辑柯南、李祥春和金昌龙担任副组长。领导小组下设办公室。办公室主任由柯南兼任,副主任由李祥春兼任,办公室成员有汪维明、刘卫国、魏斌和徐军。

三、成立大江传媒有限责任公司

2007年4月19日,芜湖日报报业集团成立大江传媒有限责任公司。

按现代企业制度的要求,进行市场化运作,拓展文化产业经营。公司主要经营范围:对外投资项目、会展筹建和服务、物品经营、平面广告代理和发布(含户外广告)、物流配送业务、印刷业务以及印刷设备经营、咨询和中介服务、各类庆典业务、文化用品经营等。

刘卫国担任首任大江传媒有限责任公司总经理。

四、调整集团文化产业发展领导小组

2008年5月27日,芜湖日报报业集团调整集团文化产业发展领导小组成员。组长:张维水,常务副组长:柯南,副组长:李祥春、金昌龙、冯慧莲,成员:袁树槟、闵泽未、徐军、魏斌、汪维明、王晓朋、邵卫稼、刘卫国、陶良春、杨继水。领导小组下设办公室,主任:汪维明。

五、"十二五"规划确立发展文化产业

2010年12月10日,芜湖日报报业集团在繁昌马仁山庄举行报业集团2011年度工作务虚会。会议指出,"十二五"期间,报业集团要坚持"正确导向、特色办报、齐头并进,新闻事业、报业产业二轮驱动",努力实现由大报向强报的提升,由一业向多业的转型,由多媒向全媒的跨越,力争到"十二五"末,把芜湖日报报业集团打造成国内一流的强势媒体、多业并举的经济实体、人才济济的创新集体。

芜湖日报报业集团在"十二五"规划中一个重要目标就是发展文化产业,通过文化产业改变单一的经营模式。

六、与新加坡新中国际文化交流协会签订协议

2010年12月13日下午3时,芜湖日报报业集团与新加坡新中国际文化交流协会在芜湖签订战略合作意向性框架协议。双方希望在教育、商贸、文化交流、招商引资等方面为芜湖与新加坡的交流搭建平台。

七、成立芜湖大江报业发行有限责任公司

2010年,芜湖日报报业集团自筹资金200万元,成立芜湖大江报业发行有限责任公司,除了重启自办发行工作外,利用在城南、城东、城西、城北、开发区、三山区、无为、沈巷8个发行站有近300名投递员的优势,经营各种代投业务、网络广告、网络服务、咨询中介服务、广告代理和投递等。并与新民晚报社签署扩大战略合作协议,印数每年增至5000份。

八、组建大江文化传媒股份有限公司

2011年3月25日,中共芜湖日报报业集团委员会决定,成立芜湖日报报业集团大江传媒有限公司。

2011年10月21日,芜湖日报报业集团注册成立芜湖大江文化传媒股份有限公司,该公司注册资本4500万元人民币,其中报业集团出资2500万元,资本来源为报业集团历年结余和2011年度预算项目支出调整,另2000万元引入民间社会资本北京天广通信信息服务有限公司出资参股。报业集团计划将该公司打造成集团国有资产保值增值的重要部门、对外招商的重要载体、对外合作的重要法人和融资投资的重要渠道。

九、成立集团文化产业(招商引资)办公室

2011年3月25日,成立芜湖日报报业集团文化产业(招商引资)办公室,主任:汪伦,副主任:邵卫稼。

十、调整集团文化产业发展领导小组

2011 年 5 月 24 日，成立芜湖日报报业集团文化产业发展领导小组。组长：宋建华，副组长：柯南、李祥春，成员：杨继水、汪维明、汪伦、朱强、王俊虎、高秀军、魏斌、康涛。同年 6 月 16 日，增选徐军、鲍戈、阚东华、陶良春为报业集团文化产业发展领导小组成员。

十一、成立芜湖报业传媒有限责任公司

2014 年，根据芜湖市国资委文件批复精神，为了进一步整合报业集团对外投资资源，积极谋求做大做强报业传媒产业，成立芜湖报业传媒有限责任公司，作为报业集团产业经营的母公司，按现代企业管理制度建立企业法人单位，由芜湖市国资委监管考核，注册资本 5340 万元，成为报业集团国有资产保值增值的重要部门、对外招商的重要载体、对外合作的重要法人、融资投资的重要渠道。10 月 23 日，芜湖报业传媒有限责任公司领取了新版营业执照，注册资本增资到位，为芜湖报业传媒公司的组建打下了坚实的基础。

2015 年，整合内部经营力量，重新组建完全面向市场的经营主体—芜湖报业传媒集团，将市场拓展部、活动策划部、会展部、大江文化旅游有限公司等经营部门全部纳入其中，多渠道、全方位拓展市场。尝试进军电商领域，与南京日报合作开展电商购物业务。承担第四届中国国际动漫创意产业交易会票务运营工作。

十二、成立全媒体经营管理中心

2018 年 9 月 17 日，芜湖日报报业集团和芜湖市广播电视台组建芜湖传媒中心（集团）全媒体经营管理中心，作为其内设职能机构，负责集团的经营管理工作。下设 12 个经营单位，其中，文化产业单位有大型活动部、梦江南工场影视公司、传媒艺术（小记者）培训中心、报业传媒（文化传媒）公司、报刊发行公司（包括大江旅游公司）、1890 公司（婚庆策划工作室）、妇女儿童活动中心职业培训学校、实验台和中广有线芜湖分公司等。

第二节　文化产业项目

一、海鸥家电户外广告

1994 至 1995 年间，芜湖日报社在五一广场一幢大楼上特制海鸥家电户外广告，这是芜湖日报社首次经营户外广告，标志着芜湖日报社的广告工作在经营理念和经营模式上发生深刻转变。

二、数字阅报栏

2005 年，为配合党报进社区活动，经中共芜湖市委、市政府同意，芜湖日报报业集团在芜湖市部分社区和公共场所投资建设 62 个阅报栏。经过几年的营运，原有的阅报栏不论是样式还是数量都不能满足文明城市的需要。2012 年，芜湖日报报业集团对原有的阅报栏进行升级改造。当年，引进深圳九晟光电通讯科技有限公司，注册资本 1080 万元，分期对芜湖市 61 块阅报栏进行数字化升级改造。

三、买断户外广告经营权

2007年4月26日，芜湖日报报业集团大江传媒有限责任公司参与芜湖市户外广告经营权有偿出让首次竞拍，芜湖日报报业集团投资50余万元，竞拍取得芜湖市北京东路67座灯箱广告的5年经营权，当年就完成一期工程安装和招商工作，并于次年对外转租。

2012年8月，芜湖市政府批准芜湖日报报业集团“全面升级改造户外灯箱广告牌”的专题报告，对北京东路67座广告灯箱进行数字化升级改造。当年引进深圳九晟光电通讯科技有限公司进行升级改造。

四、文印中心

文印中心原为芜湖市人民政府机关印刷厂的一个车间，成立于1960年。2008年，芜湖市人民政府机关印刷厂转企改制，整建制并入芜湖日报报业集团印务有限公司，并成立文印中心。芜湖市政府搬迁到东区后随之搬到芜湖市政府办公大楼，年产值约600多万元。

文印中心现有在职员工18人，承担中共芜湖市委、市人大、市政府和市政协及全市各大机关的会议材料、文件汇编、办公用品等印刷业务。业务服务面覆盖全市党政机关、事业单位、县、区、国有、民营企业的印刷品制作和印刷，是安徽省国家保密局批准的保密印刷复制部门。

为适应商务印刷的需要，加快信息化建设步伐，文印中心引进投产数字化印刷流程——数码印刷等设备，提升了印刷能力。

五、DM杂志和报纸插页

2009年，芜湖日报报业集团整合和利用视觉经典传媒有限公司的刊号、渠道、客户、服务、人力等资源优势，打造《芜湖生活》杂志媒体，进入DM市场，填补集团杂志媒体的空白。2012年，报业集团与视觉经典公司脱钩，设立独立部门，推出DM报纸插页《城视传媒》。2019年，《城视传媒》转由芜湖传媒中心（集团）报刊销售公司经营。

六、大江商务印刷基地项目

2011年8月13日下午，芜湖日报报业集团一举拿下芜湖大江商务印刷基地项目。其签约仪式在鸠江区政府举行。

大江商务印刷基地项目位于鸠江经济开发区内，包括印刷基地和大江文化传媒产业园两部分。项目总投资3.16亿元，总用地面积约70亩，计划分三期实施，三年完成，将该基地打造成“中部地区规模一流、技术设备全国领先”的综合性大型商务印刷基地。但因种种原因，项目没有完成，土地被收回。

七、芜湖大江天广汽车影院项目

2011年，由芜湖大江文化传媒股份有限公司在方特欢乐世界西侧停车场租赁400个车位，建立安徽省首家汽车影院—芜湖大江天广汽车影院，取得中影数字院线放映许可，并于2011年9月22日（第三届中国芜湖动漫交易会开幕之日）起对外试播。2012年正式对外营业。

该项目注册资本600万元，获安徽省创新文化产业专项基金30万元无息贷款扶持，有占地 200 亩的放映广场,4 块全钢数字电影超大银幕,每块银幕可同时容纳上百辆汽车观影,可放映 3D 电影,由中影集团数字院线有限公司提供影片。

由于前期票房收入不理想,该汽车影院与拉手网、美团网和多家汽车 4S 店合作,推出多项促销活动,但经营仍不见好转,后移到欧尚超市广场,银幕由 4 块减少到 2 块,后因经营效益不佳停映。

八、无线城市项目

2011 年,芜湖日报报业集团和北京天昭公司合作,投资 3000 万元,注册成立芜湖大江天昭无线信息股份有限公司,建设“无线城市”项目。

该项目名称为“天昭 Wifi 无线城市”,采用先进的 Wifi 无线网络技术,计划分三个阶段,最终在芜湖市大学园区、经济技术开发区、商务区、市中心居民区建成 175 个用于电脑、无线终端上网的无线热区,能同时为 100 万人提供无线上网服务。这是继移动、联通和电信之后,芜湖市第四家拥有通信运营资质的服务平台。后因合作问题而停业。

九、本土原创动画片《鸠兹传奇》

2011 年 9 月 22 日,在第三届中国芜湖动漫创意产业交易会上,芜湖日报报业集团独家投资出品、芜湖梦德嘉动画设计有限公司制作的《鸠兹传奇》在动漫交易会开幕式现场和芜湖市广播电视台多个频道播出,这也是芜湖第一部反映芜湖本土文化的原创动画片。该片全篇 150 分钟,共 10 集,展示芜湖人创新、包容、勤奋的精神面貌。

十、芜湖小记者工程

2011 年,芜湖日报报业集团成立芜湖小记者团,由芜湖大江报业发行有限责任公司负责管理。2012 年 2 月,芜湖小记者网正式上线。3 月初,《大江晚报 · 小记者周刊》正式出版(一年后停刊)。6 月,推出《芜湖小记者》杂志。2018 年 7 月 10 日,芜湖小记者团归属芜湖传媒艺术(小记者)培训中心管理,《大江晚报 · 小记者周刊》由该中心编辑,并在《大江晚报》刊发。

截至 2018 年,芜湖小记者校园活动站已由最初的 24 所扩大到 34 所,芜湖小记者活动基地也由最初的 10 个扩至 13 个,芜湖小记者人数达 3000 余人。

十一、策划世界最大铁画

2017 年 1 月 1 日,芜湖日报报业集团与鸠兹古镇联合策划由专业工匠制作的世界最大铁画《天下徽商 兴于鸠兹》在新华联鸠兹古镇问世。

该铁画长度为 15.77 米、高度为 7.35 米、面积为 115.91 平方米,由芜湖铁画第五代传人、中国工艺美术大师、中国国家级非物质文化遗产传承人储金霞领衔精心制作,集芜湖当地铁画精英之力历时近百天完成。这是芜湖日报报业集团首次为企业策划文化项目,并获得非报广告收入 8 万元。

第二章　文学作品

文学作品虽然不能给芜湖报业带来直接的经济效益，但它却产生了很好的社会效益，尤其营造了浓郁的文化氛围，是芜湖报业的软实力。芜湖日报社一直鼓励采编人员创作文学作品，中共芜湖市委宣传部更是设置芜湖市重点文艺项目扶持芜湖文学创作。

本章以时间为序，简要介绍芜湖日报社单位和采编个人编撰出版的部分书籍。

第一节　芜湖日报社集体出版的部分书籍

一、《话说芜湖》

1959年，芜湖日报社为庆祝新中国成立10周年，出版《话说芜湖》一书。

二、《芜湖报创刊三十三周年》专辑

1982年7月，芜湖报社编辑出版《芜湖报创刊三十三周年》专辑，三十二开，黑白印刷，共28页，内部发行。

该册子收录了中共芜湖市委书记傅大章作的题为《我们党进行思想政治工作的重要武器》的讲话，中共芜湖市委宣传部副部长兼《芜湖报》总编辑苏彦彬《增强党的观念，努力办好党报》的讲话，原《芜湖大众》总编辑刘乔撰写的《充分发挥党报的战斗作用》，原《芜湖报》副总编辑章琦撰写的《回忆与期望》等，另有《芜湖报》采编人员文章。

三、《我们走过的路——纪念〈芜湖日报〉创刊三十五周年专辑》

1984年7月1日，芜湖日报社编辑出版《我们走过的路——纪念〈芜湖日报〉创刊三十五周年专辑》，三十二开，116页，另有插页，黑白印刷，内部发行。

该册子分九个部分：第一部分为题词画页，第二部分为纪念芜湖日报创刊三十五周年，第三部分为照片，第四部分为好新闻，第五部分为好栏目，第六部分为好版面，第七部分为老报人话旧，第八部分为专题总结材料，第九部分为老报人剪影。附录有中共芜湖市委关于《芜湖报》改为《芜湖日报》的决定、芜湖日报沿革简表、芜湖日报历任领导简表。

该专辑由汪兴泉、徐明熙编辑，图片摄影佘俊、魏爱林。

四、《我与芜湖日——纪念芜湖日报创刊45周年》

1994年7月，芜湖日报社党组书记、总编辑丁红云主编《我与芜湖日报——纪念芜湖日报创刊45周年》，三十二开，317页，黑白印刷，插页彩色图片，内部发行。

该书分五个部分：第一部分为题词、书画、报社活动、报纸生产流程和历史照片，第二

部分为我与《芜湖日报》征文，第三部分为老报人话旧，第四部分为报友心声，第五个部分为附录。

该书责任编辑为汪兴泉，封面设计为吴宗民、赵咏梅，版式设计为辛潜，摄影为佘俊。

五、《〈芜湖日报〉创刊五十周年纪念特刊》

2000 年 1 月，芜湖日报社内刊《求精》杂志推出《〈芜湖日报〉创刊五十周年纪念特刊》，十六开，黑白印刷，插页彩色图片，以《求精》杂志为平台，内部发行。

该特刊分四个部分：第一部分为卷首语、题词和贺信，第二部分为本刊特稿，第三部分为“我与芜湖日报”征文，第四部分为散文、诗、词，附祝贺单位。

该杂志由芜湖日报社党组成员、副总编辑周祥鸿担任主编，张靖担任副主编辑，编辑沐涛，校对王熙之。

六、《情系父老乡亲——〈大江晚报〉新闻部策划精品集》

2000 年 12 月，芜湖日报社党组成员、副总编辑、《大江晚报》总编辑顾伟明主编《情系父老乡亲——〈大江晚报〉新闻部策划精品集》，规格 850 × 1168，三十二开本，321 千字，13.25 印张，406 页，由南方出版社出版发行。

该书是《大江晚报》创刊五周年的献礼作品，也是新闻部五年来的精品策划成果，收录《大江晚报》新闻部 1996—2000 年新闻策划作品 179 篇，由时任芜湖日报社副总编辑、大江晚报总编辑顾伟明作序，时任《大江晚报》新闻部主任汪维明作后记。该书共分我们笔下的普通百姓、我们笔下的焦点人物、我们笔下的新闻事件、我们笔下的沧桑芜湖、我们笔下的重大节日、我们笔下的生活服务和附录七篇 22 章。其中有第一次关注、芜湖传统手艺人、百姓故事、下岗职工心里话、闪光灯、兄弟民族人物访谈、收藏人物和热点人物、热点事件、奇闻趣事、芜湖古城、老街老巷老房子、人字洞、芜湖长墓、芜湖市首批十二个爱国主义教育基地、国庆、元旦和春节专稿以及市民办事指南、“点菜单”·新闻友情奉送；附录有回首江城五十年、细说芜湖方言、芜湖方言拾遗补阙和芜湖古树名木一览表等。

该书副主编为《大江晚报》副总编辑闵泽未、冯慧莲，执行主编为《大江晚报》新闻部主任汪维明，编委为《大江晚报》新闻部编辑王中明、石琼、夏云来、程代广、孙炳春（笔名：老春）。

七、《镜湖星月——大江晚报副刊作品选萃》

2000 年 12 月，芜湖日报社党组成员、副总编辑、《大江晚报》总编辑顾伟明主编《镜湖星月——大江晚报副刊作品选萃》，规格 850 × 1168，三十二开本，300 千字，14 印张，391 页，由中国国际广播出版社出版发行。

该书是《大江晚报》创刊五周年的献礼作品，也是副刊部副刊作品选萃，由芜湖日报社副总编辑、《大江晚报》总编辑顾伟明作序《永远星光灿烂》，《大江晚报》副总编辑冯慧莲作后记《这一本书》。该书共分都市物语、往事情怀、人与自然、星月茶座和屐痕履踪等五个部分，共收录在《芜湖晚报》和更名后的《大江晚报》刊发的副刊作品134篇。此书被上海图书馆收藏。

该书由《大江晚报》副总编辑冯慧莲、闵泽未担任副主编，《大江晚报》副刊部主任谈正衡担任执行主编，《大江晚报》副刊部编辑董金义、何东、曹德华担任编委。

八、《我与家乡的晚报》

2001年，《大江晚报》要闻部编辑出版《我与家乡晚报——纪念〈大江晚报〉创刊五周年优秀征文选》，封面为铜版纸彩印，三十二开，94页，内部发行。

2000年，为庆祝《大江晚报》创刊五周年，《大江晚报》要闻部开展“我与家乡的晚报”征文活动，收到读者征文226篇。2000年12月1日至31日，《大江晚报》在头版刊发征文30篇，并在2000年12月31日和2001年1月1日《大江晚报》A6版刊发征文优秀作品及作者名单。该册子收录其中优秀征文39篇，另有卷首语《沟通从心开始》及获奖篇目和作者名单。

该册子由芜湖日报社党组成员、副总编辑、《大江晚报》总编辑顾伟明题写书名，封面小女孩读晚报图片由李云威摄影，封底晚报全家福图片由晓伟摄影，文中插图由张乃成绘画。

九、《我的新闻故事 献给新中国第一个记者节》

2001年1月，芜湖日报社党组书记、总编辑许宏胜主编《我的新闻故事 献给新中国第一个记者节》，三十二开，236页，黑白印刷，封面彩印，内部发行。

该书为《求精》特辑，由许宏胜作序，共收录芜湖日报社采编人员91篇文章。

报社总编办公室主任张靖担任执行主编，沐涛担任责任编辑，封面设计裘风，由兴环印务公司印刷。

十、通讯集《这方热土》

2002年11月8日，芜湖日报社党组成员、副总编辑周祥鸿主编通讯集《这方热土》，18万字，由南方出版社出版。

2002年，《芜湖日报》推出“芜湖百乡（镇）纪行”系列报道。该书汇集了芜湖市70个乡镇的70篇通讯，并收集了南陵县、芜湖县、马塘区、鸠江区等县区委书记关于县区经济发展的理论文章，真实地展示芜湖市农村发展坚实的步伐和沧桑巨变，宣传改革开放以来芜湖各方面建设所取得的成就和农村加快发展的成功经验，是芜湖日报社“记者下基层”结出的硕果。这个通讯集《这方热土》也是党的十六大和第三个记者节的献礼之作。

十一、《我们一同走过 纪念芜湖日报创刊55周年》

2004年7月1日，芜湖日报社党组书记、总编辑司旌霞 主编《我们一同走过 纪念芜湖日报创刊55周年》，三十二开，188页，彩色印刷，内部发行。

该书共分九个部分：第一部分为贺信贺函，第二部分为关怀与鼓舞，第三部分为纪念大会，第四部分为五十五周年系列活动，第五部分为回顾与展望，第六部分为光辉的历程，第七部分为荣誉和成果，第八部分为芜湖日报社大事记，第九部分为晚会集锦。

芜湖日报社副总编辑周祥鸿、丁以胜、顾伟明担任副主编，汪明松、方佳金、袁树槟、金昌龙、朱金海担任编委，汪明松、朱金海、徐军、杭琳、程华正担任编辑，摄影晓伟、立希，装帧设计邢彪。

十二、《30个"春天的故事"》

2009年6月，由中共芜湖市委宣传部、芜湖日报报业集团编著《30个"春天的故事"》，规格787×1092，十六开，21印张，260千字，317页，彩印，由安徽人民出版社出版发行。

该书收录《芜湖日报》2008年系列报道"30个春天的故事：隆重纪念芜湖改革开放30周年"有关文章共125篇，全面展现芜湖30年来经济、民生、社会等各个领域的改革亮点和实践经验，是一本向新中国成立60周年和《芜湖日报》创刊60周年致敬的献礼之作。

作品共分五个部分：第一部分为"30个芜湖第一"系列，第二部分为"30年30个发展亮点"系列，第三部分为"30年30件民生大事"系列，第四部分为"从数据看发展"系列，第五部分为"30年30个现代农业典型"系列报道，共刊发记者采写的文章123篇，另有《立城市之本 铸芜湖之魂》（代序）和《难忘30个"春天的故事"》（代后记）。

该书由中共芜湖市委常委、市委宣传部部长李金华担任编委会主任，芜湖日报报业集团党委书记、社长张维水担任副主任，张维水和党委副书记、总编辑刘光担任主编，副总编辑金昌龙担任副主编，方佳金、闵泽未、赵双华、骆士纬、向陈宏担任编委。

十三、《六十年薪火传承 一甲子春华秋实 〈芜湖报业〉纪念〈芜湖日报〉创刊60周年特刊》

2009年7月，芜湖日报报业集团内刊《皖江报业》2009年第3期推出《六十年薪火传承 一甲子春华秋实〈芜湖报业〉纪念〈芜湖日报〉创刊60周年特刊》，全铜版纸彩印。

特刊分芜湖日报报业集团大事记及庆贺篇、成就篇、回顾篇和展望篇。庆贺篇为中共安徽省委宣传部、中共芜湖市委、市政府领导和芜湖日报报业集团领导讲话及贺信、书画作品和祝贺单位名单；成就篇为芜湖日报报业集团获奖情况和各媒体荣誉介绍；回顾篇为芜湖日报报业集团老领导和采编人员回顾文章；展望篇为报业集团和各媒体未来发展展望。

该特刊由芜湖日报报业集团党委书记、社长张维水担任指导委员会主任；党委副书记、总编辑刘光，党委委员、副总编辑金昌龙担任副主任；方佳金、闵泽未、袁树槟、王晓朋、陶良春和林棣担任委员，林棣担任执行主编，张蔚、邢嘉担任责任编辑，刘辉担任编务。

十四、《论引导能力 加快集团产业发展 芜湖日报报业集团学习实践科学发展观活动调研报告汇编》

2009年，芜湖日报报业集团办公室编印《论引导能力 加快集团产业发展 芜湖日报报业集团学习实践科学发展观活动调研报告汇编》，十六开，285页，内部发行。

该书分综合、新闻宣传、产业发展、行政管理和队伍建设五个部分，收录报业集团和各部门、各媒体调研论文28篇，另有代前言和后记。

该书由芜湖日报报业集团党委书记、社长张维水担任编委会主任，党委副书记、总编辑刘光，副总编辑柯南、副社长李祥春、副总编辑金昌龙、纪委书记冯慧莲担任副主任，阚东华、袁树槟、王晓朋、高秀军、王俊虎和徐金亭担任编委，石琼担任责任编辑，戴卿、杨正毛、李宁和程文亮担任编辑。

十五、《世博特辑》彩色画册

2009年5月28日至7月11日，芜湖日报报业集团分七批组织200多人的大型采访活动。2010年，《皖江传媒》杂志推出《世博特辑》，彩色画册，全铜版纸印刷，内部发行。该画册全面展示芜湖日报报业集团大型采访团的世博之旅风采和世博精彩瞬间。《世博特辑》分世博畅想、缤纷世博、五彩场馆、夜色世博、镜头世博等五个部分。

十六、《芜湖魅力乡街》

2013年12月，芜湖日报报业集团编著《芜湖魅力乡街》，十六开，238页，280千字，公开发行，安徽师范大学出版社出版。

该书由中共芜湖市委书记高登榜作序《从这里读懂芜湖》，分无为县篇、芜湖县篇、繁昌县篇、南陵县篇、镜湖区篇、弋江区篇、鸠江区篇、三山区篇、芜湖经济技术开发区篇、芜湖长江大桥综合经济开发区篇等，附录有芜湖日报报业集团"走转改"系列评论，共收录文章87篇。

根据中宣部等五部委关于在全国新闻文化战线开展"走基层、转作风、改文风"活动倡议的要求，芜湖日报报业集团高端策划组组织"魅力乡街行 感受新芜湖"大型采访活动，历时13个月，走进芜湖市所有74个乡镇和街道。该书是此次活动的新闻集。

芜湖日报报业集团党委书记、社长宋建华，副书记、总编辑刘光担任《芜湖魅力乡街》编委会主任，副总编辑柯南、副社长李祥春、副总编辑金昌龙、纪委书记冯慧莲担任副主任，朱金海担任执行主编。袁树槟、闵泽末、吴小兵、王晓朋、阚东华、陶良春和石琼担任委员。

十七、《乐游芜湖 景点故事汇》

2014年12月15日，芜湖市旅游局和芜湖日报报业集团联合编印《乐游芜湖 景点故事汇》，异型书，彩色印刷，内部发行。

该书收录《大江晚报》刊登的芜湖景点25个，其中，芜湖市城区5个，无为县5个，芜湖县5个，繁昌县5个，南陵县5个。

该书由芜湖市旅游局李运征策划，芜湖日报报业集团广告中心美术编辑邢彪担任封面设计，芜湖日报报业集团照排中心刘丽韬担任版式策划，安徽省作家协会会员谈正衡作序，文字为石琼、谈正衡、杨唯伟，摄影为吴安亚、戴卿、柳拂桥、朱幸福、邢彪，校对为徐涧。

十八、《水韵皖江明珠 江城·生态芜湖》画册

2017年10月，由芜湖市政府编印、芜湖日报报业集团承制的《水韵皖江明珠 江城·生态芜湖》画册出版。

该书为铜版纸彩色印刷，分水生态、水环境、水安全和水文化四个部分，共有图片130张。

夏传文、刘光担任策划，李加高、陈立希等担任责任编辑，阚东华、郑远担任编辑，摄影为胡建国、崔燕、巩伟民、滕文荣、邢彪、陈洁、吴安亚、梅韬、杨大伟等。

第二节 部分采编人员出版的部分书籍

本节文学作品均为芜湖日报社（含芜湖日报报业集团）采编人员的个人创作作品，作品排列以出版时间为序。因收集有限，只是众多作品中的一部分，以此展示采编人员工作以外的精彩。

一、中篇小说集《白狐》

1998年8月，由《芜湖晚报》副刊部主任、安徽省作家协会会员谈正衡著作《白狐》，三十二开，150千字，273页，由南海出版公司出版，新华书店经销。

该书由著名作家鲁彦周作序，收集中篇小说《哗变》《白狐》《青碑》《巨鼋》《脚鱼阎王》《荷塘》，另有后记。

二、散文集《心灵栖息的家园》

1999年3月，《大江晚报》副刊编辑何东（笔名小河东流）著作《心灵栖息的家园》，由远方出版社出版发行。

该书由著名作家石楠作序《一束朴质的鲜花》，分诗心禅意、人生之旅、温馨乡情和红尘片羽等四辑，共84篇散文，另有作者的后记。

三、散文集《庸常岁月》

2001年4月，安徽省作家协会会员、芜湖作家协会理事、《大江晚报》副刊编辑董金义著作《庸常岁月》，规格850×1168，三十二开，11印张，340页，由北岳文艺出版社出版。

该书由叶延滨先生作序《写作：给心灵间架桥的劳作者》，韦斯琴题写书名，共六辑，收录董金义散文340篇。该书是对人性的歌唱，对人生意义的追索，对生命意义的思考，也是董金义第一部散文集。

四、散文随笔集《热写冷识集》

2002年1月，《大江晚报》副刊部主任、安徽省作家协会会员谈正衡著作《热写冷识集》，三十二开，240千字，由作家出版社出版发行。

该书自序，分一种过程、行走风景、情怀如许、茶余客话、灯下偶记和纸上风絮等六个

部分，共收录各类作品105篇。

五、杂文集《韦月闲话》

2004年6月，芜湖日报社党组成员、副总编辑、《大江晚报》总编辑顾伟明著作杂文集《韦月闲话》，规格850×1168，三十二开，12印张，371页，精装，由中国文联出版社出版。

该杂文集是顾伟明以“韦月”笔名在报纸上刊发的评论、杂文等作品的集中展示，其书名“韦月闲话”也是作者在《大江晚报》1版推出过的品牌栏目名称。

著名作家、报界老前辈冯英子为该书作序。全书分渔樵闲话、弊绝风清、卧听萧竹和江声不尽等四个部分共176篇文章，其中《文明的芜湖人》《尴尬的芜湖人》《宽容的芜湖人》《忙碌的芜湖人》《幽默的芜湖人》《会玩的芜湖人》《好靓的芜湖人》《丑陋的芜湖人》《顽强的芜湖人》等一组芜湖人系列在社会产生广泛影响。

冯英子说：“我读顾先生的文章，觉得他有几种激情，一是反封建的激情，二是呼吁听真话的激情，三是联系实际的激情。”

六、散文集《沧桑忆语》

2005年，柯灵著、刘晓春 编《沧桑忆语》，27万字，由江苏文艺出版社出版。

该书是柯灵创作的散文集，分故园梦忆、人间万象、雪泥鸿爪、书生情绪、文人清议、名人肖像、文学生涯、文章闲话等八辑共86篇文章。

七、散文集《昨夜星辰》

2006年7月，芜湖日报报业集团党委书记、社长、总编辑司旌霞著作《昨夜星辰》，三十二开，220千字，由光明日报社出版社出版发行。

该散文集由中国作家协会委员会委员、著名报告文学作家陈祖芬作序《真情最宜千古文》，共分五辑，收录作者不同时期创作的散文78篇，还有作者的后记。散文集最能打动人的是作者文中流露的真情，这股真情像春雨润物悄然湿透阅读者的心，能够感受到作者在人生历练中，担当不同角色时的生命体验，虽情随事移，角度转换，但不变的是作者多情而善良的心怀。

八、文集《静夜凉风》

2008年12月，《大江晚报》业务总监、芜湖资深传媒人谈正衡著作《静夜凉风》，三十二开，共520页，由太白文艺出版社出版发行。

该书分我心深致、花影食语、纸上谈兵、岁月其祖、三闻二话等五辑，收录文章501篇。谈正衡在自序时说明：本应划拉成写食事、写花事、写往事的几本书，但怕费那精力就一起打包成一本超厚的书。

九、民间话本《梅酒香螺嘬嘬菜——江南野味民间话本》和《清粥草头咂咂鱼——江南野味民间话本》

2011年4月，芜湖日报报业集团新闻研究室研究员、芜湖资深报人谈正衡分别著作

《梅酒香螺嘬嘬菜——江南野味民间话本》和《清粥草头咂咂鱼 —江南野味民间话本》两本书,皆为面向青年读者的异形本,由辽宁教育出版社出版发行。两本书实际上是姐妹本,上下册,都是写芜湖地方美食的,皆为畅销书,在当当网上卖得最火。

《梅酒香螺嘬嘬菜 ——江南野味民间话本》由姚和平配图,规格 760×1050,二十四开,240 千字,131 印张,307 页。《清粥草头咂咂鱼 ——江南野味民间话本》,由姚和平配图,规格 760×1050,230 千字,294 页,收录 58 篇文章。

该书以市场化的表现形式展现江南美食。全书展示江南野味、油盐酱醋的家事、口舌上的风花雪月和烟云往事。

该书上下册多次加印,后重新包装为知味:精装珍藏本。

十、民间话本《说戏讲茶唱门歌——江南旧事里的小民风流》

2011 年 7 月,芜湖日报报业集团新闻研究室研究员、芜湖资深媒体人谈正衡著作、姚和平配图《说戏讲茶唱门歌——江南旧事里的小民风流》,异形本,规格 760×1050,二十四开,130 千字,14 印张 327 页,由辽宁教育出版社出版发行。

该书以市场化的表现形式,展示江南旧事里的小民风流,也是以市场化的形式制成的异形本。全书有卖肉的胡屠夫、李家染坊的父子染匠等 323 个民俗故事。该书后重新编印为知味:精装珍藏本。

十一、《她们谋生更谋爱:千古红颜》

2011 年 11 月,《芜湖日报》副总编辑、安徽省作家协会会员、芜湖市评论家协会副主席唐玉霞著作《她们谋生更谋爱:千古红颜》,200 千字,新华出版社出版。

该书分前言、汉宫秋怨、画堂春梦、不应有恨、华丽转身、才女风流、倩女幽怨等七个部分,收录作品 42 篇,细腻勾勒古代 42 位女子的生活场景和心路历程。

十二、散文集《故乡失落的鸟》

2013 年 3 月,芜湖日报报业集团新闻研究室研究员、安徽省作家协会会员、芜湖市文艺评论家协会名誉主席谈正衡著作,芜湖民俗专家姚和平插画《故乡失落的鸟》,由武汉大学出版社出版发行。

该书由作者自序,共收录 36 篇来自故乡关于鸟的故事。该作品由武汉大学出版社选送参评“第六届鲁迅文学奖”,并于 2015 年荣获国家级“首届呀诺达生态文学奖”。

十三、古砚专著《砚证文明 ——古砚鉴赏指南》

2013 年 4 月,芜湖日报报业集团经管办主任、中国收藏家协会会员、文房之宝委员会委员、安徽省文房四宝协会顾问、芜湖市收藏协会副秘书长和宣州市文房四宝协会终身顾问王俊虎著作《砚证文明 ——古砚鉴赏指南》,十六开,安徽美术出版社出版发行。

《砚证文明 ——古砚鉴赏指南》由作者女儿阿凡作序,蔡鸿茹题词:镜湖洗砚人家。全书分上下卷,内容有识形断代、关于端砚、关于歙砚、关于洮砚、关于澄泥砚、关于藏砚、关于传承等四个部分，收录作者的文章157篇。

十四、游记《二十八城》

2014年5月，报业集团新闻研究室新闻研究员、安徽省作家协会会员、芜湖市文艺评论家协会名誉主席谈正衡著作《二十八城》，异形本，286千字，由清华大学出版社出版。

该书精彩介绍作者游历的木渎、锦溪、千灯等28座城市和古镇。

十五、散文集《回味 美食思故乡》

2014年8月，《芜湖日报》副总编辑、安徽省作家协会会员、芜湖市评论家协会副主席唐玉霞著作《回味 美食思故乡》，890×1240，1/三十二开，215千字，8.625印张，267页，由东方出版中心出版发行。

该书由谈正衡作序《丝丝缕缕总入味》，分江南鱼米书、有味是清欢、洗手做羹汤和饮食思男女等四辑，共收录唐玉霞文章80篇。

十六、散文集《故乡花事》

2014年11月，芜湖日报报业集团新闻研究室研究员、安徽省作家协会会员、芜湖市文艺评论家协会名誉主席谈正衡著作《故乡花事》，三十二开，128千字，由武汉大学出版社出版。

该书共收录谈正衡创作的文章50篇，写江南风情，贴地域标签，由花事及人事，描绘的是色彩，散发的是精神的馨香。

十七、网络教程《Web标准网页制作实例教程》

2014年10月18日，时任芜湖新闻网网页设计员王宾主编《Web标准网页制作实例教程》，由安徽科技出版社出版。10月18日，该书新书发布会暨移动互联网时代高校网页设计发展研讨会在报业集团举行。

该书深入浅出介绍网页制作方法，让学习者通过本书快速掌握网页制作技巧。当天下午，参与研讨的安徽师范大学、安徽工程大学等单位的专家教师对该教程给予充分肯定，认为其语言通俗易懂，有较强的实用性，适宜在高校推广使用。

十八、散文、随笔集《浮光碎影伴流年》

2016年10月，芜湖日报报业集团印务公司董事长、安徽省作家协会会员董金义著作《浮光碎影伴流年》问世，规格787×960，十六开，185千字，209页，由安徽师范大学出版社出版发行。

该书为作者创作的部分散文随笔集录，由安徽省作家协会会员、芜湖市文艺评论家协会名誉主席、芜湖资深报人谈正衡作序《花开花落芳菲在 云卷云舒岁月行》，共分故乡、休闲、心絮、芜湖、书事、游痕、碑影等七辑，另有后记，共收录董金义作品60篇。

谈正衡把这本书比作一朵花，就盛开在那里，至于能从中发现多少娇美，获得多少憬悟体味，就看你自己身处哪一层境界了。

十九、长篇纪实文学《最后的芜湖古城》

2017 年 2 月，芜湖日报报业集团编委办主任石琼编著《最后的芜湖古城》，规格 700×1000，十六开，360 千字，27.5 印张，422 页，由安徽师范大学出版社出版发行。

该书由安徽省作家协会会员、芜湖市文艺评论家协会名誉主席、芜湖文化名人、资深媒体人谈正衡作序，另有作者自序《江南古城最芜湖》和后记《感恩的心》，全书共有现场、历史、建筑、街巷、文化、教育、人物、故事、方言、交通、金融、商贸、工匠、小吃、老字号、质疑、规划、关注、大事记等十二编，详尽介绍芜湖古城从春秋时代的鸠兹邑到明清时期的芜湖古城历史以及新中国成立后关于芜湖古城保护重建的过程，是了解芜湖的参考书，是走进古城的旅游指南。该书是中央芜湖市委宣传部重点文化扶持项目。

二十、散文集《节气的呢喃与喊叫》

2017 年 3 月，安徽省作家协会会员、芜湖市文艺评论家协会名誉主席谈正衡著作《节气的呢喃与喊叫》精装本，幅面 130 毫米×185 毫米，120 千字，7.25 印张，218 页，由北方联合出版传媒（集团）股份有限公司万卷出版公司出版发行。

该书由春雨惊春清谷天、夏满芒夏暑相连、秋处露秋寒霜降和冬雪雪冬小大寒等四辑，共收录谈正衡作品 24 篇，另有后记。作品通过对二十四节气嬗移更迭以及应时民俗还有美食的描述，串起的是对永远逝去的田园牧歌的追忆。文字温暖，令人疼惜。

二十一、文渊集《城市与梦》

2017 年 1 月，安徽省作家协会会员、安徽省散文协会理事、芜湖市作家协会名誉主席周祥鸿著作《城市与梦》，三十二开，1020 千字，中国电影出版社出版发行。

该书由孙凤山作序《垂情：细节建构与智性传达》，分上部和下部两个部分，上部为城市的表情，由 52 篇随笔组成；下部为小说、散文和文艺评论。全书共收录作者具有生活气息的文章 90 篇。

二十二、散文集《留住乡愁》

2017 年 3 月，《大江晚报》副总编辑、主任记者朱金海著作《留住乡愁》，三十二开，133 千字，由武汉出版社出版发行。

该书由安徽省作家协会会员、芜湖市文艺评论家协会名誉主席谈正衡作序《乡愁是一种成长的记忆》，共分乡情乡趣、乡愁乡怨、乡土乡风、乡知乡识和乡亲乡人等五个部分，共收录朱金海作品 50 篇。

二十三、散文集《悠然岁时迁 寻常人家节气故事》

2018 年 6 月，芜湖日报报业集团总编办副主任、安徽省作家协会会员、芜湖市评论家协会副主席唐玉霞著作《悠然岁时迁 寻常人家节气故事》，面幅尺寸 145 毫米×210 毫米，188 千字，9 印张，282 页，精装本，由北方联合出版传媒（集团）股份有限公司万卷出版公司出版发行。

《依然岁时迁 寻常人家节气故事》分珍重春风暖、长夏草木深、秋水共升天和冬风吹草木等四辑，收录唐玉霞24篇关于寻常人家的节气故事。

二十四、城市随笔《城人之美》

2019年5月，芜湖传媒中心（集团）全媒体文旅专副部主任、安徽省作家协会会员、芜湖市评论家协会副主席唐玉霞著作《城人之美》，由芜湖市城乡建设战略与规划研究发展中心出品，总监制为房国坤，总策划为王万荣，策划有李爱东、孙智和梁震，由安徽文艺出版社出版发行。

《城人之美》分四个部分19篇文章。在"江流天地外"篇章中有《春秋·鲁襄公三年》《东吴·黄武二年》《宋·政和初年》《清·光绪二年》《1949年》，在"山色有无中"篇章中，有《江流千古》《赤铸青锋》《风雅陶塘》《文化赭山》《西洋风痕》，在"结庐在人境"篇章中有《春膳》《夏饭》《秋食》《腊味》，在"胸中有丘壑"篇章中有《读懂》《见证》《更新》《格局》。另附录《芜湖市城乡建设战略与规划研究发展中心部分成果简介》。

二十五、副刊作品集《记住乡愁》

2019年5月，时任芜湖传媒中心（集团）专副刊部总编辑、安徽省作家协会会员、芜湖市评论家协会副主席唐玉霞和时任《芜湖日报》副刊部主任戴卿联合编著，唐玉霞、戴卿、郭青、唐乐燕等撰稿，由安徽文艺出版社出版发行。

《记住乡愁》一书是2016年芜湖市委宣传部扶持项目，由唐玉霞作序，分行走系列、老手艺系列、味道系列、故事系列、访谈系列和后记等六个部分，收录在《芜湖日报》刊发的文章53篇。

2015年初至2016年初，《芜湖日报》专副刊部精心策划了"记住乡愁"系列活动，采写兼具新闻和副刊特点的深度报道、文化访谈文章100多篇，该书实际上是《芜湖日报》"记住乡愁"系列报道的精品集，从中可以看到"行走"的文笔纵横、"味道"的生动活泼、"守艺"的娓娓释放、"我说"的冷静剖析、"访谈"的深度见解以及"我们的节日"的情感释放等。

二十六、长篇小说《芙蓉女儿》

2019年7月，安徽省作家协会会员、芜湖市文艺评论家协会名誉主席、畅销书作家、芜湖资深媒体人谈正衡著作长篇小说《芙蓉女儿》，规格700×1000，十六开，325千字，20.5印张，307页，由安徽师范大学出版社出版发行。

《芙蓉女儿》由安徽师范大学文学院教授、博士生导师、安徽省作家协会副主席方维保作序。小说以女主人公李芙初为叙述视角和贯彻性人物，通过她的经历和交往，讲述了陵阳（南陵）的历史和人物。作者厚实的国学底蕴，丰盈的江南文化积淀，壅培出命运如此迷离的纷繁人物，堪称一部展示江南民国史的作品。

二十七、散文集《悠悠故乡情》

2019年9月,芜湖传媒中心(集团)新闻策划研究室主任编辑王熙之著作《悠悠故乡情》,规格880×1230,三十二开,190千字,8.5印张,253页,由安徽人民出版社出版发行。

这部散文集是作者自己对人生来路"四情""四恋"的驻足回望和咏叹。作品感情真挚、激情内敛,具有中华传统文化内在的温柔憨厚特质。

该书由中国作家协会会员罗光成作序,分青葱岁月、寤寐相牵、乡亲里道、流年沉香等四辑,共收录76篇文章。

附:芜湖日报报业集团(芜湖日报社)部分采编人员创作的部分文学作品。

芜湖报业部分采编人员出版著作一览表

序号	书名	体裁	出版社	出版时间	作者
1	芳苑漫步	散文集	展望出版社	1985年	司旌霞
2	初梦录	小说散文集	安徽文艺出版社	1992年	周祥鸿
3	今晚,我与青春有约	散文集	百花文艺出版社	1995年	冯慧莲
4	二十世纪大艺术家	传记	江苏文艺出版社	1996年	冯慧莲
5	军魂	报告文学集	安徽人民出版社	1996年	汪明松
6	星星并不遥远	散文集	团结出版社	1997年	司旌霞
7	人生记忆	随笔集	团结出版社	1997年	周祥鸿
8	叶草集	报告文学集	安徽人民出版社	1997年	汪明松
9	长河流月	散文集	团结出版社	1997年	谈正衡
10	捂住秋的伤口	诗集	团结出版社	1997年	曹德华
11	醒来的扁担河	新闻散文集	安徽文艺出版社	1998年	袁树槟
12	长流入海	通讯报告文学	安徽文艺出版社	1999年	金昌龙
13	白狐	小说集	海南出版社	1999年	谈正衡
14	心灵栖息的家园	散文集	远方出版社	1999年	何　东
15	世纪金桥	报告文学集	安徽文艺出版社	2000年	周祥鸿　主编
16	情系父老乡亲	新闻散文集	南方出版社	2000年	顾伟明　主编
17	镜湖星月	散文集	中国国际出版社	2000年	顾伟明　主编
18	再梦录	文　集	安徽文艺出版社	2001年	周祥鸿

续表

序号	书名	体裁	出版社	出版时间	作者
19	老灶	诗集	中国文联出版社	2001 年	汪明松
20	庸常岁月	散文集	北岳文艺出版社	2001 年	董金义
21	碧水浊澜	短篇小说集	天马图书有限公司	2001 年	何　东
22	星星雨	散文集	时代文艺出版社	2002 年	司旌霞
23	这方热土	通讯集	南方出版社	2002 年	周祥鸿　主编
24	热写冷识集	散文随笔集	作家出版社	2002 年	谈正衡
25	梦园心路	散文集	时代文艺出版社	2003 年	周祥鸿
26	韦月闲话	杂文集	中国文联出版社	2004 年	顾伟明
27	淡写流年	散文集	中国文联出版社	2004 年	冯慧莲
28	城市钟鼓	作品集	北岳文艺出版社	2004 年	时云福
29	昨夜星辰	散文集	光明日报社出版社	2006.7	司旌霞
30	沧桑忆语	散文集	江苏文艺出版社	2005 年	刘晓春　编辑
31	一路走来	长篇小说集	安徽人民出版社	2007 年	董金义
32	静夜凉风	文集	太白文艺出版社	2008 年	谈正衡
33	30 个春天的故事	新闻集	安徽人民出版社	2009 年	张维水　刘　光　主编
34	情断南宋	长篇历史小说	安徽人民出版社	2010.1	唐玉霞　王毅萍
35	梅酒香螺嘬嘬菜	民间话本	辽宁教育出版社	2011 年	谈正衡
36	清粥草头咂咂鱼	民间话本	辽宁人民出版社	2001 年	谈正衡
37	说戏讲茶唱门歌	民间话本	辽宁教育出版社	2011 年	谈正衡
38	他们谋生更谋爱	历史随笔集	新华出版社	2011 年	唐玉霞
39	芜湖魅力乡街	新闻集	安徽师大出版社	2011 年	朱金海　主编
40	汪明松诗选	诗集	作家出版社	2012 年	汪明松
41	古城绝唱	小说集		2012 年	何 东
42	舌尖上江南	美食散文集	武汉大学出版社	2012	谈正衡　王毅萍等

续表

序号	书名	体裁	出版社	出版时间	作者
43	砚证文明——古砚鉴赏指南	古砚鉴赏	安徽美术出版社	2013 年	王俊虎
44	故乡失落的鸟	散文集	武汉大学出版社	2013 年	谈正衡
45	尖叫	爱情诗集	大众文艺出版社	2013.6	汪明松
46	有梦多好	诗 集	现代出版社	2014 年	周祥鸿
47	二十八城	游记	清华大学出版社	2014 年	谈正衡
48	故乡花事	散文集	武汉大学出版社	2014 年	谈正衡
49	回味 美食思故乡	散文集	东方出版中心	2014 年	唐玉霞
50	Web 标准网页制作实例教程	教程	安徽科技出版社	2014 年	王 宾
51	故园沧桑	中篇小说集	中国国际文化出版社	2014 年	何 东
52	回味 低头思故乡	随笔集	东方出版社	2015.5	唐玉霞
53	陌上芙蓉开正好	历史随笔集	安徽文艺出版社	2016.1	唐玉霞
54	童谣思故乡	散文集	上海东方出版集团	2016 年	谈正衡
55	民国才女	散文集	重庆出版集团	2016.6	谈正衡 合作
56	浮光碎影伴流年	散文 随笔集	安徽师范大学出版社	2016 年	董金义
57	城市与梦	文渊集	中国电影出版社	2017 年	周祥鸿
58	最后的芜湖古城	纪实文学	安徽师范大学 出版社	2017 年	石 琼
59	节气的呢喃与喊叫	散文集	北方联合出版社	2017 年	谈正衡
60	留住乡愁	散文集	武汉大学出版社	2017 年	朱金海
61	依然岁时迁	散文集	北方联合出版社	2018 年	唐玉霞
62	徽州的背景	散文集	中国国际 文化出版社	2018 年	何 东
63	记住乡愁	副刊作品集	安徽文艺出版社	2019 年	唐玉霞 戴 卿
64	花鸟物语	散文集	万卷出版公司	2019.5	谈正衡
65	芙蓉女儿	长篇小说	安徽师范大学出版社	2019 年	谈正衡
66	悠悠故乡情	散文集	安徽人民出版社	2019 年	王熙之

第八编　荣誉奖励

第一章　集体和个人荣誉

芜湖近现代报刊有关集体和个人荣誉几乎没有收集到，只有几次报社领导参加全国报业活动的记载。新中国成立初期的芜湖报刊获奖情况也鲜见，直到20世纪80年代，芜湖日报社获得的集体荣誉和个人荣誉及采编人员获得新闻奖的资料散见于报社资料、报纸合订本里。为此，以远略近详的原则，芜湖近现代报业时期主要介绍报社参加社会活动情况，芜湖当代报业着重介绍芜湖日报社所获的集体和个人荣誉及采编人员获得的新闻奖。

第一节　芜湖近现代报纸获得的荣誉

芜湖报业近现代时期，《皖报》是安徽省近现代报业史上第一份报纸，《中国报学史》甚至把《皖报》《鸠江日报》《商务日报》和《皖江日报》并列为清末芜湖出版的知名报纸，这也是芜湖报业最早获得的荣誉。

《安徽俗话报》《白话报》在中国近代报刊史上地位也是相当高。方汉奇著《中国近代报刊史》称："从19世纪末到20世纪初，国内陆续创办的各种政治倾向的白话报纸不下五十种，其中由革命派主办的以宣传革命为宗旨的，约占四分之一，著名的有《杭州白话报》《中国白话报》和《安徽俗话报》等。"在安徽白话报介绍中，将芜湖的《白话报》《安徽俗话报》列为安徽省唯一的白话报序列介绍。可见，《安徽俗话报》《白话报》在中国和安徽近代报刊史上的地位相当高。

张九皋、谭明卿在芜湖报界是相当有影响的知名报人。他们于1919年和1920年代表芜湖报界赴上海、北京参加全国报界第一届和第二届联合会。

芜湖晚报社长张衡山于1944年代表《工商日报》《芜湖晚报》参加在重庆召开的全国性报业协会成立大会，并担任监事。

第二节　芜湖当代报刊获得的集体和个人荣誉

1981年，安徽省新闻学会成立，芜湖报社以团体会员加入省新闻学会，副总编辑赵厚才担任理事。

1984年起,芜湖日报社连续保持芜湖市级文明单位的称号。

1985年9月,芜湖日报社总编辑苏彦彬、副总编辑赵厚才参加安徽省新闻工作者协会、安徽省新闻学会第二届理事会第一次会议,苏彦彬当选常务理事。

1989年、1994年,芜湖日报社书记、总编辑丁云红分别当选为中共芜湖市第五届、第六届委员会委员。

1992年和1993年,芜湖日报社荣获安徽省新闻出版局、安徽省报纸行业经营管理协会颁发的1991年度、1992年度安徽省报纸经营管理奖。

1993年,芜湖日报社荣获安徽省新闻出版局、安徽省报纸行业经营管理协会颁发的1992年度安徽省报纸编校质量一等奖。

1994年,芜湖日报社分别荣获安徽省新闻出版局、安徽省报纸行业经营管理协会颁发的1993年度安徽省报纸经营管理奖、安徽省报纸印刷质量奖和安徽省报纸编校一等奖。

1994年,芜湖日报社荣获中共芜湖市委、芜湖市政府颁发的芜湖市文明单位称号。

1994年,《芜湖日报》校对部主任徐涧荣获安徽报纸优秀校对员。

1995年8月,由新闻出版总署和中国报协联合举办的第二次全国报业经营管理评选表彰会上,芜湖日报社广告部被授予"全国报业经营管理先进集体"称号,获此称号安徽省仅此一家。

1995年,《芜湖日报》先后获得安徽省一级报纸、安徽省优秀报纸。

1995年,芜湖日报社荣获芜湖市文明标兵。

1995年,中共芜湖日报社党组荣获中共芜湖市委颁发的先进基层党组织称号。

1995年,芜湖日报社广告部被评为全国报业先进集体。

在1996年安徽省报纸评优会上,《芜湖日报》评为一级报纸,同时被认定为1995年度安徽省优秀报纸。

1996年12月,芜湖晚报社举办的大型读者调查揭晓:记者华睿、立青,编辑杨秀凤、石琼,栏目主持人凡夫被评为最受读者喜爱的记者、编辑和主持人;新闻时空被评为最受欢迎的版面;"街市快览""读者沙龙""晚报茶座""今日聚焦""有困难找晚报"等栏目被评为最受欢迎的栏目。

1997年12月,芜湖晚报社被评为安徽省报社管理先进单位。芜湖日报印刷厂获1997年度《新民晚报》全国印刷评比时效奖第三名。

1998年,芜湖日报社副总编辑丁以胜荣获全国百名报业先进经营管理工作者。

1998年,《芜湖日报》校对部主任徐涧荣获安徽报纸优秀校对员。

2000年,芜湖日报社发行部陈建国荣获全国报纸自办发行协会荣誉奖。

2001年4月12日,大江晚报社出版的《镜湖星月》一书被上海图书馆收藏。

2002年,芜湖日报社荣获中共芜湖市委、芜湖市政府颁发的2001年度芜湖市文明标兵称号。

2003年8月,芜湖日报社联合发行公司被全国自办发行协会评为SARS时期报社自办发行工作先进集体。

2003年,《大江晚报》副刊部编辑董金义创作的散文集《庸常岁月》荣获2002至2003年度安徽省政府文学奖。

2004年11月8日,大江晚报社开展的请读者朋友评选晚报优秀记者活动经读者投票评选,本报记者夏云来当选为最受读者喜爱的记者,张申尚当选为最勤奋的记者,石琼当选为最具爱心的记者。

2004年,芜湖日报社发行部主任陈建国被评为2004年度中国报业发行最佳管理奖。

2004至2007年,芜湖日报报业集团(芜湖日报社)领导班子在芜湖市综合考核评比中,连续三年获得一等奖。

2005年12月30日,芜湖日报社在铁山宾馆隆重举行《大江晚报》创刊十周年纪念活动。在同日揭晓的伟星杯第一届"新闻奥斯卡"评选中,李云威荣获最佳通讯员奖,"凡夫沙龙"栏目荣获最佳栏目奖,"昨夜今晨"版荣获最佳版面奖,汪维明采写的《总理走进了我的家》荣获最佳报道奖,《再铸江魂——聚焦滨江公园特别策划》荣获最佳策划奖,程代广荣获最佳编辑奖,张申尚荣获最佳记者奖。

2005年,芜湖日报报业集团联合发行公司荣获全国报纸自办发行先进单位。

2006年,芜湖日报报业集团先后荣获第七届安徽省文明单位、安徽省广告发布诚信单位、广告行业文明单位。

2006年,芜湖日报报业集团发行中心荣获全国报纸自办发行先进单位称号,刘卫国荣获全国报纸自办发行创新发行奖。

2006年,《大江晚报》汪维明荣获安徽省新闻出版文艺战线"大练兵"活动先进个人称号,《芜湖日报》司晓宝荣获优秀编辑称号。

2006年,《大江晚报》记者朱强被评为安徽省优秀青年新闻工作者,张申尚同志被评为芜湖市优秀青年。

2007年7月,芜湖日报社被评为"芜湖市第七届文明单位标兵"称号。

2008年4月6—8日,在全国报纸自办发行协会2008年会上,芜湖日报报业集团荣获2007年度全国报纸自办发行先进单位称号,这是安徽省唯一连续三年获此殊荣单位;刘卫国荣获全国报纸自办发行创新发行奖。

2009年1月8日,在中国传媒大会上,《大江晚报》荣获"金长城·中国十大最具成长性地市报"称号。

2009年,在第二届中国品牌媒体高峰论坛上,芜湖日报报业集团荣获2009年度中国十大城市传媒集团称号;《芜湖日报》荣获2009年度中国最具创新地市报;《大江晚报》荣获2008年度中国十大最具成长性地市报。《金周刊·芜湖广播电视》荣获中国城市广播电视百强之20佳称号。

2009年6月7日至9日,在中国传媒业经营管理论坛上,芜湖日报报业集团荣获2008至2009年度中国地市报经营管理十强称号;报业集团党委书记、社长张维水荣获"2008—2009年度中国地市报经营管理十大人物"称号。

2009年11月20日,新华社、联合国儿童基金会向芜湖日报报业集团颁布全球媒体儿童日大型公益活动纪念匾。

2010年,芜湖日报报业集团分别荣获安徽省2009—2010年度广告发布诚信单位称号和芜湖市2010年度全市民生工程宣传先进单位称号。

2010年4月23日,在2010品牌中国(传媒与女性)高峰论坛中,《金周刊·芜湖广播电视》荣获2010年度最受女性喜爱的十大品牌周刊称号。

2010年5月12日,在中国地市报研究会第六届理事大会上,《大江晚报》荣膺"中国地方都市类报纸最具品牌价值十强"称号,是安徽省唯一一家获奖媒体。

2010年11月16日,在第三届中国品牌媒体高峰论坛上,《芜湖日报》被评为2009—2010年中国品牌媒体百强——地市党报品牌10强。

2010年11月23日,芜湖日报报业集团被授予"安徽省维护妇女儿童权益先进集体"荣誉称号。

2011年1月17日,在中国传媒大会上,芜湖日报报业集团荣获2010年度中国十大传媒集团称号;《芜湖日报》荣膺金长城奖·2010年中国十大地市报称号。

2011年2月28日,在安徽省2009—2010年度广告发布诚信单位表彰大会上,芜湖日报报业集团获得"2009—2010年度广告发布诚信单位"光荣称号。

2011年7月13日,在安徽省宣传文化系统第二批"六个一批"双百人才表彰大会上,芜湖日报报业集团党委委员、副总编辑兼芜湖日报总编辑,高级记者金昌龙被省委宣传部授予安徽省宣传文化系统"六个一批"(新闻类)拔尖人才称号。

2011年11月13日,在第四届中国品牌高峰论坛上,《芜湖日报》再获2010—2011年度中国品牌媒体百强·地市党报品牌10强,这也是安徽媒体唯一获此殊荣的地市级党报。中国芜湖新闻网同时荣获2010—2011年度中国最具品牌成长性媒体称号。

2012年1月15日,在中国传媒大会上,芜湖日报报业集团蝉联金长城传媒奖·2011年度中国十大城市传媒集团称号;《大江晚报》荣获金长城传媒奖·2011年度中国十大地市晚报称号。

2012年4月,在首届中国品牌创新大会上,芜湖日报报业集团荣获2011中国品牌传播力创新传媒机构荣誉称号。

2012年12月,在首届中国报业新闻社会活动论坛暨新闻社会活动精品案例颁奖典礼上,《大江晚报》参评的"芜湖籍青岛孤儿寻亲活动"荣获中国报业新闻社会活动精品案例创新奖。在第二届全国网络媒体创新发展论坛上,芜湖新闻网荣获全国地方网站最具影响力品牌奖。

2012年4月27日至28日,《芜湖日报》记者张逸潇荣获安徽省先进工作者称号。

2013年9月22日,在第六届中国品牌媒体高峰论坛上,《芜湖日报》荣获2012—2013中国品牌媒体百强——地市党报品牌10强;《大江晚报》荣获2012—2013中国品牌媒体百强——地市晚报10强称号。

2013年,在中国传媒大会上,《芜湖日报》获金长城传媒奖·2013年中国十大地市党报称号;《大江晚报》获2013年中国十大地市晚报称号。《金周刊·芜湖广播电视》荣获2013年中国最具品牌价值广播电视报称号。中国芜湖新闻网荣获中国最具品牌成长性媒体称号。

2013年5月18日,在全国报纸自办发行年会上,芜湖日报报业集团喜获全国报刊发行双奖:芜湖日报报业集团报刊销售有限公司荣获全国报纸自办发行先进集体,杨秀凤被评为全国报纸自办发行先进个人。

2013年1月29日,中央文明办公布中国文明网联盟网站2012年第四季度考评结果揭晓,由芜湖市文明办主办、芜湖新闻网承办的芜湖文明网以总分122分的成绩位居安徽省第一,全国第六。

2014年,在中国传媒大会上,芜湖日报报业集团荣获"金长城传媒奖·2014年中国十大传媒集团"称号。

2014年,芜湖日报报业集团荣获安徽省传统出版转型示范单位称号。

2014年,在第七届中国品牌媒体高峰论坛上,《芜湖日报》《大江晚报》和芜湖新闻网分别荣获2013—2014中国品牌媒体百强——地市党报10强、地市晚报品牌10强和最具品牌影响力传媒网站称号。

2014年,芜湖日报报业集团印务公司报印车间受到芜湖市劳动竞赛委员会和芜湖市总工会嘉奖,首次被授予芜湖市"工人先锋号"。

2014年,在第三届中国地市报"十强""十佳"表彰会上,《大江晚报》荣获"第三届中国地方都市类报纸最具品牌价值十强"称号。

2014年,芜湖日报报业集团新闻研究室研究员、安徽省作家协会会员谈正衡著作《故乡失落的鸟》由武汉大学出版社选送参评"第六届鲁迅文学奖"。2015年,该作品荣获国家级"首届呀诺达生态文学奖"。

2015年10月至2018年,芜湖日报报业集团社长刘光担任安徽省报业协会副主席。2015年10月至今,《大江晚报》总编辑王晓朋担任常务理事。

2015 年，在第 10 届中国传媒大会上，芜湖日报报业集团荣获“金长城传媒奖 · 2014 年中国十大传媒集团”称号，报业集团社长刘光获 2014 年中国传媒年度创新人物奖。

2015 年，芜湖日报报业集团荣获芜湖市创建第四届全国文明城市工作先进单位和芜湖市第十六届市级文明单位称号。

2015 年，芜湖日报报业集团印务公司被评为芜湖市合同守信用企业和 2014 年度 A 级纳税信用单位。

2015 年，“无线芜湖”客户端被中共安徽省委宣传部确定为“安徽省媒体融合发展示范项目”并获中国城市新闻网站联盟“移动创新优秀奖”。

2015 年，大江晚报微博荣获“新浪安徽 2015 年度新锐媒体微博”奖。

2015 年 11 月，在第 12 届中国城市新闻网站联盟年会上，芜湖新闻网“无线芜湖”客户端荣获移动创新优秀奖。

2016 年，芜湖新闻网分别荣获国家互联网新闻信息服务一类资质和安徽省文明网站；《大江晚报》融媒体矩阵获得安徽省年度新税媒体。

2016 年，芜湖日报报业集团荣获芜湖市抗洪抢险救灾先进集体，《芜湖日报》党支部获得芜湖市先进基层党组织。《芜湖日报》记者杨正毛荣获安徽省抗洪抢险救灾先进个人，他还和《大江晚报》记者张申尚荣获芜湖市抗洪抢险救灾先进个人，2 人分别荣获芜湖市优秀共产党员和优秀党务工作者，11 人被评为芜湖市优秀新闻宣传人才。

2017 年，在全国报刊广告经验工作总结大会上，芜湖日报报业集团首次斩获中国报刊广告最高奖“金推手”奖三项殊荣：广告中心荣获优秀经营管理团队奖，中心主任周飞荣获卓越贡献奖，广告中心所创意的鸠兹古镇世界大铁画《天下徽商 兴于鸠兹》荣获经典案例奖。

2017，芜湖日报报业集团印务公司被安徽省工商联、安徽省新闻出版广电局、安徽省民政厅民间组织管理局、安徽省印刷包装物资商会联合评为 2016 年度“安徽省诚信印刷包装企业”。

2017 年 10 月 21—23 日，在第 24 届中国国际广告节上，芜湖日报报业集团报送的实战案例新华联鸠兹古镇世界最大铁画《天下徽商 兴于鸠兹》获得中国广告行业最高奖——长城奖，这也是芜湖日报报业集团获得的首个长城奖金奖殊荣。

2018 年 4 月 26 日，在中国报业协会成立 30 周年纪念大会、中国报业协会五届四次理事会暨中国报业发展大会上，《大江晚报》副总编辑朱金海荣获中国报业经营管理领军人物称号。

2018 年 5 月 6 日，芜湖日报报业集团大江义工队荣获 2018 年 4 月份安徽省十佳学雷锋志愿服务优秀典型案例组织典型。

2018 年 9 月，在全国地市新媒体年度优秀典型评选活动中，芜湖新媒体中心被评为

“2018全国地市媒体融合发展十大榜样团队”。“今日芜湖”APP被评为“2018全国地市网络媒体最具影响力的十强客户端品牌”。

2018年12月29日，在“2018年度安徽省优秀印刷包装人”颁奖盛典上，印务公司总经理董金义、胶印车间副主任刘治国获得2018年度安徽省优秀印刷包装人。

2018年，《大江晚报》荣获2018安徽年度责任先锋媒体奖。

2019年4月，在第九届中国互联网品牌大奖颁奖仪式及第三届新媒体融合创新发展高峰论坛上，芜湖传媒中心（集团）“今日芜湖”客户端荣获2018—2019全国新媒体最具号召力品牌和2018—2019中国新闻网站客户端最具影响力50强两项大奖。

第二章　新闻奖

在芜湖新闻史上，获得最高荣誉奖项的是芜湖日报社旗下的《芜湖日报》，1983 年获得全国优秀新闻奖，2011 年、2013 年和 2014 年又三次荣获中国新闻奖，其中，中国新闻奖二等奖 2 件，中国新闻奖三等奖 1 件。

在芜湖新闻史上，获得最多的奖项是芜湖日报社[芜湖日报报业集团、芜湖传媒中心(集团)]，据不完全统计，从 1981 年度到 2018 年度，芜湖日报社各媒体共获中国新闻奖、安徽新闻奖、中国城市党报新闻奖、中国晚报新闻奖(赵超构新闻奖)、安徽经济好新闻奖、全省报纸副刊作品奖和安徽广播电视报刊新闻奖共计 846 件。

芜湖日报报业集团获得的报纸类新闻奖众多，由于篇幅原因，本章只介绍芜湖日报社荣获的中国新闻奖、安徽新闻奖、中国城市党报奖、中国晚报新闻奖(赵超构新闻奖)、安徽经济新闻奖、全省报纸副刊作品奖和安徽广播电视报刊新闻奖。因报社在历次统计奖项时，有的是按照申报时间、有的是按照获奖作品的刊发时间，我们则是按后者统计获奖名单，具体获奖名单可能有所出入和遗漏。

第一节　参加新闻奖评选概况

1985 年前，安徽新闻奖名称为安徽省地方报刊好新闻，只有入围好新闻作品奖，没有设置具体等次，之后才开始分等次。从 1995 年开始，安徽省地方报刊好新闻更名为安徽新闻奖，不仅分等级，奖项也增加了许多，其中包括特别奖和超长新闻奖。

2005 年之前，中国晚报协会设置中国晚报新闻奖，2005 年开始，改为赵超构新闻奖。

一、芜湖日报社各媒体参加评选的奖项

从 1981 年起，《芜湖日报》分别参加安徽新闻奖、中国城市党报奖、安徽经济好新闻奖和安徽省报纸副刊好作品奖评选。

从 1997 年起，《芜湖晚报》(后更名为《大江晚报》)分别参加安徽新闻奖、中国晚报新闻奖(赵超构新闻奖)、安徽经济好新闻奖、安徽省报纸副刊好作品奖评选。

从 2008 年起，《金周刊 · 芜湖广播电视》分别参加安徽新闻奖、安徽经济好新闻奖、安徽省报纸副刊作品奖和安徽广播电视报刊新闻奖评选。

从 2008 年起，芜湖新闻网分别参加安徽新闻奖和安徽经济好新闻奖评选。

二、芜湖日报社获奖统计

据不完全统计，1981年到2018年，芜湖日报社［芜湖日报报业集团、芜湖传媒中心（集团）］共荣获国家级、省级以上新闻奖846件，其中国家级奖4件，各类特等奖4件（含超长新闻奖1件），一等奖206件，二等奖327件，三等奖300件。具体获奖奖项如下：

1. 全国短新闻奖1件，不设等级奖。

2. 中国新闻奖3件，其中二等奖2件，三等奖1件。

3. 安徽新闻奖255件，其中特等奖2件（其中超长篇1件），一等奖52件，二等奖95件，三等奖98件，不分等级8件（1981—1984），另有1982年、2019年获奖稿件未统计。

4. 中国城市党报奖116件，其中一等奖24件，二等奖34件，三等奖58件，另有2017年、2018年、2019年获奖稿件未统计。

5. 中国晚报新闻奖（赵超构新闻奖）87件，其中特等奖2件，一等奖15件，二等奖41件，三等奖29件，另有2019年获奖稿件未统计。

6. 安徽经济新闻奖123件，其中一等奖29件，二等奖47件，三等奖47件，另2017年、2019年获奖稿件未统计。

7. 安徽报纸副刊作品奖220件，其中一等奖81件，二等奖92件，三等奖47件，另有1988.1991年、1993年、2019年获奖稿件未统计；1989—2002年三等奖也未统计。

8. 安徽广播电视报刊新闻奖41件，其中一等奖5件，二等奖16件，三等奖20件，另有2017年、2019年获奖稿件未统计。

第二节　国家级新闻奖

一、全国优秀短新闻奖

序号	作品名称	刊发媒体	刊发时间	作者	编辑
1	服务态度也要花钱买吗?	《芜湖日报》	1983	徐明熙	

二、中国新闻奖

1. 二等奖

序号	作品名称	刊发媒体	刊发时间	作者	编辑
1	医药分开“芜湖模式”探路“二次改革”	《芜湖日报》	2011	陈　旻	杨友艺
2	三访中干渠—南陵全国率先试点农田水利建管体制改革纪实	《芜湖日报》	2013	刘　光　赵云涛	

2. 三等奖

序号	作品名称	刊发媒体	刊发时间	作者	编辑
1	“三只松鼠”的成功“三级跳”	《芜湖日报》	2014	金昌龙　戴　卿	杭　琳

第三节　安徽新闻奖

1. 特别奖(2 件)

序号	作品名称	刊发媒体	刊发时间	作者	编辑
1	芜湖造 中国心 东方魂——芜湖发展动漫产业的实践与思考	《芜湖日报》	2010	刘　光	刘海宁
2	用生命践行“不忘初心”——抗洪英雄王能珍在大堤上的 9 天 9 夜	《芜湖日报》	2016	张申尚　王世宁	郭　微

2. 一等奖(52 件)

序号	作品名称	刊发媒体	刊发时间	作者	编辑
1	厂长的第九个嘉奖	《芜湖日报》	1985	晓　峰	
2	“老革命”五一广场现形记	《芜湖日报》	1989	闵泽未	
3	有与没有	《芜湖日报》	1990	顾伟明	
3	铁盼盼迎亚运	《芜湖日报》	1990	闵泽未	
4	迟到十分钟 失去竞买权	《芜湖日报》	1993	邵卫稼	
5	敞开城门 菜农进城	《芜湖日报》	1995	方佳金	
6	听真话	《芜湖日报》	1996	顾伟明	
7	无手英雄创奇迹	《芜湖日报》	1997	朱启胜	
8	灿灿的黄叶	《芜湖日报》	1999	万晓明	唐玉霞
9	停职一个科长 引来一大项目	《芜湖日报》	2000	金昌龙	
10	芜湖人大桥梦的见证	《大江晚报》	2000	程代广	石　琼 王纯才
11	感受“城市兴奋点”	《芜湖日报》	2001	马小平	
12	在总理的关怀勉励下	《芜湖日报》	2003	金昌龙	

续表

序号	作品名称	刊发媒体	刊发时间	作者	编辑
13	大桥镇为何要把企业“请出去”	《芜湖日报》	2003	陶良春	
14	对我国传媒可持续发展的思考	《芜湖日报》	2004	司旌霞	
15	寻寻觅觅李清照	《芜湖日报》	2004	司旌霞	汤修宪
16	《芜湖日报》2004 年 11 月 19 日 A1 版	《芜湖日报》	2004		司旌霞 袁树槟 马小平
17	电网跟着大棚	《芜湖日报》	2004	李郁夏	方佳金 马小平
18	芜湖农民自觉走出“大包干”时代	《芜湖日报》	2006	金昌龙 杭　琳	
19	合肥炒货成都后芜湖还会筑城吗	《大江晚报》	2006	李　飙	
20	坚持开拓创新 振兴地市党报	《芜湖日报》	2007	金昌龙	
21	《大江晚报》A1 版	《大江晚报》	2007		杨秀凤 赵　强
22	30 个“春天的故事”	《芜湖日报》	2008	集体	
23	2008，那雪那人那事	《芜湖日报》	2008	唐玉霞	
24	安徽芜湖加快建设廉租房保障体系	《芜湖日报》	2009	张逸潇	
25	芜湖首开拆迁信访听证会	《芜湖日报》	2009	程华正	沐　涛
26	请允许我也喊您一次“老范”	《大江晚报》	2010	汪维明	何　东
27	安徽省汽车大省建设的里程碑	《大江晚报》	2010	王舒力	李　扬
28	皖江城市带承接产业转移示范区系列报道	《芜湖日报》	2010	刘　琦 张逸潇 林　见	胡建平
29	《芜湖日报》2010 年 7 月 27 日 1 版	《芜湖日报》	2010		阚东华 邬　杨
30	医药分开“芜湖模式”探路“二次改革”	《芜湖日报》	2011	陈　旻	杨友艺
31	市长是这个城市的“大保姆”	《芜湖日报》	2011	吴小兵	唐玉霞
32	“芜湖制造”零缺陷上天	《大江晚报》	2011	李　贾	丁世富
33	《芜湖日报》“党报热线”新闻名专栏	《芜湖日报》	2011		吴小兵　唐玉霞 王熙之　王跃虎 万晓明

续表

序号	作品名称	刊发媒体	刊发时间	作者	编辑
34	奇瑞国际化战略观察系列报道	《芜湖日报》	2012	金昌龙 张逸潇	杨友艺
35	让每个人心中的爱都能被激荡出来	《芜湖日报》	2012	唐玉霞	卫晗慧
36	三访中干渠—南陵全国率先试点农田水利建管体制改革纪实	《芜湖日报》	2013	刘　光 赵云涛	
37	“江声”新闻名专栏	《芜湖日报》	2013		刘　光　程代广 刘海宁
38	幸福芜湖我的2013	芜湖新闻网	2013	陈　晨 苏　慧	
39	《中国梦·芜湖故事》系列公益广告	《芜湖日报》	2013	集体	
40	天地“粮”心(广告)	《芜湖日报》	2013	邢　彪	
41	“三只松鼠”的成功“三级跳”	《芜湖日报》	2014	金昌龙 戴　卿	
42	公益广告故事化版面语言立体化《中国梦·芜湖故事》系列公益广告的创新实践	《芜湖日报》	2014	石　琼	
43	小微企业抱团化解道德风险	《芜湖日报》	2014	王　磊	
44	芜湖影城迎来“战国时代”	金周刊·芜湖广播电视	2014	奚　璟	
45	“筑梦人生”名栏目	《芜湖日报》	2014		唐玉霞　卫晗慧 戴　卿　郭　青
46	开全国户政改革之先河　咋起,芜湖市民户政业务可全城通办	《大江晚报》	2015	马正超	
47	数据多“跑路”群众少“跑腿”“互联网+”将政府服务送到群众家门口	《芜湖日报》	2015	王　洋	
48	地市级主流媒体整合发展分析及路径选择	《芜湖日报》	2015	金昌龙 杨正毛	
49	一个国医世家的文化根系	《芜湖日报》	2016	金昌龙 陈　旻	王　亮
50	乡愁的生命力离不开地域文化传承	《芜湖日报》	2016	唐玉霞	
51	“中国好人”脱贫记	《大江晚报》	2017	李林克 季　鲲	
52	一粒瓜子,见证40年改革发展	《芜湖日报》	2017	潘　晔	骆士纬

3. 二等奖(97 件)

序号	作品名称	刊发媒体	刊发时间	作者	编辑
1	三千棵绝子二十年的枣树果满枝头	《芜湖日报》	1985	唐承炯	
2	窗口前的笑声	《芜湖日报》	1985	胡国城	
3	叔叔阿姨,请给一份精神礼物	《芜湖日报》	1986	沈　媚	
4	《芜湖日报》1986 年 5 月 29 日 1 版	《芜湖日报》	1986		集体
5	田野上走来一位电器工程师	《芜湖日报》	1987	邵卫稼	
6	管闲事　敢与窃贼较量 遭毒打　理应严惩歹徒	《芜湖日报》	1988	徐明熙 佘　俊	
7	走一百里路　挑五十担土 节约一厘地	《芜湖日报》	1989	李郁夏	方佳金
8	1362 万元投入的效益	《芜湖日报》	1991	柯　南	
9	工人加班要喜报不要奖金	《芜湖日报》	1991	李郁夏	
10	谁不办办谁	《芜湖日报》	1992	周祥鸿	
11	新区建设封顶　求实奖及其他	《芜湖日报》	1993	周祥鸿	
12	我市家副产品收购连续四年没“白条”	《芜湖日报》	1993	金昌龙	
13	不信春风唤不回	《芜湖日报》	1994	沈宫石 汪维明	
14	《芜湖日报》新闻版面	《芜湖日报》	1994	方佳金 赵　强	
15	舞起皖江的龙头	《芜湖日报》	1995	金昌龙	
16	寻呼“洋”劳模	《芜湖日报》	1995	金昌龙	
17	鸠江防汛无新闻	《芜湖日报》	1995	袁树槟 方佳金	
18	《芜湖日报》1995 年 11 月 25 日新闻版	《芜湖日报》	1995		方佳金 安　康
19	《芜湖日报》新闻版	《芜湖日报》	1995		方佳金
20	48 小时办完投资审批手续 外商感叹:芜湖办事效率真高	《芜湖日报》	1996	金昌龙 彭　华	
21	1996 年 2 月 2 日《芜湖日报》1 版	《芜湖日报》	1996		方佳金 安　康

续表

序号	作品名称	刊发媒体	刊发时间	作者	编辑
22	1996年5月30日新闻版面	《芜湖日报》	1996		方佳金 赵　强
23	江城街头响亮喊出“小平您好”	《大江晚报》	1997	华　睿	
24	家庭手工业悄然升温	《芜湖日报》	1997	向陈宏	
25	《芜湖日报》版面	《芜湖日报》	1997		方佳金 安　康
26	今天我越活越称心	《芜湖日报》	1998	刘晓春	汤修宪
27	我们该怎样面对这个现实	《大江晚报》	1998	汪维明 石　琼 老　春	
28	我国桥梁首次推出质量宣言	《芜湖日报》	1999	金昌龙	
29	参观的变迁	《芜湖日报》	2000	金昌龙	
30	要怕人家不赚钱	《芜湖日报》	2000	马小平	
31	幼儿园里来了两名男阿姨	《芜湖日报》	2001	赵咏梅	
32	藕香园凤凰山两社 区居民直选当家人	《芜湖日报》	2002	袁树槟	
33	医苑小区上演一幕感人剧——清洁 工遭遇病魔　八位教授募捐相助	《芜湖日报》	2002	刘卫国	
34	喜:一年订单三千万　忧:资金短缺 厂房小　奇康保健品有限公司望“单” 兴叹　新年订单又至　融资拓展艰难	《芜湖日报》	2002	刘卫国	
35	《芜湖日报》2003年10月1日 2版版面	《芜湖日报》	2003		方佳金 万晓明
36	餐桌上没了野味	《芜湖日报》	2004	李郁夏	
37	奇瑞之路	《芜湖日报》	2004	金昌龙 袁树槟 徐春芳	
38	“乙肝歧视第一案”庭审直击	《大江晚报》	2004	夏成俊	
39	六千户居民的安宁大于六千万元	《大江晚报》	2005	陶良春	
40	寻找心灵的光明	《芜湖日报》	2005	汤修宪	

续表

序号	作品名称	刊发媒体	刊发时间	作者	编辑
41	《大江晚报》2005年10月16日1版	《大江晚报》	2005		王中明 吴　凌
42	我市在全省率先有了“公关警察”	《大江晚报》	2006	朱新根	赵　强
43	圆梦——唐山地震幸存者来芜寻恩记	《芜湖日报》	2006	柯　南 朱金海	
44	奇瑞汽车百万辆下线	《芜湖日报》	2007	集体	
45	大众文化与新媒体拓展空间	《芜湖日报》	2007	汪　超	
46	中国工艺美术大师值多少钱	《大江晚报》	2007	黄　雯	丁世富 闵未未
47	奇瑞量子改写中国汽车业合资模式	《芜湖日报》	2008	刘　琦	
48	医药分开“芜湖模式”探路医改	《芜湖日报》	2008	陈　旻	
49	百名旅客昨夜错过列车遭滞留	《大江晚报》	2008	朱新根 程华正 涂志勤	丁世富
50	老托尔斯泰的日记	《大江晚报》	2008	冯慧莲	
51	不辞长作侠客行	《大江晚报》	2008	谈正衡	
52	救灾是我们军人的责任	《芜湖新闻网》	2008	集体	
53	芜湖农机合作社成 为农民增收助推器	《芜湖日报》	2009	张逸潇	
54	一个人的“失态”让一座城市“失分”	《芜湖日报》	2009	林　见	
55	煨红	《芜湖日报》	2009	唐玉霞	
56	2009年7月7日《芜湖日报》1版	《芜湖日报》	2009		阚东华 马小平 邬杨
57	从靠“体力挣钱”到靠“脑力致富”	《芜湖日报》	2010	汪　超	唐玉霞
58	华兴街三十一号	《大江晚报》	2011	唐玉霞	董金义
59	“留守娃”有了“心灵吧”	《芜湖日报》	2011	吕　毅	卫晗慧
60	杜志民自筹资金护绿 200岁古枫重获新生	《芜湖日报》	2012	吕　毅	杨友艺
61	爱，让花季生命永不凋零	《大江晚报》	2013	程　茜	

续表

序号	作品名称	刊发媒体	刊发时间	作者	编辑
62	全力打造芜湖经济升级版	《芜湖日报》	2013	金昌龙 张逸潇 王　磊	
63	万只鹭鸟恋上垃圾处理厂	《大江晚报》	2013	胡　芳 林　见 邓文怡	
64	“今天,你阅读了吗?”	《芜湖日报》	2013	唐玉霞 戴　卿 卫晗慧	汤修宪
65	《芜湖日报》2013 年 10 月 18 日 1 版	《芜湖日报》	2013		吴小兵 骆士纬 程华正
66	深入改文风要做好制度设计	《芜湖日报》	2013	金昌龙 邓应华	
67	实体书店之殇——芜湖外文书店成为记忆	芜湖新闻网	2013	周　鹏 孙　艳	
68	美丽的家园呼唤低碳出行	《芜湖日报》	2013	广告中心	
69	关爱儿童 放飞梦想	《芜湖日报》	2013	广告中心	
70	奇瑞“梦之队”:铸造汽车工业的“中国引擎”	《芜湖日报》	2014	金昌龙 陈　旻	
71	自主创新的“芜湖实践”	《芜湖日报》	2014	金昌龙 张逸潇	
72	“最后一公里”是段心路	《芜湖日报》	2014	汪维明	
73	“阅读时间”栏目	《芜湖日报》	2014	唐玉霞	
74	城市发展“唤回”数十万务工者	《大江晚报》	2014	杨唯伟	
75	读史让人长记性	《大江晚报》	2014	何 东	
76	聚焦芜湖青年“双创”系列报道	《芜湖日报》	2015	刘　光 张逸潇 赵云涛	
77	恋恋书香读胡湾	《芜湖日报》	2016	唐玉霞	
78	蔬菜卖不上价　保险也能赔　全省首单蔬菜价格指数保险在我市诞生	《芜湖日报》	2016	赵丹丹	郑　远 陆婷婷

续表

序号	作品名称	刊发媒体	刊发时间	作者	编辑
79	古老湖滩引进渔光互补光伏电站 一湖两用　奏响美好乡村“渔光曲”	《大江晚报》	2016	朱金海 李林克	吴　凌
80	“老把式”种起“数据田”	《芜湖日报》	2016	刘　光 汪维明	骆士伟 付君兰
81	孤寡老人去世 “亲人们”为她送终	《大江晚报》	2016	芮　娟 彭君贤	杨　晋
82	凸现党报特质要把握好三个“度”	《芜湖日报》	2016	唐玉霞	
83	芜湖“腊”味，五味杂陈又一年	《芜湖日报》	2016	唐乐燕	唐玉霞
84	《芜湖日报》2017 年 8 月 29 日 1 版	《芜湖日报》	2017		汪维明 戴　卿 付君兰
85	奇瑞首批“自主大脑”发动机出口美国	《芜湖日报》	2017	赵丹丹	刘卫国 骆士纬
86	整治惩治“老赖”芜湖法院再出大招	《大江晚报》	2017	顾　娅	吴　凌
87	狠下“绣花”功夫 订制脱贫“套餐”	《芜湖日报》	2017	杨友艺	王　亮
88	他为“失信”老板偿还 18 万债务	《大江晚报》	2017	吴　敏 孙红梅	杨　晋
89	“砸”的是店面 “立”的是品质	《芜湖日报》	2017	唐玉霞	田　琦
90	加减乘除天地宽 芜湖报业供 给侧结构性改革的探索与思考	《芜湖日报》	2017	刘　光	
91	一个都不能少——芜湖坚 决打赢脱贫攻坚战	芜湖新闻网	2017	陈　晨 苏　慧 邢　嘉	
92	师大男牌“武亦姝？不，他是熊树星”	《金周刊 · 芜 湖广播电视》	2017	赵咏梅	彭　璐
93	25 年来他让近 4 万册古籍“重获新生”	《大江晚报》	2018	吴　敏	郭　薇
94	已经“飞”起的芜湖智造，你真的了解吗？	今日芜湖	2018	陈铁敏 陈　晨 叶凤云	韩万春
95	改革开放 40 周年 · 芜湖故事	芜湖新闻网	2018	邢　嘉 陈　晨 苏　慧	叶凤云 浩　然

4. 三等奖(98件)

序号	作品名称	刊发媒体	刊发时间	作者	编辑
1	环城乡党委引导专业户成为双文明户	《芜湖日报》	1985	俞定祥 余跃余	
3	形成拳头才有出击力	《芜湖日报》	1986	砚　冰	
4	血,子夜送到	《芜湖日报》	1986	吴长风 闵泽未	
5	“认罚不认理”现象之思索	《芜湖日报》	1987	顾伟明	
6	一封喜忧参半的读者推荐信	《芜湖日报》	1988	金保华	
7	人是最可宝贵的	《芜湖日报》	1991	周祥鸿	
8	一人胜似十把锁	《芜湖日报》	1991	闵泽未	
9	芜湖凤凰造漆厂实行 股份合作民有民营	《芜湖日报》	1994	袁树槟	
10	《芜湖日报》新闻版面	《芜湖日报》	1994		方佳金 赵　强
11	1996年2月2日《芜湖日报》1版	《芜湖日报》	1996		方佳金 安　康
12	1996年5月30日《芜湖日报》版面	《芜湖日报》	1996		方佳金 赵　强
13	这家工厂非法招收女童	《芜湖晚报》	1997	朱金海	
14	敢问路在何方	《芜湖日报》	1997	陈新平	
15	蒋忠贵决定捐献遗体的前前后后	《芜湖晚报》	1998	石　琼	
16	茶意	《芜湖日报》	2001	唐玉霞	
17	老家	《芜湖日报》	2001	万晓明	
18	错位竞争看园区	《芜湖日报》	2003	王跃虎	
19	这里缘何成了藏污纳垢之处	《芜湖日报》	2003	李道龙	
20	中国第一家农民公园何以风光不再	《大江晚报》	2003	程代广	
21	把“鸠兹”刻上“名片”	《芜湖日报》	2003	万晓明	
22	待客之道与小事一桩	《大江晚报》	2003	王俊虎	
23	期待你回家	《芜湖日报》	2003	汤修宪	

续表

序号	作品名称	刊发媒体	刊发时间	作者	编辑
24	芜湖籍旅德画家的特色之路	《大江晚报》	2003	王晓朋	
25	百灵鸟栖百年广玉兰	《大江晚报》	2004	夏云来	
26	群众欢迎开通的班线为什么面临停运	《芜湖日报》	2004	向陈宏	
27	英雄劳模晚年甘当菜农	《大江晚报》	2004	沐　涛	
28	巴西华人在芜找到30年前的战友	《大江晚报》	2004	王俊杰 王　琦	
29	给"芝麻官"减员	《芜湖日报》	2004	万晓明	
30	从"傻子瓜子"到"东方之子"	《芜湖日报》	2004	金昌龙	
31	最后的老街	《大江晚报》	2004	何　东	
32	市报记者也能命中"大目标"	《大江晚报》	2004	王俊虎	
33	构建"民意社区"的互动平台	《芜湖日报》	2005	金昌龙	
34	10 元钱医保换来 2 万农民舒心	《芜湖日报》	2005	徐春芳	
35	富起来的农民太难找	《芜湖日报》	2005	林　见	
36	乡村教师里的她和他	《大江晚报》	2005	汪　冰	
37	报纸编校中的差错问题与对策	《芜湖日报》	2005	王熙之	
38	还说长江文化	《大江晚报》	2006	袁树槟	
39	镜湖水草泛滥顽症终于得到遏制	《大江晚报》	2006	沐　涛	赵　强
40	芜湖一市民向中国科学院 郭沫若纪念馆讨要"步天歌"	《大江晚报》	2006	朱金海	
41	《芜湖日报》2006 年 12 月 31 日 A2 版	《芜湖日报》	2006		袁树槟 王跃虎 骆士纬
42	我市三家医院状告工商局	《大江晚报》	2006	杨秀凤 夏成俊	
43	我市乡镇个体水厂卫生安全堪忧	《大江晚报》	2006	李　扬	
44	昨日我市护士小赵完成造血干细胞	《大江晚报》	2007	李　杨	丁世富 闵泽未
45	雾中大营救	《大江晚报》	2007	涂志勤	卜　蓉

续表

序号	作品名称	刊发媒体	刊发时间	作者	编辑
46	春水未动蒿先香	《大江晚报》	2007	谈正衡	曹德华
47	《芜湖日报》A1 版	《芜湖日报》	2008		集体
48	从“不东不西”到“左右逢源”	《芜湖日报》	2008	金昌龙	
49	19 条新政策助力中小企业轻装上阵	《芜湖日报》	2008	张逸潇	
50	英国志愿者徒步来到江城种 下四棵枫树宣传绿色奥运	《芜湖日报》	2008	林　见	
51	4 天内 136 名老师异常购药	《大江晚报》	2008	李　扬	吴　进
52	是放映公益电影还是商品推销	《大江晚报》	2008	王舒力	夏云来
53	一盒 1.21 元:芜湖三甲 大医院开出小处方药	《芜湖日报》	2010	金昌龙 杨友艺	刘　琦
54	殷殷热血铸警魂	《芜湖日报》	2010	吕　毅	刘　琦
55	一份跨越半个多世纪的真爱	《大江晚报》	2010	胡　芳	李婷维
56	袁隆平超级稻新品在芜成功繁育	《大江晚报》	2010	刘　江	李　扬
57	我的叔叔阿姨们	《芜湖日报》	2010	汤修宪	董金义
58	给钱就能删除负面报道? 报价高达 15 万	芜湖新闻网	2010	梁　瑞	
89	六千大一学子需上一周劳动课	《大江晚报》	2011	王俊杰	吴　凌
60	城市党报提升舆论引导力的思考	《芜湖日报》	2011	汪　超	
61	《芜湖日报》2011 年 6 月 5 日 1 版	《芜湖日报》	2011		唐玉霞 王熙之
62	青春的岁月像条河	《大江晚报》	2011	何　东	何　东
63	青岛芜湖籍孤儿回乡寻亲系列报道	《大江晚报》	2012	李婷维 李林克 涂志勤 刘　江 芮　娟	李　扬 林　见 康　丽
64	一中学子与航天英雄面对面	《芜湖日报》	2012	孙　艳 王　松	柯　南

续表

序号	作品名称	刊发媒体	刊发时间	作者	编辑
65	感受新芜湖·魅力乡街行专题	芜湖新闻网	2012	苏　慧 梁　瑞 陈　晨 王　宾	
66	公共自行车当婚车“绿色婚礼”浪漫不浪费 ——芜湖公共自行车首次成为新人“婚车”	芜湖新闻网	2013	王　松 陈　晨	
67	一周热点点评	芜湖新闻网	2013	陈　晨 王　松	
68	年中经济形势述评	《芜湖日报》	2014	刘　光 汪维明 骆士纬 杨正毛	
69	《芜湖日报》2014 年 8 月 15 日 1 版	《芜湖日报》	2014		刘　光 骆士纬 汪维明
70	强化主流媒体在新媒体 建设中主体地位	《芜湖日报》	2014	金昌龙	
71	珠海航展“芜湖方阵”受关注 制造业升级再谋“冲上云霄”	《芜湖日报》	2014	张逸潇	王　亮
72	江城“奶奶考生”坐上钢琴考级台	《大江晚报》	2014	陈铁敏	
73	2014 年 2 月 12 日《大江晚报》A2 版	《大江晚报》	2014		吴寿南
74	中国好人陈余芳：一针一线一片情	《大江晚报》	2014	叶　荔	郑　申
75	我市在全省率先推出“房产超市” 选房、按揭、交易“一站式”完成	《芜湖日报》	2015	潘　晔	

续表

序号	作品名称	刊发媒体	刊发时间	作者	编辑
76	不等不靠 主动作为 村民自掏腰包40多万元打造“美好乡村”	《大江晚报》	2015	李林克 刘　江	
77	“小微权力”也得关进“制度笼子”芜湖县首亮村级权力清单村干部“照单”行事	《芜湖日报》	2015	陈　旻	
78	母亲节，她流泪作出“爱的决定”	《大江晚报》	2015	顾　娅	
79	埃夫特机器人的“前世今生”	《芜湖日报》	2015	金昌龙 张逸潇	
80	无影灯下的战斗，听芜湖手术医生“挑刺”	《金周刊·芜湖广播电视》	2015	汪观林	
81	藕飘香 采藕忙	《大江晚报》	2015	刘　江	
82	90后铁路员工的年夜饭	《芜湖日报》	2015	梅　韬	
83	《芜湖日报》2015年9月7日1版	《芜湖日报》	2015		程代广 赵双华 骆士纬
84	记住乡愁，乡愁是根	《芜湖日报》	2015	唐玉霞	
85	长江刀鱼：最鲜的故乡记忆	《芜湖日报》	2015	唐乐燕	
86	没有万里，就没有我的今天	《大江晚报》	2015	季　鲲	
87	全国首批智慧路灯亮相城东	《芜湖日报》	2016	潘　晔	郑　远
88	三只松鼠体验店背后的商业逻辑	《芜湖日报》	2016	王　磊	王　亮
89	村上的答案在勃勃的风中飘荡	《芜湖日报》	2016	唐玉霞	唐乐燕
90	《芜湖日报》1版	《芜湖日报》	2016		汪维明 赵双华 王　亮
91	展江城瑰宝之美·献礼十九大	芜湖新闻网	2017	陈　晨 苏　慧 叶凤云 浩　然	
92	22万党员将拥有统一党员身份证明	《芜湖日报》	2017	王　洋	王　亮
93	一雷惊蛰始	《芜湖日报》	2017	唐玉霞	郭　青
94	食春	《芜湖日报》	2017	唐乐燕	郭　青

续表

序号	作品名称	刊发媒体	刊发时间	作者	编辑
95	全国首批公安“不见面”服务在芜推出	《芜湖日报》	2018	潘　晔 乐培意 冯光宇	付君兰
96	“芜湖造”全自动无人驾驶 单轨列车驶向全球	《芜湖日报》	2018	戴　卿	王　亮
97	因势而动 为你而变	《芜湖日报》	2018	汪维明	付君兰
98	2018 芜湖两会——你还可以这么看	今日芜湖	2018	韩万春 陶良春 王　萍 陶　勇 吴　琼 沈华骏 周　璨	

5. 不设等级奖(1981—1984 年,共 8 件)

序号	作品名称	刊发媒体	刊发时间	作者	编辑
1	小街换新颜 群众喜气洋 我市八条街巷小道铺上水泥路面	《芜湖报》	1981	徐明熙	
2	政策对头 农民盖楼	《芜湖报》	1981	李嘉山 金　明 张胜明	
3	服务态度也要花钱买吗?	《芜湖报》	1983	徐明熙	
4	越算心里越亮堂	《芜湖报》	1983	新芜路街 道办事处	
5	“2731”电话铃响了!	《芜湖报》	1984	徐明熙	
6	“响”得好!	《芜湖报》	1984	周祥鸿	
7	六旬老翁栽树六十作纪念	《芜湖报》	1984	李正宽	
8	带柴米出嫁的姑娘	《芜湖报》	1984	范昌学	

第四节　中国城市党报新闻奖

1. 一等奖(24 件)

序号	作品名称	刊发媒体	刊发时间	作者	编辑
1	母女两代保姆17载 接力点燃雇主生命之光	《芜湖日报》	2007	金昌龙	方佳金 李祥春
2	房价系列报道	《芜湖日报》	2007		杭　琳
3	积极参与泛长三角区域发展分工合作	《芜湖日报》	2008	金昌龙 刘　琦	
4	沉甸甸的钥匙上传来家的温暖 ——鸠江区首批实物配租廉租户圆梦	《芜湖日报》	2009	张逸潇	
5	共建城市　分享梦想 话说“新芜湖人”这五年	《芜湖日报》	2010	王　磊	王熙之
6	城市党报提升舆论引导 力的思考与对策	《芜湖日报》	2010	汪　超	
7	选举党代表　党员说了算 镜湖区“公推直选”百余名党代表	《芜湖日报》	2011	吕　毅	马小平
8	实现药品零差 一年为百姓省下约4000万	《芜湖日报》	2011	杨友艺	卫晗慧
9	他像一个标杆永远树立在群众心中	《芜湖日报》	2012	金昌龙 赵丹丹	郐　杨
10	有观察有思考的主题策划	《芜湖日报》	2012	金昌龙 杨正毛	
11	在“走转改”中树立新闻工作者新形象	《芜湖日报》	2012	唐玉霞	
12	从战略和全局高度重视“双联系”工作	《芜湖日报》	2013	刘　光	刘海宁
13	敢问路在何方——网络 时代实体书店之殇	《芜湖日报》	2013	戴　卿	
14	现场挑刺促惠民政策落地	《芜湖日报》	2013	赵丹丹	杨友艺
15	“四月，我与书香有约”读书专版	《芜湖日报》	2013		姚丽芳
16	扎实推进第二批群众路线教育 实践活动系列评论	《芜湖日报》	2014	刘　光 刘海宁	
17	“上岸”渔民：水上飘摇“过去式” 安居乐业“进行时”	《芜湖日报》	2014	张逸潇	

续表

序号	作品名称	刊发媒体	刊发时间	作者	编辑
18	依托黄金水道 建设长江经济带	《芜湖日报》	2014	集体	
19	探索诚信创造价值新模式	《芜湖日报》	2014	王　磊	
20	书天	《芜湖日报》	2014	唐玉霞	
21	一年书情	《芜湖日报》	2014	戴　卿	
22	江城 CPI“出炉记”:“小数据” 背后的“大学问”	《芜湖日报》	2014	张逸潇	
23	“芜湖农民”国际油菜大会受关注 ——20 余载情倾农技推广农业增收致富	《芜湖日报》	2015	张逸潇	
24	芜湖百万人有了自己的“家庭医生”	《芜湖日报》	2016	陈旻	吴劲松

2. 二等奖(34 件)

序号	作品名称	刊发媒体	刊发时间	作者	编辑
1	走进社区的“民生讲座”	《芜湖日报》	2007	闵泽未 方佳金	
2	一个人的“失态”让一座城市“失分”	《芜湖日报》	2009	林　见	
3	首台国产抽水蓄能电站机组 转轮在芜吊装成功	《芜湖日报》	2010	吕　毅	马小平
4	今夏,进城瓜农不再“躲猫猫”	《芜湖日报》	2010	江　晟	万晓明
5	30 万元“安家费”选调名校长,值!	《芜湖日报》	2011	吴小兵	马小平
6	“菜园子”对接上了“菜篮子” 我市万亩蔬菜基地直销店开业	《芜湖日报》	2011	吕　毅	马小平
7	政府筹资 10 亿元缓解融资难 首期中小企业委托贷款进入银企对接	《芜湖日报》	2011	向陈宏	马小平
8	“金篮子”:合同蔬菜不降价	《芜湖日报》	2011	杨正毛	卫晗慧
9	“失明”路灯拷问效能　点亮这 19 盏 路灯究竟有多难?　新丰路段 19 盏路灯终于“复明”	《芜湖日报》	2011	邬　杨	万晓明
10	一个只有 6 个孩子的特殊幼儿园	《芜湖日报》	2011	赵丹丹	杨友艺
11	新闻评论的传播效果及地位	《芜湖日报》	2011	梁　瑞	万晓明
12	专帮居民的“忙” 专找社区的“茬”	《芜湖日报》	2012	吕　毅	杨友艺

续表

序号	作品名称	刊发媒体	刊发时间	作者	编辑
13	中心城区投放12000辆公共自行车供“绿色出行”	《芜湖日报》	2012	潘　晔	刘　琦
14	中心城区环卫一线有个“夫妻档”	《芜湖日报》	2012	江　晟	杨友艺
15	公益行动助圆“早餐奶”心愿	《芜湖日报》	2012	张逸潇	刘　琦 杨友艺
16	身入心入走基层 亲民为民树形象	《芜湖日报》	2012	唐玉霞	
17	食品黑名单企业首次出现	《芜湖日报》	2013	陈　旻	刘卫国
18	你们来了,咱们家人心里敞亮多了	《芜湖日报》	2013	杨正毛	杨友艺
19	关爱农村儿童留守儿童在困惑与坚守中前行	《芜湖日报》	2013	卫晗慧	
20	“留春”文学版“格调江南”	《芜湖日报》	2013		郭　青
21	芜湖日报报业集团《新闻阅评》编发路径及实践	《芜湖日报》	2013	石　琼	
22	从央视最美系列看新闻策划真实性原则	《芜湖日报》	2014	金昌龙	
23	“纪念芜湖解放65周年专稿”系列报道	《芜湖日报》	2014	集体	
24	记忆中的那条街	《芜湖日报》	2014	郭　青	
25	机器人芜湖造工业梦	《芜湖日报》	2014	吕　毅	
26	我市破获特大非法集资诈骗案	《芜湖日报》	2014	吕　毅	
27	我市试点专技人才“双向挂职”	《芜湖日报》	2014	陈　旻	
28	两代人无悔接力:一场跨越半个世纪的亲情守护	《芜湖日报》	2015	张逸潇	
29	互联网+给新能源汽车产业插上翅膀	《芜湖日报》	2015	杨友艺	
30	“求问”之时别忘“销号”	《芜湖日报》	2015	汪维明	
31	烟雨江南西河远	《芜湖日报》	2015	唐玉霞	
32	芜湖百万人有了自己的“家庭医生”	《芜湖日报》	2016	陈　旻	吴劲松
33	全省首家“细胞银行”落户芜湖填补省内医疗技术空白	《芜湖日报》	2016	潘　晔	
34	“互联网+社保”方便到家芜湖在全国首家上线支付宝办理居民医保业务	《芜湖日报》	2016	陈　旻	骆士纬

3. 三等奖(58 件)

序号	作品名称	刊发媒体	刊发时间	作者	编辑
1	走进社区的"民生讲座"	《芜湖日报》	2007	闵泽未 方佳金	
2	川籍民工,芜湖就是你的家	《芜湖日报》		刘晓春	
3	挑担徽菜雾里青　徒步北京庆奥运 ——今日"徽骆驼"重走百年徽商路	《芜湖日报》	2008	李道龙	
4	高唱国歌	《芜湖日报》	2008	刘海宁	
5	义务教育零负担	《芜湖日报》	2010	陈　洁	王熙之
6	跳出土地忙创业 转型农民有奔头	《芜湖日报》	2010	吕　毅	邬　杨
7	"经纪人"引领苗木之乡转型	《芜湖日报》	2010	张逸潇	马小平
8	《芜湖日报》2010 年 11 月 17 日 1 版	《芜湖日报》	2010		王熙之
9	在生态与经济良性互动 中铺就农村致富路	《芜湖日报》	2010	杨正毛	
10	大江唱皖 谁与争锋	《芜湖日报》	2010	马小平	齐　兵
11	是芜湖成就了她的梦想	《芜湖日报》	2010	汤修宪	杭　琳
12	共同呵护:不能让保兴埠再成"龙须沟"	《芜湖日报》	2010	江　晟	万晓明
13	转型经济在孙村——繁昌孙村 镇域经济转型发展系列报道	《芜湖日报》	2011	汪　超	王熙之
14	安置小区成立业委会	《芜湖日报》	2011	陈　洁	马小平
15	信息为媒助农户 "网上冲浪"做养殖	《芜湖日报》	2011	杨正毛	马小平
16	"新年里,我们想每天喝一杯牛奶" ——新大埠村小学生"早餐奶"心愿	《芜湖日报》	2011	张逸潇	马小平
17	蟹脚痒了　蟹农笑了 芜湖"大闸蟹"期待打响终端市场	《芜湖日报》	2011	张逸潇	马小平
18	"红绿黄"三色带动革命老区腾飞	《芜湖日报》	2011	赵丹丹	万晓明
19	年内 10 万沈巷人从"新 农合"跨入居民医保	《芜湖日报》	2011	陈　旻	骆士纬
20	中招工作全程阳光操作 市教育局: 成绩才是硬道理　家长不要被忽悠	《芜湖日报》	2011	赵丹丹	马小平
21	红色老区的绿色革命	《芜湖日报》	2012	陈　旻	刘　琦 杨友艺

续表

序号	作品名称	刊发媒体	刊发时间	作者	编辑
22	就近种菜就近卖 “菜园子”直通“菜篮子”	《芜湖日报》	2012	赵云涛	王　亮
23	“小村官”与新农民的致富协奏曲	《芜湖日报》	2012	王　磊	王　亮
24	以“大树下聊天”方式讲述身边好人	《芜湖日报》	2012	杨正毛	杨友艺
25	从“一包到底”到“花钱买服务”	《芜湖日报》	2012	付君兰	程华正
26	“零距离”+“一站式” 不让群众办事跑多趟	《芜湖日报》	2012	孟　鸣	杨友艺
27	后患问题的“公共地悲剧”	《芜湖日报》	2012	万晓明	王　亮
28	“科学发展 成就辉煌”之“四个芜湖”	《芜湖日报》	2012	集体	
29	提高周刊质量面面观	《芜湖日报》	2012	王熙之	
30	双联系凝心聚力 托起芜湖梦	《芜湖日报》	2013	刘　光 张逸潇 杨正毛	刘卫国
31	公共自行车载不动公德意识缺失	《芜湖日报》	2013	唐玉霞	卫晗慧
32	家门口的文化生活:群众自己“说了算”	《芜湖日报》	2013	张逸潇	程华正
33	5 村民自筹 30 万元建起“百姓大舞台”	《芜湖日报》	2013	王　磊	杨友艺
34	那年六月	《芜湖日报》	2013	汤修宪	郭　青
35	《芜湖日报》2014 年 2 月 15 日新闻版	《芜湖日报》	2014		金昌龙
36	联系群众“不打烊” 带着“年味”走转改	《芜湖日报》	2014	张逸潇	
37	律己是第一道防火墙	《芜湖日报》	2014	唐玉霞	
38	让节俭养德成为流行	《芜湖日报》	2014	刘海宁	
39	新式农民回归:重新写活土地文章	《芜湖日报》	2014	陈　旻	
40	走马芜湖系列报道	《芜湖日报》	2014	戴　卿 郭　青 唐乐燕	
41	捐遗,让生命再一次灿烂	《芜湖日报》	2014	陈　旻	
42	外来员工“想在芜湖有个家”	《芜湖日报》	2014	张逸潇	
43	确保农户实现增产增收 探索秸秆无害处置方式	《芜湖日报》	2014	刘卫国	
44	再造“江南第一茶市”:十字路口的突围	《芜湖日报》	2014	王　磊	
45	西瓜喜遇丰收年 价格反遭“滑铁卢”	《芜湖日报》	2014	杨友艺	

续表

序号	作品名称	刊发媒体	刊发时间	作者	编辑
46	“孝老敬老红黑榜”首期名单公布	《芜湖日报》	2014	江　晟	
47	打造现代报纸副刊的三性	《芜湖日报》	2014	唐玉霞	
48	诗意中秋 问情芜湖	《芜湖日报》	2014		姚丽芳
49	世界足球日—走近芜湖足球	《芜湖日报》	2014	唐乐燕	
50	阿里巴巴 芜湖产业带启动运营 ——江城传统企业搭上电商“顺风车”	《芜湖日报》	2015	王　磊	
51	环保开出首份机动车“冒黑烟”罚单	《芜湖日报》	2015	陈 旻	
52	业务员做减法 生产线做加法 ——芜湖显示:被订单追着一路快跑	《芜湖日报》	2015	王　磊 金昌龙	
53	今年民生工程考核“从严” ——倒数第一县区将受财力处罚	《芜湖日报》	2015	赵丹丹	
54	大阅兵,他在现场	《芜湖日报》	2015	唐乐燕	
55	风雨中托举起“敬业”的旗帜	《芜湖日报》	2015	刘海宁	
56	芜湖野菜:舌尖上的家园	《芜湖日报》	2015	戴　卿	
57	却道天凉	《芜湖日报》	2015	郭　青	
58	为着崇高的事业奔跑	《芜湖日报》	2016	汪维明	刘海宁 骆士纬

第五节　中国晚报新闻奖(赵超构新闻奖)

1. 特等奖(2 件)

序号	作品名称	刊发媒体	刊发时间	作者	编辑
1	苏雪林,飘飘欲仙上黄山	《芜湖晚报》	1997	赵　川	
2	寻访坐在稻穗上的姑娘	《大江晚报》	2002	程代广	

2. 一等奖(15 件)

序号	作品名称	刊发媒体	刊发时间	作者	编辑
1	申报专利 安徽不抵一个海尔	《芜湖晚报》	1997	程启贵	
2	芜湖人“大桥梦”的见证	《大江晚报》	2000	程代广	王纯才

续表

序号	作品名称	刊发媒体	刊发时间	作者	编辑
3	明天的太阳经不住“晒”	《大江晚报》	2000	朱　强	
4	谢师宴“火”过年夜饭	《大江晚报》	2002	朱　强	
5	大桥镇为何要将企业“请出门”	《大江晚报》	2004	陶良春	
6	全市派出所所长年底向居民述职述廉	《大江晚报》	2006	张申尚	赵　强
7	奇瑞品格一：自强不息	《大江晚报》	2007	袁树槟	吴　进　夏云来
8	天大地大，民生为大	《大江晚报》	2008	张申尚 赵亚玲 黄　梅	
9	200 个环保桶走上田间	《大江晚报》	2012	林　见 马正超	李　扬
10	烈日下 83 岁袁隆平上田埂察看超级稻	《大江晚报》	2013	李　贾	
11	无名烈士英魂 65 年后终得慰藉	《大江晚报》	2014	饶　剑	李　扬
12	画了 30 多年，他把漫画画进了高考试卷	《大江晚报》	2016	张申尚	
13	单幅照片：这排身影 让人踏实	《大江晚报》	2016	赵亚玲	
14	“中国好人”脱贫记	《大江晚报》	2017	李林克 季　鲲	
15	25 年来，他让 4 万册古籍“重获新生”	《大江晚报》	2018	吴　敏	

3. 二等奖（41 件）

序号	作品名称	刊发媒体	刊发时间	作者	编辑
1	老区来的大学生买不起吃饭的碗	《芜湖晚报》	1996	华　睿	吴　凌
2	非法招收女童	《芜湖晚报》	1997	朱金海	
3	大桥镇机关裁员近百人	《芜湖晚报》	1997	石　琼 丁仁虎	吴　凌
4	爱心送他上清华	《芜湖晚报》	1998	石　琼 老　春	吴　凌
6	一艘过江快船今晨被撞沉没	《大江晚报》	1999	涂志勤	吴　凌
7	把房产锁进保险箱	《大江晚报》	1999	夏云来	
8	寒门飞出“六进士”	《大江晚报》	2001	朱　强	

续表

序号	作品名称	刊发媒体	刊发时间	作者	编辑
9	不让“艾滋病”感染“黄山松进士”	《大江晚报》	2001	夏成俊	
10	金优63使丰收成泡影	《大江晚报》	2001	陶良春 张申尚	
11	四银行状告银广厦	《大江晚报》	2002	朱金海	
12	中国第一家农民公园何以风光不再	《大江晚报》	2003	程代广	
13	乙肝歧视第一案“庭审”直击	《大江晚报》	2003	张申尚 夏成俊	
14	谢小云见义勇为牺牲后 ——家属将受益人告上法庭	《大江晚报》	2003	夏成俊	
15	芜湖有座“大清监狱”	《大江晚报》	2004	张申尚 吴 进	
16	爸爸你知道你在我心中的形象吗	《大江晚报》	2004	杨 晋	
17	聚焦安徽首例网络侵权案	《大江晚报》	2005	石 琼 夏成俊	
18	“我在艾滋病村呆了20天!”	《大江晚报》	2005	张申尚	王俊杰
19	大元村里说和谐	《大江晚报》	2007	汪维明 程代广 石 琼 张申尚	吴 进 夏云来 卜 蓉
20	总书记为我签名——访人大代表	《大江晚报》	2008	王舒力	
21	西瓜临时销售点缘何成为“鸡肋”	《大江晚报》	2009	胡 芳 马正超	
22	典型报道也需要新机制 ——《大江晚报》为白血病患者许凡 捐款典型事件报道的启示	《大江晚报》	2009	汪维明	
23	上书教育厅厅长 民办普高招生获“松绑”	《大江晚报》	2009	王俊杰	
24	芜湖“世博爷爷”最爱中国馆	《大江晚报》	2010	涂志勤 胡 芳	黄 梅
25	在无声世界听梦想开花的声音	《大江晚报》	2010	季 鲲	李婷维
26	央视聚焦酒后禁驾的“芜湖模式”	《大江晚报》	2010	朱新根	李 扬

续表

序号	作品名称	刊发媒体	刊发时间	作者	编辑
27	创新社会管理一个“街道办”的哲学	《大江晚报》	2011	张申尚 季　鲲	吴　凌
28	“芜湖制造”零缺陷上天	《大江晚报》	2011	李　贾	丁世富
29	傻子年广久深情忆小平	《大江晚报》	2012	王舒力	吴　凌
30	一声“爸爸”声泪俱下(图片)	《大江晚报》	2012	涂志勤	李　扬
31	芜湖小伙28辆公共自行车迎娶新娘	《大江晚报》	2013	饶　剑	
32	“新疆行 援疆情”系列报道: 携手谱写南疆发展新篇章	《大江晚报》	2014	金昌龙 林　见	吴　凌 李　扬
33	江城“奶奶考生”坐上钢琴考级台	《大江晚报》	2014	陈轶敏	陈轶敏
34	青弋江上最后的渔家(图片)	《大江晚报》	2014	刘　江	涂志勤
35	新媒体时代背景下新闻记 者的职业素养和社会责任	《大江晚报》	2014	王叶华	
36	快递小哥 最近“亚历山大”(图片)	《大江晚报》	2014	许　诚	涂志勤
37	开全国户政改革之先河昨起, 芜湖市民户政业务可全城通办	《大江晚报》	2015	马正超	
38	村民自掏腰包40多万元打造“美好乡村”	《大江晚报》	2015	李林克 刘　江	
39	一句“阿姨您好”,就能打到特价菜	《大江晚报》	2016	王世宁	
40	惩治“老赖” 芜湖法院再出“大招” “失信彩铃”昨日起全城启动	《大江晚报》	2017	顾　娅	
41	留下记忆 留住乡愁七旬 老人创建“农耕文化馆”	《大江晚报》	2018	马正超	

4. 三等奖(29件)

序号	作品名称	刊发媒体	刊发时间	作者	编辑
1	一次意外生成一种怪病	《芜湖晚报》	1997	夏云来	
2	一对下岗夫妻的悲欢离合	《芜湖晚报》	1998	石　琼	
3	黄美珠无意中找到了失散42年的亲人	《芜湖晚报》	1998	王中明	
4	侏儒产妇平安当妈妈	《大江晚报》	2000	杨秀凤	

续表

序号	作品名称	刊发媒体	刊发时间	作者	编辑
5	摩根先生江城万里寻根	《大江晚报》	2000	夏成俊	
6	潘玉兰两年植树造林七万棵	《大江晚报》	2001	吴小兵	
7	手机骗子被擒(图片)	《大江晚报》	2001	涂志勤	
8	每月摄影画廊	《大江晚报》	2002		涂志勤
9	江城农家女走出国门去打工	《大江晚报》	2002	陶良春	
10	东北少年千里追星到芜湖	《大江晚报》	2002	吴 进	
11	芜湖长江大桥发生特大事故(图片)	《大江晚报》	2002	涂志勤	
12	从农民到居民 从居民到员工	《大江晚报》	2004	陶良春	
13	是保护文物还是“焚琴煮鹤”	《大江晚报》	2006	张 嵘	
14	牛市春深锁“二乔”	《大江晚报》	2007	夏云来	
15	两千米地毯为何铺上了长江大桥	《大江晚报》	2008	朱新根 吴安亚	
16	一组报道催生的一个好机制	《大江晚报》	2011		季 鲲 吴 凌
17	菜农发愁	《大江晚报》	2011	赵亚玲	吴 凌
18	特色 品味 服务	《大江晚报》	2011	何 东	
19	“这一刻,我幸福得像是在做梦”	《大江晚报》	2012	李婷维 李林克	李 扬
20	贾贾聊天	《大江晚报》	2012	李 贾	李 贾
21	2012 年 8 月 16 日《大江晚报》副刊版	《大江晚报》	2012		邢 嘉
22	万只鹭鸟恋上垃圾处理厂	《大江晚报》	2013	胡 芳	
23	爱的“包围”	《大江晚报》	2013	赵亚玲	
24	母亲节,她流泪作出“爱的决定”	《大江晚报》	2015	顾 娅	
25	“楼门议事点”推动居民自治	《大江晚报》	2016	吴 敏	
26	守护大山十六载一段 初心不改的“山水人生”	《大江晚报》	2017	李婷维	
27	“吃嘛嘛香”专栏	《大江晚报》	2017		程 茜
28	兄弟抱一下 城乡儿童牵手过“暖冬”	《大江晚报》	2017	刘 江	
29	8 名扶贫干部漫画形象上了村“头条”	《大江晚报》	2018	芮 娟	

第六节　安徽经济好新闻奖

1. 一等奖(29 件)

序号	作品名称	刊发媒体	刊发时间	作者	编辑
1	法律决不打“白条”	《芜湖日报》	1994	刘卫国	
2	鸠江防汛无新闻	《芜湖日报》	1995	袁树槟 方佳金	
3	下岗一家人	《芜湖日报》	1997	方佳金	
4	概念品牌 统统拿来	《芜湖日报》	2001	张　靖	
5	“傻子”瓜子商标实现平稳转让	《芜湖日报》	2001	向陈宏	
6	怎一个“乱”字了得——“福昌大米为什么卖不掉”现象透视之一	《芜湖日报》	2002	刘卫国	
7	走跨国经营发展之路 奇瑞轿车在伊朗建立生产基地	《芜湖日报》	2003	金昌龙	
8	擦亮步行街金字招牌	《大江晚报》	2003	杨秀凤	
9	餐桌上没了野味	《芜湖日报》	2004	李郁夏	
10	用6000万元换来6000户的健康权	《芜湖日报》	2005	向陈宏	
11	农民合作社引来专家“入股”	《芜湖日报》	2006	汪　超	
12	傻子二次融合再现品牌内耗	《大江晚报》	2007	黄　雯	
13	变“危”为“机” 逆势而上	《芜湖日报》	2008	刘　琦 张逸潇	
14	为了明天(广告)	《芜湖日报》	2008	鲍翀婷	
15	金融危机下芜湖经济的一连串没想到	《大江晚报》	2009	王舒力	
16	药品零差率和公立医院改革打头炮	《大江晚报》	2010	程　茜	
17	跳出土地忙创业 转型农民有奔头	《芜湖日报》	2010	吕　毅	
18	300万辆里程碑:纵观奇瑞转型之“变”	《芜湖日报》	2011	张逸潇	
19	凤凰美食街遭遇“十年之痒”	《大江晚报》	2011	黄　梅	
20	服装重镇“老歌新唱”巧谋转型	《芜湖日报》	2012	宋建华 张逸潇	

续表

序号	作品名称	刊发媒体	刊发时间	作者	编辑
21	聚焦江城美好乡村建设	《芜湖日报》	2012	刘　光 潘　晔 王跃虎 吴小兵	
22	中国梦芜湖系列(广告)	《芜湖日报》	2013	刘　光 邢　彪	
23	奇瑞:16 载磨剑“造好车”	《芜湖日报》	2013	金昌龙 张逸潇	
24	芜马两市银行本票昨起互通	《芜湖日报》	2013	汤荣汛	
25	天地“粮”心(广告)	《芜湖日报》	2013	邢　彪	
26	“没有小平同志，就没有民营经济的今天”	《芜湖日报》	2014	金昌龙 杨正毛	
27	芜湖如何布局高铁网“这一盘大棋”	《芜湖日报》	2015	张逸潇	
28	芜湖机器人产业“走出自己的路”	《大江晚报》	2015	吴安亚	
29	新能源电动汽车分时租赁驶出“芜湖速度”	《芜湖日报》	2016	王　洋	

2. 二等奖(47 件)

序号	作品名称	刊发媒体	刊发时间	作者	编辑
1	雪中送炭书记周日访农家	《芜湖日报》	1996	金昌龙 方佳金	
2	老梁的心愿	《芜湖日报》	1997	刘卫国	
3	传统小吃为何风光不再	《芜湖日报》	1998	刘卫国	
4	把房产锁进保险箱	《大江晚报》	1999	夏云来	
5	消费热点需要培育	《大江晚报》	1999	夏云来	
6	从“花钱请客”到“请客花钱”	《芜湖日报》	2000	汪　超	
7	茶科技领唱茶博会	《芜湖日报》	2001	汪　超	
8	非洲大嫂又临旅博会	《大江晚报》	2001	陶良春 洪　宏	
9	“1 + 1”是大于等于还是小于 2 呢?	《大江晚报》	2001	舒　芹	

续表

序号	作品名称	刊发媒体	刊发时间	作者	编辑
10	“油菜王”荣登上海世界吉尼斯之最 杨良金承担国家科技攻关重点项目	《芜湖日报》	2002	金昌龙	
11	江城遍刮“李风”	《芜湖日报》	2002	汤修宪	
12	“房东经济”让农民老而无忧	《大江晚报》	2003	陶良春	
13	高教园区后勤何不资源共享?	《大江晚报》	2003	石　琼	
14	车贷保险呼唤诚信回归	《大江晚报》	2004	朱金海 王　琦	
15	芜湖美的600万套下线	《大江晚报》	2004	张洪庆	
16	从“引资兴业”到“引智创业”	《芜湖日报》	2005	杨正毛 徐春芳	
17	会展经济一年拉动消费一个亿	《大江晚报》	2006	杨秀凤	
18	芜湖房价,你到底要飙多高	《大江晚报》	2007	王舒力	
19	9场大型招聘会就地转移3万农民	《芜湖日报》	2008	向陈宏	
20	小小黄伞计划遮住了“江 南第一茶市”的“阳光”	《大江晚报》	2008	李　飙	
21	西瓜临时摊点缘何成为“鸡肋	《大江晚报》	2009	胡　芳 马正超	
22	捕捉机遇 在低迷中跳跃发展 ——部分中小企业逆势成长思索	《芜湖日报》	2009	陈　旻	
23	欢乐在方特”(图片)	《芜湖日报》	2010	陈立希	
24	一笔工资账折射医改新变	《芜湖日报》	2010	杨友艺	
25	别样的城市风情	《芜湖日报》	2010	齐　兵	
26	两个“方特”将给芜湖带来什么	《大江晚报》	2010	吴安亚	
27	愿更多人为创业者“点石成金”	《芜湖日报》	2011	齐　兵	
28	跨江联动让沉寂的绿洲变热土	《芜湖日报》	2011	向陈宏	
29	“芜湖经验”备受推崇	《大江晚报》	2011	汤荣汛 王世林	
30	沈巷辣椒卖到了乌鲁木齐	《芜湖日报》	2012	赵丹丹	

续表

序号	作品名称	刊发媒体	刊发时间	作者	编辑
31	“拎包入住”不是梦 弋江区保障性住房进入“精装修”时代	《大江晚报》	2012	胡　芳	
32	不用烧秸秆 环保又肥田	《大江晚报》	2012	李　贾	
33	葡萄甜了农民致富梦	《芜湖日报》	2013	赵丹丹	
34	芜马合“机器人”列入国家试点	《大江晚报》	2013	王叶华	
35	关爱儿童放飞梦想(广告)	《芜湖日报》	2013	邢　彪	
36	低碳出行(广告)	《芜湖日报》	2013	邢　彪	
37	“丢了水泥,拿起纳米,污染少了,效益好了”	《芜湖日报》	2014	王跃虎 吕　毅	
38	三山农民晒稻用上“高科技”	《大江晚报》	2014	胡　芳	
39	芜湖企业寻求站在“互联网+”的风口上	《芜湖日报》	2015	王　磊	
40	我市诞生公租房共有产权第一单	《芜湖日报》	2015	潘　晔	
41	“傻子”启动电商试水之旅	《大江晚报》	2015	吴　敏	
42	安徽首张电子发票在芜湖开出	《大江晚报》	2015	汤荣汛	
43	阅读经典(广告)	《芜湖日报》	2015	邢　彪	
44	勇攀知识高峰(广告)	《芜湖日报》	2015	邢　瑶	
45	无公害农产品种植“线上直播”	《大江晚报》	2016	胡　芳	
46	金融精准扶贫圆了农民创业梦想	《芜湖日报》	2016	汪　潜	
47	“电商+农户”助村民脱贫致富	《大江晚报》	2018	汤荣汛	杨唯伟

3. 三等奖(47 件)

序号	作品名称	刊发媒体	刊发时间	作者	编辑
1	老典型遇到新问题	《芜湖日报》	1994	金昌龙	
2	为了品牌到名牌的跨越	《芜湖日报》	2001	李郁夏	
3	我国沿海一批大企业“抢滩”芜湖	《芜湖日报》	2001	沐昌根 金昌龙	
4	商业“间谍”活跃江城	《大江晚报》	2001	杨秀凤	
5	索要回扣成风,方法五花八门	《大江晚报》	2001	夏　杨	
6	逃出传销陷阱	《大江晚报》	2003	王俊杰	

续表

序号	作品名称	刊发媒体	刊发时间	作者	编辑
7	3000万元落户桥北工业区	《芜湖日报》	2003	袁树槟	
8	老百姓缘何存钱不花	《芜湖日报》	2003	汤修宪	
9	观念一变天地宽	《芜湖日报》	2003	赵双华	
10	114为何不查铁通的号码	《大江晚报》	2003	杨秀凤	
11	城市供水成我市优良品牌	《芜湖日报》	2004	赵双华	
12	花桥农民抢科技	《芜湖日报》	2004	汪　超	
13	让三座山变废为宝	《芜湖日报》	2004	徐春芳	
14	小小塑料袋浪费知多少	《芜湖日报》	2005	刘　琦	
15	“明星村”能长出参天大树吗	《大江晚报》	2005	朱金海	
16	房开公司是否有义务为购房者跑“公贷”	《芜湖日报》	2005	万晓明	
17	我市乡镇个体水厂卫生安全堪忧	《大江晚报》	2006	李　扬	
18	我市三家医院状告工商局	《大江晚报》	2006	杨秀凤 夏成俊	
19	生产豆制品竟用上了工业双氧水	《大江晚报》	2007	李　扬	
20	今年第六次加息　一对“房贷一族”没有加重负担	《大江晚报》	2007	吴安亚	
21	黄池干子为何与市民无缘	《大江晚报》	2008	李　飙	
22	记者调查揭秘“买分卖分”背后真相	《芜湖日报》	2008	吕　毅	
23	七种还贷方式哪一种更适合你	《大江晚报》	2008	吴安亚	
24	芜湖“黑马”驰骋央视广告招标会	《大江晚报》	2009	马正超	
25	金融危急下 工作好找吗?	《大江晚报》	2009	李婷维	
26	农产品进市场要“体检”	《大江晚报》	2011	李　贾	
27	实现药品零差率　一年为百姓省下约4000万	《芜湖日报》	2011	杨友艺	
28	“非遗”闹春(图片)	《芜湖日报》	2011	陈立希	
29	芜湖167位农民集资创业开先河	《大江晚报》	2011	吴安亚	
30	“菜园子”对接上了“菜篮子”	《芜湖日报》	2011	吕　毅	

续表

序号	作品名称	刊发媒体	刊发时间	作者	编辑
31	全国“苗木之乡”能否再续辉煌?	《大江晚报》	2012	季　鲲	
32	农田里安放200个垃圾桶 年回收10万个农药瓶袋	《芜湖日报》	2012	吕　毅	
33	一个返乡务工者的“两本账”	《芜湖日报》	2013	陈　旻	
34	芜湖加入“长三角俱乐部”	《大江晚报》	2013	王叶华	
35	“两房并轨”让更多“新芜湖人”留下来	《芜湖日报》	2013	王　磊	
36	“互联网思维”激活竞争新优势	《芜湖日报》	2014	王　磊	
37	芜湖小瓜子进军美国大市场	《大江晚报》	2014	汤荣汛	
38	芜湖成“粤苏皖赣物流通道”节点城市	《大江晚报》	2014	汤荣汛	
39	江城餐饮“百花齐放”未来可期	《大江晚报》	2014	李婷维	
40	进城务工农民可用公积金买房了	《芜湖日报》	2015	王　洋	
41	我市进出口企业迎来重大发展机遇	《芜湖日报》	2015	杨友艺	
42	“阿里巴巴·芜湖产业 带平台”亮相互联网	《大江晚报》	2015	夏成俊	
43	共建绿色美好家园(广告)	《芜湖日报》	2015	邢　瑶	
44	争创国家环保模范城市(广告)	《芜湖日报》	2015	邢　瑶	
45	种菜大户灾后生产“无压力”	《芜湖日报》	2016	杨友艺	
46	全省首家“细胞银行”落户芜湖	《芜湖日报》	2016	潘　晔	
47	“三只松鼠”开全国首个零食发布会	《大江晚报》	2018	汤荣汛	

第七节　安徽报纸副刊好作品奖

1. 一等奖(81件)

序号	作品名称	刊发媒体	刊发时间	作者	编辑
1	有与没有	《芜湖日报》	1990	顾伟明	
2	桐花结	《芜湖日报》	1996	韦斯琴	
3	生活的琴弦	《芜湖晚报》	1997	冯慧莲	

续表

序号	作品名称	刊发媒体	刊发时间	作者	编辑
4	悲风兮幕急	《大江晚报》	1999	谈正衡	
5	应天齐与徽州女人	《大江晚报》	1999	曹德华	
6	雪里真情	《芜湖日报》	2000	万晓明	
7	茶意	《芜湖日报》	2001	唐玉霞	
8	老家	《芜湖日报》	2001	万晓明	
9	南陵湖畅想	《芜湖日报》	2002	万晓明	
10	节逢端午感慨生	《大江晚报》	2002	谈正衡	
11	家在芜湖	《芜湖日报》	2002	唐玉霞	
12	张秀娟:脏和苦换来万家净	《大江晚报》	2002	汪　冰	
13	期待你回家	《芜湖日报》	2003	汤修宪	
14	李黎:不完美也要精彩	《大江晚报》	2003	董金义	
15	异国钓鱼	《芜湖日报》	2003	王　琦	董金义
16	寻寻觅觅李清照	《芜湖日报》	2004	司旌霞	
17	用心声触摸光明的人	《芜湖日报》	2004	姚丽芳	
18	芜湖籍旅德画家的“特色之路”	《大江晚报》	2004	王晓朋	董金义
19	最后的老街	《大江晚报》	2004	何　东	
20	“女性主张”专版	《大江晚报》	2004		夏　纯
21	山人赵恩语	《大江晚报》	2005	谈正衡	
22	寻找心灵的光明	《芜湖日报》	2005	汤修宪	
23	《芜湖日报》鸠兹文苑文学版	《芜湖日报》	2005		汤修宪 晋文婧
24	《大江晚报》“行走写真”栏目	《大江晚报》	2005		曹德华
25	《芜湖日报》鸠兹文苑文学版	《芜湖日报》	2006		汤修宪 王熙之
26	文学忠诚的儿子鲁彦周	《大江晚报》	2006	董金义	
27	农民合作社引来专家“入股”	《芜湖日报》	2006	汪　超	

续表

序号	作品名称	刊发媒体	刊发时间	作者	编辑
28	世间犹重承传情	《大江晚报》	2006	谈正衡	
29	《大江晚报》民间语文版	《大江晚报》	2006		谈正衡
30	《大江晚报》行走写真版	《大江晚报》	2006		曹德华
31	随笔—惜看罗兰永别庞蒂	《大江晚报》	2007	冯慧莲	曹德华
32	在时间深处驻足	《芜湖日报》	2007	唐玉霞	汤修宪
33	城市文档	《芜湖日报》	2007		唐玉霞
34	春水未动蒿先香	《大江晚报》	2007	谈正衡	曹德华
35	《大江晚报》“镜湖星月”版	《大江晚报》	2007		曹德华
36	2008，那雪那人那事	《芜湖日报》	2008	唐玉霞	
37	老托尔斯泰的日记	《大江晚报》	2008	冯慧莲	
38	不辞长作侠客行	《大江晚报》	2008	谈正衡	
39	《大江晚报》专栏“有话直说”	《大江晚报》	2008		集体
40	2008 年 4 月 9 日《芜湖日报》“鸠兹文苑”	《芜湖日报》	2008		集体
41	2008 年 5 月 24 日《大江晚报》爱心义写	《大江晚报》	2008		集体
42	2008 年 5 月 30 日《芜湖日报》专版	《芜湖日报》	2008		集体
43	2008 年 11 月 6 日《芜湖日报》专版	《芜湖日报》	2008		集体
44	煨红	《芜湖日报》	2009	唐玉霞	
45	今夜，雪落马仁	《大江晚报》	2009	谈正衡	
46	《大江晚报》“家庭相册” 专栏	《大江晚报》	2009		谈正衡
47	《芜湖日报》2009 年 5 月 6 日副刊版	《芜湖日报》	2009		唐玉霞
48	2009 年 10 月 8 日《芜湖日报》副刊版	《芜湖日报》	2009		汤修宪
49	请允许我也喊您一次“老范”	《大江晚报》	2010	汪维明	何　东
50	2010 年 12 月 10 日《芜湖日报》副刊版	《芜湖日报》	2010		姚丽芳
51	我的叔叔阿姨们	《大江晚报》	2010	汤修宪	董金义
52	青弋之江流千古	《芜湖日报》	2011	唐玉霞	杭　琳

续表

序号	作品名称	刊发媒体	刊发时间	作者	编辑
53	1980年的青春与怀念	《芜湖日报》	2011	汤修宪	董金义
54	我那遥远的工友们	《大江晚报》	2012	冯慧莲	黄瑶琴
55	芍药栏前少一人	《芜湖日报》	2012	郭　青	
56	这条路我会坚持走下去	《芜湖日报》	2012	卫晗慧	
57	秋之白华	《大江晚报》	2012	何　东	
58	2012年11月7日《大江晚报》副刊版	《大江晚报》	2012		何　东
59	2012年1月至2012年12月《芜湖日报》“民间文化人”专栏	《芜湖日报》	2012		戴　卿 汤修宪
60	把果当成因也许是场更大的雾霾	《芜湖日报》	2013	唐玉霞	卫晗慧
61	1977 焰火映江城	《芜湖日报》	2013	汤修宪	郭　青
62	松鼠老爹的“坚果”人生	《芜湖日报》	2013	戴　卿 卫晗慧	
63	藏者阿布用相机告诉你历史	《大江晚报》	2013	王　惠 刘　捷	
64	癸巳清明祭	《大江晚报》	2013	何　东	
65	走近“芜湖三画”	《大江晚报》	2013	邢　嘉 刘　捷	
66	《芜湖日报》“阅读时间”专版	《芜湖日报》	2014		唐玉霞 郭　青
67	远上昆仑第一哨	《芜湖日报》	2014	唐玉霞 郭　青	
68	读史让人长记性	《大江晚报》	2014	何　东	何　东 黄瑶琴
69	中国好人陈余芳:一针一线一片情	《大江晚报》	2014	叶　荔	叶　荔 郑　申
70	恋恋书香读胡湾	《芜湖日报》	2015	唐玉霞	郭　青
71	满江金沙浪淘洗	《大江晚报》	2015	何　东	
72	浅写淡描绘故乡	《芜湖日报》	2015	郭　青	杭　琳
73	长江刀鱼:最鲜的故乡记忆	《芜湖日报》	2015	唐乐燕	

续表

序号	作品名称	刊发媒体	刊发时间	作者	编辑
74	“全家福”照相馆:今年春节不打烊	《大江晚报》	2015	叶　荔	
75	没有万里,就没有我的今天	《大江晚报》	2015	季　鲲	
76	用热爱和忠诚铸就人生名片	《芜湖日报》	2015		杭　琳
77	老街最后的铁匠	《芜湖日报》	2015	戴卿	杭　琳
78	芜湖“腊”味:五味杂陈又一年	《芜湖日报》	2016	唐乐燕	
79	村上的答案在鲍勃的风中飘荡	《芜湖日报》	2016	唐乐燕	
80	一雷惊蛰始	《芜湖日报》	2017	唐玉霞	郭　青
81	鸠兹风骨 千载君子	《芜湖日报》	2018	唐玉霞	

2. 二等奖(92 件)

序号	作品名称	刊发媒体	刊发时间	作者	编辑
1	黎明,开出一辆农民轿车	《芜湖日报》	1986	赵文放	
2	话说亮瑜两相知	《芜湖日报》	1987	蒋道泽	
3	白衣判官	《芜湖日报》	1992	王　琦	
4	“四分”与“六分”的启示	《芜湖日报》	1994	周祥鸿	
5	追剿安徽帮	《芜湖日报》	1994	顾伟明	
6	雨夜情绪	《芜湖日报》	1995	冯慧莲	
7	遥远的水井湾	《芜湖日报》	1995	李幼谦	
8	性别神话的守望者	《芜湖日报》	1995	方维保	
9	文化尴尬后	《芜湖日报》	1996	姜　炜	
10	无梦到徽州	《芜湖日报》	1996	丘虎平	
11	两本黑皮书	《芜湖晚报》	1997	顾伟明	
12	天门山的魅力	《芜湖日报》	1997	万晓明	
13	老街	《芜湖日报》	1998	周祥鸿	
14	沈园	《芜湖日报》	1998	万晓明	
15	熄灭的微光	《芜湖晚报》	1998	董金义	

16	灿灿的黄叶	《芜湖日报》	1999	万晓明	
17	守望校园	《芜湖日报》	2000	柯　南	
18	背负自己的十字架	《大江晚报》	2000	曹德华	
19	平常一段歌	《大江晚报》	2001	顾伟明	
20	茶事	《芜湖日报》	2001	姚丽芳	万晓明
21	赤脚游医	《芜湖日报》	2001	王　琦	
22	锁不住爱和忧伤	《芜湖日报》	2002	姚丽芳	万晓明
23	由麦当劳想到的	《大江晚报》	2002	王俊杰	
24	宴吃恼人	《大江晚报》	2003	谈正衡	
25	2.3 米杭罗	《芜湖日报》	2003	唐玉霞	
26	寻找独龙族纹面女	《芜湖日报》	2003	姚丽芳	
27	友的重量	《芜湖日报》	2003	万晓明	
28	情满小院风满楼	《芜湖日报》	2004	汤修宪	
29	爱情能支撑我们走多远	《芜湖日报》	2004	唐玉霞	
30	超越婚约的真情故事	《芜湖日报》	2004	王熙之	
31	金婚鉴真情相伴享天年	《大江晚报》	2004	刘　捷	
32	品味无涯海角	《大江晚报》	2004	王晓明	
33	谁来规范“规范”之类	《大江晚报》	2004	谈正衡	
34	门口的桂花	《芜湖日报》	2005	唐玉霞	
35	一个芜湖女子的非洲情缘	《芜湖日报》	2005	姚丽芳	
36	父亲的书	《大江晚报》	2005	谈正衡	
37	大家风范的“老夫子”	《大江晚报》	2007	谈正衡	
38	永远的经典	《芜湖日报》	2007	汤修宪	
39	黑白记忆	《芜湖日报》	2007	汤修宪	
40	儿童版画向我们走来	《芜湖日报》	2007	姚丽芳	
41	2007 年《芜湖日报》“鸠兹文苑”版	《芜湖日报》	2007		汤修宪
42	2007 年《大江晚报》“镜湖星月”版	《大江晚报》	2007		何　东

续表

序号	作品名称	刊发媒体	刊发时间	作者	编辑
43	2007年《大江晚报》“行走天下”版	《大江晚报》	2007		谈正衡
44	呵护母亲河	《大江晚报》	2007	何　东	
45	端木草堂一枝春	《大江晚报》	2008	曹德华	
46	金马门观牌	《大江晚报》	2008	何　东	
47	为了心中的梦想	《大江晚报》	2008	汤修宪	
48	2008年5月23日《大江晚报》“感天动地的心灵交响”专版	《大江晚报》	2008		集体
49	2008年度5月30日《芜湖日报》“爱上芜湖的N个理由”专版	《芜湖日报》	2008		集体
50	2008年10月《大江晚报》“老照片”专栏	《大江晚报》	2008		集体
51	书写东方传奇——敬业奉献模范尹同跃	《芜湖日报》	2009	金昌龙 张逸潇	
52	闲愁	《大江晚报》	2009	董金义	
53	百壶居	《大江晚报》	2009	曹德华	
54	2009年6月17日《大江晚报》副刊	《大江晚报》	2009		何　东
55	取舍与否我自知	《大江晚报》	2009	谈正衡	
56	世博是送上门的世界文明	《大江晚报》	2010	董金义	
57	《大江晚报》“我爱这本书”专栏	《大江晚报》	2010		舒　芹
58	《大江晚报》“家庭相册”专栏	《大江晚报》	2010		舒　芹
59	2010年2月19日《大江晚报》副刊版	《大江晚报》	2010		叶　荔
60	2010年4月22日《大江晚报》副刊版	《大江晚报》	2010		郑　申
61	2010年8月8日《大江晚报》副刊版	《大江晚报》	2010		叶　荔
62	2010年12月28日《大江晚报》副刊版	《大江晚报》	2010		叶　荔
63	世博，在路上	《芜湖日报》	2011	唐玉霞	姚丽芳
64	冬夜里的一窗灯火	《芜湖日报》	2011	汤修宪	姚丽芳
65	根基	《芜湖日报》	2011	唐玉霞	郭　青
66	“许三多”一个人的旅程	《大江晚报》	2012	舒　芹	

续表

序号	作品名称	刊发媒体	刊发时间	作者	编辑
67	“越野E族”芜湖螃蟹中队:越玩越野	《大江晚报》	2012	叶　荔	
68	从晚报小记者到当红女主播	《大江晚报》	2012	邢　嘉	
69	奥运年,我心依旧	《芜湖日报》	2012	汤修宪	郭　青
70	2012年1月至年底《大江晚报》“下午茶”专栏	《大江晚报》	2012		黄瑶琴 舒　芹
71	2012年3月31日《大江晚报》专副刊版	《大江晚报》	2012		郑　申
72	2012年8月16日《大江晚报》专副刊版	《大江晚报》	2012		郑　申
73	2012年10月16日《芜湖日报》副刊版	《芜湖日报》	2012		戴　卿
74	2012年12月18日《芜湖日报》副刊版	《芜湖日报》	2012		卫晗慧
75	梦回“天下第一关”	《芜湖日报》	2013	汪维明	姚丽芳
76	吴波亭前月几分	《芜湖日报》	2013	郭　青	
77	公事为什么不能公办	《芜湖日报》	2014	唐玉霞	卫晗慧
78	霜降油茶香	《芜湖日报》	2014	戴　卿	郭　青
79	一份承诺 两代相守	《芜湖日报》	2014		郭　青
80	从医学院走出来的“猪倌”	《大江晚报》	2014	季　鲲	季　鲲 舒　芹
81	用镜头讲故事的摄影女孩	《大江晚报》	2014	邢　嘉	邢　嘉 王　惠
82	实习医护的那些事儿	《大江晚报》	2014	季　鲲	季　鲲 郑　申
83	为灵魂拍手作歌	《芜湖日报》	2015	唐玉霞	郭　青
84	故里依稀问旧年	《芜湖日报》	2016	戴　卿	郭　青
85	食春	《芜湖日报》	2016	唐乐燕	郭　青
86	切莫“热”了清明节“令”了老人心	《芜湖日报》	2016	刘卫国	田　琦
87	妈妈去天堂	《芜湖日报》	2017	吴小兵	郭　青
88	芜湖“学霸”罗哲正斩获国际信息学奥赛金牌	《大江晚报》	2017	季　鲲	季　鲲 郑　申
89	三尺讲台筑梦四十余载 修身齐家唱和黄金时代	《大江晚报》	2017	王　惠 殷嘉惠	王　惠
90	他们,带孩子找回丢失的自然	《大江晚报》	2018	康　丽	
91	探秘独龙江 找寻被遗忘的文明	《大江晚报》	2018	王　惠	
92	票证	《芜湖日报》	2018	郭　青	

3. 三等奖(47 件)

序号	作品名称	刊发媒体	刊发时间	作者	编辑
1	街头,那卖花的小姑娘	《芜湖日报》	1986	莫大祥	
2	给人深思的笑——访方成	《芜湖日报》	1986	王纯才	
3	菊花,多彩的秋意	《芜湖日报》	1986	冯慧莲	
4	蓝围巾	《芜湖日报》	1987	王　娟	
5	淮北行	《芜湖日报》	1987	费广亮	
6	剪纸艺人许贤英	《芜湖日报》	2003	王熙之	
7	山水姻缘一线牵	《芜湖日报》	2003	汤修宪	
8	让我怦然心动	《芜湖日报》	2003	汪明松	
9	占星术能改变命运?	《大江晚报》	2003	郑　申	
10	青岛午后别样的游历	《大江晚报》	2005	冯慧莲	
11	呵护母亲河	《大江晚报》	2007	何　东	
12	为了忠诚之爱	《芜湖日报》	2008	明　靓	
13	人生得意须"浸汤"	《大江晚报》	2008	朱金海	
14	《大江晚报》副刊"和孩子一起读"专栏	《大江晚报》	2008		集体
15	《大江晚报》副刊"百家讲坛"专栏	《大江晚报》	2009		集体
16	乐活在城南	《芜湖日报》	2010	杭　琳	杭　琳
17	给自己一段空白	《芜湖日报》	2010	唐玉霞	董金义 姚丽芳
18	永远的徽州	《芜湖日报》	2010	曹德华	叶　荔
19	徽商翘楚许苏平	《大江晚报》	2010	何　东	
20	我们这个时代	《芜湖日报》	2011	王　磊	董金义
21	小岗村里收获感动	《金周刊·芜湖广播电视》	2011	郑　远	汪　冰
22	不变的誓言——纪念中国共产党建党 90 周年特刊	《金周报·芜湖广播电视》	2011	丁　端 阚东华 汪观林	
23	《金周刊·芜湖广播电视》"画中话"专栏	《金周报·芜湖广播电视》	2011		阚东华 郑　远
24	老师,不用记得我,我会永远记得您	《芜湖日报》	2011	姚丽芳	

续表

序号	作品名称	刊发媒体	刊发时间	作者	编辑
25	鸠兹传奇	《大江晚报》	2011	王　涛	
26	别再内耗,伤不起了	《芜湖日报》	2012	汤修宪	姚丽芳
27	皮皮猪的漫画人生	《芜湖日报》	2012	戴　卿	
28	面人“捏”出人生百态	《大江晚报》	2013	季　鲲	
29	900 ㎡承载的农村文化愿景	《芜湖日报》	2013	卫晗慧	戴　卿
30	2013 年 1 月至年底“小说月刊”专栏	《大江晚报》	2013		郑　申 黄瑶琴 刘　捷
31	2013 年 6 月 12 日《大江晚报》副刊版	《大江晚报》	2013		黄瑶琴 叶　荔 舒　芹
32	为了大山深处的娃	《芜湖日报》	2014	卫晗慧	戴　卿
33	戏里警钟戏外鸣	《芜湖日报》	2014	唐乐燕	唐乐燕
34	你好,我的左邻右舍	《芜湖日报》	2015	卫晗慧	
35	我的“男神”“女神”老师	《大江晚报》	2015	季　鲲	
36	江城时尚老人就是这么潮	《大江晚报》	2015	叶　荔	
37	芜湖特色书店,你不能错过	《大江晚报》	2015	季　鲲 舒　芹	
38	石头记·〈县学碑〉记	《芜湖日报》	2016	郭　青	唐乐燕
39	朱行江:把爱心奉献出去	《芜湖日报》	2016	田　琦	田　琦
40	忠诚和担当铸就抗洪救灾的铜墙铁壁	《芜湖日报》	2016	刘卫国	田　琦
41	古老苗寨唱着过去的歌谣	《芜湖日报》	2016	汪维明	姚丽芳
42	患癌老人天天跨江做义工	《大江晚报》	2016	马正超	
43	高考一九七八	《芜湖日报》	2018	季　鲲	
44	芜湖二中“安澜中学生啦啦队”德国夺冠	《大江晚报》	2018	沐　涛	
45	在学生心中种下绿色的种子	《芜湖日报》	2018	卫晗慧	
46	黄梅声声话扶贫 教育芬芳戏韵长	《芜湖日报》	2018	唐乐燕	
47	芦苇、芦竹、芦荻 别再傻傻分不清楚了	《芜湖日报》	2018	田　琦	

注:1989 年至 2002 年三等奖均未统计。

第八节　安徽广播电视报刊新闻奖

1. 一等奖(5 件)

序号	作品名称	刊发媒体	刊发时间	作者	编辑
1	鲍莉莉　群众文化的守望者	《金周刊·芜湖广播电视》	2011	杭　琳	
2	端午　艾香里的芜湖		2012	丁　端	
3	问政芜湖		2014	阚东华　奚　璟	
4	芜湖影城迎来“战国时代”		2014	奚　璟　李　青	
5	无影灯下的“战斗”，听芜湖手术医生“挑刺”医疗剧		2015	汪观林　彭　璐	

2. 二等奖(16 件)

序号	作品名称	刊发媒体	刊发时间	作者	编辑
1	鸠兹鸟飞临中秋晚会	《金周刊·芜湖广播电视》	2010	郑　远　彭　璐	
2	黄梅票友们的幸福生活		2010	彭　璐　王　惠	
3	他从这里走上革命生涯——“十八大”献礼片《王稼祥》芜湖开机		2011	奚　璟	
4	伉俪情深四十载 三生有幸唱梨簧		2012	郑　远　阚东华	
5	房玫 我们都是“美丽中国”		2012	杭　琳　阚东华	
6	“办证如西游”版面设计		2013	丁　端	
7	万亚娜：热线声声 连着江城百姓家		2013	杭　琳　阚东华	
8	“办证如西游”		2013	丁　端	
9	昔日“进城热”如今“回村难”有关户口的“是是非非”		2014	丁　端	
10	芜湖“渔民部落”登陆记		2014	汪观林　彭　璐	
11	从上门找医生到医生找上门		2014	奚　璟　李　青	
12	新庐剧〈好支书王坤友〉叫好又叫座		2014	阚东华　郑　远	
13	芜湖“创客”江湖		2015	奚　璟　李　青	
14	江洲上娃娃的“求学路”		2015	郑　远　朱辰婉	
15	“芜湖机器人‘总动员’”版面设计		2015	丁　端　朱辰婉	
16	周士琦 就是“这个”音乐达人		2016	奚　璟　赵咏梅	

3. 三等奖(20 件)

序号	作品名称	刊发媒体	刊发时间	作者	编辑
1	变热的城市	《金周刊·芜湖广播电视》	2010	黄瑶琴	
2	男主任八年带出好社区		2010	奚　璟　郑远采	
3	祸从口出		2011	汪观林	
4	芜湖“戏班子”		2011	彭　璐　郑　远	
5	〈幸福密码〉央视热播 芜湖群众演员：我们扮演“路人甲”		2011	汪观林　彭　璐	
6	单车回潮骑乐无穷 “10.1”8000 辆公共自行车“蹬”路芜湖		2012	汪观林　彭　璐	
7	同样的课堂　同样的成长 走进江城“蒲公英之花”		2012	集体	
8	用小麦秸作画的周苗海		2013	郑　远	
9	芜湖老房子里的点胭脂红		2013	汪观林　彭　露	
10	汪飞燕:跨越国界生命相“髓”		2013	彭　露　田　琦	
11	芜湖“马向阳”下乡记		2014	田　琦　郑　远	
12	器官捐献在芜湖		2015	田　琦　郑　远	
13	芜湖民间兴起修谱,靠谱吗?记者告诉你,藏在家谱里的秘密		2015	汪观林　彭　璐	
14	今天你读诗写诗吗?芜湖诗歌现状调查		2015	田　琦　郑　远	
15	女大学生创建 芜湖首张校园“绿地图”		2016	奚　璟　方文杰	
16	钢管上的“飞天”追梦人		2016	李　青　汪观林	
17	390 后男生,琴弦上的多彩人生		2016	彭　璐　赵咏梅	
18	芜湖“冻龄”妈咪 一年跑 11 个马拉松		2016	李　青　朱辰婉	
19	冬日里的一抹“暖阳” “婴为有爱 益路同行”精准扶贫在行动		2018	彭露采写、许诚摄影	彭　露
20	担任俄罗斯世界杯护旗手芜湖足球小将走出国门		2018	彭露采写、赵亚玲摄影	彭　露

第九编　报业解读

第一章　芜湖报业史上第一张报纸

谁是芜湖最早的报纸一直众说纷纭。从已知的资料中可以看出,关于芜湖最早的报纸有三种说法:一是《皖报》说,虽没看到实物,但以留存的《芜湖皖报章程》为证;二是《安徽俗话报》说,虽编辑于安庆,但在芜湖出版发行,它理应是芜湖最早的报纸;三是《芜湖新报》(《鸠江日报》的前身)说,如果排除《皖报》《白话报》《安徽俗话报》,它应当是芜湖最早的报纸。

说法一:《皖报》是芜湖最早报纸有据可查

1. 安庆图书馆留存《芜湖皖报章程》

《芜湖市志· 报刊》认为,1989 年 3 月创刊的《皖报》虽然没有留下实物,无法知道它究竟是个啥样子,但将《皖报》列为芜湖最早的报纸有据可查。首先,安庆市图书馆保存着《芜湖皖报章程》,从中可以了解到,《皖报》确实存在,创刊于 1898 年,木刻印刷,十六开本,其办报体制、宗旨、内容和版面均有记载。《皖报》不仅是芜湖最早的报纸,还是安徽第一报。

2. 《皖报》被列为芜湖知名报纸

戈公振编著的《中国报学史》第四章"民报勃兴时期"中,将《皖报》与《鸠江日报》《商务日报》《皖江日报》并列为清末芜湖出版的报纸中"比较知名者",可见《皖报》是被专家肯定的。

3. 《皖报》可视为开安徽近代先河的报纸

蒋含平在《安徽第一次报刊热潮探源》中说,"近代国人办报的第一个高峰出现在维新运动中…… 这一时期省内的维新报刊有芜湖的《皖报》。该报创刊于 1898 年……这份可视为开安徽近代报业先河。"(见《新闻大学》1997 年春版)。

4. 《皖报》是芜湖最早的近代报纸

《芜湖通史》在"新式报纸的产生、发展及新书店的产生"中,对《皖报》有具体的介绍:"清光绪二十四(1898 年)芜湖最早的近代报纸——《皖报》产生。"

说法二:《安徽俗话报》是芜湖第一报

《安徽俗话报》是芜湖有实物留存的第一张报纸,它虽初编于安庆,但在芜湖出版发行,第三期后直接在芜湖编印,因为人们没有看到《皖报》实物,所以认为《安徽俗话报》是芜湖最早的报纸(详见第九编第二章《〈安徽俗话报〉是芜湖报纸吗?》)。

说法三:《鸠江日报》是芜湖第一报

1.《芜湖县志》将《鸠江日报》列芜湖报刊之首

民国八年《芜湖县志》载:"光绪三十一年开办《鸠江日报》",且将《鸠江日报》列入18种芜湖报刊之首。

2.《芜湖报纸简史》明确芜湖第一张报纸

张大荒的《芜湖报纸简史》载:"芜湖……直到1905年(清光绪三十一年)才有第一张报纸问世,名称为《鸠江日报》。"

3.《最早的报纸》将《鸠江日报》列芜湖第一报

姚永森的《最早的报纸》一文中,将《鸠江日报》列为芜湖第一张报纸。

说法四:《芜湖新报》是芜湖第一报

1.《鸠江日报》由《芜湖新报》更名而来

张孝康的《芜湖报业简史》指出,"光绪三十年(公元1904年),芜湖第一张报纸——《芜湖新报》正式出版,从此揭开了芜湖报业历史的序幕。"

文章还说,"至光绪三十一年(公元1905年),《芜湖新报》改名为《鸠江日报》。"后又改为《商务日报》。由此可见,《芜湖新报》早于《鸠江日报》。

2.《芜湖市志》否定芜湖第一报说法

《芜湖市志》记载《芜湖新报》创刊于1909年(清宣统元年),谭明卿、齐月溪和沈二和在清和坊《风月谭》社原址合办《芜湖新报》,由张练生任编辑。根据创刊时间,《芜湖新报》不可能是芜湖第一报。

第二章　《安徽俗话报》是芜湖报纸吗？

《安徽俗话报》创刊于1904年3月31日（清光绪三十年二月十五日）。关于《安徽俗话报》的属地问题，目前有两种说法：其一是说《安徽俗话报》创刊于安庆，属于安庆报纸；另一种说法是《安徽俗话报》虽然编辑在安庆，但报纸在芜湖出版发行，应当属于芜湖。我们将这两种观点公布于众，由读者评说。

安庆说：《安徽俗话报》创刊于安庆

1.《芜湖县志》未收录《安徽俗话报》

《芜湖县志》中，列出芜湖出版的报纸有《鸠江日报》《皖江日报》等18种，唯独没有《安徽俗话报》。

芜湖老报人汪兴泉在《芜湖最早的近代报刊初探》中解释说，《安徽俗话报》是当时激进报刊，多为进步人士购买，被老辈们称之为“洪水猛兽”。重修《芜湖县志》的人都属于老辈们，他们“或并无所知，或知而摒斥，不录于志，则是不足为奇”。

2.《陈独秀在芜活动片段》倾向安庆说

《芜湖文史资料》第一辑刊登姚永森的《陈独秀在芜活动片段》文章。文中谈到《安徽俗话报》是这样表述的：“一九零四年七月，陈独秀来芜，寄住在芜湖科学图书社小楼上。就在这年秋天，接待了与他共同主办《安徽俗话报》的同人之一房秩五……（房秩五）曾和吴守一于一九零四年三月三十一日，佐助陈独秀创办了《安徽俗话报》……一九零四年暑期，房秩五赴日本师范，吴守一回桐城授课，陈独秀乃将《安徽俗话报》迁到芜湖，由他一人在科学图书社小楼上主办。”从这段话中可以看到，《安徽俗话报》是从安庆迁到芜湖。

3.《中国近代报刊史》主张其创刊于安庆

方汉奇著作《中国近代报刊史》在第八节国内革命报刊宣传活动的进一步开展中写道：“《安徽俗话报》1904年3月创刊于安庆，不久即迁往芜湖。”

4.《芜湖报业简史》剔除《安徽俗话报》

由张孝康主编的《芜湖报业简史》（见安徽文史集萃丛书之六：《文教史踪》）在介绍芜湖第一张报纸时，把《安徽俗话报》从芜湖第一报的名单中剔除。

5.《安徽俗话报》收入安庆新闻报纸概述

由胡真、詹寿祯和朱希渔撰写的《清末至解放前安庆新闻报纸概述》（见安徽文史集萃丛书之六:《文教史踪》)中将《安徽俗话报》列入安庆报纸。

芜湖说:《安徽俗话报》属于芜湖早期报纸

1.《芜湖市志》将其列入芜湖报纸

《芜湖市志》指出:《安徽俗话报》"由陈独秀、房秩五、吴汝澄等筹组稿件于安庆,邮寄芜湖长街科学图书社店主汪孟邹转交上海东大陆图书局印刷,再运回芜湖发售。"文中没有提及《安徽俗话报》创刊于安庆。

2.《芜湖通史》肯定陈独秀来芜办报

《芜湖通史》写道:陈独秀"1903 年在上海总理革命报纸《国民日报》。该报停刊后,返回安庆,感到安徽风气闭塞,受上海、杭州等地办白话报启发民智的影响,约请房秩五、吴汝澄创办《安徽俗话报》。由于他们商量把报纸交由芜湖科学图书社经销,故来芜湖办报,从而开启芜湖至安徽的新思想启蒙。"从中可以看到,陈独秀计划在安庆创办《安徽俗话报》,但考虑经销问题,所以来芜湖办报。但《芜湖通史》古近代部分第 318 页中又有"1904 年由日本留学回国的陈仲甫,与房秩五等在安庆创办《安徽俗话报》,不久,将报纸迁往芜……"可见该书在《安徽俗话报》创刊地点上也有矛盾。

3.《安徽新闻百年大事》称其实现于芜湖

《安徽新闻百年大事》写道:该报(《安徽俗话报》)由陈独秀、房秩五、吴汝澄等酝酿筹建于安庆,而实现于芜湖。当时芜湖科学图书社承担着编辑部和总发行处任务。

4.《芜湖最早的近代报刊初探》赞成《安徽俗话报》是芜湖早期报纸

芜湖老报人汪兴泉在《芜湖最早的近代报刊初探》中认为:《安徽俗话报》虽然创刊于安庆,"但从第一期起,每期文稿汇齐既寄芜湖长街科学图书社(该报总发卖所)店主汪孟邹,转交上海大陆图书局承印,再寄回芜湖向全国发行。"也就是说,《安徽俗话报》从创刊之日起即以芜湖为主阵地,且第三期后即迁芜湖主办,据此,《安徽俗话报》是芜湖早期报纸理所当然。

5.《最早的一种通俗报》提及《安徽俗话报》

《芜湖日报》原副刊编辑汪时湘在《最早的一种通俗报》文中说:"光绪三十年(1904年)二月在芜湖也出版了一种名叫《安徽俗话报》,在上海东大陆图书局印刷,总发卖所是芜湖长街科学图书社。"

第三章　报名的题写

一、1940 年版《芜湖晚报》报名题写

据《芜湖晚报》创办人张衡山之子张孝杰说,《芜湖晚报》的报名是由他父亲题写的。从张衡山 1983 年撰写的《忆芜晚》的亲笔中也可以佐证,《芜湖晚报》报名确为张衡山所写。

二、《芜湖日报》创刊号报名题写

1949 年 7 月 1 日,中共芜湖市委机关报《芜湖日报》创刊。由谁题写报名至今有三种说法:

说法一:《芜湖日报》报名由郭沫若题写

1.《中国地市报报业史志汇编》主张郭沫若说

张赫玲主编的《中国地市报报业史志汇编》在介绍《芜湖日报》时是这样表述的:"《芜湖日报》是中共安徽省芜湖市委的机关报,创办于 1949 年 7 月 1 日,现为对开 4 版,周七刊(含《芜湖日报·星期刊》),发行 3.5 万份。报名由郭沫若题写。"由于作者没有明确标注,郭沫若题写的报名是《芜湖日报》创刊号,还是现在的《芜湖日报》,很容易产生误解。

2.《当老总的点滴回忆》主张郭沫若说

司旌霞主编的《我们一同走过 纪念〈芜湖日报〉创刊 55 周年》刊登了原《芜湖日报》总编辑何瑞的文章《当老总的点滴回忆》。关于《芜湖日报》的刊头来历,何老先生说:"《芜湖日报》刊头题字是郭沫若先生书写的。"但从后面的文字介绍得知,何老先生讲的题名发生在 1956 年,也就是在 1956 年 7 月 1 日创刊《芜湖日报》时,由郭沫若先生题写报名。

说法二:《芜湖日报》报名由刘伯承题写

1.《芜湖日报》副刊编辑郭青说

《芜湖日报》副刊编辑郭青对报史有相当的研究。他认为,《芜湖日报》创刊号报名由刘伯承题写,并有资料为证。他介绍说,1949 年 5 月,中共东北局和南京市负责人宋任穷、刘伯承先后对芜湖市委的工作作了指示,据悉,刘伯承还特意为即将创刊的中共芜湖市委机关报《芜湖日报》题写报名。报名设在头版正中上方,自右向左排列。

据介绍，刘伯承在戎马一生的背后文武兼修，曾自幼爱好书画，因而为地方报纸题名也并非不可能。

说法三：《芜湖日报》创刊号报名为书写繁体字

《芜湖市志·芜湖报刊志》中，对《芜湖日报》创刊号上的报名题字是这样表述的："《芜湖日报》的报名为书写繁体字，自右向左排于头版正上方。"

三、舒同题写《皖南日报》报名

1949年9月22日，在芜湖出版的《皖南日报》报名由舒同书写，自右向左横排在头版上方。正文直排。

四、鲁迅字体组合报名

1.《芜湖大众》报名采用鲁迅体

1952年7月1日创刊的《芜湖大众》报名为鲁迅体，但不是鲁迅亲笔题写，而是收集鲁迅字体组合而成。初期由左向右横排于头版正中上方，1956年1月20日，报头移到头版左上端。

2.《芜湖县报》报名采用鲁迅体

《芜湖县报》报头用鲁迅字体组合而成，自左向右横排于头版左上方，下注汉语拼音。

3.《繁昌报》报名采用鲁迅体

1958年创刊的《繁昌报》报头采用鲁迅字体。

五、郭沫若题写《芜湖日报》报名

1956年，中共芜湖市委决定将机关报名由《芜湖大众》改为《芜湖日报》。在准备阶段，原想请李克农同志为家乡题写报名，但李克农很谦虚，他说自己的名气不大，推荐郭沫若题写，郭沫若一口答应下来。没过不久，郭沫若给中共芜湖市委寄来三张题写报名的字样供选择，芜湖日报社选中其中一幅。

1979年7月1日复刊的《芜湖报》报名仍用郭沫若体，只是抽去原《芜湖日报》报名中的"日"字而成，自左向右横排于头版左上端，下注拼音字母。

1984年7月1日，由《芜湖报》恢复为《芜湖日报》，其报名仍然沿用郭沫若题写的报名，下注汉语拼音字母，自左向右横排于头版左上端。

郭沫若题写的报名一直沿用至今。

六、曾希圣题写《芜湖报》报名

创刊于1956年4月1日的《芜湖报》，是中共芜湖地委机关报，报名由时任中共安徽省委书记曾希圣书写，自左向右横排于头版左上方，正文用五号楷体字横排。

七、张平题写《芜湖县报》报名

1994年10月1日复刊的《芜湖县报》报名由时任中共芜湖市委书记张平题写。

八、《芜湖晚报》和《大江晚报》报名选择“毛体”

1996年创刊的《芜湖晚报》选择“毛体。”创刊前，首任总编辑顾伟明决定采用毛泽东体，但没有现成的字，他在一本有毛泽东手迹的书里找到“湖”和“报”字，做了记号后交给《芜湖日报·星期刊》美术编辑赵咏梅，让她想办法设计出“芜湖晚报”的报名。赵咏梅以毛体笔画规律设计出“芜”和“晚”，于是有了“芜湖晚报”的“毛体”报名。

1996年4月15日，《芜湖晚报》第一次改版，报头由横排改为竖排，“芜湖晚报”字体虽然仍沿用赵咏梅设计的毛体报名，但对笔画进行加粗处理，使报头更加厚实。

1999年1月1日改名《大江晚报》后，报名仍然采用毛体，但对字体进行了重新选择。负责设计报名的美术编辑吴凌说，“大江晚报”中，“大”“江”“报”都是现成的，只有“晚”字是新找的，美编对“大江晚报”字体进行了加工，将原来的圆形字体改为瘦长字体，并作了加粗处理，使字体更加苍劲。

第四章　安徽报业四张《皖报》

安徽近现代报业史上先后出现过四份《皖报》。第一张《皖报》创刊于芜湖，成为安徽近代报业史上第一份报纸；第二张《皖报》也产生于芜湖；第三张《皖报》创刊于安庆，后迁立煌（金寨县）；第四张《皖报》出版于屯溪。

第一张《皖报》（1898 年，创刊于芜湖）

1898 年（清光绪二十四年）戊戌变法前。芜湖报业史上出现第一张报纸《皖报》。因未能见到报纸原件，只能从《芜湖皖报馆章程》（安庆市图书馆保存有木刻印刷的《芜湖皖报馆章程》）中获得《皖报》有关信息。

第二张《皖报》（1904 年，创刊于芜湖）

据《芜湖通史》记载，在 20 世纪初，许多新式知识分子在芜湖创办了不少近代报刊。如《皖报》，创刊于清光绪三十年（1904 年），宗旨为“主张全省实业，速报世界形势，以冀裨益皖人生计、学术，唤起合群自治之精神，共保权利而措危局”。形式“汇合杂志新闻为一篇”，每月 3 期，每期 30 页以上。内容分 14 门：论说、内政、外交、学术、工业、农务、商计、军备、历史、地舆、文苑、来稿、琐录、编译。（详见《芜湖通史》289 页）

第三张《皖报》（1932 年，出版于安庆、立煌）

1932 年，安徽《民国日报》改为《皖报》，成为安徽报业史第三份《皖报》。

《民国日报》，创刊于 1928 年，最初是国民党安徽省党部机关报。改为《皖报》后，社长先后有张德流和范春阳。

《皖报》对开 4 版，编辑思想更平民化，尤其是文艺副刊，以及“社会周刊”“教育周刊”“农林周刊”等十分活跃，重新唤回不少老读者。

《皖报》创刊于安庆。因安庆沦陷，报纸于 1938 年 10 月迁往立煌县（今金寨县）。刚迁入时因为铅印机还没有运到立煌，每天的新闻都是用油印机印刷，铅印机运到金寨后才改用铅印机印刷。抗战胜利后，范春阳利用《安庆新报》旧有设备在安庆恢复《皖报》，社址安庆龙门口，后迁往安庆庆云街，社长为范春阳，总编辑为杨思震，后为黄定文等。

第四张《皖报》（1940 年，出版于屯溪）

1938 年，国民党省政府各机关迁到立煌时，有一部分人迁到了皖南的屯溪，并设立了国民党安徽省党部皖南办事处和国民党皖南行署，同时在屯溪发行《皖报》，社长先后由卓衡之、卓衡立、程方孚、方念谐和肖继宗，总编辑先后有潘泽筠、汪蔚云。社址在屯溪西镇街，后又迁到屯溪下黎阳，1944 年 6 月 26 日停刊。

《皖报》对开 4 版，日刊。内容侧重于电讯，稿源来自国民党中央通讯社、路透社、哈瓦斯社及海通社（见《黄山市报业志》）。

第五章　芜湖报业史上的独特现象

芜湖报业史上出现过2个版本的《芜湖新报》,分别创刊于1909年、1938年的《芜湖新报》;7个版本的《芜湖日报》,分别创刊于1905年、1926年、1946年、1949年、1957年、1958年和1984年《芜湖日报》;2个版本的《芜湖晚报》,分别为1940年、1996年的《芜湖晚报》。

第一节　芜湖报业两张《芜湖新报》

芜湖近现代报业史上,分别在1904年、1909年、1933年、1938年出现过四张《芜湖新报》,其中1909年和1938年的《芜湖新报》有详细记载。

一、1909年版《芜湖新报》

1909年,谭明卿、齐月溪和沈二和合办《芜湖新报》。民办报纸,张练生先生担任编辑。2010年春,《芜湖新报》停刊。

二、1938年版《芜湖新报》

1938年7月17日,日伪芜湖县衙署为了控制舆论,在原《皖江日报》社址创办《芜湖新报》,该报也是当时芜湖报业市场上唯一的报纸。1945年9月,抗战胜利后,该报被查封,并被皖南青年战地服务队接管。

另外,《新芜湖报》也有两张,分别出版于1929年和1967年。

第二节　芜湖报业七张《芜湖日报》

芜湖报业史上出现过7个版本的《芜湖日报》,分别创刊于1905年、1926年、1946年、1949年、1957年、1958年和1984年。第一、二张《芜湖日报》均为芜湖近现代时期的民办报纸,第三张《芜湖日报》为国民党芜湖县机关报,第四、五、七张《芜湖日报》为中共芜湖市委机关报,第六张《芜湖日报》为中共芜湖地委机关报。

一、1905年版《芜湖日报》

1905—1906年(清光绪三十一、三十二年间),无为人王鹤天、毕仙俦等创办《芜湖日报》。芜湖日报社社址在长街附近的芜湖陡门巷口。

该报租用原《商务日报》印刷机器排印出版,因经费短缺,没办多长时间停刊(详见本书第二编第一章第二节《报纸》)。

二、1926年版《芜湖日报》

1926年(民国十五年)11月24日,旅居芜湖的徽商胡白沙自备印刷设备创办《芜湖日报》。

报纸日出两大张,社址设在芜湖三圣坊,当时能够自行印刷报纸的极为少见。1927年3月,北伐军进驻芜湖,《芜湖日报》随即被当时的国民党芜湖县党部接收而停刊。(详见本书第二编第一章第二节《报纸》)

三、1946年版《芜湖日报》

1946年冬,国民党芜湖县党部创办机关报《芜湖日报》。

报纸为四开4版,编辑部设在当时的火炬日报社内,期发行数约一千份,发行范围为芜湖全县,由各乡镇的国民党区分部负责推销。报纸也由火炬日报社代印,出版期数及终刊日期均失考。该报行政事务及发行等均由县党部人员兼任。(详见本书第二编第一章第二节《报纸》)

四、1949年版《芜湖日报》

1949年7月1日,中共芜湖市委在原《新华电讯》的基础上创办《芜湖日报》,是中共芜湖市委机关报。

1949年9月22日,《芜湖日报》改名为《皖南日报》。(详见本书第二编第二章第二节《报纸》)

五、1957年版《芜湖日报》

1957年元旦,中共芜湖市委将《芜湖大众》改名为《芜湖日报》,社址在新芜路83号(原《芜湖大众》旧址),1958年12月15日终刊,这是芜湖报业史上第五次出现《芜湖日报》。

《芜湖日报》报名由郭沫若先生题写,自左向右横排于头版左上端。版面出现两次变化,1957年元旦至1958年5月,四开4版,周六刊(周一无报);1958年5月至12月四开4版,日报(周一出四开2版)。市内发行,期发行量4000份(详见本书第二编第二章第二节《报纸》)。

六、1958年版《芜湖日报》

1958年元旦,由《芜湖报 芜湖日报联合版》合并组成《芜湖日报》,原为中共芜湖地委和芜湖市委合用的机关报,“两委”分开后,仍为中共芜湖地委机关报,社址仍在新芜路83号。1967年1月10日终刊。

《芜湖日报》沿用郭沫若题写的报名。初期版面为对开4版,1962年2月1日改出四开4版,周六刊(周一无报)。由于芜湖地委管辖范围大,报纸发行22个县,期发行量达到5万份(市内3.8万份),是《芜湖日报》发行量最高时期。(详见本书第二编第二章第二节《报纸》)

七、1984年版《芜湖日报》

1984年7月1日，中共芜湖市委机关报由《芜湖报》改名为《芜湖日报》，此报名一直沿用至今。社址先后在华兴街4—1号、红花山路20号。

《芜湖日报》版面初期为四开版周六刊，后扩展为对开周七版。（详见本书第二编第二章第二节《报纸》）

第三节　芜湖报业三张《芜湖报》

芜湖报业史上出现过三个版本的《芜湖报》，分别创刊于1945年、1956年和1979年，第一张《芜湖报》为国民党芜湖县党部机关报，第二张为中共芜湖地委机关报，第三张为中共芜湖市委机关报。

一、1945年版《芜湖报》

创刊于1945年12月15日的《芜湖报》是国民党芜湖县党部机关报，社址在国民党芜湖县党部内（现柳春园附近）。

《芜湖报》四开4版，日刊。1版刊登中央社电讯稿件，2、3版刊登农村新闻，4版刊登广告、副刊，稿件以白话文为主。（详见本书第二编第一章第二节《报纸》）

二、1956年版《芜湖报》

中共芜湖地委迁到芜湖后，在《徽州报》的基础上，于1956年4月1日创办《芜湖报》，并成为中共芜湖地委机关报，社址在薪市街4号。

《芜湖报》创刊初期为三日刊，1957年元旦改为周三刊（逢星期三、五、日出报），1958年8月1日改为周六刊（周一无报），直到1958年12月16日与《芜湖日报》合并止，共出报418期，由芜湖报印刷厂承印，邮局发行皖南地区，发行量在60000份左右。（详见本书第二编第二章第二节《报纸》）

三、1979年版《芜湖报》

《芜湖报》是在《芜湖简报》基础上恢复出版的中共芜湖市委机关报。1979年7月1日复刊，1984年6月30日停刊，共出766期。芜湖报社原在芜湖市范罗山中共芜湖市委宣传部办公大楼，1983年底迁入华兴街4—1号报社新建五层大楼。

《芜湖报》报名将原郭沫若书题写的《芜湖日报》报名中抽下其中的“日”字而成。共四开4版，1979年7月1日至12月31日为周二刊（每周一、五出报），1980年元旦至1984年6月30日为周三刊。（详见本书第二编第二章第二节《报纸》）

第四节　芜湖报业两张《芜湖晚报》

芜湖报业史上出现过两个版本的《芜湖晚报》，分别创刊于1940年和1996年。第一张《芜湖晚报》为芜湖现代民办报纸，第二张《芜湖晚报》为芜湖当代城市晚报，由芜湖日报社创办。

一、1940年版《芜湖晚报》

1940年9月1日，原《工商日报》编辑张衡山在四川省宜宾市创办《芜湖晚报》，社址在宜宾市交通街33号。该社还在云南昭通成立《芜湖晚报》昭通分社。

芜湖晚报社社长为张衡山，总编辑为关伯庸，经理为徐祥达，主笔为罗懋光。初期版面为四开四版一张，后改为日出八开4版，后又改为三日刊、周刊。该报得到中共宜宾中心县委的暗中支持，一批中共地下党员在报社就职。（详见本书第二编第一章第二节《报纸》）

二、1996年版《芜湖晚报》

1996年1月1日，芜湖日报社创办《芜湖晚报》。1999年1月1日，更名为《大江晚报》。

《芜湖晚报》（包括更名后的《大江晚报》）创刊时四开8版，此后不断扩版，最高为四开128版，并形成杂志化的封面设计，版式由交合式改为模块式，成为安徽沿江城市最有影响力的城市晚报。该报原为下午两点出报，后改为早晨出版。（详见本书第二编第五章《大江晚报》）

第十编　报业人物

芜湖是安徽报业的开拓者和实践者，早期报界人才辈出，知名报人有谭明卿、汪孟邹、陈独秀、郝耕仁、张九皋、高语罕、张恨水、汪熔、张大荒、阿英、柏毓文、张衡山等，他们为芜湖报业留下了不朽的财富。

芜湖当代报业中有一批知名报人离开了我们：有全国知名的杨西光，有曾经担任过报社领导的老报人刘俭、柳三星、何瑞、吴波、赵厚才、黄寿彭和顾伟明等，有在报社行政、经营、采编和印刷岗位上逝世的李成德、李郁夏、丁仁虎和温宗兰等，还有在报业其他岗位上工作过且已去世的同志。他们为芜湖报业的发展作出了贡献，我们永远怀念他们。当然，还有一批健在的老报人，他们为芜湖报业留下了华彩的乐章，我们永远感谢他们。

本编节选 17 名已离世的芜湖老报人作传略，以其出生时间为序，以此表达我们对老报人的敬意，并向所有为芜湖报业作出贡献的芜湖报人致敬！

齐宗濂

齐宗濂（约 1861 年至 1931 年），字月溪，号悦羲，芜湖人。

齐宗濂先后担任《风月谭》主编、合办《芜湖日报》《芜湖新报》，是芜湖早期报界知名人士。

清光绪初年，他考取秀才，宣统二年补为贡生。1905 年（清光绪三十一年），齐宗濂与王活天、毕仙俦等创办《鸠江日报》，并担任主笔。1906 年，齐宗濂与谭明卿、焦二风合办《风月谭》，并担任主编。与谭明卿、沈二和合办《芜湖日报》，参加了民主革命活动。1909 年，齐宗濂与谭明卿、沈二和合办《芜湖新报》。齐宗濂还为《安徽白话报》撰稿。

齐宗濂出身书香门第，除善于诗文书画外还能精音律。他作为发起人之一，还助修过民国八年版《芜湖县志》。齐宗濂先生晚年极不得意，穷途潦倒，享年 70 岁。

谭明卿

谭明卿（1885—1938），安徽太平人。

谭明卿是芜湖报业史上担任社长时间最长的报业前辈，芜湖早期报界知名人士。

辛亥革命前，谭明卿担任上海《申报》驻芜访员。1906 年，谭明卿与焦二风、齐月溪合办《风月谭》。1910 年春，谭明卿与上海《新闻报》《中外日报》驻芜访员张九皋合作筹办

《皖江日报》，谭明卿负责筹集资金，是年，《皖江日报》创刊，谭明卿担任皖江日报社社长达27年。

谭明卿著述很少，善于用人，有组织才能，是芜湖报界有名的事业家。他除经营《皖江日报》外，还兼营商业，在芜湖长街开设玉林堂笔店，并热心慈善事业，在《皖江日报》附设红十字会事务所，人称“谭善人”。

芜湖沦陷前，《皖江日报》停刊，谭明卿流亡到湖南省，1938年病故于沅陵县九矶滩，终年54岁。

郝耕仁

郝耕仁(1885—1939)，笔名大癫，安徽怀宁人。

郝耕仁是清末秀才，也是芜湖早期报界知名人士。

他善诗文，谙书法，思想新颖且勤学不倦，为人狂荡不羁，极爱饮酒赋诗，而且写得一手好魏碑。

郝耕仁像。(张孝祥 提供)

1907年，郝耕仁在上海剪辫，参加东部同盟会，从事民主革命活动。1910年，郝耕仁与当时上海著名“天知派”话剧团任天知等人组织进化剧团，他做副团长，团中多为革命同志。1911年春，郝耕仁随进化剧团到芜湖演出《都督梦》，并通过《皖江日报》进行宣传。

武昌起义后，郝耕仁从上海路经芜湖，于1912年被《皖江日报》聘为报纸主笔。1913年，郝耕仁离开《皖江日报》，赴沪相助韩愎炎组织秘密反袁团体。袁世凯死后，团体解散，郝耕仁便回到皖江日报社工作。1917年，因结识军界挚友而受牵连隐归故里，推荐张恨水到《皖江日报》担任副刊编辑。1918年冬，郝耕仁将《皖江日报》副刊更名为“皖江新潮”，以顺应进步的潮流，常年为副刊撰稿的有高语罕、阿英、蒋光慈、李克农、杨宗郰、刘希平等。这个副刊在芜湖成为民主启蒙的号角。1934年，郝耕仁应友人之邀到甘肃一年有余，采写有关大西北的长篇通讯，分别在《皖江日报》《工商日报》连载。

1939年，郝耕仁病逝于甘肃凉州，终年55岁。

汪孟邹

汪孟邹(1878—1953)，学名炼，行名帮伊，安徽绩溪人。

汪孟邹是芜湖早期报刊和图书出版、销售界知名人士,也是“给文化做了二十年的媒婆”。

他幼年学八股、史地,读新书新报,接触改良思想。20 岁中秀才。23 岁进南京江南陆师学堂。1903 年,在维新思想影响和亲友的帮助下,汪孟邹怀着“匡时济世”的抱负集股 1200 银元来芜湖长街徽州码头开设安徽省第一家书店——芜湖科学图书社。汪孟邹自任经理,经销学校课本和文具以及有关新文化书刊,其中有上海、北京出版的《新青年》《语丝》《黄帝魂》《革命军》《苏报》《复报》等。当时大江南北许多进步知识分子和学生经常去他那儿购买新书报。

芜湖科学图书社还成为芜湖教育界新式人物及其他各方面进步人士交往的重要场所。《安徽俗话报》创刊后,一直由汪孟邹负责转送上海印刷,并负责该报的全国发行。1904 年,陈独秀到芜湖后就住在芜湖科学图书社,不仅继续主办《安徽俗话报》,还开展新文化活动。1913 年,汪孟邹接受陈独秀建议,到上海独资创立亚东图书馆,先后担任经理、董事,十年后设立编辑所。汪孟邹经营的上海亚东图书馆出版杂志 11 种,书籍 240 多部,行销国内 267 个书局(店),并在 21 个省和 9 个国家设立代销处 381 处,上海亚东图书馆后来还成为“五四”时期传播新文化、新思想的阵地。芜湖科学图书社开业 20 年,蔡元培、陈独秀、章士钊、胡适、陶行知等题词祝贺。胡适的题词是:“给文化做了二十年的媒婆”。陶行知的题词是:“赈济 20 年学术的饥荒”。在芜湖省立五中读书的蒋光慈曾对同学们说:科学图书社“是革命文化的粮行”。

1938 年,由于芜湖沦陷,芜湖科学图书社停业。1952 年,上海亚东图书馆停业。

陈独秀

陈独秀(1879—1942),名乾生,字仲甫,安徽怀宁人。

陈独秀是中国共产党创始人之一,芜湖早期报界知名人士。

1904 年 2 月 15 日,陈独秀与房秩五、吴守一创办《安徽俗话报》。同年 7 月,陈独秀来到芜湖,住进芜湖长街科学图书社,白天在皖江中学、安徽公学执教,晚上撰写文章,编辑版面,并对《安徽俗话报》亲自分发、卷封、付邮。他以“三爱”笔名在《安徽俗话报》上发表鼓动性文章。在出版 23 期后,《安徽俗话报》于 1905 年停刊。

新文化运动中,陈独秀于 1915 年 9 月 5 日在上海创办《青年杂志》,并担任主编。该杂志后改为《新青年》,仍通过芜湖科学图书社在安徽传播。

张九皋

张九皋(1887 年 1 月 19 日至 1963 年 6 月 9 日),谱名张可铣,号鹤皋,又鹤影,江苏江宁人。

张九皋照片。（张孝祥 提供）

张九皋是芜湖报业史上担任总编辑时间最长的报业前辈，是芜湖早期报界知名人士。

张九皋幼年丧父，15岁在芜湖恒益参号当学徒，常为店主读报而对报业产生兴趣。19岁时，上海《南方日报》聘其为驻芜访员，月薪6元，后辞店，专门从事访员工作；不久又被上海《新闻报》聘为访员，兼分销报纸；继而又被上海《中外日报》聘为访员，月薪12元，化名张九皋，在此期间结识上海《申报》驻芜访员谭明卿。

1910年（清宣统二年）11月20日，张九皋与谭明卿筹建出版《皖江日报》，并担任总编辑。1911年10月11日，张九皋得知武昌起义的消息，还得到一张革命党人在武昌出版的《大汉报》，并在12日的《皖江日报》号外发表，传播起义成功的消息。1912年，聘请安庆怀宁人郝耕仁为《皖江日报》主笔，张九皋因与谭明卿为一稿内容删改发生争议，张九皋愤然辞职，后经同仁疏通，次年返回《皖江日报》。

这是张九皋先生与李克农先生往来的信封。（张孝祥 提供）

1915年，张九皋筹建《工商日报》，并受命组建芜湖商团。10月20日，《工商日报》出版，工作人员共5人，除雇工排印外，张九皋自任采、编、校等，妻任炊事、庶务。随着发行量扩大，收入亦随之增加，后自任社长，女婿柏毓文为副社长，张大荒任总编辑，其子张衡武（步青）任经理，女儿、外甥都在报社任职，此时张九皋仍任《皖江日报》总编辑至1937年底芜湖沦陷停刊。

五四时期，张九皋结识常给报纸撰稿的高语罕、阿英、蒋光慈、李克农等，常将报社借给学联开会，并暗中保护他们。帮助李克农创办民生中学，担任学校董事会董事长。抗战初期，暂居三河，出版《工商日报（三河版）》约三个月。

1945年抗日战争结束后，谭明卿病故，《皖江日报》停刊，张九皋出于旧情，联合谭明卿之子谭邦杰于1946年2月9日合办《皖江 工商报联合版》。次年《皖江 工商报联合版》停刊，《工商报》独立发行。

1949年5月28日，张九皋将《工商报》的产权移交给中国人民解放军芜湖市军事管制委员会，后被聘为安徽省文史馆馆员，从事地方史志的研究，并撰写《中国古代宇宙思想史》一书。

1963年6月9日，张九皋病逝于芜湖上二街寓所，享年76岁。

高语罕

高语罕(1888—1948),安徽寿县正阳关人。

高语罕创办《芜湖学生会旬刊》,参与创办《芜湖》《苍茫》,是芜湖早期报业知名人士。

他早年就读于日本早稻田大学。1915 年秋,高语罕在《新青年》上发表一系列文章。1916 年,经刘希平推荐和安徽省立五中校长潘光祖的聘请,高语罕到安徽省立五中任学监兼英文教员,协助刘希平先生主持全校教务,倡导民主,宣传进步思想。

1919 年初,高语罕经与芜湖《皖江日报》社长谭明卿及副刊编辑郝耕仁商议,在该报副刊辟设“皖江新潮”专栏。《皖江新潮》响应陈独秀等人发起的新文化运动之号召,以反对旧道德、文言文,提倡新道德、白话文为宗旨,对五四时期芜湖学生爱国运动起了先导作用。1920 年,高语罕由李大钊介绍加入中国共产党。

1921 年高语罕在芜湖组织了革命团体“芜湖学社”,并于 4 月 30 日创办《芜湖学生会旬刊》,它是芜湖早期学生运动中出现的一种宣传新思想、提倡独立思考的刊物。同年 5 月 15 日,高语罕与一些进步的中学教员和学生组织芜湖学社并创办《芜湖》杂志。上海“五卅惨案”后,芜湖各界迅速成立芜湖外交后援会,作为该组织成员的高语罕与钱杏邨(阿英)、张慕陶、李立聪等主办《苍茫》杂志。

1948 年,高语罕病故于南京,享年 60 岁。

张恨水

张恨水(1895—1967),原名心远,安徽潜山人。

张恨水从事新闻工作 40 年,是芜湖早期报界知名人士。

他早年与郝耕仁游学上海,后回到潜山。郝耕仁在离任《皖江日报》主笔前,曾向张九皋推荐张恨水继任。1918 年初,24 岁的张恨水来到芜湖,并担任《皖江日报》副刊编辑。他认为,“办报靠拾人牙慧是最没出息的”,他决心改革版面,把《皖江日报》办成广大读者喜爱的“教科书”。他坚持自己动手写稿,每天写两个短评,创作多部小说。他创作的第一部长篇言情小说《紫玉成烟》在《皖江日报》副刊上连载,开创了芜湖报业小说连载先河。

张恨水像。

1919 年秋,张恨水经《皖江日报》《工商日报》驻北京特派员王尊介绍,到上海《申报》驻京办事处从事长篇通讯编写工作。1920 年,他以当时安徽自治运动为背景,创作了长篇小说《皖江潮》，在《皖江日报》上连载，这部小说后来被芜湖学生改编为剧本搬上舞台。1921 年，张恨水应聘担任《工商日报》驻京特派员，除发送电讯外，还为副刊撰写小说。1933 年，他和郝耕仁合著的长篇小说《马锅》在《皖江日报》上连载。1937 年，张恨水曾在芜湖弋矶山医院治病，后去了重庆。

1967 年，张恨水在北京逝世，享年 72 岁。

汪熔

汪熔（1899 年—不详），安徽桐城人。

汪熔在芜湖创办《白话报》，该报是我国早期的白话文报刊之一，因《皖报》无样报实物，汪熔也就成为安徽创办报刊第一人，是芜湖早期报界知名人士。

汪熔侨居湖南长沙，曾任清廷浙江试用巡检。戊戌变法前，他痛感清廷时政腐败，萌发革命思想，东渡扶桑，认识孙中山等人，共同探讨中国未来。中日甲午战争之后，德国又与北京签订不平等的《胶澳租界条约》，回到国内的汪熔决心利用报纸引导舆论，为反侵略造声势，便在芜湖创办《白话报》。

面对清朝六君子事件，汪熔在《白话报》上奋力疾呼："康某（康有为——编者注）日言变法，为清廷效忠，尚不见容于满人，横遭诛窜，天下事尚可为乎？"汪熔因去湖南而停刊《白话报》。

汪熔在湖南从事革命工作时，被湖南巡抚俞廉三逮捕下狱，死在狱中。[1] 詹益明的《汪熔与芜湖〈白话报〉》则认为，汪熔在湘府追捕之中，愤恨之下，仰药而终，终年大约 30 岁。[2] 据说，张之洞和俞廉三以"湘省闻拿自尽之汪熔"奏报朝廷。

张大荒

张大荒（1899—1969），原名张卓哉，江苏丹徒人。

张大荒像。（集团图片资料）

张大荒曾担任《星报》主编、《工商日报》《安徽民报》总编辑、《行报》《星报》主编，是芜湖现代报业知名人士。

他少年读私塾，青年学中医，曾在镇江、上海和芜湖等地行医。1926 年，27 岁的张大荒弃医从文进入新闻界，在伍馨创办的《星报》担任主编。经常撰写针砭时弊的杂文。次年，张大荒以煤油业店员身份加入张九皋创办的《工商日报》，并担任编辑。抗日战争后，张大荒担任复刊后的《工商日报》总编辑、主笔。1945 年，受聘担任《安徽民报》总编辑。并先后担任《行报》《星报》主编。

张大荒精通报纸的采编，擅长言论。在担任《工商报》主编期间，他一人统编三个版面，其主编的“长街”“街谈巷语”等副刊栏目，形式多样，颇受读者欢迎。

1969 年 5 月 1 日，张大荒在芜湖逝世，享年 71 岁。

阿英

阿英（1900—1977），原名钱杏邨，曾用名谦吾，安徽芜湖人。

阿英是中共党员、作家、报刊活动家、著名的报纸副刊和文艺期刊的编辑撰稿人。五四运动起，他从事社会活动。

阿英幼入私塾，继入安徽公学附小，后到省立商业学校就读，该校停办后改入芜湖圣雅各中学，后转入安徽公学萃文中学。1918 年，他考取芜湖邮政局邮务生。1920 年初，他到上海考入中华工业专门学校，并开始在《解放画报》等刊物上发表诗文，同时参加上海学生联合会工作，担任“日刊”编辑，期间结识邹恩润（韬奋）、周剑云等，暑期回乡结识刘希平、高语罕。1925 年，五卅惨案后，在芜湖与高语罕等人编辑出版《苍茫》，与李克农、宫乔岩创办民生中学。1928 年，在上海与蒋光慈、孟超等人发起组织革命文学团体“太阳社”，后任中国左翼作家联盟常委，担任《太阳月刊》《时代文艺》《白华》等杂志编辑，《救亡日报》《文献》杂志主编。1941 年至 1944 年，他先后在新四军军部、一师、三师工作，主编《新知识》《江淮文艺》杂志和《盐阜日报》副刊。

阿英不仅是《苍茫》的主办人之一和主要撰稿人，《苍茫》刊名也是由阿英所起，“取其无涯的含义，来表示五卅运动浪潮汹涌澎湃。同时，它也有旷远的意思，以表示反帝斗争任重道远，需要做持久的努力”。该杂志第四期刊登阿英所写的《到民间去》读书日记，是一篇富有哲理的优美散文。阿英还与李克农、蒋光慈、高语罕、刘希平等人在《皖江日报》副刊上发表过文章。

柏毓文

柏毓文（1901—1973 年），安徽巢县人。

柏毓文先后担任《申报》驻芜特约访员、《中江报》主编兼经理、《辰报》总编辑、《皖江工商报联合版》副社长和《新工商报》经理，是芜湖报界知名人士。

他 11 岁时进入芜湖商会乙种商业小学读书，毕业后在宣城北门王姓杂货店学徒。1921 年，郝耕仁安排他在《皖江日报》编辑部当练习生。后转为校对、记者和编辑。1925 年，柏毓文应聘到上海《申报》驻芜特约访员。同年 8 月 4 日，他与《工商日报》创办人张九

柏毓文像。(集团图片资料)

皋的长女张衡钧结为夫妻。1927 年 3 月,北伐军进入芜湖,柏毓文受国民党芜湖市党部特派,将胡白沙所办的《芜湖日报》筹改为《民国日报》。期间,蒋介石突然发动军事政变,捕杀共产党人和进步人士。柏毓文立即将情况告诉李克农,并与其一道潜赴上海。数月后取得北伐军第七军政治部随军记者名义返回芜湖,继续在《皖江日报》工作。

1930 年冬天,因"标语事件",《皖江日报》被查封,报社进行内部清洗,柏毓文与李宏勋等人离开报馆。之后,他们自行筹办《中江报》,柏毓文担任主编兼经理,但因经费不足,报纸于 1932 年停刊,他便协助岳父张九皋编辑《工商日报》副刊。1937 年《工商日报》停刊后,他与上海《申报》《新闻报》和《工商日报》部分同仁组成记者流亡团,到含山县运漕、巢县三河,秘密编印十六开的《工商日报(三河版)》。后又与人合办《辰报》,自任总编辑。

1945 年 9 月,柏毓文受岳父张九皋召唤返回芜湖,与张九皋和谭明卿的儿子谭邦杰合办《皖江 工商报联合版》并担任副社长。后因《皖江 工商报联合版》停刊,协助岳父创办《工商报》。1949 年 4 月 23 日,《工商报》因芜湖解放而停刊,其器材由芜湖军管会接管。1950 年 4 月,芜湖军管会发还该报器材,柏毓文代表张九皋折价入股《新工商报》,并担任经理部经理。1952 年 6 月,《新工商报》停刊后,柏毓文携家迁居合肥,在工商联、文史馆任职。

1973 年 11 月 10 日柏毓文在歙县女儿柏龙珍家病逝,享年 73 岁。

张衡山

张衡山(1912.9.16—1989.1.26),江苏江宁人。

张衡山先后担任《工商日报》编辑、采访和校对,创办《芜湖晚报》并担任芜湖晚报社社长,是芜湖报业史上唯一在异地办报建分社的知名人士。

张衡山是张九皋的侄子,是叔父张九皋把他领上报业道路。在《工商日报》当编辑期间,他熟悉了办报流程和各行业的基本要领。1937 年 8 月 13 日,上海军民掀起抗战烽火,芜湖人非常关注战局,而芜湖报业市场只有《工商日报》《皖江日报》《大江日报》几家报纸报道战争消息,为了让芜湖人民及时了解抗日战争战况,张衡山决定筹办《芜湖晚报》,并得到叔父张九皋的支持。他填具了出版《芜湖晚报》的申请登记表,并向民国芜湖县政府提出申请报告,领取到国民党中央宣传部的出版登记证。由于日军登陆上海后直趋芜湖,张衡山在芜湖创办《芜湖晚报》的计划搁浅。张衡山携全家到重庆逃难,经张恨水介绍在

张衡山像。(张孝祥 提供)

重庆《新民报》担任校对、编辑工作。因生活困难,半年后,还是张恨水介绍到难民运送安置总站江津分站工作,半年后又调入宜宾分站当干事,后又在宜宾的农丰局工作。此时与曾经相识的中共地下党徐祥达重逢,张衡山办报的想法得到中共宜宾中心县委的支持,因有芜湖的办报手续,便在宜宾填写了几份表格后于1940年8月13日在宜宾以"复刊"的形式,创办《芜湖晚报》,后又在云南成立昭通分社,张衡山担任芜湖晚报社社长,同时兼任本埠新闻和副刊编辑,报社也成为中共地下党组织的联络点和宣传平台。"皖南事变"后,因经济和政治原因,《芜湖晚报》被迫停刊。

1944年,张衡山在重庆接张九皋来信,代表《工商日报》和《芜湖晚报》参加在重庆召开的全国性报业协会成立大会,并被选为监事,当时的中央社播发了会议消息和名单,影响不小。张衡山后到上海大业贸易公司工作。1946年,张衡山回到芜湖。1947年8日至10月间,在叔父张九皋的帮助下,他以大业贸易公司给的离职金在芜湖再次出版《芜湖晚报》,社址设在工商报社内,印刷由工商报社负责。两个月后,经堂姐夫柏毓文介绍与当时在芜湖出版《中央日报(安徽增刊)》负责人胡定安商定推出联合版。三天后,张衡山决定退出《中央日报(安徽增刊)》,《芜湖晚报》终刊。之后,张衡山在芜湖摆过烟摊、做过小百货、手工卷烟等。1952年,张衡山经人介绍在芜湖市第五中学总务处工作。1982年退休。

1989年,张衡山在他的《忆芜晚》文章中曾建议芜湖能办一张生动活泼富有地方特色的晚报,这个建议于1996年1月1日随着《芜湖晚报》创刊而实现了。

1989年1月26日,张衡山逝世,享年77岁。

杨西光

杨西光(1915—1989),安徽芜湖人。

杨西光是宣传文教战线上的优秀领导者,也是从芜湖走出去的中国报界知名人士。

杨西光少时曾就读于芜湖中学、南京成美中学。青年时代就投身中国共产党领导的革命活动。1933年秋,杨西光加入中国共产主义青年团。1934年春,因参加进步学生运动被学校开除,后到南京、芜湖等地继续从事抗日救亡的进步文化活动。1936年8月,加入中国共产党。

1936年9月至1939年夏,杨西光到张学良率领的东北军中工作。曾任东北军第四十九军一〇五师中共地下党特别支部书记、四十九军临时工作委员会负责人,并以东北军一〇五师师部秘书的公开身份为掩护,开展上层统战工作,先后参加了西安事变、淞沪抗战和江西战役。1940 年,他进入延安学习和工作。

新中国成立后,杨西光历任《福建日报》总编辑、《解放日报》总编辑等职。1978 年调任《光明日报》总编辑。同年 5 月,他主持修改并果敢地决定发表光明日报特约评论员文章《实践是检验真理的唯一标准》,引发全国范围内开展的关于真理标准问题的大讨论。

在办报上,杨西光提倡解放思想、实事求是,办出自己的特色,并且身体力行,努力纠正报纸中的左的僵化倾向,深入实际,调查研究,广泛联系知识界、学术界、文化界人士,倾听读者呼声,努力改变报纸面貌,使《光明日报》真正成为一张知识分子的报纸,受到知识界的欢迎。1982 年改任《光明日报》顾问。

1989 年 5 月 14 日,杨西光在北京逝世,享年 74 岁。

吴波

吴波(1927—1978),笔名吴琦、豆村、向阳和肖龙等,安徽歙县人。

吴波像。(集团图片资料)

吴波先后担任《皖南日报》记者、新华社随军记者、新华社芜湖分社记者、《芜湖大众》副总编辑,是芜湖知名报人。

吴波自幼聪慧好学。1948 年 9 月,考入南京私立金陵大学,因无力支付学费,便进入设在芜湖的安徽学院,攻读土木工程专业,后改为经济专业。

大学期间,他受中共地下党员同学的影响,于 1948 年加入新民主主义学会,学习马列主义理论和进步书刊,参加护校斗争,并于 1949 年秘密参加新民主主义青年团。

1949 年 6 月,吴波从学校调入新民主主义青年团芜湖市委工作,后担任新华社随军记者、新华社芜湖分社记者。同年 7 月 1 日,调入芜湖日报社兼任记者。1950 年,调任中共芜湖市委宣传部担任通讯、宣传干事,兼《皖南日报》记者,参与编撰《皖南沿江革命斗争史》。1953 年至 1956 年,吴波在《芜湖大众》历任组长、编辑部副主任、副总编辑等职,1953 年 2 月,吴波加入中国共产党。

吴波热爱新闻事业,业务能力强,没有领导架子,与记者编辑打成一片,谈思想、谈学习、谈工作,广泛听取群众意见,大家也乐意把采访的所见所闻向他倾诉,他总是及时为大家出主意,记者在他的帮助下写出较有分量的稿件。他还亲自培养摄影记者,安排摄影暗房,解决摄影器材,结束了报社长期依赖照相馆提供新闻摄影作品的历史。他经常亲自执笔撰写社论,并以吴琦、豆村、向阳、肖龙等笔名在《芜湖大众》发表诗歌,在《芜湖日报》副刊发表诗歌、杂文等,还向《安徽日报》投稿。

1957年年底，吴波在《芜湖日报》任副总编辑期间，被错划成“右派”，并于1958年5月开除党籍，撤销一切职务，送工厂劳动，从此脱离新闻岗位。1962年3月，吴波被摘掉“右派”的帽子，调到芜湖市文化局剧目研究室工作。1969年5月，吴波全家下放到广德杨滩公社劳动。1978年2月2日，病逝于芜湖，终年51岁。

1979年1月18日，中共芜湖地委对吴波生前被错划右派遗案彻底改正，恢复党籍，平反昭雪。

赵厚才

赵厚才像。（赵强 提供）

赵厚才（1936—1990），安徽省芜湖市人。

赵厚才于1956年4月加入中国共产党，同年参加革命工作。历任芜湖师范学校团干、芜湖市第三中学团委书记、芜湖市教育局干事、中共芜湖市委宣传部宣传文化科副科长、《简报》《芜湖简报》主编，芜湖报社、芜湖日报社副总编辑，安徽省新闻学会理事，主任编辑，是芜湖知名报人。

赵厚才参加革命工作三十多年，热爱新闻事业，积极拥护、认真贯彻执行党的路线、方针、政策并在政治上、思想上与党中央保持一致。

赵厚才对工作认真负责、踏踏实实、埋头苦干、带病坚持工作，有强烈的革命事业心和责任感。他看稿子可谓聚精会神，常用那支顶端上插有大头针的毛笔，总喜欢轻轻地念出声来，常常把采编人员的稿件改得像大花脸。

赵厚才作风正派、生活朴素、克勤克俭、廉洁奉公。他总是穿着蓝色被洗得发白的卡其布上衣，单位虽然配有公用自行车，但他出门办事总喜欢甩腿走路，从不轻易动用那辆自行车。

1990年3月22日，赵厚才因病逝于芜湖，终年54岁。

顾伟明

顾伟明（1949.9.26—2019.5.13），笔名：韦月，浙江湖州人。

顾伟明于1968年12月参加工作。1976年6月加入中国共产党，大学学历。他曾在广德县东亭公社下放当知青，后调到芜湖市联盟化肥厂历任工人、文书、厂团委副书记、厂宣传干事。调入芜湖日报社后，先后担任编辑、记者和《芜湖日报·星期刊》副主任、主任等职。1994年3月起，先后担任芜湖日报社党组成员、副总编辑，并兼任《大江晚报》总编辑;2006年6月起,先后担任芜湖日报报业集团(芜湖日报社)党委委员、副社长、副总编辑、调研员等职,兼任《大江晚报》总编辑,分管《金周刊·芜湖广播电视》,是芜湖知名报人。

顾伟明像。

顾伟明多年从事党的新闻宣传工作,坚持正确的政治方向和亲民的办报理念,他参与创办《芜湖日报·星期刊》,主持创办《大江晚报》《金周刊·芜湖广播电视》,带领采编团队,坚持宣传政策、激浊扬清、服务群众的办报宗旨,版面特色鲜明,内容鲜活,深受广大读者喜爱。《芜湖日报·星期刊》堪称芜湖的《南方周末》,15万份的最高发行量至今没有被打破;创造了《大江晚报》的黄金时代,使之成为皖江和皖南地区日发行量最大的报纸,曾是安徽发行量、广告量、社会影响力最大的都市类报纸之一。

顾伟明办报没有官架子,设身处地解决采编人员的工作和生活困难。他的总编评报精辟到位,采编心服口服。对于采编文章出现问题,不是责怪,而是分析原因,主动帮助采编承担责任,让采编坚定"铁肩担道义"的信念。

顾伟明在报社工作期间,写有大量的新闻作品,曾多次获得各类新闻奖项。担任芜湖日报社党委委员、副总编辑兼任《大江晚报》总编辑以后,他依然兢兢业业,笔耕不辍,写了很多有深度的随笔和杂文。尤其是在《大江晚报》推出专栏"韦月闲话"后,针对社会问题大胆发声,其中"芜湖人"系列如同水面丢了一颗石子,让芜湖人读后心里都荡起阵阵涟漪。冯英子称他的作品有呼吁听真话的激情和联系实际的激情。他著作和主编的专业书籍有《韦月闲话》《情系父老乡亲》《镜湖星月》等,在芜湖乃至安徽报业史上留下令人瞩目的一笔。

顾伟明长期担任芜湖日报社、芜湖日报报业集团领导职务,业务精湛、爱憎分明、为人谦和、团结同志、敢于担当,为芜湖报业事业发展做出了杰出的贡献。

顾伟明于2009年11月退休,2019年5月13日病逝,享年70岁。

注释:

[1]详见冯自由著《革命逸史》

附录

一、芜湖报业大事记（1898—2019）

1898 年（清光绪二十四年）

3 月,《皖报》在芜湖创刊。报纸采用活字印刷,文言文,是清末芜湖知名报纸之一,也是安徽省第一张报纸。9 月 21 日,因戊戌变失败,全国查禁报馆,《皖报》停刊。

1899 年（清光绪二十五年）

安徽桐城人汪熔在芜湖创办《白话报》,该报是我国早期的白话文报刊之一。

1903 年（清光绪二十九年）

春,安徽绩溪人汪孟邹在芜湖长街的徽州码头创办芜湖科学图书社,出售上海出版的《黄帝魂》《革命军》《苏报》《复报》等新书报。

1904 年（清光绪三十年）

3 月 31 日,《安徽俗话报》创刊。该报原在安庆组稿,在芜湖出版发行,不久搬到芜湖科学图书社采编和经营,是现存芜湖最早的报纸之一,也是销路最广的报纸,开创芜湖报纸“走出去”先河。

7 月,芜湖出现免费对公众开放的“阅报处”,喜欢读报的人可以从上午 10 点到下午 5 点免费阅读。

1904 年,芜湖第二份《皖报》创刊。每月 3 期,每期 30 页以上。内容有 14 类,分别为论说、内政、外交、学术、工业、农务、商计、军备、历史、地舆、文苑、来稿、琐录、编译等。

1905 年（清光绪三十一年）

1905 年,《鸠江日报》创刊。创办人为无为县的王鹤天（字活天）,主持笔政者为芜湖人齐月溪、毕仙俦等。报纸在短暂采用活字印刷后,首次采用铅字印刷。

1905 年,浙江人吴少斋在《鸠江日报》停刊后,自行创办《商务日报》,不到一年便停刊。

1905—1906 年间,王鹤天和毕仙俦等在陡门巷创办《芜湖日报》。

1906年(清光绪三十二年)

1906年,合肥人焦二风、芜湖贡生齐月溪和太平人谭明卿集资合办《风月谭》,齐月溪任主编,报名系于三人姓名中各取一字组成。

1909年(清宣统元年)

11月28日,《中江日报》创刊,约一年后停刊。

1909年,谭明卿、齐月溪和沈二和合办《芜湖新报》。2010年春,《芜湖新报》停刊。

1910年(清宣统二年)

12月21日,《皖江日报》创刊,谭明卿任社长,聘请桐城人潘怒庵任主笔,张九皋任总编辑,1937年12月5日停刊,前后出版27年,是芜湖近现代报业史上办报时间最长、影响力最大的报纸。

1912年(民国元年)

共和党芜湖支部负责人黄卓如和于逊成在中山路创办《共和日报》。

社会党领袖旌德人江亢虎,偕同上海报纸副刊作家冯叔鸾在芜湖创办社会党芜湖支部机关报《讽报》。

太平人王艺轩在芜湖组建农业促进会并创办《农民日报》,发行约有5个月左右,因经济无法支持而停刊。

1913年(民国二年)

1月8日,《皖江日报》因转载江苏公报上的《忠告社会党》而被芜湖社会党率人打着党旗,手持挽钩,将该报馆馆牌劈下,捣毁排字房,各界哗然。

下半年,因芜湖政局混乱,尤其是袁世凯颁布"报纸条例"和"出版法",钳制言论,芜湖报纸纷纷停刊,仅存《皖江日报》《直言报》《闲谭》,芜湖报业出现第一个低谷。

汪孟邹在上海投资创办上海亚东图书馆,十年后设主编辑所。

《灿花日报》创刊。

1915年(民国四年)

10月20日,《工商日报》创刊。1937年12月7日,芜湖被日寇攻陷,《工商日报》停刊。该报发行长达22年,是芜湖创办较早、发行时间仅次于《皖江日报》的报纸。

1918 年（民国七年）

春，张恨水担任《皖江日报》文艺副刊编辑。并连载《紫玉成烟》。

1919 年（民国八年）

谭明卿、张九皋代表芜湖报界赴上海、北京参加全国报界第一届联合会。

《皖江日报》主笔郝耕仁将副刊改辟为“皖江新潮”，公开声明不登旧体诗、旧体文，专登新诗、新文章，批判旧 礼教，主张婚姻自由。

1920 年（民国九年）

谭明卿、张九皋代表芜湖报界赴北京参加全国报界第二届联合会。

1921 年（民国十年）

4 月 30 日，高语罕创办《芜湖学生会旬刊》。它是芜湖早期学生运动中出现的一种宣传新思想、提倡独立思考的进步刊物。

5 月 15 日，《芜湖》创刊。该杂志是芜湖一些进步中学教员和学生组织的“芜湖学社”出版的刊物。

1921 年，沈民泽、高语罕创办《芜湖半月报》。

1926 年（民国十五年）

2 月 13 日，《赭山》半月刊创刊，由芜湖省立第五中学学生联合会创办。

4 月 27 日，《星报》创刊，由芜湖人伍馨独资创办，张大荒先生任主编。

5 月 1 日，《苍茫》杂志在芜湖创办，主办人为钱杏邨（阿英）、张慕陶、李立聪、高语罕等，钱杏邨还是《苍茫》的主要撰稿人。

11 月 24 日，《芜湖日报》创刊，由胡白沙创办。

1927 年（民国十六年）

3 月，北伐军到芜湖，国民党芜湖县党部接管《芜湖日报》。

8 月，中共安徽省临委由武汉迁到芜湖后，为宣传党的政策，指导党的工作，创办党刊《每周通讯》。

10 月 10 日，《皖江民报》创刊。

《六点钟皖报》《商协周刊》创刊。

1928年（民国十七年）

2月1日，《芜湖学生》创刊，由芜湖学生联合会主办。

《民国日报》创刊，由国民党芜湖县党部主办。此外《精报》《国货周刊》《三民导报》和《昃日》半月刊创刊。

1929年（民国十八年）

2月，中共安徽临时委员会在芜湖秘密出版《红旗三日刊》《工人生活》。

3月，《新芜湖报》创刊，中共党员汪一涛负责报馆具体事务，鲍仓参与报馆管理，固定读者有二三千人。

5月28日，《新芜湖报》因宣传马克思，揭露社会的黑暗和反动派的罪恶，遭政府查封。警方逮捕鲍仓、汪一涛等12人，并欲置他们于死地。后迫于社会舆论压力，一律予以保释，但《新芜湖报》就此被迫停刊。

《导报》创刊。

1930年（民国十九年）

10月，中共芜湖特委出版《皖南红旗》《芜湖工人》。

《大江报》创刊。1935年2月，改名为《大江日报》，是当时芜湖地区一份影响较大的报纸。1949年4月28日，《大江日报》被新华社芜湖支社接管，遂停刊。

《皖江日报》因在报上刊出“共产党万岁”的标语，被国民党政府封禁。1932年，解禁继续出版发行。

1931年（民国二十年）

4月，《芜湖艺报》三日刊创刊。

柏毓文和李劳三合资创办《中江报》，柏毓文任主编，仅出一年停刊。

《正言报》创刊。

1933年（民国二十三年）

5月，张志民、张学千等创办《繁昌日报》。

1934年（民国二十三年）

5月，《芜湖大风周刊》创刊。

1935 年(民国二十四年)

5 月 1 日,《邮话月刊》创刊,由芜湖大同邮票会主办,主编为谢慎修。

1938 年(民国二十七年)

1 月,工商日报社将职工转移到江北的三河镇,借用三河镇的印刷机器出版《工商日报》三河版。

7 月 17 日,日伪芜湖县衙署为了控制舆论,在原《皖江日报》社址创办《芜湖新报》,该报也是当时芜湖报业市场上唯一的报纸。1945 年 9 月,抗战胜利后,该报被查封,并被皖南青年战地服务队接管。

1940 年(民国二十九年)

9 月 1 日,《芜湖晚报》在四川宜宾以复刊的形式创刊,由原《工商日报》编辑张衡山创办。出版不久即在云南昭通成立昭通分社。一年后在宜宾停刊。1947 年 8 月至 10 月间,在叔父张九皋的帮助下,在芜湖再次出版《芜湖晚报》,两个月后,欲与《中央日报(安徽增刊)》推出联合版。三天后,张衡山先生决定退出《中央日报(安徽增刊)》,《芜湖晚报》终刊。

1942 年(民国三十一年)

3 月 26 日,《大江报》创刊,由陈毅起名并题写报名,是中共皖南区党委机关报。日本投降后,新四军七师北撤离开无为,《大江报》停办。

1944 年(民国三十三年)

芜湖晚报社社长张衡山代表《工商日报》《芜湖晚报》参加在重庆召开的全国性报业协会成立大会,并被选为监事。

1945 年(民国三十四年)

11 月 1 日,芜湖民众教育馆创办《安徽民报》,1947 年 6 月停办。

12 月 1 日,原六区专员公署的《宣报》随公署迁入芜湖,并将小报改大报,更名为《民声日报》。

12 月 15 日,国民党芜湖县党部书记长彭一韶发起,秘书马文师和新闻界人士欧阳奚之筹办《芜湖报》,是国民党芜湖县党部机关报,也是芜湖报业史上第一次出现《芜湖报》。1946 年 1 月 20 日,《芜湖报》停刊。

12 月 25 日,《青年快报》创刊,主办人俞鲲。

1946 年(民国三十五年)

1 月 8 日,《中江晚报》创刊,社长兼发行人为笪秉衡。

2 月 6 日,因《皖江日报》停刊,张九皋与原皖江日报社长之子谭邦杰合办《皖江 工商报联合版》并任社长,柏毓文、谭邦杰任副社长,年底因故停刊。

3 月 1 日,原在安徽屯溪创办的《火炬周刊》在芜湖正式复刊,改名为《火炬日报》,1948 年 12 月停刊。

4 月 7 日,《大江日报》发行人方宏孝因嫉恨《皖江 工商报联合版》出版,派人突然袭击该报社,致报社 4 名职工受重伤,造成芜湖报界有名的"六・七"事件。

4 月中旬,为要求增加工资,《工商日报》印刷工人率先举行罢工。接着,《大江日报》《复兴日报》《火炬日报》《皖江日报》等芜湖九家报馆的印刷工人纷纷停工,参加罢工的共有 300 余人。

7 月 20 日,《革新周报》创刊,发行人为彭一韶。

7 月 29 日,《京芜周报》创刊,张威遐担任董事长,欧阳奚之担任社长,陈悛恂担任总编辑。该报在南京申请登记,在芜湖设办事处,在南京、芜湖和合肥发行,以南京和芜湖为主。

8 月 1 日,《复兴日报》由屯溪迁至芜湖复刊。1948 年底,《复兴日报》改出《复兴日报(晚刊)》。1949 年 4 月停刊。

8 月 13 日,原在安庆创刊的《国事快闻》在芜湖复刊,1947 年夏,《国事快闻》因销路不畅而停刊。

9 月 27 日,上海《中央日报》在芜湖出版《中央日报(安徽增刊)》,1949 年 4 月 20 日停刊。

9 月,《边疆周报》创刊,社长为刘权,总编辑为鲁夫,经理为梁芳墨,是芜湖地区新中国成立前出版的唯一一份地理类学术报纸。

10 月,《皖民日报》创刊,发行人为刘春雷,陈瑞河为董事长,阚位三为社长,因经费不足,仅出版数期即告停刊。次日,《皖声周刊》创刊。

1946 年冬,《芜湖日报》创刊。这是在《芜湖报》停刊之后,由国民党芜湖县党部出版的报纸。

1947 年(民国三十六年)

1 月 1 日,《幸福报(晚刊)》创刊,1949 年 4 月 24 日停刊。

4 月 10 日,《行报》创刊,由芜湖力行董事会编印。

6月1日，《长江日报》创刊，由芜湖县商会主办。

6月1日，大同邮票社创办《大同邮话》，发行人为陈文懿。

7月，《安徽人》创刊，是原《安徽民报》副社长兼经理郭健行在《安徽民报》停刊后自筹资金创办的一份杂志。

9月9日，《荡寇报》创刊。1948年5月20日，《荡寇报》改出《荡寇报(晚刊)》。同年9月12日，《荡寇报》又与《经济报》联合出版晚刊《经济荡寇报联合版》。1949年4月24日，报纸停刊。

10月，上海《粮食日报》在芜湖创办《粮食日报》(芜湖版)。1948年4月停刊。

《工商报》单独发行，张九皋任社长，柏毓文任副社长，张大荒先总编辑。1949年4月28日停刊。

1948年(民国三十七年)

2月，《后浪报》创刊。

7月中旬，《安徽新闻》创刊，由设在芜湖赭山的安徽学院爱好文学和新闻的青年王鼎新、曹光华、王建华等创办。

10月，《基督教青年团契报》创刊，这是中国共产党地下党员程克文、魏叔明、胡祖仁和李冬生利用基督教活动，团结青年及各方面人士而创办的报纸。1949年2月终刊。

1949年

4月28日，刘俭、柳三星奉芜湖军管会文教部派遣，接管大江日报社。

4月29日，中国人民解放军芜湖市军事管制委员会文教部创办《新华电讯》，共出报58期，因中共芜湖市委决定创办《芜湖日报》而于6月25日停刊。

7月1日，中共芜湖市委机关报《芜湖日报》创刊。中共芜湖市委成立芜湖市党报委员会，李步新任书记，吴立奇任副书记，徐伊复首任芜湖日报社社长兼总编辑。

9月22日，由于中共皖南区党委迁到芜湖，皖南日报社由屯溪迁到芜湖，《芜湖日报》改名《皖南日报》。1951年12月26日，《皖南日报》迁往合肥，与《皖北日报》合并为《安徽日报》。

1950年

10月1日，《新工商报》创刊。这是新中国成立以来芜湖市唯一一张民办报纸，1952年5月31日停刊。

1952年

7月1日，因《皖南日报》迁往合肥，中共芜湖市委创办新的机关报《芜湖大众》，芜湖大众社与芜湖人民广播电台合署办公，实行两块牌子、一套班子，成立芜湖市报社、广播委员会。这是芜湖报业与芜湖广播的第一次"媒体融合"。

1953 年

3 月 1 日，因电台撤销，柳三星调离芜湖大众报社，芜湖大众报社由刘乔负责。

1954 年

1954 年，中共芜湖市委决定任命刘乔为芜湖大众社总编辑，实行总编辑负责制。

1955 年

6 月 1 日，《芜湖大众》编辑部在采编人员中开展为期两个月的"通俗化改革学习运动"，解决报纸语言的群众化、反对党八股和学生腔等问题。

1956 年

4 月 1 日，中共芜湖地委在已经停刊的《徽州报》基础上，创办芜湖地委机关报《芜湖报》。

5 月，因刘乔调任芜湖一中校长，任命何瑞为《芜湖大众》副总编辑，主持报社工作。

1956 年，中共芜湖市委拨款在新芜路 83 号兴建报社办公楼和宿舍，其中办公室共三层。大楼建成后，《芜湖大众》编辑部从凤凰山下搬到新芜路 83 号新址办公。

1957 年

1 月 1 日，《芜湖大众》改名为《芜湖日报》，仅出 634 期便于 1958 年 12 月 16 日与芜湖地委机关报《芜湖报》合并。

1958 年

4 月 28 日，王自强调入芜湖报社担任总编辑。

7 月 1 日，《芜湖县报》创刊，是中共芜湖县委机关报。1961 年 3 月 1 日终刊。

8 月，《芜湖报》推出第七号号外消息《繁昌县放出一颗特大中稻"卫星" 亩产四三〇七五斤》，介绍繁昌县峨山乡东方红三社在 1.03 亩田里收获干稻 44367 斤、平均亩产 43075 斤的新闻。

12 月 16 日，中共芜湖地委机关报《芜湖报》与中共芜湖市委机关报《芜湖日报》合并为《芜湖报 芜湖日报联合版》，芜湖地委宣传部副部长王自强兼任总编辑，何瑞任副总编辑。但仅出报 16 期于 31 日停刊。

芜湖报社印刷厂并入芜湖市新华印刷厂,组建报印车间。

1959 年

1 月 1 日,中共芜湖地委机关报更名为《芜湖日报》。

12 月,《荆山文艺》创刊,原为芜湖县文学艺术工作者代表大会会刊。

1959 年,《大江》创刊,出版 180 多期,于 1989 年停刊。

1961 年

3 月,安徽省恢复徽州专区,《芜湖日报》分出三分之一人员赴徽州办《徽州日报》。

6 月,芜湖日报社经中共芜湖地委批准成立编辑委员会,由何瑞、冯生辉、梅昌统、舒联芳、赵蓉生、吴辉义、姜鹄翔、谭公侠、郭克勤、程蔗林等 10 人组成。

1967 年

1 月 9 日,芜湖市红卫兵革命造反司令部接管芜湖日报社,1 月 11 日,《芜湖日报》停刊。1 月 11 日至 18 日,芜湖市红卫兵革命造反司令部、安徽省“八二七”革命造反兵团芜湖分团和报社内部“造反派”组织联合推出《新华电讯》。

1 月 19 日,《新华电讯》更名为《新芜湖报》,后期由芜湖地区革委会主办。

1968 年

8 月 18 日,新芜湖报社革委会成立,主任李远扬(军代表)、副主任范登升(军代表)、谭公侠(干部代表),委员有王祖恬、张松烈、张克敏和凌烈明。

1970 年

9 月 24 日,中共芜湖市第三次代表大会推出《简报》会刊。会后,鉴于芜湖市没有地方报纸,继续不定期出版《商报》,担任宣传任务。

1972 年

1 月 1 日,中共芜湖地委将《新芜湖报》改组为《芜湖日报》出版发行,并成为中共芜湖地委机关报。仅出 78 期,因芜湖行政区划变化于同年 4 月 1 日停刊。

1978 年

1 月 1 日,中共芜湖市委将原《简报》更名为《芜湖简报》,报社直属市委宣传部领导。

1979 年

7 月 1 日，在《芜湖简报》基础上，中共芜湖市委恢复《芜湖报》为市委机关报。

1980 年

7 月 1 日下午，《芜湖报》编辑部召开芜湖市通讯员大会，庆祝报纸复刊一周年。

10 月 25 日，赵厚才、周祥鸿代表《芜湖报》应邀参加在杭州举行的华东 6 省部分城市报纸座谈会。会议交流了办好城市报纸的经验，探讨了一些新闻业务及其他共同关心的问题。

1981 年

4 月，中共芜湖市委宣传部副部长苏彦彬兼任《芜湖报》总编辑。

4 月，《芜湖报》副总编辑黄寿彭、副刊部主任汪兴泉代表报社参加在滁州召开的全省报纸副刊会议。会议倡议，从 1981 年起，芜湖报社与省内的安徽青年报社、安庆新闻报社、滁州报社、合肥晚报社等 5 家报社共同发起，轮流主持，举办每年一次的安徽省报纸副刊座谈会，它成为地方报中独特的横向联系形式。

1981 年，安徽省新闻学会成立，芜湖报社以团体会员加入，副总编辑赵厚才当选理事。

1982 年

5 月，芜湖报社与安徽日报社在芜湖市共同主办为期四天的安徽省第二次报纸副刊座谈会，共有各地市和专业报等 21 家的 41 位代表参加。

6 月 29 日，芜湖报社在芜湖市委礼堂召开《芜湖报》创刊 33 周年庆祝会，芜湖四大班子领导参加会议，并编印《〈芜湖报〉创刊 33 周年纪念专辑》。

1982 年，安徽师范大学筹建新闻系（原为中文系新闻专业），系下设新闻史论教研室、新闻业务教研室、新闻资料科、新闻摄影实验室和电视录放室，1993 年开始招收本科生，学制 4 年。

1982 年，在华兴街兴建五层芜湖报社办公大楼。1983 年底，芜湖报社从范罗山 40 号迁入华兴街 4—1 号新办公楼。

1983 年

4 月，《芜湖报》总编辑苏彦彬应邀参加中国新闻学会在无锡召开的关于爱国主义和共产主义思想宣传交流会，并书面介绍《芜湖报》加强社会主义精神文明宣传的经验。

9 月，《芜湖报》副总编辑黄寿彭参加由中国新闻协会、中国社会科学院新闻研究所、湖南日报社在长沙举办的纪念毛泽东九十周年诞辰新闻理论研讨会，并提交题为《面向群众，增强可读性》的论文。

1983 年，芜湖报社创办《芜湖报 · 通讯》，不定期出版，内部发行。

1984 年

年初，芜湖报社以芜湖市委印刷厂人员、设备为基础，选调芜湖市新华印刷厂原印报组人员，并从社会上招聘 10 名青年组建芜湖报社印刷厂（对内为生产科），结束报纸代印的历史。

6 月 29 日，芜湖日报社在工人文化宫举行《芜湖日报》创刊 35 周年庆祝会。

7 月 1 日，《芜湖报》更名为《芜湖日报》。报社成立编辑委员会，实行总编辑负责制，苏彦彬担任总编辑。

9 月，《芜湖日报》副总编辑陈莉参加在承德市召开的全国首届地市报群工研讨会。

12 月 11 日至 16 日，受安徽省新闻学会委托，芜湖日报社接待日本《朝日新闻》记者本多胜一等一行，并派记者陪同日本记者在芜湖、宣城、广德、湾沚、马鞍山等地采访。这也是芜湖日报社最早开展的外事活动。

1984 年，时任安徽省政协主席张恺帆为《芜湖日报》创刊 35 周年题词："报纸是党的宣传工具，贵在真实，既要宣传党的方针、政策，又要反映人民的呼声。芜湖日报在这些方面是有贡献的，希望百尺竿头更进一步。"

1984 年，芜湖日报社在社会公开招聘采编人员，共分两批录取从业人员 14 名，并引进竞争上岗机制，通过考核充实到编辑和记者的岗位。

1984 年，芜湖日报社对科级以下干部实行两级聘用制。

1985 年

7 月 2 日至 6 日，芜湖日报社总编辑苏彦彬应邀出席新华社在京召开的地市报社总编辑座谈会，并介绍《芜湖日报》时事版采用地方新闻电讯稿的几种形式。

9 月，芜湖日报社总编辑苏彦彬、副总编辑赵厚才参加安徽省新闻工作者协会、安徽省新闻学会第二届理事会第一次会议，苏彦彬当选常务理事。

1986 年

1986 年，由中共芜湖市委宣传部主管，芜湖社会科学研究所主办的《芜湖社会科学》创刊。

1987 年

4 月，中共芜湖市委宣传部贯彻中央《关于坚决妥善地做好报纸刊物整顿工作的通知》，提出对芜湖市报刊实行思想纪律组织整顿的具体意见。到1990年，芜湖市完成报刊整顿工作。

9月2日，芜湖日报社经安徽省出版总社审核，《芜湖日报》符合国家有关出版规定，发给新的报刊登记证，国内刊号：CN34－0004。

9月19日至30日，芜湖日报社总编辑苏彦彬随中国女新闻记者代表团一行5人访问联邦德国。

1988年

3月，丁红云调入芜湖日报社，担任中共芜湖日报社党总支书记、总编辑。苏彦彬因离休不再担任党总支书记、总编辑。

1988年，经过报刊整顿，芜湖市保留的内部报刊有4种，分别为《滴翠诗丛》《芜湖社联》《明天》和《芜湖科技报》。

1989年

1月2日，芜湖日报社创办《芜湖日报·星期刊》，四开4版，周日独立发行，它使《芜湖日报》由周六刊扩为周七刊，成为名副其实的日报。

芜湖日报社党总支书记、总编辑丁云红当选为中共芜湖市第五届委员会委员。

芜湖日报社总编辑丁红云当选芜湖市新闻工作者协会、芜湖市新闻学会会长。

芜湖市公开发行报刊有《芜湖日报》《中等城市经济》等，新增内部杂志有《汽车仪表》《基层中药》等。

1990年

经中共芜湖市委组织部批准，芜湖日报社成立党组。任命丁红云为芜湖日报社党组书记，周祥鸿、陈莉为党组成员。

6月，芜湖日报社采用先进的计算机技术和卫星通信技术，实现新华社电稿抄收自动化。

1991年

1月，《芜湖日报》自办发行，实现采、编、印、发一条龙管理。

12月，由芜湖市广播电视局主办的《芜湖声屏报》创刊。1992年1月，更名为《芜湖广播电视报》。

芜湖新增内部报纸《芜纺报》《芜湖电机报》《芜湖环境报》《芜湖机电学院报》《皖南医学院学报》《安徽师范大学报》。

中共芜湖市委宣传部出台《关于建立我市内部 报纸审读制度的意见》，制定芜湖市内部报纸审读人员制度，每季度编发内部报纸审读简报。

1992 年

7 月，芜湖市政府侨务办公室和芜湖市归国华侨联合会创办安徽省首家外宣报纸《芜湖风情》，2004 年，报纸改为季刊。

10 月 2 日，《芜湖日报 · 星期刊》单列发行。

11 月 25 日，安徽省城市党报第六次总编年会在芜湖召开，芜湖日报总编辑丁红云参加会议。

12 月，芜湖日报社采用精密激光照排系统，告别“铅与火”，实现“光与电”的技术革命。

芜湖新增内部报纸《芜湖影剧报》《芜湖风情》《芜湖师专报》《白马山水泥厂报》和《芜湖烟草报》。

《芜湖日报》开展“改革开放中的芜湖人”大讨论，历时半个月。

芜湖日报社荣获安徽省新闻出版局、安徽省报纸行业经营管理协会颁发的 1991 年度安徽省报纸经营管理奖。

1993 年

6 月 4 日上午，时任中共中央政治局常委、全国政协主席李瑞环到芜湖视察时在铁山宾馆阅读《芜湖日报》，并称赞这张报纸办得丰富多彩。时任芜湖市委书记、市长张平陪同。

9 月，《沚津周报》创刊。它由《沚津通讯》和《芜湖县广播电视报》合并而成，芜湖县委宣传部、芜湖县广播电视局合办。

芜湖日报社荣获安徽省新闻出版局、安徽省报纸行业经营管理协会颁发的 1992 年度安徽省报纸经营管理奖。

1994 年

2 月 24 日，《皖江商报》创刊。该报由芜湖市政府主管。1999 年 1 月 1 日，该报改为《都市文摘报》。2000 年 1 月 1 日，《都市文摘报》更名为《安徽省消费者报》，报纸主管单位由芜湖市政府变更为安徽省消费者协会。

6 月 2 日，芜湖书画名家欢聚芜湖日报社六楼会议室，为《芜湖日报》创刊 45 周年挥毫泼墨。

6 月 7 日下午，时任中宣部常务副部长徐惟诚在北京接受《芜湖日报》记者王纯才采访时说:“《芜湖日报》创刊45周年,可喜可贺。《芜湖日报》受到群众欢迎,希望办得更好,为芜湖的改革开放、经济发展、精神文明建设作出自己的贡献。请带去我对家乡人民的美好祝愿!”

6月28日,芜湖日报社在六楼会议室举行庆祝《芜湖日报》创刊45周年座谈会。

10月1日,《芜湖县报》复刊,由中共芜湖县委宣传部主管,1998年12月停刊。

12月18日《芜湖日报》载,中国台湾《中时周刊》负责人胡鸿仁、陈春木等一行3人,日前来到芜湖市考察。时任芜湖市政府市长张平等市领导在铁山宾馆会见了客人。

芜湖日报社党组书记、总编辑丁红云当选中共芜湖市第六届委员会委员。

芜湖日报社荣获中共芜湖市委、芜湖市政府颁发的芜湖市文明单位称号。

1995年

1月1日,《芜湖日报》由四开8版小报改为对开4版大报。

5月,安徽省好新闻评选会议在芜湖举行,《芜湖日报》共荣获1994年度全省好新闻好版面1件,等级奖(消息、言论)5件。

7月7日,成立芜湖晚报社,全民事业单位,副县级。

7月14日至20日,芜湖日报社副总编辑顾伟明参加在北京举行的1995年第一期新批报纸、期刊开业前总编辑(主编)培训班,期间于7月16日获得新闻出版总署关于同意芜湖日报社创办《芜湖晚报》的批复,获得CN34-0072国内统一刊号。

8月,在由新闻出版总署和中国报协联合举办的第二次全国报业经营管理评选表彰会上,芜湖日报社广告部被授予“全国报业经营管理先进集体”称号。

10月,芜湖日报社为筹办《芜湖晚报》,本着公开、公平、公正的原则,面向社会公开招聘约40名从业人员,这是芜湖当代报业史上招聘人数最多的一次。

10月28日,《芜湖晚报》出第一张样报,11月1日起试刊。

1996年

1月1日,芜湖日报社创办《芜湖晚报》,四开8版。

5月12日,《芜湖晚报》零售量突破10000份,成为本埠报刊零售市场日销量最大的报纸。

10月,《芜湖晚报》推出“纪念红军长征胜利六十周年·走近金寨”系列策划活动。

12月18日,《芜湖晚报》举办的大型读者调查揭晓,记者华睿、立青,编辑杨秀凤、石琼,栏目主持人凡夫为最受读者喜爱的记者、编辑、主持人。

12月27日,芜湖晚报创刊一周年“情系万家”文艺晚会既运酒杯双星大赛颁奖晚会在和平大戏院隆重举行,“希望工程”形象代言人苏明娟等一批名人到会并参与活动。

在安徽省报纸评优会上,《芜湖日报》被评为一级报纸,同时被认定为1995年度安徽省优秀报纸。

1997年

1月1日,《芜湖晚报》由四开8版正式扩为四开12版。

1月28日,《芜湖晚报》推出《芜湖晚报·旬刊》,每月逢8出版,彩色印刷。1998年10月8日,《芜湖晚报·旬刊》停刊,共出版60期。

3月,许宏胜调入芜湖日报社并担任党组书记、总编辑;丁红云因调出不再担任党组书记、总编辑。

4月18日晚,全国政协常委、中国大百科全书出版社总编辑、中宣部原常务副部长徐惟诚在铁山宾馆会见芜湖市新闻单位主要负责同志。

6月16日,《芜湖晚报》在泾县举行赠报活动,每天有700份《芜湖晚报》进入泾县人家。

6月26日,香港特别行政区行政长官办公室回信,对《芜湖晚报》刊发《香港,请接受芜湖少年一份美好的祝愿——芜湖市来凤小学四(1)班少先队向董建华爷爷献国旗》以及开展此项活动的师生表示感谢。

7月18日,原国家文化部部长、中国作家名誉主席王蒙为《芜湖晚报》题词。王蒙的题词:"向芜湖晚报的读者致以一九九七年夏天的问候!"

9月,芜湖日报社通过KU卫星,开通新华社XH100图片接收系统,在安徽省率先通过卫星接收和发排新华社传真黑白照片,使新华社图片新闻当天见报,宣传效果明显增强。

12月,《芜湖晚报》被评为安徽省报社管理先进单位。

1998年

1月19日,《芜湖晚报》与中国晚报网联网。

2月5日,《芜湖晚报》在1997年度全国报业发行中列发行量增幅第二位。

3月18日,中国台湾《工商时报》推出"中国沿江开放城市——芜湖市"专版,集中介绍芜湖市情及改革开放、经济发展形势。此次专版的推出实现了芜湖市在台湾宣传的零的突破,在安徽省也属首次。

5月1日起,《芜湖晚报》在无为县正式发行。无为县域读者可以看到当日《芜湖晚报》。

5月6日至8日,安徽省报纸副刊研究会第18届年会在淮南举行。《芜湖晚报》副总编辑冯慧莲当选副会长。

5月25日,《芜湖晚报》推出《98世界杯特刊》,历时51天,共出52期。

7月30日,1998年安徽省党报自办发行年会在芜湖举行。

7月至10月,《芜湖晚报》和青岛的《生活导报》联合开展“青岛寻亲”活动,来芜寻亲的18位孤儿中有9人找到了他们的亲人。

10月22日,由中国新闻摄影学会和《长江日报》共同举办的“长江杯”98抗洪救灾新闻摄影作品评选揭晓,《芜湖日报》记者魏爱林荣获抗洪救灾报道中表现突出的优秀新闻摄影记者。

11月,《芜湖晚报》记者王俊虎采写的《“人字洞”考古发现200万—250万年前人类遗迹》和《长江起源可能晚于200万年》引起反响,不仅成为新华社通稿,而且被《人民日报》、美国《世界日报》等国内外媒体转载。

12月,《芜湖日报》开展“怎样看待神秘的温州人”大讨论,在芜湖市乃至全国新闻界都产生了巨大影响。

芜湖日报社副总编辑丁以胜荣获全国百名报业先进经营管理工作者。

1999年

1月1日,经新闻出版总署批准,《芜湖晚报》正式更名为《大江晚报》。该报由四开12版扩为四开16版。

1月2日,《芜湖日报·星期刊》改为《芜湖日报·星期文摘》。6月30日,《芜湖日报·星期文摘》停刊,仅出版24期。同年7月1日恢复出版《芜湖日报·星期刊》。

1月11日,芜湖日报社与芜湖县联办《芜湖日报·芜湖县版》。

2月14日,《大江晚报》记者赵川采写的通讯《苏雪林,飘飘欲仙上黄山》荣获1998年度中国晚报新闻奖特等奖。

6月30日,芜湖日报社召开《芜湖日报》创刊50周年座谈会。

10月1日,《大江晚报》推出50版的《国庆庆典精版》,庆祝中华人民共和国成立50周年。

11月至2000年1月,《芜湖日报》开展“怎样做跨世纪大开放的芜湖”大讨论宣传活动。

12月24日,《大江晚报》在周日B版推出与芜湖公安局联办周刊《大江晚报·芜湖公安》。

年底,芜湖日报社策划“万里长江大桥行”活动,《大江晚报》推出“世纪金桥”芜湖长江大桥建成通车纪念金版。

时任中共中央宣传部副部长徐光春,新闻出版总署副署长梁衡,全国人大常委会委员、全国人大常委会教科文卫委员会副主任委员范敬宜等领导为《芜湖日报》创刊50周年题词。

芜湖日报社在报业大楼的左侧扩建同样层高的新采编办公大楼。

2000 年

3 月,在全国自办发行协会第八次代表大会上,芜湖日报社被选为全国自办发行协会理事单位。

5 月 8 日至 14 日,由《大江晚报》承办的中国晚报文化记者学会第六届年会在芜湖铁山宾馆举行,《大江晚报》文化新闻获 3 项一等奖。

5 月 19 日,《大江晚报》举行“龙津 · 万里长江大桥行”采访活动,首次尝试开展跨省跨区域系列采访活动。

6 月 7 日,安徽省报纸副刊研究会第 20 届年会在芜湖召开。

8 月,《大江晚报》派出采访组,分赴北京和长春,采访报道世界大学生运动会和中国长春电影节。

10 月 1 日,《大江晚报》推出《国庆大桥特刊》。共 24 版,分 AB 叠,各 12 版。

11 月 8 日,芜湖日报社庆祝新中国第一个记者节。芜湖日报社组织全体职工开展“游长江看家乡变化”“我的新闻故事”征文大赛等活动。

12 月,由芜湖日报社副总编辑、《大江晚报》总编辑顾伟明主编的《镜湖星月——〈大江晚报〉副刊作品选萃》《情系父老乡亲 ——〈大江晚报〉新闻部策划作品集》公开出版发行,其中《镜湖星月大江晚报——〈大江晚报〉副刊作品选萃》被上海图书馆收藏。

12 月 28 日,芜湖日报社举行《大江晚报》创刊五周年联欢会。

《芜湖社会科学》改名为《中等城市经济》,由安徽省社科院经济研究所与芜湖市委党校共同主办。同年底,《中等城市科学》停办。

《芜湖文艺》创刊,由芜湖市文联主办,是文艺性综合类刊物。

中共芜湖市委宣传部再次对全市内部报刊进行清理整顿,下发《关于内部资料清理整顿工作的通知》和《关于内部资料出版物管理规定的通知》。

芜湖日报社发行部陈建国荣获全国报纸自办发行协会荣誉奖。

2001 年

1 月 1 日,《大江晚报》创刊五周年。《大江晚报》开展“我与家乡的晚报”征文活动,并推出 50 个版面的元旦特刊,其封面、封底首次采用铜版纸印刷。

1 月至 12 月,芜湖日报社分别在《芜湖日报》和《大江晚报》开展“怎样让芜湖成为投资兴业的热土”大讨论,历时一年。

3 月 1 日,《大江晚报》与中国晚协 134 家会员单位首次联合举行“热点新闻”大赛。

5 月 16 日,芜湖日报社综合办公大楼(华兴街 4—1 号原大楼东侧)建成并投入使用,芜湖日报社启用新闻采编网络管理系统，实现无纸化办公。

7月9日，《大江晚报》特派记者林棣赴莫斯科采访第29届奥运会申报城市投票产生办会城市等一系列奥林匹克重大活动，这也是《大江晚报》首次派记者赴国外采访报道。

10月，由安徽伟星置业有限公司主办的企业内刊《伟星》创刊。

2001年，中共芜湖市委宣传部召开芜湖市整顿报刊发行秩序、减轻村级负担的工作会议，对不规范的内部报刊进行清理。

2002年

1月1日，《大江晚报》由四开16版扩为四开20版。

4月1日，芜湖日报社组织“沿江开放城市十周年纪行”大型采访活动，《芜湖日报》《大江晚报》《九江日报》《黄石日报》《岳阳日报》共派出12名记者组成联合采访团，奔赴芜湖、九江、黄石、岳阳等开放城市进行采访。

5月22日，《大江晚报》派记者张嵘赴韩国采访2001年世界杯足球赛，并推出《2002年韩日世界杯特刊》。

6月1日，《大江晚报》由每天下午出报改为早晨出报。至此，《大江晚报》实行“晚报早出”。

7月1日，《大江晚报》推出《大江晚报·新闻周刊》，四开16版，每周一随《大江晚报》发行。

10月，《芜湖日报》推出“芜湖百乡（镇）纪行”系列采访报道，其稿件编成《这方热土》出版。

10月28日，《大江晚报》记者程代广采写的通讯《寻访坐在稻穗上的姑娘》荣获2001年度中国晚报新闻奖特等奖。

2002年，芜湖日报社新闻采编局域网正式投入使用。

2003年

1月1日，《大江晚报》由四开20版扩为四开24版，彩色印刷。

3月，司旌霞调入芜湖日报社并担任中共芜湖日报社党组书记、总编辑；许宏胜因调出芜湖日报社，不再担任党组书记、总编辑。

4月，芜湖日报社党组书记、总编辑司旌霞，副总编辑周祥鸿率领考察组赴浙江《杭州日报》《绍兴日报》《宁波日报》《温州日报》等地市报社考察学习。

4月9日至10日，英国《金融时报》北京办事处主任、驻中国首席记者金奇来芜湖采访。

5月7日，《大江晚报》再次扩版，每周三、五为四开32版。

5月8日,《芜湖日报》全面改版,报纸全部实行横排,统一字体,适当留白,彩色印刷,中共安徽省委宣传部向全省推广《芜湖日报》改版经验。

7月1日,芜湖日报社网站开通,同时推出《芜湖日报》《大江晚报》电子版。

7月16日,《芜湖日报》与马塘区联办《芜湖日报·城南新区月刊》,对开4版,全彩印刷,周三随《芜湖日报》出版。

7月,芜湖日报社与芜湖市人行联办《芜湖日报·金融版》。

8月,芜湖日报社发行部荣获"全国自办发行报纸抗击非典先进单位"称号。

8月,芜湖日报社承办安徽经济新闻评选工作会议,《芜湖日报》《大江晚报》选送的作品获一等奖1件,二、三等奖6件。

11月,《芜湖日报》由对开4版扩为对开8版,并对版面内容作重大调整。

12月2日,全国晚报体育新闻学会年会在芜湖市铁山宾馆开幕,来自全国40多家晚报体育新闻负责人参会,大江晚报社承办了这次会议。

12月28日,《芜湖日报·星期刊》推出最后一期后停刊。至此,《芜湖日报·星期刊》共出版792期。

12月31日,《芜湖日报·芜湖县版》改为《芜湖日报· 芜湖县周刊》。

12月,《芜湖日报》采访组参加芜湖市党政代表团赴江苏省无锡、苏州、常州和安徽省马鞍山市进行考察活动,并采访报道。

芜湖市政府划拨城南35.22亩土地给芜湖日报社,由芜湖日报社投资兴建新闻大楼。2007年12月28日,新闻大楼主楼封顶。2009年停建。2010年3月25日,芜湖日报报业集团恢复芜湖日报新闻大楼工程建设。2011年,芜湖日报报业集团新闻大楼建成使用。

芜湖日报社在香港《文汇报》推出芜湖专页。

12月至2004年5月,芜湖日报社开展"融入长三角"大讨论宣传报道。《芜湖日报》《大江晚报》派出4个采访组,分赴杭州、绍兴、嘉兴、金华、南京、镇江、扬州、南通、无锡、常州等15个长三角城市采访报道,共推出8个专栏、12个系列报道,13个专版,发稿820余篇。

2004年

时任安徽省委副书记张平为《芜湖日报》创刊55周年题词:"办好芜湖日报,促进发展,服务群众。"

1月1日,芜湖日报社组织100名编辑、记者走进鸠兹广场,与万名读者开展面对面交流活动。

1月1日,《芜湖日报》正式扩为对开8版,分AB叠,当天出60版元旦特刊。《大江晚报》由四开24版扩为四开28版,分AB叠。头版采用头条新闻+大图片+导读形式,杂志式封面形式初见端倪。

1月5日《芜湖日报·繁昌周刊》创刊，对开4版，在《芜湖日报》C叠，周一随《芜湖日报》发行。

1月6日《芜湖日报·南陵周刊》创刊，对开4版，在《芜湖日报》C叠，周二随《芜湖日报》发行。

1月7日，《芜湖日报》与芜湖县联办《芜湖日报·芜湖县周刊》，在《芜湖日报》C叠版，周三随《芜湖日报》发行。

3月9日，芜湖日报社记者林在赭山公园落成。全体职工亲自种植55棵银杏，象征《芜湖日报》走过55周年。纪念碑高约2米，雕刻55字碑文。

3月，《芜湖日报》派出采访组参加安徽省党政代表团赴广州、佛山、东莞、深圳举行皖粤经贸合作活动，并作宣传报道。

4月，芜湖日报社首次组织年度工作考察优秀人员到马来西亚、泰国旅游，以示奖励。

5月，芜湖日报社承办2003年度安徽新闻奖评选工作会议。芜湖日报社有4篇作品荣获一等奖，是安徽省地市报中获得一等奖最多的报社。

6月24日，芜湖日报社在广电中心隆重举行《芜湖日报》创刊55周年庆祝大会暨"我们一同走过"大型文艺晚会。

6月30日，《芜湖日报》出版对开36版，其中24块版为"《芜湖日报》创刊55周年纪念版"，彩色印刷，封面1—4版为铜版纸印刷。

7月1日，芜湖日报社启用新报徽。该报徽从全国16个省市143位设计者的232件作品产生。

7月1日，芜湖日报社推出《芜湖日报创刊55周年纪念邮票珍藏册》。

7月5日，《大江晚报》采访组深入南京都市圈采访，推出"走马南京都市圈"系列报道。

7月22日，芜湖日报社设立新闻从业人员违纪违规监督举报电话。

8月8日，《大江晚报》特派记者汪伦采访雅典奥运会，并推出奥运特刊《雅典烽火》。

10月，芜湖日报社推行中层干部竞聘上岗。

11月8日，《大江晚报》开展读者评选的晚报优秀记者揭晓，记者夏云来当选最受读者喜爱的记者，张申尚当选最勤奋的记者，石琼当选最具爱心的记者。

12月29日，芜湖市人民政府市长沈卫国来到芜湖日报社为采编人员作形势报告。

芜湖日报社在全日制高校公开招聘高素质复合型新闻采编和经营管理人才9人，这也是芜湖日报社第一次专门从高校招聘高素质复合人才。

芜湖日报社发行部主任陈建国被评为2004年度中国报业发行最佳管理奖。

2005 年

1 月 1 日,《大江晚报》由四开 28 版扩为四开 32 版,分 A、B、C、D 四叠。

1 月 5 日,《大江晚报 · 金周刊》创刊,四开 2 叠 36 版,杂志时尚制作,彩色印刷,芜湖日报社主办。

2 月 8 日,芜湖市四大班子领导来到芜湖日报社慰问全体采编人员。

5 月 6 日,《大江晚报 · 金周刊》改版,封面采用铜版纸彩色印刷。

7 月,《芜湖日报》要闻部特派记者赴苏州进行采访,开辟"芜湖与苏州的对话"专栏。

9 月 6 日,中共安徽省委常委、芜湖市委书记詹夏来接受芜湖日报社"弘扬创新文化"联合报道组记者的独家采访。

10 月,芜湖日报社组建芜湖日报读者俱乐部,邀请芜湖 40 余家企业加盟,为读者提供全方位优惠服务,实现"订户得实惠、企业获利益、报纸能增量"的共赢目标。

11 月,在南京都市圈党报联盟经营分会成立大会上,《芜湖日报》成为 8 家城市党报联盟之一。

12 月 30 日,芜湖日报社在铁山宾馆隆重举行《大江晚报》创刊十周年纪念活动,由巨大的生日蛋糕精制而成的《大江晚报》版面引人注目。

围绕"崇尚创新、宽容失败、支持冒险、鼓励冒尖""百姓创家业、能人创企业、干部创事业"为重点内容,芜湖日报社开展"创新文化"大讨论宣传。

芜湖日报报业集团联合发行公司荣获全国报纸自办发行先进单位。

2006 年

1 月 1 日,《芜湖日报》由对开 8 版扩为对开 12 版,分 ABC 三叠。《大江晚报》推出 88 版的创刊十周年纪念特刊。

2 月,《芜湖日报》推出"党报进社区"系列活动,受到中共安徽省委宣传部好评。

4 月 18 日,芜湖日报社荣获安徽省"大练兵"先进集体称号。

4 月 19 日,芜湖日报社荣获全国报纸自办发行先进单位称号,刘卫国荣获全国报纸自办发行创新发行奖。

4 月,芜湖日报社内刊《求精》更名为《皖江报业》。

6 月 4 日,《大江晚报》特派林棣赴德国采访 2006 年世界杯足球赛,并担任中国晚报协会体育分会世界杯采访团副团长。《大江晚报》推出《激战莱茵——2006 年世界杯特刊》。

6 月 6 日,经芜湖市文化体制改革领导小组批准,芜湖日报报业集团(保留芜湖日报社的牌子)正式挂牌成立,并成为安徽省地市级报社第一家报业集团。7 月 18 日,中共芜湖日报报业集团党委成立。同年 12 月 18 日,经芜湖市直机关工委批准,成立中共芜湖日报报业集团机关党委。

6月，芜湖日报报业集团成立大江报业服务有限责任公司。

7月，芜湖日报报业集团被评为“芜湖市第七届文明单位标兵”称号。

8月1日，芜湖日报报业集团旗下的中国芜湖新闻网开通，并推出视频新闻栏目。次年7月25日，改版后的中国芜湖新闻网正式上线，成为地方性的新闻综合门户网站。

8月1日，芜湖日报报业集团印务中心投产，芜湖日报印务中心开印《参考消息》。

10月26日，《大江晚报》与伟星置业有限公司联合推出特刊——《安徽伟星置业有限公司超级跨版形象金版》。

12月，芜湖日报报业集团成立纪律检查委员会。

12月2日，《大江晚报》在中山路步行街举办2006真情晚报读者节。

12月25日，《大江晚报·金周刊》与芜湖市演出艺术中心联合承办的“华强之春”芜湖市首届新年音乐会在市委大礼堂举行，它后来成为芜湖市有影响力的文化品牌。

2007年

1月，司旌霞同志担任芜湖日报报业集团（芜湖日报社）党委书记、社长、总编辑，顾明伟、柯南、李祥春和金昌龙担任报业集团党委委员、副社长、副总编辑。顾明伟兼任《大江晚报》总编辑

1月8日，为加强对报社产业发展工作的领导，加快报业发展，成立芜湖日报报业集团产业发展领导小组。

3月28日，芜湖日报报业集团与芜湖移动公司合作创办芜湖手机报，它成为安徽省首家地市级手机报，也是继新华社安徽分社和《安徽日报》之后的第三家手机报。

4月19日，芜湖日报报业集团成立大江传媒有限公司。

5月，芜湖日报报业集团印务中心CTP印刷启用，填补了安徽省报业印刷的空白。

7月6日，《大江晚报·金周刊》与《芜湖广播电视》正式整合为《金周刊·芜湖广播电视》，四开3叠44版，由芜湖日报报业集团主办，每周五单独出版发行。

7月26日，由中国地市报研究会、芜湖日报报业集团、爱克发公司及北大方正电子有限公司在芜湖共同主办“创新、发展”全国地市报新技术研讨会暨芜湖日报CTP现场会，全国60多家地市报的100名代表参会。

7月，芜湖日报报业集团设立县区周刊编辑部，加强对《芜湖日报》三县周刊的管理，实行统一管理、统一版型、统一印刷、统一发行的运作模式，使三县周刊成为《芜湖日报》重要组成部分。

8月20日，芜湖日报报业集团参与安徽新闻出版局和省记协召开的行业公约签字活动。

8月26日,《运泰报》创刊,安徽省内部准印字号皖L02—019。2017年8月,《运泰报》改名为《安徽运泰发展》。

10月9日,《大江晚报》记者张申尚入选芜湖市青年十大文化名人。

12月10日,芜湖日报报业集团与北大方正公司合作开发的《芜湖日报》《大江晚报》《金周刊·芜湖广播电视》《皖江报业》数字报在中国芜湖新闻网上线。

芜湖日报报业集团全体中层干部实行竞争上岗,共有四批62人、69人次参加竞争36个岗位。

《欧洲时报》成为芜湖报业对外宣传的新平台。

中共芜湖市委提出的"坚持科学发展,打造五大优势"大讨论,芜湖日报报业集团组织相关宣传,历时四个月。

2008年

2月26日,芜湖日报报业集团评选一批首席记者和编辑。首席记者有《芜湖日报》刘琦、《大江晚报》朱新根,首席编辑有《芜湖日报》唐玉霞、《大江晚报》夏云来、《金周刊·芜湖广播电视》黄瑶琴。

2月27日,《大江晚报》采用新闻项目组机制,开展为白血病患者许凡捐款报道活动,历时一个多月,共筹款近50万元,创造《大江晚报》报道时间最长、参与人数最多、涉及面最广、捐款数额最多的四项之最。

4月1日,一张反映毛泽东第一次到安徽芜湖视察为主要内容的陶瓷报纸在安徽省芜湖市第二中学首次公开亮相,报纸选自1958年9月29日出版的《芜湖日报》,研发人为芜湖市民集报迷程正发。

4月,张维水调入芜湖日报报业集团(芜湖日报社)并担任党委书记、社长、总编辑;司旌霞因调出免去其党委书记、社长、总编辑职务。

4月6—8日,在全国报纸自办发行协会2008年会上,芜湖日报报业集团荣获2007年度全国报纸自办发行先进单位称号,这是安徽省唯一连续三年获此殊荣单位,刘卫国荣获全国报纸自办发行创新发行奖。

5月30日,《大江晚报》推出64版的北京奥运会《圣火号》,此后,芜湖日报报业集团各媒体陆续推出北京奥运会特刊和专页。

6月6日,芜湖日报报业集团创办芜湖大学生手机报,这是安徽省第一份面向高校学生的手机报。

7月14日,新民网"跳出上海看上海——互联中国大型新闻纪实报道"小组到达芜湖,走访芜湖日报报业集团,推出系列报道。

9月20日,芜湖日报报业集团与芜湖市邮政局举行邮发合同签字仪式,报业集团所属报纸发行模式由自办发行转为邮局代发。

9月20日，共青团芜湖日报报业集团委员会成立，第一届集团团委有9人组成，设正、副书记各1名。

12月，刘光调入芜湖日报报业集团并担任党委副书记、总编辑，免去张维水总编辑职务。

芜湖日报报业集团实现全员聘用。

《鸠兹鸟》创刊，由芜湖县文联主办，不定期出版。

芜湖日报报业集团实施“走出去”战略。

芜湖日报三县周刊改为县区新闻版，加大时事新闻的版面比重。

《芜湖房地产》创刊，由芜湖市住房和城乡建设局、芜湖市房地产业协会主办。

美国《侨报》成为芜湖日报报业集团对外宣传新平台。

《芜湖日报》开设“中央省级媒体看芜湖”专栏，及时转发中央和省级主要新闻媒体有关芜湖的重要报道。

芜湖日报报业集团开展“解放思想，推动科学 发展”大讨论，历时两个月。

2009年

1月1日，《大江晚报》改版后首次在合肥批量发行，首批5000份，实现合肥、芜湖两地同步印刷和发行，芜湖日报报业集团“走出去”战略进入实质阶段。

1月8日，芜湖日报社进行版面改革，取消独立的三县周刊，将三县周刊合并为《芜湖日报·县区新闻》。

1月8日，在中国传媒大会上，《大江晚报》荣获“金长城传媒奖·中国十大最具成长性地市报”称号。

1月，由芜湖日报报业集团与视觉经典广告传媒有限公司合作推出DM杂志《芜湖生活》，填补报业集团杂志媒体的空白。后因与视觉经典传媒有限公司脱钩，报业集团改办报纸DM报纸插页。

2月27日，经安徽新闻出版局批准，《大江晚报》合肥记者站成立，组建一支记者、发行和营销队伍。

3月2日，《大江晚报》选送的“评选芜湖十大平民英雄”创新案例荣获芜湖市精神文明建设创新案例三等奖。

5月5日，《大江晚报》记者李贾荣获芜湖市2009年度优秀团员称号。

5月6日，《金周刊·芜湖广播电视》荣获“中国城市广播电视报百强之20佳”称号。

6月，在中国传媒产业经营管理论坛上，芜湖日报报业集团跻身“中国地市报经营管理十强”；报业集团党委书记、社长张维水荣获“2008—2009年度中国地市报经营管理十大人物”称号。

7月1日,《芜湖日报》推出《芜湖日报创刊60周年纪念特刊》共60版,全彩印刷。当天《芜湖日报》共出对开68块版,这是《芜湖日报》创刊以来版数最多的一期。

7月1日下午,芜湖日报报业集团在芜湖市委小礼堂举行《芜湖日报》创刊60周年庆祝大会。

7月3日,由中共芜湖市委宣传部、芜湖日报报业集团编著的《30个“春天的故事”》一书出版。该书收录《芜湖日报》2008年系列报道“30个春天的故事——隆重纪念芜湖改革开放30周年”有关文章共125篇,是一本向新中国成立60周年和《芜湖日报》创刊60周年的献礼之作。

10月23日,芜湖新闻网首次直播第二届中国国际动漫创意产业交易会开幕式并获得圆满成功。

10月,芜湖日报报业集团协助芜湖县红杨镇沿江村完成长约2.5公里的“村村通”工程并投入使用。

11月20日,芜湖日报报业集团参与由新华社、联合国儿童基金会发起的“全球媒体儿童日”大型公益活动,并荣获新华社和联合国儿童基金会颁发的纪念匾。

12月16日,芜湖日报报业集团印务中心完成转企改制和职工身份置换,整合原芜湖市政府机关印刷厂资源,组建芜湖日报报业集团印务公司。

12月25日,首批1800份《金周刊·芜湖广播电视》走进宣城报业市场。

12月,芜湖日报报业集团对《芜湖日报》管理体制进行改革,取消行政级别,集团领导不再兼任总编辑和副总编辑,在中层干部中选拔,实行年薪制、聘任制。

中国芜湖新闻网跻身中国新闻网站百强和中国地市级新闻网站30强。

芜湖日报报业集团成立对外宣传办公室,负责媒体对外宣传工作。

《春谷》杂志创刊,由南陵县文联主办。

2010年

4月23日,《大江晚报》推出四开56版。

4月23日,在2010年品牌中国(传媒与女性)高峰论坛上,《金周刊·芜湖广播电视》荣获2010最受女性喜爱的十大品牌周刊称号。

5月12日,在中国地市报研究会第六届理事大会上。《大江晚报》荣获中国地方都市报纸最具品牌价值十强称号。

5月22—26日,由芜湖日报报业集团主办、大江晚报承办的“皖江城市带媒体合作恳谈会”在方特酒店举行,《马鞍山日报》《池州日报》《巢湖日报》《宣城日报》《滁州日报》《铜陵日报》《芜湖日报》等皖江城市主流媒体的代表参加会议并就建立皖江城市带媒体稿件共享平台和皖江城市带媒体易地采访联动机制形成共识。

6月5日,《大江晚报》特派记者张嵘赴南非采访2010年世界杯。6月11日,该报推出《决战南非——2010年世界杯特刊》。

6月9日,《大江晚报》报名成功注册商标。

上半年,《芜湖日报》恢复三县周刊出版。

7月31日,在第五届全国华夏育苗杯少儿围棋精英赛上,芜湖市《大江晚报》-启智棋校队获幼儿组团体亚军、少儿组团体殿军。

8月,宋建华调入芜湖日报报业集团并担任党委书记、社长;张维水同志因调出免去其党委书记、社长职务。

10月1日起,《芜湖日报》实现全彩印刷,至此,报业集团所有报纸均为彩色印刷。

11月12日,芜湖日报报业集团召开记者节庆祝表彰大会,公布2010年度"我最喜爱的记者、编辑"人员名单,他们是马小平、张逸潇、赵丹丹、马正超、赵亚玲、黄梅、汪观林、周一平。

11月16日,在第三届品牌媒体高峰论坛上,《芜湖日报》被评为2009—2010年中国品牌媒体百强—地市党报品牌10强。

12月10日,芜湖日报报业集团召开2011年度工作务虚会,确定"十二五"期间,报业集团要坚持"正确导向、特色办报、齐头并进;新闻事业、报业产业二轮驱动",努力实现由大报向强报的提升,由一业向多业的转型,由多媒向全媒的跨越。

12月13日下午,芜湖日报报业集团与新加坡新中国际文化交流协会在芜湖举行战略合作协议签约仪式,双方将在共建教育培训平台、文化交流、经贸往来、招商引资等领域进行广泛深入地交流与合作。

12月31日,《大江晚报》推出四开128版,创芜湖报业史上单日版数之最。12月31日,《大江晚报》举行创刊15周年庆典暨第四届读者节活动。

芜湖日报报业集团成立芜湖大江报业发行有限责任公司。

芜湖日报报业集团与芜湖电信合办"江城手机报"。

2011年

1月17日,在中国传媒大会上,芜湖日报报业集团荣膺金长城传媒奖2010年中国十大城市传媒集团称号,《芜湖日报》荣膺2010年中国十大地市报称号。

2月28日,在安徽省2009—2010年度广告发布诚信单位表彰大会上,芜湖日报报业集团获得"2009—2010年度广告发布诚信单位"称号。

3月25日,芜湖日报报业集团成立报业集团大江传媒公司。

5月10日起,《芜湖日报》《大江晚报》iPad客户端正式登录美国苹果公司应用软件平台 App Store,用户可下载提供上述两报阅读的“中文报刊”客户端到 iPad。

5 月 24 日,芜湖日报报业集团调整文化产业发展领导小组名单。

6 月 15 日,《大江晚报·小记者周刊》创刊。

7 月 13 日,在安徽省宣传文化系统第二批“六个一批”双百人才表彰大会上,芜湖日报报业集团党委委员、副总编辑兼《芜湖日报》总编辑、高级记者金昌龙被省委宣传部授予安徽省宣传文化系统“六个一批”(新闻类)拔尖人才称号。

8 月 13 日下午,芜湖日报报业集团一举拿下芜湖大江商务印刷基地项目。其签约仪式在鸠江区政府举行。因种种原因,项目未完成,芜湖市政府收回土地。

8 月,芜湖日报报业集团成立芜湖大江报业发行有限责任公司,重启自办发行,进一步适应集团报刊发行和文化产业发展需要。

8 月,《大江晚报》在芜湖市 10 个街道(镇)设立“社区工作站”。

9 月 20 日,芜湖日报报业集团投资的芜湖大江天广汽车影院在方特欢乐世界西侧正式试播,该影院是安徽省第一家汽车影院。

9 月 29 日下午,芜湖日报报业集团和运泰集团举行签约仪式,《芜湖日报》将亮相芜湖客运班线和芜湖城市候机楼班线。

10 月 18 日上午,由芜湖日报报业集团、芜湖市文明办、芜湖市妇联主办,《金周刊·芜湖广播电视》、芜湖市公交集团、芜湖市妇幼保健院承办的芜湖“孕妇徽章”首发仪式在芜湖市妇幼保健院举行,《金周刊·芜湖广播电视》发起了孕妇徽章暖心活动。

11 月 13 日,在第四届中国品牌媒体高峰论坛上,《芜湖日报》再获“2010—2011 中国品牌媒体百强·地市党报品牌 10 强”称号,中国芜湖新闻网同时获得“2010—2011 中国最具成长性媒体”称号。

12 月 3 日,芜湖日报报业集团举办 2011 年《大江晚报》读者嘉年华暨第四届《大江晚报》读者节活动。

12 月,芜湖日报报业集团发行中心与芜湖市教育局联合创建芜湖小记者团。

芜湖日报报业集团策划“感受新芜湖　魅力乡街行”大型系列采访活动,并从中选出 87 篇稿件编辑成《芜湖魅力乡街》,公开出版发行,中共芜湖市委书记作序充分肯定。

中国芜湖新闻网首次现场视频直播中共芜湖市党代会开幕式,开安徽地市媒体直播地方党代会先河。

2012 年

1 月 15 日,在中国传媒大会上,芜湖日报报业集团蝉联金长城传媒奖·2011 年度中国十大城市传媒集团称号;《大江晚报》荣获金长城传媒奖·中国十大地市晚报称号。

2 月 16 日,《芜湖日报·无为周刊》创刊,对开 4 版,双面彩,每周四随《芜湖日报》

出版。

2月28日下午，芜湖市政协主席方成，副主席司旌霞、汪健同志一行视察芜湖日报报业集团。

3月，芜湖日报报业集团内刊《皖江报业》更名为《皖江传媒》。

4月27日至28日，《芜湖日报》记者张逸潇荣获安徽省先进工作者称号，并出席全省表彰大会。

5月，芜湖日报报业集团成立芜湖报业传媒集团有限公司。

5月24—25日，由芜湖日报报业集团印务公司承办的安徽省地市报业印刷协会第七届年会在芜湖市繁昌县马仁山庄举行。全省会员单位的主要负责人及国内部分材料供应单位的相关人员共60余人参加了会议。

6月，由芜湖日报报业集团、芜湖市教育局主管主办的内刊《芜湖小记者》创刊，出版10期后停刊。

6月6日，芜湖日报报业集团特派记者王舒力远赴乌克兰、波兰现场采访欧洲足球锦标赛，《大江晚报》推出特刊《欧夜》。

7月20日，由芜湖日报报业集团主办、大江晚报承办、中国联通芜湖分公司独家冠名的“联通伦敦 烽火奥运”大江晚报记者赴伦敦采访奥运会出征仪式在中山路步行街隆重举行，为大江晚报赴伦敦采访奥运会的两名记者张申尚、夏伟壮行。

7月26日，《大江晚报》联合《青岛早报》开启新一轮联动寻亲活动，帮助58年前被青岛居民收养的芜湖籍孤儿寻找芜湖亲人。

10月，第22届中国新闻奖揭晓，《芜湖日报》记者陈旻采写、杨友艺编辑的《医药分开“芜湖模式”探路“二次改革”》荣获中国新闻奖二等奖，实现芜湖新闻史上中国新闻奖“零”的突破。

11月9日，在第二届全国网络媒体创新发展论坛上，芜湖新闻网荣获全国地方网站最具影响力品牌奖。

11月13日，在第四届中国品牌媒体高峰论坛上，《芜湖日报》再获2010—2011年度中国品牌媒体百强·地市党报品牌10强，这也是安徽媒体唯一获此殊荣的地市级党报；芜湖新闻网获得2010—2011年度中国最具品牌成长性媒体称号。

12月，在首届中国报业新闻社会活动论坛暨新闻社会活动精品案例颁奖典礼上，《大江晚报》参评的“芜湖籍青岛孤儿寻亲活动”荣获中国报业新闻社会活动精品案例创新奖。

12月，在第二届全国网络媒体创新发展论坛上，芜湖新闻网荣获全国地方网站最具影响力品牌奖。

芜湖日报报业集团制定人才“百五”发展规划，计划到“十二五”末，培养涵盖采编、经营、管理、技术四大类的优秀人才100名，其中尖端人才50名。

芜湖日报报业集团在美国《侨报》和欧洲的《欧洲时报》“魅力安徽”专版上设置“创新芜湖”栏目，向海内外介绍芜湖经济、社会、文化的繁荣发展。

2013 年

1 月 29 日，中央文明办公布中国文明网联盟网站 2012 年第四季度考评结果。由芜湖市文明办主办、芜湖新闻网承办的芜湖文明网以总分 122 分的成绩位居全省第一，全国第六。

8 月 2—3 日，芜湖日报报业集团党委副书记、总编辑刘光参加南京都市圈党政联席会议既党报联盟签字仪式，芜湖日报社成为联盟单位之一。

9 月 22 日，在第六届中国品牌媒体高峰上论坛上，《芜湖日报》荣获 2012—2013 中国品牌媒体百强——地市党报品牌 10 强；《大江晚报》荣获 2012—2013 中国品牌媒体百强——地市晚报 10 强。

10 月 13 日，芜湖日报报业集团“新媒体超市”上线运营，通过二维码浏览众多报业集团新媒体产品，引导读者跨界延伸阅读。至 2014 年，新媒体产品达到 40 个。

11 月 22—23 日，由芜湖新闻网及子网芜湖汽车网主办的安徽芜湖第二届秋季汽车展销会在芜湖国际会展中心举行。

芜湖日报报业集团首推“中国梦 · 芜湖故事”系列公益广告，共 6 幅，分别为发展梦、安居梦、创新梦、创业梦、欢乐梦和“文明梦”。公益广告在报业集团各媒体刊发和推送，通过二维码实现平面广告的立体呈现。

在首届中国品牌创新大会上，芜湖日报报业集团荣获“中国品牌传播创新传媒机构”荣誉称号。

在中国传媒大会上，《芜湖日报》荣获金长城传媒奖 2013 年中国十大地市党报称号；《大江晚报》获中国十大地市晚报称号；《金周刊 · 芜湖 广播电视》荣获中国最具品牌价值广播电视报称号；中国芜湖新闻网荣获中国最具品牌成长性媒体称号、全国地方网站最具影响力品牌奖。

2014 年

6 月，“金周刊 · 芜湖头条”上线。

6 月，《大江晚报》特派记者王晓朋、张申尚到巴西现场采访世界杯。《大江晚报》推出世界杯特刊《足尚巴西》。

6 月 24 日上午，报业集团举办庆祝《芜湖日报》创刊 65 周年读者座谈会，7 月 1 日，《芜湖日报》推出 20 版，其中 T1—T8 版为《芜湖日报创刊 65 周年特刊》。

9 月 19 日，“无线芜湖”新闻客户端上线，首期推出新闻板块，包括新闻、政务、读图、活动、专题、报料、手机报和调查等模块。2015 年 1 月,“无线芜湖”客户端改版升级。

9 月,安徽师范大学新闻传媒学院成为《金周刊 · 芜湖广播电视》合作办刊试点单位,学院选派优秀教师担任总编辑助理,同时在新闻传媒学院设立《金周刊 · 芜湖广播电视》校园编辑部。

10 月 23 日,芜湖日报报业集团成立芜湖报业传媒集团有限责任公司。

10 月 27 日,第 24 届中国新闻奖评选揭晓,《芜湖日报》记者刘光、赵云涛采写的通讯《三访中干渠——南陵全国率先试点农田水利建管体制改革纪实》荣获中国新闻奖二等奖,这也是《芜湖日报》创刊以来第二次获此殊荣。

11 月 15 日,在第七届中国品牌媒体高峰上论坛上,《芜湖日报》《大江晚报》和芜湖新闻网分别荣获 2013—2014 年中国品牌媒体百强—地市党报 10 强、地市晚报品牌 10 强和最具品牌影响力传媒网站称号。

12 月 23 日, 芜湖日报报业集团荣膺安徽省传统出版转型示范单位。

芜湖日报报业集团正式承办《芜湖社会生活》杂志,共办 10 期。2018 年转由中共芜湖市委党校和芜湖社科联联办。

在中国传媒大会上,芜湖日报报业集团荣获“金长传媒城奖 · 2014 年中国十大传媒集团”称号。

芜湖新闻网推出大江晚报网。

芜湖报业在中国台湾《旺报》连续 4 天推出芜湖专版,此举在芜湖媒体入岛宣传史上尚属首次。

芜湖日报报业集团成立新媒体发展部。

2015 年

1 月 2 日,《金周刊 · 芜湖广播电视》改版瘦身,由 44 版减少到 32 版。同年 5 月 22 日又减少到 24 版。

3 月,刘光担任芜湖日报报业集团(芜湖日报社)党委书记、社长、总编辑;宋建华因调出免去其党委书记、社长职务。

4 月 11—12 日,芜湖日报报业集团与安徽师范大学新闻与传播学院结成共建单位。

5 月 13 日,芜湖新闻网全新改版上线。

6 月,《合肥晚报》《铜陵日报》《芜湖日报》《宣城日报》《黄山日报》《上饶日报》《闽北日报》《闽东日报》《福州日报》共同发起成立合福高铁旅游媒体联盟。

7 月 7—8 日,合福高铁旅游媒体联盟联合采访团走进芜湖,芜湖日报报业集团承办了此项活动。

7 月 23 日,芜湖日报报业集团大江旅游文化有限公司注册成立。

7月，章祥龙调入芜湖日报报业集团并担任党委副书记、总编辑，免去刘光的总编辑职务。

8月18日至20日，芜湖日报报业集团党委书记、社长刘光随中共芜湖市委宣传部组织的新闻单位和有关部门负责同志赴广东清远、佛山两市考察媒体融合发展情况。

9月14日，在芜湖市经济开发区法院法庭主持下，芜湖日报报业集团与刀刀网络科技有限公司就芜湖热线私自下载《大江晚报》新闻软件达成调解协议，刀刀网络科技有限公司向芜湖日报报业集团赔偿损失并承担全部诉讼费用。

10月10日，宁安高铁沿线南京、马鞍山、芜湖、铜陵、池州、安庆等六城市党报成立“宁安高铁沿线城市党报联盟”。11月11日起，联盟成员单位开展联合采访活动。

10月22日，由芜湖日报报业传媒与全国上百家平面媒体联动的本土电子商务平台——芜湖“报享购”电子商务购物平台正式运营。

11月4日，第25届中国新闻奖揭晓，《芜湖日报》记者金昌龙、戴卿采写的《“三只松鼠”的成功“三级跳”》荣获中国新闻奖三等奖，这也是芜湖日报报业集团第三次获得中国新闻奖。

11月5—6日，南京都市圈党报联盟经营分会成立大会在宣城举行。《芜湖日报》成为分会成员单位。

11月11日，在中国城市新闻网联盟年会上，“无线芜湖”客户端获得移动创新优秀奖。

11月20日，由芜湖日报报业集团主办的报业传媒购车节在国际会展中心举行。

12月11日，芜湖新闻网所属的芜湖家装网开通。

12月26日，由芜湖日报报业集团主办、鼎湖1876国际旅游广场独家冠名、《大江晚报》承办的“20年，感谢有你”——《大江晚报》创刊20周年庆典暨第8届读者节在张家山领秀城鼎湖1876国际旅游广场举行。

12月28日，《大江晚报》推出《大江晚报·二十纪念珍藏版》。

2015年10月至2018年3月，芜湖日报报业集团党委书记、社长刘光担任安徽省报业协会副主席。2015年10月至2019年9月，大江晚报总编辑王晓朋担任理事。

芜湖日报报业集团荣获芜湖市创建第四届全国文明城市工作先进单位称号和芜湖市第十六届市级文明单位称号。

在中国传媒大会上，芜湖日报报业集团荣获“金长城传媒奖2014年中国十大传媒集团”称号，芜湖日报报业集团社长刘光荣获2014年中国传媒年度创新人物奖。

芜湖日报报业集团印务公司被评为芜湖市重合同守信用企业和2014年度A级纳税信用单位。

“无线芜湖”客户端被中共安徽省委宣传部确定为“安徽省媒体融合发展示范项目”并获中国城市新闻网站联盟“移动创新优秀奖”；《大江晚报》微博获“新浪安徽2015年度新

锐媒体微博”奖。

2016 年

1 月 1 日,《金周刊 · 芜湖广播电视》减版至四开 8 版,并入《大江晚报》,每周五随《大江晚报》免费出版。

3 月 24 日,芜湖日报报业集团成立集团新闻(采访)中心。

3 月,芜湖日报报业集团停办《芜湖日报 · 芜湖县周刊》。中共芜湖县委续办《芜湖县报》。

6 月,芜湖新闻网获批互联网新闻信息服务国家一类资质,即从事互联网新闻信息采编发布、转载服务。

6 月 6 日,《芜湖日报》对版面微调,周二、周四报纸的版面由原来的对开 8 版减少到 4 版。

6 月 8 日,芜湖首张免费报纸《爱 8 公交报》登上芜湖市各大主要公交线路。该报由芜湖日报报业集团和芜湖市公交集团公司联合主办,《大江晚报》编辑发行。

8 月 9 日,《大江晚报》联合芜湖东方龙城创意推出散发着玫瑰香味的“七夕节玫瑰香报”,这是中国第二份、芜湖首份“玫瑰香报”

11 月 8 日,中共安徽省委常委、芜湖市委书记宋国权到芜湖日报报业集团调研。

11 月 8 日下午,中共芜湖市委宣传部在芜湖广电中心直播大厅举行芜湖市第十七个记者节庆祝大会。

12 月 31 日下午,由芜湖日报报业集团主办,芜湖绿地商业投资管理有限公司独家冠名,《大江晚报》承办的“欢乐芜湖缤纷城”2016 大江晚报读者节暨芜湖小记者嘉年华文艺汇演在绿地缤纷城隆重上演。

在中共芜湖市委、市政府开展的“向东看、往东比”大讨论中,芜湖日报报业集团的创新新闻宣传模式受到肯定。

芜湖日报报业集团在抗洪救灾宣传中,芜湖日报微信连续 24 小时直播引人注目。

2017 年

1 月 1 日,芜湖日报报业集团与新华联鸠兹古镇联合策划、由专业工匠制作的世界最大铁画《天下徽商　兴于鸠兹》在新华联鸠兹古镇问世。

6 月,在安徽省网络媒体协会第一次会员大会暨成立大会上,芜湖日报报业集团党委书记、社长刘光和芜湖新闻网总编辑陶良春参加会议,芜湖日报报业集团当选为副会长单位。

8 月 9 日,芜湖日报报业集团房地产电商营销中心正式成立。

9月，在中共芜湖市委宣传部的部署下，芜湖日报报业集团和芜湖市广播电视台整合新媒体资源，在安徽省率先打破报、台、网壁垒，组建全省首家市级芜湖新媒体中心。

9月29日上午，由芜湖新媒体中心推出的“今日芜湖”客户端发布并正式上线。

10月21—23日，在第24届中国国际广告节上，芜湖日报报业集团选送的实战案例：世界最大铁画《天下徽商 兴于鸠兹》获得中国广告行业最高奖·长城奖。

11月10—12日，“芜湖报业第六届大型汽车展”在芜湖国际会展中心成功举行。

12月22日下午，由《大江晚报》与五星电器携手举办的“报· 团购”——专场家电团购会在五星电器举行。“报· 团购”平台涉及市民生活的衣、食、住、行、用、医疗保健、教育、休闲等各个方面。

芜湖日报报业集团首次斩获中国报刊广告最高奖“金推手”奖三项殊荣：世界最大铁画荣获经典案例奖，广告中心荣获优秀经营管理团队奖，广告中心主任周飞荣获卓越贡献奖。

2018年

1月20日，芜湖日报报业集团印务公司被安徽省工商联、省新闻出版广电局、省民政厅民间组织管理局和省印刷包装物资商会联合评为安徽省诚信印刷包装企业。

2月2日，芜湖市广播电视台党委书记、台长张克庚兼任芜湖日报报业集团（芜湖日报社）党委书记、社长；刘光因调出免去其党委书记、社长职务。

2月10日，中共芜湖市委副书记、市长贺懋燮来到芜湖日报报业集团看望采编人员。

4月初，“今日芜湖”客户端房产频道上线。

4月19日，芜湖新闻网原创微信《芜湖欢迎您》阅读量累积突破10万，并作为芜湖市城市形象宣传样式被广为传播。

4月26日，在中国报业协会成立30周年庆祝大会、中国报业协会五届四次理事会暨中国报业发展大会上，《大江晚报》副总编辑朱金海荣获中国报业经营管理领军人物称号。

4月27日，“今日芜湖”客户端开通政务号。

5月3日，“今日芜湖”微博、微信和芜湖新闻网微信入驻新浪看点。

5月4日，“今日芜湖”客户端大学生频道上线，并在芜湖高校建立“今日芜湖”大学生记者站。

5月6日，2018年4月份安徽省十佳学雷锋志愿服务优秀典型案例揭晓，大江义工队获组织典型。

5月20日，由芜湖日报报业集团、芜湖市广播电视台、芜湖市教育局联合主办，芜湖碧桂园塘溪源著全程独家冠名的2018塘溪源著杯“诗意芜湖 诗意童年”芜湖小记者暨全市小学生诗文朗诵大赛隆重举行。

6月1日，中共芜湖日报报业集团党委和中共芜湖市广播电视台党委联合成立党建工作领导小组。

6月6日，芜湖新闻网微信入驻腾讯“企鹅号”。

6月9日，芜湖日报报业集团和芜湖市广播电视台联合组成芜湖全媒体采访团，特派《大江晚报》记者季鲲和生活频道丁剑赴俄罗斯采访世界杯。6月11日，《大江晚报》推出2018年世界杯特刊《逐球》，“今日芜湖”客户端每天连线直播。

6月24日，中共芜湖市委书记潘朝晖来到芜湖日报报业集团，了解和指导芜湖传媒中心（集团）筹建工作。

6月26日，借助腾讯QQ—AR平台，《大江晚报》在头版推出首个AR广告创意整幅广告，开创报纸广告新境界。

6月29日上午，由芜湖日报报业集团和芜湖市广播电视台联合主办的“2018中国芜湖首届全媒体国际汽车展”在芜湖国际会展中心隆重举行。

7月10日，由芜湖广电艺体培训学校与报业集团芜湖小记者团整合而成的芜湖传媒艺术（小记者）培训中心开业。

7月下旬，“今日芜湖”客户端整合全媒体大V资源，邀请名记者、名主持、名制片人陆续开设个人专栏。

8月10日，芜湖日报报业集团组建全媒体文旅专副部，《芜湖日报》《大江晚报》的专副刊人员整建制并入，与公共频道的文旅栏目联动，定期在报纸上推出专副刊版面。

8月13日，在安徽省新闻出版广电局开展的报刊互查互评互学互促专项活动中，卫晗慧被评为报刊优秀审读员。

8月18日，芜湖日报报业集团和芜湖市广播电视台联合成立全媒体时政新闻部，《芜湖日报》记者和新闻频道记者整建制并入该部统一管理，负责全市时政新闻的采访。

8月下旬，“今日芜湖”客户端开设“悦读”和“乐活”频道。

9月2日，南京都市圈城市新媒体联盟成立，芜湖成为八个成员城市之一。该联盟是目前国内唯一的跨省都市圈城市新媒体联盟。

9月17日，芜湖日报报业集团和芜湖市广播电视台组建芜湖传媒中心（集团）全媒体经营管理中心，作为芜湖传媒中心（集团）内设职能机构，负责集团的经营管理工作。

9月21日晚，芜湖日报报业集团、芜湖市广播电视台联合举办“勇立潮头 融动未来”2018芜湖报业广电中秋联欢晚会。

9月26日，中共芜湖市委同意设立中共芜湖传媒中心（集团）委员会，同时撤销中共芜湖日报报业集团委员会和中共芜湖市广播电视台委员会，其下属党支部和党员由中共芜湖传媒中心（集团）委员会负责管理。

9月27日，中共芜湖市委副书记、市长贺懋燮前往芜湖传媒中心（集团）调研媒体融合发展工作。

9月29日，芜湖传媒中心(集团)成立，保留芜湖日报社和芜湖市广播电视台两块牌子。“今日芜湖”客户端联合新华社“直播安徽”全程外链直播芜湖传媒中心(集团)成立大会实况。

9月，在全国地市新媒体年度优秀典型评选活动中，芜湖新媒体中心被评为“2018全国地市媒体融合发展十大榜样团队”;“今日芜湖”APP被评为“2018全国地市网络媒体最具影响力的十强客户端品牌”。

10月7日，中共芜湖市委决定，张克庚担任中共芜湖传媒中心(集团)党委书记，芜湖传媒中心(集团)管委会主任;柯南任中共芜湖传媒中心(集团)党委副书记;李祥春、金昌龙、韩万春、高成和徐巍同志任中共芜湖传媒中心(集团)党委委员。

11月4日下午，大江晚报读者嘉年华在芜湖八佰伴如约举行。

2019年

1月1日，《大江晚报》减为四开16版，最少时四开8版。

3月20日，张克康同志担任中共芜湖市委宣传部常务副部长，兼任芜湖传媒中心(集团)党委书记、主任职务。

5月2日下午，中共芜湖市委副书记、市长贺懋燮赴芜湖传媒中心(集团)调研，看望慰问节日期间坚守岗位的新闻工作者。

6月4日，在中国报业第三届融合创新大会上，芜湖传媒中心(集团)荣获2018年度中国报业深度融合创新发展奖。

6月14日至8月14日，中共芜湖市委第二巡视组进驻芜湖传媒中心(集团)，对党委班子进行巡查。

7月18日，柯南担任芜湖传媒中心(集团)党委副书记、主任，免去张克庚的主任职务;韩万春担任芜湖传媒中心(集团)党委委员、总编辑;李祥春、高成担任芜湖传媒中心(集团)党委委员、副主任;徐巍担任芜湖传媒中心(集团)党委委员、副总编辑。吴梅和汪维明担任芜湖传媒中心(集团)党委委员。

8月，金昌龙担任中共芜湖传媒中心(集团)党委副书记。

8月，芜湖传媒中心(集团)调整全媒体编委会组成人员，韩万春担任全媒体编委会主任，徐巍、吴梅、汪维明同志副主任，编委(以姓氏笔画为序)有王晓朋、李嘉、张申尚、张晓吉、陈小奇、周自刚、赵双华、夏松钊、徐晨星、唐玉霞、陶良春、程代广和阚东华。阚东华担任编委会办公室主任。

二、文存选辑

芜湖市委关于创刊芜湖日报与建立党报通讯工作的决定

一、为普遍深入传播我党政纲政策，及时具体反映与指导芜湖市党的工作和群众生活，加强党与群众的联系，提高党的水平和群众觉悟，使芜湖市今后各种革命建设和各种对敌斗争进行得较好些，市委有认为迅速出版报纸的必要。特决定自七月一日创刊芜湖日报。

二、芜湖日报暂定日出四开纸两版一张，如材料过多，间出对开纸四版一张，其方针应以二中全会决议为主要根据。其性质应侧重于反映和指导芜湖市党的工作和群众生活。其阅读对象以地方街镇以上干部、部队连以上干部、群众小学以上水平为主。

三、指定李步新、吴立奇、朱辉、石坚、江靖宇、江干臣、郑家琪、方向明、徐伊复九同志为党报委员会委员，李步新同志为书记，吴立奇同志为副书记，徐伊复同志为芜湖日报社社长兼总编辑，党报委员会为报社最高领导机关，所有报纸通讯编辑出版方面，均须经过党报委员会讨论决定。报社社长、总编辑执行工作应对党报委员会负责。

四、为使报纸真正成为党的喉舌，真正成为党的集体宣传者和组织者，除应普遍建立党报通讯工作以外，特作如下规定：

（一）报社社长、总编辑、支社社长得列席市委会及军管会委员会。凡发至或传阅至秘书长及各部部长之文件应发至或传阅他们。

（二）报社编辑主任、采通主任、秘书及资历较深之支社科长得出席团级干部会议，凡发至县团级文件应发给他们。

（三）报社、支社资历较深之编辑记者，得由市委批准，择优给以与前项相同之政治待遇。

（四）报社、支社记者得列席区委及市属各部门党委或行政上讨论工作之各项会议（其有关组织上军事上之机密会议例外），发至区级之文件应发给他们。

（五）非党编辑、记者，如为工作所需，经市委审核批准，得列席区委及市属各部门党委之普通工作会议。但只有旁听权，无发言权，发至区级之一般文件，如非涉及组织机密者，应发给他们。

（六）各级党委、各系统、各部门对内外文件，其属于布置、总结、指导工作，或组织上工作上生活方面之规章法则者，应同时发给报社资料室一份（如需登报者，则应另寄、并附函说明）。为保证此一发行工作之经常贯彻，各级党委、各系统、各机关部门应将报社列为发行单位之一。

五、各级党委与党的各工作部门（如职工、财经、文教、青年、政府、卫生等部门）应本着大家负责、大家动手、全党办报的精神，大力建立与发展党报通讯工作。普遍建立与发展党报通讯员、通讯小组，为党报写稿，反映自己与群众对党报意见，帮助党报发行、组织读报等等。暂规定市属各部门及各区党委先成立中心组，由领导干部兼任组长，并指定专人负责或有人分工负责（参加中心组），除执行本身通讯工作任务以外，并领导所属各通讯组或通讯员。各部门及各区委所属各单位各街道斟酌具体情况先建立通讯组或者通讯员。

关于党报通讯工作，由报社、支社另发补充指示，与本决定同时下发。

六、各级党委应将党报工作经常列入工作计划，按时布置、检查、总结，严格执行考绩，积极负责者应予表扬，消极怠工者应予批评。

七、各级党委及党的各工作部门，接到本决定和报社、支社关于党报通讯工作的指示时，应立即认真深入讨论，切实具体执行，为要。

一九四九年六月二十九日

芜湖报社关于使用印章的报告

[56]芜编字001号

遵照上级指示,徽州报已于三月二十八日停刊,芜湖报决定在四月一日创刊。为此,原来使用的“徽州报社”图章一颗已削缺作废,从四月一日起,开始正式使用“芜湖报社”图章,请备查。

(附印模)

(印模)

一九五六年四月一日(印章)

中共芜湖市委委员会关于“芜湖大众”改为“芜湖日报”的通知

市委决定并经省委批准，“芜湖大众”报自1957年7月1日起，改为日刊(星期一无报)，并更名为“芜湖日报”。

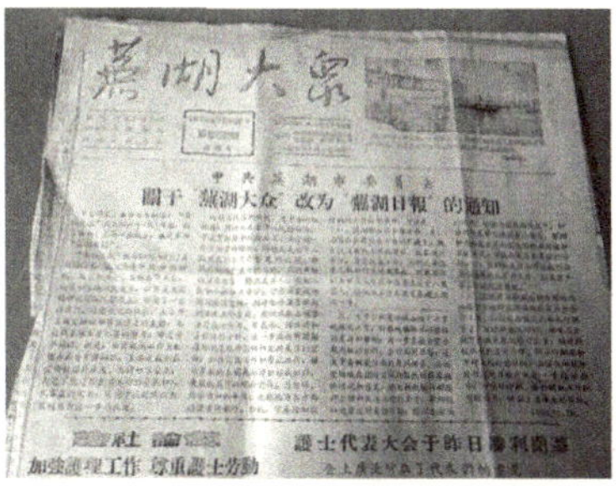
蕪湖大衆
關于“蕪湖大众”改为“蕪湖日報”的通知
社論
加強護理工作 尊重護士勞動

《芜湖大众》1956年12月20日1版。
(集团图片资料)

“芜湖大众”报自1952年7月1日创刊以来，在宣传党和政府的路线、政策和法令，推动本市工作，指导和反映人民生活，以共产主义精神教育人民群众上，都起了一定的作用。这些成就的取得，与全市各级党组织和广大读者的支持，与报社全体工作人员的努力，都是分不开的。但是，当前报纸工作上也还存在着不少缺点，主要是报纸在宣传报道的广度、及时和质量上，都还不能适应当前工作的开展和人民群众的需要，有待于在报纸改为日刊后作进一步地改进。

改刊后的芜湖日报，是市委的机关报，同时又是全市人民的报纸；它是贯彻党和政府政策、法令的一个重要宣传阵地，同时也是全市人民群众发表自己意见的论坛。根据芜湖这个城市的特点，芜湖日报的读者对象，仍然是工人、劳动人民和一般知识分子；它应该突出地进行经济宣传，同时也要注意照顾到其他各个方面。芜湖日报必须坚决贯彻地方化、群众化、通俗化和多样化的方针，进一步改进新闻报道特别是经济宣传和党的生活的宣传，加强评论工作和群众工作，继续在报纸上开展批评与自我批评，使报纸具有鲜明的党性、思想性、指导性和战斗性，使报纸为各方面的读者所爱好。为此，市委除加强对报纸工作的领导外，并要求：

一、芜湖日报的全体工作人员，必须在检查过去工作的基础上，提出改进报纸工作的措施，认真进行学习，努力改进工作，特别是要注意克服和防止脱离群众、脱离实际的主观主义作风和教条主义党八股习气，将报纸工作在现有基础上提高一步。

二、全市各级党组织必须十分重视报纸工作，给报纸编辑部以积极的支持和帮助，进一步贯彻全党办报用报的方针。办好芜湖日报，是全市各级党组织的共同任务。各级党组织应当经常地向报纸编辑部提供情况和意见，作为报纸编辑部进行宣传和改进工作的参考；帮助报社记者进行采访活动，给予各方面的便利；积极为报纸组织稿件，加强对所属单位通讯员的领导，帮助和支持通讯员向报纸编辑部写稿和反映情况；重视报纸在本单位的发行工作，帮助和支持本单位报刊推广员开展报纸发行工作，动员更多群众订阅芜湖日报。

三、芜湖新华印刷厂和市邮电局必须努力做好芜湖日报的出版和发行工作。印刷厂必须提高报纸印刷质量，按时将报纸印好；邮电局应该努力扩大报纸发行数量，按时将报纸送到读者手中。新华印刷厂和市邮电局的党组织，必须把印刷和发行芜湖日报看做是一项政治任务，加强对印刷、发行报纸工作的督促检查，保证上述要求的实现。

1956 年 12 月 13 日

注释：

本文刊发《芜湖大众》1956 年 12 月 20 日头版头条。

关于办好《芜湖报》的通知

中共芜湖市委文件

芜市发(79)43 号

各党委、党组、总支、支部:

一、粉碎"四人帮"后,《芜湖简报》在揭批林彪、"四人帮"的反革命修正主义路线,拨乱反正,宣传党的十一大路线、方针和政策等方面,发挥了一定作用,完成了它的历史使命。当前,全党工作重心已经转移到社会主义现代化建设上来。为了适应形势发展的需要,决定自七月一日起恢复《芜湖报》,并公开发行。

二、《芜湖报》是中共芜湖市委机关报,也是全市人民的喉舌。报纸一定要紧密结合我市实际,大力宣传马列主义、毛泽东思想,宣传党的十一届三中全会精神,宣传党的路线、方针、政策,宣传党的优良传统和作风,宣传新时期的总任务,宣传实现社会主义现代化的新成就新经验,以及为实现四化作出贡献的先进个人、先进集体,如实反映人民群众的意见和要求,正确开展批评与自我批评,以动员全市人民团结一致向前看,同心同德搞四化。

三、认真贯彻全党办报、群众办报的方针。各级党委负责同志,都要积极为党报撰写文章。要加强通讯报道队伍的建设,各区局、直属支部以上单位都要建立通讯报道组,工厂车间、农村生产大队以及机关、街道、学校、商店、医院等单位至少要有一名通讯员,并充分发挥他们的作用。

各单位对报社记者的采访活动应提供方便。

各有关部门对办报中的印刷、出版、发行和纸张及其他物资供应等问题,要积极支持,及时解决。

四、各级党委的宣传、政工部门要运用多种形式,组织群众读报、用报、评报,广泛收集意见,反映群众要求,上下齐动手,共同办好《芜湖报》。

五、报社工作人员要在工作中加强党性锻炼,认真学习政治、学习业务,进一步树立理论与实际相结合、紧密联系群众和批评与自我批评的工作作风,注意语言文字的纯洁和通俗化,充分发挥报纸的组织、鼓舞、激励、批判、推动作用。

中共芜湖市委

一九七九年六月二十三日

中共芜湖市委关于将《芜湖报》改为《芜湖日报》的决定

中共芜湖市委文件

芜市发(84)29号

各县委、市辖区委、九华山管理处党委、市直各部、委、办、局党委、党组,芜湖报社:

《芜湖报》自一九七九年复刊以来,积极宣传党的十一届三中全会以来的路线、方针、政策,围绕党的中心工作,结合我市实际,及时有效地开展宣传报道,推动了全市社会主义物质文明和精神文明建设,促进了党风和社会风气的好转,起到鼓励和促进作用。但是,鉴于我市已实行市管县的新体制,城乡两个文明建设任务十分繁重,《芜湖报》作为周三刊已不能适应形势发展的需要,各级领导和广大读者也迫切要求改为日报。为此,经市委常委会研究,决定于今年七月一日改为《芜湖日报》(周六刊)。

改刊后的《芜湖日报》,从指导思想到版面内容,都要体现市管县的新体制,以城市为中心,以农村为基础,做到城乡兼顾。在日常宣传报道中,要以经济建设为中心,大力宣传城乡经济建设的成果和经验,促进一市四县经济的共同发展。同时,要加强城乡社会主义精神文明建设的宣传,进一步促进党风和社会风气的好转。报纸工作要坚持党性原则,加强组织纪律性,积极搞好新闻改革,努力提高宣传质量,把《芜湖日报》办成具有地方特色的、为群众喜爱的报纸,使其成为党委的有力的宣传工具。

市委同意芜湖报社的改刊方案,各级党委都要大力支持芜湖报社筹备日报的工作。市组织、人事部门要帮助报社做好增补人员的选调工作。市轻工业局党组、新华印刷厂党委,要帮助报社筹办好日报印刷厂,保证“七一”正式出报。市、县邮电部门要积极做好《芜湖日报》的征订和发行工作。各基层党组织要配合邮电部门扩大报纸的订阅和发行,所有村民小组、工厂车间班组、商店门市部、街道居委会以及各中、小学都要订阅《芜湖日报》,并提倡自费订报。同时,要组织群众开展读报、用报和评报的活动,从而宣传、组织、鼓舞、激励全市人民,为振兴中华、建设芜湖,为实现党的十二大提出的宏伟目标作出积极的贡献。

中共芜湖市委

一九八四年三月一日

注:本文原载《芜湖日报》1984年7月1日头版头条,摘自《我们走过的路——纪念〈芜湖日报〉创刊三十五周年专辑》。

关于同意《芜湖晚报》登记注册出版的批复

新闻出版署文件

新出报[1995]808号

安徽省新闻出版局：

皖新出报字[1995]17号文悉。

经研究，同意创办《芜湖晚报》，编入国内统一刊号，四开八版，周七刊，由芜湖日报社主管、主办。

请办理有关登记注册手续。

中华人民共和国新闻出版署

一九九五年七月十六日

关于同意《芜湖晚报》更名为《大江晚报》的批复

新闻出版署文件

新出报[1998]1299号

安徽新闻出版局：

皖新出报字[1996]21号文悉。

经研究，同意《芜湖晚报》更名为《大江晚报》。其他登记项目不变。

请为该报办理有关变更登记手续。

中华人民共和国新闻出版署

一九九八年十一月二日

关于同意《组建芜湖日报报业集团实施方案》的批复

芜湖市文化体制改革领导小组文件

芜文改组[2006]2号

芜湖日报社：

你社报来的关于《组建芜湖日报报业集团实施方案》已经市文化体制改革领导小组研究批准，现予以批复，请认真组织实施，积极做好深入细致的思想政治工作，及时释疑解惑，引导宣传文化工作者理解改革、支持改革、投入改革。试点工作中出现的突出问题和政策建议要及时上报，试点工作中的重大问题要及时请示报告。有关芜湖日报报业集团领导职数、编制和内设机构设置及内设机构科级干部职数等以市编制委批文为准。

芜湖市文化体制改革领导小组

2006年5月25日

关于印发芜湖日报报业集团(芜湖日报社)职能配置内设机构和人员编制方案的通知

芜湖市机构编制委员会文件

芜编[2006]12号

各县、区委,县、区人民政府,市直有关部门:

《芜湖日报报业集团(芜湖日报社)职能配置、内设机构和人员编制方案》已经市机构委员会批准,现予印发。

二〇〇六年九月五日

附:

芜湖日报报业集团(芜湖日报社)职能配置内设机构和人员编制方案

根据市委、市政府《关于印发芜湖市文化体制改革试点工作方案的通知》(芜市发[2006]9号)精神,组建芜湖日报报业集团,为市委直属事业单位,正县级建制,芜湖日报社和芜湖日报报业集团为一个机构、两块牌子,实行党委领导下的社长负责制,并建立宣传业务和经营业务相对独立的领导体制和组织机构。

一、主要职责

(一)宣传马列主义、毛泽东思想、邓小平理论和"三个代表"重要思想,宣传党的基本路线和各项议会政策,宣传市委、市政府的重大决策和中心工作。

(二)宣传报道我市各条战线、各行各业在改革开放和现代化建设事业中涌现的新人、新事、新经验;报道省内外、国内外发生的重大事件。

(三)办好《芜湖日报内参》,为市委、市政府了解社情民意、掌握市情和科学决策提供服务;反映人民群众的呼声和要求,实事求是地开展批评、加强舆论监督。

(四)管理和领导《芜湖日报》《大江晚报》《金周刊》《皖江报业》等报刊的工作,办好中国芜湖新闻网;制定报业发展和建设规划,并组织实施;组织协调报业广告、发行、印刷和产业经营,增加集团经济实力和综合竞争力。

(五)承办市委、市政府交办的其他事项。

二、内设机构

(一)行政管理部门

1. 办公室

负责党委会、社委会日常工作;负责集团综合性文字材料的起草工作;负责集团综合工作的协调和督促检查;负责党委会、社委会和编委会记录并整理会议纪要;负责会议、文电处理、文书档案管理、机要保密、后勤保障、车辆管理、书库管理、信息资料收录、承担接待等管理服务工作。负责集团社务公开和民主管理工作;参与协调劳动关系;负责集团职工福利费的管理使用;负责机关党群工作和政治思想工作;负责机关党、团组织建设、文明创建工作;负责妇女和计划生育工作;参与重大项目建设、重要设备购置招投标工作。

2. 组织人事科

负责集团的机构设置、人员编制和人事劳资管理工作;负责集团职工的医疗保险工作;负责在职人员的培调、继续教育、专业技术职务评聘、记者证管理等工作;负责集团所属单位的党、团组织建设和思想政治工作;负责离退休职工的服务管理工作。

3. 计划财务科

负责拟定集团财务管理规章制度并监督实施;负责综合、编制集团财务计划并组织实施;负责集团成本核算和财务管理,负责集团资金调控、固定资产和国有资产的管理;负责集团直属经营部门财务工作的指导、监督和审查;负责集团报刊稿费的审核抄发等。

4. 技术部(技术保障部)

负责新闻采编网络和报社局域网等软件的技术保障和维护工作;负责新华社电讯稿的接收工作;负责集团芜湖新闻网的技术保障工作;负责集团内部数字信息化的建设工作。

5. 广告科(广告中心)

负责制定报业集团年度广告计划,策划广告活动,协调集团广告经营;负责《芜湖日报》《大江晚报》《金周刊》以及其他媒体的广告经营工作。

6. 纪委

根据《中国共产党章程》有关条款,负责集团所属范围内的纪检工作。

(二)《芜湖日报》采编部门(均为正科级机构)

1. 总编办公室

负责编辑部日常管理事务;负责起草编委会有关文件和采编业务工作规定;负责拟定《芜湖日报》宣传报道计划并组织实施;负责《芜湖日报》的阅评和审读工作;负责每日评报

和好作品评选，负责各类新闻奖的推荐报送；负责版面人员记分制考核工作；负责全市重大活动记者采访的协调工作、《芜湖日报内参》的编辑工作；负责新闻宣传的总结工作；负责党报的通联和通讯员培训管理工作。

2. 要闻部

负责全市性重大活动、重要新闻的采写和重大新闻的策划、组织报道工作；负责协调国际、国内重大新闻的刊发。

3. 新闻部

负责全市经济新闻、政策解读、政务简讯等宣传报道工作。

4. 社会新闻部（群工部）

负责《党报热线》《社会生活》的组版编辑工作；负责市重大突发社会新闻的采访报道工作，负责处理读者信箱，接待读者来访；编写有关内部资料；负责舆论监督工作。

5. 专刊部

负责《理论与实践》《民主与法制》《热评》等专版的编辑组版工作。

6. 副刊部

负责日报文娱版和《鸠兹文苑》《心语》《风情》《书碟》等专版的编辑组版工作。

7. 时事部

负责新华社电讯稿件的编辑组版工作；负责协调和处理晚班编发时事稿件有关工作。

8. 校对部

负责《芜湖日报》的校对工作。

9、县区周刊编辑部

组织、协调《芜湖日报·芜湖县周刊》《芜湖日报·繁昌县周刊》《芜湖日报·南陵县周刊》及其他联办版面的出版工作。

三、人员编制

核定芜湖日报报业集团（芜湖日报社）事业编制 70 名，部门领导职数 4 名，其中：党委书记、社长、总编辑 1 名，副社长、副总编辑 3 人。另配纪委书记 1 名。集团行政管理部门科级领导职数 13 名，其中：办公室 3 名，组织人事科 2 人，计划财务科 3 名，技术科（技术保障部）2 名，广告科（广告中心）3 名，纪委 1 人。《芜湖日报》采编部门科级领导职数 18 名，其中：总编办公室 2 名，要闻部 3 名，新闻部 2 名，社会新闻部 2 名，专刊部 1 名，副刊部 2 名，时事部 2 名，校对部 2 名，县区周刊编辑部 2 名。

四、其他事项

《大江晚报》《金周刊》《皖江报业》《中国芜湖新闻网》不定级别，不定人员编制和领导职数，实行市场化运作。

关于组建芜湖传媒集团的批复

芜湖机构编制委员会文件

芜编[2018]2号

市委宣传部:

《关于组建芜湖传媒集团的请示》(芜宣[2018]53号)收悉。为加强党对新闻舆论工作的领导,促进传统媒体与新兴媒体融合发展,经市编委会研究并报市委同意,现就有关事项批复如下:

一、组建芜湖传媒集团。整合芜湖日报报业集团(芜湖日报社)和芜湖市广播电视台,组建芜湖传媒集团,对外保留芜湖日报社、芜湖市广播电视台牌子。芜湖传媒集团为市委、市政府直属事业单位,列入市委机构序列,正县级建制。根据其承担的主要职责,芜湖传媒集团设8个内设机构,均为正科级。

芜湖传媒集团设党委书记1名,管委会主任1名,总编辑1名,其他领导职数按有关规定设置。

二、组建全媒体新闻中心。整合报纸、电视、电台、新媒体等新闻采编资源,组建全媒体新闻中心,为芜湖传媒集团下设的新闻宣传业务统筹协调机构,实行总编辑领导下的编委会管理体制。中心设6个协调服务部门和10个编播业务部门,均为正科级。中心主任由集团总编辑兼任。

三、人员管理。核定芜湖传媒集团用人总规模560人(不含传媒公司),实行总量控制、动态管理。现有事业编制人员身份保持不变,实行档案管理,核定工资总额,实行绩效考核,所有人员打破身份界限,竞争上岗,以岗定薪。芜湖传媒集团按公益二类事业单位预算管理,实行定额定项补贴。

芜湖传媒集团"三定方案"另行印发。

此复。

芜湖市机构编制委员会

2018年9月18日

三、芜湖报业从业人员名单

芜湖大众报社1953年职工名单

这份名单选自1994年7月出版的《我与〈芜湖日报〉——纪念〈芜湖日报〉创刊45周年》一书，由沈敦义提供照片和名单，照片拍摄于1953年3月与芜湖电台合并前。由于时间久远，有些同志的名字记不清，前排左2名单空缺，第二排左3只有一个姓氏。名单以图片从第一排左起到第六排排位为序，图片见历史相册。

傅月霞（资料室）、汪辛邦（经济组记者）、谢群、何元先（经济组记者）、范瑞娟、沈敦义（时事组组长）、许（只有姓，财会人员）、王金芝（秘书）、沈培坤（经济组组长）、何孟清（经济组编辑）、姚秀兰（资料室负责人）、柳三星（总编辑）、刘乔（编辑主任）、杨子波（时事组）、沈立仁、朱贤礼（文教组负责人）、汪明忠、潘海鳌（文教组编辑）、胡光华、余秉钧（文教组编辑）、窦伯平。

芜湖日报社1963年职工名单

这份名单选自1994年7月出版的《我与〈芜湖日报〉——纪念〈芜湖日报〉创刊45周年》一书，由过伦延提供的芜湖日报社1963年拍摄的照片和名单。其中第三排空了一个名单，第九个名单只有一个姓。以照片中从第一排左起到第四排的名单排位为序，图片见历史相册。

余俊、陈荣祖、刘家怡、方玉兰、查桂林、李敏慧、王蕙莲、王祖怡、陈念训、胡章秀、鲍克、沈多才、张克敏、吴逢源、章少义、王福根、姜鹄翔、何瑞、陈日标、章琦、梅昌统、沈立仁、解正中、郭克勤、谭公侠、安宗则、何永昂、范吕寅、赵鸿恩、胡清纯、胡　、刘士贤、吴辉义、朱德良、尹清文、杨子波、张培远、孙家藩、姚国屏、吴宣国、项夕林、翟连发、王万贵、过伦延。

芜湖日报社历届职工名单汇总

（1949 年至 1994 年 12 月）

本名录选自《我与芜湖日报 ——纪念〈芜湖日报〉创刊 45 周年》附录，包括新华电讯社（1949 年 4 月）、芜湖日报社（1949 年 7 月、1957—1967 年）、芜湖大众社（1952—1956 年）、新芜湖报（1976—1971 年）、《芜湖报》（1979—1984 年）、《芜湖日报》（1984—1994）职工名单，名誉兼职和临时借用人员未列入。由于历史资料不全，本名录可能出现漏录、错名等问题。

吴立奇、刘俭、黄少伯、柳三星、刘国珍、张秉义、杨静、李秉德、李勋、李锦文、韩玉华（女）吕轩述、姚景然、光相立、叶廷瑶、张聿、王纲、李京兆、徐经传、桂英男（女）、沈敦义、何文元（女）、沈荣洲、王君明（女）、陈福生、张华国、王育麟、徐伊复、郑英年、刘乔、梅昌统、朱贤礼、吴波、胡光华、何瑞、何孟清、刘艺、窦伯萍、崔之全（女）、汪辛邦（女）、吴宣国（吴疆）、孙家藩、汪时湘、过敦延、吴忠智、傅月霞（女）、陈光华、谢群（女）、范瑞娟（女）沈培坤、汪明忠、王金义、杨子波、姚秀兰（女）、潘海鳌、余秉钧、陈荣祖、晏素霞（女）、冯生辉、王文标、舒联芳、王祖怡（女）、姜鹄翔、吴辉义、胡其佳、朱世良、陈念训（女）、陈日标、姚国屏、吴满林、马连生、师松岭、佘俊宗（佘俊）、郭克勤、汪光裕、查国英、喻学亭、汪灶坤、朱德良、项维义、汪其英、章少义、胡友兰（女）、胡世贤、沈多才、施学昌、洪建宇、陶启信、王学勤、李北海、胡延宁、王惠莲（女）、汪闺英（女）、程万春、王德清、葛汉荣、胡兴见、凌烈明、叶守中、金道同、沈立仁、赵蓉生、黄永湘、黄育仁（女）、方于兰（女）、翁俊、谭公侠、洪褴、袁蕴贞（女）、安宗则、沈如康（女）、刘家怡（女）、陈学良、王有任、陈习所、尹亲文、何永群、胡清纯、倪永祜、孙世高、刘根祥、陶光顶、汪平孙（汪杨）、胡继挥、叶大珪、张瑞生、张克敏、沈普修、程文正、董海波、夏维纲、翟连发、胡璋琇（女）、吴逢源、杜庭芸、董增林、叶舟、张松烈、项夕林、李明俊、王自强、盛重庆、冯月华（女）、芦英桂（女）、张培远、查桂林（女）、王义铨、王万贵、钱耕历、李远杨、朱殿生、何宗奎、李铭、窦永佐、叶晓、张国治、李敏慧（女）、王福根、解正中、鲍克、张犁、胡开明、鲍杰、李子杰、胡朝志、边保田、赵鸿恩、王满鑫、叶乃佐、苏彦彬（女）、赵厚才、陈莉、胡之根、吴明智、曹宗明、李胜、邢永胜、荣玉芬（女）、周庆珍（女）、黄寿彭、汪兴泉、周树卓、陈有为、周祥鸿、徐明熙、叶石林、吴长风、严文斌、何幼平、何胜利（女）、王昌华、费广亮、江湘鸿、方佳金、张成贵、石和春、王润刚、汪泉慧（女）、胡野秋、王烨、魏爱林、李祥春、顾伟明、马俊山、刘辉、李成德、滕富春、马丽英（女）、李郁夏、沈立华、胡国城、高照人、万晓明、金保华、王娟（女）、王纯才、王晓明、沈秋明、柯南、吴庆保、束开云、齐金辉、刘晓春（女）、时敦毅、汪超、王永新、闵泽未、陈建国、孟鸣、唐承炯、冯慧莲

（女）、李道龙、丁世富、陆晓霞（女）、汤修宪、赵咏梅（女）、程敏、魏斌、丁红云（女）、邵卫稼、林棣、胡维珍（女）、时云福、骆士纬、汪维明、郭季玉（女）、李文芳（女）、童中胜、曹化俊、吴小兵、胡巧林（女）、徐涧、周德芳（女）、赵强、张蔚（女）、谷京荣（女）、龙爱国、刘海宁、鹿新裕、安康、程启贵、夏洪光、李飙、沐涛（女）、陶良春、袁树槟、金昌龙、马小平、牟乃东、司晓宝、王琦、吴凌、陈自立、朱强、沈文祥、唐虹（女）、赵金保、吴寿南、严奇、沈海、李平（女）、齐兵。

芜湖日报社印刷厂在编人员名单

（1994 年 9 月）

张家荪、管毓胜、郑勇、吴桂珍、王一勤、唐玉珍、谢学勤、程长和、邓修欢、陶圣茂、杨继水、郭青、徐宏图、黄妮娅、张成、张雪、温宗兰、何邦华、夏晓莉、王护平、朱晓静、王洪年、夏伟、朱镜、吴振祥、何龙、孙文斌、黄传国、夹南陵、许惠兰、赵小华、蒋慧芳、陈劲、滕雁彬、魏长林、钱佩英、韦长文、王广叶、应铭玉、罗祁珍、林志琴、高尚德、张普生、吴文芳

借出人员：

魏爱林、曹化俊、胡巧琳、徐涧、赵强、唐虹、赵金保、吴寿南、严奇、沈海、李平、齐兵

离岗人员：

蔡俊海、张益富、倪受功、黄伟伦、叶光甦、崔强、柏凡、吴良明、章保明

退休人员：

沈永甫、金美华、王玉华、金爱娟、李永芝、黄志英、叶森培

芜湖日报社 1997 年职工名单

1997 年,芜湖日报社合计职工名单,包括临时聘用人员和印刷厂部分职工,不包括退休人员、投递员。其人员名单来源于芜湖日报社 1997 年通讯录。

芜湖日报社

领导班子

许宏胜、周祥鸿、丁以胜、顾伟明

总编办

张成贵、李胜、牟乃东、沐涛、严广斌、汪兴泉

新闻部

方佳金、金昌龙、马小平、袁树槟、李道龙、陶良春、时云福、陈立希、安康、刘卫国、沈立华、唐承炯、佘俊

评论部

石和春、丁世富、刘海宁

副刊部

万晓明、李郁夏、王跃虎、王健、曹德华

社会生活部

陈新平、徐明熙、金保华、谷京荣、王学新、赵双华、王孙、赵强、陈光华、张乃宗

星期刊编辑部

汤修宪、汪超、刘晓春、姚丽芳、赵咏梅、周德芳、向陈宏、李爱东、王宏

群工部

李成德、孟鸣、王晓明

时事部

李祥春、马俊山、刘辉、司晓宝、曹化俊

校对部

童中胜、王熙之、孙洪英、赵金保、徐涧、朱晓静、严奇、徐雪峰、鲁道宏

办公室

吴明智、郭季玉、胡巧琳、夏洪光、沈文祥、王正红、高文清

财务科

何幼平、周庆珍、魏斌、邬宇明、唐虹

广告部

柯南、王琦、邵卫稼、沈秋明、王俊虎、赵桂平、束开云、胡维珍、胡建平、邢彪、夏宏俊、

刘先芳、汤微、宋伟、盛世娟、刘兵

发行部

陈建国、龙爱国、时敦毅、张蔚、奚晓梅

印刷厂（部分人员，10人）

张家荪、杨继水、郑勇、唐玉珍、王洪年、吴文芳、夏伟、孙文斌、何龙、王一勤

印物公司

管毓胜

离退休干部

苏彦彬、黄寿彭、陈念训、章少义、叶石林、马丽英、周树卓

芜湖晚报社

领导班子

顾伟明（兼）、闵泽未、冯慧莲

总编办

王纯才、何胜利、李扬、高文清、程代广

要闻部

吴小兵、吴凌、杨秀凤、王俊杰

新闻部

汪维明、夏云来、石琼、丁仁虎、王中明、孙炳春

采访部

程启贵、华睿、夏成俊、李飙、张靖、朱金海、朱强、周飞、杨晋、张杰、涂志勤、魏爱林

文化部

陈自立、王晓朋、王涛、王毅敏

体育部

林棣、张嵘、黄瑶琴、汪伦

副刊部

谈正衡、汪冰、董金义、何东、刘捷、郑申、陈轶敏、吴安亚

时事部

骆士纬、吴寿南

校对部

沙翊昌、夏纯、李圣祥、杜和惠、戴琼玲、安晨阳、刘娅慧、金晶、张在茂、操绿芝

芜湖日报社2005年职工名单

2005年,芜湖日报社职工名单,包括临时聘用人员、印刷厂部分职工和离退休人员,不包括投递员。其人员名单来源于芜湖日报社2005年电话号码簿。

芜湖日报报社

领导班子

司旌霞、丁以胜、顾伟明、柯南、李祥春

总编办

汪明松、牟乃东、齐兵、刘辉

新闻中心

方佳金

要闻部

金昌龙、马小平、王跃虎、赵双华、李道龙、张洪庆、徐春芳、魏爱林、杭琳、程华正、刘晓钢

新闻部(群工部)

袁树槟、骆士纬、汪超、刘晓春、刘琦、陈立希、孟鸣

社会新闻部

朱金海、万晓明、李郁夏、向陈宏、林见、吴婷婷

专刊部

石和春、金保华、刘海宁

副刊部

汤修宪、唐玉霞、姚丽芳、王熙之

时事部

曹化俊、司晓宝、安康

校对部

徐涧、赵金保、朱晓静、张蔚、严奇、杭龙、芮峻、吕堃玉、王维平、王佑晴

办公室

郭季玉、徐军、李平、沈文祥、高文清、夏荣保、李胜、王晓明

物管办

吴明智、管毓胜、陶盛茂、余振

财务科

魏斌、唐玉珍、唐虹、王月华、管宏

技术部

鲍戈、俞祖宏

广告部

邵卫稼、王琦、陈建国、沈秋明、陈青、刘兵、刘先芳、盛世娟、孟蕾、周飞、叶荔、胡建平、束开云、邢彪、夏宏俊、王俊虎、宋伟、查醒

发行部

刘卫国、龙爱国、高秀军、张安峰

基建办

张家荪

印刷厂领导班子

杨继水、徐金亭、郑勇

《大江晚报》

领导班子

顾伟明、闵泽未、冯慧莲

总编办

王纯才、何胜利、张杰、李家枝

新闻部

吴小兵、张申尚、夏云来、陶良春、石琼、王俊杰、卜蓉、舒芹、吴进、黄雯、沐涛、朱新根、王舒力、胡芳、王正红

要闻部

汪维明、朱强、王中明、吴凌、李扬、涂志勤、吴安亚、孙炳春、赵强、吴寿南

经济新闻部

程代广、李飙、夏成俊、杨晋、丁世富、杨秀凤、汪鑫

文体中心

林棣、黄瑶琴、张嵘、汪伦、王涛、陈轶敏、倪洁

专副刊部

谈正衡、董金义、何东、刘捷、郑申、夏纯、朱晓云

校对部

童中胜、徐丹、戴琼玲、潘丹丹、杜和惠、金晶、安晨阳、罗晓丽、鲁道宏、李圣祥、夏成全、陈慧、张晓华、周文英、张晓峰、刘娅慧、王芳、张玉萍、宦啸

《金周刊》

领导班子

王晓朋

采编人员

曹德华、赵咏梅、奚琦、梁震、吴兰兰、戚亮

芜湖日报社离退休人员

苏彦彬、黄寿彭、陈念训、周祥鸿、马丽英、章少义、周树卓、周庆珍、汪兴泉、何幼平、陈习所、佘俊、严广斌、陈光华、徐明熙、汪泉慧、张成贵、夏洪光、唐承炯、马俊山、沈立华、王学新、邬宇明、沙翊昌、胡维珍、奚晓梅、胡巧琳、孙洪英

芜湖日报报业集团(芜湖日报社)
2007年职工名单

2007年,芜湖日报报业集团(芜湖日报社)职工名单,包括部分临时聘用人员和印务公司部分职工,不包括编外校对人员和投递员。其人员名单依据芜湖日报报业集团2007年10月电话号码簿。

芜湖日报报业集团(芜湖日报社)

领导班子

司旌霞、柯南、李祥春、金昌龙、冯慧莲、顾伟明

集团纪委

汪明松

集团总编办

闵泽未、林棣、牟乃东、刘辉、程华正、张蔚

集团办公室

徐军、夏纯、李平、李胜、戴卿、李宁

计划财务科

魏斌、唐虹、王月华、管宏、方毅超、卢婧、叶承莉

技术保障部

鲍戈、俞祖宏、崔璨、姜茂

物业管理发展公司

高秀军、管毓胜、陶盛茂

大江传媒有限责任公司

刘卫国、童中胜

基建办

张家荪

广告中心

邵卫稼、朱强、王跃虎、王琦、陈建国、周飞、盛世娟、陈青、胡建平、束开云、宋伟、沈秋明、邢彪、朱园园、张锐

发行部

刘卫国、王俊虎、汪伦、龙爱国、张向阳、张群

印务中心领导班子

杨继水、徐金亭、郑勇

驾驶班

夏荣保、李家枝、王正红、高文清、刘兵

《芜湖日报》

编委

方佳金、闵泽未

要闻部

赵双华、黄雯、马小平、杭琳、杨正毛、刘晓钢

新闻部

徐春芳、向陈宏、汪超、李道龙、刘晓春、魏爱林、刘琦、陈旻、张逸潇、王磊、陈洁

社会新闻部

骆士纬、万晓明、孟鸣、陈立希、林见、邬杨、江晟、杨友艺、吕毅

专刊部

刘海宁、金保华

副刊部

汤修宪、姚丽芳、司晓宝、唐玉霞、明靓

时事部

曹化俊、安康

县区周刊

王熙之

校对部

徐涧、赵金保、朱晓静、齐兵

《大江晚报》

领导班子

袁树槟、汪维明、吴小兵、朱金海

总编办

石琼、王纯才、何胜利、刘兵

要闻部

程代广、杨秀凤、赵强、丁世富、卜蓉、王俊杰、朱新根、马正超、唐小虎、吴安亚、胡芳、涂志勤、刘江

新闻部

张申尚、李飙、吴进、舒芹、夏云来、吴寿南、杨晋、夏成俊、吴凌、李扬、沐涛、季鲲、王舒力、汪鑫、叶荔、赵亚玲、黄梅

专刊部

董金义、刘捷、郑申、张杰

副刊部

曹德华、谈正衡、何东

体育部

张嵘、夏伟、徐文兵

文化部

王涛、陈轶敏

校对部

王中明、严奇

《金周刊·芜湖广播电视》

领导班子

王晓朋、汪冰

采编人员

赵咏梅、黄瑶琴、汪观林、王惠、彭璐、丁端、奚璟、田琦

芜湖新闻网(芜湖手机报)

领导班子

陶良春

采编及技术人员

张安峰、周一平、李林克

《皖江报业》编辑部

林棣

离退休人员

苏彦彬、黄寿彭、陈念训、周祥鸿、丁以胜、马丽英、章少义、周树卓、周庆珍、汪兴泉、何幼平、严广斌、陈光华、徐明熙、汪泉慧、张成贵、夏洪光、唐承炯、马俊山、沈立华、王学新、沙翊昌、邬宇明、胡维珍、奚晓梅、胡巧琳、孙洪英、刘先芳、唐玉珍、沈文祥、郭季玉、石和春、吴明智

芜湖日报报业集团(芜湖日报社)
2010年职工名单

2010年,芜湖日报报业集团(芜湖日报社)在职职工名单。包括部分临时聘用人员,不包括印务公司职工、部分校对人员、投递员和离退休人员。其人员名单来源于芜湖日报报业集团2010年3月通讯录。

芜湖日报报业集团(芜湖日报社)

领导班子

张维水、刘光、柯南、李祥春、金昌龙、冯慧莲(女)

集团纪委

汪明松

办公室

石琼、徐军、康涛、戴卿、李宁(女)、曾玮、夏荣保、王正红、高文清、李家枝、孙学年、杜同春、刘兵、魏明军、赵龙

编委办

方佳金、林棣、向陈宏、刘辉、张蔚(女)、邢嘉(女)

外宣办

闵泽未

计划财务科

魏斌、唐虹(女)、王月华(女)、卢婧(女)、方毅超、安建红(女)、管宏(女)

物管办

高秀军、陶盛茂、张诚俊

技术部

鲍戈、俞祖宏、崔璨(女)、姜茂

大江传媒

刘卫国、童中胜

经管办

汪伦、龙爱国、邵卫稼

新闻研究室

司晓宝

印务公司领导班子

王俊虎

基建办

徐金亭

广告中心

朱强、王琦、陈建国、束开云、周飞、陈青、胡建平、张艳（女）、宋伟、盛世娟（女）、沈秋明、邢彪、朱园园（女）、李梁、郑莹（女）、张锐、查醒、苏望（女）、承孝安（女）、鲍翀婷（女）、郑良俊、夏琴（女）、杨惠（女）

《芜湖日报》

领导班子

袁树槟、程代广、唐玉霞（女）

总编室

阚东华、骆士纬、万晓明、王熙之、马小平、杭琳（女）、邬杨、金保华、杨正毛、卫晗慧

采访部

刘琦、汪超、李道龙、陈旻（女）、张逸潇（女）、吕毅、王磊、孟鸣、林见、江晟、杨友艺（女）、陈立希、陈洁（女）、程华正、赵丹丹（女）、刘晓钢

专副刊部

汤修宪、董金义、刘海宁、姚丽芳（女）

出版部

赵双华、曹化俊、安康、齐兵、朱晓静（女）、赵金保

第一读者

徐润

《大江晚报》

领导班子

汪维明、吴小兵、朱金海、曹德华

总编办

张杰、赵强、浩然

要闻部

杨秀凤（女）、夏云来、李扬、吴凌、杨晋、吴寿南、沐涛（女）

新闻部

张申尚、李飙、卜蓉（女）、吴进（女）、夏成俊、丁世富、季鲲、王舒力、马正超、黄梅（女）、李贾（女）、李婷维（女）、程茜（女）、胡芳（女）、朱新根、王俊杰、吴安亚、涂志勤、刘江、赵亚玲（女）、郭薇（女）、

副刊部

谈正衡、何东、叶荔（女）

专刊部

刘捷（女）、郑申、舒芹（女）

文化部

王涛（女）、汪鑫、陈轶敏（女）

体育部

张嵘、夏伟

校对部

王中明、张群、张向阳、严奇

《金周刊·芜湖广播电视》

领导班子

王晓朋、汪冰（女）

采编人员

赵咏梅（女）、黄瑶琴（女）、汪观林、郑远、丁端、王惠（女）、彭璐（女）、奚璟（女）、田琦（女）

芜湖新闻网

领导班子

陶良春、刘瑜、张安峰

采编及技术人员

兰明翔、王宾、叶凤云（女）、张小娟（女）、江梅（女）、周飞、周一平、李林克、陈晨（女）、李颖（女）、梁瑞（女）、周鹏、江苏（女）、杨大伟

合肥记者站

王跃虎、王叶华、李艳（女）、周梅（女）、赵汗青、查玮（女）、丛众（女）、谢华兵、杨苗苗（女）、饶剑、周倜（女）、罗敏、杨红（女）、徐传节、戴大清

离退休人员

苏彦彬、黄寿彭、陈念训、周祥鸿、丁以胜、顾伟明、马丽英、章少义、周树卓、周庆珍、汪兴泉、何幼平、严广斌、陈光华、徐明熙、汪泉慧、张成贵、夏洪光、唐承炯、马俊山、沈立华、王学新、沙翊昌、邬宇明、胡维珍、奚晓梅、胡巧琳、孙洪英、刘先芳、唐玉珍、沈文祥、郭季玉、石和春、吴明智、何胜利

芜湖日报报业集团(芜湖日报社)
2014年职工名单

2014年,芜湖日报报业集团(芜湖日报社)在职职工名单。包括部分临时聘用人员和印务公司部分职工,不包括部分校对人员和投递员和离退休职工。其人员名单来源于芜湖日报报业集团2014年11月印发的通讯录。

芜湖日报报业集团(芜湖日报社)

领导班子

宋建华、刘光、柯南、李祥春、金昌龙、朱永勤、冯慧莲(女)

集团业务总监

袁树槟

集团纪委

汪明松

集团办公室

周飞、曾玮、丛众(女)、李联辉(女)、张伟

编委办

石琼、夏松钊、赵强、张蔚(女)

组织人事科

徐军、刘捷(女)、李宁

计划财务科

魏斌、唐虹(女)、王月华(女)、管宏(女)、卢婧(女)、方毅超、安建红(女)、陈前

技术保障部

鲍戈、俞祖宏、崔璨(女)、姜茂、章新华、张哲、严琥、周瑞鑫

物管办

高秀军、陶盛茂、张诚俊

外宣办

闵泽未、汪冰(女)

芜湖社会科学编辑部

王熙之

新闻研究室

朱强、林棣、谈正衡、齐兵

图片中心

陈立希

经管办

王俊虎、张锐、陈青

基建办

徐金亭、宋泉

驾驶班

夏荣保、李家枝、王正红、刘兵、高文清、孙学年、魏明军、杜同春、赵龙、齐龙、汪军、黄维、张立

广告中心

康涛、朱园园（女）、李飙、王中明、王琦、盛世娟（女）、束开支、夏琴（女）、胡建平、承孝安（女）、郑良俊、查醒、张艳（女）、鲍翀婷（女）、郑莹（女）、杨惠（女）、马骥

直投广告部

汪伦、宋伟、邢瑶（女）

大江传媒公司

杨继水

报刊销售公司

邵卫稼、朱新根、刘辉、张向阳、方毅超、张斌、陶静

印务公司领导班子

董金义、郑勇、吴文芳（女）、王红联

《芜湖日报》

领导班子

汪维明、吴小兵、程代广、唐玉霞（女）

总编室

卫晗慧、陆婷婷（女）

编版部

赵双华、骆士纬、杨正毛、杭琳（女）、王亮、吴劲松

采访部

王跃虎、刘琦、张逸潇（女）、刘卫国、孟鸣、向陈宏、陈旻（女）、赵丹丹（女）、杨友艺（女）、江晟、吕毅、王磊、陈洁（女）、杨大伟、潘晔（女）、付君兰、赵云涛、陈剑、汪潜（女）、王洋、梅韬、姚仕珺

评论部

刘海宁

专副刊部

戴卿、姚丽芳(女)、郭青、唐乐燕(女)

时事部

曹化俊、安康、刘晓钢

校对部

徐涧、赵金保、朱晓静(女)

《大江晚报》

领导班子

王晓朋、朱金海、曹德华、张嵘

总编室

张杰、张群

要闻部(编版一部)

张申尚、黄梅(女)、吴进(女)、王俊杰、吴凌、吴寿南、邬杨、王舒力、程茜(女)、郭微(女)、汤荣汛(女)、王世宁、汪鑫、夏成俊、杨唯伟

新闻部(编版二部)

林见、夏云来、李林克、李扬、杨晋、饶剑、李婷维(女)、俞红林、马正超、康丽(女)、芮娟(女)、李贾(女)、吴敏、顾娅(女)、罗成、范文娟(女)

文体专副部

黄瑶琴(女)、夏伟、郑申、何东、舒芹(女)、叶荔(女)、邢嘉(女)、王惠(女)、季鲲、陈铁敏(女)、沐涛(女)

摄影工作室

涂志勤、刘江、吴安亚、赵亚玲(女)、汪武、许诚

校对部

童中胜、严奇

《金周刊·芜湖广播电视》

领导班子

阚东华、杨秀凤(女)

采编人员

王涛、汪观林、赵咏梅(女)、郑远、丁端、彭璐(女)、奚璟(女)、田琦(女)、李青(女)、朱辰婉(女)

芜湖新闻网

领导班子

陶良春、沈秋明

采编部

陈晨、程华正、李颖（女）、苏慧（女）、浩然、胡啸

营销部

周一平、张小娟（女）、苏望（女）、梁瑞（女）、周鹏、王松

技术部

刘瑜、张安峰、兰明翔、叶凤云（女）、王宾

芜湖日报报业集团(芜湖日报社)
2016年职工名单

2016年,芜湖日报报业集团(芜湖日报社)在职职工名单,包括部分临时聘用人员和印务公司部分职工,不包括部分校对人员、投递员和离退休职工。其人员名单来源于2016年通讯录。

芜湖日报报业集团(芜湖日报社)

领导班子

刘光、章祥龙、李祥春、金昌龙、朱永勤、冯慧莲(女)

集团业务总监

袁树槟

集团纪委

汪明松

集团办

康涛、曾玮、丛众(女)、李联辉(女)、张伟

编委办

石琼、夏松钊、赵强、张蔚(女)

组织人事科

徐军、刘捷(女)、李宁(女)

计划财务科

魏斌、唐虹(女)、王月华(女)、管宏(女)、卢婧(女)、方毅超、安建红(女)

技术保障部

鲍戈、俞祖宏、崔璨(女)、姜茂、张哲、严琥

物管办

高秀军、陶盛茂、张诚俊、张向阳、宋泉

外宣办

汪冰(女)、王熙之

新闻研究室

朱强、林棣、谈正衡、齐兵

图片中心

陈立希

经管办

王俊虎、张锐

基建办

徐金亭

广告中心

周飞、朱园园(女)、李飙、王琦、盛世娟(女)、束开云、邢彪、夏琴(女)、胡建平、承孝安(女)、郑良俊、查醒、李梁、张艳(女)、鲍翀婷(女)、郑莹(女)、杨惠(女)、马骥、邢瑶(女)、齐龙

直投广告部

汪伦、宋伟

大江传媒公司

杨继水

市场拓展部

向陈宏、汪武

大江旅游文化公司

王跃虎、王涛(女)、陈青

报刊销售公司

邵卫稼、王中明、刘辉、方毅超、张斌、陶静、

印务公司领导班子

董金义、郑勇、吴文芳(女)、王红联

驾驶班

夏荣保、李家枝、王正红、刘兵、高文清、孙学年、魏明军、杜同春、赵龙、汪军、黄维、张立

《芜湖日报》

领导班子

汪维明、吴小兵、程代广、唐玉霞(女)

总编室

卫晗慧、陆婷婷(女)

编版部

赵双华、骆士纬、杨正毛、王亮、吴劲松

采访部

刘琦、张逸潇(女)、刘卫国、林见、孟鸣、赵丹丹(女)、杨友艺(女)、王磊、陈洁(女)、杨大伟、潘晔(女)、付君兰(女)、赵云涛、陈剑、汪潜(女)、王洋、梅韬

评论部

刘海宁

专副刊部

戴卿、姚丽芳（女）、杭琳（女）、唐乐燕（女）、郭青

时事部

曹化俊、安康、刘晓钢

校对部

徐涧、赵金保、朱晓静（女）

《大江晚报》

领导班子

王晓朋、朱金海、曹德华、张嵘

总编室

张杰、张群

新闻采编中心

张申尚、黄梅（女）、吴进（女）、王俊杰、吴凌、吴寿南、邬杨、王舒力、程茜（女）、郭微（女）、汤荣汛（女）、王世宁、汪鑫、夏成俊、章新华、杨唯伟、夏云来、李林克、李杨、杨晋、饶剑、李婷维（女）、胡芳（女）、马正超、康丽（女）、芮娟（女）、李贾（女）、吴敏（女）、顾娅（女）、罗成、范文娟（女）

文体专副中心

黄瑶琴、夏伟、郑申、何东、舒芹（女）、叶荔（女）、邢嘉（女）、季鲲、陈轶敏（女）、沐涛（女）

摄影工作室

涂志勤、刘江、吴安亚、赵亚玲（女）、许诚

校对部

童中胜、严奇

合肥记者站

王叶华

《金周刊·芜湖广播电视》

领导班子

阚东华

采编人员

汪观林、赵咏梅（女）、郑远、丁端、彭璐（女）、奚璟（女）、田琦（女）、李青（女）、朱辰婉（女）

芜湖新闻网

领导班子

陶良春、沈秋明、杨秀凤（女）

新媒体发展部

刘瑜

采编部

陈晨（女）、王惠（女）、李颖（女）、苏慧（女）、胡啸、姚仕珺

客户端

周一平、程华正

营销部

梁瑞（女）、张小娟（女）、苏望（女）、王松、童臻

技术部

张安峰、兰明翔、叶凤云（女）、浩然、周瑞鑫

芜湖日报报业集团(芜湖日报社)
2018年职工名单

2018年,芜湖日报报业集团(芜湖日报社)职工名单,包括部分临时聘用人员和印务公司部分职工,不包括部分校对人员、投递员和离退休职工。其人员名单来源于芜湖日报报业集团2018年2月通讯录。

芜湖日报报业集团(芜湖日报社)

领导班子

张克庚、李祥春、金昌龙、韩万春、朱永勤

集团办公室

康涛、张安峰、曾玮、李联辉(女)、汪冰(女)、王熙之、张伟

集团编委办

唐玉霞、王洋、杨秀凤(女)

新闻中心

阚东华、赵云涛、赵强

组织人事科

徐军、李宁(女)

机关党委

刘捷(女)

计划财务科

魏斌、卢婧(女)、唐虹(女)、王月华(女)、方毅超、安建红(女)、管宏(女)

技术保障部

鲍戈、俞祖宏、崔璨(女)、姜茂、张哲、严琥

物管办

高秀军、郑勇、陶盛茂、张诚俊、张向阳、宋泉、徐金亭、沈秋明

经管办

王俊虎

新闻研究

石琼、林棣

广告中心

周飞、朱园园(女)、杨惠(女)、胡建平、盛世娟(女)、郑良俊、查醒、承孝安(女)、李梁、邢瑶(女)、张小娟(女)、郑莹(女)、邢彪、束开云、王舒力、苏望(女)、马骥、童臻

直投广告部

汪伦、宋伟

市场拓展部

向陈宏、江晟、饶剑、刘琦、胡啸、吴劲松、姚仕珺

活动策划部

朱强、曹德华

报业传媒公司

邵卫稼、李飙、张蔚(女)、杨继水

大江旅游文化公司

王跃虎、王涛(女)、陈青、张锐、齐龙

报刊销售公司

王跃虎、王中明、张斌、刘辉、夏琴(女)、鲍翀婷(女)、陶静

印务公领导班子

董金义、吴文芳(女)、王红联

《芜湖日报》

领导班子

汪维明、程代广、赵双华、张申尚

新闻中心

刘卫国、戴卿、林见、骆士纬、王亮、付君兰(女)、陆婷婷(女)、曹化俊、安康、陈旻(女)、赵丹丹(女)、杨友艺(女)、王磊、潘晔(女)、汪潜(女)、唐乐燕(女)

专副刊部

姚丽芳、田琦(女)、刘晓钢、郭青

校对部

徐涧、赵金保、朱晓静(女)

《大江晚报》

领导班子

王晓朋、朱金海、黄瑶琴(女)、汪观林、张嵘

新闻采编中心

黄梅(女)、吴进(女)、李林克、吴小兵、王俊杰、吴凌、吴寿南、邬杨、程茜(女)、郭微(女)、汤荣汛(女)、王世宁(女)、汪鑫、夏成俊、杨唯伟、夏云来、李扬、杨晋、李婷维(女)、胡芳(女)、马正超、康丽(女)、芮娟(女)、吴敏、顾娅(女)、涂志勤、刘江、吴安亚、范文娟(女)

文体专副部

张杰、何东、舒芹、季鲲、陈轶敏（女）、沐涛（女）、王惠（女）、张艳（女）、张群

金周刊

赵咏梅（女）、彭璐（女）、奚璟（女）、朱辰婉（女）

校对部

童中胜、严奇

芜湖新闻网

领导班子

陶良春、刘瑜、陈晨（女）、程华正

采编部

周一平、李颖（女）、苏慧（女）、王松、罗成、李青（女）

技术部

兰明翔、叶凤云（女）、浩然、周瑞鑫

新媒体中心

阚东华、郑申、卫晗慧、丁端、叶荔（女）、邢嘉（女）、王叶华

多媒体视觉中心

郑远、陈洁（女）、杨大伟、陈剑、梅韬、赵亚玲（女）、许诚、汪武

多媒体评论部

夏松钊、齐兵、刘海宁

四、中国新闻奖获奖作品

医药分开 “芜湖模式”探路“二次改革”

2011年8月，药管中心更名为“药品医用耗材管理中心”，将医用耗材纳入药管中心统一采购和统一管理，同时中心的职能也重新调整，市属8家公立医院的药剂科又重新划归各医院管理；10月份起，全市含四县的16家公立医院全面实施药品零加成销售，切断医务人员与药品供销商之间的利益链——

□本报记者 陈旻

2007年底，芜湖拉开医改大幕，建立了后来被誉为“芜湖模式”的医药分开改革，并以此为突破口，全面推开公立医院改革，随后成为全国17个公立医院改革试点城市之一。几年来，累计减轻群众药费负担1.6亿多元。最近，芜湖医改又有了新动作：2011年8月，药管中心更名为“药品医用耗材管理中心”，将医用耗材纳入药管中心统一采购和统一管理，同时中心的职能也重新调整，市属8家公立医院的药剂科又重新划归各医院管理；10月份起，全市含四县的16家公立医院全面实施药品零加成销售，当月估算，让利百姓302.5万元。

改革意味着摸索。改革减轻群众负担有目共睹，但药价虚高的问题仍然存在，因此改革的推动者们开始对原有模式进行重塑、完善，为医药分开继续深入“改”出一片新天地。

初衷：直指群众“看病贵”

医药分开改革启动后，从2008年起，市属8家公立医院的药品销售加成比例由原15%下降为10%，加成收入采用“收支两条线”方式进入财政专户，年终根据考核结果，通过以奖代补的形式全额用于医药卫生事业发展。2009年，又出台了一系列管理制度，加强医药分开管理。2010年，通过药品集中招标采购，使药品价格下降31%，间接让利6944万元；药品加成比例下降5个百分点进行销售，我市8家公立医院共销售药品3.57亿元，直接让利于群众1626万元，两项合计减轻群众药费负担8570万元。三年来，市属8家公立医院平均药占比呈逐年下降趋势，其中规模最大的市第二人民医院：2008年为43.05%，

2009年为39.45%，2010年为38.48%，2011年上半年为34.5%。医药分开改革三年来，我市累计减轻群众药费负担1.6亿多元。

探索："回归"不是简单的"回头"

2007年底成立的芜湖市药管中心在"芜湖模式"建立之初是一大亮点。自2008年1月1日起，8家公立医院药剂科106名工作人员的人事和工资关系都调到了药管中心，实行药品统一品种、统一价格、统一采购、统一配送，药剂人员统一管理。但在2011年8月，药管中心更名为"药品医用耗材管理中心"，将医用耗材纳入药管中心统一采购和统一管理，同时中心的职能也重新调整，市属8家公立医院的药剂科又重新划归各医院管理。这是否意味着芜湖医改走了"回头路"？

"这是对芜湖'医药分开'深层次改革的误读。"市卫生局局长韩肃对记者表示，让药剂科回归医院绝不是"穿新鞋走老路"，而是将"医药分开"改革向深层推进，目的是让医院提供更好的药事服务。

韩肃解释说，这首先是评审等级医院的需要，因药剂科是医院内设科室的一个重要组成部分，如不设药剂科在卫生部等级医院评审时将被否决。按照等级医院评审要求，卫技人员与床位数比为1.03：1，而药管中心作为全额事业拨款单位，编制受限，药剂人员编制三年未调整，这不但影响等级医院评审，还将制约医院的发展；其次，通过医药分开三年，医院和药剂科与药品的利益链已基本切断，无须再捆绑在一起进行管理，且市药管中心与调配中心（原药剂科）、调配中心与调配中心间人员无法流动，人员管理障碍重重；其三，下属8家医院调配中心（原药剂科）因受编制限制，人员老化，整体业务水平偏低。且药剂人员属于卫生专业技术人员之一，在职务晋升中，若无主管部门审批（非卫生主管部门管理的单位），这部分人员无法晋升，因而必将影响他们工作的积极性和药师队伍的稳定性；其四，8家调配中心（原药剂科）仍为医院的窗口科室，其服务质量和态度医院无权考核，而药管中心也无法对分散在各医院的调配中心的服务实行精确考核，如何实施统一绩效管理难度较大。

而这次的"回归"也并不是简单地回到医院，而是对药剂科人员实行医院和药管中心双重管理。"所以，'回归'是在进一步推动和完善'医药分开'的模式。药品销售仍然与医院收入无关，实行收支两条线管理，医院仍然不'卖药'，而且医院科室得到完善，临床药剂事业得到发展，并且药剂人员积极性得到提高，解决了职称晋升和与医院职工同工不同酬问题，同时有利于强化药剂人员为临床一线从事药事服务的职责。"韩肃表示。

深化："二次改革"仍是在摸索中创新

"第一次'医药分开'，最大限度地切断了医院与药品供销商之间的利益链，但没有从根本上切断医务人员与药品供销商之间的利益链，‘药品回扣风’在各级各类医院仍然不同程度地存在。”市政府有关负责同志表示，鉴于这种情况，市委、市政府决定启动“医药分开”的“二次改革”，把取消药品加成、实行药品零加成销售作为2011年芜湖市深化公立医院改革的一项重点任务，列入今年内必须完成的工作目标。

在经过大量调研、反复论证后，我市制定了借鉴上海市闵行区重塑药品现代流通方式，通过再造与供应商链接的物流管理体系，挖掘出“第三方利润源”，补偿医疗机构因取消药品加成销售带来的经济损失。同时，为使医务人员受鼓舞，提高医务人员积极性，采取“一升一降一增一兜底”的补偿思路，增加医务人员的劳务收入，体现医生的劳动价值，提高医务人员的积极性，一升：适当提升医疗技术服务收费标准；一降：降低部分大型设备检查的费用；一增：增设药事服务费；一兜底：各项补助不足弥补医院取消药品加成所减少的收入时，由财政兜底。

目前，药品零加成销售工作，作为我市公立医院改革的一项重要突破口，既是完善芜湖医药分开模式的一项重大举措，又是实实在在地让利给老百姓。目前成效逐渐显现，全市8家公立医院药占比从2006年的49%降到2011年的38%；门诊人均费用比同等兄弟城市同级医院下降30元—80元；人均住院费用下降2000元—5000元；抗菌药物的临床应用更趋合理和规范，受到卫生部专家组的充分肯定。

“医药分开改革没有成功经验和现成模式，只能‘摸着石头过河’。我们的经验就是，大胆摸索、积极尝试，不断创新才能闯出新路。”韩肃表示，医药分开改革不可能一蹴而就，但是改革始终都立足于让群众得实惠的宗旨之上。

注：该作品刊发在《芜湖日报》2011年12月13日头版头条，并于2012年10月荣获第22届中国新闻奖二等奖，是芜湖日报报业集团首次荣获中国新闻奖，填补了芜湖新闻史上中国新闻奖空白。

附：

中国人民大学新闻学院副院长、教授、博士生导师、中国新闻奖评委蔡雯《一篇具有全国影响力的好新闻——简评〈芜湖日报〉的获奖通讯〈医药分开　"芜湖模式"探路"二次改革"〉》。

一篇具有全国影响力的好新闻

——简评《芜湖日报》的获奖通讯《医药分开　"芜湖模式"探路"二次改革"》

□ 蔡雯

《芜湖日报》记者陈旻采写的通讯《医药分开　"芜湖模式"探路"二次改革"》获得了第二十二届中国新闻奖通讯类作品二等奖。对于地市级报纸来说，能在全国性最高新闻奖项的评选中得到专家评委们的一致好评，非常难得。这篇稿件作为一篇报道地方经验和成就的工作通讯，具有一些比较突出的优点。

首先是新闻选题的重要性与独家性，决定了新闻能够产生全国性影响。医药分开是近几年全国人民都非常关注的一个民生话题，关系到老百姓的切身利益。早在2007年底，芜湖便拉开医药分开的大幕，全面推开公立医院改革，成为全国17个公立医院改革试点城市之一，并建立了广受赞誉的"芜湖模式"。这篇新闻稿件将焦点聚集于这场改革的最新动作——2011年8月，药管中心更名为"药品医用耗材管理中心"，将医用耗材纳入药管中心统一采购和统一管理，同时中心的职能也重新调整，市属8家公立医院的药剂科又重新划归各医院管理；10月份起，全市含四县的16家公立医院全面实施药品零加成销售，当月估算，让利百姓302.5万元。显然，芜湖对医药分开的"二次改革"是合乎民意、成效显著的，其中的做法和经验不仅为当地群众所关注，也对全国的医药改革具有重大启示。因此，《芜湖日报》抓住这一轮"二次改革"做文章是非常明智的决策，这一报道体现了市委机关报对本地区重大民生问题的关切，体现了地方党报的社会责任感和贴近百姓贴近生活的务实作风。同时，这一选题也充分发掘了本地区的新闻资源，可以通过新闻事件本身所具有的地方特色及其在全国范围的影响取得最佳传播效应，并推进我国的医药改革进一步深化。

其次，这条新闻通过对事实要素的挖掘与梳理，回答了改革进程中人们最关心的问题，起到了答疑解惑、正确引导舆论的作用。正如稿件所写：2007年底成立的芜湖市药管中心在"芜湖模式"建立之初是一大亮点。自2008年1月1日起，8家公立医院药剂科106名工作人员的人事和工资关系都调到了药管中心，实行药品统一品种、统一价格、统一采购、统一配送,药剂人员统一管理。但在2011年8月,药管中心更名为“药品医用耗材管理中心”,将医用耗材纳入药管中心统一采购和统一管理,同时中心的职能也重新调整,市属8家公立医院的药剂科又重新划归各医院管理。这是否意味着芜湖医改走了“回头路”?这个问题的确是医药改革过程中令人困惑和担心的问题。记者为此采访了市卫生局局长韩肃,通过这位主管领导提供的事实与数据,让读者明白“回归”并不是简单地回到医院,而是对药剂科人员实行医院和药管中心双重管理。药品销售仍然与医院收入无关,实行收支两条线管理,医院仍然不“卖药”,而且医院科室得到完善,临床药剂事业得到发展,并且药剂人员积极性得到提高,解决了职称晋升和与医院职工同工不同酬问题,同时有利于强化药剂人员为临床一线从事药事服务的职责。记者报道的这些细节对澄清大家的认识具有很强的说服力,同时也使芜湖医药改革的成效得到了充分的展示。

第三,新闻中对芜湖医药改革的经验梳理使这篇报道不仅有新闻价值,还具有实践指导意义。稿件的最后一部分具体讲述了这次改革的操作思路和具体措施,如市委、市政府决定启动“医药分开”的“二次改革”,把取消药品加成,实行药品零加成销售作为2011年芜湖市深化公立医院改革的一项重点任务,列入2011年内必须完成的工作目标。在经过大量调研、反复论证后,制定了借鉴上海市闵行区重塑药品现代流通方式,通过再造与供应商链接的物流管理体系,挖掘出“第三方利润源”,补偿医疗机构因取消药品加成销售带来的经济损失。同时,为使医务人员受鼓舞,提高医务人员积极性,采取“一升一降一增一兜底”的补偿思路,增加医务人员的劳务收入,体现医生的劳动价值,提高医务人员的积极性,等等。记者列举的这些改革举措不仅帮助读者了解了这次医药改革的行动路线,更重要的讲述清楚了一个成功个案及其经验,从而使这条地方性新闻具有了对全国各地的参考与实践价值。今天,我国处于社会矛盾比较突出的转型期,改革面临着非常复杂的利益冲突和舆论格局,各类新闻媒体在这一关键的历史时期,更加应该通过新闻报道使党和政府的改革方略得到公众的理解和认可,使各地的改革经验得到分享,甚至通过媒体的努力凝聚共识、促进社会的稳定发展。《芜湖日报》的这条获奖新闻从这个意义上看,非常值得赞赏。

当然,这篇通讯作为工作通讯受限于报道对象,在写作上严谨有余而生动不足,如果记者能多采访一两位普通市民,从他们接受医疗服务的亲身经历和故事来说明芜湖二次医药改革的成效,或许能够使这篇新闻更有人情味,也更生动活泼。

注:蔡雯是中国人民大学新闻学院副院长、教授、博士生导师、第22届中国新闻奖评委之一。

三访中干渠南陵全国率先试点
农田水利建管体制改革纪实

新闻背景:2012年4月17日,国家发改委、财政部正式批复安徽省在南陵县开展农田水利建设投资和监管体制试点,突出农民主体地位,变农田水利建设政府"计划包揽"为村民"当家说话",深入破解配套资金难、报批程序多等农田水利项目建管中的突出问题,为全国推进此类改革积累经验。此次改革是南陵先行先试、积极探索取得一定成绩后,自下而上向国家部委主动申报,两部委是在认可南陵探索经验的前提下复函同意南陵进行试点,源自基层探索,得益于顶层设计,体现出地方政府在改革中的前瞻思维,具有样本意义。

□本报记者　刘光　赵云涛

9月27日,记者第三次来到南陵县工山镇万安村,走近全国农田水利建管体制改革试点项目——中干渠。站在渠首向下望去,只见清澈的渠水随秋风荡漾,金黄色的稻田沿中干渠两侧形成一条丰产带。稻田旁,种粮大户张定亮喜滋滋地告诉记者:"5月底修好渠,接着就来了今年这场大旱,因为灌溉有保障,我地里的稻子不但没遭灾,还有希望增产。"

问渠哪得清如许,为有源头活水来。中干渠综合治理工程是南陵县被确定为全国唯一农田水利建管体制改革试点县后,实施的第一个由农民"自选、自建、自管、自用"的小农水工程。一年多来,记者多次来到南陵县,并三访中干渠,试图深入了解此次改革。

谁决策:重修"当家渠"农民来做主

今天的中干渠水清岸绿,很难想象,一年前这里还杂草丛生、淤塞严重。该渠建于20世纪70年代初,灌溉面积1983亩,供应21个村民组农业用水,是万安村的"当家渠"。80年代末,因年久失修、缺乏养护,中干渠逐渐淤塞,排灌功能日益衰退,通往田间地头的"最后一公里"出了问题。

"想修渠,没钱又没人。"万安村党总支书记李金球告诉记者,县里编报农田水利项目要根据上级计划的"大盘子",基层没有自主权;而农村税费改革后,曾经对农田水利建设发挥巨大作用的义务工、积累工退出历史舞台,村民投工投劳数量大减;加上报批程序复杂,从申报到立项往往一等就是几年,村民对修渠渐渐不抱希望。

转机来自去年4月17日，国家发改委、财政部正式批复南陵县开展农田水利建设投资和建管体制改革试点，探索“规划引领、集中投入、村民自建、民主管理、强化监管”的建管新机制。根据改革思路，农民能够自建的小农水项目不再实行招投标，而是通过召开村民代表大会的方式民主推选，农民参与项目建设，获得相应报酬。消息传到首批试点的万安村，63岁的村民袁金龙有些不敢相信：“国家出钱给我们修水利，我们打工还能领工资?”

很快，老袁的疑问打消了。去年6月2日，万安村召开村民代表大会，讨论推选试点项目，并选举项目理事会。44位代表的一张张选票变成一笔一画的“正”字落在黑板上。最终，中干渠综合治理工程以绝对优势获胜，在村民中颇有威望的袁金龙走马上任，当选项目理事会会长。7位理事会成员成了带领村民修渠的“工头”，村两委退到幕后，成了项目“监工”。在县水利部门的指导下，理事会将162.32万元的预算表送到村书记李金球的手上。“农民自己动手，肯定不比上面派来的施工队干得差!”袁金龙信心满满地对记者说。

谁来建：个个是主人人人是监理

今年5月28日上午8点，万安村里一派喜庆，200多位村民自发买来鞭炮，为新修的中干渠闸挂上了红绸。随着李金球一声令下：“开闸!”哗哗的流水在鞭炮和欢呼声中一泻而下。时隔20多年后，中干渠重新畅通无阻。

抚摸着乡亲们亲手修建的结实桥面，袁金龙告诉记者，过去9个月里，他们对原有的渠道清淤砌护，增设过水涵管，修筑了两座桥、三座节水闸。“你们猜花了多少钱?”他自豪地伸出一根手指：“一百万!”在确保工程质量的前提下，由于精打细算，村民们将建设成本降低约38%。比如市场价400元一个立方的混凝土，村民按7包水泥、1400斤沙、2100斤石子的“配方”自己做，一个立方节省116元，整个工程2340个立方就节省约27万元。此外，村民将清出的淤泥压实用来垫路，搅拌机的电从村里接、水从塘里提……通过类似的“就地取材”又“抠”出15万元。村民劳务费结算后一看，实际建设资金比99.97万元的决算价格又省了9万多元。紧接着，村里通过“一事一议”，决定由村民筹资2万多元，两笔钱加在一起，增修了一条水泥路。

村民成为建设主体，村两委则退身为监督主体，监管过程向村民全程公开。由于项目资金直达到村，村两委和村务监督委员会的审计流程只认发票。村书记李金球据此想了句宣传语：“个个是主人，人人是监理”。在他递过来的厚厚一摞发票上，记者看到，每张发票要有不少于三人的签字才能生效，上面还注明了比价单位和联系方式，以便核实。每一次采购都要先行公示，村民有权提出异议，并查看发票。

今年7月24日，中干渠项目顺利通过县相关部门的质量验收和资金审计，农民自建的小农水工程得到认可，总计47.37万元的劳务收入公示后，直接打进村民“一卡通”。验收顺利，李金球高兴之余，又愁起了工程管护问题，“渠修好了人人用，设施坏了没人问，不解决管的问题，中干渠还会原还原。”记者与老李相约，等到“管护难”问题有了破解之策，我们再来。

谁来管:确权到基层划分“责任岗”

今年9月27日，记者三访中干渠，发现原本光秃秃的护坡上出现了一行整齐的新绿。72岁的村民叶长志蹲在渠旁，细心地栽着树苗。就在两天前，万安村再次召开村民代表大会，专题讨论中干渠的管护问题。在同一块黑板上画“正”字，村民选出五位专职管护员，把管护责任定岗到人，当年生产队时干过水管员的叶长志正是其中一员。

李金球告诉记者，这次改革将原本模糊不清的小农水产权界定给村集体，把工程管理的自主权交到村上，小农水管护问题头一回提上了村民代表大会。上级财政每年拿出2.5万元用于试点项目中干渠的后期管护，每个管护员一年能挣5000元。“5个人管中干渠能顾得过来，但加上全村的小农水管护就不够了。”

老李说道，除中干渠外，万安村还有3条干渠和27口“当家塘”，连人工带物料，一年的管护费用要7万多元。下一步，村里打算按照“谁受益、谁管护”的原则，村集体拿一点，受益农户筹一点，补上5万元的缺口。

去年以来，在工山、许镇等首批试点乡镇，“自选、自建、自管、自用”的农田水利建管新体制得到群众普遍欢迎。据南陵县发改委主任万春介绍，农民自建减少了招投标流程，免除了建设税费，不仅节约建设资金，还缩短了项目工期，让小农水项目更快更好发挥效益。不仅如此，“四自”新机制还唤起了农民的主人翁意识，不仅投工投劳数量增加，有的还自愿捐款、无偿投劳、主动让地、不计青苗补偿，积极协商，化解工程建管中遇到的矛盾和纠纷。

2012年，南陵县共争取中央小农水专项和省市财政配套资金1580万元，以此撬动县本级财政投入3527.49万元、镇村和农民投入3609万元、群众投工投劳折资1202万元，共实施了524处农田水利兴修项目。2013年，该县要求小农水项目开展建管体制改革试点的比例不低于50%。

“让项目实实在在，让资金明明白白，让干部干干净净，让群众高高兴兴。”记者第三次探访中干渠时，财政部、水利部调研组也在同一天来到南陵，对此次改革试点给予肯定。南陵县委书记程刚表示，尽管取得了一定成效，但改革才刚刚破题。目前，试点范围正在向农民受益的其他公共建设项目延伸，力求放大改革效益。下一步，该县将通过竞争立项，把试点项目和资金向群众建设热情高、投资投劳多的地方倾斜。同时，县委将以这次改革试点为契机，深化党的群众路线教育实践活动，加强基层组织建设。

临行前，看着重获新生的中干渠，记者内心有欣慰，有思考，更有期待。三访中干渠，我们看到了农民主体地位得到充分确认所激发的首创精神；看到了中央与地方利益格局在简政放权中的正向调整；看到了“顶层设计”与“基层摸石”协同开辟改革新路径的不懈努力。我们期待农田水利建管体制改革加快探路，更期待中国改革释放更大“红利”……

注：该作品刊发《芜湖日报》2013 年 10 月 8 日头版头条，并于 2014 年 10 月荣获第 24 届中国新闻奖二等奖，这也是芜湖日报报业集团第二次荣获中国新闻奖。

“三只松鼠”的成功“三级跳”

□本报记者　金昌龙　戴卿

从品牌创立到实现月度销售额突破1.6亿元,需要多长时间?国内电商翘楚——安徽三只松鼠电子商务公司给出答案:23个月。700个日日夜夜,这个后起之秀在电商林立的互联网攻城略地、迅猛崛起,一次又一次地跳出资金、渠道、管理的重重路障。发展的背后,写下的是一串串骄人的数字,留下的是互联网时代中国电商的成长样板和成功之道。

第一跳:大胆设想跳出资金困境

和众多创业者遭遇的境况相同,资金问题曾是“三只松鼠”创始人、CEO章燎原迫切需要解决的难题。早在“三只松鼠”品牌创立之前,章燎原就与中国最大的风险投资机构IDG资本有过“邂逅”。当然,这份“邂逅”是由章燎原创造出来的。他很早就注册了博客和微博,通过网络发表了大量关于电子商务的文章,逐渐吸引了IDG资本合伙人的关注。几经磋商,2011年的那个冬天,章燎原在北京用10页PPt终于换来了150万美元的融资,2012年4月,正式协议签订。

创业初期的道路总是遍布荆棘,“三只松鼠”亦是如此。2012年6月19日,第一位顾客在广东诞生,“三只松鼠”正式上线。创业开始的100万元自有资金,上线之后已消耗殆尽。之前争取到的IDG资本150万美元投资属于外资,需经过层层严格审批,还没有到账,当时公司账户余额仅剩8000元……

投资会不会中途取消?公司能不能坚持到资金的注入?那段坚守之难让章燎原至今记忆犹新,而这份漫长的等待最终在当年7月,以“三只松鼠”成功融资告终。有了第一次的合作基础,那之后,“三只松鼠”又获得了今日资本、IDG资本的两轮投资共计2500多万美元。时至今日,“三只松鼠”市值超过10亿元人民币。

第二跳:有舍有得跳出渠道危机

1月是坚果销售的传统旺季,2014年1月8日偶遇腊八节,“三只松鼠”当天销售额高达2000多万元,之后继续以每天1000多万元的增速持续增长。而国内大部分快递1月24日之后因春节将停止收发件,即使“三只松鼠”每天发货量达1000多万元,22日之后仍将有3000多万元的货物被积压。

更大的危机是,19日起,从芜湖到北京、广州的物流干线停运,本来有效分流发货压力的北京仓、广州仓20日已无货可发,所有订单发货一下集中到芜湖总部。与此同时,积压的十万货单带来了顾客的各种投诉,公司苦心经营获得的声誉眼看就要毁于一旦。

在章燎原略见局促的办公室，一幅写有“舍得”二字的书法尤为抢眼。这一次，章燎原就在“舍”与“得”之间做出了抉择。面对顾客的质疑与怒火，他决定，21 日零点之前产生的订单，如果年前不能到货，“三只松鼠”将提供订单金额 30% 的赔偿。也正是这一决定，让大部分网购者体谅了“三只松鼠”的无奈，感受到了他们真诚的歉意。

事后统计，“三只松鼠”1 月销售总额达 1.6 亿元。而章燎原的决定让“三只松鼠”付出了 81 万元，这 81 万元让“三只松鼠”平稳度过了危机，更重要的是换回了顾客的信任，提升了企业核心竞争力。数据显示，截至今年 6 月，天猫每销售 3 袋坚果，其中就有一袋是“三只松鼠”品牌。

“电子商务的危险在于众多的不可预见性。品牌塑造、食品安全、发货渠道等其中任何一个环节出错都有可能给公司的发展带来危机。”这次危机也促使了“三只松鼠”“311 工程”的诞生：即三天生产一个亿的货，一天能发一个亿的货单。“三只松鼠 2014 年全年销售目标超 10 亿元。目前在全国拥有 4 个物流分仓，年底将增加至 6 个，2015 年预计将建设物流分仓超过 10 个。”为实现这一目标，章燎原依托全程信息化系统，建立起了全国供应链基地 + 物流中心模式，做到了产品到用户不超过 20 天的产品周期。

第三跳：宽严相济跳出管理怪圈

章燎原坚信，互联网打破了时间和地域的限制，电商领域的品牌只有第一、没有第二。为此，他提倡互联网思维，高度关注消费者的用户体验。“我们建立了一整套可追溯系统，每袋产品都有二维码，顾客一扫便知道该产品从原材料场地、加工、包装到最后收货 30 个点的所有信息。顾客的满意度能直接决定我们员工的薪酬待遇。”此外，“三只松鼠”还投资 300 万元建立了国家级食品检测中心，确保每项产品都能实现全检测。

企业不断做大过程中，往往会带来效率低下、反应迟缓等一系列管理问题，有着国企工作经历的章燎原对此了然于胸。他将每个部门分成若干小组，最佳人数为 7 人，重点加强对这些小组长的管理，有效避免了大团队的僵化，提高了灵活性。“我们要打造 100 个小 BOSS。”在章燎原看来，每一个小组长就是“三只松鼠”的小 BOSS，充分激发他们的主观能动性，能获得事半功倍的效果。

从创业的第一天开始，章燎原就立志与年轻人为伍，“三只松鼠”的运营团队平均年龄 23.5 岁，大多为 80、90 后。“这些年轻人，特别是 90 后的一代人，对他们的管理应该无为而治，创造环境给他们存在感，为他们搭建实现自我价值的平台。”

在“三只松鼠”内部，还有着独属于自己的松鼠梦。每一个员工的个人梦想便是松鼠梦的支点。“松鼠梦必须接地气，要能被员工所认同。相信我们的梦想，请留下；不相信，可以离开。”每一次危机到来，每一只“松鼠”都会义无反顾地冲到前面，而每一次危机之后，公司都有一轮“论功行赏”，在章燎原看来，这是企业对员工的一种尊重。

“在未来的3至5年时间，我们要在全国建立3个工厂、20个物流中心、4个食品品牌，并在发展中逐步形成‘三只松鼠’在行业内营销、技术、资金、产业链四强优势；到2020年实现销售100亿元，实现真正意义上的松鼠集团规模化发展。在不远的将来，我们还将登陆境外市场。”谈及公司未来，章燎原思路清晰而充满自信。

注：该作品刊发在《芜湖日报》2014年8月11日头版头条，并于2015年荣获第25届中国新闻奖三等奖，这是芜湖日报报业集团第三次荣获中国新闻奖。

五、参考资料

1. 芜湖市地方志编纂委员会编:《芜湖市志》,方志出版社,2009 年版。

2. 芜湖地方志编纂委员会编:《芜湖年鉴》,1997—2018 年版。

3. 芜湖市政协学习和文史资料委员会、芜湖市地方志编纂委员会编:《芜湖通史》,黄山书社,2011 年版。

4. 中共芜湖市委党史研究室编:《中共芜湖党史大事记(1919. 5—1949. 10)》,安徽人民出版社,2002 年版。

5. 芜湖市政协文史资料委员会编:《芜湖文史资料》,第七辑。

6. 安徽日报社新闻研究所编:《安徽新闻史料(1898 年 10 月—1991 年 12 月)》,1991 年版(内部发行)。

7.《安徽省志 · 新闻志》编委会办公室编:《安徽新闻百年大事(1898—1998)》,黄山书社,1999 年版.

8. 安徽省政协文史资料研究委员会编:《安徽文史集萃丛书之六 文教史踪》,安徽人民出版社,1987 年版。

9. 方汉奇著:《中国近代报刊史》,山西出版传媒集团 · 山西教育出版社,2012 年版。

10. 徐载平、徐瑞芳著:《清末四十年申报史料》,新华出版社,1988 年版。

11. 陈玉申著:《晚清报业史》,山东画报出版社,2003 年版。

12. 芜湖报社编:《芜湖报创刊三十三周年》,1982 年版(内部资料)。

13. 芜湖日报社编:《我们走过的路 —纪念〈芜湖日报〉创刊三十五周年》,1984 年版(内部资料)。

14. 丁红云编:《我与芜湖日报 —纪念〈芜湖日报〉创刊 45 周年》,1994 年版(内部资料)。

15. 许宏胜编:《我的新闻故事 献给新中国第一个记者节》,2001 年版(内部资料)。

16. 司旌霞编:《我们一同走过 纪念〈芜湖日报〉创刊 55 周年》,2004 年版(内部资料)。

17. 张维水编:《六十年薪火传承 一甲子春华秋实 〈皖江报业〉纪念〈芜湖日报〉创刊 60 周年特刊》,2009 年版(内部资料)。

18. 集团办公室编:《芜湖报业五年(2003—2007)》,内部资料,2007 年版。

六、此生足矣

——代后记

每天伏案十个小时以上，耗时三年多，翻遍报社资料室所藏的历年报纸合订本，查找各级档案、图书等部门的有关资料，总算赶在退休前完成这本《芜湖报业百年》书稿，了却我想为芜湖报业尽一份力的愿望，并以此向《芜湖日报》创刊70周年献礼。

我虽半路出家，但情系新闻。35岁考入芜湖日报社，先后担任《大江晚报》编辑、记者、总编办主任等职，后又担任芜湖日报报业集团办公室副主任、新闻研究室主任和集团编委办主任等职。从业25年来，涉猎新闻采编、新闻管理和行政管理，没有干出啥惊天动地的大事，却始终怀着一颗感恩的心，总想着能为我热爱的新闻事业做点力所能及的工作，于是有写报史的想法。

原计划编撰我最熟悉的《大江晚报志》，并得到《大江晚报》首任总编辑顾伟明的大力支持。但在与封存的历史对话中，看着一代代故去和老去的报人留下的旧报纸，我突然萌发要抢救芜湖报业史的冲动，脑海里涌现出《芜湖报业百年》的书名，其狂野之心欲罢不能，而此时距离我退休只有三年时间。为了能静下心来编写，我主动辞去报业集团编委办主任的职务，在做好新闻研究室的新闻阅评、集团大事记收集整理、参与对媒体的调查研究等工作之外，每天上午收集资料，下午和晚上则全身心地投入到《芜湖报业百年》编写之中，写得满身疲惫，心力交瘁，终因久坐熬夜突发心肌梗死而住进了医院，险些丢了性命，但望着眼前累积盈尺的书稿，还是心生几许宽慰。

芜湖报业百年历史，是一个宏大的题材，想要写好这样的题材，我深知不易。因此，对于怎样编写这本《芜湖报业百年》，我是花了心思的。如果按照报史的体例来写，会有诸多不便。国人修史，向有隔代而修的惯例。由我这样一个资历不深的报人来写报史，肯定会有许多不合适表述的地方，所以我从一开始就放弃了史书的编写方法，而是选择志的体例，但又不拘泥于志书体例。遵循详近略远的原则，按照事以类从、类为一志的原则，横排门类、纵述历程、叙而不论，力求做到客观、全面、公正地反映芜湖报业发展历程。

《芜湖报业百年》起讫时间为1898年3月到2019年7月（部分内容后延至9月），时间跨度121年，其中包括《芜湖日报》创刊70年的历史。全书除历史相册、序言、编者的话、总述和附录外，有组织机构、报纸杂志、新闻传播、报业大事、报业管理、报业经营、文化产业、荣誉奖励、报业解读、报业人物等共十编。

回望大半生，我开过车床，拉过板车，摆过地摊，当过秘书，肚子里的墨水并不多，虽有公开发行的厚书《最后的芜湖古城》壮胆，但能让《芜湖报业百年》顺利付梓，与报社同仁和亲朋好友相助是分不开的。老报人汪兴泉虽没有出书，但《芜湖市志》中的芜湖报业部分付出他的心血；郭青虽比我年轻，但他却是报社公认的“老学究”，他知道的报史内容比我还多，收藏的资料非我能及，许多资料和图片都是他慷慨奉献；《芜湖日报》校对部主任徐涧明明知道给我这本书校对没有半点油水，但他还是投入很大的热情，字斟句酌，十分认真；各级领导知道我要写《芜湖报业百年》都给予全程绿灯，尽量少安排工作让我能腾出时间编写；报社历届部分领导丁红云、许宏胜、司旌霞、张维水、宋建华、刘光和柯南亲自审读，芜湖日报社原总编辑丁红云还亲自写序；中共芜湖市委宣传部热心扶持，芜湖传媒中心(集团)领导更是不遗余力地解决出版过程中的问题，在此表示衷心的感谢。

在编写过程中，我参考了许多书籍和资料，并阅读了大量的地方文献，从中吸取、借鉴和引用了大量的内容和史料，谨向这些资料的作者和提供者表示诚挚的谢意。

由于本人才疏学浅，全凭热情支撑着完成《芜湖报业百年》，其中定有许多遗漏、不足和错误，还请谅解和包容，更希望能及时指出，以便今后修订完善。

石琼

2020 年 3 月 17 日